中国陶瓷『四书』

杜斌　校注

齊魯書社

前 言

陶瓷是陶器与瓷器的总称。陶器用黏土或陶土捏制成形后烧制成器，瓷器则是用高岭土、长石和石英为原料混合成形经干燥后烧制而成。二者材质、工艺之异虽然明显，但是同出于人类对存放粮食、水等的容器的需要，又在材质与工艺上有先后某些方面的继承，所以至今陶、瓷合称。但在陶瓷的历史上，制陶远早于制瓷，而且至今我们能够知道的这种人类早期活动已经是世界性现象，不知起于何时何地，更不知是何人的发明。但是，瓷器在制陶的历史上产生，是中国古代“四大发明”之外贡献于世界的又一伟大发明。

中国古代“四大发明”深远地影响了世界历史的变革，而中国瓷器的发明对世界的影响也并不逊于“四大发明”中的任何一种，其更独特之处是塑造了古近代欧洲人心理上的中国形象。那就是英语中出现的称“瓷器”和“中国”都是“china”（区别在“c”字母的大小写，大写指中国，小写指瓷器），演化出欧洲人有时称中国为“瓷国”，以瓷器为他们心目中遥远而神秘的中国之象征。因此，与今天国人乒乓球爱好者喜称乒乓球为“国球”却是英国人的发明不同，瓷器从最初的创造到今天源源不断地大量生产，中国人在技艺与产量上都一直领先世界，是当之无愧的中国“国瓷”。并且这一点并不是国人自封，而早就是欧美所认可和公推的，中国人可以居之不疑。

近世考古发现证明，中国先民制陶已有上万年的历史，原始瓷也早在三千年前的商代就已出现了。唐宋时瓷器的制作技术进一步成熟，成品大量出口南洋与欧洲；明朝更是中国瓷器制作成熟和鼎盛的时期，正是在这一时期，中国因陶瓷大量输欧而赢得“瓷国”的声誉。至清代、民国，制瓷业虽不再辉煌，但是仍然保持了一定的发展，有不少新的变化。因此，纵观中国的历史，陶瓷既是“四大发明”之外中国贡献于世界的又一伟大发明，又是三千年来中国最古老的一项优势产业和审美艺术，当然也是中国自古及今都不应该忽略的关于科学与艺术的学问。

但是，与中国陶瓷的历史悠久和对人类文明的贡献巨大相比，中国古代对陶瓷的创造、应用与欣赏略能相称，而以科学的精神对陶瓷从材料、工艺到产品进行研究与总结则重视不足，明显滞后。突出的表现就是古籍中对陶瓷的记载甚早，诗文中描绘或提及者亦多，但是系统地介绍和研究陶瓷的文字则出现较晚，而且数量不多。虽然早在唐宋时代中国陶瓷的制作与贸易就已经很繁荣，但是晚至元朝才有了蒋祈记载景德镇陶瓷的《陶记略》。《陶纪略》对中国陶瓷的介绍虽然已经比较系统，但是仅仅1080字的篇幅，难得称为一部陶瓷学专著。明朝虽然是中国陶瓷艺术发展的黄金时代，但是那时学者大概由于专注心、性、天理的理学，而未遑对陶瓷这类“百姓日用”的东西有认真的关注，所以明朝人也没有能够成就真正有分量的陶瓷学专书。从而晚至清代乾隆年间，才有朱琰所著《陶说》一书问世。可谓姗姗来迟者矣！

《陶说》是中国陶瓷史研究的奠基之作。清人刘丙评曰：“自海盐朱桐川著《陶说》，于是陶器有专书，用补前贤所不逮。”（《景德镇陶录序》）。但是，朱琰《陶说》之考述，较详于古而略于作者之当代，于是不久又有“蓝浦补朱氏之缺，评今略古，编为《景德镇陶录》一书，惟未脱稿而卒……其门人同里郑廷桂尝就原稿八卷略事董理，续成此书，嘉庆二十年付梓行世，世人遂以此书与《陶说》并称为中国陶瓷史名著”（傅振伦《〈景德镇陶录·注〉序》，《景德镇陶瓷》1992年第3期）。此后至清末民初，又有陈浏号寂园叟者寓居北京，雅爱陶瓷的搜集与研究，乃感于“朱琰撰说，不及本朝”（《〈匋雅〉自序》），而著为《匋雅》。

寂园叟《匋雅》初名《瓷学》，在人类陶瓷研究史上第一次标举陶瓷研究是一门学问。而民国间著名学者许之衡适与寂园叟同寓北平为邻，“时过斗杯庐”（许之衡《饮流斋说瓷·书成自题六十韵》），交往甚密，从而得观《匋雅》，赞为“赡博极矣”之馀，又感于其书“未尝厘订体例，区别部分，初学者殊有望洋之叹，则美犹有憾也”，而作《饮流斋说瓷》（许之衡《饮流斋说瓷·概说第一》）。虽然据说许作《饮流斋说瓷》曾被《匋雅》的作者寂园叟斥为“抄袭伊稿”，但是对比二书可知，诚如著名学者童书业先生断云：“《说瓷》内容往往袭自《匋雅》，其据《匋雅》而成书当不误。然《匋雅》似只是随笔札记，漫无系统，且多自相矛盾处。《说瓷》则条理井然，颇具整理之功，说许君'剿袭'，也似乎有些冤枉。"（童书业《〈饮流斋说瓷〉评》）窃以为童说有理。其实，不仅与《匋雅》的"漫无系统"比较《说瓷》更为"条理井然"，而且《说瓷》在资料与见识上也有高于《匋雅》之处，兹不赘述。加以许之衡戏曲家、文学家的优雅笔触，从而在全部中国陶瓷研究史上，《匋雅》虽为许作《饮流斋说瓷》之前驱，但后者可说是"青出于蓝而胜于蓝"，乃后来居上者。自《陶说》所创中国古体陶瓷史的专著，至《饮流斋说瓷》而成绝响。

中国作为英语世界所称的"瓷国"，有"陶说""瓷学"之称也已经远过百年。自古有关陶瓷的文字记载当然不止上述几部著作。许之衡《饮流斋说瓷》概说陶瓷的研究，虽然没有提及元代蒋祁的《陶纪略》，但是于"明代品瓷"中所提到的就有"屠隆之《考槃馀事》、黄一正之《事物绀珠》、张应文之《清秘藏》、谷应泰之《博物要览》，源源本本，勒为专书，后世犹可考见。至项子京《瓷器图说》，则彬彬美备"。又于"有清以来"除朱琰之《陶说》、蓝浦之《景德镇陶录》和寂园叟之《匋雅》外，还提及"程哲之《窑说》、唐英之《窑器肆考》"，称许二书"亦复有名于时"（《饮流斋说瓷·概说第一》）。所以，我国古代的瓷学著作虽然说不上丰富，但也并非只有朱琰《陶说》，蓝浦、郑廷桂《景德镇陶录》，寂园叟《匋雅》和许之衡《饮流斋说瓷》四种值得称道。但是，这四种有关中国陶瓷的专书是清以来流行最广、至今国内外陶瓷学界公认的最具代表性的中国陶瓷学专著，可以称得上是中国陶瓷学的"四大名著"。但是，与中国古代小说的"四大名著"不同，一方面这四部书毕竟各为关于中国古代陶瓷科技与艺术及其历史的奠基或划时代性的学术专著，另一方面是这四部同为有关陶瓷的著作前后成书都有不同程度的关联，读者可以并有必要互相参照。所以，比较分册阅读的方便，这四部书也有辑为一大册便于一并收藏参用的理由，故合而编之，并仿儒学之有"四书"而自我作古，命名曰《中国陶瓷"四书"》。是否允当，读者识之。

《中国陶瓷"四书"》所辑诸作均为中国古代陶瓷学的经典，当然就是今天治中国古代陶瓷学的基本书，同时也是中国古陶瓷爱好与收藏者权威而又便捷实用的参考书。为便于读者阅读，在上述已涉及内容的基础上分别简介各书作者、成书、版本与本次整理情况如下。

《陶说》六卷，作者朱琰，字桐川，别号笠亭。海盐（今浙江海盐）

人。生卒年不详。清乾隆三十一年（1766）进士。乾隆三十二年至三十四年间，出为江西巡抚吴绍诗幕僚，后授直隶阜平县令。工诗能文，著作颇丰。除《陶说》之外，另有《金华诗录》《明人诗钞》《唐诗律笺》《琴学》等。画工山水，精于鉴赏。《陶说》是朱琰在江西做幕僚时所作。鲍廷博初刻于乾隆三十九年（1774）（简称“鲍刻本”），后又有乾隆四十七年本、五十二年本，乾隆五十年马俊良《龙威秘书》本，光绪八年（1882）《翠琅玕馆丛书》本，1914年文友堂铅字排印本（简称“文友本”），1935年商务印书馆《万有文库》本（简称“商务本”），1947年黄宾虹、邓实编《美术丛书》本（简称“美术本”）等。此次整理以鲍刻本为底本，校以文友本、商务本、美术本等。

《景德镇陶录》十卷，蓝浦原著。蓝浦，字滨南，号耕馀，浮梁景德镇（今江西景德镇）人。乾隆时期人，生卒年不详。敦行力学，而无功名，教书为业以终，年仅中寿。《陶录》是其生前未完成之作，旧稿六卷。郑廷桂，字问谷，与蓝浦同里，嘉庆戊寅副贡，受业于蓝浦为弟子，于其师殁后二十年续撰并编次此书，原稿六卷厘定为八卷，另增补卷首《图说》和卷尾《陶录馀论》共十卷。有嘉庆二十年（1815）翼经堂刻印本（简称“经堂本”），1947年黄宾虹、邓实编《美术丛书》本（简称“美术本”）。此次整理以经堂本为底本，校以美术本。

《匋雅》上、中、下三卷，现仅存上、中二卷。作者寂园叟，本名陈浏（1863—1929），一名御宼，字亮伯，一字孝威，号寂园、寂者，又号定公、垂叟等。晚年自署定山，又称六江六山老人。江浦（今江苏南京）人。光绪十一年（1885）拔贡，官至福建盐法道。民国初，为交通部秘书。民国十七年（1928）入黑龙江军幕，参加马忠骏之遁园吟社。民国十八年冬卒于齐齐哈尔。陈浏是清末民初著名的诗文家、书法家、收藏家、鉴赏家，酷嗜古陶瓷的收藏鉴赏与研究，著作丰富，包括《匋雅》在内，有关陶瓷者达十种之多。另有诗文集八种。《匋雅》原名《古瓷汇考》，又名《瓷学》《寂园志第一种》。写就于北平（今北京），光绪三十二年（1906）由上海朝记书庄印行。今通行有宣统二年（1910）《寂园丛书》本（简称“寂园本”）、民国七年（1918）《静园丛书》本（简称“静园本”）、民国十二年（1923）上海古瓷研究会石印本（简称“石印本”）等。此次整理以静园本为底本，校以寂园本、石印本等。

《饮流斋说瓷》十卷，许之衡撰。许之衡（1877—1935），字守白，号饮流，别署曲隐道人、冷道人等。室名饮流斋，自号饮流斋主人。浙江仁和县（今浙江杭州）人，生于广东番禺。祖父许其光（字懋昭）曾为翰林院编修、福建道监察御史等，父亲许由身为光绪八年副榜贡生。许之衡为光绪二十九年（1903）副榜贡生，早年曾入广雅书院修业，是康有为入室弟子。后留学日本，后为北京大学曲学与中国文学史教授。许之衡是戏曲家，著有《玉虎坠》《锦瑟记》《霓裳艳》等传奇；同时也是词曲学家，有《作曲法》《曲学及曲选》《曲史》《曲律通论》《中国音乐小史》等专著多种，以及词作《守白词》等。《饮流斋说瓷》是许之衡唯一的瓷学著作。书前有《书成自题六十韵》五言长诗一首，概述此书创作之由；而陶瓷之史、瓷学之迹等正文内容与编次上的特点则已如上述。《饮流斋说瓷》今见有上海朝记书庄本（简称“书庄本”），不署出版年月，且讹误颇多。今通行为1947年黄宾虹、邓实主编《美术丛书》本（简称“美术本”），校勘颇精。此次整理以美术本为底本，校以书庄本。

本书的具体整理工作由杜斌独立完成，我最后审订。杜斌的整理主要是校正错讹，并加以简明注释。全书配以图片，以便与文字相参照。文中配用图片均来自上海人民美术出版社1999年出版的《中国陶瓷全集》，有关说明均按书中具体数据标示。校注中参考了古今学者的有关著作，限于体例，未能一一注出，谨此说明并致谢！合编整理工作得到齐鲁书社原社长宫晓卫编审的大力支持，责任编辑李军宏女士、夏建立先生做了大量审阅匡正的工作，也在此一并致以衷心感谢！

我们希望《中国陶瓷“四书”》的出版能有所方便于中国“瓷学”的研究与应用，同时希望“中国陶瓷‘四书’”的提法能得到学界的认可，以有助于提高国人对中国古代“瓷学”的重视，从而推动中国古代“瓷学”研究的深入发展和进一步振兴！但是，由于水平所限，本书的合编整理工作难免有缺陷与不足，敬祈专家读者批评指正。

杜贵晨

2015年7月9日

总 目

陶说

［清］朱琰 撰

序

嗜古之士[1]，类及钟、鼎、尊、彝之属[2]，多有记录。董逌、刘敞、洪迈诸君子而外[3]，《宣和博古图》致为大备[4]，独窑器并无专书。近世《格古要论》一编①[5]，亦寥寥数则，观者莫能餍饫[6]。海盐朱子桐川乃以《陶说》六卷见示[7]，说今、说古、说器，犁然秩然[8]，独致详焉[9]。顾官、哥、定、汝[10]，其为窑也，不一其地。自有明以来[11]，惟饶州之景德镇独以窑著[12]。在明代以中官莅其事[13]，往往例外苛索，赴役者多不得直[14]，民以为病[15]。我国家则慎简朝官[16]，给缗与市肆等[17]，且加厚焉，民乐趋之。仰给于窑者[18]，日数千人，窑户率以此致富，以故不靳工[19]，不惜费。所烧造每变而日上，较前代所艳称与金玉同珍者，有其过之，无不及也。不有所记载，后世其何述焉？桐川此书[20]，谓之为陶人之职志可也[21]，谓之为本朝之良史可也。后之视今，因器以知政，固不独为博雅君子讨论之资②矣。是为序。新建裘曰③修[22]。

【校】

①“编”，文友本作“篇”。

②“资”，文友本及商务本均作“赀”。

③“曰”，美术本作“日”。

【注释】

〔1〕嗜古之士：酷爱古董玩器的学者。嗜，特别喜欢。

〔2〕钟、鼎、尊：均为古代青铜制礼器，用于祭祀、宴享等。钟，乐器。鼎，炊器。尊，盛酒器。　彝：古代宗庙常用礼器的总名。

〔3〕董逌：字彦远。南宋东平（今山东东平）人。靖康末官至司业，迁徽猷阁待制。著名藏书家，著有《广川藏书志》《广川书跋》《广川画跋》等。　刘敞（1019—1068）：字原父，号公是，世称公是先生。北宋

临江新喻（今江西新余）人。庆历（1041—1048）进士，北宋史学家、经学家、散文家。著有《春秋传》《公是集》等。　洪迈（1123—1202）：字景卢，号容斋，别号野处。南宋饶州鄱阳（今江西鄱阳）人。绍兴（1131—1162）中与兄洪适、洪遵先后中词科，号称“三洪”。洪迈精通史籍，著有《容斋随笔》《夷坚志》《野处类稿》等。

〔4〕《宣和博古图》：30卷，宋王黼（1079—1126）撰。王黼，初名甫，字将明。开封祥符（今河南开封）人。是书仿李公麟《考古图》、吕大临《考古图》体例，著录宣和殿所藏古器物、书画。一说王楚撰。　致为大备：最为完备。致，使达到。大备，完备。

〔5〕《格古要论》：3卷，明曹昭撰。曹昭，字明仲。松江（今上海松江）人。其书成于洪武二十年（1387），为中国现存最早的文物鉴定专著。

〔6〕餍饫：吃饱、满足。

〔7〕朱子桐川：指《陶说》作者朱琰。朱琰，字桐川，号笠亭。清海盐（今浙江海盐）人。乾隆丙戌（1766）进士。

〔8〕犁然秩然：井井有条，条理清楚。

〔9〕独致详焉：特别详尽。

〔10〕官、哥、定、汝：宋朝陶瓷四大名窑。

〔11〕有明：指明朝。

〔12〕景德镇：今江西景德镇。明清时属饶州浮梁县。

〔13〕中官：指宦官，即太监。　莅：到，引申指监督。

〔14〕直：即“值”，价值。这里指报酬。

〔15〕民以为病：陶工深感痛苦。

〔16〕慎简朝官：朝廷选派督陶官非常谨慎。慎简，谨慎简选。

〔17〕缗：穿贯铜钱的细绳，代指金钱。

〔18〕仰给：依靠，依赖。

〔19〕靳：吝惜。

〔20〕桐川之书：指朱琰的著作《陶说》，即本书。

〔21〕陶人：烧造瓷器的工人。　职志：掌旗帜的官。此以言《陶说》一书为“陶人”所推崇。

〔22〕裘曰修（1712—1773）：字叔度，一字漫士，又号诺皋。清新建（今江西新建）人。乾隆四年（1739）进士，官至工部尚书加太子少傅，谥文达。著有《裘文达公诗集》等。

目录

卷一 说今

饶州窑

[清] 顺治 青花归帆图笔筒（上海博物馆藏）

皇朝顺治十一年[1]，造龙缸、栏板等器[2]，未成辄止，恐累民也。康熙十九年[3]，始遣内务府官驻厂监督[4]；向有上工夫派①饶州属邑者[5]，悉罢之。每开窑，鸠工庀材[6]，动支内府。按时给直[7]，与市②贾适均[8]。运器亦不预地方[9]，一切不妨吏政事，官民称便，所造益精。迩年以来[10]，古礼器尊、罍、彝、鼎、卣、爵之款制[11]，文房砚屏、墨床、书滴、画轴、秘阁、镇纸、司直[12]，各适其用。而于中山毛颖[13]，先为之管，既为之洗，卧则有床，架则有格，立则有筒。仿汉人双钩碾玉之印章[14]，其纽法为驼、为龟、为龙、为③虎、为连环、为瓦[15]。印色之池，或方、或圆、或棱，可助翰藻[16]。养花之室[17]，二寸、三寸至五六尺。圜如壶[18]，圜而下垂如胆，圜而侈口庳下如尊[19]，廉之成角如觚[20]，直如筒，方如斗。而口或弇[21]，形或扁，截方、圜、棱之半而平其背，可挂壁，为式不一。书画清防之版，有枕屏、有床屏、爪杖、钵塞、黑白子闲适之具[22]。百折、分裆、鳅耳、索耳、戟耳、六棱、四方、直脚、石榴足、橘囊诸款，蜡茶、鎏金、藏经诸色[23]。烧香之炉，可备燕赏[24]。饭匕、茶匙、齐箸之器，蜡斗、醋滴、澡盘、镫锭、方圆之枕、盆、盎、瓮、钵、柈、案[25]，可充日用。搔头、簪导、合欢之珰[26]，大小合子，香泽粉黛之所储藏，可供闺幨[27]。至于斗茶、曹饮、馈食之所需[28]，壶、尊、碗、碟，为类更繁，难以枚举。其规范，则定、汝、官、哥、宣德、成化、嘉靖、佛郎之好样[29]，萃于一窑[30]。其彩色则霁红、矾红、霁青、粉青、冬青、紫绿、金银、漆黑、杂彩[31]，随宜而施。其器品，则规之[32]，萬④之[33]，廉之，挫之[34]。或崇或卑，或侈或弇，或素或采，或堆或锥[35]。又有瓜瓠、花果象生之作[36]。其画染，则山水、人物、花鸟、写意之笔，青绿渲染之制，四时远近之景，规橅名家[37]，各有元本[38]。于是乎戗金、镂银、琢石、髹漆、螺甸、竹木、匏蠡诸作[39]，无不以陶为之，仿效而肖。近代一技之工，如陆子刚治玉[40]，吕爱山治金[41]，朱碧山治银[42]，鲍天成治犀[43]，赵良璧治锡[44]，王小溪治玛瑙[45]，蒋抱云治铜[46]，濮仲谦雕竹[47]，姜千里螺甸[48]，杨埙倭漆[49]，今皆聚于陶之一工。以之泄造化之秘[50]，以之佐文明之瑞。有陶以来，于兹极盛！此无他，人心优裕，人力宽闲，地产物华，应运而起，有必然矣。

【校】

①“泒”，美术本作“派”。

②“市”，文友本作“世”。

③“为”，鲍刻本与美术本无此字，据上下文意增。

④“萬”，商务本作“万”。

【注释】

〔1〕皇朝顺治十一年：1654年。皇朝，清朝。 顺治（1644—1661），清世祖爱新觉罗·福临年号。

〔2〕龙缸：明代著名陶瓷器。时在景德镇设有龙缸窑，专烧大缸，因缸上多饰云龙纹样，故名。

〔3〕康熙十九年：1680年。康熙（1662—1722），清圣祖爱新觉罗·玄烨年号。

〔4〕内务府：清朝管理宫廷事务的机构。

〔5〕上工夫：开采原料的民工。 泒：古同“派”。

〔6〕鸠工庀材：招工备料。鸠，聚集、收集。庀，具备、备办。

〔7〕直：同“值”。

〔8〕与市贾适均：与市面价格相等。市贾，市肆中的商人。

〔9〕预：干预，这里引申指干扰。

〔10〕迩年：近年。迩，近。

〔11〕礼器：中国古代祭祀等礼仪活动中使用的器物。 罍：古代的一种盛酒器具，外形或圆或方，小口，广肩，深腹，圈足，有盖和鼻。多用青铜铸造，亦有陶制的。 卣：古代的一种盛酒器具，口小腹大，有盖和提梁。 爵：古代的一种盛酒器具，像雀形，青铜制，有流、两柱、三足。 款制：形制。

〔12〕文房：书房。 砚屏：砚旁障尘的小屏风。 墨床：亦称墨架、墨台，是专门承置墨锭的小案架。 书滴：贮水供磨墨用的水盂。 画轴：装裱字画的轴杆，多为木质。 秘阁：亦称臂搁。临书枕臂之具。 镇纸：用金属或石制成的尺形文具，用来压书或纸。 司直：界尺的别名。

〔13〕中山毛颖：毛笔的别称。因唐韩愈作寓言《毛颖传》以笔拟人，因而得称。中山，地名。

〔14〕双钩：以法书摹刻石上，沿其笔墨痕迹，两边用细线钩出，叫作双钩。 碾玉：雕琢玉石。

〔15〕纽：器物上可以提携或系绳带的部件。

〔16〕翰藻：文采，辞藻。

〔17〕养花之室：这里指花瓶。

〔18〕圜：同“圆”。

〔19〕侈：宽大。 庳：低下，矮短。

〔20〕廉之：使器品某一部位成棱角。廉，棱角、锋利。这里用如动词。 觚：古代酒器。青铜制，喇叭形口，细腰，高圈足。

〔21〕弇：内敛。

〔22〕枕屏：枕前屏风，主要作用是挡风。 爪杖：亦名如意。形如手而弯其指，有长柄，背痒时用以抓爬。 钵塞：佛教徒念佛时用的数珠、念珠，一般为108枚。 黑白子：围棋子分黑、白二色，故名。

〔23〕百折：香炉的一种款式。 分裆：香炉的一种款式。以有裆故名。裆，格。 鳅耳：香炉的一种款式。以耳如蜒蚰，故名。 索耳：香炉的一种款式。以两耳如绳索，故名。 戟耳：香炉的一种款式。以耳如戟，故名。 橘囊：冲耳三足与乳足炉无异，但周腹如橘实去皮，瓣痕微凹，故

名橘囊。 蜡茶：瓷器釉色名。本指蜡面茶，又名建茶，浸泡后状如熔蜡，色微黄而润泽。 鎏金：瓷器釉色名。比金色稍暗，近棕色。 藏经：瓷器釉色名。一说系藏经纸的简称，指黄色斑驳。

〔24〕燕赏：宴饮观赏。燕，同“宴”。

〔25〕齐箸：筷子。 蜡斗：文房用品，盛蜡之斗。始于汉。时熔蜡以缄封，后改用糨糊，故明代已不复用，仅做案头陈设，以示古雅。 醋滴：醋壶。 澡盘：古代盥洗用具。 镫锭：灯。 瓮：陶制容器。用于汲水、盛食物等。 钵：盛器。形似盆而小，用来盛饭、菜、茶水等。 柈：古同“盘”，盘子。

〔26〕搔头：簪子。 簪导：古代冠饰名。用以束发。 合欢之珰：夜合花状的金属耳饰。珰，古代妇女的耳饰。

〔27〕闺幨：闺门帷帐之内，指代妇女闺秀。幨，车帷四旁下垂的部分。

〔28〕斗茶：古人比赛茶质优劣的技艺和风俗，亦称斗茗。这里指茶会。 曹饮：聚众饮酒。这里指酒会。 馈食：赠送食品。

〔29〕宣德、成化、嘉靖：明朝三个皇帝的年号。宣德（1426—1435），明宣宗朱瞻基年号。成化（1465—1487），明宪宗朱见深年号。嘉靖（1522—1566），明世宗朱厚熜年号。明朝的这三个时期陶瓷业最盛。 佛郎：泛指葡萄牙、西班牙。

〔30〕萃：聚集。

〔31〕彩色：这里指瓷器上釉的颜色。 霁红：瓷器釉色名。因其色如雨止时天空所呈现的红色，故名。 矾红：瓷器釉色名。一种以氧化铁为主要着色剂的低温红釉，色近橙红，故名。 霁青：瓷器釉色名。因其色如雨后的天空之色，故名。 粉青：瓷器釉色名。釉色青绿淡雅，釉面光泽柔和，有如青玉，故名。 冬青：瓷器釉色名。因色泽较重，有宋元龙泉釉的效果，故又称“仿龙泉釉”。 紫绿：窑彩颜料的应用配置品种。 金银：指抹金抹银。 漆黑：指乌金釉，瓷器釉色名。因主要采用景德镇附近所产的乌金土制釉，故名。 杂彩：各种色地的单彩瓷器。

〔32〕规之：使器品某部位成圆形。规，画圆的工具，即今之圆规。这里用如动词。

〔33〕萬之：使器品某一部位成直角。萬，同“矩”。

〔34〕挫之：压抑使平整。

〔35〕堆、锥：均系制作花样之法，见下《其七曰琢器做坯》。

［36］瓜瓠：泛指瓜类作物。　象生：指模仿真物。

［37］橅：同“摹”，摹仿。

［38］元本：原作。

［39］戗金：在器物图案上嵌金。　镂银：雕镂物体，中间嵌银。　琢石：雕刻玉石。　髹漆：谓以漆涂物。　螺甸：一种手工艺品。用螺蛳壳或贝壳镶嵌在漆器、硬木家具或雕镂器物的表面，做成有天然彩色光泽的花纹、图形。　竹木：竹子与木料，此指竹器工艺和木器工艺。　匏蠡：即瓢。

［40］陆子刚：明著名玉器工匠，嘉靖、万历时期太仓（今江苏太仓）人。

［41］吕爱山：明冶金名家。

［42］朱碧山：名华玉，以字行。浙江嘉兴（今浙江嘉兴）人。元代银器铸造名家，善制银槎。

［43］鲍天成：明江苏吴县（今江苏苏州）人，犀角雕刻名家，作品工艺巧绝。

［44］赵良璧：明陶艺名家，以善制小锡壶著名。

［45］王小溪：明苏州（今江苏苏州）人。善于雕琢晶玉小品，精巧绝伦。

［46］蒋抱云：清初民间艺人，又作蒋抱虚。以善于冶造铜器而闻名朝野。

［47］濮仲谦（1582—？）：复姓濮阳，单称姓濮，名澄，字仲谦，以字行。江宁（今江苏南京）人。明著名竹刻家。

［48］姜千里：字秋水，浙江嘉兴（今浙江嘉兴）人。明代后期镶嵌螺甸名工。

［49］杨埙：字景和。吴中（今江苏苏州）人。明宣德间奉派赴日本学制漆器。所作缥霞彩漆法的山水人物，神气飞动，世号“杨倭漆”。

［50］造化：自然的创造化育。

《陶冶图说》二十则

乾隆八年五月，内务府员外郎，管理九江关务唐英[1]，遵旨由内廷交出《陶冶①图》二十张[2]，次第编明，为作《〈图〉说》，进呈御览[3]。谨就所编，录其大略，附以管见[4]，用志一时陶器之所由盛云[5]。

【校】

①“冶”，文友本作“治”。

【注释】

〔1〕唐英（1682—1756）：字隽公，号叔子，晚号蜗寄居士。清奉天（今辽宁沈阳）人。官内务府员外郎、九江关监督。绘有《陶成图》，作《陶成纪事》碑文，著有《古柏堂传奇》17种。

〔2〕内廷：内朝。对外廷而言。清代内廷指乾清门内，皇帝召见臣下、处理政务之所。 《陶冶图》：关于制陶工艺的图示。

〔3〕御览：皇帝审阅。

〔4〕管见：比喻见识狭小，如从管中窥物，所见甚为有限。多用作自谦之辞。

〔5〕志：记。

其一曰采石①制泥

石产江南徽州祁门县坪里、谷口二山[1]，距窑厂二百里。开窑采取，剖之，中有黑花如鹿角菜者[2]，土人藉溪流设轮作碓[3]，舂细淘净[4]，制如土砖，名曰白不②[5]。（敦上声：凡造瓷泥土，皆从此名，盖景德镇土音也。）色纯质细，用制脱胎、填白、青花、圆、琢等器[6]。别有高岭、玉红、箭滩数种[7]，皆出饶州府属境内，采制法同白不。止可参和制造，于粗器为宜[8]。

〔按〕[9]饶窑陶土，初采于浮梁新正都麻仓山[10]。万历时，麻仓土竭，复采于县境内吴门托，至祁门，而三易其地矣。《考工记》言五材之饬曰[11]，“凝土以为器”，凝训坚[12]，坚其土而后可为器，故冶土曰抟埴之工[13]。黏土为埴，抟之言拍，则夫白不之制，是抟埴之始。

【校】

①“采石”，文友本及商务本均作“石采”。

②“不”，美术本作“爪”。

【注释】

〔1〕石：这里指制瓷用的料石。 徽州祁门县：今安徽祁门。 坪里、谷口：均为祁门当地山名。

〔2〕鹿角菜：藻类植物，新鲜时呈橄榄黄色，干燥后黑色，扁平而阔，分枝呈叉状。可食用或用以制糊料。

〔3〕土人：当地人。 碓：舂米的器具。

〔4〕舂：捶击用具，捣。

〔5〕白不：即白不子。瓷土矿经过粉碎淘洗后，制成砖状土块，以备用，景德镇人称为白不子。

〔6〕脱胎：瓷器名。宋汝州窑的一种印团花青瓷。凸印团花，刷以深浅不一的豆青玛瑙釉，光润明亮，视之若无胎骨，故称。本谓制作窑器的一种方法，这里指用这种方法制造的窑器本身。 填白：或作甜白，胎质极纯而精润的白瓷。 青花：釉下青花瓷，又名青花白地或白地青花，青花白瓷，白瓷青花。 圆：以圆形为主的窑器，如盘、碗、碟、杯等。 琢：形状、尺寸较复杂的窑器，因以琢器成形方法制作，故称。

〔7〕高岭、玉红、箭滩：陶瓷原材料名称，均以采石之地命名，具体不详。

〔8〕粗：粗糙，粗劣，粗笨。

〔9〕按：本书作者朱琰对唐英《陶冶图说》所作的说明，即篇首所谓“附以管见”。下同。

〔10〕浮梁新正都麻仓山：在今江西浮梁瑶里镇。

〔11〕《考工记》：先秦时期手工艺专著。书中记载了木工、金工、皮革工、染色工、玉工、陶工6类30个工种，研究中国古代科学技术的重要文献。西汉时被编入《周礼》，以替代遗失的《冬官》。 五材：指金、木、皮、玉、土等材料。

〔12〕凝训坚：凝释义为坚。训，解说。

〔13〕抟埴：谓以黏土捏制陶瓷的坯。抟，拍打。埴，黏土。

其二曰淘炼泥土

淘炼之法[1]：以水缸浸泥，木钯翻搅[2]，漂起渣滓，过以马尾细箩[3]，再入双层绢袋，始分注过泥匣钵，俾水渗浆稠[4]。用无底木匣，下铺新砖数层，覆以细布大单，将稠浆倾入，紧包，砖压吸水。水去成泥，移置大石片上，用铁锹翻扑令实，以便成器。凡各种胚胎，不外乎此。惟分类按方加配材料，以别其用。

〔按〕"陶"字，从阜，从匋，匋即窑字。"淘"亦从匋，窑之初事，始乎淘土，得水而柔也。宋瓷，修内司所造[5]，澄泥为范[6]，极其精致，淘所以澄之也。故《格古要论》于定器曰土脉细白滋润[7]，于汝器曰土脉滋润[8]。《蓉槎蠡说》言[9]：陶器土骨紫白[10]，为料法在水法、火法、画法之上。淘炼之功重矣。

【注释】

〔1〕淘炼：此指对料土的加工。

〔2〕钯：平土除草的锄类农具，这里指木制翻搅之具。

〔3〕马尾细箩：用马尾毛编织而成漏眼细小的箩筛。

〔4〕俾水渗浆稠：使水分渗透而去掉，泥浆就变稠了。俾，使。

〔5〕修内司：南宋内府之名，亦管理瓷器的烧造。

〔6〕范：铸造器物的模子。

〔7〕定器：定州窑所造瓷器。　土脉：土壤。

〔8〕汝器：汝州窑所造瓷器。

〔9〕《蓉槎蠡说》：12卷。清初程哲撰。《蓉槎蠡说》是一部杂说之作，其记载杂掇琐闻，其详细内容无从考证，大多都是才士的聪明之语。程哲，字圣跂。歙县（今安徽歙县）人。

〔10〕土骨：胎骨。

其三曰炼灰、配釉

釉无灰不成。釉灰出乐平县，在景德镇南百四十里，以青白石与凤尾草制炼[1]，用水淘细而成。配以白不细泥，调和成浆，按器种类以为加减，盛之缸内。用曲木横贯铁锅之耳，以为渗注之具[2]，其名曰盆。泥十盆，灰一盆，为上釉。泥七八，灰二三，为中釉。若平对，或灰多，为下。

〔按〕昔称陶器曰油色莹澈，油水纯粹。无油水曰骨，“油”即今之“釉”也。“油”，读去声，通用。后之制字者，主于分别，《俗书刊误》曰[3]：瓷漆光曰㸔①，或作“釉”字。初起不脱“油”字，加光为异，嫌其笔墨之繁，省从“由”，偏旁从“采”，采即光义，六书之例合矣[4]。《正字通》又出“泑”字[5]，曰窑器色光滑者俗曰“泑”。泑本昆仑泽名[6]，亦假借为用。志书作“䃻”[7]，古无此字，想亦俗之所改。一字而转辗变易，迄无所定。从古则“油”为是，通俗则“釉”为近。釉之利用在于光，油含光义，采言光采，“泑”“䃻”皆失此旨。“㸔”②字累重，今从《〈图〉说》作“釉”。后卷引书有从“泑”、从“䃻”者，悉改从“釉”，以归画一。

【校】

①“㸔”，美术本作“㸔”。

②“㸔”，美术本作“㸔”。

【注释】

〔1〕青白石：石灰石（碳酸钙）。 凤尾草：即蕨蓝草，羊齿科（亦作水龙骨科），蕨属。景德镇俗称其为狼鸡草。

〔2〕渗：液体慢慢地透入或沁出。

〔3〕《俗书刊误》：12卷，明焦竑（1540—1620）撰。焦竑，字弱侯，号漪园，又号澹园。江宁（今江苏南京）人。

〔4〕六书：古人分析汉字造字的理论。即象形、指事、会意、形声、转注、假借。

〔5〕《正字通》：12卷，明张自烈（1597—1673）撰。张自烈，字尔公，号芑山，又号谁庐居士。宜春（今江西宜春）人。明代著名藏书家、学者，崇祯末南京国子监生。

〔6〕昆仑：即昆仑山。在中国西藏、青海、新疆之间。

〔7〕志书：此指记载有关景德镇史地，包括陶瓷工艺资料在内的方志著作。

其四曰制造匣钵

瓷坯宜净，一沾泥滓，即成斑驳。且窑风火气，冲突伤坯，此所以必用匣钵也。匣钵之泥，出景德镇东北里淳村，有黑、白、红三种。又宝石山有黑黄沙一种，配合成泥，入火烧炼。造法用轮车，与拉坯之车相似。不必过细，微干，略加旋削，入窑空烧一次，方可应用，名曰镀匣[1]。而造匣钵之匠，亦尝用此泥造砂碗，为本地乡村坯房人匠家常使用。

〔按〕旧制：窑有六[2]，匣窑居一；作有二十三[3]，匣作居一。火烈土柔，匣所以护坯者，故必专事而后可应用。铸铜者先用蜡作模，加以款识[4]，再入桶中。桶外以澄泥和水，日浇之。旋干旋浇，令厚足以遮护，于是去桶板留窍，以入铜汁。其具不同，其理则一。土未入火则柔，非护不受冶。铜初出火则流，非护不受熔。曲成万物，造化之心也[5]。

【注释】

〔1〕镀匣：指匣钵成型修正后放入窑炉内空烧一次方可应用。

〔2〕窑有六：为六种不同类型的官窑：风火窑、色窑、大小爁熿窑、大龙缸窑、匣窑、青窑。其中色窑烧颜色釉，青窑烧小件陈设。

〔3〕作有二十三：加工过程有23道工序。

〔4〕款识：刻在器物上的题识。款，刻。识，记。

〔5〕曲成万物，造化之心也：自然界万物，各有不同，都是天地客观规律所致。“曲成万物”，出《易·系辞上》。

其五曰圆器修模

圆器之造[1]，每一款式，动经千百。不有模范[2]，断难画一。其模子必须与原样相似，但尺寸不能计算。生①坯，泥松性浮，经火则松者紧，浮者实。一尺之坯，止七八寸，伸缩之理然也。欲求立坯之准，必先模子，故模匠不曰造而曰定。一器非修数次，尺寸、款式出器时定不能吻合。必熟谙火候泥性[3]，方能计算加减，以定模范。此匠一镇推名手者，不过三两人。

〔按〕《考工记》：抟埴之工，器中䏝[4]，豆中县[5]。郑氏注云[6]：䏝读如车辁之辁[7]。既拊泥而转其均，尌䏝其侧[8]，以拟度端。其器县县②绳，正豆之柄。今之模子，其亦中䏝中县之遗意与？《记》之篇首云：国有六职[9]，百工居其一焉。而审曲面势，以饬五材，叙于王公坐论、士大夫作行之下[10]。郑司农云[11]：审察五材曲直、方面、形势之宜以治之，此工良不易矣！

【校】

①“生”，美术本缺此字。

②“县”，商务本、文友本缺此字。

【注释】

〔1〕圆器：指可在陶轮上拉坯成型的盘、碗、杯、碟等。

〔2〕模范：即范，铸造器物的模子。

〔3〕谙：熟悉，知道。

〔4〕器中䏝：陶器制作要在陶车上成型。

〔5〕豆中县：陶豆的器型要注意垂直。县，同“悬”。

〔6〕郑氏注：指郑玄（127—200）的注释。郑玄，字康成。东汉北海高密（今山东高密）人。著名经学家，曾遍注群经，著有《天文七政论》等书。

〔7〕车辁：没有辐的车轮。

〔8〕尌：同“竖”。

〔9〕六职：谓王公、士大夫、百工、商旅、农夫、妇功六种职别。《周礼·考工记》：“国有六职，百工与居一焉……坐而论道，谓之王公；作而行之，谓之士大夫；审曲面势，以饬五材，以辨民器，谓之百工；通四方之珍异以资之，谓之商旅；饬力以长地财，谓之农夫；治丝麻以成之，谓之妇功。”

〔10〕士大夫：读书做官的人。

〔11〕郑司农：东汉郑众（？—83），字仲师。开封（今河南开封）人，曾任大司农，故称。著名经学家，著有《春秋删》等。

其六曰圆器拉坯

器之制不一，方瓣棱角者，则有镶雕印削之作〔1〕。圆器就轮车拉坯〔2〕，盘、碗、钟、楪等器〔3〕，大小分二作。大者主一尺至二三尺，小者主一尺以下。车如木盘，下设机轴，俾旋转无滞，则所拉之坯，无厚薄偏侧之患。故用木作，随时整治。又有泥作，抟泥融结〔4〕，置车盘。拉坯者坐车架，用一竹杖①拨车走轮，双手按泥，随其手法之屈伸收放以定圆器款式。

〔按〕《通雅》云〔5〕：古于宋于〔6〕，四罗六罗〔7〕，景德镇碗碟式也。即此以推，器不一式。而式之同者，必贵画一。有模子以定其规制，有轮车以使之整齐。条理之始，精密如此。王充《论衡》云[8]：陶者用土为簋廉[9]，器形已成，不可小大。夫欲其小大之不可，所以营度于未成之时者当何如[10]。簋廉者，汉时成土器之具也。凡器之成，各有依准。《通俗文》云[11]：以土曰型，以金曰熔，以木曰模，以竹曰范。

【校】

①“杖”，美术本作“枝”。

【注释】

〔1〕镶：嵌。 雕：划刻。 印：压印。 削：修治。

〔2〕拉坯：瓷器生产的一道工序。即将练就之泥放在轮车上，借旋转之力，用双手将泥拉成器坯。指造瓷白不或未经过窑烧的砖坯。

〔3〕钟：先秦时酒器，后与“盎”通，即茶杯、酒杯。 楪：古同“碟”，盛食物的小盘。

〔4〕融结：融合凝聚。

〔5〕《通雅》：全书52卷，卷首3卷，明方以智（1611—1671）撰。全书以考证音韵训诂为主，旁及名物艺术。方以智，字密之，号曼公，自号龙眠愚者等。明亡更名吴石公，后出家为僧。桐城县凤仪里（今安徽枞阳）人。

〔6〕古于宋于：大量仿造宋代各式器皿。

〔7〕四罗六罗：指口径四寸或六寸而有折边的深碗或盘。

〔8〕王充《论衡》：30卷，85篇，东汉王充（27—约97）撰。王充，字仲任。会稽上虞（今浙江上虞）人。东汉唯物主义哲学家。

〔9〕簋廉：汉代制造陶器的模子，相当于后世制造瓷器的模具。

〔10〕营度：营造的尺度。

〔11〕《通俗文》：1卷，东汉服虔所编的字书，已佚。清代学者顾震福从《续后汉书》《文选注》《太平御览》等书中辑出，刊入《小学钩沉续编》。服虔，字子慎。河南荥阳（今河南荥阳）人。

其七曰琢器做坯

瓶、罍、尊、彝，皆名琢器。其圆者，如造圆器之法，用轮车拉坯。候干，仍就轮车刀旋。定样后，以大羊毫笔蘸水洗磨，俾极光洁。然后吹釉入窑[1]，即成白器[2]。如画料罩釉，即为青花。其镶方棱角之坯[3]，用布包泥，以平板压之成片，以刀裁之成段，用原泥调和黏合[4]。又有印坯一种，从模中印出，制法与镶方同。镶、印二种[5]，洗补磨擦，与圆、琢器同。凡有应锥拱、雕镂者[6]，候干定付样，与专门工匠为之。

〔按〕《事物绀珠》云[7]：窑器方为难[8]。方何以难也？出火后，多倾欹坼裂之患[9]，无疵者鲜[10]。造坯之始，当角者廉之，当折者挫之，当合者弥缝之。隐曲之处，虑其不和，上下前后左右，虑其不均，故曰方为难。若圆器浑成，故由手法之准，而车已当人力之大半，不如方棱之全资乎人巧也。印坯有模，“唐碗脱”见高宗时民谣[11]，为造碗之模。土室为瓯脱[12]，谓土室如瓯之脱。瓯脱，亦造瓯之模也。其外有堆器，有锥器。堆者，用白泥堆坯上，以笔堆成花样。锥者，坯上用锥锥成花样。印作、锥作，各有专工。

【注释】

〔1〕吹釉：明清一种陶瓷施釉技法。吹釉多用于琢器和大型圆器。

〔2〕白器：陶瓷器一种。其釉透亮如玻璃，其色微黄略似虾青色，后制者其釉略混其色，其白有似牛乳之白，有似粉油之白，有似熟菱米之白不等。

〔3〕镶方：镶接方形部件。

〔4〕原泥：与坯泥相同的泥料。

〔5〕镶印二种：指镶方和印坯。

〔6〕锥拱：又称锥花，系用铁锥的坯体上锥成纹饰。 雕镂：又称透雕、镂雕、镂空。纹样穿透器壁的称之为“全镂”“通花”，只刻一层不透的称之为“半镂”。

〔7〕《事物绀珠》：41卷，明黄一正编。黄一正，字定父，扬州（今江苏扬州）人。

〔8〕窑器方为难：烧造方形瓷器难度大。

〔9〕欹：同“攲”，歪。 坼：裂开。

〔10〕鲜：少。

〔11〕唐碗脱：唐代造碗的模子。《全唐诗》第878卷《武后长寿元年民间谣》：“欔椎侍御史，碗脱侍中郎。”

〔12〕瓯脱：造瓯盏的模子。

其八曰采取青料

瓷器青花、霁青大釉，悉藉①青料，出浙江绍兴、金华二府所属诸山。采者入山得料，于溪流漂去浮土。其色黑黄、大而圆者为上青，名顶圆子〔1〕。携至镇〔2〕，埋窑地三日，取出，重淘洗之，始出售。其江西、广东诸山产者，色薄不耐火，止可画粗器。

〔按〕晋曰缥瓷〔3〕，唐曰千峰翠色〔4〕，柴周曰雨过天青〔5〕，吴越曰秘色〔6〕。其后宋瓷虽具诸色，而汝器宋烧者，淡青色；官窑以粉青为上；哥窑、龙泉窑，色皆青，陶器青为贵也。白地青花，亦资青料。明宣德用苏泥勃青〔7〕，嘉靖用回青〔8〕。青非不佳，然产地太远，可得而不可继。工匠之弊，又不胜防也。

【校】

①“藉”，文友本作“借”。

【注释】

〔1〕顶圆子：一种上等青料。

〔2〕镇：指景德镇。

〔3〕缥瓷：晋代今浙江温州一带的瓯窑所产青瓷被叫作缥瓷。缥瓷胎体细腻，呈色较白，白中略泛灰色；釉色淡青，透明度较高。缥，原是晋代一种淡青色的丝帛，瓯窑青瓷的颜色很像这种缥，故借缥以名瓷，称为缥瓷。

〔4〕千峰翠色：唐代诗人陆龟蒙“九秋风露越窑开，夺得千峰翠色来”著名诗句，就是赞誉越窑秘色青瓷的。越窑青瓷釉层均匀，色如山峦之翠，滋润而不透明，隐露青光，追示类玉的效果，品质为全国青瓷之冠。后又因其为晚唐五代时宫廷专用，烧制技术配方工艺秘不传人，故有“秘色瓷”之称。

〔5〕柴周：后周世宗柴荣是五代时期后周皇帝，在位6年，故称。 雨过天青：景德镇瓷器名品。因出窑时必须是烟雨天，上釉时对炉火的温度等各方面要求都非常高，故名。

〔6〕吴越：五代十国之一，钱镠建，都杭州。后降于宋。 秘色：越窑中上好青瓷以及越窑烧制的供应皇宫之物。

〔7〕苏泥勃青：陶瓷青花色料之一，又称苏勃泥青、苏麻离青等。产于古波斯或今叙利亚一带。元代青花的一部分和明永乐、宣德官窑所用青料，均为此种。

〔8〕回青：陶瓷青花色料之一。明正德时已出现，嘉靖时成为当时青花的标志。回青多与石子青配合使用。配制时二者比例不同，则呈色各异。

其九曰拣选青料

青料拣选，有料①户专司其事〔1〕。黑绿润泽，光色全者为上选〔2〕。仿古霁青、青花，细器用之。虽黑绿而欠润泽，只供粗瓷。至光色全无者，一切选弃。用青之法，画坯上罩以釉水，入窑烧成，俱变青翠。若不罩釉，其色仍黑，火候稍过，所画青花亦多散漫。青中有韭菜边一种〔3〕，独为清楚，入火不散，细器必用之。

〔按〕明用回青法：先敲青，用槌碎之。拣有朱砂斑者为上，有银星者为次，约可得十分之二。其奇零琐碎〔4〕，碾之入水澄定〔5〕，约可得二十分之一，所得亦甚少。选料不精，出器减色，故必属之料户专司。

【校】

①“料”，美术本作“科”。

【注释】

〔1〕料户：专司青料生产、买卖的人。

〔2〕上选：上等。

〔3〕韭菜边：青花钴料中的一个品种，呈色类似韭菜那样鲜翠。

〔4〕其奇零琐碎：剩下的残渣。

〔5〕碾：打磨。

其十曰印坯、乳料

拉成之坯，候干定，用修过模子套上，以手按拍，使周正匀结，然后退下，阴干〔1〕，以备旋削至画瓷所需之料，宜极细，粗则起刺不鲜。每料十两为一钵，专工乳研〔2〕，经月始堪应用。乳法：用研钵，贮矮凳。凳①装直木，上横一板，镂空以受乳钵之柄。人坐凳，握槌乳之。每月工直三钱，亦有乳两钵，夜至二更者，倍之。老幼残疾，藉此资生焉〔3〕。

〔按〕画器调色，与画家不同。器上诸色，必出火而后定。配合调剂，前人有经验之方，毫厘不得差。又须极细极匀，则色透骨而露彩。古瓷五彩〔4〕，成窑为最〔5〕。其点染生动，有出于丹青家之上者〔6〕。画手固高，画料亦精。今增洋彩一种[7]，绚艳夺目，而于象生及仿古铜器、紫檀、雕竹、螺甸各种[8]，惟妙惟肖，画料得法之明效可验也。

【校】

①“凳”，美术本缺此字。

【注释】

〔1〕阴干：在阴凉处晾干。

〔2〕乳研：用研钵捣细。

〔3〕资生：赖以维持生活。

〔4〕五彩：这里指红、绿、黄、褐、紫5种颜色。

〔5〕成窑：明宪宗朱见深成化（1465—1487）年间的景德镇官窑。

〔6〕丹青家：即画家。我国古代绘画常用丹（朱红）、青两种颜色，故称。

〔7〕洋彩：西洋油画的色彩。

〔8〕紫檀：一种名贵檀木，以色深紫故称，有“王者之木”的盛誉。

其十一曰圆器青花

青花圆器，一号动累百千[1]。若非画款相同，必致参差，难以识别。故画者学画不学染，染者学染不学画，所以一其手，不分其心也。画者、染者，分类聚一室，以成画一之功[2]。至如边线青箍出旋坯之手[3]，识铭①书记归落款之工。写生以肖物为上，仿古以多见能精，此青花之异于五彩也。

〔按〕《考工记》，设色之工五：画、缋、钟、筐、㡆②[4]。钟染羽[5]，㡆③湅丝[6]，筐入阙[7]，画、缋则合称之曰画缋之事。贾公彦《疏》云[8]：二者别官同职，共其事者[9]，画缋相须也[10]。画，即画也。缋，为染采之事，即染也。分为二作，聚处一室，其即古“别官同职”之义与？

【校】

①“铭”，文友本作“名”。

②“㡆”，美术本作“慌”。

③“㡆”，美术本作“慌”。

【注释】

〔1〕一号：一件或一批。

〔2〕以成画一之功：以便使画面风格取得统一。

〔3〕箍：约束器物的圈状物，或以边线形式绕画瓷胎。

〔4〕缋：绘画之事。　筐：孙诒让《周礼正义》疑即“治丝枲布帛之工”。

〔5〕钟染羽：钟人负责羽毛的染色。

〔6〕㡛湅丝：㡛负责漂丝及其染色。

〔7〕筐入阙：匠师筐人的职责，过去没有留下来记载。阙，同缺，空白。

〔8〕贾公彦《疏》：贾公彦，唐永年（今河北邯郸）人。官至太学博士。《疏》，此指贾公彦所著《周礼义疏》。

〔9〕二者别官同职，共其事者：画工与缋工二者名称不同，但职责一样，共同承担同一任务。

〔10〕画缋相须也：画工与缋工相互依存，缺一不可。

其十二曰制画、琢器

琢器有方圆、棱角之殊，制画有彩绘、雕镂之异。仿旧须宗雅则[1]，肇新亦有渊源[2]。或相物而赋形，亦范质而施采[3]。

〔按〕古器，仰曰山文[4]，俯曰叶文[5]，而以云回为之盘旋。有款有识，三代已然[6]。《汉·贡禹传》云[7]：杯案画文[8]，画金银饰，则凡日用之具烂然也。陶器彩画盛于明，其大半取样于锦段。写生、仿古，十之三四。今瓷画样十分之，则洋彩得四，写生得三，仿古二，锦段一也。愚窃谓《三礼图》《博古图》《古玉图》[9]，画法略备，钟鼎款识，具载于薛尚功之书[10]。能仿古为之，当輘定轹汝[11]，驰官骤哥[12]，而与尊彝并重矣。

【注释】

〔1〕宗雅则：以不循流俗之典雅为准。

〔2〕肇新：开始创新。肇，开始。

〔3〕亦范质而施彩：根据器物质地而施加相应的彩饰。

〔4〕仰曰山文：向上者为山文。文，同“纹”。

〔5〕俯曰叶文：向下者为叶文。文，同“纹”。

〔6〕三代：夏、商、周3个朝代。

〔7〕《汉·贡禹传》：指《汉书》中记载贡禹的传记。贡禹（前127—前44），字少翁。琅邪（今山东诸城）人。

〔8〕杯：酒杯，泛指餐具。　案：案板，泛指厨房用具。

〔9〕愚窃谓：依我个人的意见。愚，谦辞。《三礼图》：20卷，宋聂崇义纂辑。该书把《周礼》《仪礼》《礼记》所载礼乐器作了绘图说明。聂崇义，河南洛阳（今河南洛阳）人。《博古图》：指《宣和博古图》，宋代金石学著作，宋徽宗敕纂，王黼编纂，30卷。《古玉图》：即《古玉图谱》，南宋龙大渊于淳熙年间奉敕编撰。全书100卷，图700幅，著录为南宋高宗绍兴年间内府所藏玉器。

〔10〕薛尚功之书：指薛尚功所著《历代钟鼎彝器款识法帖》20卷。是书于南宋高宗绍兴十四年（1144）刻石，著录古器物510件。薛尚功，字用敏。南宋钱塘（今浙江杭州）人。

〔11〕轃定轹汝：盖过定窑与汝窑制品。

〔12〕驰官骤哥：胜似官窑与哥窑制品。

十三曰蘸釉、吹釉

圆琢青花，与仿古官、哥、定、汝等器，均须上釉入窑。上釉旧法，将琢器之方长棱角者，用羊毛笔蘸釉上器，失之不匀。至大小圆器，浑圆琢器，俱在缸内蘸釉。有轻重，且多破，故全器①难得，今于圆器之小者，仍于缸内蘸釉，其琢器与圆器大者，用吹釉法。截径寸竹筒，长七寸，口蒙细纱，蘸釉以吹。吹之遍数，视坯大小与釉之等类为多寡之差。多至十七八遍，少亦三四。

〔按〕《蓉槎蠡说》以垩泽为水法。垩泽，即釉也。定窑滋润，汝窑厚如堆脂，官窑莹澈。旧器釉重，大抵蘸釉不急能匀，重复蘸之，故莹厚者多也。昔人论棕眼蟹爪〔1〕，以别旧器则云尔。其实亦垩中心②小疵〔2〕，正坐此耳〔3〕。吹釉之法，补从前所未有，用之良便。又《博物要览》云〔4〕：有一种复烧者，取旧官、哥瓷器，如炉欠耳足，瓶损口棱，以旧补旧，加以釉药，一火烧成，与旧制无二。但补处色浑然，得此更胜新者。愚谓用今吹釉之法补旧，补处可使无迹。

【校】

①“器”，文友本作“釉”。

②“心”，文友本缺此字。

【注释】

〔1〕棕眼：又称针眼、毛孔、猪毛孔，即釉面有密密麻麻似橘子皮样

小孔。　蟹爪：釉面一似螃蟹的爪子爬过后，所引起的不规则的弧线弯曲状。

〔2〕疵：毛病、缺点。

〔3〕坐：因为。

〔4〕《博物要览》：16卷，明谷应泰（1620—1690）撰。其书论列古器物、字画、织绣、印宝等艺术品。谷应泰，字赓虞，号霖苍，直隶丰润（今河北丰润）人。

其十四曰旋坯、㓉足

圆器尺寸定于模，而光平必资于旋，故有旋坯之作。旋车与拉坯车相等，中心多一木椿①，视坯为粗细。其顶浑圆，包以丝绵，恐损坯里也。旋时，坯合椿②上，拨轮转旋。用刀旋之，则内外光平。其粗细分于旋手高下，故旋作为重。㓉足者〔1〕，拉坯时足下留一泥靶，长二三寸。画坯吹釉，便于执持。工竣去靶，㓉足书款。

〔按〕旋坯为抟埴之终，至此而坯成矣。旧制以足载器，多取沉重。柴窑，足多粗黄土，官、哥、龙泉，皆铁足。至明，永乐窑压手杯③沙足滑底〔2〕，宣德窑坛盏釜底线足〔3〕，嘉靖窑鱼扁盏馒心圆足〔4〕，踵事而精矣〔5〕。陶器出窑，底足可验火法。

【校】

①“椿”，文友本作“桩”。

②“椿”，文友本作“桩”。

③“杯”，美术本作“坏”。

【注释】

〔1〕㓉足：即“挖足”。将拉坯时留下的泥靶削掉一部分，然后挖成器物底足的工艺。㓉，同“挖”。

〔2〕压手杯：古代瓷器名。坦口折腰，手把之，其口正压手，故名。沙足滑底：指器足外缘有沙痕，底内光滑。这是永乐窑压手杯的特点。

〔3〕坛、盏：瓷器名。凡经箓醮事叫作“坛”，坛盏是坛中供器。明宣德窑产坛盏，盏心有“坛”字，质细料厚，形式美观。　釜底线足：指器足似釜，足直。这是宣德窑白茶盏的特点。

〔4〕馒心圆足：圈足内微微凸起似馒头状。

〔5〕踵事而精矣：越来越精细了。

其十五曰成坯入窑

窑制：长圆如覆瓮，崇广并丈许[1]，深倍之[2]。上覆瓦如屋，曰窑棚。烟突立其后[3]，崇二丈馀，在窑棚外。坯成装匣，付窑户入窑，分行列之。中间稍疏，以通火路。火有前、中、后之分：前火烈，中火缓，后火微。量器之宜称，配合窑位。器满发火[4]，砖涂塞窑门[5]，留一方孔，投松片不得停[6]。候匣钵作银红色，止火。又一昼夜，开窑。

〔按〕陶器入窑，初曰溜火[7]，欲习于火而无羸[8]。既曰紧火[9]，欲孰于火而无缩[10]。风火之窑[11]，审候为难[12]。《通志》云[13]：“造坯彩画，始条理也[14]。入窑火候，终条理也。”

【注释】

〔1〕崇广并丈许：高宽各一丈左右。

〔2〕深倍之：深二丈左右。

〔3〕烟突：烟囱。

〔4〕器满发火：成坯匣钵放满后，再点火烧窑。

〔5〕砖涂塞窑门：用砖砌堵并涂砌面以塞住窑门。

〔6〕投松片不得停：不停地向窑炉内投放松柴。

〔7〕溜火：文火。窑在点火后的开始阶段，由于窑柴燃烧比较慢，谓之“溜火”。溜，缓、小。

〔8〕羸：过度。

〔9〕紧火：即武火。溜火之后，逐步使火转入高温，火力加大，又称“赶馀堂”。紧，快速。

〔10〕孰：同“熟”。

〔11〕风火之窑：即风火窑，明清景德镇御器厂内的一种窑型。

〔12〕审候为难：掌握火候即烧成征兆比较困难。

〔13〕《通志》：指成书于雍正十年（1732）的谢旻编撰的《江西通志》。

〔14〕条理：此指过程、工序。

其十六曰烧坯、开窑

入窑至出窑，以三日为率[1]。第四日晨开窑，器匣尚带紫红色，不能近。开窑匠用布十数层，制手套，蘸冷水护手。复用湿布包裹头面肩背，然后入窑取器。器尽，乘热安顿新坯。因新坯带潮，就热①窑烘炙，可免火后坼裂穿漏之患。

〔按〕火候得失，开窑而知。故《志》称：瓷器入窑，必详视胚胎堪否[2]，然后盖匣，封固起火。如绘画小器，亦细看上下四周，有无疵谬[3]。必体质完美，方可入窑。如是而开窑，可专验火候矣。火弱则窳[4]，火猛则偾[5]。

【校】

①“热”，美术本作“熟”。

【注释】

〔1〕率：标准。

〔2〕堪否：是否安放好。

〔3〕疵谬：斑点，污迹。

〔4〕窳：坏，粗劣。

〔5〕偾：毁坏，败坏。

其十七曰圆琢洋彩

圆琢白器，五彩绘画，仿西洋曰洋彩。选画作高手，调合各种颜色，先画白瓷片烧试，以验色性火候，然后由粗入细，熟中取巧，以眼明、心细、手准为佳。所用颜色，与佛郎色同[1]。调法有三：一用芸香油[2]；一用胶水；一用清水。油便渲染，胶便拓刷，清水便堆填也。画时或倚卓[3]，或手持，或侧眠低处就器，各随其宜，以取运笔之便。

〔按〕大食窑与佛郎嵌相似[4]。《通雅》云：佛菻能为之[5]，广语读菻为郎，故曰佛郎，亦曰拂郎，今“发蓝”也。然所谓佛郎嵌者，以铜作身，用药烧成五色花，其鲜润不及瓷也。洋彩只仿其彩法，器品实出其上。《宣和画谱》载日本画山川小景[6]，设色甚重，多用金碧[7]。宋邓椿记高丽扇画所染青绿奇甚[8]，与中国不同，专以空青海绿为之，近年尤精。明杨埙工倭漆，得缥霞彩漆法。山水人物，神气飞动，描写不如，海外往往有此。昔黄山谷题高丽画有曰[9]“海外人烟来眼界，全胜《博物》注鱼虫”[10]，吾于此亦云。

【注释】

〔1〕佛郎色：珐琅彩。

〔2〕芸香：香草名。多年生草本植物，其下部为木质，故又称芸香树。

〔3〕卓：同“桌”。

〔4〕大食窑：大食国在西漠，亦称“大石”“大寔”，唐名大食。这里指阿拉伯的金属掐丝珐琅瓷器。

〔5〕拂菻：古时我国对东罗马帝国的称呼。

〔6〕《宣和画谱》：20卷，著录宋徽宗宣和（1119—1125）间皇家收藏的绘画，分为道释、人物、宫室、番族、龙鱼、山水、畜兽、花鸟、墨竹、蔬果10类。

〔7〕金碧：金黄和碧绿的颜色。

〔8〕邓椿：字公寿。南宋双流（今四川成都）人。著有《画继》10卷。 高丽：王建所创立的高丽国（918—1392）。 青绿：中国画颜料中的石青和石绿。这里指以这两种颜料为主的着色方法。

〔9〕黄山谷：即黄庭坚（1045—1105），字鲁直，号涪翁，又号山谷道人。宋洪州分宁（今江西修水）人。著有《豫章先生文集》《山谷全集》等。

〔10〕《博物》：即《博物志》，10卷，西晋张华（232—300）撰。张华，字茂先。范阳方城（今河北固安）人。

其十八曰明炉、暗炉

白器烧成，始施彩画。画后复烧，使颜色入器，因有明炉、暗炉之别，器之小者，用明炉。口门向外，周围炭火，器置铁轮上，下托以铁叉，送入炉，旁用铁钩旋转其轮，以匀火气，采色光亮为度[1]。器之大者，用暗炉。炉高三尺，径二尺六七寸，周围夹层贮炭火，下留风眼，器贮炉膛，人执圆板以御火气[2]。炉顶盖板，黄泥固封，烧一昼夜为度。凡烧①黄、紫、绿等器，烧法相同。

〔按〕宣炉造法[3]：蜡茶色以水银浸、擦、熏、洗为之，鎏金以金烁为泥[4]，数四涂抹，火炙②成赤[5]，亦于出熔之后加色，而复用火成之，同一法也。

【校】

①“烧”，鲍刻本及美术本为“浇”，据上下文意改。

②“炙”，美术本作“灸”。

【注释】

〔1〕度：准绳。

〔2〕御：抵挡。

〔3〕宣炉：明宣德间（1426—1435）所造的铜香炉，极名贵。

〔4〕鏒金以金烁为泥：把金属熔化成泥状。

〔5〕火炙成赤：经火烤成红色。

其十九曰束草、装桶

瓷器出窑，分类拣选。有上色、二色、三色、脚货之名[1]，定直高下[2]。三色、脚货，即在本地出售。其上色圆器与上色、二色琢器，用纸包装桶，有装桶匠专司其事。二色圆器，每十件为一筒，用草包扎装桶，各省通行。粗器用茭草包扎[3]，或三四十件为一仔[4]，或五六十件为一仔。一仔犹云一驮。茭草直缚于内，竹篾横缠于外。水陆转搬，便于运送。其匠众多，以茭草为名目。

〔按〕《稗史类编》云[5]：官窑开窑之日，反复比量而美恶辨。盖以器品有定，而火候必开窑始见也。《志》称窑干、坯干、柴干[6]，则少拍裂沉暗之患。土细、料细、工夫细，则无粗糙污①滓之患。又必火候均匀，釉色光荧，器自完好。上色必能备此，以次而降。釉泽不具曰骨[7]，罅折曰蔑[8]，边毁剥曰茅[9]，当在脚货中矣。

【校】

①“污”，美术本缺此字。

【注释】

〔1〕上色：上等品。 二色：二等品。 三色：三等品。 脚货：等外品。

〔2〕直：同“值”，价值。

〔3〕茭草：指竹苇索。

〔4〕仔：一驮或一扎。

〔5〕《稗史类编》：疑即明王圻所编《稗史汇编》，175卷。王圻（1530—1615），字元翰，号洪洲。上海（今上海）人。明文献学家、藏书家。

〔6〕《志》：似指乾隆《浮梁县志·陶政志》，待考。

〔7〕釉泽不具曰骨：器面上釉色泽不光鲜称为“骨”。

〔8〕罅折曰蔑：出现裂缝叫做“蔑”。罅，裂缝。

〔9〕边毁剥曰茅：口沿损伤脱落叫作“茅”。

其二十曰祀神酬愿

景德镇袤延仅十馀里，山环水绕，僻处一隅，以陶来四方商贩。民窑二三百区，工匠人夫不下数十万，藉①此食者甚众。候火②如候晴雨，望陶如望黍稌③〔1〕，故重报赛〔2〕。有神童姓者，窑户也，前明烧龙缸〔3〕，连岁不成，中使督责甚峻〔4〕，窑民苦累。神为众蠲生〔5〕，跃入窑突中以死，而龙缸即成。司事者怜而奇之，建祠厂署祀焉，称风火仙〔6〕。屡著灵异，窑民岁祀惟谨，拟之社方也〔7〕。

〔按〕明初中官督造，其后议裁，用同省府佐轮值。又远近不均，移饶州府佐驻镇专理。而中官借上供之名，分外苛索。隆庆五年〔8〕，都御史徐栻疏称〔9〕：内承运库太监题奏，缺少各样瓷器，要造里外鲜红碗、钟、瓯，并大小龙缸、方盒，共十万五千七百七十。其龙缸体式，底阔肚凸，多致坠裂。五彩缸样重过大色，多系惊碎。万历十一年〔10〕，工科都给事中王敬民题称〔11〕：今据该监所开，碗、碟、钟、盏之类，皆上用必需，而祭器尤不可缺。中间如围棋、棋盘、棋罐无益之具，屏风、笔管、瓶罐、盒炉不急之物，总九万六千有奇。苛索如此。风火仙之事，不知何时？大率类此〔12〕。当兹惠民通商，利工便俗之世，其效灵宜也。

【校】

①“藉”，文友本作“借”。

②“候火”，美术本作“火候”。

③“稌”，鲍刻本及美术本均作“秙”，从文友本改。

【注释】

〔1〕望陶如望黍稌：盼望陶器烧制成功如农民盼望庄稼丰收。黍，黄米。稌，稻子。

〔2〕报赛：古时农事完毕后举行谢神、庆功的祭祀活动，此指下文窑民祭祀风火仙的活动。

〔3〕前明：清朝人对明朝的称呼。

〔4〕中使：奉有旨意的宦官。　峻：严厉苛刻。

〔5〕蠲生：牺牲性命。

〔6〕风火仙：相传仙名，童宾，字定新，浮梁（今江西景德镇）人。明万历二十七年（1599）因造龙缸之事而跳入火内牺牲，工人为他立庙祀为风火神，俗称风火仙。

〔7〕社方：土地神之意。

〔8〕隆庆五年：1571年。隆庆（1567—1572），明穆宗朱载垕的年号。

〔9〕徐栻：字世寅。常熟（今江苏常熟）人。嘉靖二十六年（1547）进士。　疏：书面向皇帝陈述意见。

〔10〕万历十一年：1583年。万历（1573—1620），明神宗朱翊钧的年号。

〔11〕王敬民：明代督陶官。万历十二年（1584）工科都给事中王敬民，极言瓷器烧造之苦与玲珑奇巧之难，得旨：棋盘、屏风减半烧造。

〔12〕大率类此：大概与此类似。

卷二　说古

原　始

［春秋］雷纹方格纹陶釜
（广西壮族自治区博物馆藏）

《周书》〔1〕：神农作瓦器〔2〕。《物原》〔3〕：神农作瓮。《绀珠》〔4〕：瓶、缾同，神农制。

〔按〕《礼运》〔5〕：后圣有作〔6〕，然后治①火之利，范金合土〔7〕，不详何代。《左传》云〔8〕：炎帝以火纪官。然则治火之利者，必炎帝也。故瓦器托始于神农，必举一以实之，凿矣〔9〕。《说文》〔10〕：缾或从瓦，二字通用。如《绀珠》言：甕罋、瓿䍌、罌罃，皆二器耶〔11〕？《路史》又云〔12〕：燧人为釜〔13〕。

【校】

①“治”，文友本作“修”。

【注释】

〔1〕《周书》：即《逸周书》，隋唐以后亦称《汲冢周书》，10卷，是我国古代历史文献汇编。旧说《逸周书》是孔子删定《尚书》后所剩，是为《周书》的逸篇，故得名。

〔2〕神农：即炎帝，传说中农耕技术创造者。《淮南子·修务训》说他曾尝百草，发明医药，又教民播种五谷。　瓦器：用泥土烧制的器皿。亦

泛指粗制的陶器，以别于瓷器。

〔3〕《物原》：1卷，明罗颀撰。主要介绍我国古代先民的发明创造，如锅子的发明、豆腐的制造等。罗颀，字仪甫。山阴（今浙江绍兴）人。

〔4〕《绀珠》：即《事物绀珠》。

〔5〕《礼运》：《礼记》篇名。大约是战国末年或秦汉之际儒家学者托名孔子答问的著作。

〔6〕后圣：后世的圣人。

〔7〕范金合土：用模具制造金属和陶器。范金，用模具铸造金属。合土，拍埴黏土。

〔8〕《左传》：即《春秋左氏传》，《春秋》三传之一，相传为春秋时鲁国左丘明撰。左丘明（约前502—约前422），春秋鲁国（今山东肥城）人。

〔9〕凿：确实，肯定如此。

〔10〕《说文》：即《说文解字》，15篇，东汉许慎（约58—约147）撰。许慎，字叔重。汝南召陵（今河南郾城）人。有“五经无双许叔重”之赞赏。

〔11〕皆二器耶：这是反问句，难道都是两种不同的器物吗？

〔12〕《路史》：47卷，南宋罗泌（1131—1189）撰。罗泌，字长源，号归愚。吉州庐陵（今江西吉安）人。

〔13〕燧人：传说中的钻木取火并始创结绳记事法之人。 釜：釜鬲，陶制炊器。

《吕氏春秋》[1]：黄帝有陶正[2]，昆吾作陶[3]，亦见《尸子》[4]。《说文》：古者，昆吾作匋。《古史考》[5]：神农时食谷，加米于烧石之上食之。黄帝时有釜、甑[6]。《物原》：轩辕作碗碟。

〔按〕黄帝陶正，设官之始。《古史考》食谷烧石之上，当是燧人时事，神农时当有釜甑也。碗碟之名后起，《物原》亦附会之言。

【注释】

〔1〕《吕氏春秋》：又称《吕览》，26卷，秦相吕不韦（？—前235）集合门客共同编写，汉高诱注。

〔2〕黄帝：华夏始祖之一、人文初祖。相传因居于轩辕之丘（今河南新郑西北），故号轩辕氏；出生、创业和建都于有熊（今河南新郑），故亦称有熊氏，因有土德之瑞，故号黄帝。 陶正：周代职官名，主掌陶器。《左传·襄公二十五年》：“昔虞阏父为周陶正，以服事我先王。”杨伯峻

注：“陶正，主掌陶器之官。”

〔3〕昆吾：夏商之间部落名。己姓。初封于濮阳（今河南濮阳）。夏衰，昆吾为夏伯，迁于旧许（今河南许昌），后为商汤所灭。 陶：指陶器。

〔4〕《尸子》：先秦杂家著作。作者尸子。《汉书·艺文志》杂家有“《尸子》二十篇”，班固自注：尸子“名佼，鲁人，秦相商君师之。鞅死，佼逃入蜀”。

〔5〕《古史考》：25卷，蜀汉谯周（201—270）撰。谯周，字允南。西充（今四川阆中）人。

〔6〕甑：古代蒸饭的一种瓦器。底部有许多透蒸气的孔格，置于鬲上蒸煮，如同现代的蒸锅。

《春秋正①义》〔1〕：少皞有五工正〔2〕，抟埴之工曰鶅雉〔3〕，职东方。注：服虔曰，雉，夷也，夷，平也，使度量器用平也。

〔按〕此依旁《考工记》而新其名〔4〕，恐属附会。

【校】

①“正”，美术本作“本”。

【注释】

〔1〕《春秋正义》：即《春秋左传正义》，唐太宗李世民命孔颖达（574—648）作《五经正义》，其中有《春秋左传正义》，后收入《十三经注疏》。孔颖达，字冲远。冀州衡水（今河北衡水）人。

〔2〕少皞：即少昊。传说中远古东夷族首领。名挚，一作质，一说号金天氏。 工正：官名，春秋时齐、宋、鲁等国设置，为掌百工之官。

〔3〕鶅雉：古代指东方出产的野鸡。《左传·昭公十七年》“五雉为五工正”。晋杜预注：“五雉，雉有五种，西方曰鷷雉，东方曰鶅雉，南方曰翟雉，北方曰鵗雉，伊洛之南曰翚雉。”此指陶正。

〔4〕此依旁《考工记》而新其名：这种说法出自《考工记》，但更换了原来的名称。旁，同“傍”。

《考工记》：有虞氏上陶〔1〕。注：舜至质〔2〕，贵陶器，瓬大〔3〕，瓦棺是也。《礼记·明堂位》〔4〕：泰〔5〕，有虞氏之尊也。《韩非子》〔6〕：虞舜作食器。《史记·五帝本纪》〔7〕：舜陶河滨〔8〕，河滨器皆不苦窳，作什器于寿邱〔9〕。

〔按〕陶，始于炊器，大抵如今黄沙之质。至虞而泰尊、瓶大，详及礼器，其制略备，当有精粗之别，故曰上陶。其后虞阏父入①周为陶正〔10〕，陈敬仲奔齐为工正〔11〕，亦或以上陶之裔故也〔12〕。

【校】

①“入”，文友本作“八”。

【注释】

〔1〕有虞氏上陶：有虞氏重视陶器。有虞氏，即虞舜，姓姚，名重华，上古部落联盟的首领。上，同“尚”，重视。

〔2〕舜至质：舜非常崇尚质朴。

〔3〕瓬：古代盛酒的有盖的瓦器，口小，腹大，底小，较深。

〔4〕《礼记·明堂位》：《礼记》篇名。主要记载了诸侯朝见周公于明堂的位置排列情况，并交代了鲁国享用天子之礼的由来，以及各种礼仪制度在鲁国的具体运用情况。《礼记》，亦称《小戴礼记》或《小戴记》，儒家经典之一，传为西汉戴圣所编纂。戴圣，字次君。梁（郡治今河南商丘）人。

〔5〕泰：古酒樽名。

〔6〕《韩非子》：55篇，20卷，战国韩非（约前280—前233）所撰。韩非，战国末期韩国（今河南禹州）人，韩王室诸公子之一。

〔7〕《史记·五帝本纪》：《史记》十二本纪第一篇。《史记》，130卷，西汉司马迁（约前145—？）撰。司马迁，字子长。左冯翊夏阳（今陕西韩城南）人。

〔8〕河滨：黄河之滨，或云在今山东定陶。

〔9〕寿邱：古地名，在今山东曲阜东。

〔10〕虞阏父：一作遏父。商周之际人。妫氏，传为虞舜后裔。周武王时任陶正，主管制陶。武王灭商后，其子满受封为陈国始祖。

〔11〕陈敬仲：春秋时陈国贵族。字敬仲。又名陈完。原在陈为大夫，因内乱扩大，惧而奔齐。齐桓公欲使为卿，他固辞不受，改任工正。从此陈氏改为田氏。其后势力逐渐强大。在齐国当政时，不断收揽人心。传九世至田和，遂正式代齐。

〔12〕裔：后代子孙。

《礼记·曲礼》〔1〕：天子之六工〔2〕，典制六材〔3〕。陶旊之工曰土工〔4〕。

〔按〕《曲礼》：天子建官先六大[5]。以下数条[6]，郑注皆谓殷时制[7]。

【注释】

〔1〕《礼记·曲礼》：《礼记》篇名。古有吉、凶、宾、军、嘉五礼，《曲礼》并没有严整系统地逐一阐释这五种礼仪的大体全文，但所涉各种礼仪的小节杂事具体而微，十分翔实，所以篇名就叫“曲礼”。

〔2〕天子：古代社会的最高统治者，秦以后称皇帝。　六工：即土工、金工、石工、木工、兽工、草工。

〔3〕典制六材：掌管使用六工制作器物所需要的各种材料。

〔4〕陶旊：烧制簋、豆等陶器。亦指烧制簋、豆等陶器的工人。

〔5〕建官：设官。　六大：六个重要职官，即大宰、大宗、大史、大祝、大士、大卜。

〔6〕以下数条：是指《曲礼》中的天子之府，曰司土、司木、司火、司草、司器、司货、典司之职。

〔7〕殷：商，即商朝。

［商］灰陶鬲（河南省文物考古研究所藏）

《考工记》：抟埴之工，陶、旊（旊，郑司农读若甫[1]，郑康成读若放[2]）。又陶人为甗、盆、甑、鬲、庾[3]，旊人为簋、豆[4]（甗，鱼辇反，一音彦。鬲音历）。又凡陶旊之事，髻、垦、薜、暴不入市[5]（郑司农，髻，读刮；薜，读蘗[6]；暴，读剥；郑康成，髻，读刖[7]）。又器中䏝，豆中县。（䏝，市专反。）

〔按〕周制[8]：陶、旊分职。陶人所掌，皆炊器，惟庾是量名。旊人所掌，皆礼器。其制度必有精粗不同，后世分窑，分作因之。《注》云，抟之，言拍埴黏土，又与采石、炼泥、造坯相似。《注》又云，垦，顿伤。薜，破裂。暴，偾起，不坚致。髻，先郑读刮，后郑读刖，亦伤意；是忌骨、忌蔑、忌茅之说也。《注》又云，䥊膊其侧，以拟度端，其器县绳，正豆之柄[9]，是模子拉车旋车之事也。椎轮之始[10]，规模已具。愚谓陶之由来，详于虞，而备于周[11]。

【注释】

〔1〕郑司农读若甫：郑司农把“旊”读成“甫”。郑司农，即东汉郑众。

〔2〕郑康成读若放：郑康成把“旊”读成“放”。郑康成，即东汉郑玄。

〔3〕甗：古代蒸煮用的炊具。上下两层，中间有箅子，陶制或青铜制。 鬲：古代的一种炊具。形状像鼎而足部中空。 庾：古代一种陶质量器。十六斗为一庾。

〔4〕簋：古代祭祀宴享时盛黍稷的器皿。一般为圆腹，侈口，圈足。豆：古代一种盛食物的器皿。形似高足盘，或有盖。新石器时代晚期开始出现，盛行于商周时，多陶制，也有青铜制或木制涂漆的。

〔5〕髻：形体歪斜。 垦：损伤。 薜：破裂。 暴：剥落。

〔6〕蘖：生芽的米。

〔7〕刖：古代酷刑之一。砍掉脚或脚趾。

〔8〕周制：周朝的制度。

〔9〕正：校正。

〔10〕椎轮：陶轮。

〔11〕详于虞，而备于周：谓创制于虞舜时代，完备于周朝。

古窑考

唐越州窑

夏少康封少子无馀于会稽〔1〕，号曰于越〔2〕。秦于此立会稽郡，隋改为越①州，唐复为会稽郡，后又为越州，今浙江绍兴府。陆羽《茶经》〔3〕：碗，越州上，鼎州次〔4〕，婺州次〔5〕，岳州次〔6〕，寿州次〔7〕，洪州次〔8〕。或以邢州处越州上〔9〕，殊为不然。邢瓷类银，越瓷类玉，邢不如越一也；邢瓷类雪，越瓷类冰，邢不如越二也；邢瓷白而茶色丹，越瓷青而茶色绿，邢不如越三也。《乐府杂录》〔10〕：唐大中初〔11〕，有调音律官大兴县丞郭道源〔12〕，善击瓯。用越瓯、邢瓯一十有二，以箸击之〔13〕。陆龟蒙诗〔14〕：九秋风露越窑开〔15〕，夺得千峰翠色来。如向中宵承沆瀣〔16〕，共嵇中散斗遗杯〔17〕。

〔按〕唐越窑实为钱氏秘色窑之所自始。后人因秘色为当时烧进之

［唐］越窑青瓷瓯（中国国家博物馆藏）

名，忘所由来。《负暄杂录》据陆龟蒙诗〔18〕，谓越陶，唐世已有。《四六法海》得柳宗元《代人进瓷器状》〔19〕，谓欲补《负暄杂录》之遗，然亦存其说而已，未得越窑明据。晋杜毓《荈赋》云〔20〕：器择陶拣，出自东瓯〔21〕。瓯，亦越也。今《茶经》曰越州，已有其地，证之当时顾况《茶赋》云〔22〕，越泥似玉之瓯；孟郊诗云〔23〕，越瓯荷叶空；郑谷诗云〔24〕，茶新换②越瓯；韩偓诗云〔25〕，越瓯犀液发茶香。言越瓷者，不一而足，遂特表而出之曰唐越州窑，为之一快。又《（唐）国史补》云〔26〕：内邱白瓷瓯〔27〕，端溪紫石砚〔28〕，天下无贵贱通之。考《（唐）地理志》〔29〕：邢州巨鹿郡县内邱。是邢瓷亦为时所重，故郭道源击瓯，邢、越并用。《杜工部集》有《于韦处乞大邑瓷碗诗》云〔30〕：大邑烧瓷轻且坚，扣如哀玉锦城传〔31〕。大邑在唐属邛州〔32〕，又出《茶经》所数诸州之外，陶至唐而盛矣。《瓶花谱》亦云〔33〕：古无瓷瓶，皆以铜为之，至唐始尚窑器。

【校】

①“越”，文友本作“超”。

②“换”，美术本作“挽”。

【注释】

〔1〕夏少康：夏朝统治者之一，是一位有作为的君王，开创了“少康中兴”。

〔2〕于越：《淮南子·原道篇》注：“于，吴也。于越即吴越。”

〔3〕陆羽（733—约804）：字鸿渐，号东冈子，自称桑苎翁。唐竟陵（今湖北天门）人。陆羽嗜茶，著《茶经》3卷，10篇。

〔4〕鼎州：今陕西铜川的黄堡、陈炉等镇，此指鼎州窑。

〔5〕婺州：今浙江金华地区，此指婺州窑。

〔6〕岳州：今湖南湘阴、长沙等地区，此指岳州窑。

〔7〕寿州：今安徽淮南，此指寿州窑。

〔8〕洪州：今江西丰城，此指洪州窑。

〔9〕邢州：今河北内丘一带，此指邢州窑。

〔10〕《乐府杂录》：1卷，又名《琵琶录》，唐段安节撰，记述乐部、歌舞、俳优、乐器、乐曲等。段安节，临淄（今山东临淄）人。

〔11〕大中（847—860）：唐宣宗李忱的年号。

〔12〕郭道源：唐武宗朝人，以善击瓯名，率以邢瓯、越瓯12只，旋加减水其中，以箸击之。

〔13〕箸：筷子。

〔14〕陆龟蒙（？—约881）：字鲁望，自号江湖散人、甫里先生，又号天随子。姑苏（今江苏苏州）人。唐朝诗人。著有《耒耜经》《甫里先生文集》等。

〔15〕九秋：即秋天，秋季3个月为90天，故称。

〔16〕中宵：夜半。 沆瀣：夜间的水气露水。

〔17〕嵇中散：即嵇康（223—262），字叔夜。三国魏谯郡铚县（今安徽濉溪）人。诗人、音乐家。拜中散大夫。与山涛、阮籍、阮咸、王戎、向秀、刘伶号称“竹林七贤”。入晋，为司马氏所杀。 遗杯：犹馀杯，残酒。

〔18〕《负暄杂录》：3卷，又《补遗》1卷，南宋顾文荐撰。

〔19〕《四六法海》：12卷，明王志坚（1576—1633）编，录魏晋至元朝骈文。王志坚，字弱生，一字闻修，号淑士。昆山（今江苏苏州）人。四六，骈体文的别称。柳宗元《代人进瓷器状》：柳宗元（773—819），字子厚。唐河东（今山西永济）人。唐代著名文学家。著有《柳河东集》。元和八年（813）为饶州刺史元崖撰《进瓷器状》。

〔20〕杜毓《荈赋》：即杜育（？—311）所撰《荈赋》，赋铺叙了茶叶的培埴、采摘、饮用和饮茶器具的选择。荈，指晚采的茶。杜育，字方叔。襄城（今河南襄城）人。幼极聪慧，时人誉为神童。及长有才藻，时人誉曰“杜圣”。今存《荈赋》《菽赋》2篇，为残篇。

〔21〕东瓯：温州或浙南地区的别称。

〔22〕顾况《茶赋》：唐顾况（约730—806后）作。顾况，字逋翁，自号华阳山人。苏州海盐（今属浙江）人。唐代诗人，著有《华阳集》《顾逋翁诗集》4卷。

〔23〕孟郊（751—814）：字东野。湖州武康（今浙江德清）人。唐代诗人，著有《孟东野诗集》10卷。

〔24〕郑谷（848—911）：字守愚。袁州（今江西宜春）人。唐代诗人，著《云台编》《宜阳集》等。

〔25〕韩偓（约842—923）：字致尧，一作致光，小字冬郎，自号玉山樵人。京兆万年（今陕西西安）人。唐代诗人，著有《韩内翰别集》等。

〔26〕《（唐）国史补》：3卷，唐李肇撰。李肇，字里居。官至尚书左司郎中，迁左补阙，入翰林为学士。另著有《翰林志》1卷、《新唐书志》及《宋史志》等。

〔27〕内邱：今河北内丘。

〔28〕端溪：水名。在广东高要东南。溪产砚石。制成者称端溪砚或端砚，为砚中上品。后即以“端溪”称砚台。

〔29〕《（唐）地理志》：指《新唐书》《旧唐书》中的《地理志》。

〔30〕《杜工部集》：是唐代大诗人杜甫（712—770）的诗文集。杜甫，字子美，又自称少陵野老，故世亦称杜少陵，他曾任检校工部员外郎，故又称杜工部。原籍襄阳（今湖北襄樊）人，自其曾祖时迁居巩县（今河南巩义西南）。

〔31〕哀玉：指如玉声凄清的音响。　锦城：四川成都的别称。

〔32〕邛州：中国古州名。在今四川成都西南。

〔33〕《瓶花谱》：1卷，明张谦德（1577—1643）撰。张谦德，后改名丑，字青甫，号米庵。昆山（今江苏昆山）人。另著有《清河书画舫》《清河书画表》。

吴越秘色窑

［五代］越窑秘色瓷双耳洗（浙江省博物馆藏）

钱氏有国时[1]，越州烧进[2]。《高斋漫录》[3]：越州烧进，为供奉之物[4]，臣庶不得用，故云秘色。

〔按①〕王蜀报朱梁信物有金棱碗[5]，致语云：金棱含宝碗之光，秘色抱青瓷之响；则秘色是当时瓷器之名。不然吴越专以此烧进，而王蜀亦取以报梁耶[6]？

【校】

①“按”，美术本作“桉”。

【注释】

〔1〕钱氏：吴越国的统治者，姓钱，故称。

〔2〕烧进：烧制进贡。

〔3〕《高斋漫录》：1卷，宋曾慥（？—1155）撰。曾慥，字端伯，号至游居士。晋江（今福建泉州）人。

〔4〕供奉：特指贡献给帝王。

〔5〕王蜀：五代十国时的前蜀（907—925）为王建所建，故称。 朱梁：五代十国时的后梁（907—923）为朱温所建，故称。 金棱碗：饰金瓷碗。

〔6〕报：回赠。

后周柴窑

柴世宗时烧者[1]，故曰柴窑。相传当日请瓷器式，世宗批其状曰：雨过天青云破处，者般颜色作将来。（作，读做。）《夷门广牍》[2]：柴窑出北地，天青色。滋润细媚，有细纹，足多粗黄土，近世少见。《博物要览》：昔人论柴窑曰，青如天，明如镜，薄如纸，声如磬[3]。《事物绀珠》：柴窑制精色异，为诸窑之冠。《清秘藏》[4]：论窑器必曰柴、汝、官、哥、定。柴不可得矣，余向见残器一片，制为绦环者[5]，色光则同，但差厚耳[6]。

〔按〕后周都汴[7]，唐属河南道[8]。考《唐书·地理志》，河南道贡瓷石之器，是其地本宜于陶也。宋政和官窑，亦起于汴，汝亦唐河南道所辖之州，柴窑当即在其都内。高澹人《宋均窑瓶歌注》云[9]：近人得柴窑碎片，皆以装饰玩具，盖难得而可贵也。王渔洋《香祖笔记》谓[10]：贵人得碗一枚，其色正碧，流光四照，何其幸与?

【注释】

〔1〕柴世宗：名荣，五代十国后周皇帝，954—959年在位。

〔2〕《夷门广牍》：158卷，明周履靖编。周履靖（1549—1640），字逸之，号梅墟，别号梅颠道人。嘉兴（今浙江嘉兴）人。另著有《茹草编》《续易牙遗意》等。

〔3〕磬：一种乐器，用石或玉雕制而成。

〔4〕《清秘藏》：2卷，明张应文（？—1595）撰。张应文，字茂实，号彝甫，别号“被褐先生”。嘉定（今上海嘉定）人。

〔5〕绦环：带钩。

〔6〕差厚：稍微厚了一点。

〔7〕汴：汴梁，今河南开封。

〔8〕河南道：地方行政区名。唐贞观十道、开元十五道之一。贞观元年（627）置。因在黄河以南得名。

〔9〕高澹人（1645—1704）：名士奇，字澹人，号江村。清钱塘（今浙江杭州）人。著有《清吟堂全集》《江村消夏录》等。

〔10〕王渔洋《香祖笔记》：12卷，清初王士禛（1634—1711）撰。王士禛，雍正时避帝讳，被改称士正，字子真，一字贻上，号阮亭，又号渔洋山人，谥文简。新城（今山东桓台）人，常自称济南人。另著有《渔洋诗话》《池北偶谈》等。

宋定窑

［宋］定窑白釉龙首净瓶
（河北省定州市博物馆藏）

出定州，今直隶真定府〔1〕。《格古要论》：古定器〔2〕，土脉细。色白而滋润者贵，质粗而色黄者价低。外有泪痕者是真。划花者最佳，素者亦好，绣花者次之。宋宣和、政和间窑最好〔3〕，但难得成队者〔4〕。有紫定〔5〕，色紫；有黑定，色黑如漆。《留青日札》〔6〕：似象窑色〔7〕。有竹丝刷纹者〔8〕，曰北定窑。南定窑有花者，出南渡后〔9〕。《博物要览》：定器有划花、绣花、印花三种〔10〕，多因牡丹、萱草、飞凤三种〔11〕。时造式多工巧。《清秘藏》：定窑有光素、凸花二种〔12〕。以白色为正，白骨而加以泑水，有如泪痕者佳。间有紫色、黑色者，不甚珍也。

〔按〕定器以北定为贵，北定以政和、宣和间窑为最好。然如东坡《试院煎茶诗》所云[13]：定州花瓷琢红玉[14]，不在宣和、政和前与？且云花瓷，亦非必有花者出南渡后也。又有元朝戗金匠彭均宝者[15]，效定器作折腰样，甚整齐，曰彭窑，时称之为新定。《格古要论》云：土脉细白者，与定器相似，比青口欠滋润，极脆。又《博物要览》谓：新仿定器，如文王鼎炉、兽面戟耳彝炉，不减定人制法，可以乱真。若周丹泉初烧为佳[16]。爱古者能分别南北定，而又不为后来仿效者所惑，庶几不愧鉴赏家矣[17]。

【注释】

〔1〕直隶真定府：直隶，清初设直隶省，1928年改为河北省，真定府，雍正元年改名为正定府，为直隶省管辖。

〔2〕古定器：宋代定窑出产的瓷器。

〔3〕政和（1111—1118）：宋徽宗赵佶年号。　宣和（1119—1125）：宋徽宗赵佶年号

〔4〕成队：成对，成套。

〔5〕紫定：定窑出产的紫色瓷器。宋代定窑瓷器釉色品种之一。最早见于明曹昭《格古要论·古定窑》："有紫定色紫，有黑定色黑如漆，土俱白，其价高于白定。"

〔6〕《留青日札》：39卷，明田艺蘅撰。田艺蘅（1524—？），字子艺，号品岩子。钱塘（今浙江杭州）人。另著有《田子艺集》《大明同文集》《诗女史》等。

〔7〕象窑：象山窑。象山，今浙江宁波象山。

〔8〕竹丝刷纹：宋代定窑瓷器坯体成型时利坯所致，因利坯不可能完全平整如镜，当釉稀薄处，便可见条条细小痕迹，此即竹丝刷纹。

〔9〕南渡：北宋末，汴京（今河南开封）失陷，朝廷南迁临安（今浙江杭州），史称南渡，是为南宋。

〔10〕划花：瓷器的传统装饰技法之一。在尚未干透的陶瓷器表面用木刀、竹条、铜铁制器等尖状工具浅划出的线条状花纹。　绣花：以针剔刺纹饰。　印花：用带有图样的陶范压印有凹凸花的花纹。

〔11〕萱草：一名忘忧草，传说孕妇佩之生男，也称宜男草。

〔12〕光素：光辉皓白。　凸花：剔花的纹样微凸出，故称凸花。

〔13〕东坡：苏轼（1037—1101），字子瞻，号"东坡居士"，谥号"文忠"。眉州眉山（今四川眉山）人。北宋著名文学家、书画家、散文家和诗人。豪放派词代表人物。与父亲苏洵、弟苏辙皆以文学名世，世称"三

苏”。作品有《东坡七集》《东坡乐府》等。

〔14〕琢红玉：形容定州瓷器如同雕琢的红玉器。

〔15〕彭均宝：元代制瓷名师，一作老均宝。浙江嘉兴（今浙江嘉兴）人。原是民间戗金匠，擅长制戗金银漆器。后到霍州（今山西霍县）烧制瓷器，其器细白缜腻，仿古定器式样。所制折腰式甚奇，当时呼为“彭窑”。彭窑在霍州（今山西霍县），故又名“霍窑”。

〔16〕周丹泉：名时臣，字时道，号丹泉。明苏州（今江苏苏州）人。隆庆、万历年间制造仿古瓷的名家。擅于仿古器，周丹泉仿造的文王鼎炉和兽面戟耳彝，尤为逼真。

〔17〕庶几：或许可以。

宋汝窑

［宋］汝窑青釉盘（故宫博物院藏）

时以定州白瓷器有芒[1]，命汝州建青器窑，屑玛瑙为油[2]。《留青日札》：唐、邓、耀悉有之[3]，而汝为冠。色如哥而深，微带黄。《格古要论》：宋时烧者淡青色，有蟹爪纹者真，无纹者尤好。土脉滋润，薄，亦甚难得。《博物要览》：汝窑色卵白[4]，汁水莹厚[5]，如堆脂。然汁中棕眼，隐若蟹爪，底有芝麻花、细小挣钉[6]。《清秘藏》：汝窑，较官窑质制尤滋润。

〔按〕汝本青器窑，《留青日札》云，色微带黄；《博物要览》云，色卵白，似立异论，然合之可得淡青色也。辨蟹爪纹，如端溪石子辨鸜鹆眼[7]，眼本石病，得此可验真水坑[8]，故曰无纹者尤好。

【注释】

〔1〕芒：微刺。

〔2〕屑玛瑙为油：用玛瑙碎屑作釉。油，同“釉”。

〔3〕唐、邓、耀悉有之：唐州窑、邓州窑、耀州窑都出产青瓷。

〔4〕卵白：蛋白。

〔5〕汁水：釉层。

〔6〕挣钉：上尖下圆的痕迹。

〔7〕鹳鹆眼：端砚之一种。石上有圆形斑点，大如五铢钱，小如芥子，外有各色晕纹至千馀重者，因似鸲鹆（鹳鹆）之眼，故名。

〔8〕水坑：端砚石质中的一类。水坑佳品由于长年浸于水中，温润如玉，细腻嫩爽，滋润，坚实，严密，具有发墨不伤毫、呵气可研墨的特点。

宋官窑

宋政和间，京师自置窑烧造，曰官窑。《留青日札》：文色上白而薄如纸者，亚于汝，其价亦然。《博物要览》：官窑品格，大率与哥窑相同[1]。色取粉青为上，淡白次之。油灰色[2]，色之下也。纹取冰裂、鳝血为上[3]；梅花片、墨纹次之；细碎纹，纹之下也。

［宋］官窑贯耳瓶

（中国国家博物馆藏）

【注释】

〔1〕大率：大概。

〔2〕油灰色：釉色灰青。

〔3〕冰裂：即冰裂纹，又开“开片”。指瓷器釉层中出现的裂纹。 鳝血：即鳝血纹，瓷器的一种裂纹釉。其裂纹颇为奇特，黑色裂纹包围着金黄色的裂纹，又名“金丝铁线纹”。

宋修内司官窑

宋南渡有邵成章提举[1]，号邵局。袭旧京遗制，置窑于修内司，造青器，曰内窑，亦曰官窑。《留青日札》：模范极精，油色莹澈，为世所珍。《格古要论》：官窑器，宋修内司烧者，土脉细润，色青带粉红，浓淡不一。有蟹爪纹，紫口铁足，好者与汝窑相类。《博物要览》：官窑在杭凤凰山下[2]，其上①紫，故足色若铁，时云紫口铁足[3]。紫口，乃器口上仰，釉水流下，比周身较浅，故口露紫痕。此何足贵？惟尚铁足，以他处之土[4]，

［宋］官窑瓶（上海博物馆藏）

咸不及此也〔5〕。《稗史类编》：后郊坛下别立新窑〔6〕，亦曰官窑。比之旧窑，大不侔矣〔7〕。

〔按〕古窑，柴、汝最重，次及官、定。柴、汝之器，传世绝少，而官、定犹有存者，非官、定易得也。定有北定、南定，而彭窑亦曰新定。官有旧京、修内司之别〔8〕，而郊坛下新窑，亦曰官窑。新定不如南定〔9〕，南定不如北定〔10〕。旧京②官窑为时未久，当以修内司所造为最，新窑为下，其时已有差等。而《博物要览》谓：新仿定器，有不减定人制法者，有制作极工不入清赏者。《格古要论》谓官窑器有黑色，谓之乌泥窑〔11〕。伪者皆龙泉所烧，无纹路。《六研斋笔记》谓〔12〕：南宋余姚秘色瓷〔13〕，今人率以官窑目之，不能别白，间见叠出〔14〕，以乱其真又如此。好事者指某器曰定，某器曰官，安知不为赝鼎所惑也〔15〕？

〔又按〕内窑器，叶寘《笔衡》云〔16〕：沉泥为范，极其精致，其妙处当在体质。而世之论者，曰紫口铁足，皮毛之见也。《博物要览》辨之是矣。《五杂俎》云〔17〕：定、汝难于完璧。宋时宫中所有，率铜铃其口〔18〕，以是损价。而今之求定、汝者，即以铜铃口为真。骨董家之论古〔19〕，往往如此。

【校】

①“上”，文友本作“土”。

②“旧京”，美术本作“京旧”。

【注释】

〔1〕邵成章提举：南宋监理官窑烧瓷的宦官。高宗时提举后苑，号为“邵局”，于修内司创建瓷窑，主持烧造宫廷用器，世称为“修内司官窑”或“内窑”。所烧瓷器在形制、釉质上仿北宋汴京官窑特征，用料精细，制作规整，并以釉色晶莹透澈而为世所珍贵。

〔2〕杭：今浙江杭州。　凤凰山：在今杭州城南10里。

〔3〕紫口铁足：南宋官窑的特征之一。由于施有乳浊性厚釉，口沿处釉层较薄，泛出比黑胎稍浅的紫色;底足无釉处则呈现胎的颜色，瓷器上的

这种特点称“紫口铁足”。它和青釉配合，既能衬托青釉的美，又使厚釉产品具有挺拔秀丽的质感。

〔4〕他处之土：其他地方出产的制瓷原料。

〔5〕咸：全部。

〔6〕郊坛：故址在今杭州南郊乌龟山西麓。

〔7〕大不侔矣：大大不如。

〔8〕旧京：指北宋京城汴梁官窑。

〔9〕南定：称吉州（位于南方）制作。

〔10〕北定：称曲阳（位于北方）制作。

〔11〕乌泥窑：建阳窑黑釉制品因其含铁量高，又被称为“乌泥窑”、“黑建”或“乌泥建”。

〔12〕《六研斋笔记》：12卷。明李日华（1565—1635）撰。李日华，字君实，号竹懒，又号九疑。明嘉兴（今浙江嘉兴）人。万历进士。官至太仆寺少卿。工书画，精鉴赏。另著有《恬致堂集》《味水轩日记》《书画眼》等。

〔13〕余姚：今浙江余姚。

〔14〕间见叠出：不时陆续出现。

〔15〕赝鼎：《韩非子·说林下》：“齐伐鲁，索谗鼎，鲁以其雁（同赝）往，齐人曰：‘雁也。’鲁人曰：‘真也。’”后因以“赝鼎”指仿造或伪托之物。

〔16〕叶寘《笔衡》：即南宋叶寘所撰《坦斋笔衡》，共6卷。叶寘，字子真，号坦斋。池州青阳（今安徽池州）人。

〔17〕《五杂俎》：即《五杂组》，16卷，明谢肇淛（1567—1624）撰，本书分天、地、人、物、事5部。谢肇淛，字在杭，号武林、小草斋主人，晚号山水劳人。长乐（今福建福州）人。另著有《文海披沙》《史觿》《滇略》《长溪琐语》等。

〔18〕铜钤其口：在瓷器口镶嵌铜边。

〔19〕骨董家：经营古物的人。骨董，即古董。

宋哥窑

本龙泉琉田窑〔1〕，处州人章生一、生二兄弟于龙泉之窑〔2〕，各主

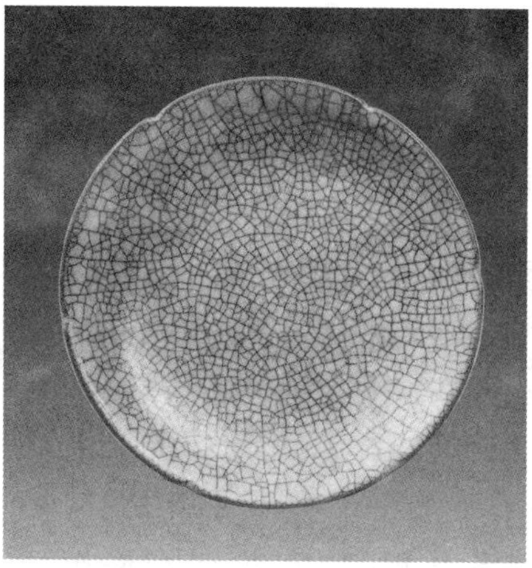

［宋］哥窑葵瓣口盘
（中国国家博物馆藏）

其一。生一以兄故，其所陶者曰哥窑。《格古要论》：旧哥窑色青，浓淡不一，亦有铁足紫口，色好者类董窑〔3〕，今亦少有。《稗史类编》：土脉细薄，油水纯粹者，最贵。哥窑则多断纹，号“百圾碎”〔4〕。《春风堂随笔》〔5〕：哥窑，浅白，断纹。《博物要览》：官窑质之隐纹如蟹爪①，哥窑质之隐纹如鱼子〔6〕，但汁釉不如官窑。《五杂俎》：柴窑之外，定、汝、官、哥，皆宋器也。流传至今，惟哥窑稍易得，盖质重耐藏〔7〕。定、汝难于完璧。

【校】

①“爪”，美术本作“瓜”。

【注释】

〔1〕龙泉琉田窑：龙泉窑之一，因在处州龙泉县琉田镇，故称。

〔2〕处州：清代处州府，今浙江丽水。

〔3〕董窑：即东窑。相传在汴京（今河南开封）以东的陈留县，故名。

〔4〕百圾碎：瓷器开片的一种。指裂纹中纹路繁密，开片较为细碎者。宋哥窑首用此称。

〔5〕《春风堂随笔》：1卷，明陆深（1477—1544）撰。陆深，初名荣，字子渊，号俨山。上海（今上海）人。另著有《春雨堂杂钞》等。

〔6〕鱼子：即鱼子纹。指瓷器开片中纹路交错，形成许多细眼者。因其状如鱼子，故名。

〔7〕耐藏：便于长期保存。

宋龙泉窑

即章生二所陶者。时以哥名兄窑，弟仍龙泉之旧，曰龙泉窑。《稗史类编》：龙泉窑，至今温处人称为章窑〔1〕。《格古要论》：古龙泉窑，今曰①处器、青器、古青器。土脉细且薄，翠青色者贵。有粉青色者。有一等盆底有双鱼，盆外有铜掇环。体厚者，不甚佳。《博物要览》：龙泉窑妙者与官、哥争艳，但少纹片紫骨耳。器质厚实，极耐摩弄，不易茅蔑[2]。《清秘藏》：古宋龙泉窑器，土细质厚，色甚葱翠。妙者与官窑争艳，但少纹片、紫骨铁足耳。且极耐摩弄，不易茅蔑。第工匠稍拙[3]，制法不甚古雅。有等用白土造器[4]，外涂泑水，翠浅，影露白痕，乃宋人章生所烧，号曰章窑。较龙泉制度，更觉细巧精致。《春风堂随笔》：弟所陶青器[5]，纯粹如美玉，为世所贵，即官窑之类。兄所陶色淡[6]。

［宋］龙泉窑凤首耳瓶

（杭州市文物考古所藏）

〔按〕《稗史类编》论章生一、生二窑云：其色皆青，浓淡不一。其足皆铁色，亦浓淡不一。旧闻紫足，今少见。而《格古要论》亦云：旧哥窑色青，浓淡不一，亦有铁足紫口。古龙泉青器，土脉细且薄，翠青色者贵。曰旧，曰古，盖指生一、生二之所制，原不甚殊也。惟有纹无纹，为兄弟之别。必曰兄所陶色淡，弟所陶质厚，皆非章氏之初也。哥窑在元末新烧，土脉粗燥，色亦不好。龙泉窑在明初移处州府，青色、土垩、火候，渐不及前矣。方密之《通雅》云：假哥窑碎纹不能铁足，铁足则不能声，龙泉不能得其淡，色淡则无声。此亦鉴古之精者也。

〔又按〕《博物要览》云：官、哥二窑出器，时有窑变，状类蝴蝶、禽鱼、麟豹。于本色釉外，变色或黄或红紫，肖形可爱。火之幻化，理不可解。然窑变时有[7]，尚不足异。《苏东坡集》载《瓶笙诗》有引云[8]：庚辰八月二十八日[9]，刘几仲饯饮中觞[10]，闻笙箫声，杳杳若在云霄间，抑扬往返，粗中音节。徐而察之，则出于双瓶，食顷乃已。《春渚纪闻》载万延之《瓦缶画冰》云[11]：赴铨都下[12]，铜禁严甚，以十钱市之，代沃盥之用[13]。时当凝寒[14]，注汤頮面[15]。既覆，有馀水留缶，成冰，视之桃花一枝也。明日成双头牡丹一枝，次日又成寒林满缶，水村竹屋，断鸿翘鹭，宛如图画。后以白金为护[16]，什袭而藏[17]。遇寒则约客张宴以赏之[18]，未尝一同。此二事，幻之又幻矣。

【校】

①“曰”，美术本作“日”。

【注释】

〔1〕温处人：温州人和处州人。

〔2〕茅蔑：破裂、损伤。

〔3〕第：但是。

〔4〕有等：有些，有的。

〔5〕弟：指章生二。

〔6〕兄：指章生一。

〔7〕窑变：谓制造瓷器时，由于窑里高温度的火焰使釉发生化学变化，开窑后出现意外的新奇颜色和花样。

〔8〕《苏东坡集》：又名《苏文忠公全集》《东坡七集》，苏轼所著。

〔9〕庚辰：指宋哲宗赵煦元符三年（1100）。

〔10〕饯饮：置酒送行。　中觞：宴饮之中。觞，古代喝酒用的器具，此以代指酒。

〔11〕《春渚纪闻》：宋代一部笔记专集。10卷，宋何薳（1077—1145）撰。何薳，字子楚，一字子远，号韩青老农。浦城（今福建浦城）人。　万延之：宋朝宣义郎，钱塘南新（今浙江杭州）人。中刘辉（北宋学者）榜乙科。

〔12〕赴铨：赴京候选官职。铨，选拔官吏。　都下：首都汴京（今河南开封）。

〔13〕沃盥：浇水洗手。《左传·僖公二十三年》："奉匜沃盥，既而挥之。"孔颖达疏："盥，谓洗手也。沃，谓浇水也。"匜，盥器。

〔14〕凝寒：严寒。

〔15〕注汤颒面：倒进热水洗脸。颒，洗。

〔16〕白金为护：用银托保护起来。

〔17〕什袭而藏：把物品重重包藏起来，形容郑重地收藏物品。

〔18〕张宴：设宴，摆宴。

吉州窑

在今吉安府庐陵县永和镇。《格古要论》：色与紫①定器相类，体厚而质粗，不甚直钱。宋时有五窑〔1〕，书公烧者最佳〔2〕。有白色，有紫色。花瓶大者②直数金，小者有花，又有碎器，最佳。相传宋文丞相过此〔3〕，窑变为玉，遂不烧。《矩斋杂记》[4]：宋时江西窑器，出③庐陵之永和市。有舒翁工为玩具，翁之女，尤善，号曰舒娇[5]。其炉瓮诸色，几与哥窑等价。余尝得一盘、一盎，质苍白而光黝[6]，然以注水，经月不变，望之知为古物。相传陶工作器，入窑变成玉，工惧事闻于上，封穴逃之饶[7]。今景德镇陶工，故多永和人，见吉安太守吴炳游记[8]。

［宋］吉州窑绿釉划蕉叶纹八角形枕
（西汉南越王墓博物馆藏）

【校】

①“紫”，美术本作“柴”。

②“者”，美术本缺此字。

③“出”，文友本作“古”。

【注释】

〔1〕五窑：据出土标本，当指舒、陈、周、郭、谢五姓窑。

〔2〕书公：指舒公。书，“舒”字音讹。北宋末瓷匠。吉州庐陵（今江西吉安）永和镇人。其窑称“舒窑”“舒公窑”。制品题材多为仙佛、器皿、玩具；釉多为白、紫色，有的为开片；器物造型生动、朴实。

〔3〕宋文丞相：南宋末丞相文天祥（1236—1283）。原名云孙，字履善，一字宋瑞，自号文山、浮休道人。吉州吉水（今江西吉安）人。著有《文山先生全集》等。

〔4〕《矩斋杂记》：1卷，清施闰章（1618—1683）撰。施闰章，字尚白，一字屺云，号愚山，又号蠖斋，晚号矩斋。宣城（今安徽宣城）人。另著有《学馀堂文集》等。

〔5〕舒娇：北宋末至南宋初著名陶塑女艺人。吉州庐陵（今江西吉安）永和镇人。

〔6〕质苍白而光黝：胎质苍白，釉面却黑中闪光。

〔7〕封穴：封闭窑口。 饶：指饶州。

〔8〕吴炳（1595—1648）：字石渠，号粲花主人。明宜兴（今江苏宜兴）人。戏曲作家，著有传奇《绿牡丹》《画中人》《西园记》等。

象窑

在今宁波府象山县。《格古要论》：有蟹爪纹、色白而滋润者高，色黄而质粗者低，俱不甚直钱。

董窑

《格古要论》：淡青色，细纹，多有紫口铁足，比官窑无红色，质粗而不细润。

〔按〕吉窑、象窑似定，董窑似官。其不同者，质粗欠滋润耳。《留青日札》云：象窑又次彭窑。

均州窑

［元］钧窑月白紫红斑大盆
（河北省博物馆藏）

今河南禹州[1]。《留青日札》：稍具诸色，光彩太露，有兔丝纹[2]，火焰青[3]。《博物要览》：有朱砂红、葱翠青，俗名鹦哥绿、茄皮紫者[4]。红如燕支[5]，青若葱翠，紫若墨黑。三者，色纯无少变露者为上品，底有一二数目字号为记。猪肝色、火里红，青绿错杂，若垂涎，皆上三色之烧不足者[6]，非别有此样。俗取鼻涕、猪肝等名，是可笑耳。此窑惟种菖蒲盆底佳甚[7]，他如坐墩、炉、合、方瓶、罐子，俱黄沙泥坯，故器质不佳。近年新烧，皆宜兴砂土为骨，釉水微似，制有佳者，但不耐用。《清秘藏》：均州窑，红若胭脂者为最；青若葱翠、紫若墨色者次之；色纯而底有一二数目字号者佳。其杂色者无足取。《通雅》：均州有五色[8]，窑变则时有之。报国寺观音[9]，窑变也。

【注释】

〔1〕河南禹州：今河南禹州。

〔2〕兔丝纹：色彩交错的兔毫纹样式。

〔3〕火焰青：釉面色彩如火焰状，色调偏蓝的称“火焰青”。

〔4〕鹦哥绿：瓷器釉色名，即鹦哥绿釉，又称哥绿。清代康熙年间瓷器上的一种低温装饰釉。用氧化铜呈色剂配入釉中，颜色比豆绿釉深，像鹦鹉身上的绿色羽毛一样碧绿青翠，器身布满仿哥窑青瓷器上的片纹，纹理比哥瓷细密均匀。 茄皮紫：瓷器釉色名，即“紫釉”。明代景德镇窑所创。锰为主要着色剂，铁和钴起调色作用。明“法华”器紫釉，清康熙、雍正、乾隆时紫釉，均以锰为着色剂。根据呈色深浅又有淡茄、深茄之别。

〔5〕燕支：胭脂。

〔6〕三色：指红若胭脂、青如葱翠、紫若墨黑3种釉色。

〔7〕菖蒲：天南星科多年生水生草本植物。通常为菖蒲属植物的泛称。具香气，根入药。

〔8〕五色：指孔雀蓝、孔雀绿、深红、深褐和黑色。

〔9〕报国寺：在今北京西城区报国寺前街1号，又名慈仁寺。

磁州窑

在河南彰德府磁州〔1〕。《格古要论》：好者与定器相似，但无泪痕。亦有划花、绣花，素者价高于定。新者不足论〔2〕。

【注释】

〔1〕河南彰德府磁州：旧址在今河北邯郸磁县的观台镇与峰峰矿区彭城镇一带。

〔2〕不足论：不值得一提。

［宋］磁州窑白地黑花枕
（故宫博物院藏）

建窑

在福建泉州府德化县〔1〕。《格古要论》：碗盏多是斃口〔2〕，色黑而滋润。有黄兔斑、滴珠〔3〕，大者真，但体极厚，少见薄者。旧建瓷有薄者，绝类宋器。佛像最佳〔4〕。

［宋］建阳窑兔毫盏
（首都博物馆藏）

〔按〕宋时茶尚甃碗，以建安兔毫盏为上品[5]，价亦甚高。《留青日札》云：建安乌泥窑，品最下。岂今昔不同耶？然《瓶花谱》以乌泥与龙泉、均州、章生诸窑并重[6]。《博物要览》谓乌泥质粗不润，而釉水燥暴，溷入官、哥[7]，今亦传世，则当差肩象、董[8]。《留青日札》最下之品目，未可传信也，因论建窑及此。

【注释】

〔1〕福建泉州府德化县：在今福建建阳水吉镇。

〔2〕甃口：此器敞口，底如漏斗，小足。

〔3〕黄兔斑：又称黄兔毫，釉面似黄色兔毛一样。　滴珠：即釉滴，在黑色釉面上布满闪烁银光的小圆点。

〔4〕佛像：佛的画像和塑像。传世福建所造品，多系白瓷。

〔5〕兔毫盏：宋代饮茶用的一种盏，敞口、深腹、浅圈足。因胎厚色黑，釉里有细丝状银色结晶，形如兔毛，故名。

〔6〕章生诸窑：此指哥窑和龙泉窑。

〔7〕溷入：混进。溷，同“混”。

〔8〕差肩：比肩，不相上下。

山西窑

在太原府榆次县、平定州[1]。平阳府霍州。霍州所出曰霍器。

【注释】

〔1〕榆次县：今山西榆次。　平定州：今山西平定。

高丽窑

在高丽国[1]。《格古要论》：色粉青，似龙泉，上有白花朵儿①者，不甚值钱。

〔按〕高丽窑器与饶相似，有细花仿佛北定者，故附杂窑之后。岛夷之玻璃窑[2]，大食国之佛郎嵌，皆非瓷石所成，不概录。

【校】

①“儿”，商务本作“见”。

【注释】

〔1〕高丽国：即王氏高丽。故地在今朝鲜半岛北部。

〔2〕岛夷：海上岛居之人。古代中国本土外的地区称为夷，此应指南洋以及埃及和地中海地区居民。 玻璃窑：制作玻璃器皿的窑场。

卷三 说明

饶 州 窑

饶州府浮梁县西兴乡景德镇，水土宜陶。镇设自宋景德中，因名[1]。置监镇[2]，奉御董造[3]，饶州窑自此始。《容斋随笔》云[4]：彭器资尚书文集有《送许屯田诗》曰[5]，浮梁巧烧瓷，颜色比琼玖[6]，谓此也。元更监镇为提领[7]，本路总管监陶[8]。宋、元皆有命则供，否则止。《格古要论》云：御土窑[9]，体薄而润，色白花青，较定器少次[10]。此言宋窑也。又云：元朝烧小足印花，内有“枢府”字号者最高[11]。此言元窑也。又云：新烧大足素者，欠润。有青色及五色，花且俗。又有青黑色戗金者，多是酒壶、酒盏，甚可爱。此言明初窑也。

【注释】

〔1〕镇设自宋景德中，因名：明清历朝《江西通志》称该镇始设于宋代景德年间，因此取名为“景德镇”。

〔2〕监镇：监当官名。监镇官掌管火禁、巡逻盗贼，兼征税、专卖酒及其出纳会计。如差文臣、武臣各一员，则分管其事。

〔3〕奉御董造：奉皇帝命令监督管理御用瓷器的烧造。董，监督管理。

〔4〕《容斋随笔》：共5《笔》，74卷。宋洪迈撰。

〔5〕彭器资：即彭汝砺（1041—1095），字器资。宋鄱阳（今江西鄱阳）人。北宋经学家。治平二年（1065）进士第一。历官大理寺丞、权兵部侍郎、吏部侍郎、进权吏部尚书。著有《易义》《诗义》《鄱阳集》等。 许屯田：名彭年。与彭器资约生于同时期。曾任浮梁县令。

〔6〕琼玖：琼和玖，泛指美玉。

〔7〕提领：官名。元朝置，为从七品官。有的为提领所长官，类似明清的县官。

〔8〕本路：元代景德镇属饶州路。

〔9〕御土窑：专门烧制御用瓷的窑场。

〔10〕少次：稍微差一些。

〔11〕枢府：元代景德镇著名官窑枢府窑。《景德镇陶录》："枢府窑，元之进御器。……土必细白埴腻，质尚薄，式多小足印花，亦有戗金五色花者。其大足器则莹素。又有高足碗，蒲唇、弄弦等碟，马蹄盘、要角盃各各式，器内皆作'枢府'字样。"枢府窑瓷器色多青白，呈鹅蛋色泽，称"卵白釉"，多有印花，有"枢府型"之称。枢府，政权的中枢机构。

江西窑

唐在洪州，今南昌，见《茶经》。弋阳县太平乡〔1〕，处州民瞿志高等来创造〔2〕，亦有窑。其后，民饥为乱〔3〕，嘉靖间，即横峰窑镇地，改立兴安县，遂废。弋阳之湖西马坑，以陶为业〔4〕，所造瓶、罐、缸、瓮、盘、碗之器甚粗，给工匠之用。

【注释】

〔1〕弋阳县：今江西弋阳。

〔2〕瞿志高：明代制瓷名工。处州（今浙江丽水）人。本在横峰造窑器。嘉靖间移于弋阳，仍称"横峰窑"，又叫"弋窑"。 来：谓从处州来弋阳县太平乡。

〔3〕民饥为乱：指嘉靖十九年（1540）农民暴动反抗封建统治的斗争。

〔4〕业：职业。

洪武窑

明洪武三十五年〔1〕，始开窑烧造，解京供用〔2〕，有御器厂。厂东为九江道〔3〕，有官窑。窑之名六，曰风火窑、色窑、大小熻①熿窑、大龙缸窑、匣窑、青窑〔4〕。

〔按〕《志》称：官窑除龙缸外，青窑烧小器，色窑烧颜色，圆而狭〔5〕，每座只容小器三百馀件。民间青窑长而阔，每座容小器千馀件。

［明］洪武 青花缠枝牡丹纹玉壶春瓶（故宫博物院藏）

民窑烧器，窑九行[6]。前一行，粗器障火，三行间有好器，杂火中间。前四、中五、后四皆好器，后三、后二皆粗器，视前行。官窑重器一色，前以空匣障火。官窑器纯，民窑器杂。官窑涂欲密，砌欲固，使火气全，而陶器易熟，不至松泄。官窑之异于民窑如此！

【校】

①“爁”，文友本作“爁”。

【注释】

〔1〕洪武三十五年：1402年。明成祖朱棣在靖难之役成功后不承认建文年号，改建文四年为洪武三十五年。洪武（1368—1398），明太祖朱元璋年号。

〔2〕解京：选送到京城。

〔3〕厂东为九江道：御器厂的东面为九江道所辖。道，中国历史上行政区的名称。

〔4〕色窑：烧造颜色釉瓷的窑。 爁熿窑：窑制大小不一，厂坯上釉用火爁烘有漏釉者，再上釉入窑烧。 龙缸窑：因烧造大缸，缸上又多绘云龙，故称龙缸窑。 青窑：官窑中烧造除大件龙缸以外的各种瓷器的瓷窑。所谓“青”并不是指青色，而是指瓷器的成色。

〔5〕圆而狭：圆而狭窄。

〔6〕窑九行：每一窑内置放的器坯排列成九行。

永乐窑

《事物绀珠》：永乐、宣德二窑[1]，皆内府烧造[2]，以棕眼、甜白为常，以苏麻离青为饰，以鲜红为宝[3]。《博物要览》：永乐年造压手杯，中心画双狮滚球为上品，鸳鸯心者次之，花心者又次。杯外青花深翠，式样精妙。若近时仿效，殊无可观[4]。《南村随笔》[5]：明景德镇所造，永乐尚厚[6]，成化尚薄；宣德青尚淡，嘉靖青尚浓；成青未若宣青[7]，宣彩未若成彩。《通雅》：永乐窑贵厚，成化窑贵薄，前后规制殊异。

〔按〕古窑重青器[8]，至明而秘色已绝，皆纯白。或画青花，或加五彩。永窑亦足贵重，在宣、成之下，嘉之上。

【注释】

〔1〕永乐（1403—1424）：明成祖朱棣年号。此指明永乐时景德镇官窑。 宣德（1426—1435）：明宣宗朱瞻基年号。此指明宣德时景德镇官窑，是明代官窑的最盛时期。

〔2〕内府：皇宫内负责监管制造器具的部门，即内务府。

〔3〕鲜红：高温铜红釉。以色红艳匀润，故名。

［明］永乐 青花缠枝牡丹纹梅瓶
（烟台市博物馆藏）

〔4〕殊无可观：毫无欣赏价值。

〔5〕《南村随笔》：6卷，清陆廷灿撰。陆廷灿，字秩昭。江苏嘉定（今上海嘉定）人。另著有《续茶经》等。

〔6〕尚：崇尚。

〔7〕未若：不如，比不上。

〔8〕青器：即青瓷。

宣德窑

宣德中，以营造所丞专督工匠[1]。《博物要览》：宣德年造红鱼靶杯[2]，以西红宝石为末[3]，鱼形自骨内烧出，凸起宝光。又如竹节靶罩盖卤壶、小壶[4]，此等发古未有[5]。他如妙用种种小巧①之物尤佳，描画不苟[6]。又有白茶盏，光莹如玉，内有绝细暗花[7]，花底有暗款，隐隐橘皮纹起。虽定瓷何能比方，真一代绝品。《南村随笔》：宣德祭红[8]，以西红宝石末入泑，凸起者，总以汁水莹厚，如堆脂，汁纹鸡橘[9]，质料腻实，不易茅蔑。正、弘、隆、万间[10]，亦有佳者。《清秘藏》：宣庙窑器[11]，质料细厚，隐隐橘皮纹起。冰裂、鳝血纹者，几与官、汝窑敌[12]。即暗花者，内烧绝细龙凤暗花，底有“大明宣德年制”。《妮古录》[13]：宣庙时，蟋蟀澄

［明］宣德 青花花果纹葵花式洗

（故宫博物院藏）

泥盆[14]，最为精绝。

〔按〕此明窑极盛时也。选料、制样、画器、题款，无一不精。青花用苏泥勃青。至成化，其青已尽，只用平等青料[15]。故论青花，宣窑为最。

【校】

①“巧”，美术本作“功”。

【注释】

〔1〕营造所：疑为“营缮所”。官署名。明洪武二十五年（1392）置，属工部。掌各项建筑工程。

〔2〕靶杯：即高足杯，上为碗形，下有柄，柄呈圆柱形或竹节形。

〔3〕西红宝石：即霁红。

〔4〕卤壶：盛咸汁调料的把壶。烹饪中称调味汁浓厚者为卤，故称。

〔5〕发古未有：前所未见。

〔6〕不苟：认真精到。

〔7〕绝细：极其精细。 暗花：瓷器坯上刻花后施釉，形成的隐露花纹。

〔8〕祭红：即祭红釉，瓷器釉色名。亦称“鲜红釉”“霁红釉”“宝石红釉”“积红釉”“鸡红釉”“醉红釉”。是明宣德时创烧的著名铜红釉品种，因祭红器作祭祀郊坛之用，故名。釉色深沉，釉面光润，不甚透明，不流釉，不脱口，不开片。

〔9〕汁纹鸡橘：釉面呈现如鸡皮或橘皮纹。

〔10〕正、弘、隆、万：依次分指明正统、弘治、隆庆、万历四朝。

〔11〕宣庙：明宣宗朱瞻基代称。此称宣德朝。

〔12〕敌：相当。

〔13〕《妮古录》：4卷，明陈继儒（1558—1639）撰。陈继儒，字仲醇，号眉公，又号麋公。华亭（今上海松江）人。另著有《陈眉公先生全集》《小窗幽记》等。

〔14〕蟋蟀澄泥盆：明宣德年间专为斗蟋蟀所造的一种陶瓷盆。蟋蟀，虫名，又名促织。明宣宗朱瞻基好斗蟋蟀，命造此盆。澄泥，一种加工极细的特殊泥料，以水澄结细泥而成，故名。

〔15〕平等青：又称“陂塘青”，青料名。产于江西乐平。用于青花瓷器的着色剂。烧后呈色清淡，与永乐、宣德所用呈色浓艳之苏泥勃青易别。

成 化 窑

《博物要览》：成窑上品，无过五彩葡萄磐口①扁肚②靶杯[1]，式较宣杯妙甚。次若草虫子母鸡劝杯[2]，人物莲子酒盏、五供养浅盏、草虫小盏、青花纸薄酒盏、五彩齐箸小碟、香合、各制小罐[3]，皆精妙可人。高澹人《成窑鸡缸歌注》：成窑酒杯，名式不一，皆描画精工，点色深浅，莹洁而质坚。鸡缸上画牡丹，下画子母鸡，跃跃欲动。

[明]成化 斗彩葡萄纹杯
（首都博物馆藏）

［按］成窑以五色为最，酒杯以鸡缸为最。神宗时，尚食御前[4]，成杯一双，值钱十万，当时已贵重如此。前人评宣、成高下，《留青日札》谓宣与汝敌，永乐、成化亦以次重；《蓉槎蠡说》谓胜朝官窑，首成，次宣，次永，次嘉；《博物要览》则谓青花成不（及）宣。若宣窑五彩，深厚堆垛。成窑用色浅深，颇有画意。三家之论不同[5]。总之，明器无能过宣、成者，而一时有一时聚精之物[6]，则《博物要览》之言是也。

【校】

①“口”，文友本作“日”。

②“肚”，商务本作“壮”。

【注释】

〔1〕无过：没有比得过，没有超过。

〔2〕劝杯：劝酒之杯。

〔3〕五供养：指涂香、华鬘、烧香、饭食、灯明5种供物。 青花纸薄酒盏：胎壁薄似纸的青花酒盏。 五彩齐箸小碟：器面上满绘五彩纹饰的小碟。

〔4〕尚食御前：皇帝用膳时的餐具。尚，同“上”。

〔5〕三家：指明田艺蘅《留青日札》、明谷应泰《博物要览》、清程哲《蓉槎蠡说》。

〔6〕聚精之物：代表性的精致制品。

正德窑

［明］正德 青花人物纹套盒
（故宫博物院藏）

正德初[1]，置御器厂，专管御器。《事物绀珠》：正德间，大珰镇云南[2]，得外国回青，以炼①石为伪宝，价倍黄金，已知其可烧窑器[3]，用之，色愈古。《通雅》：回青以重色贵[4]。

〔按〕宣德中，以营膳所丞专督工匠[5]，即专督御器厂之工匠。正统初罢之者，《志》所称以兵兴[6]，议寝陶息民之事也[7]。《豫章大事记》云[8]：景泰五年[9]，减饶州岁造瓷器三之一。是既罢督造之官，又减岁造之数也。故宣宗后几二十年，窑事不著[10]。天顺复辟[11]，丁丑仍委中官烧造[12]，则御器之监造如故矣。《大事记》又云：成化二十二年，裁饶州烧造官，此宪宗末年，必孝宗初政。故终孝宗十八年，不言窑事。正德初置御器厂，专管御器者，复用中官也，故至嘉靖又裁之云。

〔又按〕当日用回青，工匠恣为奸②利[13]。浮梁朱令[14]，为剂量之法，其弊稍息。用青，亦回青与石青相兼[15]。十杂一为上，四六为中。嘉窑惟御器给之。《志》云[16]：回青行，而石子遂废者，非也。

【校】

①“炼”，美术本作“练”。

②“奸”，文友本作“好”。

【注释】

〔1〕正德（1506—1521）：明武宗朱厚照年号。此指明正德间景德镇官窑。

〔2〕大珰：指当权的宦官。珰，汉代宦官充武职者的冠饰，后即作为宦官的代称。

〔3〕已知：后来知道。

〔4〕回青以重色贵：回青以呈色浓艳而名贵。

〔5〕营膳所丞：即“营缮所丞”，明朝工部官员，正九品。营缮所，明洪武年间设，雍正四年裁撤，属工部，掌各项建筑工程。

〔6〕《志》：指《江西省大志》。 兵兴：发生战事。

〔7〕寝陶息民：停止烧造窑器，安抚百姓。寝，停止。

〔8〕《豫章大事记》：郭子章（1543—1618）撰。郭子章，字相奎，号青螺，又自号曰玭衣生。泰和（今江西泰和）人。另著有《粤草》《蜀草》《晋草》《楚草》等。

〔9〕景泰五年：1454年。景泰（1450—1456），明代宗朱祁钰年号。

〔10〕窑事不著：御器厂的烧造活动几乎处于瘫痪状态。

〔11〕天顺复辟：明英宗于正统十四年（1449）遭瓦剌俘获去位，代宗继为景泰帝，景泰七年（1456）英宗还朝重新执政，改元天顺，以明年丁丑为天顺元年，史称“天顺复辟”。

〔12〕丁丑：指天顺元年（1457）。 中官：宦官、太监。

〔13〕恣：纵恣，无所顾忌。

〔14〕浮梁朱令：浮梁知县朱景贤。

〔15〕相兼：二者掺和在一起。

〔16〕《志》：指《江西通志》。

嘉靖窑

嘉靖初，裁革中官〔1〕，于各府佐轮选一员管理。四十四年，添设饶州府通判〔2〕，驻厂督造，寻止〔3〕。《事物绀珠》：嘉靖窑回青盛作，鲜红土断绝〔4〕，烧法亦不如前，惟可烧矾红色。《博物要览》：嘉靖青花、五彩二窑，制器悉备。奈饶土渐恶〔5〕，较之往日，大不相侔〔6〕。有小白瓯，世宗经箓①醮坛用器亦曰坛盏〔7〕。制度质料，迥②不及宣德〔8〕。如鱼扁盏、红铅小花合子，亦为世玩〔9〕。

［明］嘉靖 青花群仙庆寿图罐

（首都博物馆藏）

〔按〕青器，宣青尚淡，嘉青尚浓。回青之色，幽菁可爱〔10〕。鲜红土绝，而回青效灵，亦一时之会也。然当麻仓土将次告竭之时，体质不及宣器远甚[11]。坛盏色以正白如玉为最。坚嫩则近青，坚不净则近黄，皆无足取。《通雅》谓嘉靖时有填白坛盏，指此。

【校】

①“箓”，文友本作“录”。

②“迥”，美术本作“逈”。

【注释】

〔1〕裁革：裁掉革除。

〔2〕通判：官名。宋初始于诸州府设置，即共同处理政务之意。明清设于各府，分掌粮运及农田水利等事务。

〔3〕寻止：不久废止。

〔4〕鲜红土：制造高温铜红釉的材料。

〔5〕恶：差。

〔6〕大不相侔：大不相同。

〔7〕经箓醮坛：道家设坛诵经求福的道场。

〔8〕迥：远。

〔9〕世玩：世人把玩的欣赏品。

〔10〕幽菁可爱：精丽可爱。

〔11〕体质：胎体质量。

隆庆、万历窑

［明］隆庆 青花仕女纹八角盘
（广东省博物馆藏）

隆庆六年[1]，复起烧造，仍于各府佐轮选管理。万历初[2]，以饶州督捕通判改驻景德镇，兼理窑厂。《江西大志》[3]：旧用浮梁县麻仓等处白土，每百斤给直七分[4]。万历十一年，同知张化美见麻仓土膏已竭[5]，掘乞甚难，每百斤加三分。近用县境吴门托新土，有糖点者尤佳。《豫章大事记》：窑变极佳，非人力所可致。人亦多毁之，不令传。万历十五六年间，诏烧方箸屏风，不成，变而为床，长六尺，高一尺，可卧。又变为船，长三尺，其中什器[6]，无一不具。闻主者告①于饶州[7]，郡县官皆见之，后捶碎，不敢以进。

〔按〕明瓷至隆、万，制作日巧，无物不有。然隆窑之秘戏[8]，殊非雅裁[9]。他物汁水莹厚如堆脂，有粟起若鸡皮者，有发棕眼若橘皮者，亦可玩也。《通雅》云：官窑土骨坯干经年，重用车碾薄，上釉，候干，数次出火②，釉漏者，碾去上釉，更烧之。故汁水莹厚如堆脂，不易茅蔑。此亦民窑之不得同者[10]。

〔又按〕明时江南常州府宜兴县欧姓者，造瓷器曰欧窑。有仿哥窑纹片者，有仿官、均窑色者。采色甚多，皆花盘、奁架诸器，旧者颇佳。附记于此。饶窑仿定器，用青田石粉为骨，曰粉定[11]。质粗理松，不甚佳。

【校】

①“告”，原本及美术本缺此字，从文友本增。

②“火”，文友本作“大”。

【注释】

〔1〕隆庆六年：1572年。隆庆（1567—1572），明穆宗朱载垕年号。

〔2〕万历（1573—1620）：明神宗朱翊钧年号。

〔3〕《江西大志》：即《江西省大志》，37卷，明王宗沐（1524—1592）撰。王宗沐，字新甫，号敬所。临海城关（今浙江临海）人。另著有《海运详考》《海运志》《敬所文集》等。

〔4〕分：重量单位，十分为一钱，十钱为一两。一分即一两的百分之一。

〔5〕同知：此处指景德镇御器厂督造官副职。

〔6〕什器：杂物。

〔7〕主者：主管人。

〔8〕秘戏：指男女猥亵形象。

〔9〕雅裁：犹佳作。

〔10〕此亦民窑之不得同者：这也是民窑难以做到的。

〔11〕粉定：景德镇窑仿定窑器之制品。其造型、花纹、工艺均与定窑无二，唯釉色呈青白色，称为“粉定”。

造 法

杂采诸书，为之条理，不复更详原出书名。

陶土，出浮梁新正都麻仓山，曰千户坑，曰龙坑坞，曰高路坡，曰低路坡。土埴垆[1]，均有青黑界道[2]，洒洒若糖点。莹若白玉，闪烁若金星者为上土[3]，每百斤给直七分。万历间，坑深膏竭，镂空穿穴，民力维艰，管厂同知张化美，议百斤加直三分。其后因县境内吴门托新土有糖点如麻仓者，尤佳。取土于彼，路倍于前，给直如故，不能多运。造龙缸用余干、婺源土及石末、坯屑[4]，参和为之。

【注释】

〔1〕土埴垆：黏性黑刚土。

〔2〕界道：划为一道疆界。

〔3〕金星：指黏土中含有相当多的粗粒石英和高岭土化了的云母晶体。

〔4〕余干：今江西余干县。 婺源：今江西婺源。

以下采料：

石末，出湖田一二图，以和官土造缸[1]，取其坚也。釉土，出新正都。曰长岭，作青黄釉；曰义坑，作浇白器釉[2]。二处皆有柏叶斑[3]。又出桃树坞[4]，青花、白器通用之。砂土、黄土，用造匣钵。砂土募夫挑取，每百斤给直二分。黄土拨本厂上工夫挑取。鲜红土，未详出何地，烧炼作红器，正、嘉间断绝，烧法亦不如前，仅可作矾红色。西红宝石，宣窑造红鱼靶杯，粉宝石涂垩，红鲜夺目。朱砂，宣窑作小壶、大碗，色红如日。青，用陂塘青，产乐平一方[5]。嘉靖中，乐平格杀[6]，遂塞。用石子青[7]，产瑞州诸处[8]。苏泥勃青，宣窑青花器用此，至成化时已绝。回青，正德时大珰镇云南，得此于外国。嘉窑御器用此，其后亦不能继。黑赭石[9]，出庐陵新建[10]，一曰无名子，用以绘画瓷器。

【注释】

〔1〕官土：指御器厂即官窑用的瓷坯原料。

〔2〕浇白器：即上等白器。浇白，娇白。

〔3〕柏叶斑：黏土中含有杂质或有机物而形成苦干斑纹，若柏树叶

状，故称。

〔4〕桃树坞：地名，在浮梁县境内。

〔5〕乐平：今江西乐平。

〔6〕乐平格杀：指嘉靖十九年乐平工人与景德镇窑主因工值纠纷发生的武装殴斗。

〔7〕石子青：陶瓷青花料之一，亦称“无名子”，出产于江西。

〔8〕瑞州诸处：今江西高安、宜丰、上高一带。

〔9〕黑赭石：清前期青花瓷器使用的一种色料。出产于江西。

〔10〕庐陵：今江西吉安。　新建：今江西新建。

御器厂分二十三作〔1〕，曰：大碗作，酒钟作，碟作，盘作，钟作，印作，锥龙作，画作，写字作，色作，匣作，泥水作，大木作，小木作，船木作，铁作，竹作，漆作，索作，桶作，染作，东碓作，西碓作。

以下工役：

正嘉之际，官匠凡三百馀〔2〕。画工另募，盖绘事难也。陶夫、砂土夫，雇用。上工夫，泒①饶州千户〔3〕，所编泒②七县，解征工食〔4〕。

【校】

①“泒”，美术本作“派”。

②“泒”，美术本作“派”。

【注释】

〔1〕御器厂分二十三作：此说御器厂生产分工之细。

〔2〕官匠：御器厂在编的工匠。

〔3〕千户：武官名，掌兵约千人。

〔4〕工食：工钱，工资。

回青，捶碎有朱砂斑者曰上青，有银星者曰中青，每斤可得青三两。敲青后，取奇零琐碎，入注水中，用磁石引杂石澄定，每斤可得真青五六钱。

以下制料：

浮梁令朱贤议除匠匿回青之弊。打①青用三人，各付青一斤，当官锤炼〔1〕，再加研淘，令各计得青若干。有能多满一钱者，赏银。较三人所得，酌多寡之中，为之剂量，定得青之数。

回青淳，则色散而不收，石青加多，则色沉而不亮。每回青一两，加石青一钱，谓之上青。四六分加，谓之中青。中青用以设色[2]，则笔路分明。上青用以混水[3]，则颜色清亮。

油色，用豆青油水、炼灰、黄土合成[4]。紫金色，用罐水、炼灰、紫金石合成[5]。翠色，用炼成古铜水、硝石合成[6]。黄色，用黑铅末一斤[7]、碾赭石一两二钱合成。金绿色，用炼过黑铅末一斤、古铜末②一两四钱、石末六两合成。金青色，用炼成翠一斤、石子青一两合成。矾红色，用青矾炼红[8]，每一两加铅粉五两[9]，用广胶合成[10]。紫色，用黑铅末一斤、石子青一两、石末六两合成。浇青，用釉水、炼灰、石子青合成。纯白，用釉水、炼灰合成。祭红，以西红宝石为垩。又有朱砂点，翠青花点，色不同。垩肥乃有橘皮纹起。

瓷器用苎麻灰淋汁涂之，黄色者赤。土汁涂坯烧之，用芝麻秸淋汁染色，则成紫。

【校】

①“打”，文友本作“扛”。

②“末”，鲍刻本作“未”，据美术本改。

【注释】

〔1〕当官锤炼：当着官员面进行锤炼。

〔2〕设色：青花操作工艺之一。即用青料在成型坯上勾勒轮廓线。

〔3〕混水：又称“分水”，青花操作工艺之一。即在勾好的轮廓线内，用含水量82%~96%的青料填色。

〔4〕油水：即釉水。

〔5〕紫金石：一种含铁量多的黏土矿。

〔6〕硝石：也称消石、火硝、牙硝，一种天然矿物，主要成分为硝酸钾。

〔7〕黑铅末：一般以黑铅称石墨，系一种结晶碳。在这里似指青铅与石英、硝酸钾等配合为釉彩溶剂。

〔8〕青矾：即皂矾。一种制作矾红釉彩的原料。

〔9〕铅粉：俗称“铅白”。即碱式碳酸铅。是一种低温特殊熔剂，又称“开光剂”“元粉”。为白色粉末。

〔10〕广胶：一种透明无臭气的胶，原产广东。

画青[1]，每晨午二次，集工役分青染渍，择愿朴者二人[2]，一绘大，一绘小。看画完，差其多寡同异，付窑带烧，合格者为样器〔3〕，给画工。凡绘器颜料加减，色泽程度，悉以此器为准。

以下画染：

黑赭石磨水画坯上，初无色，烧之便成天蓝，呼之为画烧青。

画法，如成窑酒器，高烧银烛照红妆，一美人持烛照海棠也；锦灰堆〔4〕，折枝花果堆四面也；高士〔5〕，一面画周茂叔爱莲〔6〕，一面画陶渊明对菊也〔7〕；娃娃，五婴儿相戏也。其它龙凤、鱼藻、花草、瓜瓠、八吉祥、西番莲等式〔8〕，各有成样。

画名〔9〕，如嘉靖八年烧造，募工给直。其画有赶珠龙、一秤①金、娃娃、升降戏龙、凤穿花、满地娇、云雀、万岁藤、抢珠龙、灵芝捧八宝、八仙过海、飞雀牡丹、狮子滚绣球、转枝宝相花、鲭鲌鲤鳜、水藻、江下八俊、巴山出水、飞狮、水火捧八卦、竹叶灵芝、云鹤穿花、花样龙凤、转枝莲托八宝、八吉祥、海水苍龙捧八卦、三仙炼丹、耍戏娃娃、四季花、三阳开泰花、天花捧云山福海字、二仙、出水云龙、龙穿西番莲、穿花凤、双云龙、青缠枝宝相花、穿花龙、如意团鸾、凤穿花、鸾凤团龙、群仙捧寿、苍狮龙、耍戏鲍老、升凤拥祥云、乾坤六合花、博古龙、松竹梅、鸾凤穿宝相花、四季花等②名〔10〕，不可胜计。

【校】

①“秤”，美术本作“称”。

②“等”，美术本缺此字。

【注释】

〔1〕画青：绘画青花纹饰。

〔2〕愿朴者：朴实敦厚的人。

〔3〕样器：标准器。

〔4〕锦灰堆：又称锦盆堆，意谓各色名花瑞果堆集其中与前“高烧银烛照红妆”，后“高士”“娃娃”等均为画题。

〔5〕高士：超世俗的高尚之士，对隐士的尊称。

〔6〕周茂叔：即周敦颐（1017—1073），字茂叔。宋道州营道（今湖南道县）人。因筑室庐山莲花峰下的小溪上，取营道故居濂溪以名之，故世称濂溪先生。北宋哲学家，著有《太极图说》《通书》《爱莲说》等。

〔7〕陶渊明：即陶潜（365—427），字元亮，一说名潜字渊明，世称靖节先生。晋浔阳柴桑（今江西九江）人。历任江州祭酒、镇军参军、建威

参军、彭泽令。后去官归隐，躬耕于田园。为古代著名田园诗人。

〔8〕八吉祥：瓷器传统吉祥纹样之一。由法螺、法轮、宝伞、白盖、莲花、宝瓶、金鱼、盘长八种吉祥物组成，偶有火珠状吉祥物代替其中之一，常见与莲花组合成图案。此纹样从西藏喇嘛教流传而来。 西番莲：又名大丽花。

〔9〕画名：纹样的名称。

〔10〕八仙：传说中长生不老的八位神仙。八仙之名，明代以前众说不一。有汉代八仙、唐代八仙、宋元八仙，所列神仙各不相同。至明吴元泰《八仙出处东游记传》始定为：铁拐李（李铁拐）、汉钟离（钟离权）、吕洞宾、张果老、曹国舅、韩湘子、蓝采和、何仙姑。 绣球：又名八仙花。一蒂八蕊，簇成一朵，故又称绣球花。花色由白而碧而红，颇为美观。 舞狮子：我国传统的民间艺术，起源于三国，至今已有1000多年的历史。 宝相花：我国传统装饰纹样之一，又称“宝仙花”“宝花花”。一种寓有“宝”“仙”之意的装饰图案。纹饰构成，一般以某种花卉（如牡丹、莲花）为主体，镶嵌其他花叶组成，基部用圆珠作规则排列，有富贵之相，故名“宝相花”。 鲭：鱼类的一科，身体呈梭形而侧扁，鳞圆而细小，头尖，口大。鲐鱼就属于鲭科。 鲌：鲤形目鲤科鲌亚科鲌属、红鲌属和近红鲌属十馀种鱼的通称。一般称为白鱼。体长而侧扁，体银灰色，有些种类的鳍呈红色。 鳜：属鲈形目，鮨科，鳜亚科，鳜属。俗称鳜花鱼、季花鱼、桂花鱼、桂鱼、鯚鱼。体较高而侧扁，背部隆起。口大，下颌明显长于上颌。 八俊：称同一时代有才望的8人。 巴山：秦蜀间的大巴山，连接川陕。湖北巴东县南有金字山，也叫巴山。 出水：瀑布。 八卦：象征天、地、雷、风、水、火、山、泽8种自然现象，以推测自然和社会的变化。 龙凤：龙与凤，在瓷器图样中象征帝后，帝后结婚时必造这类瓷器以充“御用”。 四季花：春日牡丹，夏日荷花，秋日菊花，冬日梅花。 三阳开泰：《周易》阴阳学说中，十月为坤卦，纯阴之象。十一月为复卦，一阳生于下。十二月为临卦，二阳生于下。正月为泰卦，三阳生于下。冬去春来阴消阳长，有吉亨兴盛之象，故称三阳开泰。吉祥图案以羊寓阳，“三羊”为“三阳”，与日纹和风景等组成纹样。常见于民间建筑、器物装饰与木版年画等。 天花：亦作“天华”。佛教语，天界的花。 二仙：是民间传说之神，主婚姻和合，故亦作和合二圣。世传之和合神像亦一化为二，然而僧状，犹为蓬头之笑面神，一持荷花，一捧圆盒，意为和（荷）

谐合（盒）好。婚礼之日必挂悬于花烛洞房之中，或常挂于厅堂，以图吉利。　如意：一种象征祥瑞的器物，用金、玉、竹、骨等制作，头灵芝形或云形，柄微曲，供指画用或玩赏。　鲍老：古代戏剧中的一种角色，唐朝称婆罗，宋朝称抱锣或鲍老。　乾坤六合：指天地上下和四方，泛指天下或宇宙。乾坤，一般代表天地。六合，上下和东西南北四方。　博古：指琴棋书画及古钱、铜器、玉器等古董。　松竹梅：世称岁寒三友。

堆器，以笔醮白泥堆坯上，成各样龙凤花草，加釉水炼灰烧成。

以下堆琢五彩：

锥器，各样坯上，用铁锥锥成龙凤花草，加釉水炼灰烧成。描金，用烧成白坯上贴金，过色窑。如矾红过炉火二次，馀色不上全黄。金花定碗，用大蒜调金描画，再入窑烧，永不复脱。五彩，用烧过纯白瓷器，缋彩〔1〕，过炉火烧成。

【注释】

〔1〕缋彩：绘彩。

造匣，用黄土、砂土，参和为之，大小不一。

以下制匣：

匣窑，除龙缸大匣外，其馀大小匣，可烧七八十件，烧成计薪五十五扛。有一用即损者，有再用方坏者。每窑烧缸匣六层，大样二样，或盖或圈，皆烧香一炷〔1〕，旁以小匣培之。三样缸匣，小则烧香二炷，培亦如之，薪视前加十之一赢〔2〕。溜火三日夜，紧火一日夜，止火三日，出窑。

【注释】

〔1〕烧香一炷：指烧完一炷香的时间。

〔2〕赢：多一些。

坯入窑，上下四角，周详审视，有无疵谬。必体质完美，然后盖匣封固，起火。

以下装窑：

窑座，前宽六尺。后如前，饶五寸〔1〕。入身六尺，顶圆。龙缸大样、二样者①，容一口〔2〕。三样者，一窑结砌二台，容二口。青窑比缸窑略小，前宽五尺，后五尺五寸，入②身四尺五寸。每座烧盘楪中样器二百有奇，稍大者一百五十有六。大碗二十有四，尺碗三十〔3〕，大坛十六七，小酒杯③五六百。

【校】

①“者”，美术本缺此字。

②“入”，美术本作“八”。

③“杯”，文友本作“坏”。

【注释】

〔1〕饶：多。

〔2〕容：容纳。

〔3〕尺碗：口径一尺的大碗。

缸窑，溜火七日夜。溜火如水滴溜，续续然、徐徐然，不绝而已。使水气收，土气和，然后可以扬其华也〔1〕。起紧火二日夜，视缸匣色变红，转而白，前后洞然矣，可止火封门。又十日开窑。每窑约薪百二十扛。遇阴雨，加十之一。

以下火候：

青窑溜火对日，紧火一日夜，候火色，如缸窑。火止封门，则窑易冷。首尾五日，可出器①。每窑用薪六十扛，器大加十之二。遇久雨窑湿，又加十之二。秋阳烈日，即大器〔2〕，薪可不加。

六窑之中，风火窑匠最劳，溜火一日之前，细心而已，无所用力。第二日紧火之后，昼夜添薪，不使忽烬忽焰，炎凉不均。倦睡不能应机〔3〕，神昏不能辨色。火有破釁走②烟之失〔4〕，器即有折裂阴黄之患〔5〕。

【校】

①“器”，美术本缺此字。

②“走”，美术本作“□”。

【注释】

〔1〕扬其华：指火力足而发出的火焰。

〔2〕大器：形体大的器物。此指陶瓷品。

〔3〕应机：随机应变。

〔4〕破釁：裂纹，裂痕。　走烟：窜烟。

〔5〕折裂：当作坼裂，即龟裂，在瓷器中俗称“过岗”。

卷四　说器上

唐虞器

缶：《吕氏春秋》，尧命质[1]，以麋鞈置缶而鼓之[2]。

〔按〕缶本汲器、饮器，兼可节乐[3]。尧命以麋鞈置之者，生革曰鞈，谓以麋革冒之也[4]。法"筑土为鼓"之意而变之[5]，与后世击缶不同。《风俗通》云[6]：缶者，瓦器，秦人鼓之以节歌[7]。《史记》载赵王与秦王会渑池事[8]：秦王酒酣，令赵①王鼓瑟[9]，蔺相如前进缶[10]，请秦王击缶。则击缶，原秦人旧俗。然匪独秦人[11]，坎其击缶，见于《陈风》[12]，即事有渐，当以尧之鼓缶为击缶之始。《山堂考索》云[13]：缶如覆盆，古西戎之乐[14]，以四杖击之。又一击缶之法。

【校】

①"赵"，鲍刻本作"秦"，据美术本改。

【注释】

〔1〕尧：中国上古时期部落联盟首领陶唐氏之号，尧被后世儒家奉为圣明君主的典型，开创了"禅让制"的先河。

〔2〕麋：兽名，鹿属。　鞈：生革所制的镂束。　缶：原为汲水用或作饮器用的陶器。后也为一种陶瓷乐器。

〔3〕节乐：当作乐器演奏。

〔4〕谓以麋革冒之也：这就是说用麋的皮包住它。

〔5〕法：效法，取法于。　筑土为鼓：即土鼓。古乐器名，鼓的一种。

〔6〕《风俗通》：即《风俗通义》，原书32卷、130篇，今存10卷，东汉应劭（约153—196）撰。应劭，字仲远。汝南郡南顿县（今河南项

城）人，曾任泰山太守。

〔7〕以节歌：用为歌唱的节奏配合。

〔8〕渑池：今河南渑池。

〔9〕鼓瑟：弹瑟。瑟，中国古代的弹弦乐器之一，共有25根弦。

〔10〕蔺相如：战国时期著名的政治家、外交家，相传为今河北曲阳人。

〔11〕匪独：不单是，不只是。

〔12〕《陈风》：《诗经》十五国风之一。周武王封舜的后代妫满于陈，是为陈胡公。都宛丘。陈地在今河南和安徽一带。

〔13〕《山堂考索》：亦名《群书考索》。类书名。南宋章如愚辑。宋刻本10集100卷。元明刻本有所增补，编为前集66卷，后集65卷，续集56卷，别集25卷，4集共分46门。章如愚，字俊卿，号山堂。婺州金华（今浙江金华）人。

〔14〕西戎：中国古代对西北少数民族的泛称。周初称“西土之人”。后指以犬戎为主的西北各少数民族。

［商］灰陶簋
（河南省文物考古研究所藏）

土熘（一作土簋），土刑（一作土型）。《韩子》〔1〕：尧舜饭土熘〔2〕，啜土刑〔3〕。如淳曰〔4〕：刑，饭器。《广韵》〔5〕：熘，瓦饭器。《韩诗外传》〔6〕：舜饭乎土簋，啜乎土型。

〔按〕《考工记》：旊人为簋，原是陶器。然簋之为名，或其形与簠簋之簋相似〔7〕，而后人加之，其初则名熘也。簋字从竹，得称当从竹器始。刑，型省文，器之模曰型。刑者，侀也〔8〕。侀者，成也，一成而不可变，亦有模意。啜土型者，事从简略，即成器之型，为啜具也〔9〕。

【注释】

〔1〕《韩子》：即《韩非子》。

〔2〕土熘：古代盛饭的瓦器。

〔3〕土刑：亦作“土硎”。古代一种盛汤羹的瓦器。

〔4〕如淳：三国魏冯翊（今陕西大荔）人。任陈郡丞，曾注释《汉书》。

〔5〕《广韵》：全称《大宋重修广韵》，5卷，宋陈彭年（961—1017）、丘雍等奉旨修撰。陈彭年，字永年。南城（今江西南城）人。

〔6〕《韩诗外传》：10卷，汉韩婴撰。韩婴，燕（今北京）人。

〔7〕簠：古代祭祀和宴飨时盛放黍、稷、粱、稻等物的器具。

〔8〕俐：原为已定型之物，引申为成事不可改变的意思。

〔9〕啜具：饮器器皿。

泰尊。《礼记·明堂位》：泰尊[1]，有虞氏之尊也。《注》：泰用瓦[2]。

〔按〕《世本》云[3]：仪狄始作酒[4]。《孟子》赵岐《注》云[5]：仪狄作酒，禹饮而甘之[6]，遂疏仪狄而恶旨酒[7]。是仪狄为夏禹时人，然虞已有泰尊，有虞氏养老以燕礼[8]，又见《王制》[9]，酒不始于仪狄可知。

【注释】

〔1〕泰尊：古代祭祀用的大酒杯。

〔2〕泰用瓦：泰尊是用陶造成的。

〔3〕《世本》：中国最早的谱牒书。作者佚名。西汉末年刘向始校定成书，并谓其乃“古史官明于古事者所记也”。今之学者多据为先秦史料，然其中亦有汉人续入之内容。主要部分为《氏姓篇》《帝系篇》《王侯大夫谱》，分别对先秦姓氏源流、传说时期至三代之帝王世系、春秋时期各诸侯国公室及主要贵族家族世系予以记录。另有《作篇》《居篇》，记载古代发明与历史地理情况。原书早佚，清王谟、张澍、秦嘉谟等有辑本，近代汇集为《世本八种》。

〔4〕仪狄：古人名。夏禹时代人。善酿旨酒（美酒）。相传是我国最早的酿酒人。

〔5〕《孟子》：书名。儒家经典之一。《汉书·艺文志》著录11篇，现存7篇。战国时代孟子（前372—前289）与其弟子等著。孟子名轲。战国中期邹国（今山东邹城）人。　赵岐（约108—201）：字邠卿。东汉京兆长陵（今陕西咸阳）人。著有《三辅决录》《孟子章句》等。

〔6〕禹：传说中夏后氏部落的首领，受舜命治水有功，为夏朝的第一代君主。　甘：甜。

〔7〕疏：远。　恶旨酒：不喜欢美酒，止酒。恶，不喜欢。旨酒，美酒。

〔8〕燕礼：古代天子诸侯与群臣宴饮之礼。亦指古代敬老之礼。燕，即宴。

〔9〕《王制》：《礼记》篇名。郑玄《目录》：“名曰《王制》者，

以其记先王班爵授禄、祭祀、养老之法度，此于《别录》属制度。”

瓬大、瓦棺。《考工记》：有虞氏上陶。《注》：舜至质，贵陶器。瓬大、瓦棺是也[1]。（瓬大详周器）

〔按〕《檀弓》[2]：有虞氏瓦棺。《注》：始不用薪也[3]。《古史》[4]：舜作瓦棺土塈[5]。则夏后氏之塈周[6]，亦始于舜。《卮言》云[7]：史系天监五年[8]，丹阳山南得瓦物[9]，高五尺，围四尺，上锐下平，如盒。沈约云[10]：此罨盂也[11]，死则坐葬之。《檀弓》：夏后氏塈周是也。然郑《注》谓：火熟曰塈，烧土冶以周于棺，与此大异。此当是虞之瓦棺。

【注释】

〔1〕瓬：古代盛酒的有盖的瓦器，口小，腹大，底小，较深。 瓦棺：古代陶制的葬具。

〔2〕《檀弓》：《礼记》篇名，有上、下两篇。檀弓，本是鲁国一人名，大概生当战国时期。檀弓虽然不是孔门弟子，但他深明礼义。为了表彰他，《礼记》的编者便把檀弓知礼的事列于篇首，以他的名字作为篇名。

〔3〕始不用薪也：开始废除火葬制度。

〔4〕《古史》：60卷，北宋苏辙（1039—1112）撰。苏辙，字子由，号颍滨遗老。眉州（今四川眉山）人。著有《栾城集》。与其父苏洵、兄苏轼合称“三苏”，均在“唐宋八大家”之列。

〔5〕土塈：亦称“土周”“塈周”。古代葬俗，烧土为砖绕于棺材四周。

〔6〕夏后氏：《古史》称禹受舜禅，建立夏王朝，也称夏后氏、夏后或夏氏。夏朝自启开始世袭帝位。

〔7〕《卮言》：即《艺苑卮言》，12卷，其中8卷皆评述诗文。明王世贞（1526—1590）撰。王世贞，字元美，号凤洲，又号弇州山人。江苏太仓（今江苏太仓）人。另著有《弇州山人四部稿》等。

〔8〕史系：史书记载。 天监五年：506年。天监（502—519），梁武帝萧衍年号。

〔9〕丹阳山：在今四川彭水县南，或云在陕西宜川。

〔10〕沈约（441—513）：字休文。吴兴武康（今浙江德清）人。南朝梁诗人、文学家。撰有《宋书》。

〔11〕罨盂：古代我国东部少数民族的一种葬具。坐葬用以代棺之瓦器。

甑盆。《韩诗外传》：舜甑盆无膻。《注》：膻，即今甑箪，所以盛饭，使水火之气上烝，而后饭可熟。谓之膻，犹人身之膻中也[1]。

〔按〕《考工记》：陶人为甗。《注》：无底甑。昔传宋太宗时[2]，长安民得甗[3]，其状下为鼎，三足，上为方甑，中设铜箪，可以开阖[4]。无底，故设铜箪。则此甑盆，亦无底甑，而又不设甑箪，故曰无膻。

〔又按〕《研北杂志》谓得古陶器[5]，或言舜时物。《通雅》谓宋人言河南土中有羽觞[6]，无色泽者[7]，舜之陶。虞帝去今远，未敢尽信。吾子行以为秦铸金人之后[8]，合土为陶，殆不然矣[9]。

【注释】

〔1〕膻中：穴位名，在胸部两乳之间。

〔2〕宋太宗：即北宋第二位皇帝赵光义（939—997），于976—997年在位。

〔3〕长安：今陕西西安。

〔4〕开阖：开启与闭合。

〔5〕《研北杂志》：2卷，元陆友撰。陆友，字友仁，号砚北生。平江（今江苏苏州）人。另著有《研史》《墨史》《印史》等。

〔6〕羽觞：酒器名。又称羽杯、耳杯。因其形状像爵，两侧有耳，象鸟之双翼，故称。

〔7〕无色泽者：指无釉彩的素器。

〔8〕吾子行（？—1311）：一作吾丘衍，清初避孔丘讳，作吾邱衍，字子行，号贞白，世称贞白先生。元太末（今浙江龙游）人。著有《周秦石刻释音》《闲居录》《竹素山房诗集》《学古编》等。

〔9〕殆不然矣：大概是不符合事实的。

周 器

瓦旊。《礼图》[1]：祭天用瓦旊。

〔按〕《郊特牲》[2]：器用陶①匏，不详何器。《礼图》瓦旊，亦统言之曰陶旊之事而已。《山堂考索》记周之郊[3]，谓王以匏片为爵，酌瓦瓬之泛齐以献[4]，是瓦瓬其一也。礼器有木簋，又有瓦簋；有木豆[5]，又有瓦豆[6]。疏家谓祭天地之器尚质[7]，若宗庙则以木为之[8]。是凡礼器之从瓦者，或皆在瓦瓬之列也。

【校】

①“陶”，美术本作“的”。

【注释】

〔1〕《礼图》：指《三礼图》，关于《周礼》《仪礼》《礼记》的图解之书。汉郑玄等著者已佚，此当指宋聂崇义撰《三礼图》20卷。

〔2〕《郊特牲》：《礼记》的一篇。郑玄《目录》解释：“名‘郊特牲’者，以其记郊天用骍犊之义，此于《别录》属祭祀。”郊是祭天之名，祭用一牛，故名特牲。

〔3〕记周之郊：记载周代的郊祀。

〔4〕泛齐：古人酿酒时，分其清浊为五等，泛齐、醴齐、盎齐、缇齐、沈齐。

〔5〕木豆：古代食器，形似高足盘，木制。亦用于祭祀。

〔6〕瓦豆：古代陶制的一种礼器。

〔7〕疏家：对经书传、注作解释的人。此泛指后世研究者。

〔8〕宗庙：古代帝王、诸侯祭祀祖宗的地方。

大尊（大音泰）。《周礼》：司尊、彝，掌六尊、六彝之位〔1〕。凡四时之间祀、追享、朝享〔2〕，其朝践〔3〕，用①两大尊。

《山堂考索》：大尊受五斗，口圆。径一尺，胫高三寸〔4〕，中横径九寸，脰下大横径一尺二寸〔5〕，底径八寸。腹上下空径一尺五分，厚半寸。底平厚寸。两大尊，一盛元酒〔6〕，一盛醴齐〔7〕。

【校】

①“用”，文友本作“之”。

【注释】

〔1〕司：主管。　六尊：六种盛酒之尊，献尊、象尊、壶尊、著尊、大尊、山尊。　六彝：祭祀、宾客行裸礼所用之酒具。为鸡彝、鸟彝、斝彝、黄彝、虎彝、蜼彝。

〔2〕间祀：古代指禘、祫等不常举行的祭祀。　追享：即禘祭。祭所自出之先祖，故曰追享。　朝享：即祫祭。3年丧毕，合先君之主于祖庙而祭之。

〔3〕朝践：天子、诸侯祭宗庙时，始荐血腥之事。亦名朝事。

〔4〕胫：小腿，自膝盖到脚跟的部分。这里指器物的下部。

〔5〕脰：颈部。

〔6〕元酒：即玄酒。古代祭祀时当酒用的水。

〔7〕醴齐：甜酒。

大罍。《周礼》：鬯人〔1〕，凡祭祀社壝用大罍〔2〕。《注》：瓦罍。《疏》：旊人为瓦簋。据外而言，罍亦用瓦，取质略之意〔3〕。

【注释】

〔1〕鬯人：官名。周朝置。掌祭祀时供应鬯酒。

〔2〕社壝：四周筑有矮墙的社坛。

〔3〕取质略之意：取其质朴的寓意。

［商］灰陶饕餮纹罍

（河南省博物馆藏）

瓦甒、缶、壶。《礼记·礼器》：君尊瓦甒〔1〕，门外缶，门内壶。《注》：甒五斗，壶大一石，缶大小未闻。以小为贵，则近小远大；缶在门外，则大于壶。《山堂考索》：大尊与甒，形制容受同。

〔按〕瓦甒，即虞尊。缶、壶，俱所以盛酒。《尔雅》郭注〔2〕：谓缶即盆。《考工记》：盆实二鬴〔3〕，四区为鬴，鬴六斗四升。缶大于壶矣。又《易》坎卦爻辞，王弼本，樽酒句、簋贰句、用缶句〔4〕。《注》云：一樽之酒，二簋之食，瓦缶之器，纳此至约，自进于牖〔5〕，是谓樽簋，皆瓦缶之器也。

【注释】

〔1〕君尊瓦甒：君王用的酒器是瓦甒。

〔2〕《尔雅》郭注：郭指郭璞（276—324），字景纯。晋河东闻喜（今山西闻喜）人。曾注《尔雅》《山海经》《方言》《穆天子传》《楚辞》等书。

〔3〕实：容量。　鬴：同“釜”。春秋战国时量器名，亦是容量单位，标准不一。

〔4〕《易》坎卦爻辞，王弼本，樽酒句、簋贰句、用缶句：《易经·坎卦》爻辞，王弼本的句读作为三句：樽酒、簋贰、用缶。

〔5〕牖：窗户。

瓦大。《仪礼·燕礼》[1]：公尊瓦大[2]，两有丰[3]。《注》：瓦大，有虞氏尊。

【注释】

〔1〕《仪礼·燕礼》：《仪礼》的一篇。郑玄《目录》："诸侯无事，若卿大夫有勤劳之功，与群臣燕饮以乐之。《燕礼》于五礼属嘉，《大戴》第十二，《小戴》及《别录》皆第六。"篇中内容记叙燕礼的仪节规定。

〔2〕公尊瓦大：公所用的酒尊叫瓦大。公，爵位名。

〔3〕两有丰：两尊装得满满的。

瓮。《周礼》：醢人[1]，王举则共醢六十瓮[2]，宾客之礼[3]，共醢五十瓮。醯人[4]，王举则共齐、菹醯物六十瓮[5]。宾客之礼，共醯五十瓮。膳夫[6]，凡王之馈食[7]，酱用百有二十瓮。《注》：酱，谓醯、醢也。《山堂考索》：瓮高一尺，受三斗[8]，口径六寸五分，腹径九寸五分，底径六寸五分，腹下渐杀六寸[9]。

【注释】

〔1〕醢人：职官名。就是掌管国王祭祀和食用之肉酱的人。醢，肉酱。

〔2〕王举：君王举膳。

〔3〕宾客之礼：招待宾客的标准。

〔4〕醯人：职官名。掌制以醋调制的祭品、食物等事。醯，醋。

〔5〕齐：即五齐。5种细切的冷食肉菜。《周礼·天官·醢人》："掌供五齐、七菹。""齐"同"齑"。五齑，昌本（菖蒲根）、脾析（牛百叶）、蜃（蛤）、豚拍（豚胁）、深蒲（蒲蒻）。 菹：即"七菹"。古代常用7种菜做菹，即韭、菁、茆、葵、芹、箈、笋。菹，酸菜、腌菜。

〔6〕膳夫：古官名。掌国君饮食膳馐的厨师。

〔7〕馈食：进食。

〔8〕受：容量。

〔9〕渐杀：逐渐缩小或收敛。

甗、盆①、甑、鬲、庾。《考工记》：陶人为甗，实二鬴，厚半寸，唇

［商］灰陶绳纹甗
（河南省文物考古研究所藏）

寸[1]。盆，实二鬴，厚半寸，唇寸。甑，实二鬴，厚半寸，唇寸，七穿[2]。鬲，实五觳[3]，厚半寸，唇寸。庾，实二觳，厚半寸，唇寸。《注》：量六斗四升曰鬴。郑司农云：甗无底甑。觳，读为斛，受三斗。元谓豆实三而成觳[4]，则觳受斗二升，豆实四升。甗，鱼辇反，一音彦。鬲，音历。《尔雅》，䰝谓之鬵[5]，鬵，鉹也[6]。《注》：凉州呼鉹[7]。

〔按〕甗，在陶人，周制也。《博古图》所载，则饕餮、垂花、雷纹、盘云、偃耳、直耳[8]，极雕饰。亦有铭，验其款识，则曰父己、父乙、祖己。考古器，鼎有父乙、父甲、父丁、祖戊，彝有父癸、祖乙、父乙、父丁、父己、父辛、母乙，爵有父丁、祖辛、父癸、父辛、父戊、祖己、父己，卣有父甲、祖癸、父己，匜有祖戊[9]，盉有父丁[10]，觚有父庚，皆商器。则此《博古图》所载，是商甗。周文商质[11]，不应商有雕饰之形，周反守浑朴之素。而《博古图》又有父丁②、父己、父戊，商鬲亦如甗然。或者陶人亦为雕饰之文，未详言之也。又《左传》，齐赂晋纪甗[12]，《释文》以为玉甑[13]。甗有以玉为者，古器盖不一其制云。

〔又按〕《器用指归》云[14]：甑所以炊饭。古甑瓦器，陶者为之。《尔雅》：甑，作䰝，从瓦从鬲，一也。《说文》：瓦、缶、鬲、鬻四部，本以类从。鬻即鬲，鬵鬴，从鬲，鬵又从鬻，作鬻甑，又作鬻鬲，是炊器无疑。《博古图》谓甗之为器，上若甑，可以炊物，下若鬲，可以饪物[15]，又一器兼甑、鬲之用。郑康成《注》“老妇之祭”云[16]：瓶盆炊器。盆亦主炊。是陶人所掌，皆炊器，庾何为也？

〔又按〕庾是量名，杂之甑③、甗、盆、鬲，不于其伦[17]。《左传》疏云[18]：杜据《仪礼》今文[19]，以庾为十六斗。《考工记》：陶人为庾，其下文旊人之豆，实三而成觳，则觳受斗二升。庾实二觳，则受二斗四升也。彼陶所作，是瓦器瓮之类，非量[20]。

【校】

①“盆”，美术本作“瓦”。

②“父丁”，鲍刻本作“丁父”，据美术本改。

③"甑"，美术本"甑"下又有一"甑"字。

【注释】

〔1〕唇：指器口的边缘。

〔2〕七穿：7个洞孔。

〔3〕觳：同"斛"。古代量器名。

〔4〕元：指郑玄。康熙皇帝名玄烨，清人避讳，改玄为元。

〔5〕鬵：古同"甑"。

〔6〕鉹：甑。古代一种陶制炊具。

〔7〕凉州：今甘肃武威。

〔8〕饕餮：传说中的一种贪残的猛兽。古代钟鼎彝器上多刻其头部形状作纹饰，称为饕餮纹。　垂花：青铜器纹饰之一。　雷纹：呈连续内卷方块线条状纹样。　盘云：青铜器纹饰之一。因其如山之起伏，云绕其间，故称。　偃耳：曲耳，低而平的器耳。

〔9〕匜：古代盥洗时用来注水的器具。

〔10〕盉：古代一种盛酒的器具。青铜制，圆口，深腹，三足。为酒水调和之器，用以调节酒之浓淡。

〔11〕周文商质：周代尚纹饰，商代尚质朴。

〔12〕齐赂晋纪甗：齐国用纪甗贿赂晋国。

〔13〕《释文》：即《经典释文》，30卷，唐代陆德明（约550—630）撰。《经典释文》为训诂学著作，它保存了唐代以前经书中得大量音读，为研究古音提供了大量的材料。陆德明，名元朗，以字行。苏州吴（今江苏苏州）人。

〔14〕《器用指归》：清乾隆间流行的一种关于日用器物的通俗读物，已佚。

〔15〕饪：煮熟食物。

〔16〕老妇之祭：亦作"祭灶"，汉代五祀之一。《吕氏春秋·孟夏纪》云："孟夏三月，其祀灶。"祀灶之俗，汉以前诸朝于夏季行之，汉以后则改在腊月举行，时间一般多于农历十二月二十三日或二十四日举行，并渐渐广及民间，因多为民间妇女行之，故称"老妇之祭"。

〔17〕不于其伦：不是同类。

〔18〕《左传》疏：晋代杜预注，唐代孔颖达正义，是为注疏本。

〔19〕杜：指晋代征南将军杜预。

〔20〕非量：不是量器。

簋、豆。《考工记》：旊人为簋，实一觳，崇尺[1]，厚半寸，唇寸。豆实三而成觳，崇尺。

〔按〕旊人簋，豆，当是礼器。《尔雅》：木豆谓之豆，竹豆谓之笾[2]，瓦豆谓之登[3]。登，《注》：膏登[4]，非旊人之豆，故别见于后。《通雅》谓古器有祖癸①豆、姬寏豆，是礼器又有铜豆也[5]。《山堂考索》云：旊人不言簠，簠、簋是相将之物[6]，亦应制在旊人。然经无明文，不敢于簋、豆之间杂出簠名，故附其说于此。

［商］灰陶云雷纹簋
（河南省博物馆藏）

【校】

①“癸”，美术本作“登”。

【注释】

〔1〕崇：高。

〔2〕竹豆：竹制食器，亦用于祭祀。盛干果，等食物。可装4升。《说文·竹部》：“笾，竹豆也。”段玉裁注：“豆，古食肉器也。木豆谓之豆，竹豆谓之笾。”

〔3〕瓦豆：古代盛肉汁的瓦器。《尔雅·释器》：“木豆谓之豆，竹豆谓之笾，瓦豆谓之登。”豆是总名，陶制豆为登。

〔4〕膏登：灯盏，上为碗，盛膏而燃火。

〔5〕铜豆：古代食器，是盛肉酱一类食物用的。器浅如盘，下有把、圈足，大多数有盖。

〔6〕相将：相共，相随。

登。《尔雅》：瓦豆谓之登。《注》：膏登。

〔按〕《楚辞》[1]：兰膏明烛华镫错[2]。《注》：镫，锭也。徐铉曰[3]：锭中置烛，故谓之镫。《博古图》有锭铭曰：王氏铜虹烛锭。李贺诗[4]：晓虹屏中碧，本此。唐人诗又有用银缸者，本作登，后人以铜为之。从金，作镫，今俗作灯。古人焚膏必有器，故从郭注膏登之说[5]，以著后来“华镫”“铜虹”之托始于登矣。

【注释】

〔1〕《楚辞》：汉代刘向（约前77—前6）所辑楚屈原、宋玉、景差诸赋的总名。刘向，本名刘更生，字子政。沛县（今江苏沛县）人。

〔2〕兰膏：古代用泽兰子炼制的油脂。可以点灯。 镫：即登，有足的灯。 错：用金涂饰。

〔3〕徐铉（917—992）：字鼎臣。广陵（今江苏扬州）人。初仕南唐，与弟徐锴号“大小二徐”。宋初诏铉校《说文》，另著有《骑省集》《稽神录》等。

〔4〕李贺（790—816）：字长吉。祖籍陇西（今甘肃陇西），生于福昌昌谷（今河南宜阳），后世称李昌谷。唐代诗人。

〔5〕郭注：指郭璞的注。

瓴、甈。《尔雅》：瓯瓿谓之瓴[1]。《注》：瓿甊①[2]，小罂[3]，长沙谓之瓴[4]。又康瓠谓之甈[5]，《注》：瓠，壶也。

〔按〕《博古图》：方斜瓿无铭，文饰极精妙，肩作电②形，环腹之饰，皆取象于雷。肩脰之间，文镂相错[6]，如盘丝发，微起乳形，而中作黄目状[7]。鱼瓿无铭，肩腹之间，饰以鱼形。蟠螭瓿，饰以蟠螭。饕餮瓿，饰以饕餮，或间之以雷纹，形模典雅。瓿字从瓦，《尔雅》，瓯③瓿，出自陶人。山罍木器[8]，郑元谓亦刻而画之[9]，为山云之形。则陶器或亦有文饰，然无所考。

【校】

①“甊”，美术本作“数”。

②“电”，美术本作“雷”。

③“瓯”，美术本缺此字。

【注释】

〔1〕瓯瓿：古代盛物的一种瓦器，口圆，腹深，圈足。

〔2〕瓿甊：小罂。

〔3〕罂：古代大腹小口的酒器。

〔4〕瓴：瓮、缶一类瓦器。

〔5〕康瓠：空壶，破瓦壶。 甈：盎、缶一类的瓦器。破瓦壶。

〔6〕文镂相错：绘画纹样与镂雕纹饰相互交错。

〔7〕黄目：亦称“黄彝”。黄铜彝器。据说刻人目为饰，故名。《周礼·春官·司尊彝》：“秋尝冬烝，祼用斝彝、黄彝，皆有舟。”郑玄注：“黄彝，黄目尊也。”

〔8〕山罍：也称“山尊”。古代刻有山云图纹的盛酒的祭器。《礼记·明堂位》：“山罍，夏后氏之尊也。”孔颖达疏：“罍为云雷也，画为山云之形也。”

〔9〕郑元：即郑玄。元，清人避康熙皇帝玄烨讳改。

汲缶。《易·比①卦》：有孚盈缶〔1〕。《注》：井之水，人所汲，汲用缶。《左传》：具绠缶〔2〕，备水器。

【校】

①“比”，文友本作“此”。

【注释】

〔1〕有孚盈缶：语出初六爻辞。其文云：“有孚盈缶，终来有它吉。”意即初六诚信于内，象盛满东西的缶一般。

〔2〕具绠缶：具有汲水用的绳子和器具。

挈壶。《周礼》：挈壶氏〔1〕，挈壶以令军井〔2〕。《注》：郑司农曰壶〔3〕，所以盛饮。

【注释】

〔1〕挈壶氏：职官名。掌军中悬壶计时之职，兼及系壶，表有井；系辔，表宿地；系畚，表储粮之处等事。下士。属夏官司马。

〔2〕挈壶：悬壶。 令军井：管理军队专用的水井。

〔3〕郑司农：即郑众。

瓶。《左传》：虽有挈瓶之智，守不假器〔1〕。

《礼记·礼器》：夫奥者〔2〕，老妇之祭也，盛于盆，尊于瓶。

〔按〕《说文》：壶，昆吾圜器。《礼》注：一石曰壶，本是饮器，故门外列缶，门内列壶，以饮器而通为汲器。《周礼》之挈壶令井，犹《左传》之具绠缶也。缶、壶、瓶总一类，只小大不同。壶小于缶，瓶更小于壶。《方言》〔3〕：缶，谓之瓿甂，其小者谓之瓶䍃〔4〕。《说文》：

罃，备火长颈瓶也，瓶，瓮也。瓶，重文曰缾，并薄经切。《玉篇》[5]：瓶，蒲并切，瓶，蒲丁切，皆汲器。为器既同，何必异音，从《说文》为是。老妇之祭，尊于瓶，其备火之罃与？故《注》曰炊器。然此已为后代酒瓶之始。《唐书·李大尧传》[6]：太宗赐胡瓶一，曰，虽非千镒[7]，乃朕所自御[8]。《政要》作壶瓶[9]；《通鉴释文》以为汲器[10]；胡三省《辨误》曰酒器[11]；太宗有自御之言，非汲器可知。《贤奕编》云[12]：今人呼酌酒器曰壶瓶。

【注释】

〔1〕虽有挈瓶之智，守不假器：虽然仅有像挈瓶那样只能容一点点水的小聪明，也能够谨守住它，不借给他人。比喻懂得谨其所守，忠于所职。挈瓶，汲水用的小瓶。智，亦作“知”。假，借。

〔2〕奥：古时指房屋的西南角。古时祭祀设神主或尊者居坐之处。

〔3〕《方言》：即《辅轩使者绝代语释别国方言》，今本13卷，汉扬雄（前53—18）著。我国第一部记录方言的著作。扬雄，又作杨雄，字子云。西汉蜀郡成都（今四川成都郫县）人。另著有《太玄》《法言》。

〔4〕罃：同“罂”。

〔5〕《玉篇》：30卷，南朝梁顾野王（519—581）撰。中国古代一部按汉字形体分部编排的字书。顾野王，字希冯，原名体伦。吴（今江苏苏州）人。今本非原书，经后人增订。

〔6〕《李大尧传》：当作《李大亮传》，见《旧唐书》卷六二，《新唐书》卷九九。

〔7〕镒：古代的重量单位，二十两或二十四两为一镒。

〔8〕自御：自用。

〔9〕《政要》：即《贞观政要》，10卷，唐太宗时君臣议政言论集，唐吴兢（670—749）撰。吴兢，汴州浚仪（今河南开封）人。

〔10〕《通鉴释文》：6卷，南宋史炤撰（一说宋司马康）。是一本作于南宋时期的音义著作，其中大量音切集中反映了宋代的语音特点。

〔11〕胡三省《辨误》：胡三省（1230—1302）所著《通鉴释文辨误》，12卷。胡三省，字身之。南宋台州宁海（今浙江宁海）人。

〔12〕《贤奕编》：4卷，明刘元卿（1544—1609）撰。刘元卿，字调父，号旋宇，一号泸潇。江西安福（今江西莲花）人。另著有《大学新编》《山居草》《刘聘君全集》等。

夫子书瓮（鲁器）。《钟离意别传》[1]：意为鲁相[2]，修夫子庙堂[3]，道有瓮，召守庙孔䜣①问曰：此何等瓮？䜣②曰：夫子瓮，背皆有书。夫子亡后，无敢发者[4]。意乃发，得素③书[3]。

【校】

①“䜣”，美术本作“訢”。

②“䜣”，美术本作“訢”。

③“素”，美术本作“索”。

【注释】

〔1〕《钟离意别传》：1卷，有清王仁俊辑本。

〔2〕意为鲁相：钟离意任鲁国宰相。

〔3〕夫子：指孔夫子，孔丘。 庙堂：庙宇。

〔4〕发：打开，开启。

〔5〕素书：书籍。

灌瓮（楚器）。《庄子》[1]：子贡入楚[2]，过汉阴[3]，见一丈人[4]，方为圃畦[5]，凿隧而入，抱瓮而灌[6]。

【注释】

〔1〕《庄子》：33篇，战国时庄周（约前369—前286）及其门人所作。庄周，字子休，一说子沐。战国宋蒙（河南商丘东北）人。

〔2〕子贡（前520—？）：端木氏，名赐，字子贡。春秋末卫（今河南）人。孔子弟子。

〔3〕汉阴：汉水南岸。古时称水南为阴。

〔4〕丈人：古时对老年男子的尊称。

〔5〕为：管理。 圃畦：种蔬菜、花果的园畦。

〔6〕灌：浇水。

经程（齐器）。《韩诗外传》，齐桓公饮诸臣酒[1]，令曰：后者罚一经程[2]。《注》：酒器之大者曰经程。

【注释】

〔1〕齐桓公（？—前643）：春秋时齐国国君，姜姓，名小白。以管仲为相，曾“九合诸侯”，为春秋五霸之首。 饮诸臣酒：召集大臣饮酒。

〔2〕经程：省称“经”。盛酒瓦器。长腹类瓶，圜口细颈。容量约1斗。

瓦卮（韩器）。《韩非子》：堂溪公谓韩昭侯曰[1]：今有白玉之卮[2]，无当[3]；瓦卮有当，君宁何取[4]？曰：取瓦卮。

〔按〕齐之经程，不详何器。《侯鲭录》云[5]：陶器有酒经，晋安人盛酒[6]，似瓦壶之制。小颈，环口，修腹[7]。凡馈人牲，兼以酒器。书云酒一经，或二经，至五经焉。齐桓公之经程，当即此器。应劭《汉书注》云：卮，饮酒礼器，古以角。据《韩非子》堂溪公之语，是当时有瓦卮也，故附于后。列国器名[8]，载在《方言》，参错互异，且不详何制，仅采一二可据者，以备考览。陶出三代，世所传甓器是也[9]。《笔衡》云：今土中得者，其质浑厚，不务色泽。

【注释】

〔1〕韩昭侯：战国时代韩国国君，前362—前333年在位。

〔2〕卮：古代一种盛酒器。圆形，容量4升。

〔3〕无当：指物体无底部。

〔4〕君宁何取：你选择哪一件呢？

〔5〕《侯鲭录》：8卷，宋代文言轶事小说。北宋赵令畤（1051—1134）撰。赵令畤，初字景贶，改字德麟，自号聊复翁。涿郡（今河北涿州）人。

〔6〕晋安：西晋太康初改东安县为晋安县，属晋安郡。治所即今福建南安丰州镇。

〔7〕修腹：长腹。

〔8〕列国：指春秋战国时的诸侯国。

〔9〕甓器：即陶器。

汉 器

桂酒尊，泰尊。《郊祀歌·练时日》一[1]：尊桂酒[2]，宾八乡[3]。《注》：晋灼曰[4]，尊，大尊，元帝时大宰丞李元记云[5]，以水渍桂为大尊酒[6]。又《景星》十二[7]，百末旨酒布兰生[8]，泰尊柘浆析朝酲[9]。

〔按〕《周礼》六尊，大尊用于宗庙。四时之朝践，祭天地，则曰器用陶匏而已。其用大尊与否，经典未有明文。汉《郊祀歌·景星》则曰泰尊，《练时日》则曰尊桂酒，《注》亦以为大尊。既两见之，吾从其实，列之为二[10]，于《练时日》之尊则曰桂酒尊。

【注释】

〔1〕《郊祀歌·练时日》：乐府歌曲名。《汉书·礼乐志》谓汉武帝定郊祀之礼，立乐府，以李延年为协律都尉，命司马相如等作《郊祀歌》19章，其目多以歌之首句为名。以用于郊祀天地。以后历代王朝的这类歌词，大都沿袭汉代之旧。

〔2〕桂酒：用玉桂浸制的美酒。泛指美酒。

〔3〕宾八乡：祭奠八方之神。

〔4〕晋灼： 晋河南人，仕为尚书郎，撰《汉书音义》。

〔5〕元帝：即汉元帝刘奭，前49—前33年在位。

〔6〕水渍：水浸。

〔7〕《景星》：西汉宫廷歌曲，又名《宝鼎歌》，汉武帝元鼎五年（前112）所作。公元前116年，汉武帝因得宝鼎，改元元鼎。元鼎五年六月，又得宝鼎于汾阴后土祠之旁，武帝认为这是上天赐予他巡祭后土以祈丰年的祥瑞，令人作《宝鼎歌》。其词载于《汉书·礼乐志》。该歌并被列入《郊祀歌》作为一章。

〔8〕百末旨酒：采百花末酿制的一种美酒。 布：布列，散布。 兰生：形容美酒香气四溢。

〔9〕柘浆：甘蔗汁。 朝酲：谓隔夜醉酒早晨酒醒后仍困惫如病。

〔10〕列之为二：列为两条。

豆。《东方朔传》[1]：置守宫豆下[2]。《注》：豆，食器，若盆而大，今豆盋也，读作钵。

〔按〕《稗史类编》谓：钵，本天竺国器[3]，故语谓之“钵多罗”，晋宋间始为中夏所有[4]。《演繁露》据《汉书注》“若盋而大，今之豆盋”语[5]，以为古有此名。盋、钵字，本通，《注》曰：若作譬况之词曰今[6]，明非昔之器，《稗史类编》之言是也。《广韵》笺“缶”云[7]：瓦器，钵也，当亦如注《汉书》者，以今明昔之义。

【注释】

〔1〕《东方朔传》：东汉志怪小说。旧题郭宪撰。

〔2〕守宫：蝎虎。俗称“壁虎”。　盂：同“盂”，盛饮食或其他液体的圆口器皿。

〔3〕天竺：印度的古称。

〔4〕晋宋间：东晋至南朝刘宋时。　中夏：中国、华夏。

〔5〕《演繁露》：16卷，后有《续演繁露》6卷，又称为《程氏演繁录》，都是由宋程大昌（1123—1195）著。全书以格物致知为宗旨，记载了三代至宋朝的杂事488项。程大昌，字泰之。徽州休宁（今安徽休宁）人。

〔6〕譬况：用近似的事物来比照说明。

〔7〕笺：注释，注解。

康瓠。贾谊吊屈原[1]：干①弃周鼎兮宝康瓠[2]。

【校】

①“干”，美术本作“歌”。

【注释】

〔1〕贾谊（前200—前168）：洛阳（今河南洛阳）人。西汉初年著名的政论家、文学家。撰《吊屈原赋》《过秦论》，传世有《新书》。　吊：凭吊，哀悼。　屈原（约前340—约前278）：芈姓屈氏，名平，字原；又自云名正则，字灵均。战国末期楚国丹阳人。我国已知最早的著名诗人之一。屈原创立了“楚辞”这种文体，著有《离骚》《九章》《九歌》《天问》等。

〔2〕弃周鼎兮宝康瓠：舍弃周代的铜鼎，而把康瓠当成宝贝。周鼎，比喻宝器。

甂、瓯、甀。《淮南子》[1]：蓼菜成行[2]，甂、瓯有堤[3]，称薪而爨[4]，数米而炊，可以治小，而未可以治大。又狗彘不择甂、瓯。又抱甀而汲[5]。

【注释】

〔1〕《淮南子》：又名《淮南鸿烈》，是西汉淮南王刘安（前179—前122）招宾客所编著。

〔2〕蓼菜成行：把蓼菜排列成一行行。比喻只能治理小事，而不能治理大事。

〔3〕甂：小瓦盆。 堤：陶器的底座。

〔4〕称薪而爨：称了柴草烧火煮饭。比喻只注意小事，不从大处着眼。薪，柴。爨，烧火煮饭。

〔5〕抱甄而汲：抱着坛子喝水。甄，古时坛子一类的瓦器。

瓿。《扬雄传》[1]：吾恐后人之覆酱瓿也[2]。

【注释】

〔1〕《扬雄传》：班固《汉书》中关于扬雄的传记。扬雄（前58—18），字子云。蜀郡成都（今四川成都）人。汉代学者、文学家。

〔2〕覆酱瓿：覆盖酱瓿的口。此指著作的价值不为人所认识，只能用来盖酱瓿而已。酱瓿，盛酱的器物。

瓨。《史记·货殖传》[1]：醯酱千①瓨[2]。

【校】

①“千”，文友本作“于”。

【注释】

〔1〕《史记·货殖传》：即《货殖列传》，西汉司马迁所撰《史记》列传第69篇，是反映司马迁经济思想的主要篇章。

〔2〕瓨：同“缸”。长颈大腹的陶器。

儋。《蒯通传》[1]：受儋石之禄[2]。《注》，应劭曰：齐人名小瓮为儋，受二斛。

〔按〕《汉书注》：康瓠，瓦盆底。《尔雅》：康瓠谓之甈。《注》：壶也。《释文》云：康，《埤苍》作甗[3]，《字林》作瓶[4]。《说文》云：瓶，破罂。《方言》云：瓿甊，罂也，灵桂之间谓之瓬[5]。《玉篇》云：瓬①，大瓮也。瓶、甗、瓬，音近，其一类也。《说文》

云：瓯，小盆也，甂似小瓿，大口而卑，用食。《方言》云：甈谓之盎，自关而西谓之盆[6]，其小者谓之升、瓯、甂②。又云：甂，陈、魏、宋、楚之间[7]，谓之题，其大者谓之瓯，今河北人呼小盆为题子[8]。然则瓯、甂皆小盆，而甂又小于瓯也。甀，《说文》作畬，云小口罂也。《列子》云[9]：状若甔甀。《国策》云[10]：醯壶、酱甀。甀云者，今之小口瓮，故可抱而汲。瓿，音部，亦罂之小者。瓨，《说文》云：似罂，长颈，受十升，亦作缸。瓶之长颈者，《方言》谓䓸，又云：周、洛、韩、郑之间[11]，谓之甀；齐之东北，海岱之间[12]，谓之甔。甔、儋，通用。然则甀也，瓿也，瓨也，儋也，皆小口罂也。《通雅》云：今俗曰坛，曰埕[13]。繇此言之，瓬大而缸小，今俗又以大者为缸也。

【校】

①“瓬”，美术本作“旊”。

②“甂”，美术本作“旊”。

【注释】

〔1〕《蒯通传》：班固《汉书》中记载蒯通的传记。

〔2〕儋石：儋受一石，故称儋石。用以计量谷物。儋，石罂。一说一石为石，二石为儋，谓一人所担。

〔3〕《埤苍》：即《埤仓》，2卷，三国魏张揖编。张揖，字稚让。清河（今河北清河）人，一云河间（今河北献县）人。另著有《广雅》。

〔4〕《字林》：晋吕忱撰。部目根据《说文解字》分540部。是一部在中国古代影响较大的字书。吕忱，字伯雍。西晋任城（今山东济宁）人。

〔5〕灵桂之间：两湖一带，或指广西北部一带。

〔6〕关而西：函谷关以西。

〔7〕陈、魏、宋、楚之间：今河南东部、湖北及湖南北部等地。

〔8〕河北：黄河以北。

〔9〕《列子》：又名《冲虚真经》，相传战国列御寇著。《列子》是一部著名的哲学著作。《汉书·艺文志》列为道家类。刘向、刘歆整理本早佚。今本8篇，学者多以为伪托。列御寇，亦称圄寇、圉寇。战国时郑国人。

〔10〕《国策》：战国时期的游说之士整理编纂的演说辞和各国史料汇编。全书初无定名，或曰《国策》，或曰《国事》，或曰《短长》，或曰《事语》，或曰《长书》，或曰《修书》。经刘向重新校订、编次，分为33篇，定名为《战国策》。

〔11〕周、洛、韩、郑之间：今陕西东部至河南中部。

〔12〕海岱之间：今山东省渤海至泰山之间的地带。海，渤海。岱，泰山。

〔13〕埕：酒瓮，酒一坛俗称为一埕。

盏。《池北偶谈》[1]：宋荔裳观察藏汉瓷盏二[2]，内有鱼藻文，云在秦州耕夫得于隗嚣故宫[3]。

〔按〕盏属饮器，从酉作醆（盏）。夏盏饰以玉[4]，遂从玉；亦从角，作觞。今俗作盏，从皿，数字通用。唐盏[5]，紫金、白玉、银凿落、水晶、玻璃制[6]，甚华美，专以佐饮。至宋，则瓷盏为斗茶之胜具矣。

【注释】

〔1〕《池北偶谈》：又名《石帆亭纪谈》，26卷，清王士禛撰。因家有池北书库，以此作为书名。其书笔记谈故、谈献、谈艺、谈异等。

〔2〕宋荔裳观察：宋琬（1614—1673），字玉叔，号荔裳。清莱阳（今山东莱阳）人。著有《安雅堂全集》。观察，官名。清代作为对道员的尊称。

〔3〕秦州：今甘肃天水。　隗嚣（？—33）：字季孟。东汉天水成纪（今甘肃静宁西南）人。王莽末，据陇西起兵，初附刘玄，不久附光武帝刘秀，后又称臣于公孙述。光武西征，嚣奔西域，悲愤死。《后汉书》有传。　故宫：旧宫，前代宫殿。

〔4〕夏盏：夏代的盏。

〔5〕唐盏：唐代的盏。

〔6〕银凿落：古酒器。以镌镂金银为饰的酒盏。

漆乌瓦盘。《修复山陵故事》[1]：武帝悼后元宫[2]，漆乌瓦盘一枚。

〔按〕《周礼》：玉府[3]，合诸侯则供珠盘[4]，盘之始也，亦作槃。《说文》：槃，承盘也。中山王《文木赋》[5]：制为槃杅，亦作柈。《古乐府》[6]：奉药一玉柈。盘、槃、柈通，古文作鎜。《集韵》云[7]：今曰托盘。

【注释】

〔1〕《修复山陵故事》：即《晋修复山陵故事》，5卷，东晋车灌撰。车灌，东晋尚书、司空、散骑常侍，356年，曾和其他大臣，持节前往洛

阳，修整先帝的5座陵墓。

〔2〕武帝：即晋武帝司马炎（236—290），字安世。河内温（今河南温县）人。晋朝开国君主，

〔3〕玉府：官名。《周礼》天官冢宰之属官，九府之一。掌藏玉器及兵器。

〔4〕合：会聚，聚合。　珠盘：珠饰的盘。古代盟会所用。亦指盟文或订盟。

〔5〕中山王《文木赋》：辞赋名篇。西汉刘胜（？—前113）作。刘胜，西汉景帝子，武帝异母兄。景帝时封为中山王，死后谥为靖王。据《西京杂记》载：鲁恭王得文木，胜为之作《文木赋》。

〔6〕《古乐府》：10卷，元左克明编撰。乐府诗选集。左克明，豫章（今江西南昌）人。

〔7〕《集韵》：10卷，宋代丁度（990—1053）奉敕编，于宝元二年（1039）成书。丁度，字公雅。开封（今河南开封）人。另著有《迩英圣览》《编年总录》《武经总要》等。

安哉。《太平御览》[1]：李尤《安哉铭》[2]，安哉今名，甘旨是盛[3]。埏埴之巧[4]，甄陶所成[5]。

〔按〕《通雅》云：古，哉与裁、载通。《说文》：䢜，设饪也，从丮，从食、才，读若载。慎之曰[6]，见《石鼓文》[7]。考石鼓，䢜卤①䢜北，谓载西载北也。安哉为安䢜近是。铭词有“埏埴甄陶”之语，窑器无疑。

【校】

①“卤”，美术本作“卤”。

【注释】

〔1〕《太平御览》：1000卷，宋李昉（925—996）等奉敕编。是宋朝编组的一部大类书，初名《太平总类》，后改名为《太平御览》。李昉，字明远。深州饶阳（今河北衡水）人。

〔2〕《安哉铭》：东汉李尤（约44—126）撰。李尤，字伯仁。广汉雒（今四川广汉雒城）人。撰《蜀记》《果赋》等。

〔3〕甘旨：美味的食物。

〔4〕埏埴：和泥制作陶器。

〔5〕甄陶：烧制瓦器。

〔6〕慎：即杨慎（1488—1559）。明代文学家，明代三大才子之一。杨慎，字用修，号升庵，后因流放滇南，故自称博南山人、金马碧鸡老兵。四川新都（今四川成都）人。

〔7〕《石鼓文》：中国现存最早的石刻文字，世称“石刻之祖”。因为文字是刻在10块鼓形的石头上，而石形如鼓而得名，每石上刻四言诗一首。文字内容为记述游猎的10首诗，故也称“猎碣”。

魏器

陶尊。《晋·礼志》〔1〕：魏景初元年〔2〕，营洛阳南委粟山以为圆邱〔3〕。祀之日，以始祖帝舜配〔4〕，房俎生鱼〔5〕，陶尊元酒。

〔按〕汉郊祀用泰尊，此但言陶尊，陶言其质，泰言其制，一也。

【注释】

〔1〕《晋·礼志》：《晋书》中记载礼仪制度的部分。唐房玄龄等编撰。

〔2〕魏景初元年：237年。景初（237—239），魏明帝曹叡年号。

〔3〕营：营造，建造。 圆邱：祭天的场所。邱，同“丘”，避孔子讳改。

〔4〕始祖：有世系可考的最初的祖先。

〔5〕房俎：周时祭器。俎，谓俎几。

晋器

缥瓷。潘岳《赋》〔1〕：披黄苞以授甘〔2〕，倾缥瓷以酌酃〔3〕。

〔按〕左思《蜀都赋》注〔4〕：翠微〔5〕，山气①之轻缥也。《说文》云：缥帛，青白色。潘《赋》曰：缥瓷，当时即以浅青相尚。后来峰翠、天青，于此开其先矣。

【校】

①“气”，文友本作“器”。

【注释】

〔1〕潘岳《赋》：指潘岳（247—300）《笙赋》。潘岳，字安仁。荥阳中牟（今河南荥阳）人。

〔2〕黄苞：橘的外皮。　甘：柑橘。

〔3〕酌：斟酒。　酃：酃酒，古酒名。

〔4〕左思《蜀都赋》：左思（约250—305）所著《三都赋》中的一篇。左思，字太冲。西晋临淄（今山东淄博）人。西晋著名文学家。

〔5〕翠微：青翠的山色，也泛指青翠的山。

东瓯荈器。杜毓《荈赋》：器择陶拣，出自东瓯[1]。

〔按〕杜《赋》云器择陶拣，当时亦不止一窑，此乃其精焉者耳。瓯亦越地，是先越州窑而知名者也。

【注释】

〔1〕器择陶拣，出自东瓯：饮茶要选用东瓯窑出产的茶具。

南北朝器

鹤觞罂。《洛阳伽蓝记》[1]：河东人刘白堕善酿[2]。六月中以罂贮酒，暴日中[3]，经旬酒味不动[4]，饮之香美，朝贵千里相饷[5]，谓之“鹤觞”。

【注释】

〔1〕《洛阳伽蓝记》：5卷，北魏杨衒之撰。追叙北魏洛阳佛寺及园林建筑的兴隆景象。杨衒之，北平（今河北满城）人。

〔2〕河东：古地区名。黄河流经山西、陕西两省，自北而南的一段之东部，唐以后泛指今之山西省。　刘白堕：北魏酿酒家。善于酿酒，其酒甘甜醇美，四方有名，后来遂称美酒为“白堕”。

〔3〕暴日中：放在正午烈日下曝晒。

〔4〕不动：不变。

〔5〕饷：馈赠。

军持。《寄归传》[1]：军持有二[2]，瓷瓦者净用[3]，铜铁者浊用[4]。

《庶物异名疏》[5]：梵语军持，一云军迟。此云瓶也。

〔按〕《西域记》[6]：捃稚迦[7]，即澡瓶也。然则军持之名，捃稚讹文[8]，又省迦字。释家以之洗手[9]，故曰澡瓶，亦曰净瓶。《词林海错》云[10]：蒙古人谓净瓶曰羊讹。佛教东汉入中国，至六朝而盛[11]，故附于此。

［元］黄釉军持（上海博物馆藏）

【注释】

〔1〕《寄归传》：即《南海寄归内法传》，唐释义净（635—713）撰。义净于咸亨二年（671）由海道往印度求学，游历30馀国。于武周证圣元年（695）归国，途中停留南海室利佛逝国时，将各处考察所得的情况写成寄回中国。故名。

〔2〕军持：源于梵语。澡罐或净瓶。僧人游方时携带之，贮水以备饮用及净手。后亦指形略扁，双耳可穿绳，能挂在身上的陶瓷水瓶。

〔3〕净用：盛水洗手。

〔4〕浊：盛水洒扫。

〔5〕《庶物异名疏》：30卷，明陈懋仁撰。此书汇辑古今物名之异者，并为之作笺疏，共2452名。陈懋仁，字无功。浙江嘉兴（今浙江嘉兴）人。另著有《泉南杂志》《续文章缘起》等。

〔6〕《西域记》：即《大唐西域记》，12卷，为唐代著名高僧唐玄奘（602—664）口述，门人辩机奉唐太宗之敕令编集而成。《大唐西域记》为玄奘游历五天竺所亲历者100馀国、得之传闻者30馀国旅途17年间之见闻录。玄奘，姓陈名祎。洛州缑氏（今河南偃师缑氏镇）人。世称三藏法师。

〔7〕捃稚迦：梵语"军持"之意译。一种贮水备用的铜瓶。

〔8〕讹：讹文错字。

〔9〕释家：佛教徒，僧侣。

〔10〕《词林海错》：16卷，明夏树芳（1551—1635）撰。夏树芳，字茂卿，一字习池，号冰莲道人。江阴（今江苏江阴）人。万历元年（1573）举人。明代著名文人。另著有《消暍集》《水莲集》等。

〔11〕六朝：三国吴，东晋，南朝宋、齐、梁、陈相继建都建康（今江苏南京），世称为六朝。

隋器

绿瓷琉璃。《隋·何稠传》[1]：稠博览古图，多识旧物。时中国久绝琉璃之作，匠人无敢措意[2]，稠以绿瓷为之，与真无异。

〔按〕琉璃出黄支、斯调、日南诸国[3]。大秦出者，赤、白、黑、黄、青、绿、绀、缥、红、紫十种。琉璃，本自然之物也。颜师古《汉书注》云[4]：今俗所用，销冶石汁，加以众药，灌而为之，虚脆不贞[5]。铸之之法，北魏太武时，有大月氏国人[6]，商贩来京。自云能铸石为琉璃，于是采矿为之。既成，而光色妙于真者，遂传其法至今，想隋时偶绝也。然中国铸者质脆，沃以热酒[7]，应手而碎。惜乎月氏之法传，而稠之法不传也。琉璃，《汉·西域传》作流离。

【注释】

〔1〕《隋·何稠传》：《隋书》中记载何稠的传记。何稠，字桂林。西域人。通商入蜀，家于郫县（今四川郫县）。隋代著名工艺家、建筑家。

〔2〕无敢：不敢。　措意：动手制作。

〔3〕黄支：古国名。一般以为在今印度金奈西南的甘吉布勒姆附近。斯调：古国名。故地一说在今斯里兰卡，一说在今印度尼西亚爪哇岛东南。　日南：郡名。西汉元鼎六年（前111）置。治西卷（今越南广治省广治河与甘露河合流处）。辖境约当今越南中部北起横山南抵大岭地区。东汉以后，郡境渐为林邑国所有。

〔4〕《汉书注》：120卷，唐颜师古（581—645）著。颜师古，名籀。唐京兆万年（今陕西西安）人。另著有《急就章注》《匡谬正俗》《颜师古集》等。

〔5〕不贞：不结实。

〔6〕大月氏：古族名。秦汉之际，游牧于敦煌、祁连间。汉文帝前元三至四年（前177—前176）间，遭匈奴攻击，大部分人西迁塞种地区（今新疆伊犁河流域及其迤西一带）。西迁的月氏人称大月氏，没有西迁的人入南山（今祁连山），与羌人杂居，称小月氏。

〔7〕沃：浇，灌。

卷五　说器中

唐　器

大尊。《唐六典》[1]：凡尊彝之制[2]，十有四，祭祀则陈之[3]，一曰大尊。《礼乐志》[4]：陈设则祀上帝[5]，大尊二，在坛上东南隅[6]。五帝、日、月各大尊二[7]，在第一等。宗庙，大尊二在堂下[8]。进熟[9]，则上帝以大尊实泛齐[10]。五方帝从祀于圆邱[11]，以大尊实泛齐。日月以大尊实醍齐[12]。从祀于圆邱，以大尊二实泛齐。地祇从祀于方邱[13]，以大尊二实泛齐。宗庙祫①享[14]，大尊实沈齐[15]。

〔按〕大尊，周用于宗庙，汉用于郊祀，皆可据者。唐则郊祀宗庙并用之，盖以周祭天地用陶，必大尊也，故师其意如此。

【校】

①“祫”，美术本作“给”。

【注释】

〔1〕《唐六典》：30卷，题唐玄宗撰、李林甫等注，实出于张九龄等之手，宰相李林甫修订补注后上于朝。以三师、三公、三省、九寺、五监、十二卫等为目，述其职司、官佐、品秩。沿革一并入注，从古至唐。既总结《周礼》六官之制的变化，又重点记述唐代前期的官制。对元、明、清“会典”产生一定影响。

〔2〕尊彝之制：祭祀时所用的礼器制度。尊、彝，均为古代酒器，金文中每连用为各类酒器的统称。因祭祀、朝聘、宴享之礼多用之，亦以泛指礼器。

〔3〕陈：排列，摆设。

〔4〕《礼乐志》：指《新唐书·礼乐志》。《新唐书》中记载历代礼

仪制度、音乐典章制度及宫廷音乐发展状况的篇章。

〔5〕上帝：天帝。我国古时指天上主宰一切的神。

〔6〕东南隅：东南角。隅，角。

〔7〕五帝、日、月：指东、西、南、北、中五方及日月之神。

〔8〕堂下：庙堂之下。

〔9〕进熟：指祭祀时进熟食。

〔10〕泛齐：古代供祭祀用的五种酒之一。因酒色最浊，上面有浮沫，故名。

〔11〕五方帝：即五方神。东方为太皞，南方为炎帝，西方为少昊，北方为颛顼，中央为黄帝。

〔12〕醍齐：又名醍酒。古代供祭祀用的五种酒之一。橘红色的浊酒。醍，古代酒名。

〔13〕地祇：地神。

〔14〕祫享：古时天子诸侯宗庙祭礼之一，集合远近祖先的神主于太祖庙大合祭。

〔15〕沈齐：古代供祭祀用的五种酒之一。指糟滓下沉的清酒。

进瓷。《柳柳州集·代人进瓷器状》略云：禀至德之陶蒸〔1〕，自无苦窳。合太和以融结〔2〕，克保坚贞〔3〕。且无瓦釜之鸣〔4〕，是称土铏之德。

〔按〕《状》不言何器，亦不言何人进。唐之造陶器者不一地，考《地理志》言①贡瓷石之器者〔5〕，只见河南道。河南、河东，地本接壤，岂即河南岁进之瓷，而柳州代为之状与？

【校】

①“言”，美术本作“云”。

【注释】

〔1〕至德：最高的道德，盛德。　陶蒸：犹陶冶、陶铸。

〔2〕太和：天地间冲和之气。

〔3〕坚贞：谓质地坚硬纯正，经久不变。

〔4〕瓦釜之鸣：即瓦釜雷鸣。声音低沉的砂锅发出雷鸣般的响声。瓦釜，砂锅。

〔5〕《地理志》：指《新唐书·地理志》，但其中并未言及河南道贡瓷石之器，待考。

紫瓷盆（渤海贡器）。《杜阳杂编》[1]：会昌元年[2]，渤海贡紫瓷盆[3]，容半斛。内外通莹[4]，色纯紫。厚半寸许，举之若鸿毛[5]。

〔按〕《唐书》：渤海本粟靺鞨[6]，附高丽者，其烧瓷当即高丽法也。何以后之传高丽窑器，未闻有此莹而轻者？《唐书》又云：宝应元年[7]，诏以渤海为国，地有五京、十五府、六十二州[8]，距京师八千里而远[9]。朝贡至否[10]，史家失传，故“叛”附无考。若然，则《杜阳杂编》之所纪，可以补史之缺。

【注释】

〔1〕《杜阳杂编》：3卷，唐苏鹗撰，主要记载唐代宗至懿宗10朝的边地及外国的奇技异物，其中颇多传闻、虚构的故事。苏鹗，字德祥。武功（今陕西武功）人。约唐昭宗大顺初前后在世。另著有《苏鹗演义》等。

〔2〕会昌元年：841年。会昌（841—846），唐武宗李炎年号。

〔3〕渤海：唐代我国东北地区以靺鞨粟末部为主体所建国名，与新罗并为唐之附国。

〔4〕通莹：透明光亮。

〔5〕鸿毛：鸿雁的毛，比喻极轻。

〔6〕靺鞨：中国古代民族名。先世可追溯到商周时的肃慎和战国时的“挹娄”。北魏称“勿吉”，隋唐时称靺鞨。初有数十部，后逐渐发展为七大部。主要分布在今松花江和黑龙江一带。

〔7〕宝应元年：762年。宝应（762—763），唐代宗李豫年号。

〔8〕五京：指唐时渤海的上京龙泉府、中京显德府、东京龙原府、南京南海府、西京鸭渌府。

〔9〕京师：指唐朝国都长安（今陕西西安）。

〔10〕朝贡：古时谓藩属国或外国使臣入朝，贡献方物。

越碗。陆羽《茶经》：碗，邢不如越。越碗，上口唇不卷，底卷而浅，受半升（详越州窑下）。内邱白瓷碗。《国史补》：内邱白瓷碗，瑞溪紫石砚，天下无贵贱，通之。大邑瓷碗。《杜工部集·于韦处乞大邑瓷碗诗》：大邑烧瓷轻且坚，扣如哀玉锦城传。君家白碗胜霜雪，急送茆斋也可怜[1]。

〔按〕《说文》：碗，小盂也，字或作椀。《汉·淮南王传》注[2]，食器杯椀之属[3]。杨升庵述宋林少颖语谓[4]，案古碗字；张平子青玉案[5]，即青玉碗；南京人谓传碗为案酒，可证。《枢要录》言[6]：元载家冷物①用硫黄碗[7]，热物用冷水瓷碗。瓷碗，自唐时盛行。内邱属邢州，如《国史补》所云，邢碗亦重于天下。大邑属邛州，色白而坚且轻，扣之有韵，味工部诗[8]，瓷碗之上品矣。《茶经》并不列之下、次中，独有取于越州者何也？《格古要论》云：古人吃茶，多用甆，取其易干不留滓。《茶经》言越碗上口唇不卷，底卷而浅，甆碗是已。而况似玉、似冰、色青之有助于茶者，邢不如也。宋人取兔毫盏[9]，亦于斗茶为宜。九经无茶字[10]，前人论茶，遂谓自晋宋以降始盛，然《晏子春秋》有茗、茶之食[11]，汉王褒《僮②约》[12]，有买茶之语，《吴志·韦曜传》有孙皓赐茶荈当酒之事[13]，此皆在晋以前。《说文》：荼，苦荼即今之茶。荈槚、苦荼见于《尔雅》，郭《注》云：早采为荼，晚采为茗，一名荈，蜀人名之为苦荼。《茶经》云味甘，槚也；不甘而苦，荈也；啜苦咽甘，茶也，分别如此。自初采而制造，而收藏、而烹点，有条有理。水则某上水，某中水，某下水；火则时一沸，时二沸，时三沸。育汤之华[14]，薄不为沫[15]，厚不为饽[16]，而有取于轻且细之花。择焉精[17]，语焉详[18]，其用器必审辨于历试之后，非率然也[19]。

【校】

①“物”，美术本缺此字。

②“僮”，鲍刻本及美术本均作“童”，据《全汉文》改。

【注释】

〔1〕茆斋：茅庐，自谦之辞。茆，同“茅”。

〔2〕《汉·淮南王传》：班固《汉书》中记载淮南王的传记。

〔3〕杯椀：即杯碗。椀，同“碗”。

〔4〕杨升庵：即杨慎（1488—1559），字用修，号升庵。明四川新都（今四川成都）人。著述有《升庵集》等。　林少颖：即林之奇（1112—1176），字少颖，号拙斋。福州侯官（今福建福州）人。曾任长汀尉、秘书省正字，官至校书郎。著有《尚书集解》《周礼》《拙斋集》等。

〔5〕张平子：即张衡（78—139），字平子。南阳西鄂（今河南南阳）人。东汉安帝时为太史令，造浑天仪、候风地动仪。

〔6〕《枢要录》：疑为《紫枢要录》，10卷，武则天（624—705）撰。武则天，并州文水（今山西文水）人。中国历史上唯一一个正统的女皇帝。

〔7〕元载（？—777）：字公辅。唐岐山（今陕西凤翔）人。代宗朝

官至中书侍郎。

〔8〕味：品味。

〔9〕兔毫盏：宋代饮茶用具一种。敞口、深腹、浅圈足。胎厚色黑，釉中有细丝状银色结晶如兔毫，故名。

〔10〕九经：指《易》《书》《诗》《春秋左传》《礼记》《周礼》《孝经》《论语》《孟子》等9种儒家经典。

〔11〕《晏子春秋》：又名《晏子》，8卷，传为战国晏婴（？—前500）作。晏婴，字平仲，夷维（今山东高密）人。为春秋时期齐国正卿。　茗：茶芽。一说晚采的茶。

〔12〕《僮约》：西汉王褒作辞赋名篇。王褒，字子渊。蜀郡资中（今四川资阳）人。我国历史上著名的辞赋家。另著有《圣主得贤臣颂》。

〔13〕《吴志·韦曜传》：即陈寿（233—297）所撰《三国志·吴书》中记载韦曜的传记。陈寿，字承祚。西晋巴西安汉（今四川南充）人。　孙皓（242—283）：字元宗。三国时代东吴的第四代君主，也是东吴的最后一位皇帝。

〔14〕育汤之华：泡汤的茶花色。

〔15〕薄不为沫：淡而没有沫。

〔16〕厚不为饽：浓而没有泡。饽，水泡。

〔17〕择焉精：选择精当。

〔18〕语焉详：论述详细。

〔19〕率然：草率的样子。

绿瓷杯。李①南金诗〔1〕：听得松风并涧水，急呼缥色绿瓷杯。

〔按〕《方言》：盃（音雅）、閜（呼雅反），盪（音章），盬（音么），皆杯也。秦晋之间谓之盃〔2〕，伯盃是也。自关而东，赵魏之间曰椷〔3〕，或曰盏，或曰碗，其大者谓之閜〔4〕。吴越之间曰盪〔5〕，齐右平原以东或谓之盬〔6〕，杯，其通语也。杯棬〔7〕，见《孟子》《礼记·玉藻》，久有此名，古人以此为酒器。如李②南金所咏，用以试茗，恐后代茶钟，即起于此。

【校】

①“李”，诸本皆作“季”，据李南金《茶声》诗改。

②“李”，诸本皆作“季”，据李南金《茶声》诗改。

【注释】

〔1〕李南金：字晋卿，自号三溪冰雪翁。乐平（今江西乐平）人。宝庆二年进士。南宋词人。本诗引自李南金《茶声》。

〔2〕秦晋之间：今陕西、山西一带。

〔3〕关而东，赵魏之间：今河南、河北之间及山西北部。 椷：杯。

〔4〕閜：大杯。

〔5〕吴越之间：今江苏南部和浙江一带。

〔6〕齐右平原以东：今山东西部。

〔7〕杯棬：亦作“杯圈”。一种木质的饮器。《孟子·告子上》：“性，犹杞柳也；义，犹杯棬也。以人性为仁义，犹以杞柳为杯棬。”焦循正义引《大戴礼记·曾子事父母》卢辩注：“杯，盘、盎、盆、盏之总名也。盖杯为总名，其未雕未饰时，名其质为棬，因而杯器之不雕不饰者，即通名为棬也。”

瓷罂、老瓦盆。杜工部诗：瓷罂无谢①玉为缸〔1〕。又，莫笑田家老瓦盆，自从盛酒长儿孙，倾银注玉惊人眼〔2〕，共醉还同卧竹根〔3〕。

【校】

①“无谢”，鲍刻本及美术本均作“为籍”，据《全唐诗》改。

【注释】

〔1〕无谢：犹不愧或不让。

〔2〕倾银注玉：指银缸玉杯。盛酒之器，是富贵家之物，又喻年少的意思。

〔3〕竹根：竹林下。

［宋］官窑盏托（故宫博物院藏）

盏托。《演繁露》：台盏始于盏托〔1〕，托始于唐。蜀相崔宁女饮茶〔2〕，病盏热熨指〔3〕，取楪子融蜡〔4〕。象盏足大小，而环结其中，置盏于蜡，无所倾侧〔5〕，因命工髹漆为之。宁喜其为，名之曰托。

〔按〕《周礼》：彝下有舟。郑司农曰：舟乃尊下台，若今之承盘。是台盏之象，略见于周，而已具于汉〔6〕。《通雅》云：有鬲塞者〔7〕，乃楪子环蜡遗制。黄伯思曰[8]：北齐画图已有之。是《演繁露》谓盏托始于唐，《格古要论》谓古无劝盘，非也。或者①瓷碗之托，自唐蜀相崔宁女始。《通雅》又云：陶穀曰[9]，刘钅有鱼英托镂[10]，言以鱼魫为酒台盏也[11]。又有衬茶碗者，《资暇录》云[12]：贞元初[13]，青、郓②油缯③为叶形[14]，以衬茶碗，又是一家之制。

【校】

①“者”，美术本作“皆”。

②“郓”，美术本作“鄆”。

③“缯”，美术本作“繪”。

【注释】

〔1〕台盏：有托的杯子。

〔2〕蜀相崔宁：唐代蜀相崔宁。卫州（今河南卫辉）人。宝应间为成都尹，历西川节度使。

〔3〕病盏热熨指：怕茶杯烫着手。

〔4〕取楪子融蜡：把融化的蜡做成碟形饼子。

〔5〕倾侧：歪斜。

〔6〕略见于周，而已具于汉：起源于周代，形成于汉代。

〔7〕鬲塞：大盘。

〔8〕黄伯思（1079—1118）：字长睿，别字霄宾，号云林子。北宋邵武（今福建邵武）人，元符进士。著名书法家。著有《法帖刊误》《东观馀论》等。

〔9〕陶穀（903—970）：字秀实。宋邠州新平（今陕西彬县）人。撰《清异录》等。

〔10〕刘钅（943—980）：五代时南汉国国君。原名继兴。958年继位。 鱼英：鱼的脑骨。特指用鱼的脑骨制成的器具。宋陶穀《清异录·器具》：“刘钅伪宫中有鱼英托镂椰子立壶四只，各受三斗，岭海人亦以为罕有。鱼英，盖鱼脑骨，熁治之可以成器。”

〔11〕鱼魫：鱼头骨，鱼枕骨。可制器或做窗饰，亦可饰冠。

〔12〕《资暇录》：3卷，唐李匡乂撰。李匡乂，字济翁。

〔13〕贞元（785—805）：唐德宗李适年号。

〔14〕青：今山东青州。 郓：今山东郓城。

越瓯、邢瓯。《乐府杂录》：唐大中初，有调音律官大兴县丞郭道源，善击瓯。用越瓯、邢瓯十有二，以箸击之，其音韵妙于方响[1]。

【注释】

〔1〕方响：古磬类打击乐器。由16枚大小相同、厚薄不一的长方形铁片组成，分两排悬于架上。用小铁槌击奏，声音清浊不等。创始于南朝梁，为隋唐燕乐中常用乐器。

八缶（后唐器）。《绀珠》：八缶[1]，如水盏，凡八，置之卓上击之。后唐司马滔作[2]。

〔按〕击瓯之风盛于唐，其法：瓯中用水加减，以调宫商也[3]，习于音而聪者能之。瓯取质紧而声清[4]，此非如点茶佐酒[5]。其窑法佳否，上手立验。《温尉集》中有《郭处士击缶歌》，即道源也。又有马处士者[6]，善此技，建击缶楼，张曙有赋[7]。武公业妾步非烟，亦以此名，见《非烟传》[8]。此本因乎击缶，以十二瓯主音律，则击瓯变法。后唐司马滔以八缶置卓上击之，又以击瓯新意，参击缶古风也。杨升庵曰，今人水盏本此。

【注释】

〔1〕八缶：瓷制乐器。形如水盏，共8只，可放在桌子上击之，谓八缶。

〔2〕司马滔：唐代宗永泰初曾进《广平乐》，八缶为之。

〔3〕宫商：指古代音乐中的宫、商、角、徵、羽五音的调门。

〔4〕质紧：胎质坚密。

〔5〕点茶：唐宋时的煮茶方法。 佐酒：劝酒，陪同饮宴。

〔6〕马处士：不详，待考。

〔7〕张曙：小字阿灰，一作阿咸。南阳（今河南南阳）人。大顺二年（891）进士。唐词人。

〔8〕《非烟传》：唐皇甫枚撰。皇甫枚，字遵美。安定三水（今陕西旬邑）人。另著有《三水小牍》3卷。

陶砚（十国前蜀器）。米元章《砚史》[1]：陈文惠家收一蜀王衍时陶砚[2]，连盖。盖上有凤坐一台[3]，馀雕杂花草，涅之以金泥红漆，有字曰“凤凰台”。

〔按〕昔人论砚曰：细润为德[4]，发墨为材[5]，端州水坑所以贵也[6]。歙石发墨而难细润[7]，澄泥细润而难发墨[8]，陶砚在澄泥之次。旧有以玉、水晶、五金作砚者，更出其下矣。《砚史》又云：杭州龙华寺，收梁傅大夫瓷砚一枚[9]。甚大，褐色，心如鏊[10]，环水如辟雍之制[11]，下作浪花。近足处，磨墨处，无瓷油[12]。是梁亦有之也。

【注释】

〔1〕《砚史》：1卷，米芾（1052—1108）著。米芾，初名黻，后改芾，字元章，号襄阳漫士、海岳外史等，人习称米襄阳。宋太原（今山西太原）人，北宋书法家，画家，书画理论家。另著有《书史》《画史》《宝章待访录》等。

〔2〕陈文惠：即陈尧佐（963—1044），字希元，号知馀子，世称颍川先生。阆中（今四川阆中）人。太宗端拱元年（988）进士。官至同中书门下平章事、集贤殿大学士，以太子太师致仕。卒赠司空兼侍中，谥文惠。著有《潮阳编》等。　蜀王衍：前蜀王王建之子，918—925年在位。　陶砚：陶质的砚台。用极细之陶土烧制，纹理细滑，着墨不费笔，但微渗。

〔3〕凤坐一台：谓砚盖雕一凤坐姿。

〔4〕细润为德：砚的胎泥细润，表明它的品质好。

〔5〕发墨为材：发墨容易，表明它是适宜书画的好材料。发，研之使散细。

〔6〕端州水坑：本为地名，此以所指当地所产砚，为端砚之一种。端砚，即端溪砚。

〔7〕歙石：砚名。产江西婺源歙溪，亦称婺源砚。世与端砚并称。

〔8〕澄泥：砚名。中国四大名砚之一，顾名思义，澄泥砚为泥所制，而且是烧制。

〔9〕梁傅大夫：不详，待考。

〔10〕鏊：烙饼的铁制器皿。平面圆形，中间稍微凸起，俗称鏊子或鏊盘。

〔11〕辟雍：亦作“璧雍”等。本为西周天子为教育贵族子弟设立的大学，取四周有水，形如璧环为名。其室有五，南为成均、北为上庠，东为东序，西为瞽宗，中为辟雍。其中以辟雍为最尊，故统称之。

〔12〕油：古同“釉”。

高足碗（十国南平器）：周羽冲《三楚新录》[1]：高从诲时[2]，荆南瓷器皆高足[3]，公私竞置用之[4]，谓之高足碗。

【注释】

〔1〕周羽冲《三楚新录》。一作周羽翀撰，3卷。三楚指长沙马殷（852—930）、武陵周行逢（916—962）、江陵高季兴（858—928），分别据楚地所建政权。此书根据故老传闻，记三楚兴废本末。周羽冲，宋初人。曾任儒林郎试秘书省校书郎、桂州修仁令。

〔2〕高从诲（891—948）：字遵圣，五代荆南国国君。

〔3〕荆南：即五代十国时的南平国，立国时期在924—963年。

〔4〕置：购置。

宋　器

［宋］定窑白釉出戟莲瓣瓶

（首都博物馆藏）

白定仁和馆瓶、哥窑瓶。《妮古录》：余秀州买得白定瓶一[1]。口有四纽，斜烧成"仁和馆"三字，如米氏父子所书[2]。又于项元度家[3]，见哥窑瓶。

【注释】

〔1〕秀州：今浙江嘉兴。

〔2〕米氏父子：米芾、米友仁（1074—1153）父子。米友仁，一名尹仁，字元晖，小名虎儿，晚号懒拙老人。书法绘画皆承家学，故世称"大小米"。

〔3〕项元度：不详，可能是明代大收藏家项元汴的兄弟。

纸槌、鹅颈、茄袋、花尊、花囊、蓍①草、蒲槌等式瓶。袁宏道《瓶史》[1]：江南人家所藏旧觚[2]，青翠入骨[3]，砂斑垤起[4]，可谓花之金屋[5]。其次官、哥、象、定等窑，细媚滋润，皆花神之精舍斋[6]。瓶宜矮而小，窑器如纸槌、鹅颈、茄袋、花尊、花囊、蓍②草、蒲槌形制[7]，短小方入清供。

【校】

①"著"，美术本作"者"。

②"著"，美术本作"者"。

【注释】

〔1〕《瓶史》：2卷，袁宏道（1568—1610）撰。该书从鉴赏角度论述了花瓶、瓶花及其插法。袁宏道，字中郎，号石公。明公安（今湖北公安）人。官终稽勋郎中，著有《觞政》《瓶花斋杂录》《袁中郎集》等。

〔2〕觚：古代酒器，青铜制，盛行于中国商代和西周初期，喇叭形口，细腰，高圈足。

〔3〕青翠入骨：青翠的釉色烧至胎骨。

〔4〕垤起：凸起。垤，小土堆。

〔5〕金屋：华美之屋。

〔6〕精舍斋：精美的房舍。此指精美的花瓶。

〔7〕纸槌：即纸槌瓶，亦称直颈瓶，因器形像纸槌而得名。　鹅颈：即鹅颈瓶。敞口细颈，下有圈足，颈部长腹分别刻以折枝莲花，器表满施天蓝釉，光亮滋润，布满开片。　茄袋：一种制作精致的小包，俗称荷包，又称茄袋。　花尊：蓄水养花之器，亦可仅作室内陈设玩赏用。多为瓷质，敞口，腹小口大，因仿古铜器酒尊之形，故称。　花囊：一种扁圆形的瓶，周围有许多孔，可供贮水插花用。　蓍草：草名。古时用以占算。　蒲槌：即香蒲。夏日抽茎于丛叶中，花抱茎端，如武士棒杵，故名。

吉州窑白紫色大小瓶。《格古要论》：吉州宋时有五窑，书公烧者最佳[1]，有白色、紫色花瓶。大者值数两，小者有花。

【注释】

〔1〕书公：指舒公。

箸瓶（官、哥、定窑）。《香笺》[1]：箸瓶[2]，吴中近制短颈细孔者[3]，插箸下重不仆[4]。官、哥、定窑者，不宜日用。

【注释】

〔1〕《香笺》：1卷，明末屠隆（1542—1605）撰。屠隆，字长卿，又字纬真，号赤水。鄞县（今浙江宁波）人。另著有《凤仪阁乐府》《安罗馆清室》等。

〔2〕箸瓶：盛筷子的瓶子。

〔3〕吴中：今江苏苏州。

〔4〕插箸下重不仆：插上筷子，下部重，倒不了。

玛瑙釉小罍。《六研斋笔记》：汝窑用玛瑙为末作釉，当时止供御[1]，绝难得。余倅汝仅见温指挥使家一小罍[2]。

〔按〕古器，瓶、罍，属汲器、酒器而已。释子有所谓“频伽瓶”者，用以洗手，故佛氏有供花之说[3]。《名义》谓未闻用瓶[4]。《秘阁闲谈》谓巴东下岩僧[5]，得一青瓷碗，折花供佛也。至定、官、哥窑，而花瓶之款遂多。至明而讲清供者，花瓶最重。张谦德《瓶花谱》云：“贮花先须择瓶。春冬用铜，夏秋用瓷，因乎时也。堂厦宜大，书屋宜小，因乎地也。贵瓷铜，贱金银，尚清雅也。忌环，忌对，象神明也。口欲小，足欲厚，取其安稳不泄气也。”其论精矣。支廷训为之作传曰《涵春君传》[6]，其略云：“借交于姚魏[7]，受知于陶令[8]，折节于董奉、师门[9]，披束于六郎、西子[10]。姓湛氏，名撷英，移芳其字云。”

〔又按〕《考槃馀事》[11]：养兰蕙，须用瓢，牡丹则用蒲槌瓶方称[12]。瓶内须打锡套管，收口作一小孔，以管束花枝，不令斜倒。又可注滚水，插牡丹、芙蓉等花。冬天贮水插花，则不冻损瓶质。亦安置①花瓶之良法[13]，不可不知。

【校】

①“置”，美术本作“质”。

【注释】

〔1〕止：仅，只。

〔2〕倅：官长的副职。　温指挥使：名不详。指挥使，官名，唐始置，明朝为军事指挥职务，是卫所一级最高军事长官，秩正三品。

〔3〕佛氏：佛家，佛门。　供花：旧俗在神佛前的供品上所插的假花，用通草或绫、纸制成花果和人物等。

〔4〕《名义》：指《名义考》，12卷，明周祈撰。周祈，蕲州（今湖北蕲春）人。

〔5〕《秘阁闲谈》：5卷，宋吴淑（947—1002）撰。吴淑，字正仪。润州丹阳（今江苏丹阳）人。另著有《事类赋》《江淮异人录》等。

〔6〕支廷训：明代文人。曾作《花瓶传》。　《涵春君传》：明支廷

训著。涵春君，花瓶的美称。意为涵养春天的君子。拟人化谑称。

〔7〕姚魏：“姚黄魏紫”的省称。牡丹佳种的通称。欧阳修曰：“姚黄者，千叶黄花，出于民姚氏家。魏家花者，千叶内红花，出于五代魏仁溥家。二种难见。”

〔8〕陶令：指晋大诗人陶潜。曾为彭泽县令，后辞去，性爱菊花，故此语及。

〔9〕折节：屈己于人。　董奉：三国吴侯官（今福建长乐）人。善医道，为人治病不取钱，只让人种杏树。后人以“杏林”赞颂医者。此处代指杏。　师门：古代传说中的神话人物。为仙人啸父之弟子，能使火。

〔10〕披衷：倾诉衷肠。　六郎：武则天的宠臣张昌宗，排行第六，貌美，杨再思奉承他说：“人言六郎似莲花，非也，正谓莲花似六郎耳。”后人遂以“六郎”为莲花的代称。　西子：春秋时越国美女西施的别称。

〔11〕《考槃馀事》：4卷，明屠隆撰。

〔12〕称：配合得好。

〔13〕良法：好的方法。

陶砚。《麈史》〔1〕：郭惟济得陶器，体圆，色白，中虚〔2〕，径六七寸。酌水于轮廓间〔3〕，隆起处磨墨甚良，古砚也。

【注释】

〔1〕《麈史》：3卷，宋王得臣（1036—1116）撰，记载朝廷掌故、耆旧遗闻，以所见所闻，并参考文献，作了考证。王得臣，字彦辅，自号凤台子（一说凤亭子）。安陆（今湖北安陆）人。宋代笔记小说家、诗论家。另著有《王彦辅诗话》。

〔2〕中虚：里面空虚。

〔3〕酌水：注水。

哥窑砚。《曝书亭集·古林哥窑砚铭》〔1〕：从台澄泥邺宫瓦〔2〕，未若哥窑古而雅。绿如春波渟不泻〔3〕，以石为之出其下〔4〕。

【注释】

〔1〕《曝书亭集》：80卷，清朱彝尊（1629—1709）撰。朱彝尊，字锡鬯，号竹垞，又号小长芦钓鱼师、金风亭长。秀水（今浙江嘉兴）人。工古文诗词，诗与王士禛号称南北两大宗。另著有《经义考》《明诗综》

［宋］哥窑五足洗（上海博物馆藏）

《词综》等。

〔2〕丛台：台名。战国赵筑，在河北邯郸城内，数台相连，故名。　邺宫：指邺京宫殿。三国魏宫殿，遗址在今河北临漳。

〔3〕渟：止，水积聚不流。

〔4〕以石为之出其下：是所有石砚比不上它的。

哥窑三山、五山笔格，白定卧花哇哇笔格。《考槃馀事》：笔格有哥窑三山、五山者〔1〕，制古〔2〕，色润。有白定卧花哇哇〔3〕，莹白精巧〔4〕。

〔按〕《说文》：咳，小儿笑声，《礼记》：咳而名之，是也。《孟子》：孩提之童〔5〕。《注》：知孩笑。唐司空图文〔6〕：女则牙牙学语。《通雅·谚原》：赤子曰伢儿，逐字转注为小儿，声则同哇哇，如所云牙牙也。《广韵》：哇，小儿声。

【注释】

〔1〕笔格：笔架。　三山、五山：三峰形、五峰形。

〔2〕制古：造型、款式古雅。

〔3〕哇哇：娃娃。

〔4〕莹白精巧：釉色莹白，精美细巧。

〔5〕孩提：幼小，幼年。

〔6〕司空图（837—908）：字表圣，自号耐辱居士、知非子。河中虞乡（今山西永济）人。晚唐诗人、诗论家。著有《二十四诗品》。

官、哥窑圆式，钵盂式，仪棱肚式水中丞〔1〕。青冬瓷菊瓣水中丞〔2〕。定窑瓶式水中丞，又束口圆肚三足者。龙泉窑细花纹水中丞。官、哥窑方圆壶，立瓜、卧瓜壶〔3〕。官、哥窑双桃注，双莲房注〔4〕，牧童卧牛注，方注，笔格内贮水作注。定窑瓜壶，茄壶，驼壶，又可格笔〔5〕。定窑蟾注〔6〕。青冬瓷天鸡壶〔7〕。

《考槃馀事》：水中丞，陶者有官、哥窑瓮①肚圆式〔8〕，有钵盂小口式者，有仪棱肚者，有青冬瓷、菊瓣、瓮肚、圆足者〔9〕。有定窑印花长样如瓶，但口敞可以贮水者，有圆肚束口三足者。有龙泉瓮肚，周身细花纹。

［宋］瓜棱水注（龙泉市博物馆藏）

近用新烧均窑，俱法此式，奈不堪用。

水注，陶者有官、哥方圆壶，有立瓜、卧瓜壶，有双桃注，有双莲房注，有牧童卧牛者，有方者，有笔格内贮水用者。有定窑枝叶缠扰瓜壶，有蒂叶茄壶〔10〕，有驼壶，可格笔。有蟾注。有青冬瓷天鸡壶，底有一窍者。工致精极，俱可入格。

〔按〕《西京杂记》〔11〕：广川王有玉蟾蜍一枚〔12〕，以盛书滴。秦嘉妻与嘉书〔13〕：今奉金错碗一枚〔14〕，以盛书水〔15〕，即后之所谓砚滴也。水中丞，本宋可山林洪“文房十八官”〔16〕。酒壶，古称注子。唐太和中〔17〕，中官恶其名同郑注〔18〕，改偏提〔19〕。水注沿注子之名也。《砚北杂志》载：南唐金蟾蜍砚滴，有铭，篆书腹下，甚古，附记于此。左足心曰舍月窟，右足心曰伏棐几，左后足曰为我用，右后足曰贮清泚，颔下左右各三字，曰端溪石，澄心纸〔20〕，腹两傍各三字，曰陈元氏，毛锥子〔21〕，腹下两旁各七字，曰同列无哗听驱使，微吾润泽乌用女〔22〕。

【校】

①“瓮”，美术本作“瓷”。

【注释】

〔1〕仪棱：棱鼓出，作弧形。　水中丞：文具名，用陶、瓷或玉制盛砚水的小盂，亦名“水丞”。

〔2〕青冬瓷：东青釉装饰的瓷器。东青釉，瓷器釉色名。一种淡青色青釉。亦称“冻青釉”。据说北宋东窑瓷釉呈淡青色，故名。

〔3〕立瓜（壶）：壶形似直立的瓜。　卧瓜壶：壶形似卧倒的瓜。

〔4〕莲房：莲蓬。莲花开过后的花托，倒圆锥形，有许多小孔，各孔分隔如房，故名。

〔5〕格笔：搁放毛笔。

〔6〕蟾注：也称水滴、水注、砚滴。为滴水入砚的文房用具。

〔7〕天鸡：传说中天上的神鸡。

〔8〕陶者：瓷质的。

〔9〕菊瓣：即菊瓣瓶。瓶撇口，细长颈，圆肩，肩下渐收，圈足。因近底处凸雕一周细长的菊瓣纹，故称菊瓣瓶。 瓮肚：器肚鼓出。

〔10〕蒂：指瓜当，果鼻。又花叶与枝茎相连的地方也叫蒂。

〔11〕《西京杂记》：6卷。古小说集。晋代葛洪撰。洪于书末跋中自称抄自刘歆《汉书》，疑为伪托。“西京”指西汉京都长安。全书所记多为西汉遗闻逸事。

〔12〕广川王：西汉景帝时十三王之一。

〔13〕秦嘉：字士会。汉陇西（今甘肃陇西）人。

〔14〕金错碗：有嵌金装饰的碗。

〔15〕书水：墨水。

〔16〕可山林洪：林洪，字龙发，号可山。南宋泉州（今福建泉州）人。撰有《文房图赞》。

〔17〕太和（827—835）：唐文宗李昂年号。

〔18〕郑注（？—835）：本姓鱼，冒姓郑氏，时称“鱼郑”。绛州翼城（今山西翼城）人。唐代大臣，因“甘露之变”被害。

〔19〕偏提：酒壶名，又称偏提水注。

〔20〕澄心纸：即澄心堂纸。徽州多良纸，有凝霜，澄心之号。后者长达50尺为幅，自首至尾匀薄如一。早在南唐李后主就极力推崇这种纸，并建堂藏之，故取名曰澄心堂纸。

〔21〕毛锥子：毛笔。

〔22〕女：同“汝”。

［宋］哥窑花口洗（上海博物馆藏）

官、哥、龙泉、定笔洗。《考槃馀事》：陶者有官哥元洗、葵花洗、磬口洗、元肚洗、四卷荷叶洗、卷口蔗段洗、长方洗〔1〕，但以粉青纹片朗者为贵〔2〕。有龙泉双鱼洗、菊花瓣洗、钵盂洗、百折洗〔3〕。有定窑三箍元洗、梅花洗、绦环洗、方池洗、柳斗元洗、元口洗、棱洗〔4〕。有中盏作洗、边盘作笔觇者〔5〕。有定窑匾坦小碟最多〔6〕，俱可作笔觇。

【注释】

〔1〕元洗：圆洗。元，同“圆”。　葵花洗：呈葵花瓣式，洗心微向内凸起，底有6个支钉烧痕。通体施灰色釉，釉汁厚润，釉面满布开片，纹片大小相间，大片的纹线呈铁黑色，小片的纹线呈金黄色，故有“金丝铁线”之称。　元肚洗：圆肚洗。

〔2〕朗：明亮。

〔3〕百折洗：百折裙式洗。

〔4〕三箍元洗：带三道弦纹的圆洗。　绦环洗：弦纹洗。　柳斗：柳条去皮编成的笆斗。

〔5〕笔觇：文人书写绘画时用来掭拭毛笔的用具，也称“笔舐”。

〔6〕匾坦：浅平。

哥窑蟠螭镇纸、青冬瓷狮鼓镇纸、哇哇狻猊镇纸：见《考槃馀事》。

〔按〕《砚北杂志》云：薛道祖与米元章为书画友〔1〕，其笔砚间物云镇纸宜金虎〔2〕，盖取重也。

【注释】

〔1〕薛道祖：即薛绍彭，字道祖，号翠微居士，自称河东三凤后人。长安（今陕西西安）人。官秘阁修撰。工书法，善行、草书。

〔2〕金虎：器物上的虎形金属装饰。

官、哥、青冬窑瓷印。《考槃馀事》：印章有哥窑、官窑、青冬窑者，制作巧，纽色之妙〔1〕，不可尽述。

〔按〕秦以前，金玉为印，其后乃铸铜，最讲纽色。至元末，会稽王冕以花乳石代之〔2〕，而镫明镫光〔3〕，质温色雅。笔意得尽，最相[①]宜也。昌化、寿山〔4〕，相继而起，为品多矣。陶印亦莹润可喜。窃恐工于冶〔5〕，未必工于篆，即觅工篆者为之，入火后未必能丝发不走〔6〕。莫若仿古铜章，钮色烧成，用钢刀锲之〔7〕，更带生趣〔8〕。

【校】

①“相”，美术本缺此字。

【注释】

〔1〕纽：印纽，又称印鼻，亦称印首，系印章顶部的装饰。

〔2〕王冕（1287—1359）：字元章（一作元肃），号煮石山农等。元

诸暨（今浙江诸暨）人。著名画家、诗人。著有《梅谱》《竹斋集》。

〔3〕镫明镫光：明亮灿烂。

〔4〕昌化：指昌化石。产于浙江临安（原昌化县，后撤销并入临安）的玉石洞。有红、黄、褐色，以灰白色居多。质略透明。如熟藕粉的，名“昌化冻”；上有鲜红斑块或全红如鸡血凝结的，名“鸡血石”，又名“鸡血冻”，为雕制印章的佳品。　寿山：指寿山石。产于福建闽侯北60里寿山五花坑，有黄、白、灰、绿、褐等色。可制文具及其他珍玩，又是雕刻印章的名贵材料。

〔5〕窃：犹言私，作者的谦称。

〔6〕丝发不走：丝毫不走样。

〔7〕锲：用刀刻。

〔8〕生趣：生动有趣。

官、哥窑方印色池，八角、委角印色池，定窑印花纹方印色池。《考槃馀事》：印色池[1]，官、哥窑，方者佳。尚有八角、委角者[2]，最难得。定窑方池外，有印花纹，佳甚，亦少者。

〔按〕《考槃馀事》又云：有陆子冈做周身连盖滚螭、白玉印池，工致侔古[3]，近多效制。有三代玉方池，内外土锈[4]，血侵四裹[5]，不知何用。今以为印池，似甚合宜。又云：诸玩器，玉当较胜于瓷。惟印色池，以瓷为佳，玉亦未能胜也。此言良是。愚谓近制多工华丽，如陆子冈白玉印池之式，当令陶人仿而为也。

【注释】

〔1〕印色池：又称印盒或印池。

〔2〕委角：多角，曲角多边棱。

〔3〕工致侔古：工艺精致，与古器无二。

〔4〕土锈：玉石埋入土中或古墓中，时间久而有此现象。

〔5〕血侵：玉石埋入土中或古墓中，时间久而有此现象。

官、哥、定窑、龙泉彝炉，乳炉。《香笺》：香炉，官、哥、定窑、龙泉彝炉[1]，乳炉[2]，大如茶杯，而式雅者为上[3]。（亦见《考槃馀事》。）

〔按〕《博物要览》云：宣炉之式，多仿宋瓷，其款多佳，惜乎存世者少也。古无香炉，古铜器为香炉用者，皆尊、彝、卣、鼎礼器。后之为炉者，亦即仿此为式。古博山炉是烧香之器[4]，其制与今香炉迥异。长安丁缓作者[5]，九层，镂为奇禽怪兽，穷诸灵异[6]，皆自然运动。合德遗飞燕金博山五层炉[7]，见《西京杂记》，此制今不见矣。

［东晋］青瓷博山炉（江苏省博物馆藏）

【注释】

〔1〕彝炉：做祭器用炉。

〔2〕乳炉：器身有突起乳状物的香炉。

〔3〕式雅：形式雅致。

〔4〕博山炉：表面雕刻作重叠山形的装饰，或上部镂空，支以柱、盘足。

〔5〕丁缓：汉代成帝时工艺名匠。长安（今陕西西安）人。所制铜灯、博山炉、被中香炉和七轮扇，新颖奇巧。

〔6〕穷：极。

〔7〕合德遗飞燕金博山五层炉：合德献金质博山五层炉给赵飞燕。合德，西汉成帝昭仪赵合德，汉成帝皇后赵飞燕之妹，汉成帝刘骜的宠妃。遗，给予，赠与。飞燕，姓赵，西汉成阳侯赵临之女，体轻善舞，号飞燕，成帝刘骜召为婕妤，后立为皇后。

定窑香盒。《香笺》：有宋剔梅花蔗段盒[1]，有定窑、饶窑者[2]，有倭盒、三子、五子者。必须子口紧密[3]，不泄香气，方妙。（亦见《考槃馀事》。）

〔按〕香贵燥湿得宜，合和入窨[4]，须蜡纸封固，埋地下半月馀，用香室瓷盒最宜。盒亦作合，亦称合子。合中小合子曰义子[5]，即《香笺》所云倭盒之三子、五子也。《博物要览》云：均窑有炉合，黄沙泥坯，不佳。

【注释】

〔1〕剔：剔花，陶瓷装饰技法之一，有留花剔地和留地剔花两种。

〔2〕饶窑：饶州景德镇窑的简称。

〔3〕子口：指器物与其盖子重叠密合之处。

〔4〕合和入窖：子口叩紧，在地窖里收藏起来。窖，地窖。

〔5〕义子：即合子。

糊斗。《考槃馀事》：有建窑外黑内白长罐，定窑元肚并蒜蒲长罐，哥窑方斗如斛，中置一梁〔1〕。俱可作糊斗〔2〕。

【注释】

〔1〕梁：提梁，提手。

〔2〕糊斗：盛糨糊的器具。铜制或瓷制。

书镫。《考槃馀事》：有定窑三台灯檠〔1〕，有宣窑两台灯檠，俱堪书室取用〔2〕。

【注释】

〔1〕灯檠：灯架。

〔2〕堪：适合。　书室：书房。

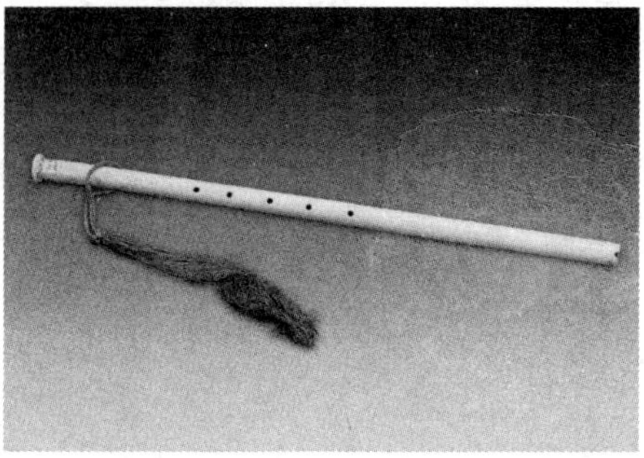

［明］德化窑白釉箫（故宫博物院藏）

瓷箫。《南村随笔》：德化瓷箫〔1〕，色莹白，式亦精好，但百枝中无一二合调者。合则其声凄朗〔2〕，远出竹上〔3〕。

【注释】

〔1〕德化：今福建德化。

〔2〕凄朗：凄清高朗。

〔3〕远出竹上：远远胜过竹制的箫。

瓷枕。《考槃馀事》：旧窑枕，长二尺五寸，阔六寸者，可用。长一尺者，谓之尸枕，乃古墓中物。虽宋瓷白定，亦不可用。有瓷石者，如无大块，以碎者琢成枕面，下以木镶成枕，最能明目益睛，至老可读细书〔1〕。《居易录》〔2〕：德州赵侍郎宅〔3〕，掘得古冢〔4〕。有一瓷枕，枕上有杜诗“百宝装腰带”四句〔5〕。

〔按〕《丰宁传》云〔6〕：益眼者无如瓷石为枕，可老而不昏，宁皇宫中多用之①〔7〕。

[宋]吉州窑黄绿釉孩儿式枕
（丰城市博物馆藏）

【校】

①“之”，美术本“之”字下有一“焉”字。

【注释】

〔1〕细书：小字的图书。

〔2〕《居易录》：34卷，清王士禛撰。此书辨证典籍，评品论文，论断得失。

〔3〕德州：今山东德州。

〔4〕古冢：古代的坟墓。

〔5〕杜诗：杜甫的诗。

〔6〕《丰宁传》：见《云仙杂记》引，作者不详。

〔7〕宁皇：南宋皇帝赵扩庙号宁宗。“宁皇”即宁宗皇帝。

官窑花浇。《曝书亭集·官窑花浇铭》：赪①兮若鱼尾之散馀霞〔1〕，润兮若海棠之过朝雨〔2〕。

〔按〕罗虬《花九锡》〔3〕，三曰甘泉浸。《清异录》谓润花雨为花沐浴〔4〕。花浇可以代润花之雨〔5〕，而备九锡之一矣，其制当托始②于抱瓮之灌。

【校】

①“赪”，美术本作“赬”。

②“始”，美术本缺此字。

【注释】

〔1〕赪：浅绛色，较浅红为深。

〔2〕过朝雨：经过晨雨的滋润。

〔3〕《花九锡》：唐罗虬（？—881）撰。罗虬，台州（今浙江台州）人。与罗邺、罗隐齐名，号称“三罗”。花九锡，受九种优遇的花，因亦泛指名贵的花。九锡，本指皇帝赐给有大功或有权势大臣的九种物品，这里以指花所得九种宠遇，包括：（1）重顶帷障风。（2）金错刀剪折。（3）甘泉浸。（4）玉缸贮。（5）雕文台座安置。（6）画图写。（7）艳曲翻。（8）美醑赏。（9）新诗咏。

〔4〕《清异录》：2卷，宋陶穀撰。

〔5〕花浇：浇花之壶，罐形腹，口沿处有流，流相对处有把。

定窑兔毛花。许次纾《茶疏》[1]：茶瓯，古取定窑兔毛花者[2]，亦斗、碾茶用之耳[3]。

【注释】

〔1〕《茶疏》：1卷，许次纾（1549—1604）著。许次纾，字然明，号南华。明钱塘（今浙江杭州）人。

〔2〕兔毛花：即兔毫釉。

〔3〕碾茶：用茶碾将茶叶碾成茶末，方可煎点、饮用。

定州花瓷。《苏东坡集·试院煎茶诗》：潞公煎茶学西蜀[1]，定州花瓷琢红玉。

【注释】

〔1〕潞公：指文彦博（1006—1097）。文彦博，字宽夫。宋介休（今山西介休）人。仁宗时累官至同中书门下平章事，封潞国公。著有《文潞公集》40卷。

建安兔毫盏。蔡襄《茶录》[1]：茶色白，宜黑盏。建安所造者[2]，绀黑[3]，纹如兔毫。其坯微厚，熁之久[4]，热难冷，最为要用。出他处者，皆不及也。其青白盏，斗试家不用[5]。

【注释】

〔1〕《茶录》：1卷，宋蔡襄（1012—1067）撰。蔡襄，字君谟。宋兴化（今福建仙游）人。天圣八年（1030）进士，著名书法家。另著有《荔枝谱》。

〔2〕建安（196—220）：汉献帝刘协年号。

〔3〕绀：微带红的黑色。

〔4〕熁：烤，文火加热。

〔5〕斗试：竞赛，比试。

鹧鸪斑。《清异录》：闽中造茶盏[1]，花纹鹧鸪斑点[2]，试茶家珍之[3]。

〔按〕《方舆胜览》云[4]，兔毫盏，出瓯宁[5]，下注云，黄鲁直诗，

［宋］建窑鹧鸪斑碗
（福建省博物馆藏）

"建安瓷碗鹧鸪斑"，是鹧鸪斑即兔毫盏。斗试之法：以水痕先退者为负，耐久者为胜，故较胜负曰一水、两水。茶色白入黑盏，水痕易验，兔毫盏之所以贵也。又《茶录》云：凡欲点茶[6]，先须熁盏令热，冷则茶不浮。兔毫坯厚，久热用之适宜。称兔毫者，皆曰建安，而许次纾谓定州兔毛花为斗、碾之宜，定州先有之耶？东坡《试院煎茶诗》云：定州花瓷琢红玉，又不独贵黑盏。《送南屏谦师诗》云：道人晓出南屏山[7]，来试点茶三昧手[8]。忽惊午盏兔毛斑，打出春瓮鹅儿酒[9]。又以兔毫盏盛鹅儿酒矣。

【注释】

〔1〕闽中：郡名。秦置。辖境相当今福建和浙江宁海及其以南的灵江、瓯江、飞云江流域。秦末废。后以"闽中"指福建一带。

〔2〕鹧鸪斑：结晶釉品种之一。因釉面呈现金色光泽的铁黑色结晶，色发鹧鸪鸟花斑，故名。

〔3〕试茶：品茶。

〔4〕《方舆胜览》：70卷，宋祝穆（？—1255）撰。祝穆，初名丙，字和甫。歙（今安徽歙县）人。

〔5〕瓯宁：今福建建瓯。

〔6〕点茶：盛行于宋代的我国古代茶艺。这是包括炙茶、碾罗、候汤、盏、烹试等一整套程序的茶技，各地还有不同的点法。

〔7〕南屏山：在今浙江杭州南。宋《淳祐临安志》卷八："石壁高崖，若屏障然，故谓之南屏。"北麓有净慈寺。"南屏晚钟"为西湖十景之一。

〔8〕三昧手：谓高手。三昧，佛教语，奥妙无穷义。由于苏东坡称南屏谦师为"点茶三昧手"，由此，"三昧手"就成了茶艺高超的代名词。

〔9〕春瓮：酒瓮。 鹅儿酒：古酒名。即鹅黄酒。

小海鸥。《清异录》：耀州陶匠[1]，创造一等平底深碗，号小海鸥。

【注释】

〔1〕耀州：今陕西铜川。

卵碗。苏东坡《食槐叶冷淘诗》：青浮卵碗槐芽饼〔1〕。

【注释】

〔1〕卵碗：卵白釉碗。

紫碗。《苏东坡集》：兴隆节侍宴前一日微雪〔1〕，与子由同访王定国〔2〕，小饮清虚堂，诗云：银瓶泻油浮蜡酒〔3〕，紫碗铺粟盘龙茶〔4〕。

【注释】

〔1〕兴隆节：即兴龙节。宋圣节之一。元丰八年（1085）五月丁酉，宰臣请以宋哲宗寿节十二月八日为兴龙节。哲宗本十二月七日生，因避僖祖赵朓生日（十二月七日）忌，故后一日名哲宗圣节。

〔2〕子由：苏轼弟苏辙，字子由。　王定国：即王巩，字定国，号清虚先生。莘县（今山东莘县）人。宋代笔记小说家、诗人。

〔3〕浮蜡酒：古酒名。蜡，同蚁。因该酒酒面泡沫状如浮蚁，故名。

〔4〕盘龙茶：宋代贡茶名，即龙茶。因饼面饰有蟠龙纹饰而得名。

铜叶汤瓯〔1〕。《演繁露》：《东坡后集·从驾景灵宫诗》云，病贪赐茗浮铜叶。按，今御前赐茶，皆不用建盏，用大汤瓯，色正白，但其制样似铜叶汤瓯耳。铜叶色，黄褐色也。

〔按〕寿州瓷黄，茶色紫，洪州瓷褐，茶色黑，《茶经》以为不宜茶也。铜叶以形名，不以色名。然邢瓷白，越瓷青，陆谓越在邢上〔2〕，宋人又尚建安黑盏，不取白者，大抵宜于斗试耳〔3〕。饮器自然以白为上〔4〕，故当日御前茶器用白。

【注释】

〔1〕铜叶汤瓯：一种器壁外撇的铜制容器。

〔2〕陆：即陆羽。

〔3〕大抵宜于斗试耳：大概是便于斗茶用吧。

〔4〕饮器：饮茶器具。

东坡茗碗。《苏东坡集·赠杜介诗》：仙葩发茗碗〔1〕，翦刻分葵蓼〔2〕。

《注》：《东坡十八罗汉颂后跋》，轼家藏十八罗汉像，每设茶供，则化为白乳，或凝为花木、桃李、芍药[3]，仅可指名。

【注释】

〔1〕仙葩：仙界的奇花异草。此喻指茶。

〔2〕翦刻分葵蓼：仙花的幼芽已在茶碗里开放，好像用剪子剪裁过的葵花和蓼花。

〔3〕化为白乳，或凝为花木、桃李、芍药：《陶录》以为是窑变生成，其实这是茶沫偶然形成的现象，文人好奇夸大其辞。

益公汤盏。《夷坚志》[1]：周益公以汤盏赠贫友[2]，归以点茶，才注汤其中，辄有①双鹤飞舞[3]，啜尽乃灭[4]。

〔按〕此二事甚奇，然亦如窑变之类，时或有之。盖陶出于土，又聚水火之精华也。《吴船录》云[5]：蜀眉郡治军资库中，有一水瓮，满贮石子，每月朔祠之[6]，仍增水石各一器，不知几年，而至今不满。《幽雅志》云[7]：曹著为建康小吏，忽有卢府君，见府门前有大瓮，可受五百石，风云出其中。事亦相类，故附记于此。

【校】

①“有”，美术本缺此字。

【注释】

〔1〕《夷坚志》：原有420卷，已残阙，宋洪迈撰。宋代著名的志怪小说集。

〔2〕周益公：即周必大（1126—1204），字子充，一字洪道，自号平园老叟。庐陵（今江西吉安）人。绍兴二十一年（1151）进士，二十七年举博学宏词科。官至左丞相，封益国公。嘉泰中卒于庐陵，谥文忠。南宋政治家、文学家。著有《省斋文稿》《平园集》等。 汤盏：《南窗纪谈》说客至设茶，客欲去则设汤。汤盏，可以盛茶，也可以盛汤。 贫友：贫穷的友人。

〔3〕辄有：立即出现。

〔4〕啜：喝。

〔5〕《吴船录》：2卷，宋范成大（1126—1193）撰。范成大，字致能，号石湖居士。平江吴郡（今江苏苏州）人。工诗，与陆游、尤袤、杨万里同为“中兴四大家”。著有《石湖居士诗集》《菊谱》《梅谱》等。

〔6〕月朔：农历每月的初一日。

〔7〕《幽雅志》：书名，不详，待考。

定窑劝槃。《格古要论》：定劝槃，古之洗也〔1〕。古人用汤瓶、酒注，不用壶瓶及有嘴折盂〔2〕。茶钟台盘，始于元朝，古定、官窑无此器。

【注释】

〔1〕洗：盛水洗笔的器皿。

〔2〕壶瓶：盛酒器。是蒙古人进入中原后瓷瓶的一种新形制。

官窑人面杯。《妮古录》：余于项元度家，见官窑人面杯。哥窑合巹双桃杯，有承槃。《妮古录》：项希宪言〔1〕，司马公哥窑①合巹双桃杯〔2〕，一合一开，即有哥窑槃承之，盘中一坎正相容，亦奇物也。后入刘锦衣家〔3〕。

〔按〕承盘，汉时已有之，见《礼》注。《格古要论》以定劝槃为古之洗，非也。《周礼·祭器图》〔4〕：洗形如罍，洗、罍，受一斛。罍形似壶，与劝槃不相似，且《妮古录》载哥窑合巹杯，已有承槃，彰彰如此矣〔5〕。合巹〔6〕，见《仪礼·昏礼》〔7〕，曰：尊于房户之东，无元酒，篚在南〔8〕，实四爵，合巹。《注》：破匏也，四爵两巹凡六，为夫妇各三酳〔9〕。《释文》，《字林》作蒉，蠡也。古制用匏，亦用蠡。胡应麟《甲乙剩言》云〔10〕：都下高邮守杨君家〔11〕，藏合巹玉杯一器，以两杯对峙，中通一道，使酒相过。两杯之间，承以威凤。凤立蹲兽之上，高不过三寸许。制作甚妙，可与此匹。

【校】

①"哥窑"，美术本作"窑哥"。

【注释】

〔1〕项希宪：疑指项元度。

〔2〕司马公：即对司马光（1019—1086）的尊称。司马光，字君实，号迂叟，世称涑水先生。陕州夏县（今山西夏县）。历仕仁宗、英宗、神宗、哲宗四朝，卒赠太师、温国公，谥文正。北宋政治家、文学家、史学家。著有《资治通鉴》《稽古录》《潜虚》等。　合巹双桃杯：宋代瓷杯的一种。为哥窑制品。造型新颖别致，杯身为双桃一合一开，有哥窑烧制的盘承托，盘中有一坎，正可容置杯座。明陈继儒《妮古录》详记其流传，并叹为"奇物"，今未见传世品。

〔3〕刘锦衣：在锦衣卫供职的刘姓人士。锦衣，即锦衣卫，全称锦衣亲军都指挥使司，明朝皇帝的侍卫机构，清初一度沿用，不久改称銮仪卫。

〔4〕《周礼·祭器图》：不详，待考。

〔5〕彰彰：明显。

〔6〕合卺：古代婚礼仪式之一。将一只卺切为两半，而又以线连柄，新郎、新娘同饮一卺，象征婚姻将两人连为一体。卺，古代婚礼用的酒器，以瓢为之。

〔7〕《仪礼·昏礼》：《仪礼》篇名。昏礼，婚娶之礼。古时娶妻之礼，在黄昏时举行，故称昏礼。《说文解字》段玉裁注："士娶妻之礼，以昏为期，因以名焉。必以昏者，阳往而阴来也。日入三商为昏。"昏，婚之本字。按古昏礼六：纳采、问名、纳吉、纳征、请期、亲迎。

〔8〕筐：圆形的盛物竹器。

〔9〕三酳：古代宴饮礼节。食毕进酒漱口谓之酳，有安食养乐之义。三酳，即第三次进酒。《仪礼·士昏礼》："卒爵，皆拜。赞答拜，受爵，再酳如初，无从。三酳用卺，亦如之。"

〔10〕《甲乙剩言》：1卷，胡应麟撰。胡应麟（1551—1602），字元瑞，号少室山人，别号石羊生。明兰溪（今浙江兰溪）人。另著有《少室山房笔丛》《少室山房类稿》《诗薮》等。

〔11〕都下：京城。

哥窑八角把杯。《妮古录》：余于项元度家，见哥窑八角把杯。

〔按〕《南史》〔1〕：齐徐孝①嗣议王侯贵人昏〔2〕，连卺以真②银杯，盖出近俗。今除金银连环，自馀新器，悉用埏陶〔3〕。是杯之用陶，在六朝已然矣〔4〕。酒杯亦曰酒钟，东坡诗：薄薄酒饮两钟。

【校】

①"孝"，美术本作"考"。

②"真"，美术本作"直"。

【注释】

〔1〕《南史》：80卷，唐李延寿撰。李延寿，字遐龄。唐相州（今河南安阳）人。另著有《北史》等。

〔2〕徐孝嗣（453—499）：字始昌，小字遗奴。南齐东海郯（今山东郯城）人。著有文集。 议王侯贵人昏：在朝廷讨论王侯贵人结婚仪式。

〔3〕埏陶：和泥制作陶器。宋苏辙《息壤》诗："埏陶鼓铸地力困，久不自补无为忧。"

〔4〕已然：已经是这样。

酒榼。《清异录》：瓷宫，谓耀州青榼[1]。

〔按〕《孔丛子》云[2]：昔有遗谚[3]，尧舜千钟，孔子百觚，子路嗑嗑[4]，尚饮十榼。酒器有钟，有榼，其来已久。扬雄《酒箴》云[5]：鸱鹕滑稽[6]，腹大如壶，尽日盛酒，人复借酤[7]。应劭《注》：鸱鹕，榼形，是榼又名鸱鹕也。后又单名之曰鸱。黄鲁直诗：时送一鸱开锁眉[8]。苏东坡诗：金钱百万酒千鸱。

【注释】

〔1〕榼：古代盛酒的器具。

〔2〕《孔丛子》：托名秦孔鲋编，疑系三国魏王肃伪作。今本7卷。该书搜集并臆造了孔子以下子思、子上等的言论。孔鲋（约前264—前208），字甲。秦末儒生。居于魏国。孔子后裔。

〔3〕遗谚：犹古谚。

〔4〕子路：即仲由（前542—前480），仲氏，名由，字子路，亦字季路。春秋末鲁国卞（今山东泗水）人。孔子弟子之一，以政事见称。 嗑嗑：多言多笑的样子。

〔5〕《酒箴》：酒的箴文。篇名。汉代扬雄作。

〔6〕鸱鹕：皮制装酒袋。古人以皮革制成鸱鸟状的袋子贮酒。滑稽：古代注酒器，圆形，以能转动注酒终日不竭而得名。此处有圆滑之义。

〔7〕酤：买酒。

〔8〕锁眉：皱眉，苦闷的样子。

饶州花青碗。《格古要论》：饶州御土窑，体薄而润，色白，花青，较定器少次。

〔按〕此饶器之始[1]。

【注释】

〔1〕此饶器之始：这是景德镇官窑烧制御瓷的开端。

箸瓶。《香笺》所引，亦出《考槃馀事》。

浙瓮。《太平寰宇记》[1]：杭州亭市山余石乡亭市村，多陶户，善作大瓮。今谓之浙瓮，在南渡后。

【注释】

〔1〕《太平寰宇记》：200卷，宋乐史（930—1007）撰。乐史，字子正。宜黄县（今江西抚州）人。另著有《广卓异记》《绿珠传》《杨太真外传》等。

秘色瓷。《六研斋笔记》：南宋余姚有秘色瓷。

〔按〕此即钱氏秘色窑之遗也。今未得见秘色窑器，岂《笔记》所谓粗朴耐久[1]，似均窑者。前之秘色，亦如此与?

【注释】

〔1〕《笔记》：指《六研斋笔记》。

元　器

饶州小足印花碗，饶州青黑色戗金酒壶、酒盏。《格古要论》：元朝烧，小足印花，内有“枢府”字者最高。又有青黑色戗金者，多是酒壶、酒盏，甚可爱。

〔按〕饶窑在宋元时，有命则开，停即止，故所传者少。今只据《格古要论》，以存大概。

卷六　说器下

明　器

绿瓷燎炉。《春明梦馀录》[1]：圆邱外围方墙，门四，内灵星门[2]。南门外东南，砌绿瓷燎炉[3]，旁毛血池。

〔按〕古炊器用陶，周陶人甑、盆、甗、鬲，皆炊器也。此因祭天地①尚质之义[4]，法古用陶之制[5]。

【校】

①“地”，文友本缺此字。

【注释】

〔1〕《春明梦馀录》：70卷，记载明代北京故实，清孙承泽（1592—1676）撰。孙承泽，字耳北，一作耳伯，号北海，又号退谷等。山东益都（今山东青州）人。另著有《学典》《研山斋杂记》等。

〔2〕灵星门：旧时学宫孔庙的外门。灵星即天田星。后人以汉祀灵星祈谷，与孔庙无涉，观门形如窗棂，遂改为棂星门。

〔3〕燎炉：燎祭用的大火炉。

〔4〕尚质之义：崇尚俭朴的意思。

〔5〕法古：效法古代。

大尊、牺尊、著尊[1]，小罍，大羹、和羹碗[2]，毛血盌豆槃[3]，扁壶、方罐，看瓶、牡丹瓶、壶瓶[4]，拜砖。以上嘉窑祭器，见《江西大①志》。

〔按〕古祭器用陶，大尊而外，瓬大、壶、缶、簋、豆，用之于祭，未有经证[5]。明陶器既盛，乃充其类而②为之，又杂以后代之制。拜砖者，当拜之地[6]。《汉官仪》[7]：明光殿省中[8]，以丹朱漆地，故曰丹墀，尚书伏其下奏事。此拜地之饰也。王仁裕《入洛记》[9]：含元殿龙尾道[10]，各上六七十步，方达第一级，皆花砖。此饰地之砖也。今移殿省之制于庙[11]，故用瓷砖。嘉窑所烧，而列之于前者，祭器也。

【校】

①“大”，美术本作“通”。

②“而”，美术本作“百”。

【注释】

〔1〕大尊：即泰尊，周朝酒器的一种。　牺尊：古代酒器。作牺牛形，背上开孔以盛酒。或说于尊腹刻画牛形。　著尊：古代酒器。其文饰简略，故谓之著，或说著尊无足著（着）地，故谓之著。

〔2〕大羹：不和五味的肉汁。《礼记·乐记》：“大飨之礼，尚玄酒而俎腥鱼，大羹不和，有遗味者矣。”郑玄注：“大羹，肉湆，不调以盐菜。”　和羹：配以不同调味品而制成的羹汤。《尚书·说命下》：“若作和羹，尔惟盐梅。”孔传：“盐，咸；梅，醋。羹须咸、醋以和之。”

〔3〕毛血笾豆：祭祀时用以盛牺牲毛血和祭品的高足盘。笾豆，上古祭祀用礼器，以竹为笾，以木为豆，后世改为陶瓷，仍旧称。

〔4〕看瓶：祭案上的陈设瓶。　牡丹瓶：祭案上的陈设瓶。

〔5〕经证：经书上的证明。

〔6〕当拜之地：指跪拜的地方。

〔7〕《汉官仪》：2卷，汉应劭撰。

〔8〕明光殿：汉长安桂宫中的宫殿，在今陕西西安西北汉长安城遗址。　省中：宫禁之中。汉蔡邕《独断》：“禁中者，门户有禁，非侍御者不得入，故曰禁中。孝元皇后父大司马阳平侯名禁，当时避之，故曰省中。”

〔9〕《入洛记》：1卷，王仁裕撰。王仁裕（880—956），字德辇。五代天水（今甘肃天水）人。著有《秦亭篇》《西江集》等。

〔10〕含元殿：宫殿名。唐长安大明宫正殿。建于高宗龙朔二年（662）。初名含元殿，长安元年（701）改称大明殿，神龙元年（705）复称含元殿。　龙尾道：阶道名。唐长安大明宫含元殿前升殿的阶道。

〔11〕今移殿省之制于庙：今天把朝廷的制度移用到坛庙。

压手杯（永乐窑）。《博物要览》：压手杯，坦口折腰，沙足滑底。中心画双狮滚球，球内篆“大明永乐年制”六字，或四字，细若粒米，此为上品。鸳鸯心者次之，花心者又其次也。杯外青花深翠，式样精妙，传世可久，价亦甚高。

〔按〕此即盌也，坦口折腰，手把之，其口正压手，故名。

白坛盏（以下宣德窑）。《博物要览》：盏心有“坛”字白瓯，所谓坛盏是也。质细，料厚，式美，足称文房佳器。

〔按〕汉竹宫紫泥为坛〔1〕，齐梁《郊祀歌》称紫坛〔2〕。其后经箓醮事，皆曰坛。此盏当是坛中供器。

【注释】

〔1〕竹宫：西汉甘泉宫中的祠宫，甘泉宫主体建筑之一，汉武帝时造，以竹作之，故名。

〔2〕齐梁：南北朝时的南朝齐和梁，存国相继为479—502、502—557。 紫坛：紫色祭坛。帝王祭祀大典用。

白茶盏。《博物要览》：较坛盏少低，瓮肚，釜底线足，光莹如玉。内有绝细龙凤暗花，底有“大明宣德年制”暗款，隐隐橘皮纹起。虽定瓷何能比方，真一代绝品。

红鱼靶杯。《博物要览》：以西红宝石为末，图画鱼形，自骨内烧出，凸起宝光，鲜红夺目。若紫黑色者，火候失手〔1〕，似稍次矣。

〔按〕靶，辔靶也，从革。弓弝〔2〕，从弓。刀欛〔3〕，又从木，从霸①。剑，又称镡〔4〕。《急就章》注云〔5〕：镡，剑刃之本，入②把者也。总之，皆手把处。《稗编》刀靶〔6〕，《古镜记》剑靶〔7〕，皆借靶，原可通用。然《妮古录》哥窑八角把杯作把，靶杯从手，作把为是。

【校】

①“霸”，美术本作“覇”。

②“入”，文友本作“八”。

【注释】

〔1〕火候失手：火候掌握时机不准确。

〔2〕弓弝：弓把。弝，古同“把”。

〔3〕刀欛：刀把。欛，古同“把”。

〔4〕镡：古代兵器名，形似剑而小。

〔5〕《急就章》：汉元帝刘奭时黄门令史游所撰字书，唐颜师古注。

〔6〕《稗编》：即明王圻《稗史类编》。

〔7〕《古镜记》：传奇小说。旧题隋（或作唐）王度作。《郡斋读书志》谓“未详撰人”。

青花龙，松、梅花靶杯，青花人物、海兽酒靶杯，竹节靶罩盖。《博物要览》：此发古未有[1]。

【注释】

〔1〕发古：亘古，自古。

轻罗小扇扑流萤茶盏。徐应秋曰[1]：人物毫发具备，俨然一幅李思训画[2]。

【注释】

〔1〕徐应秋（？—1621）：字君义，号云林。明衢州西安（今浙江衢州）人。万历丙辰（1616）进士。有书癖，充栋之藏，渔猎殆尽，著书甚富。著有《玉芝堂谈荟》《古文藻海》《古文奇艳》《骈字凭霄》等。

〔2〕李思训（651—716）：书画家。唐宗室。高宗时任扬州江都令。

五采桃注，石榴注，双瓜注，双鸳注，鹅注。《考槃馀事》：双瓜注，采色类生。双鸳注、鹅注，工致精极。磬口洗，鱼藻洗，葵洗，螭洗①。

〔按〕古礼器有洗。此以洗笔之器，亦名洗也。《考槃馀事》云：笔书后，即入笔洗中，涤去滞墨，则毫坚不脱，可耐久用。洗完即加笔帽，免挫笔锋。若有油腻，以皂角汤洗之[1]，此可备用笔法。又东坡以黄连煎汤，调轻粉蘸笔头，候干收之。山谷以川椒黄蘖煎汤[2]，磨松烟染笔藏之[3]。《文房宝饰》谓[4]：养笔以硫黄酒舒其毫[5]，此收新笔法也[6]。

【校】

①“洗”，美术本作“花”。

【注释】

〔1〕皂角汤：能去油腻，我国农村往往以此取代肥皂。皂角，皂荚树的果实，可去污垢。

〔2〕川椒：四川所产花椒。　黄蘖：俗称黄柏。可入药，又是染料。

〔3〕松烟：松木燃烧后所凝之黑灰，是制松烟墨的原料。

〔4〕《文房宝饰》：书名，不详，待考。

〔5〕硫黄酒：药膳。　舒其毫：舒展其笔毛。

〔6〕收：收存。

朱砂大碗，朱砂小壶。《博物要览》：色红如日，用白锁口〔1〕。

【注释】

〔1〕用白锁口：用白釉做碗的口沿。

卤壶小壶。《博物要览》：此等皆发古未有。

〔按〕冯可宾《岕茶笺》云〔1〕：茶壶，窑器为上，又以小为贵。每一客，壶一把，任其自斟自饮，方为得趣。壶小则香不涣散〔2〕，味不躲阁〔3〕。愚谓茶器以罩盖为上，罩盖亦以小为贵。然罩盖之大者，不过如小壶而止。若茶壶愈大，其失香变味愈甚，下之下矣〔4〕。

【注释】

〔1〕《岕茶笺》：明冯可宾所撰。《岕茶笺》约千字，共分为序岕名、论采茶、论蒸茶、论焙茶、论藏茶、辨真赝、论烹茶、品泉水、论茶具、茶壶大小、茶宜、禁忌12则。冯可宾，字正卿。益都（今山东青州）人。

〔2〕不涣散：凝聚。

〔3〕不躲阁：不散发。

〔4〕下之下：最差。

敞口花尊。

〔按〕尊与瓶异。瓶，口小于腹；尊，腹小于口。瓶高，尊庳。尊，仿古尊也。

漏空花纹〔1〕填五彩坐墩，五①彩实填花纹坐墩，填画蓝地五彩坐墩，青花白地坐墩，冰裂纹坐墩。《博物要览》：漏空花纹，填以五采，华若云锦。又以五采实填花纹，绚艳悦目。二种皆深青地子。有蓝地填画五采，如石青剔花。有青花白地，有冰裂纹者。种种式样，非前代曾有。

〔按〕宋学士王珪召对蕊珠殿〔2〕，设紫花坐墩，命坐。墩，音顿。《尔雅》：邱一成为邱敦，又如覆敦者。敦邱注，敦，盂也。敦，音堆。

《诗》“至于顿邱”，《毛传》“邱一成为顿邱”[3]。敦转为顿，坐墩亦如覆盂形，故以是名。从土者，《尔雅》注云：江东呼地高堆为敦，墩是敦俗字，相仍用之也。墩与杌子异[4]，杌子有足，俗又以杌之小者曰凳。均窑亦有坐墩。《博物要览》云：黄沙泥坯，器质粗厚，未佳。

［明］嘉靖 素三彩龙纹绣墩
（故宫博物院藏）

【校】

①“五”，美术本作“立”。

【注释】

〔1〕漏空：镂空，雕空。

〔2〕王珪（1019—1085）：字禹玉。宋华阳（今四川成都）人。弱岁奇警，出语惊人。举进士甲科，为翰林学士。著有《华阳集》。 蕊珠殿：宋代宫殿名。

〔3〕《毛传》：我国最早研究《诗经》的著作之一，全称《毛诗故训传》。30卷。

〔4〕杌子：矮脚凳子。

［明］万历 绿地黄龙纹盖罐
（故宫博物院藏）

扁罐，蜜①食桶罐。《博物要览》：甚美，多五采烧色。

〔按〕释氏有澡灌[1]。《西域志》载[2]：月支国佛澡灌青石，名罗勒。惠远法师《澡灌铭序》云[3]：得摩罗勒石澡灌，皆作灌，以水可灌濯也[4]。后人从缶，作罐。凡盛物小器，皆曰罐。又《急就章》注云：椭，小桶，以盛盐豉、蜜②食[5]。桶，古之椭也。

【校】

①“蜜”，美术本作“密”。

②“蜜”，美术本作“密”。

【注释】

〔1〕释氏：佛教徒。

〔2〕《西域志》：晋释道安（314—385）撰。道安俗姓卫，常山扶柳（今河北冀州）人。

〔3〕《澡灌铭序》：惠远法师（334—416）撰，惠远法师，本姓贾，雁门楼烦（今山西宁武）人。东晋高僧。《澡灌铭序》，见《北堂书钞》。

〔4〕灌濯：浇灌。

〔5〕盐豉：食品名。即豆豉。用黄豆煮熟霉制而成，常用以调味。

灯檠雨台，幡幢雀食瓶，蟋蟀盆。

〔按〕戗金宣盆最重〔1〕，亦有戗金蟋蟀盆，《吴梅①村集》有歌〔2〕。又苏州陆、邹二姓所造，极工巧，雕镂精致②，出之大秀、小秀者尤妙。大小秀，邹氏二女也。当时重促织之戏〔3〕，胜负至千百，不惜重直购盆，故精巧如此，匪独陶器〔4〕。

【校】

①"梅"，美术本作"海"。

②"致"，美术本作"妙"。

【注释】

〔1〕最重：最贵重。

〔2〕《吴梅村集》：明末清初吴伟业（1609—1672）撰。吴伟业，字骏公，号梅村，又号鹿樵生等。太仓（今江苏太仓）人。另著有《绥寇纪略》《春秋地理志》等。

〔3〕促织：蟋蟀的别称。

〔4〕匪独：不单是，不只是。

五彩靶杯（以下成化窑）。《博物要览》：成窑上品，无过葡萄甃口五彩扁肚靶杯〔1〕，式较宣杯妙甚〔2〕。

【注释】

〔1〕无过：没有超过。

〔2〕宣杯：宣德官窑瓷杯。

鸡缸。《高江村集·成窑鸡缸歌注》：成窑酒杯，种类甚多，皆描画精工，点色深浅，瓷质莹洁而坚。鸡缸上画牡丹，下有子母鸡，跃跃欲动。

〔按〕《野获编》云〔1〕：窑器初贵成化，次则宣德。杯盏之属，初不

[明] 成化 斗彩鸡缸杯
（故宫博物院藏）

过数金。顷来京师，成窑酒杯，每对至博银百金〔2〕，为吐舌不能下。《曝书亭集》云：尝以月之朔望〔3〕，观京师慈仁寺集〔4〕。贵人入市〔5〕，见陈瓷碗〔6〕，争视之。万历窑器，索白金数两〔7〕。宣德、成化款者，倍蓰〔8〕。至鸡缸，非白金五镒市之不可，有力者不少惜〔9〕。以陶器而得玉之上价，其贵重如此。

【注释】

〔1〕《野获编》：即《万历野获编》。全书30卷，补遗4卷。明沈德符（1578—1642）撰。沈德符，字景倩，又字虎臣。秀水（今浙江嘉兴）人。另著有《秦玺始末》等。

〔2〕博：贸易，换得。

〔3〕朔望：农历每月初一为朔，十五为望，是旧时庙会之期。

〔4〕慈仁寺：即北京报国寺。

〔5〕贵人：显贵的人。

〔6〕陈：陈放，摆设。

〔7〕索：要价。

〔8〕倍蓰：谓数倍。蓰，五倍。

〔9〕有力者：此指富家。

宝烧碗，朱砂檠。《高江村集·均窑瓶歌注》：成窑鸡缸、宝烧碗、朱砂檠，最精致，价在宋瓷上。

〔按〕宝烧，以西红宝石末烧也。

人物莲子酒盏，青花纸薄酒盏，草虫小盏，五供养浅盏，五彩齐箸小楪，香合，各样小罐。《博物要览》：皆精妙可人。

高烧银烛照红妆酒杯，锦灰堆，秋千、龙舟、高士、娃娃杯，满架葡萄、香草、鱼藻、瓜茄、八吉祥、优钵罗花、西番莲杯〔1〕。《高江村集·成窑鸡缸歌注》：成窑酒杯，有名高烧银烛照红妆，一美人持烛照海棠也。锦灰堆，折枝花果堆①四面也。秋千，士女戏秋千也。龙舟，斗龙舟也。高士，一面画周茂叔爱莲，一面画陶渊明对菊也。娃娃，五婴儿相戏也。满架葡萄，画葡萄也。其它香草、鱼藻、瓜茄、八吉祥、优钵罗花、西番莲，皆描画精工，色莹而坚。

〔按〕《考槃馀事》有定窑哇哇狻猊镇纸。哇，小儿声，故以此称婴孩，详见前。明器，皆从女作娃。吴楚之间谓好曰娃[2]，吴有馆娃宫[3]，扬雄赋：资娵娃之珍髢[4]。师古曰：美女也。指婴孩，作哇哇为是。

【校】

①“花果堆”，美术本作“□□□”。

【注释】

〔1〕优钵罗花：梵语，意为浓暗色莲。

〔2〕吴楚：指今江苏、安徽一带。

〔3〕馆娃宫：春秋时吴国苑囿。在今苏州西南30里的灵岩山上。吴王夫差为美女西施而建，故称馆娃宫。

〔4〕娵娃：闾娵和吴娃，古美女名。 髢：古代幼儿下垂至眉的短头发。

坛盏（以下嘉靖窑）。《博物要览》：小白瓯，内烧茶字、酒字、枣汤、姜汤字者，乃世宗经箓醮坛用器，亦曰坛盏，不及宣德。

〔按〕坛盏有大、中、小三号。内有茶字者佳，姜汤字为下。盏色以正白如玉为最，较之宣窑不及，其佳者亦足重也。

磬口、馒心、圆足、外烧三色鱼扁盏，红铅小花合子，大如钱。《博物要览》：二品为世珍，小合子花青画美，向后官窑，恐不能有此。

赶珠龙、外一秤金、娃娃花碗，里外满地娇花碗，竹叶、灵芝、团①云龙、穿花龙凤碗，外海水苍龙捧八卦、里三仙炼丹花碗，外龙凤鸾雀、里云龙碗，外鲭鲌鲤鳜、里云雀花碗，外天花捧寿山福海字、里二仙花盏，外双云龙、里青云龙花酒盏，外云龙、里升龙花盏，外博古龙、里云鹤花酒盏，外双龙、里双凤花盏，外四季花、耍娃娃，里出水云龙、花草瓯，外出水龙、里狮子花瓯，外乾坤六合、里升龙花瓯，福寿康宁花钟，里外万花藤、外有控珠龙茶钟，外耍戏娃娃、里云龙花钟，外团龙菱花、里青云龙茶钟，外云龙、里花团钟，松竹梅酒尊，里外满地娇花楪，里外云鹤花楪，外龙穿西番莲、里穿花凤花楪，外结子莲、里团花花楪，外结子莲、里龙凤楪，外凤穿花、里升降戏龙楪，灵芝捧八宝罐，八仙过海罐，耍戏鲍老花罐，孔雀牡丹罐，狮子滚绣球罐，转枝宝相花托八宝罐，满地娇、鲭鲌鲤鳜、水藻、鱼罐，江下八俊罐，巴山出水、飞狮罐，水火捧八卦罐，八瓣海水飞龙花样罐，苍狮龙花瓶，灵芝四季花瓶，外四季花、里三阳开泰花檗，外九龙花、里云龙海水檗，海水飞狮龙捧福寿字花檗，外画四仙、里云鹤花檗，外云龙、里八仙捧寿花檗，云鹤龙果盒，青苍狮龙盒，龙凤、群仙捧寿字花盒，双云龙花缸，里云龙花缸，转枝莲托八宝、八吉祥、一秤金、娃娃花坛，转枝莲托百寿字花样坛。右器皆青花白地。

〔按〕《法华经》〔1〕：是人甚希，有过于优昙华。《疏》：优昙华，钵名，省文曰昙钵，遂有昙之名。而瓮之小者②，亦③以昙称。《群碎录》云〔2〕：今人呼藏酒器曰昙，又从土作坛，陆龟蒙《谢山泉》诗云“石坛封寄野人家”是也。坛、罈古今字耳〔3〕，亦作甔〔4〕。皮日休诗“酒甔香竹院”〔5〕，陆游诗“美酝绿盈甔”〔6〕。甔之名，由来已古，或以此转而为坛也。

【校】

①“团”，美术本作“圃”。

②“之小者”，美术本作“□□□”。

③“亦”，美术本作“□”。

【注释】

〔1〕《法华经》：即佛教《妙法莲华经》，译本以姚秦鸠摩罗什七卷本为最通行。

〔2〕《群碎录》：1卷，明陈继儒撰。

〔3〕罈：今字“坛”。古今字写法不同而义同的字。

〔4〕甔：陶制罂类容器。

〔5〕皮日休（约838—约883）：字逸少，后改袭美，自号鹿门子，又号间气布衣、醉吟先生。唐襄阳竟陵（今湖北襄阳襄州）人。著有《皮子文薮》10卷。

〔6〕陆游（1125—1210）：字务观，号放翁。越州山阴（今浙江绍兴）人。南宋著名诗人，著有《渭南文集》《老学庵笔记》《南唐书》等。

青碗，天青色碗，翠青色碗，外穿花鸾凤、里青如意团鸾凤花膳碗，青酒盏，外荷花鱼水藻、里青穿花龙、边穿花龙凤瓯，青茶钟，青楪，天青色楪，翠青色楪，暗鸾鹤花楪，转枝宝相花、回回花罐，暗龙花罐，纯青里海水龙、外拥祥云地、贴金三狮龙等花盘，双云龙缸，外青双云龙、宝相①花缸，头青素缸，双云龙穿花坛，青瓷砖。右器皆青瓷。

双云龙花碗，双云龙、雀盏，四季花盏。右器皆里白外青。

暗姜芽海水花碗，暗鸾鹤花酒盏，爵盏，盘口茶瓯，暗龙花茶钟，甜白酒钟，甜白壶瓶，甜白盘，暗姜芽②、海水花坛。右器皆白瓷。

暗龙紫金碗、金黄色碗，暗龙紫金楪，金黄色楪。右器皆紫色。

鲜红改矾红色碗、楪，翠绿色碗、楪，青地闪黄、鸾凤穿宝相等花碗，黄地闪青、云龙花瓯，青地闪黄、鸾凤穿宝相花盏，爵，黄花、暗龙凤花盒，紫金地闪黄、双云龙花盘，楪，素穰花钵。右器杂色。以上俱见《江西大志》。

〔按〕《魏志》〔1〕：赐女倭以绛地交龙锦〔2〕。《通雅》云：凡锦皆有地。绛地，裴松之不知〔3〕，欲改为绨，可笑也。又宋仁宗景祐诏〔4〕，以青罗绘龙麟，饰冕筒，补空地以云龙钿窠〔5〕。《通雅》云：钿窠，锦上云龙之地也。五彩瓷，如制锦之法，故有青地、黄地、紫金地之名，画花亦如之。走龙、云凤、麒麟、狮子、鸳鸯、万金、盘龙对凤、孔雀、仙鹤、芝草、大窠狮子、双窠云雁③、大姜④芽，云鸾、宜男百花、穿花凤、聚八仙、滴珠龙、狮子盘球、水藻戏鱼，皆古锦名。陶人画染之作，约略相似。

【校】

①“相”，美术本作“铜”。

②“芽”字下，美术本有一“坛”字。

③“雁”，美术本作“□”。

④“姜”，美术本作“□”。

【注释】

〔1〕《魏志》：指陈寿《三国志》中的《魏书》。

〔2〕女倭：古国名。即日本。　绛地交龙锦：古锦名。

〔3〕裴松之（372—451）：字世期。南朝宋河东闻喜（今山西闻喜）人。历任世子冼马、零陵内史、国子博士等职。并受封西乡侯。又著有《晋纪》《裴氏家传》《集注丧服经传》《裴松之集》等。

〔4〕景祐（1034—1038）：宋仁宗赵祯年号。

〔5〕钿窠：用金、银、玉、贝等物镶嵌的界格花纹。《金史·舆服志上》：“大辇……其上四面施行龙、云朵、火珠，方鉴、银丝囊网，珠翠结云龙，钿窠霞子。”

双云龙、凤霞穿花、喜相逢、翟雉朵朵菊花、缠枝宝相花、灵芝、葡萄桌器[1]（以下隆庆窑）。

〔按〕《清异录》：五代时，贵势以筵具更相尚[2]。至方丈之案[3]，不能胜[4]，旁挺二案翼之[5]。参差数百[6]，谓之绰楔台盘[7]。又《北辕录》[8]：淳熙丙申[9]，待制张子政贺金①国生辰[10]。抵馆供晚食，先设茶筵具瓦垄[11]。此云桌②器，即③筵具也。约一桌之器，而整齐之瓷色花样④，俱以类从。明窑始见于此，今亦盛行。古人用几⑤筵，今之桌，所以代几也。杨亿《谈苑》云[12]：咸平、景德中主家造檀香倚卓[13]，借倚卓字。后人从木，作椅桌。又桌字加木傍作槕，俗书也。

【校】

①“金”，美术本作“□”。

②“桌”，美术本作“□”。

③“即”，美术本作“师”。

④“样”，美术本作“□”。

⑤“几”，美术本作“□”。

【注释】

〔1〕喜相逢：即双鹊图。　翟雉：长尾山鸡。　桌器：成套的餐具。每一桌器都有规定的件数、花纹和釉色。

〔2〕贵势：指居高位有权势的人。　筵具：酒宴上用的器具。　相尚：互相攀比。

〔3〕方丈之案：一丈见方的案子。

〔4〕不能胜：不能承受。

〔5〕挺：笔直。　翼：翅膀。此指左右为置两案如鸟之两翼。

〔6〕参差：差不多。

〔7〕绰楔：古时竖于正门两旁用以表彰孝义的木柱。　台盘：台面，桌面。

〔8〕《北辕录》：1卷，南宋周煇（1126—？）撰。周煇，字昭礼。泰州（今江苏泰州）人。另著有《清波杂志》《清波别志》。

〔9〕淳熙丙申：即淳熙三年（1176）。淳熙（1174—1189），南宋孝宗赵昚的年号。

〔10〕待制：官名。

〔11〕瓦垄：瓦台。

〔12〕《谈苑》：即《杨文公谈苑》，《郡斋读书志》著录为8卷，杨亿撰。《直斋书录解题》《宋史·艺文志》作15卷。杨亿（974—1020），

字大年。宋蒲城（今福建蒲城）人。又与王钦若等纂《册府元龟》1000卷。

〔13〕咸平（998—1003）：宋真宗赵恒年号。 景德（1004—1007）：宋真宗赵恒年号。 中主：中等才德的君主。此指皇家。

外穿花龙凤、五彩满地娇、朵朵花、里团龙鸾凤、松竹梅、玉簪花碗〔1〕，外双云龙凤、九龙海水、缠枝宝相花、里人物、灵芝、四季花槃，外双云龙凤、竹叶、灵芝、朵朵云龙、松竹梅、里团龙、四季花楪，外双云龙、芙蓉花、喜相逢、贯套海石榴、回回花、里穿花翟雉、青鸂鶒①荷花、人物、狮子、故事、一秤金、全黄、暗龙钟〔2〕，外穿花龙凤、八吉祥、五龙淡海水、四季花捧乾坤清泰字、八仙庆寿、西番莲、里飞鱼、红九龙、青海水鱼、松竹梅、穿花龙凤瓯，双穿云龙花凤、狮子滚绣球、缠枝牡丹花、青花果翎毛、五彩云龙、宝相花、草虫罐〔3〕，穿花龙凤、扳②枝娃娃、长春花、回回宝相花瓶〔4〕，外梭龙、灵芝、五彩曲水、梅花、里云龙、葵花、松竹梅、白暗③云龙盏〔5〕，外云龙、五彩满地娇、人物故事、荷花、龙、里云龙曲水、梅花盆，双云龙、回回花果翎毛、九龙淡海水、荷花、红双云龙、缠枝宝相花香炉，双云梭龙、松竹梅、朵朵菊花香盒，双云龙花凤、海水兽、狮子滚绣球、穿花喜相逢、翟鸡柤④斗〔6〕。

〔按〕《广韵》：柤，煎药滓。凡食有滓者，亦称柤。斗，所以盛之也，俗作渣。

【校】

①“鹕”，美术本作“瀭”。

②“扳”，美术本作“板”。

③“暗”，美术本作“□”。

④“翟鸡柤”，美术本作“挐□□”。

【注释】

〔1〕玉簪花：花朵如簪状的花。

〔2〕贯套：套入花边。 鸂鶒：古书上指像鸳鸯的一种水鸟。

〔3〕翎毛：鸟禽。

〔4〕长春花：系夹竹桃科一年生直立草本。《花镜·长春花》：“长春花一名金盏草，江浙颇多。蔓生篱落间。叶似柳而厚，抱茎对生。茎上开花，金黄色，状如盏子。有色无香，但喜其四时不绝。结实如鸡豆子，其中细子，每粒如尺蠖蟠曲形……但肥多，易长花丽。若结实即摘去，则花不间

断。性不喜湿，近亦有白花种。"

〔5〕梭龙：作吼状的龙。

〔6〕租斗：又名渣斗。宴席桌上盛放肉骨鱼刺器具。口大，沿宽，有银、漆木制者，亦有瓷器。

双云龙花凤、海水兽、穿花翟鸡、狮子滚绣球、朵朵四季花醋滴，双云龙凤、草兽、飞鱼、四季花、八吉祥、贴金孔雀、牡丹花坛，有盖，狮子样。右器皆青花白地，见《陶书》[1]。

【注释】

〔1〕《陶书》：指明王宗沐（1524—1592）所撰《江西省大志·陶书》。王宗沐，字新甫，号敬所。临海城关（今浙江临海）人。另著有《海运详考》《海运志》《敬所文集》等。

外双云、荷花、龙凤、缠枝西番莲、宝相花、里云团龙、贯套八吉祥、龙边、姜芽海水、如意、云边、香草、曲水、梅花碗①（以下万历窑），外云龙、荷花、鱼、耍娃娃、篆福寿康宁字、回回花、海兽、狮子滚绣球、里云鹤、一把莲、萱草花、如意云、大明万历年制字碗[1]，外团云龙、鸾凤、锦地八宝、海水、福禄寿、灵芝、里双龙捧寿、长春花、五彩凤穿四季花碗，外寿意、年镫、端阳节、荷花、水藻鱼、里底青、正面云龙、边松竹梅碗[2]，外双云龙、八仙过海、盒子心、四季花、里正面龙、篆寿字、如意、葵花、边竹叶、灵芝碗，外穿花云龙鸾凤、缠枝宝相、松竹梅、里朵朵四季花、回回样、结带、如意、松竹梅、边竹叶、灵芝盘，外荷花龙、穿花龙凤、松竹梅、诗意、人物故事、耍娃娃、里朵朵云边香竹叶、灵芝、暗云龙宝相花盘，外团螭虎、灵芝、如意、宝相花、海石榴、香草、里底龙捧永保万寿、边鸾凤宝相花、永保洪福齐天、娃娃花盘[3]，外缠枝莲托八宝、龙凤、花果、松竹梅、真言字、折枝四季花、里底穿花龙、边朵朵四季花、人物故事、竹叶、灵芝、寿意、牡丹花盘[4]，外穿花鸾凤、花果、翎毛、寿带花、满地娇、草兽、荷叶、龙、里八宝、苍龙、宝相花捧真言字、龙凤、人物故事楪[5]，外缠枝牡丹花托八宝、姜芽海水、西番莲、五彩异兽、满地娇、里双云龙、暗龙凤、宝相花、狮子滚绣球、八吉祥、如意云、灵芝、花果楪，外长春、转枝宝相花、螭虎、灵芝、里五彩龙凤、边福如东海、八吉祥、锦盆，堆、边宝相花、结带八宝楪，外缠竹叶、灵芝、花果、八宝、双云龙凤、里龙穿四季花、五彩寿意、人物、仙桃、边葡萄碟，外双云龙、贯套海石榴、狮子滚绣球、里穿花云龙、如意云、边香草、红九龙、青海水、五彩瀏鹕②荷花、遍地真言字钟，外蟠桃结篆寿字、缠枝四季花、真言字、里云鹤、火焰宝珠、暗双云龙、荷花鱼、青海水钟，外穿花龙凤、八仙庆寿、回回缠枝宝相花、里团云龙、荷花鱼、江芩③子花捧真言字瓯[6]，外团龙、如意云、竹叶、灵芝、五彩水藻鱼、里篆寿字、如意④、牡丹花、五彩如意瓯，外云龙、长春花、翎毛、士女、娃娃、灵芝捧八吉祥、里葡萄、朵朵四季花、真言字、寿带花盏，外穿花双云龙、人物故事、青九兽、红海水、里如意香草、曲水、梅花、穿花翟鸡、白姜芽、红海水盏，外双云龙凤、里黄葵花、转枝灵芝、五彩菊花盏，如意云龙、穿花龙凤、风调雨顺、天下太平、四鳊头捧永保长春字、混元八卦、神仙捧乾坤清泰字盒[7]，异兽朝苍龙、如意云锦、满地娇、锦地葵花、方胜、花果、翎毛、草虫盒[8]，万古长春、四⑤海来朝、面龙、四季花、人物故事盒，天下太平、四方香草如意、面回纹人物、五彩方胜盒[9]，人物故事、面云龙、娃娃面，四季花、五彩云龙、花果、翎毛、灵芝捧篆寿字盒，外海水飞狮、缠枝四季花、长春、螭虎、灵芝、石榴、里葵花、牡丹、海水宝相花杯，外牡丹、金菊、芙蓉、龙凤、四季花、五彩八宝、葡萄、蜂赶梅花、里葵花、牡丹、篆寿字、五彩莲花、古老钱杯槃，外云龙海水、里顶妆云龙箸槃[10]，缠枝金莲花托篆寿字酒海，乾坤八卦、灵芝、山水、云龙⑥香炉，外莲花香草如意，顶妆云龙、回纹香草、云⑦龙、灵芝、宝相玲珑、灵芝、古老钱炉，穿花龙凤、草兽衔灵芝、锦雉、牡丹、云鹤、八卦、麻叶西番莲瓶，团龙、四季花、西番莲托真言字、凤穿四季花、葡萄西瓜瓣、云龙捧圣寿字、杏叶、五彩水藻金鱼壶瓶，云龙、芦雁、松竹梅、半边葫芦花瓶[11]，花果、翎毛、香草、草虫、人物故事花瓶，凤穿四季花、满地娇、五彩龙穿四季花、灵芝托八宝璎珞、香草花瓶[12]，山水、飞狮、云龙、孔雀、牡丹、八仙过海、四阳捧寿、陆鹤乾坤、五彩人物故事罐[13]，双云龙穿花、喜相逢相斗，云龙、回纹、香草、人物故事、花果、灵芝相斗，双云龙、缠枝宝相花醋滴，云龙棋槃。

〔按〕纹楸，棋槃也，故曰楸枰[14]。《棋天洞览》云[15]：元頣本枰棋声与律吕相应[16]，盖用响玉棋盘[17]，非有异术。得瓷为槃，所以助丁丁者[18]，当与响玉比胜矣[19]。

【校】

①“碗”，美术本“碗”字下有一“口”。

②“鹈”，美术本作“鹈”。

③“芩”，美术本作“苧”。

④“如意”，美术本作“加口”。

⑤“四”，美术本“四”字下有一“季”。

⑥“龙”，美术本缺此字。

⑦“云”，美术本作“灵”。

【注释】

〔1〕云鹤：即鹤。

〔2〕端阳节：即端午节，农历五月初五。相传端午节是为了纪念爱国诗人屈原。

〔3〕海石榴：即石榴。因移自海外，故名。　洪福齐天：福大而与天同高的吉祥语。

〔4〕真言：指佛教经典的要言秘语。

〔5〕寿带：寿带图案或花样，或作绶带。

〔6〕江芩子：牛马喜食的一种野草。

〔7〕鬅头：披散着头发的人。　混元八卦：即阴阳八卦。俗呼阴阳鱼，浑圆一体，作阴阳面的鱼目状。

〔8〕方胜：两个菱形相叠的图样。胜，原指古代妇女之首饰，传说为神话中西王母所戴，古人视其为祥瑞之物。

〔9〕回纹：即云雷纹。

〔10〕顶妆：凸雕。

〔11〕半边葫芦花瓶：作半个葫芦状的插花挂瓶。

〔12〕璎珞：成串的珠玉。

〔13〕四阳：即四羊，象征日光或四光（日、月、星、辰）。　陆鹤乾坤：鹿鹤图样，象征天地六合。陆，谐音鹿。

〔14〕楸枰：楸木作的棋盘。

〔15〕《棋天洞览》：即唐冯贽《云仙杂记·棋天洞览》。

〔16〕元颐（？—500）：北魏宗室。本名安寿。得孝文帝赐名，袭爵阳平王。卒谥庄王。　律吕：古代校正乐律的器具。用竹管或金属管制成，共12管，管径相等，以管的长短来确定音的不同高度。从低音管算起，成

奇数的6个管叫作“律”；成偶数的6个管叫作“吕”，合称“律吕”。后亦用以指乐律或音律。

〔17〕响玉：碰击时能发声响的玉石。

〔18〕丁丁：形容伐木、下棋、弹琴等声音。

〔19〕比胜：竞赛。

海水云龙、四季花、金菊芙蓉檠台，陆鹤乾坤、灵芝、八宝、宝相花、如意、云龙烛台，宝山海水、云龙团座、攀桂娃娃、茈菰、荷叶、花草烛台[1]，云龙凤穿四季花翦烛罐，锦地花果、翎毛、边双龙捧珠心屏，锦地、云穿宝相花、灵芝、河图洛书笔管[2]。

〔按〕王羲之《笔经》云[3]：昔人或以琉璃、象牙为笔管，丽饰则有之，然笔须轻便，重则踬矣[4]。近有以绿沉漆竹管及镂管见遗[5]，斯亦可玩，何必金玉？斯言参书家三昧[6]，瓷管恐亦嫌重。

【注释】

〔1〕攀桂：犹折桂。喻科举及第。　茈菰：即慈姑、茨菰。泽泻科多年生水生草本植物。

〔2〕河图洛书：古代儒家关于《周易》和《洪范》两书来源的传说。《易·系辞上》：“河出图，洛出书，圣人则之。”传说伏羲氏时，有龙马从黄河出现，背负“河图”；有神龟从洛水出现，背负“洛书”。伏羲根据这种“图”“书”画成八卦，就是后来《周易》的来源。一说禹治洪水时，上帝赐给他以《洪范九畴》（《尚书·洪范》）。刘歆认为《洪范》即“洛书”。古代认为出现“河图洛书”是帝王圣者受命之祥瑞。

〔3〕《笔经》：1卷，王羲之（303—361）撰。王羲之，字逸少，号澹斋。琅邪临沂（今山东临沂）人。官至右军将军，东晋大书法家，被后人尊为“书圣”。

〔4〕踬：被东西绊倒。

〔5〕绿沉：深绿色。　见遗：赠送。

〔6〕书家：书法家、善书者。

八宝团龙笔冲。

〔按〕王献之有斑竹笔筒[1]，名“裘钟”，世无其匹[1]。《考槃馀事》以笔筒必湘竹为雅品，似亦不然。如近日陶器，颇多妙制。若此八宝团龙，恐非清玩所宜[2]。

【注释】

〔1〕王献之（344—386）：字子敬。东晋书法家、诗人。王羲之第七子。 斑竹：也叫“湘妃竹”。一种茎部有紫褐斑点的竹子，用于制作笔杆、拐杖及饰物。

〔2〕清玩：欣赏，赏玩。

麒麟，盒子心，缠枝宝相花，回纹，花果，八吉祥，灵芝，海水，梅花香奁。

〔按〕《急就章》：芬熏脂粉膏泽筒。注：筒，本用竹，其后转用金玉杂物，写竹状而为之，皆所以盛膏泽者也。愚谓香奁陶器，可仿古制，写竹状，大小高下，随器变易，亦是雅玩。

云龙回纹扇匣，海水、顶妆玲珑三龙①山水笔架，蹲龙、宝相、人物砚水滴，人物故事、香草莲瓣槟榔盝[1]，锦地、盒子心、龙穿四季花冠盝，外盒子心、锦地、双龙捧永保长寿、四海来朝、人物故事、四季花、里灵芝、松竹、梅兰巾盝，玲珑双龙捧珠、飞龙狮子、海马凉墩[2]，庆云、百龙百鹤、五彩百鹿、永保乾坤坛[3]，水藻鱼、八宝、香草、荷花、满地娇、海水、梅花缸。右器皆青花白地。

【校】

①“三龙”，文友本及商务本缺此二字。

【注释】

〔1〕盝：盝子。古代小型妆具。常多重套装，顶盖与盝体相连，呈方形，盖顶四周下斜，多用作藏香器或盛放玺、印、珠宝。

〔2〕海马：海中马状的异兽。

〔3〕庆云：五色云。古人以为喜庆、吉祥之气。 百鹿：画有多鹿或百鹿的瓷瓶，象征官高禄多吉祥。

云龙棋盘，升降海水云龙笔管，海水龙、盒子心、四季花笔冲，贯套如意、山水、灵芝花尊，宝山海水、云龙、人物故事、香草莲瓣烛台，云龙凤穿四季花翦烛罐，穿花山水、升降龙、青云鸾凤缸，香草玲珑、松纹锦、四季花香奁，锦地、盒子心、四季花果、翎毛、八宝罐，云龙回纹扇匣，玲珑山水笔架，四季花巾盝，云龙、回纹、四季花相斗，升转云龙、回纹、香草缸。右器皆五彩。

里白外青、贯套海石榴瓯，里白外青、对云龙、狮子滚绣球、缠枝金莲、宝相花缸，青地白花、白龙穿四季花笔冲，青双云龙捧篆寿字、飞丝龙穿灵芝、草兽、人物故事、百子图坛[1]，五彩荷花云龙、黄地紫荷花凉墩，暗花云龙宝相花、全黄茶钟，黄地五彩、里白、外螭虎、灵芝、四季花、香草、回纹香炉，暗花鸾凤宝相花白瓷瓶，里白、外红绿黄紫、云龙膳椠。右器杂彩。以上皆见《陶书》。

【注释】

〔1〕飞丝龙：瓷器釉面上用细线描绘有翼的翔龙。　百子图：画着或绣着众多小儿的图。多为祈求多子多孙之意。

仿白定长方印池。《考槃馀事》：近日所烧有盖白定长方印池，并青花白地，纯白者，古未有，宜多蓄之。且有长六七寸者，佳甚。

仿定器文王鼎炉，彝炉。《博物要览》：新仿定器，如文王鼎炉、兽面戟耳彝炉[1]，不减定人制法[2]，可用乱真[3]。若周丹泉初烧为佳，亦须磨去满面火气，可玩。若继周而烧者，合炉、桶炉，以锁子甲、球门锦、龟纹、穿挽为花地者[4]，制作极工，不入清赏，较丹泉之造远甚。

【注释】

〔1〕文王鼎炉：传系周文王所作。

〔2〕不减：不次于，不少于。　定人：指宋定窑的陶工。

〔3〕乱真：与真者无异。

〔4〕锁子甲：省称“锁甲”。以金属环连缀甲片或完全由金属环套扣而成之铁甲。其甲五环相互，一环受镞，诸环拱护，故箭不能入。　球门锦：锦名。　龟纹：中国古代青铜器纹饰之一。其样式如龟，故称。　穿挽：穿连，牵连。

流霞盏。《池北偶谈》：近日一技之长，如雕竹则濮仲谦，螺甸则姜千里，嘉兴铜炉则张鸣岐[1]，宜兴泥壶则时大彬[2]，浮梁流霞盏则昊十九[3]，皆知名海内。

【注释】

〔1〕张鸣岐：明代工艺家、铜器名匠。嘉兴（今浙江嘉兴）人。擅制铜器，尤以铜手炉著称。

〔2〕宜兴泥壶：宜兴紫砂壶。 时大彬（1573—1648）：号少山，又名时彬。明壶艺名家时朋之子。宜兴（今江苏宜兴）人。著名匠师。

〔3〕流霞盏：明代饮酒器具。指文人聚会，吟诗流觞行乐时用的小酒盏。明万历年间浮梁人昊十九所制的流霞盏，小巧玲珑，光洁莹润，享有盛名。 昊十九：明代制瓷名师。浮梁（今江西景德镇）人。本姓吴，名为，别号十九，自号壶隐道人。所制瓷器极精巧，当时称为“壶公窑”“昊窑”。

［明］宜兴窑时大彬制紫砂壶
（福建省漳浦县博物馆藏）

卵幕杯。《居易录》：万历时，浮梁昊十九所制瓷器，妙极人巧〔1〕。尝作卵幕杯，莹白可爱，一枚重才半铢〔2〕。

〔按〕昊十九，自号壶隐道人，隐于陶。《居易录》称其能诗，书法赵承旨〔3〕。性不嗜利，所居席门瓮牖而已〔4〕。此一雅人，不仅以一技鸣矣。樊玉衡赠诗云〔5〕：宣窑薄甚永窑厚，天下知名昊十九。更有小诗清动人，匡庐山下重回首〔6〕。李日华诗云：为觅丹砂斗市廛〔7〕，松声云影自壶天〔8〕。凭君点出流霞盏，去泛兰亭九曲泉〔9〕。余亦追赠一诗，记于末云：龙泉兄弟知名久〔10〕，甄土新裁总后尘〔11〕。独有流霞在江上，壶中高隐得诗人。

【注释】

〔1〕卵幕杯：明代瓷制饮酒用具。此杯体小、胎薄如卵壳者。

〔2〕铢：两的二十四分之一。半铢，重不足一克。

〔3〕赵承旨：即赵孟頫（1254—1322），字子昂，号松雪道人。宋代宗室，湖州（今浙江湖州）人。元仁宗时官至翰林学士承旨。工书善画。著有《松雪斋集》。

〔4〕席门瓮牖：以草席当门，以破瓮的口做窗户。形容生活清贫艰苦。

〔5〕樊玉衡：字以齐。明黄冈（今湖北黄冈）人。万历十一年（1583）进士。官终太常少卿。

〔6〕匡庐山：即江西庐山。

〔7〕丹砂：朱砂。道教以为经过烧炼丹砂可化为黄金。这里指制陶的原料。　市廛：本指市场上供储存货物的屋舍、场地。后用以称商店集中的处所。

〔8〕壶天：壶与天，意谓所造壶妙夺天工。此指昊十九。

〔9〕兰亭九曲泉：此用兰亭曲水流觞故事。据载晋朝王羲之等名士常在此饮酒作乐。见王羲之《兰亭集序》。兰亭，在今浙江绍兴西南。

〔10〕龙泉兄弟：宋龙泉窑的章生一和章生二兄弟。

〔11〕甄土：揉捏泥土。

跋　一

右《陶说》六卷，吾宗笠亭先生之所著也[1]。先生闻见广博，而著论务裨实用。客游饶州，饶产之巨，莫如景德镇之瓷，而其器尤为日用不可缺，乃以亲见之事，参诸旧闻。其说不诬[2]，洵可传也[3]。文藻不敏[4]，性好涉猎典籍[5]。若陶器一类，实前人所未备，此书允推创制[6]。而鄙意闻见所及[7]，尚有数事，可资采择者[8]。若吾杭新平镇素瓷，唐贞观时名于天下，今其地久废，其说犹存。他若宜兴供春所制之茶壶[9]，流传海内，例所宜广。武林绣谷吴氏所藏百八酒器[10]，一时名宿，各有诗歌，亦可胪陈其形式[11]，而备其说。杨中丞雍建尝监窑事[12]，其酌定事宜，见于文集者，亦有可采。至书瓷一节，仁和邵远平尝禁绝之[13]。以为敬圣惜字之一端。而世宗时亦有请书年号[14]，以垂永久者，谕旨不允其请[15]。凡巨细各条，当俟暇时，稍为辑录，以正有道[16]。先生勤学好古，文藻契慕已久[17]，未获亲炙丰采[18]。而今者读先生之书，辄有所献[19]。知大雅虚怀[20]，必不以鄙猥而斥其妄也[21]。

乾隆三十九年[22]，岁次[23]，甲午春仲，朱文藻谨跋

【注释】

〔1〕吾宗：我的本家。

〔2〕不诬：属实。

〔3〕洵：确实。

〔4〕文藻不敏：这是写跋者朱文藻的谦辞，意谓我的文思才藻，不够敏捷。朱文藻（1735—1806），字映漘，号朗斋。清浙江仁和（今浙江杭州）人。少嗜学，渔猎百家，精六书，通史学。文藻工诗，著有《碧溪草堂集》等。

〔5〕涉猎：粗略地阅读，浏览，不深入钻研。

〔6〕创制：填补空白。

〔7〕鄙意：谦辞，据我想到的。

〔8〕采择：选用，采用。

〔9〕宜兴供春：供春为明正德、嘉靖间宜兴制砂壶名手。

〔10〕武林：今浙江杭州。

〔11〕胪陈：逐一陈述。

〔12〕杨中丞雍建：即杨雍建（1631—1704），字自西，号以斋。海宁盐官（今浙江海宁）人。清顺治十二年（1655）进士，授广东高要知县。后被荐举任兵科给事中。官至兵部侍郎。著有《政学编》《黄门疏稿》《抚黔奏疏》《景疏楼集》等。

〔13〕邵远平：初名吴远，字戒三，一作字吕璜，号戒庵。浙江仁和（今浙江杭州）人。康熙三年（1664）进士。曾任光禄寺少卿。著有《史学辨误》《戒三文存》等。

〔14〕世宗时：清雍正年间。

〔15〕谕旨：皇帝的诏令。

〔16〕有道：指有才艺或有道德的人。

〔17〕契慕：心中仰慕。

〔18〕亲炙丰采：面见其人。

〔19〕辄：即、就。

〔20〕大雅：称德高而有大才的人。《文选·班固〈西都赋〉》："大雅宏达，于兹为群。"李善注："大雅，谓有大雅之才者。《诗》有《大雅》，故以立称焉。"　虚怀：胸襟宽大，虚心谦退。

〔21〕鄙猥：见闻肤浅。

〔22〕乾隆三十九年：1774年。

〔23〕岁次：古代用岁星纪年，每年岁星所值的星次和它的干支叫"岁次"。

跋 二

典籍于今大备矣。考工之书[1]，汉隋唐宋诸志[2]，撰述寥寥。若朱遵度《漆经》、杜镐《铸钱故事》之类[3]，不过数种而已。《宣和博古图》、吕与叔《考古图》[4]，大率详列彝器款识，无关民间日用之器具。前明则吕棠之《宣德彝器谱》[5]，傅浚之《铁冶志》[6]，汪珂玉之《古今鹾略》[7]，皆莅其官，亲其事，纂辑成书。而陶器一艺，古今曾未闻述作。海盐朱笠亭先生，经世才也。丁亥岁，馆于江西大中丞吴公宪署[8]，因得悉景德窑器之制，撰成《陶说》六卷。考古验今，灿然具陈[9]。草野编氓[10]，目不睹先王礼器法物，而瓦盆土缶，无人不资为饮食之用。此书流传，天下之乐闻其说者广矣，岂特补古人未备已哉？先生需次就诠[11]，属博雠校[12]，付之梓氏[13]。既竣，因书数语于后。

乾隆甲午三月朔新安后学鲍廷博识于知不足斋[14]

【注释】

〔1〕考工之书：考察工艺制作的著述。

〔2〕汉隋唐宋诸志：指《汉书·艺文志》《隋书·经籍志》《旧唐书·经籍志》《新唐书·艺文志》《宋史·艺文志》。

〔3〕《漆经》：朱遵度撰，是中国最早的一部漆工艺专书，已佚。朱遵度，南唐青州（今山东青州）人。好藏书，隐居不仕，时称“朱万卷”。另著有《鸿渐学记》《群书丽藻》《群书丽藻目录》等。 《铸钱故事》：1卷，杜镐（934—1013）撰。杜镐，字文周。常州无锡（今江苏无锡）人。北宋经学家。举明经，初授著作佐郎，后任殿中丞、国子博士、礼部侍郎等职。

〔4〕《考古图》：吕与叔撰，10卷、续考古图5卷、释文1卷。吕与叔（1040—1092），即吕大临，字与叔。京兆蓝田（今陕西蓝田）人。另著有《玉溪先生集》等。

〔5〕《宣德彝器谱》：明吕棠撰。吕棠，字德芳，一字小村。鄞县（今浙江宁波）人。

〔6〕《铁冶志》：2卷，明傅浚撰，反映明代遵化地区冶铁生产技术情况。傅浚，字汝源。南安（今福建南安）人。弘治（1488—1505）进士，官至工部郎中，正德间督遵化铁厂。

〔7〕《古今鹾略》：明汪珂玉撰，9卷。汪珂玉（1587—？），字玉水，号乐卿，自号乐闲外史。明秀水（今浙江嘉兴）人。一说为徽州（今安徽歙县）人，寄居秀水。著名收藏家，另撰《珊瑚网》等。

〔8〕吴公：指吴绍诗（1699—1776），字二南。山东海丰（今山东无棣）人。诸生，雍正末荐授七品小京官。历官甘肃布政使、江西巡抚、礼部尚书。 宪署：犹宪台。指御史之类的衙门。

〔9〕考工验今，灿然具陈：参考古书古器，取验于当时瓷器的制作，很有条理地编纂起来。

〔10〕草野编氓：普通老百姓。

〔11〕需次就诠：需要编排。

〔12〕雠校：校对文字。

〔13〕付之梓氏：付印。梓，指印书的木雕版。

〔14〕乾隆甲午：1774年。 鲍廷博（1728—1814）：字以文，号渌饮。清歙县（今安徽歙县）人。嘉庆（1796—1820）中钦赐举人。刊有《知不足斋丛书》30集，另著有《花韵轩咏物诗存》等。

跋　三

笠亭先生，吾乡博雅君子也。平生著述甚富，其未梓者，如《说文录》《异韵学》《琴学》《古文清英》《唐百家诗选》，已刻者，《金华诗录》《明人诗钞》《唐诗律笺》《词林合璧》《律赋夏课》《学诗津逮》《笠亭诗选》，《陶说》其一也。

夫陶之为器，切于日用，前人未有专书，仅见于《格古要论》《清秘藏》诸书，亦寥寥数则而已。先生详考新制，博采旧闻，一名一器，无不摭拾[1]，为类四，为卷六。以视《格古》诸书，不啻一粟千囷也[2]。

锡蕃生也晚，不获亲炙几杖[3]。与先生令嗣青逵游，得登先生著作之室，曰樊桐山房，曰书画船，曰泊橹山房，曰友石居。于画筒书檐间读先生书画[4]，精采奕奕，益叹先生学殖渊雅[5]，并庆青逵能读父书也。

乾隆丁未三月既望同里后学黄锡蕃识于醉经楼[6]

【注释】

〔1〕摭拾：收取，采集。

〔2〕不啻一粟千囷也：不过是千囷中的一颗米粒。囷，圆仓。

〔3〕亲炙几杖：当面见到老先生。几杖，拄杖，代指老人。

〔4〕书檐：承书夹。

〔5〕学殖：《左传·昭公十八年》：“夫学，殖也；不殖将落。”杜预注：“殖，生长也；言学之进德，如农之殖苗，日新日益。”原指学问的积累增进，后泛指学业、学问。　渊雅：深远高雅。

〔6〕乾隆丁未：1787年。　既望：周历以每月十五、十六日至廿二、廿三日为既望。后称农历十五日为望，十六日为既望。　同里：同乡。　黄锡蕃（1761—1851）：字椒升，一字晋康。清海盐（今浙江海盐）人。精鉴赏，工八分（隶书的一种）。著有《续古印式》《金石表》《醉经楼存稿》等。

跋　四

清朱琰撰《陶说》六卷，旧曾刊入《龙威秘书》中[1]，而单行本流传不广，研究陶器者，往往以不易得此书为憾。经腴有鉴于此，曾于民国三年用铅字排印若干部[2]。历时既久，向所印者又复存书无多，属子桂辰依照原刊本重加雠校[3]，改刻木板行世。既成，记其原委如此。其原书中朱文藻、鲍廷博二跋后，尚有黄锡蕃跋文一则，铅印遗漏，今亦补刻之，以成完书。

民国廿年一月，文友堂主人魏经腴谨识[4]

【注释】

〔1〕《龙威秘书》：10集，169种，清马俊良乾隆间编辑。本丛书书名用《云笈七签·灵宝略纪》所载龙威丈人（仙人名）故事，汇辑秦汉以来载籍及清人著述，共分10集，每集8册。马俊良，字嵰山。浙江石门（今浙江桐乡）人。乾隆二十六年（1761）进士，官内阁中书。另著有《易家要旨》《春秋传说荟要》等。

〔2〕民国三年：1914年。

〔3〕属：同“嘱”。嘱咐，托付。

〔3〕文友堂：经售古书的书铺，在今北京琉璃厂。

景德镇陶录

[清] 郑廷桂 撰

景德镇陶录序

自海盐朱桐川著《陶说》[1]，于是陶器有专书，用补前贤所不逮[2]。而《说古》自唐虞以来[3]，《说器》详官、哥、定、汝[4]，博考群书[5]，足无挂漏[6]，独《说今》景德镇陶，惜犹多所未备。盖其制器之委曲精详[7]，诚有非采访纪录可得而尽也[8]。余承乏浮梁[9]，镇隶于籍[10]。案籍镇广袤数十里[11]，业陶数千户[12]，其人五方错杂[13]，贤不肖并处[14]，编审固有司之责[15]。又公事偶间[16]，辄微行入陶肆[17]，以察良莠[18]，以稽勤怠[19]。而其制器之委曲精详，亦遂熟于耳目。欲为镇陶成专书而未暇。郑生廷桂，余始至邑观风所得士也[20]。招馆东轩[21]，课余次儿学[22]。一日，以其师蓝滨南文学《陶录》遗稿来质于余[23]，其所记载则又多余耳目所未逮。盖生乎其地，自少而长，习知其事，随时而笔之于书，良非采访纪录、偶焉旁涉者可同日语也。虽其稿本文词草创[24]，卷帙有未竟[25]，然譬诸梓材[26]，“既勤朴斫[27]，惟其涂丹雘”矣[28]。遂亟属郑生因仍而增损之[29]。成书十卷，中亦博考群书，旁及诸陶，而以其专为镇陶而有事也，总题曰《景德镇陶录》。夫古圣人制器尚象[30]，以利生民[31]。其切①于饮食日用者，固非必智巧具而功能备也。自我国家惠工给值[32]，供役无扰[33]，民安而物阜[34]，工勤而器良，镇人日以盛，镇陶日以精，莫不奋兴鼓舞，用副时会之隆[35]，有不知其所由然矣[36]。是《录》之成，其不又补桐川所不逮，而为有心时务者所亟赏乎[37]？为之序。

时嘉庆二十年小春月朔[38] 知浮梁县事广德刘丙[39]

【校】

①“切”，美术本作“功”。

【注释】

〔1〕《陶说》：朱桐川撰，6卷，是中国第一部陶瓷史的专书。朱桐

川，名琰，字桐川，别号笠亭。海盐（今浙江海盐）人。清乾隆三十一年（1766）进士。另著有《金华诗录》《明人诗钞》《笠亭诗选》等。

〔2〕前贤：前代的贤人或名人。　不逮：不及。这里指没有做到的。

〔3〕《说古》：与以下《说器》《说今》皆《陶说》篇名。　唐虞：唐尧与虞舜的合称。这里指尧与舜的时代。

〔4〕官：指两宋官窑。相传北宋大观、政和年间，在汴京附近设立窑场，由官府直接经营，专烧宫廷用瓷器，即北宋官窑；南宋时置窑于修内司，在今杭州凤凰山，沿袭旧制仿烧，亦称“修内司官窑”。后又在凤凰山南麓乌龟山郊坛另设新窑，称“郊坛下官窑”。　哥：指哥窑。相传宋代龙泉章氏兄弟各主窑事，哥者称哥窑，为宋代名窑之一。所烧造以纹片著称，至今仍有成品传世，但其窑址至今未能确考。　定：指定窑。它是继唐代的邢窑白瓷之后兴起的一大瓷窑体系。主要产地在今河北曲阳的涧磁村及东西燕山村一带，因该地区古代属定州管辖，故名。　汝：指汝窑。因在宋汝州（今河南汝州）境内，故名。

〔5〕博考群书：普遍广泛地查考各类书籍。

〔6〕挂漏：遗漏。

〔7〕委曲精详：曲折精微。

〔8〕诚：实在。

〔9〕承乏：承继空缺的职位。古代官场就任某职的谦辞。

〔10〕镇隶于籍：景德镇在浮梁县管辖之内。

〔11〕案籍：查考典籍。这里指根据浮梁县地籍。

〔12〕业陶：从事制陶业。

〔13〕五方错杂：谓来自四面八方形形色色的人混杂共处。五方，指东、南、西、北、中。《礼记·王制》：“五方之民，言语不通，嗜欲不同。”

〔14〕贤不肖并处：良民与品行不好的人共事一处。

〔15〕编审：谓编制和审核户籍。　固：本，原来。　有司：官吏。古代设官分职，各有专司，故称。

〔16〕间：古通“闲”。闲暇。

〔17〕微行：古代官员为不惊扰民众而便装出行。　陶肆：陶瓷店铺。

〔18〕良莠：好坏。

〔19〕勤怠：勤劳和懒惰。

〔20〕观风：谓观察民情，了解施政得失。《礼记·王制》：“命大

师陈诗，以观民风。”

〔21〕招馆东轩：招请到东轩坐馆，即聘请家庭教师。东轩，住房向阳的廊檐，此指塾师授课的馆舍。

〔22〕课余次儿学：为我的二儿子上学授课。课，授课。余，我，即原序作者。

〔23〕文学：官名。汉代于州郡及王国置文学，或称“文学掾”，或称“文学史”，为后世教官所由来。　质于余：请我评断。

〔24〕草创：仅成草稿。

〔25〕未竟：没有完成。

〔26〕梓材：指优质的木材。《尚书·梓材》：“若作梓材，既勤朴斫，惟其涂丹雘。”蔡沈《书经集传》：“梓，良材，可为器者。”

〔27〕朴斫：砍斫，削治。

〔28〕丹雘：可供涂饰的红色颜料。《尚书·梓材》：“若作梓材，既勤朴斫，惟其涂丹雘。”孔颖达疏：“雘是彩色之名，有青色者，有朱色者。”

〔29〕亟属：马上嘱咐。亟，马上。属，古同“嘱”。嘱咐，嘱托。因仍：在原来基础上。　增损：增加或减少。多指文字上的修改。

〔30〕制器尚象：即象形制器。象形，模拟天地自然之物。

〔31〕生民：人民。

〔32〕惠工给值：给工商以优惠，向工人发放工资。

〔33〕供役无扰：没有了供赋和徭役的干扰。

〔34〕物阜：物产丰富。

〔35〕时会之隆：时运兴盛。

〔36〕由然：原委，来由。

〔37〕亟赏：喜爱而欣赏。

〔38〕嘉庆二十年：1815年。嘉庆（1796—1820），清仁宗爱新觉罗·颙琰的年号。　小春：指农历十月。　月朔：每月的朔日。指农历每月初一。

〔39〕刘丙：字克斋。广德（今安徽广德）人。清嘉庆时进士。曾任浮梁知县。

重刻景德镇陶录序

夫象形制器[1]，赖利用于前民[2]；《鸿宝》成篇[3]，资饷遗于后载[4]。然而秦灰易烬[5]，鲁壁仅存[6]，几同三箧之亡[7]，犹藉一编之守[8]。虽晏楹其可纳[9]，恐唐肆以难求[10]。非仗茂先《博物》之搜[11]，畴为《高密遗书》之订[12]，此《景德镇陶录》之所为重刻也。昌江有陶[13]，肇于陈代[14]；景德名镇[15]，著于宋时。兑矢和弓[16]，熟则生巧；宋斤鲁削[17]，迁弗为良，世历千馀年，莫之改也；利通十数省[18]，无以加焉。毂击肩摩[19]，四方云集；巷连鳞接[20]，万户星稠[21]，诚江右一大都会也[22]。文学蓝滨南先生向有《陶录》一书[23]，辑成于郑问谷副车[24]，鉴定于刘克斋明府[25]。绘其状于图，而复申以说；纪其原于卷，而又析以条。远稽古制[26]，以证夫群书；旁引邻封[27]，以通夫外译[28]。杂记皆笔针墨炙[29]，余编亦书隽言鲭[30]。事可实征，悉属耳濡目染[31]；辞殊夸尚[32]，均关土俗民风。作《贡》尚沿夏后之规[33]，《考工》足补《周官》之阙[34]。曾经剞劂[35]，久奉臬圭[36]。逮遭寇扰枌榆[37]，遂致灾延梨枣[38]。蓝仙已嗟夫长逝[39]，郑《志》只述夫小同[40]。幸一脔以堪尝[41]，虑双鸥之莫借[42]。《兰亭》真本，空思萧翼赚来[43]；荐福残碑，谁代率更摹出[44]？则有丹徒张少岩司马[45]，读书读律[46]，亦吏亦仙[47]。燕公擅著作之才[48]，白傅得江山之趣[49]。留心时务，广搜有用之书；廑念民依[50]，永垂不朽之业。爰捐鹤俸[51]，复事校雠[52]；俾播鸡林[53]，益腾声价[54]。洽闻殚见[55]，博涉曹仓[56]；胫走翼飞[57]，贵增洛纸[58]。应识殳虫戈鸟[59]，咸登甲库之编[60]；从教月斧星盘[61]，胥列《酉阳》之俎[62]。悯艰难于兆姓[63]，如陈座右《豳风》[64]；藉鼓铸于群伦[65]，几炼炉中丹火。网罗散佚，还合浦之珠光[66]；拂拭重新[67]，吐丰城之剑气[68]。延鉴识荆有幸[69]，慕蔺维殷[70]。思利器于仁贤[71]，夙怀攻错[72]；承旧传于弓冶[73]，敢懈钻研？钵托元沙[74]，壶倾宝液[75]。爱春风之橐籥[76]，乐夏暍时之帡幪[77]。景提槧于前徽[78]，仰扶轮于大雅[79]。感君高谊，广收枯竹焦桐[80]。索我弁言[81]，聊效匏宣瓦奏[82]。是为序。

时大清同治九年岁次庚午小春月朔[83]，赐进士出身诰授奉

政大夫钦加同知衔直隶即用知县古番愚弟王延鉴拜撰[84]

【注释】

〔1〕象形制器：指模仿自然形态制作器具。《易·系辞上》："有圣人之道四焉，以言者尚其辞，以动者尚其变，以制器者尚其象，以卜筮者尚其占。"本此。

〔2〕赖：依靠。　利用：物尽其用。　前民：出《易·系辞上》："是以明于天之道，而察于民之故，是兴神物以前民用。"高亨注："前，先导也。此句言圣人取此神物蓍草以占事，作人民用以占事之先导。"后以"前民"谓引导人民。

〔3〕《鸿宝》：上古传说道术修炼之书。《汉书·刘向传》："上复兴神仙方术之事，而淮南有《枕中鸿宝苑秘书》。书言神仙使鬼物为金之术。"也泛指珍贵的书籍。

〔4〕资饷：粮食等生活物资。此引申指资助、供养的利益。　遗：馈赠。

〔5〕秦灰：指秦始皇所烧书籍的灰烬。元代宫天挺《范张鸡黍》第二折："秦灰犹未冷，汉道复衰绝。"

〔6〕鲁壁：指孔子故宅之壁，因在鲁之曲阜，故称鲁壁。相传西汉鲁共王好治宫室，在曲阜拆除孔子旧宅，拓建宫室时，发现了汉以前的文字（隶书以前的文字）写的儒家经书。这里因以鲁壁指这次所发现的儒家经典。

〔7〕三箧之亡：指亡失的书籍。本《汉书·张安世传》："上行幸河东，尝亡书三箧，诏问莫能知，唯安世识之，具作其事。后购求得书，以相校无所遗失。"箧，小箱子。亡，散失。

〔8〕一编：即今之一篇或一部。古时文字写于竹简之上，用牛皮编串成册，故称。

〔9〕晏楹："晏子楹书"的略语。《晏子春秋·内篇杂下》："晏子病，将死，凿楹纳书焉。谓其妻曰：'楹语也，子壮而示之。'"后以此典指先人遗言，也用以借指藏书。楹，厅堂的柱子。　纳：藏。

〔10〕唐肆：即"唐肆求马"略语。谓到空荡的市场上去买马。比喻

对象或方位不对，必然劳而无功。语出《庄子·田子方》："彼已尽矣，而女求之以为有，是求马于唐肆也。"唐肆，唐代陆德明《经典释文》引晋人郭象注："唐肆非停马处也。"今人曹础基、陈鼓应注为空的市场。

〔11〕茂先《博物》：即西晋张华（232—300）所著《博物志》。张华，字茂先。范阳方城（今河北固安）人。少时孤贫，自为牧羊。勤奋好学，博通经籍。另著有《女史箴》等。　搜：考索。

〔12〕畴：同"筹"。筹划。　《高密遗书》：指东汉北海高密（今山东高密）人郑玄（127—200）所注经学著作之总名。清黄奭辑，收入《汉学堂丛书》。包括郑玄年谱1卷、郑玄撰《尚书大传注》《毛诗谱》《答临孝存周礼难》《鲁礼禘祫义》《丧服变除》《三礼目录》《驳五经异义》《孝经解》《论语篇目弟子》《论语注》各1卷。是考见郑玄经学思想的重要资料。郑玄，字康成。东汉经学家，世称"后郑"。曾遍注群经。黄奭，字右原。清甘泉（今江苏扬州）人。以荐赐举人，官刑部郎中。

〔13〕昌江有陶：景德镇有陶器。昌江，一名大河，又名北河。即今江西东北部昌江，为鄱江北源。此处代指浮梁县景德镇。

〔14〕肇：开始，最初。　陈：朝代名。557年南朝陈霸先代梁称帝，国号陈。建都建康（今江苏南京），后被隋所灭。

〔15〕景德名镇：参见本书卷五《景德镇历代窑考·宋·景德窑》。

〔16〕兑矢和弓：《尚书·顾命》："兑之戈，和之弓，垂之竹矢，在东房。"孔安国传："兑、和，古之巧人也。"明高濂《遵生八笺·燕闲清赏笺》上卷："若曲阜之舄，岐阳之鼓，藏剑沦鼎，兑戈和弓，制度法象，先王之精义存焉者也，岂直剔异搜奇，为耳目玩好寄哉？"

〔17〕宋斤鲁削：宋国产的斧头和鲁国产的曲刀。比喻当地特产的精良工具。《周礼·考工记序》："郑之刀、宋之斤、鲁之削、吴粤之剑，迁乎其地而弗能为良，地气然也。"郑玄注："去此地而作之，则不能使良也。"

〔18〕利通：显达。

〔19〕毂击肩摩：即"摩肩接毂"。指肩碰肩，车子挨着车子，形容人多车多。《战国策·齐策一》："临淄之途，车毂击，人肩摩。"毂，车毂，车轮中心可以插轴的部分，泛指车。摩，摩擦。

〔20〕巷连鳞接：街巷相连，密如鱼鳞般排列。

〔21〕星稠：如天上繁星般密集。

〔22〕江右：指长江下游以西的地区。

〔23〕文学蓝滨南：文学，诗文士，对蓝滨南的雅称。蓝滨南，即本书作者蓝浦。　《陶录》：本书的简称。

〔24〕郑问谷副车：即蓝浦的门人郑廷桂。副车，清代乡试副榜贡生之别称。

〔25〕刘克斋明府：即浮梁县知县刘丙，字克斋。广德（今安徽广德）人。清嘉庆进士。明府，本指大府、官府。汉魏以降成为对郡守牧尹的尊称，又称明府君。汉代亦以称县令，唐以后则多用以专称县令。

〔26〕远稽古制：上溯考证古代的制度。

〔27〕旁引：横向参证。　邻封：本谓相邻的封地，这里指外国。

〔28〕外译：指外文著作。

〔29〕笔针墨灸：以笔墨文字进行规劝熏陶。针，规劝。灸，熏陶。

〔30〕书隽言鲭：谓书法语意并佳。见宋黄伯思《东观馀论》卷下《跋织锦回文图后》："国初钱镇州惟治尝有'宝子垂绥连环'之诗，亦锦文之遗范，而世罕传。故聊附卷左，以资书隽言鲭之馀味焉。"书隽，书法隽秀。言鲭，语言如鲭味之美。本《西京杂记》卷二："五侯不相能，宾客不得来往。娄护丰辩，传食五侯间，各得其欢心，竞致奇膳。护乃合以为鲭，世称'五侯鲭'，以为奇味焉。"

〔31〕耳濡目染：听多见惯而受其影响。濡，沾染。

〔32〕辞殊夸尚：言辞不尚夸张。殊，不同。

〔33〕作《贡》尚沿夏后之规：喻说此书之作还能沿用前代著作之法式。《贡》，指《尚书·夏书》中的《禹贡》篇，此以喻本书。夏后，指夏代。禹治水有功，舜让位于他，国号为夏，也叫夏后氏。

〔34〕《考工》：即《考工记》，先秦手工艺专著。书中记载了攻木之工、攻金之工、攻皮之工、设色之工、刮摩之工、抟埴之工6部分，研究中国古代科学技术的重要文献。西汉时被编入《周礼》，以替代遗失的《冬官司空》篇。　《周官》：书名。又称《周官经》或《周礼》。全书共有《天官冢宰》《地官司徒》《春官宗伯》《夏官司马》《秋官司寇》《冬官司空》6篇。

〔35〕剞劂：本指刻镂的刀具。《楚辞·严忌〈哀时命〉》："握剞劂而不用兮，操规矩而无所施。"洪兴祖补注引应劭曰："剞，曲刀；劂，曲凿。"后世以指雕版或刻印。

〔36〕臬圭：喻指典范、准则。臬，射箭的靶子。圭，测日影的器具。

〔37〕逮遭寇扰枌榆：谓赶上太平天国军扰乱浮梁。逮，赶上。寇扰，浮梁西毗鄱阳，这里当指咸丰七年（1857）太平天国军的一支曾进攻并占领鄱阳事。枌榆，泛指故乡。这里代称《景德镇陶录》和本序作者的家乡浮梁。

〔38〕灾延梨枣：谓印刷书籍的刻板受到损毁。灾，指上句所说的“寇扰”。梨枣，梨树与枣树。古代印书刻板多用梨木或枣木，故称。

〔39〕蓝仙：誉称本书作者蓝浦性情恬淡如仙人。　嗟夫长逝：可惜蓝浦已经去世。

〔40〕郑《志》：郑，指郑廷桂，即辑补蓝浦《景德镇陶录》的郑问谷。《志》，郑廷桂辑补《景德镇陶录》的部分。　只述夫小同：恰好能补蓝氏之书被损毁的遗憾。小同，东汉经学家郑玄之孙。《后汉书·郑玄传》记郑玄之孙手纹与郑玄相似，于是取名“小同”。此处用以说明郑廷桂的辑补正合于蓝浦的遗愿。

〔41〕幸一脔以堪尝：很幸运有郑氏辑成此书可读。一脔，一块切成方形的肉。见《庄子·至乐》：“奏九韶以为乐，具太牢以为膳。鸟乃眩视忧悲，不敢食一脔。”《淮南子·说山训》：“尝一脔肉而知一镬之味。”此以喻本书辑本。

〔42〕虑双鸱之莫借：担心不便外借他人阅读。双鸱，这里喻指两瓶酒。鸱，盛酒器。古人借书，还书时需送瓶酒以为酬谢。宋黄庭坚《闻致政胡朝请多藏书以诗借书目》：“愿公借我藏书目，时送一鸱开锁鱼。”本此。

〔43〕《兰亭》真本，空思萧翼赚来：据张彦远《法书要录》卷三“何延之《兰亭记》”条载，唐太宗酷爱右军真草书帖，独缺《兰亭》。寻知此书在会稽嘉祥寺僧辩才处，索要不得，乃使监察御史萧翼设计赚取之。元代白朴本此撰《萧翼智赚〈兰亭记〉》杂剧。

〔44〕荐福残碑，谁代率更摹出：宋代惠洪《冷斋夜话》卷二载，范文正公（仲淹）镇鄱阳时，有书生献诗甚工，并自言平生未尝饱，天下寒饿无出其右者。时盛行欧阳率更字，其所写荐福碑墨本值千钱。文正准备为之拓印一千本，使售于京师。纸墨已具，一夕雷击碎其碑。欧阳询（557—641），字信本，曾官太子率更令，故亦称欧阳率更。潭州临湘（今湖南长沙）人。博览经史，精研书法，世称“欧体”，为一时之绝，与虞世南、褚遂良、薛稷并称唐初四大书家。

〔45〕丹徒：今江苏镇江。　张少岩司马：生平不详。由下文可知曾校勘并捐资刻印本书。

〔46〕读书读律：犹言既知识渊博，又熟谙治道。本《苏轼集》卷三《戏子由》诗云："读书万卷不读律，致君尧舜知无术。"律，法律和法规。

〔47〕亦吏亦仙：犹言亦官亦隐。

〔48〕燕公：即唐张说（667—731），字道济，一字说之。洛阳（今河南洛阳）人。累官至中书令，封燕国公，著有《张燕公集》。朝廷大著作多出其手，时人以其与苏颋并称为"大手笔"。

〔49〕白傅：指唐代诗人白居易。他晚年曾官太子少傅，故称。

〔50〕厪念民依：犹言关切民生。厪，同廑，勤。民依，民之所安。

〔51〕鹤俸：亦作鹤料。唐代官员俸禄极少，被讥为"鹤料"。后常泛指官俸。

〔52〕校雠：一人独校为校，二人对校为雠。谓考订书籍，纠正讹误。汉刘向《〈管子〉序》："所校雠中《管子》书三百八十九篇。"

〔53〕俾播鸡林：犹言使之传播国外。俾，使。播，传播。鸡林，古国名，即新罗。新罗，朝鲜半岛古国之一，东汉时，新罗之始林有鸡怪，更名鸡林，因以鸡林为国号。

〔54〕益腾声价：更增加声望和社会地位。益，更加。腾，上升。声价，声望和社会地位。

〔55〕洽闻殚见：见闻广博。洽，周遍。殚，竭尽。

〔56〕博涉曹仓：谓博览群书。曹仓，晋王嘉《拾遗记》卷六《后汉》载，"曹曾，鲁人也。本名平，慕曾参之行，改名为曾。家财巨亿……天下名书，上古以来，文篆讹落者，曾皆刊正，垂万馀卷。及国难既夷，收天下遗书于曾家……及世乱，家家焚庐，曾虑先文湮没，乃积石为仓以藏书，故谓曹氏为'书仓'"本此。曹仓，古代传说中藏书处。晋王嘉《拾遗记》载曹曾积石为仓以藏书。

〔57〕胫走翼飞：比喻，谓此书一经刊印，当如有腿能走，有翼能飞，迅速流传。

〔58〕贵增洛纸：即"洛阳纸贵"。晋左思作《三都赋》，构思十年，赋成，不为时人所重。及皇甫谧为作序，张载、刘逵为作注，张华见之，叹为"班张之流也"。于是豪富之家，争相传写，洛阳纸价因之昂贵。后以"洛阳纸贵"称誉著作受人欢迎的程度。左思（约250—约305），字太冲。临淄（今山东淄博）人。西晋著名文学家。

〔59〕殳虫戈鸟：泛指古文字。"殳""虫"，秦书八体的殳书和虫

书。《说文解字·叙》："自尔秦书有八体，一曰大篆，二曰小篆，三曰刻符，四曰虫书，五曰摹印，六曰署书，七曰殳书，八曰隶书。"戈，书法右下斜钩。鸟，鸟篆，繁体古文字，形如鸟爪印，故名。又有鸟虫书。王莽所定六体书之一。施用于旗帜和符信，也有采用作印章文字的。

〔60〕咸登甲库之编：谓（以上各种文字）都汇集于本书。咸，都。登，登记。甲库之编，喻指本书。甲库，储藏兵器的仓库，这里喻说本书汇编陶器的特点。

〔61〕从教：使之顺从。　月斧星盘：喻指制陶的各种器物用具。月斧，源见"王斧修月"。指仙斧、神斧。见唐段成式《酉阳杂俎·天咫》。星盘，占卜器具。

〔62〕胥：全，都。　《酉阳》之俎：谓《酉阳杂俎》的内容。《酉阳》，《酉阳杂俎》的简称。《酉阳杂俎》前集20卷，续集10卷。唐段成式（约803—863）撰笔记。酉阳，即小酉山（在今湖南沅陵），相传山下有石穴，中藏书千卷。秦时有人避乱隐居读书于此。梁元帝为湘东王时，镇荆州，好聚书，作赋有"访酉阳之逸典"语。段成式，字柯古。临淄（今山东淄博）人。唐代小说家、骈文家。

〔63〕兆姓：庶民，万民。言其数量之多。

〔64〕如陈座右《豳风》：谓本书之用，如在座之右侧写《诗经·豳风》以自警醒。陈，此指写置；座右，座位的右边，此指座右铭，用以警戒自勉的铭文，以列于座之右侧故名。《豳风》，《诗经·国风》十五国别之一，包括《七月》《鸱鸮》等7篇。豳，亦作邠，在今陕西旬邑西南，周之旧国，自公刘至太王皆居于此。《豳风》诸篇多描写农家辛苦劳作等日常生活，置于座右可提醒座上人不忘民事艰难。

〔65〕藉鼓铸于群伦：用以陶冶读者性情。藉，凭藉。鼓铸，陶冶，锻炼。群伦，同类或同等的人们，这里指同好此书者。

〔66〕合浦之珠光：谓此书的辑补使之如合浦珠还，重现光彩。合浦之珠，《后汉书·循吏·孟尝传》："郡不产谷实，而海出珠宝，与交阯比境……先时宰守并多贪秽，诡人采求，不知纪极，珠遂渐徙于交阯郡界。于是行旅不至，人物无资，贫者饿死于道。尝到官，革易前敝，求民病利。曾未逾岁，去珠复还，百姓皆反其业。"后以此比喻人去复归或物归旧主。

〔67〕拂拭重新：掸去或擦去尘土，使面貌一新。

〔68〕吐丰城之剑气：喻说本书经辑补重刊，如丰城之剑，吐气异

常。本《晋书·张华传》载，雷焕为丰城令，“掘狱屋基，入地四丈馀，得一石函，光气非常，中有双剑，并刻题，一曰龙泉，一曰太阿。其夕斗牛间气不复见焉”。

〔69〕识荆：唐李白《与韩荆州书》：“白闻天下谈士相聚而言曰：‘生不用封万户侯，但愿一识韩荆州。’何令人之景慕一至于此耶！”韩荆州，指韩朝宗，当时为荆州长史。后因以“识荆”为初次见面相识的敬辞。

〔70〕慕蔺维殷：慕蔺，《史记·司马相如列传》：“其亲名之曰犬子……既学，慕蔺相如之为人，更名相如。”后因称慕贤为“慕蔺”。维，句中语气词。殷，殷切。

〔71〕利器：锋利的兵器，或精良的工具。　仁贤：仁者和贤者。

〔72〕夙怀：有志于。夙，旧有。怀，怀抱，引申指志向。　攻错：喻说修学以提高自己。本《诗·小雅·鹤鸣》：“它山之石，可以为错……它山之石，可以攻玉。”攻，治。错，粗磨石。本指琢磨玉石，后以喻说取人之长，以补己之短。

〔73〕承旧传于弓冶：喻说继前人之学问事业。本《礼记·学记》：“良冶之子，必学为裘；良弓之子，必学为箕。”后世多以“弓冶”指父子相传的事业。这里泛指前后人的传承。

〔74〕钵托元沙：即“钵托玄沙”。喻指赋诗已毕。本唐人冯贽编《云仙杂记》卷二“水松牌”条录《海墨微言》载：“李白游慈恩寺，寺僧用水松牌刷以吴胶粉，捧乞新诗。白为题讫，僧献玄沙钵、绿英梅、檀香笔、格兰缣袴、紫琼霜。”元，玄，清朝避康熙帝玄烨讳改。

〔75〕壶倾宝液：谓壶中酒已饮尽，客人即将辞归。本《全唐诗》第862卷李公佐仆《木客》诗：“酒尽君莫沽，壶倾我当发。城市多嚣尘，还山弄明月。”（《永乐大典》卷三〇〇四引作曹邺诗，题《别主人》。）

〔76〕橐籥：古代冶炼时用以鼓风吹火的装置，犹今之风箱。这里以指春风吹拂。本《老子》：“天地之间，其犹橐籥乎？虚而不屈，动而愈出。”吴澄注：“橐籥，冶铸所以吹风炽火之器也。为函以周罩于外者，橐也；为辖以鼓扁于内者，籥也。”

〔77〕暍：热。　帡幪：古代称帐幕之类覆盖用的东西，在旁的叫帡，在上的叫幪。合称即今之帐幕。

〔78〕景：佩服。　提椠：常带书写工具，以备写作的需要。提，手里拿着。椠，古代书写用的木片。　前徽：前代美德的榜样。

〔79〕仰：仰慕。　扶轮：相传春秋时晋大夫赵宣子出猎，途遇灵辄，将饿死，与之食。后灵辄为晋灵公卫士。一日，灵公邀宣子饮，欲害之。宣子觉而出，灵公遣卫士追杀之。灵辄疾追先至，扶轮告宣子登车速走，并倒戈以御公徒，宣子因以得免。事见《左传·宣公二年》《吕氏春秋·报更》。后以“扶轮”为怀恩报效之典。　大雅：称德高而有大才的人。

〔80〕枯竹焦桐：喻指不为人所珍爱的文料。枯竹，残旧的竹简。焦桐，烧焦的桐木，喻无用之物。但东汉蔡邕曾用烧焦的桐木造琴，后因称琴为焦桐，所以这里虽自谦，实以自信。

〔81〕弁言：前言，序文。因冠于前，故名。

〔82〕聊效匏宣瓦奏：喻说姑且学作为平淡无奇之文。聊，姑且。效，仿效。匏，笙竽类乐器。瓦，此指埙缶类乐器。本句为自谦之辞。

〔83〕同治九年：即1870年。同治（1862—1874），清穆宗爱新觉罗·载淳年号。　岁次：古代用岁星纪年，每年岁星所值的星次和它的干支叫“岁次”。　庚午：同治九年的干支号。我国十二干支纪年的序号之一，位为第七。其前一位是己巳，后一位是辛未。

〔84〕诰授：朝廷用诰命授予封号。　直隶：这里当指清代的直隶省。即用：清代铨选官员有“即用”之制，遇缺即可补用。　古番：浮梁县的古称。

目录

卷一　图说

景德镇图

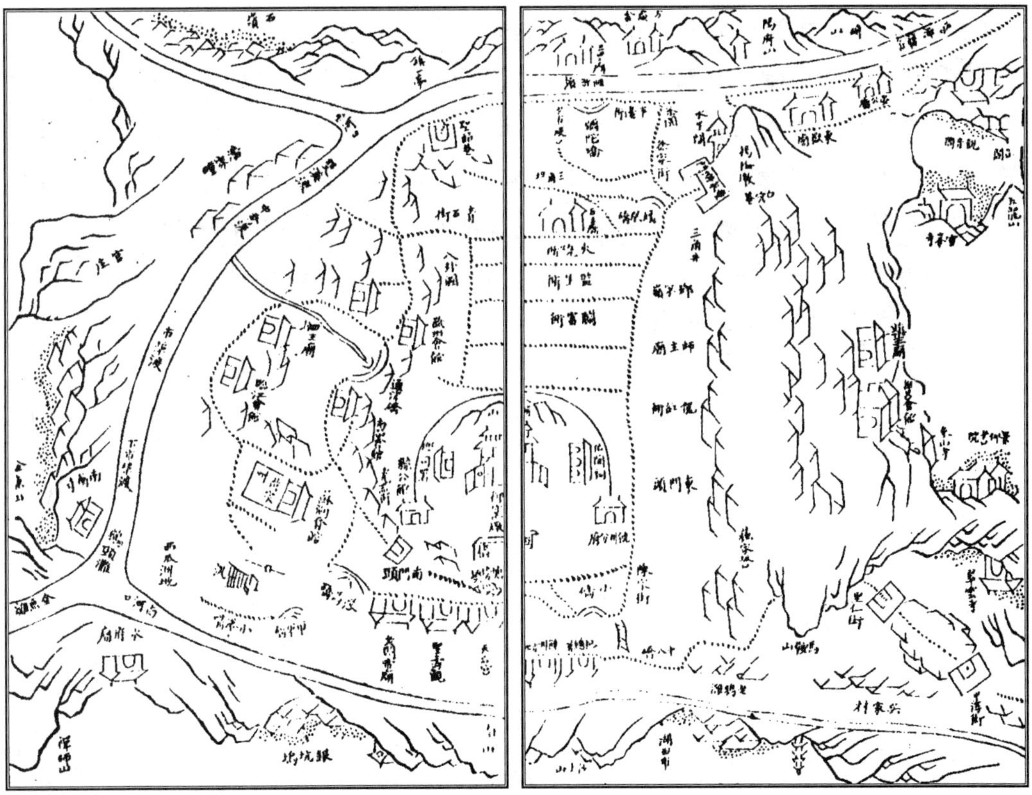

景德镇属浮梁之兴西乡[1]，去城二十五里[2]，在昌江之南，故称昌南镇。其自观音阁江南雄镇坊至小港嘴，前后街计十三里[3]，故又有陶阳十三里之称[4]。水土宜陶，陈以来，土人多业此[5]。至宋景德年始置镇[6]，奉御董造[7]，因改名景德镇。元置本路总管[8]，监镇陶。明洪武二年（《江西大志》作三十五年）就镇之珠山设御窑厂[9]，置官监督，烧造解京[10]。国朝因之，沿旧名。

【注释】

〔1〕兴西乡：在浮梁县西南，清康熙、乾隆、道光时辖里仁、镇市、湖田、长芗四都。

〔2〕去：距离。

〔3〕计：总计。

〔4〕陶阳：景德镇古称。

〔5〕土人：世代居住本地的人。

〔6〕景德（1004—1007）：宋真宗赵恒年号。

〔7〕奉御董造：奉皇帝之命监管烧造御用瓷器。　董，监督管理。

〔8〕本路总管：饶州路总管府总管。

〔9〕洪武二年：1369年。洪武（1368—1398），明太祖朱元璋的年号。　《江西大志》：即《江西省大志》37卷，明王宗沐（1524—1592）撰。王宗沐，字新甫，号敬所。临海城关（今浙江临海）人。另著有《海运详考》《海运志》《敬所文集》等。　珠山：在今景德镇市中心，峰峦独起。　御窑厂：专制皇家瓷器的窑厂。后亦称所制瓷器为御窑。

〔10〕解京：送往京城。

御窑厂图

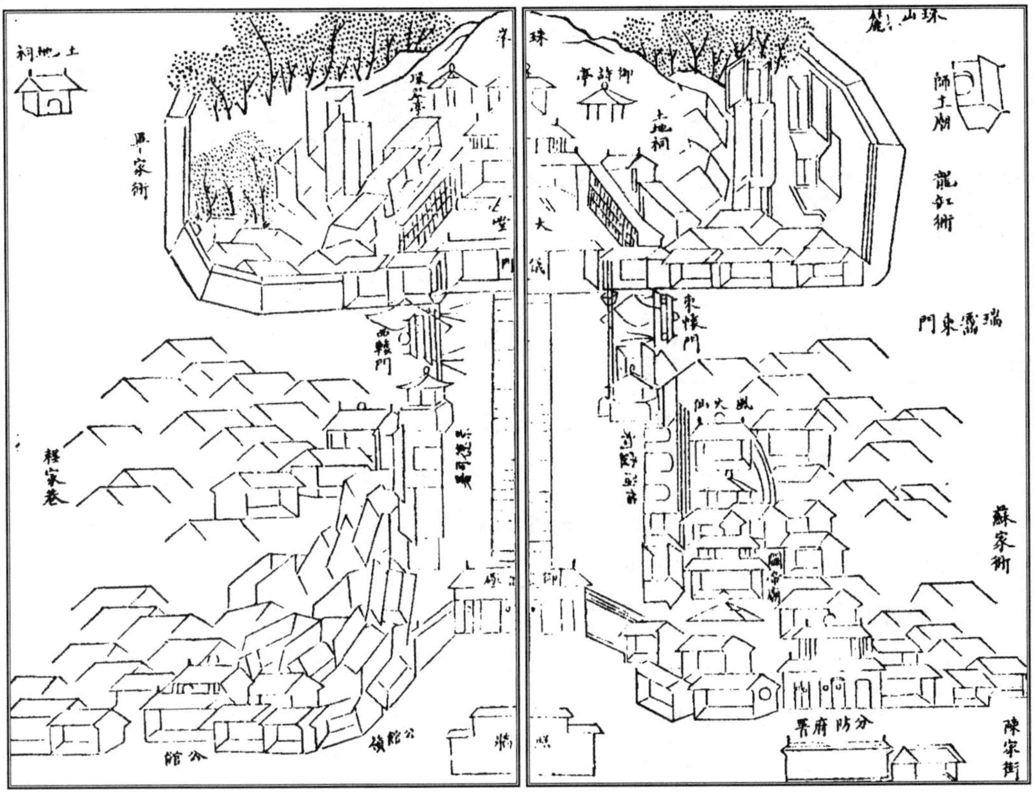

厂跨珠山，周围约三里许。中为大堂，堂后为轩、为寝[1]。寝北有小阜[2]，即珠山所由名，旧建亭其上。堂两旁为东西序[3]，又东迤南各有门[4]。又东为官署，为东西大库房、为仪门、为鼓亭、为督工亭、为狱房[5]，今废。

为陶务作二十有三[6]：曰大器作、曰小器作、曰仿古作、曰雕镶作、曰印作、曰画作、曰创新作、曰锥龙作、曰写字作、曰色彩作、曰漆作、曰匣作、曰染作、曰泥水作、曰大木作、曰小木作、曰船作、曰铁作、曰竹作、曰索作、曰桶作、曰东碓作、曰西碓作。

为窑式六：曰青窑、曰龙缸窑、曰风火窑、曰色窑（烧炼颜色者）、曰爁熿窑（窑制大小不一，厂坯上泑[7]，用火爁烘。有漏泑者，再上泑，入窑烧）、曰匣窑（厂匣皆先空烧，再装坯烧）。

又前后甃井二[8]，柴房二，窑役歇房二。

厂内神祠三：曰佑陶灵祠、曰真武殿、曰关帝庙[9]。

厂外神祠一：曰师主庙[10]。

厂之西为公馆，东为饶九南巡道行署（今饶州府同知署）[11]。

头门外树屏墙一，有东西二甬道[12]，通市街。

桂案[13]：《邑志》[14]，厂大堂旧题曰秉成。仪门外为厂场，左右四门，东曰熙春，旋改为迎曦，南曰阜安，西曰澄川，北曰待诏。又阜安门外有秉节制度①坊。珠山上有朝天阁，有冰立堂，有环翠亭，今并改替。惟厂署规制如旧，环翠亭犹存。

厂供应。旧《志》：拨浮梁县十三里、鄱阳县三十五里[15]附厂，供应正派[16]。后鄱阳县知县徐俊以厂役合派七县[17]，申请还县，惟在镇十三里中供役，其七邑惟听事人答应。

管厂总事一名，副管事一名，档子房听事一名[18]，听事吏一名，书手二名[19]，机兵十六名[20]，门役二名，库役二名[21]，上班众匠役（以水、火、金、木、土五行别役，报开民快②轮供）[22]。

桂案：此皆旧制。国朝沿革，谨详二卷。

【校】

①“度”，美术本缺。

②“民快”，诸本皆作“民族”，当为“民壮快手”的简称“民快”。

【注释】

〔1〕轩：书斋。

〔2〕小阜：小土山。

〔3〕东西序：东西厢房。

〔4〕迤：向。

〔5〕仪门：明清官署、邸宅大门内的第二重正门。

〔6〕作：作坊。

〔7〕泑：古同釉。

〔8〕甃井：用砖修砌的井。甃，砌，以砖修井。

〔9〕佑陶灵祠：即祭祀明代陶工童宾的祠堂。童宾又称“风火仙师”“广利窑神”“陶神”“火神”，是明代以来受景德镇瓷业所供奉的行业神。　真武殿：即五王庙，奉祀华光大帝的庙宇，在珠山北侧。　关帝庙：为了供奉三国时期蜀国的大将关羽而兴建的。关帝庙已经成为中华传统文化的一个重要组成部分，与人们的生

活息息相关。关羽也与后人尊称的“文圣人”孔夫子齐名，被人们称为武圣关公。

〔10〕师主庙：奉祀晋代陶工赵慨的庙宇。赵慨，字叔明。据《浮梁县志》记载，说他“道通神秘，法齐生灵……镇民多陶，悉资神佑”。明代洪熙年间，曾在御器厂建“师主庙”。后称赵慨为“师主”“佑陶之神”。

〔11〕饶九南巡道：巡道，即分巡道，明清时期在省府之间设置的一级行政单位，代表省监察地方。饶州、九江、南康三府同属一分巡道，故名。

〔12〕甬：古代两旁有墙垣遮蔽的通道。

〔13〕桂案：郑廷桂加的按语。

〔14〕《邑志》：即《浮梁县志》。

〔15〕拨：分给。

〔16〕正派：官方的分派。

〔17〕厂役：工厂的劳役。

〔18〕档子房：官署名。清朝国子监所属办事机构。顺治元年（1644）置。掌理满文奏折及往来文书。

〔19〕书手：担任书写、抄写工作的人员。

〔20〕机兵：明代的一种经常性杂役。由乡民组成，以补卫所军丁之不足。

〔21〕库役：此处指管理东西大库房的差役。

〔22〕上班众匠役：即班匠。明代实行班匠制，名隶匠籍的班匠轮流服役当班，自备工食。 民快：民快为民壮快手之简称。民壮是明清一种经常性的地方杂役。快手，旧时对专司缉捕的役卒之称谓。

陶成图

陶用泥土，皆须采石制练〔1〕。土人设厂采取，藉溪流为水碓舂之〔2〕，澄细淘净，制如砖石式，曰白不①〔3〕。以徽州祁门为上〔4〕，出坪里、葛口二山〔5〕。开窖采取，剖②有黑花如鹿角菜形者佳〔6〕。此土色纯质细，可制细器〔7〕。别有高岭、玉红、箭滩数种〔8〕，皆以所产之地名。若黄不③、泑果〔9〕，尤作粗瓷者所必需。其采制法同。幅中为开采、为碓舂，大略如是。

【校】

①“不”，美术本作“木”。

②“剖”，美术本作“部”。

③“不”，美术本作“木”。

【注释】

〔1〕石：这里指制瓷用的料石。

〔2〕舂：用杵臼舂米或捣物。《淮南子·天文训》：“是谓高舂。”汉代高诱注：“高舂，时加戌，民碓舂时也。”舂，捣。

〔3〕白不：即白不子。瓷土矿经过粉碎淘洗后，制成砖状土块，以备用，景德镇人称为白不子。

〔4〕徽州祁门：今属于安徽黄山市。

〔5〕坪里、葛口：均祁门当地山名。

〔6〕鹿角菜：藻类植物，紫黄色或绿色，扁平而阔，分枝呈叉状。可食用或用以制糊料。

〔7〕细器：精细瓷器。

〔8〕高岭、玉红、箭滩：陶瓷原材料名称，均以采石之地命名，具体不详。

〔9〕黄不：用含有杂质、呈黄色的高岭土炼制而成的不子，一般用来制造粗瓷。 泑果：一种制釉用的瓷石。化学成分与坯用瓷石相近，主要矿物成分为绢云母、石英和长石等，具有较低的熔融温度和良好的透明度。泑，即“釉”。景德镇窑以釉果和釉灰为配制传统石灰釉的主要原料，将釉石舂细淘净，制成土砖状，俗称“釉果”。

造瓷首需练泥[1]，必以精纯为上。其法：以缸浸泥，用木钯搅翻，摽渣沈[2]，过以马尾细箩[3]，再澄夹层细绢袋，过泥匣内，俾水渗浆稠[4]。复以无底木匣，下铺砖，细布紧包，更以砖压之。水干成泥，用铁锹翻扑结实[5]。若泑水必炼灰配合，灰出邑南乡。幅中以曲木贯小铁锅耳者，调泑者也；以锹翻扑者，练泥者也。

【注释】

〔1〕练泥：即炼泥。指泥料的配合、淘洗、炼制。

〔2〕摽：抛弃。　沈：同“沉”。水中污泥。

〔3〕马尾细箩：用马尾毛编织而成漏眼细小的箩筛。

〔4〕俾：使。

〔5〕翻扑：翻拍。

瓷坯入窑，必装匣烧，方不粘裂，且能免风火冲突，坯有黄黑之患。匣钵亦土作[1]，土出景德镇马鞍山、里村、官庄等处，有黑、红、白三色。更以宝石地所产砂土配合，则入火经烧。其造法：用轮车与拉坯同，土不必过细，匣成，阴干，略旋平正，先入窑空烧一次，再装坯烧，名曰镀匣。若造作，则有厂居，幅中从略。

【注释】

〔1〕匣钵：窑具之一。在烧制陶瓷器过程中，为防止气体及有害物质对坯体、釉面的破坏及污损，将陶瓷器和坯体放置在耐火材料制成的容器中焙烧，这种容器即称匣钵，亦称匣子。

圆器之造[1]，每一器必有一模，大小款式方能画一。其模子必须与原样相似，但尺寸不能计算，大抵一尺之坯，经烧后得七八寸，亦收缩之理然也。故模子必须先修模，不曰造而曰修者，一模必修数次，然后无大小参差之异。镇修模匠，另有店居，名手有数，盖必熟谙土性、窑火者[2]，乃推能事[3]。幅中情形颇肖。

【注释】

〔1〕圆器：指可在陶轮上拉坯成型的盘、碗、杯、碟等圆形品种。

〔2〕熟谙：熟悉。

〔3〕能事：所能之事，所擅长之事。

青料为画瓷之用[1]，而霁青、东青各釉色亦需料配合[2]。以浙①江出者为上，云南、广东及本省各处亦产此。商贩采买来镇投行发卖[3]，必先自拣选其大而圆者，色以黑黄明亮为最，再以小黄土匣装，入窑炼熟方可用。其用料之法：研乳极细，调水画坯，罩以白泑，经烧则现青翠。若不罩泑，则见火飞散，亦大奇也。幅中拣洗之事特详。

【校】

①"浙"，美术本作"淅"。

【注释】

〔1〕青料：亦称"青釉料"。一种涂在瓷器坯体上的青色涂料。

〔2〕霁青：瓷器釉色名。因其色如雨后的天空之色，故称。亦代指这种颜色的瓷器。　东青：瓷器釉色名。又称"冬青""冻青"。因北宋时汴京（今河南开封）东窑所烧，故名。

〔3〕采买：采购，购买。　发卖：出售。

圆器之制，其方棱者，则有镶、雕、印、削之作；而浑圆之器，必用轮车拉成[1]。大者拉一尺以上坯，小者拉一尺以内坯。车如圆木盘，下设机局，旋转甚便。拉者坐于车上，以小竹竿拨车使疾转，双手按泥随拉之，千百不差毫黍[2]。若琢器[3]，其浑圆者亦如造圆器法，其方棱者则用布包泥，以平板拍练成片，裁方粘合，各有机巧[4]。幅中两拟其状。

【注释】

〔1〕轮车：又称陶车。制造陶瓷器皿生坯的成型机械。

〔2〕毫黍：毫毛与黍粒。比喻极微小。

〔3〕琢器：用圆器成型法不能制造的，如调羹、带柄茶碗等，多以模型或手工捏塑、雕刻而成。

〔4〕机巧：机智灵巧之意。

圆器拉成坯，必俟阴干，不可令见日色，恐日晒则有坼①裂之患，故有印坯一行[1]。坯稍干，则用修就模子，以手拍按，使泥坯周正匀结。其法：以小轮车旋转印拍，褪下模子阴干，以备旋削[2]。幅中略具其状。又有乳料之工[3]，用矮凳②贮料钵，上装直木安瓷槌乳之，有双手乳者，有左右乳者。疾、瞽、老、幼，多资生焉[4]。

【校】

①“坼”，美术本作“拆”。

②“凳”，美术本作“橙”。

【注释】

〔1〕印坯：对器物内侧面进行定型的操作。

〔2〕旋削：又称利坯，即修坯，使器物表面光洁。

〔3〕乳料：将造瓷原料研磨成细末。

〔4〕资生：赖以为生。

坯之尺寸定于模，而光平必需旋削。旋工亦用轮车，惟中心立一木桩，桩视坯之大小，其顶浑圆，名曰顶钟，裹以丝绵，恐损坯也。将坯扣合桩上，拨轮使转，用刀旋削，则器之里外皆光平矣。拉坯之时，坯足必留一靶〔1〕，长二三寸，便于把握，以画坯、蘸釉。工毕，始旋去其柄，挖足写款〔2〕。幅中旋挖并列。

【注释】

〔1〕靶：通“把”，即柄。

〔2〕挖足：将拉坯时留下的泥把削掉一部分，然后挖成器物底足的工艺。

青花画坯[1]，圆、琢器皆有之。一器动累什百[2]，画者则画而不染，染者则染而不画，所以一其手而不分其心也。其馀拱锥、雕镂[3]，业似同而各习一家[4]。釉红、宝烧[5]，技实异而类近于画，至如器上之边线、青箍，原出旋坯之手。底心之识铭书记，独归落款之工。花鸟虫鱼，写生以肖物为上。宣、成、嘉、万[6]，仿古以多见为精。幅中画染分处，以为画一。

【注释】

〔1〕青花：釉下青花瓷，又名白地青花、青花白瓷、白瓷青花。

〔2〕累：连及。

〔3〕拱锥：又称锥拱、拱花。系用铁锥在各样坯上锥成花纹。

〔4〕业：工作。

〔5〕釉红：即釉里红。瓷器釉彩名。元代江西景德镇创烧的一种釉下彩绘。　宝烧：用红宝石末烧制的瓷器。

〔6〕宣、成、嘉、万：明宣德窑、成化窑、嘉靖窑、万历窑。

凡青花与观、汝等器〔1〕，均须上泑。旧法：长方棱角者，用毛笔拓泑〔2〕，弊每失于不匀；浑圆之器，俱在缸内蘸泑，弊又失于体重多破，故全器难得〔3〕。今圆器之小者，仍于缸内蘸泑。其圆琢大件，俱用吹釉法，以竹筒蒙细纱吹之，俱视器之大小与泑之厚薄，别其吹之遍数，有三四遍至十七八遍者。幅中备著其制。

【注释】

〔1〕观：观器，观窑器。据《南窑笔记》：“观窑，出杭州凤凰山下，宋大观年间命阉官专督。故名修内司。”大观（1107—1110），宋徽宗赵佶年号。

〔2〕拓泑：即涂釉。用毛笔或排刷蘸取釉浆涂布在坯体上面。

〔3〕全器：完好的器具。

窑制：长圆形如覆瓮，高宽皆丈馀，深长倍之，上罩窑棚，其烟突围圆高二丈馀，在窑棚之外。瓷坯既成，装匣入窑，分行排列，中间疏散，以通火路。其窑火有前、中、后之分，安放坯匣皆量泑之软硬以定窑位。发火时随将窑门砖封，留一方孔入柴，片刻不停。有试照者[1]，熟则止火，窨一昼夜始开[2]。幅中满烧备具。

【注释】

〔1〕试照：指检验火候。照，古时烧窑时用以检验火候的一种坯片，上宽下尖形，上端镂一圆孔，施半釉，插于窑炉火口上，以观察火孔里的匣钵。当烧至一定程度时，用铁钩将照勾出，以检验瓷器是否烧熟。

〔2〕窨：又称地窨子，本意地下室。此指停火后仍将瓷器封留在窑内，使之渐渐冷却。

瓷器之成，窑火是赖[1]。开窑类以三日，其窑中瓷匣尚带紫红色。惟开窑工匠用布数十层制成手套，蘸以冷水护手，复用湿布裹头面肩背，入窑搬匣。瓷器既出窑，热窑安放新坯，因新坯潮湿，就热窑烘焙，可免入火坼漏之病。幅中搬运收理者，为出窑瓷器，肩柴者，收筹者[2]，为现在烧窑。

【注释】

〔1〕赖：关键。

〔2〕收筹者：专门计算柴担数的人，筹是一种有印的长竹签，为计数的凭证。

圆琢白器[1]，五彩绘画[2]，摹仿洋彩[3]，须将各种颜料研细调合，必熟谙颜色火候之性，以眼明心细手准为佳。其用颜料法有三：一用芸香油，一用胶水，一用清水。盖油便于渲染，胶便于拓抹，而清水调色则便于堆填。幅中有就桌者，有手持者，有眠侧于低处者，各因器之大小以就运笔之便。

【注释】

〔1〕白器：陶瓷器一种。其釉透亮如玻璃，其色微黄略似虾青色，后制者其釉略混其色，其白有似牛乳之白，有似粉油之白，有似熟菱米之白不等。

〔2〕五彩：这里指红、绿、黄、褐、紫5种颜色。

〔3〕洋彩：西洋油画的色彩。

白瓷加彩后复须烧炼，以固颜色，爰有明暗炉之制[1]。小器则用明炉，口门向外，周围炭火置铁轮，其下托以铁叉，以钩拨轮使转，以匀火气。大件则用暗炉，高三尺，径二尺馀，周围夹层贮炭火，下留风眼，将瓷器贮于炉，人执圆板以避火气，炉顶泥封，烧一昼夜为度。幅中情形备悉。以上诸说多采用唐隽公《陶冶图说》[2]。

【注释】

〔1〕爰：于是。

〔2〕《陶冶图说》：一部关于制陶工艺的说明书，清唐英撰。唐英（1682—1756），字隽公，号叔子、蜗寄居士。奉天（今辽宁沈阳）人。官内务府员外郎、九江关监督。绘有《陶成图》，作《陶成纪事》碑文，著有《古柏堂传奇》17种。

卷二　国朝御窑厂恭纪

国朝建厂造陶，始于顺治十一年奉造龙缸〔1〕，面径三尺五寸，墙厚三寸，底厚五寸，高二尺五寸，经饶守道董显忠、王天眷、王锳等督造未成〔2〕。十六年奉造栏板〔3〕，阔二尺五寸，高三尺，厚五寸，经守道张思明、工部理事官噶巴、工部郎中王日藻等督造〔4〕，亦未成。十七年巡抚张朝璘疏请停止〔5〕。康熙十年奉造祭器等项〔6〕，陶成，始分限解京。十九年九月，始奉烧造御器，差广储司郎中徐廷弼、主事李廷禧来镇驻厂监督。悉罢向派饶属夫役额征〔7〕，凡工匠物料，动支正项，销算公帑〔8〕，俱按工给值。陶成之器，每岁照限解京。二十二年二月，差工部虞衡司郎中臧应选、笔帖式车尔德来厂代督器〔9〕，日完善。其后渐罢。雍正六年复奉烧造〔10〕，遣内务府官驻厂协理〔11〕，以榷淮关使遥管厂事〔12〕。政善工勤，陶器盛备。乾隆初，协理仍内务府①人员。八年，改属九江关使总管，其内务府②协理如故。五十一年，裁去驻厂协理官，命榷九江关使总理，岁巡视〔13〕，以驻镇饶州同知、景德镇③巡检司共监造督运。

今上御极以来〔14〕，诏崇节俭，每年陶器需用无多，而陶工益裕矣。

【校】

①“府”，诸本缺，据文意增。

②“府”，诸本缺，据文意增。

③“镇”，诸本缺，据文意增。

【注释】

〔1〕顺治十一年：1654年。顺治（1644—1661），清世祖爱新觉罗·福临年号。　龙缸：明代著名陶瓷产品。时在景德镇设有龙缸窑，专烧

大缸，因缸上多饰云龙纹样，故名。

〔2〕守道：这里指官职名，又称为分守道。明清道员之一。主掌钱谷之事。

〔3〕栏板：文中指的是炕榻上边镶嵌的方瓷板，颜色方面，青花、五彩均备。

〔4〕守道张思明：生卒年等不详，待考。　工部理事官噶巴：生卒年等不详，待考。　工部郎中王日藻（1623—1700）：字印周，号闲敕、却非，一号无住道人。江南华亭（今上海）人。顺治十二年（1655）进士，授工部主事，累官至河南巡抚。书法超妙，亦工诗文，著有《秦望山庄集》《梁园草》。

〔5〕巡抚张朝璘：汉军正蓝旗人，曾经官任江西总督。　疏：给皇帝的奏议。

〔6〕康熙十年：1671年。康熙（1662—1722），清圣祖爱新觉罗·玄烨年号。

〔7〕向：先前。　夫役：被调发服劳役或受雇而供役使的人。此处指原御窑厂征用的砂土夫和上工夫，专门在厂内从事一些辅助性劳动，向饶州府所属鄱阳、余干、乐平、浮梁、万年、安仁、德兴七县摊派。

〔8〕公帑：公款，国库。

〔9〕工部虞衡司郎中臧应选：清代工部郎中。康熙十九年至康熙二十七年（1680—1688），清廷派遣臧应选等人驻景德镇御窑厂监督制造御器。这段时间，由于官窑瓷器主要由臧应选负责督造，因此习惯上把这时的官窑称为臧窑。　笔帖式：满语，也作"笔帖黑"。意为办理文件、文书的人。

〔10〕雍正六年：1728年。雍正（1723—1735），清世宗爱新觉罗·胤禛年号。

〔11〕内务府官：指唐英。当时以内务府员外郎驻御窑厂佐理陶务。

〔12〕榷淮关使：即淮安板闸关使。当时年希尧在任，遥领御窑厂务。一切烧造事宜俱由唐英经营，而御器制造费用由淮关支付。　遥管：间接管理。

〔13〕巡视：巡行视察。

〔14〕上：清嘉庆皇帝。　御极：登基，即位。

厂器岁解运数例（附）：

《陶成纪事》载[1]：厂器陶成，每岁秋冬二季，雇觅船只夫役解送圆、琢器皿六百馀桶。岁例：盘、碗、钟、碟等上色圆器，由一二寸口面以至二三尺口面者，一万六七千件。其选落之次色，尚有六七千件，一并装桶解京，以备赏用。其瓶、罍、尊、彝等上色琢器[2]，由三四寸高以至三四尺高大者，亦岁例二千馀件，尚有选落次色二三千件不等，一并装桶解京，以备赏用。

【注释】

〔1〕《陶成纪事》：即唐英于雍正十三年编撰的《陶成纪事》碑文，记载了他从雍正六年管理陶务以来御器厂的生产情况。

〔2〕罍：古代一种盛酒的容器。小口，广肩，深腹，圈足，有盖，多用青铜或陶制成。　尊：盛酒器。　彝：古代盛酒的器具。

厂给工食人役（附）：

九江关总管事一名（九江关幕），内档房书办二名，选瓷房总头目一名，副总头一名（在关办事），头目十①名（一名长住，其馀十日一轮上宿），玉作二名，帖写一名，画样一名，圆器头一名，雕削头一名，青花头一名，满窑一名，守坯房一名，挑夫一名，听差一名，买办一名，把门一名。以上二十八名，计工给食。其馀工作头目雇倩[1]，俱给工价，于九江关道款内开报。

【校】

①“十”，诸本作“七”，误。作“七”无法“十日一轮上宿”，总人数也不满二十八名。

【注释】

〔1〕倩：请。

镇器原起

景德器[1]：仿于元，即北宋时镇窑[2]。

【注释】

〔1〕景德器：宋代景德年间烧造的瓷器，不是以地为名，而是以年号为名。

〔2〕镇窑：蛋形瓷窑。明末清初景德镇首创，全称景德镇窑，简称镇窑。

宋器：仿于明，即景德后之镇窑。曾经内府发器样〔1〕，故又呼发宋器。

【注释】

〔1〕内府：皇室的仓库。

湘湖器：仿于唐窑〔1〕，本宋之湘湖市窑〔2〕。

【注释】

〔1〕唐窑：唐英督陶时的景德镇御窑。

〔2〕湘湖市窑：宋代景德镇窑场之一。

湖田器〔1〕：仿于明，即元之近镇窑。

【注释】

〔1〕湖田器：景德镇东南湖田村一个窑场曾作为该烧造地的一个暂时窑场，生产过卵白釉瓷器，成器称“湖田器”。

洪器：仿于唐窑，本明之洪武厂器〔1〕。

【注释】

〔1〕洪武厂器：明代洪武朝景德镇御器厂烧造的官窑瓷器。

永乐器〔1〕：仿于唐窑。

【注释】

〔1〕永乐器：明代永乐朝景德镇御器厂烧造的官窑瓷器。

［明］洪武 青花缠枝菊花纹碗

（故宫博物院藏）

［明］宣德 青花缠枝莲大盘

（广东民间工艺博物馆藏）

宣德器〔1〕：仿于年窑〔2〕。

【注释】

〔1〕宣德器：明代宣德朝景德镇御器厂烧造的官窑瓷器。

〔2〕年窑：指年希尧总理陶政时，唐英协理在景德镇烧造的御窑。

成化器〔1〕：仿于年窑。

【注释】

〔1〕成化器：明代成化朝景德镇御器厂烧造的官窑瓷器。

正德器〔1〕：仿于唐窑。

【注释】

〔1〕正德器：明代正德朝景德镇御器厂烧造的官窑瓷器。

嘉靖器〔1〕：仿于唐窑。

【注释】

〔1〕嘉靖器：明代嘉靖朝景德镇御器厂烧造的官窑瓷器。

隆、万器〔1〕：仿于唐窑。

以上皆明厂器。

【注释】

〔1〕隆、万器：明代隆庆、万历朝景德镇御器厂烧造的官窑瓷器。

欧器：亦仿于唐窑，即明宜兴欧氏窑〔1〕。

【注释】

〔1〕宜兴欧氏窑：明代宜兴人欧子明所烧造的瓷器。

广器：仿于唐窑，即广之阳江瓷①〔1〕。

【校】

①“阳江瓷”，诸本作“江阳瓷”，误。

【注释】

〔1〕阳江瓷：阳江所制造的瓷器。

均器：仿于宋末，即宋初之禹州窑[1]。

【注释】

〔1〕禹州窑：即钧窑，在今河南禹州。

碎器[1]：仿于元，即宋之吉州分窑[2]。

【注释】

〔1〕碎器：指釉面开片如碎纹的瓷器。

〔2〕吉州分窑：即南宋吉州永和窑。

紫金釉器[1]：仿于明厂窑。

【注释】

〔1〕紫金釉器：一种酱色釉瓷器。

官古器：此镇窑之最精者，统曰官古，式样不一，始于明。选诸质料，精美细润，一如厂官器，可充官用，故亦称官。今之官古，有混水青者[1]，有淡描青者[2]，有兼仿古名窑泑者，若疑为宋之汴、杭官窑[3]，则误。

【注释】

〔1〕混水青：指釉下图案用分水料填色渲染的青花瓷。混水，或作分水。

〔2〕淡描青：指釉下图案用勾线料白描的青花瓷。

〔3〕宋之汴、杭官窑：分别指北宋后期的汴京官窑和南渡后在杭州另立的新窑。

假官古器：始于明，亦非仿汴、杭官窑，乃镇瓷之貌为精细而假充官古式者，质料不及官古器，花式则同[1]。有专造此种户，所谓充官古也。

【注释】

〔1〕花式：景德镇瓷器品种繁多，各有称呼。在商业活动中，称这些品种的术语叫“花式”。

上古器：始于明，镇窑之次精者，统称上古。质料工作颇佳，其曰古者，以时尚古器，非仿宋代器式。或曰：精细似过于景德窑。

中古器：明以来，镇窑统曰中古，精而又次之器也。质料不及上古，故云中，其称古，意则同前。

泑古器：此假中古器，近今所造，花式、泑色不异中古，而质胎不美。自有泑古器，而真中古器遂贵。

常古器：镇窑稍粗器也，统曰常古。质料、工作无可品，但供日用之常。其以古称，别乎饭冒等器耳。泑古器户、常古器户，皆互兼造。

小古器：此镇窑专造小圆器者，如盏、杯、碗、碟等类。质料工作如中古，较之常器，又高一筹，俗亦古之云尔。

饭器：镇器最粗下者，厚实其质，拙略其工，统呼饭货。人以渣、冒等字目之。

子法器：有专作此器户，大小毕有，精粗各具，内兼梨式。所谓子式，上宽直而下①锐平；法式，口微撇，宽折而下直。子式势稍长，法式势稍扁。

【校】

①“而下”，美术本作“下而”。

子梨器：今镇子法器有改子梨器者，大小精粗皆造。子即子式。所谓梨式，口平而势圆，样微似梨，又或兼磬式。

脱胎器：镇窑专造此者，有半脱胎极薄，有真脱胎更如纸薄，为最精美器。所谓脱胎，脱去胎质，纯以泑成也。

填白器：此种器与脱胎皆昉于明厂[1]，工作亦分精粗。所谓填白，盖纯白器可填画彩者。古作甜白，殆甜净之意。

【注释】

〔1〕昉：起始。

洋器：洋器专售外洋者。商多粤东人，贩去与洋鬼子载市[1]。式多奇巧，岁无定样。

【注释】

〔1〕载市：运到市场销售。

东青器：镇窑专仿东青户，亦分精粗，有大小式，惟官古户兼造者尤佳。或讹冬青，或讹冻青，要其所仿，泑色则一。

霁红器[1]：陶户能造霁红者少，无专家，惟好官古户仿之。

【注释】

〔1〕霁红器：高温铜红釉，为釉色深沉的红釉，呈色均匀，釉面有橘皮纹。

霁青器[1]：亦官古户兼仿造，镇陶无专作霁青器者。得其精美，可推上品，俗与好霁红并重。今讹作济青。

【注释】

〔1〕霁青器：色调深艳的高温蓝釉，釉面不流不裂，色调浓淡一致，呈色比较稳定。

龙泉器[1]：镇初有专造龙泉器户，今惟官古中仿之。碎器户亦仿龙泉泑。然无论专造兼仿，皆具精粗、大小、浅深色。

【注释】

〔1〕龙泉器：指仿龙泉窑器。

白定器[1]：陶户专仿白定者，盌、碗、杯、碟等具外[2]，又多小件玩器，精粗各在造户为之。亦有青花。

【注释】

〔1〕白定器：定窑以烧滋润的白釉器为主，故称“白定”。

〔2〕盌：拭器。

汝器：镇陶官古大器等户，多仿汝窑泑色，其佳者，俗亦以“雨过天青”呼之[1]。

【注释】

〔1〕雨过天青：描写柴窑的釉色。

官窑器：自来有专仿户，今惟兼仿，碎器户亦造。若厂仿者尤佳。

哥器[1]：镇无专仿者，惟碎器户兼造，遂充称哥窑户。以前，户能辨本原，今仿哥者只照式仿造，究不知“哥”何由称矣！

【注释】

〔1〕哥器：仿哥窑器。

卷三　陶务条目

陶有窑：俗呼曰烧窑，统名风火窑。烧柴窑[1]：或囫烧[2]，或搭烧[3]。烧槎窑[4]：有囫烧，亦有搭烧。包青窑[5]：惟烧柴窑，厂器尽搭此等窑烧，民户亦有搭烧者[6]，亦或自造烧。大器窑：有自造烧者，有搭他户坯烧者。小器窑：有自造烧者，亦搭他户坯烧。

【注释】

〔1〕烧柴窑：以松柴为燃料的瓷窑，其火温度高，容量大，能烧各种瓷器。

〔2〕囫烧：自造坯又自烧窑。

〔3〕搭烧：供坯户搭坯烧。景德镇瓷业历来做坯、烧窑两行分业，烧窑户向做坯户提供窑位，收取柴金。

〔4〕烧槎窑：以槎柴（杂枝）为燃料的瓷窑，其火温度较低，容量较小，专烧粗瓷。

〔5〕包青窑：保证搭烧的瓷器为“青品”的瓷窑。“青”是指质量上乘，为景德镇行业用语。

〔6〕民户：民家。此当指民窑。

窑有户：俗统呼曰窑户。烧窑户：有烧柴窑，有烧槎窑；又号叫坯窑户。搭坯窑户：或搭柴窑，或搭槎窑。烧囫窑户：即有烧自造户，或自造烧，亦搭一、二他户坯烧。柴窑户：有烧户、搭户、囫窑户。槎窑户：亦有烧户、搭户、囫窑户。

户①有工：列纪各工，人数不一，外有挑货工及管债人皆不列入[1]。淘泥工：即兼练泥工。拉坯工：俗呼做坯。印坯工：俗呼拍模。旋坯工：俗呼利坯、挖坯。画坯工。舂灰工：或兼合灰。合泑工：有配灰者、有合色者。上泑工：有蘸上者、有吹上者。挑槎工：柴窑不用，惟槎窑有之。抬坯工：又呼挑坯。装坯工：装坯入匣，重叠待满。满掇工。有满窑工，满窑则召之，不在常佣内，开窑又有出窑工。烧窑工：俗呼把庄〔2〕，然分三手；有事溜②火者、事紧火者、事沟火者〔3〕。开窑工：有外伴专业此务，开窑则召来者，有管债人兼作此务者。乳料工。舂料工。砂土工。彩之工〔4〕。

附：

乳颜料工。画样工。绘事工。配色工。填彩工。烧炉工。

【校】

①“户”，美术本作“丌”。

②“溜”，美术本作“淄”。

【注释】

〔1〕管债人：管理债务的人。

〔2〕把庄：烧窑工中最主要的技术负责人，由窑主雇用，其他烧窑工又由把庄雇用。

〔3〕溜火：文火。窑在点火后的开始阶段，由于窑柴燃烧比较慢，谓之溜火。溜，缓、小。 紧火：即武火。溜火之后，逐步使火转入高温，火力加大，又称赶馀堂。紧，快速。 沟火：因为窑的两旁及窑尾的温度不够，须用拨火的手段将火焰引到烧不到的地方，谓之沟火。

〔4〕彩之工：特指烘炽釉上彩的工匠。

工有作：作者，一户所作器也。各户或有兼作，统名曰作。官古器作、上古器作、中古器作、泑古器作、小古器作、常古器作、粗器作、冒器作〔1〕、子法器作、脱胎器作、大琢器作、洋器作、雕镶作、定单器作〔2〕、仿古作、填白①器作、碎器作、紫金器作。

【校】

①“白”，美术本缺此字。

【注释】

〔1〕冒器作：造较为粗质器的作坊。

〔2〕定单器作：疑为按照客户要求式样定制产品的作坊。

作有家：凡精粗分画，各有家数〔1〕，曰家。青花家、淡描家、各彩家〔2〕。

【注释】

〔1〕家数：技法，手段。此指釉上、釉下彩绘装饰技法的专业师傅。

〔2〕彩家：指绘制五彩、斗彩者。

陶所资各户：柴户、槎户、匣户、砖户、白土户、青料户、篾户、木匠户、桶匠户、铁匠户、修模户、盘车户、乳钵荡口户、打蓝户、炼灰户、旋刀户其刀如“目”字、“巳”字形〔1〕。

【注释】

〔1〕槎户：烧槎窑的作坊。 匣户：专制匣钵的作坊。 白土户：专门经营瓷土釉果的店铺。 篾户：分花篾帮、瓷篮帮、瓷篾帮，前两者制造装挑坯件、瓷器等用的竹篾器皿，后者专司破削竹子制篾条。 乳钵荡口户：研磨彩绘颜料的作坊。 打蓝户：从蓝草中提取染料蓝靛的作坊。 炼灰户：经营釉灰的店铺。 旋刀户：经营利坯刀具的店铺。

陶馀资用：陶中所馀物，有可资于用者。窑砖、窑槎、窑煤〔1〕。

【注释】

〔1〕窑煤：松柴烧过后的木炭，又称乌煤。

镇瓷花式：官古式、上古式、中古式、泑古式、小古式、常古式、子式、法式、梨式、炉式、撇式、宫式、冒式、锅式、宋式、兰竹式、白器式、盌式、盖式、湖窑式、古式、三级式、折边式、花桶式、大琢式、宣德民式、匙托式、正德民器式、套器式、雕镶小器式〔1〕。以上各器式，又分多式；其为某式，则有某式之花样，未另列。

【注释】

〔1〕宫式：碗的一种形制，今亦称官碗。宫，当作“官”。官碗，指官窑所烧制的瓷碗。 锅式：碗的一种式样，以形状命名。 盌式：茶碗的一种式样，有托有盖。 盖式：又称官盖，系有盖的茶缸，一般称为顿碗。 折边式：盘的一种式样。 宣德民式：宣德碗碟稍撇而口卷，称宣德官式。民窑仿之，称宣德民器式。 正德民器式：正德碗碟稍撇而口卷，称正德官式。民窑仿之，称正德民器式。 套器式：大中小不同款式套装在一起的一种式样。

仿古各泑色。铁骨大观泑[1]：有粉青、月白、大绿三种[2]。铜骨无纹汝泑：有人面洗色泽。铁骨哥泑：有米色、粉青二种。铜骨鱼子纹汝泑[3]。白定釉：有粉定、土定[4]，厂止仿其粉定一种。均泑：有玫瑰紫、海棠红、茄花紫、梅子①青、骡肝、马肺、新紫、米色、天蓝、窑变十种[5]。宣窑霁红泑[6]：有鲜红、宝石红二种。宣窑霁青泑、浓红泑[7]：有橘皮、棕眼[8]。厂官窑泑：有鳝鱼黄、蛇皮绿、黄斑点三种[9]。龙泉泑[10]：有浅、深二种。东青泑：有浅、深二种。湘窑宋泑[11]：有米色、粉青二种。油绿泑[12]：色如窑变，如碧玉，光彩中斑驳古雅。炉均泑[13]：色如东窑、宜兴挂釉之间，而花纹流淌变化过之。欧窑泑：有红纹、蓝纹二种。广窑泑：青点一种。月白无纹泑：有浅、深二种，微类大观泑，系白泥胎器。宣窑宝烧釉：有三鱼、三果、三芝、五福四样[14]。龙泉泑宝烧：新制有三鱼、三果、三芝、五福四种。翡翠泑[15]：有素翠、青点、金点三种。吹红泑、吹青泑[16]。永窑脱胎、素白、锥拱等器皿。万、正窑五彩器皿[17]。成窑五彩器皿。宣花黄地器皿[18]。法青泑[19]：系新试得，较霁青、浓红、深翠等泑，无橘皮、棕眼。西洋雕铸像生器皿[20]：画法渲染，悉仿西洋笔意[21]。浇黄、浇绿、锥花器皿[22]。浇紫器皿[23]：有素花、锥花二种。锥花器皿：有各种泑色。抹红、彩红②等器皿[24]。西洋黄色器皿、紫色器皿。抹银、抹金器皿[25]。彩水墨器[26]：系新制③。山水、人物、花卉、翎毛仿笔墨浓淡意。宣窑填白器：有厚薄、大小不等。嘉窑青花、成窑淡描青花[27]。米色泑[28]：有浅、深二种，与宋米色不同。泑里红器皿：有通红泑绘画者、有青叶红花者。紫金泑[29]：有红、黄二种。浇黄五彩器皿：系新试得。浇绿器皿：有素地、锥花二种。洋彩器皿：新仿西洋法琅画法，山水、人物、花卉、翎毛，无不精细入神。拱花器皿：各种泑色俱有。西洋红色、绿色器皿。乌金泑[30]：有黑地白花、黑地描金二种，系新制。西洋乌金器皿，系新制。东洋抹金、抹银器皿。

【校】

①“子”，美术本作“一”。

②“红”，美术本作“色”。

③“新制”后，诸本仍衍“新制”二字，删。

【注释】

〔1〕铁骨大观泑：北宋官窑釉色。因用含有铁质的黑釉护足，故称。

〔2〕粉青：瓷器釉色名。釉色青绿淡雅，釉面光泽柔和，有如青玉，

故名。　月白：瓷器釉色名。釉色因近似月色，故称。

〔3〕鱼子纹：指瓷器开片中纹路交错，形成许多细眼者。因其状如鱼子，故名。

〔4〕粉定：景德镇窑仿定窑器之制品。旧传用青田石粉所制，胎质粗松，称为“粉定”。　土定：北宋时定窑或他处烧制的一种质地较粗、颜色稍黄而造型古朴之器。

〔5〕玫瑰紫：瓷器釉色名。红色之中泛现一种紫的色调，极似玫瑰色，故名。　海棠红：瓷器釉色名。因近似海棠花色的浅红色调，故名。　茄花紫：瓷器釉色名。因近似茄子紫红色调，故名。　梅子青：瓷器釉色名。因釉色浓翠莹润，恰似青梅色泽，故名。　骡肝、马肺：瓷器釉色名。钧红釉中有一种因为烧得不理想而成为红中带黑或带灰的叫“骡肝马肺”。蓝浦将“骡肝马肺”误作两种釉色。　新紫：瓷器釉色名。以天蓝釉色为基调而作出现像钧窑一样带红斑的釉色，称为“天蓝仿钧”或“新紫”。　天蓝：瓷器釉色名。由“天青”演变而来，清康熙时创烧。釉色浅而发蓝，似天蓝色，故名。　窑变：瓷器在窑内烧成时，由于窑中含有多种呈色元素，经氧化或还原作用，出窑后，釉面色彩斑斓，呈现出意想不到的效果。它本出于偶然，由于呈色特别，又不知其原理，只知经窑中焙烧变化而得，自古称之为“窑变”。俗语说“窑变无双”。　十种：当作九种。《陶成纪事》碑文原文载：“钧釉仿内发旧器梅桂（玫瑰）紫、海棠红、茄花紫、梅子青、骡肝马肺五种，新得新紫、米色、天蓝、窑变四种。”

〔6〕霁红泑：瓷器釉色名。因其色如雨止时天空所呈现的红色，故称。

〔7〕霁青泑：瓷器釉色名。因其色如雨后的天空之色，故称。　浓红泑：瓷器釉色名。

〔8〕橘皮：瓷器釉色名。釉层表面自然皱缩，形成漂亮的褶皱肌理，状如橘皮，故名。　棕眼：又称针眼、毛孔、猪毛孔，即釉面有密密麻麻似橘子皮样小孔。

〔9〕鳝鱼黄：瓷器釉色名。亦称“鳝皮黄釉”。明清时“茶叶末”的变种。釉料中含铁和硅酸，高温氧化焰烧成。釉层稍薄，色黄润，带黑色或黑褐色斑点，有如鳝鱼色，故名。　蛇皮绿：瓷器釉色名。“茶叶末釉”的变种，釉色偏绿。　黄斑点：瓷器釉色名。“茶叶末釉”的变种，在暗绿的底色中闪耀着美丽自然的黄色星点。

〔10〕龙泉泑：瓷器釉色名。釉色呈影青色，通称龙泉釉。

〔11〕湘窑宋汹：瓷器釉色名。

〔12〕油绿汹：瓷器釉色名。亦称“碧玉釉”。色如碧玉，故名。

〔13〕炉均汹：瓷器釉色名。在坯体上施两次含铁钴呈色元素的釉料，放在烘炉中烧成的一种蓝紫相间与斑驳淋漓的色釉。

〔14〕三鱼：东汉杨震居湖城，有冠雀衔三条鳣鱼飞集讲堂前，当时视为吉兆。《隶释·太尉杨震碑》：“至德通洞，天爵不应，贻我三鱼，以章懿德。”后以“三鱼”为位至三公之典。　三果：指桃子、石榴、柿子三种。　三芝：芝为菌类植物，古人以为食之可长生，故多视为瑞草。三芝所指不一。　五福：即五只蝙蝠。“蝠”与“福”同音，“五蝠”即“五福”，分别是寿比南山、恭喜发财、健康安宁、品德高尚、善始善终。

〔15〕翡翠汹：瓷器釉色名。亦称“法绿釉”“法翠釉”“孔雀绿釉”“吉翠釉”。是一种以氧化铜为着色剂，以硝酸钾为主要助熔剂的透明蓝绿色釉，因极似孔雀羽毛之绿色，故名。

〔16〕吹红汹：采用吹釉法在瓷器表面施加红色釉。　吹青汹：采用吹釉法在瓷器表面施加绿色釉。

〔17〕万、正窑：指万历窑和正德窑。

〔18〕宣花黄地器皿：《陶成纪事》碑文作“仿青花黄地章器皿”。

〔19〕法青汹：瓷器釉色名。釉面平整光滑，无棕眼。

〔20〕像生器皿：造型如同实物的瓷器。

〔21〕笔意：意趣形态。

〔22〕浇黄：瓷器釉色名。又名“蛋黄釉”，因用浇釉法施釉，故名。　浇绿：瓷器釉色名。有素地、锥花两种。

〔23〕浇紫：瓷器釉色名。

〔24〕抹红：瓷器釉色名。“珊瑚红釉”的一种，属低温红釉。它不采用吹釉法上釉，而是刷抹釉，故名。

〔25〕抹银：一种装饰工艺，是在烧成的青花瓷器上用银粉涂纹饰以外的地方，再经低温烘烧而成。　抹金：一种装饰工艺，与抹银类似。

〔26〕彩水墨：瓷器釉色名。又名“墨彩”，用艳黑和矾红在烧成的白釉面上作画，再入炉烘烧而成。

〔27〕淡描青花：指釉下青花用较淡雅的青料勾勒线条，不分水，不渲染。这种青花具有设色清淡与线条纤细等特点。

〔28〕米色汹：瓷器釉色名。又名“米黄釉”，是一种以氧化铁为着

色剂的高温黄釉。呈色淡雅，黄中泛白，极似小米之颜色，故名。

〔29〕紫金泑：瓷器釉色名。亦称“酱色釉”。一种以铁为着色剂的高温釉。

〔30〕乌金泑：瓷器釉色名。明代成化年间创造，是黑釉中最莹亮的釉色。

配合釉料。紫金釉：用罐水、炼灰、紫金石水合成〔1〕。翠色釉：用炼成古铜水、硝石合成〔2〕。金黄釉：用黑铅末、碾赭石合成〔3〕。矾红釉〔4〕：用青矾炼红加铅粉、广胶合成〔5〕。紫色釉：黑铅末加石子青、石末合成〔6〕。浇青釉：用釉水、炼灰、石子青合成。浇绿釉：用炼过黑铅末加古铜末、石末合成。豆油釉〔7〕：用豆青釉水、炼灰、黄土合成。纯白釉：用釉水、炼灰合成，即纯白器。浇黄釉：用牙硝、赭石合成。霁红釉：用红铜条、紫英石合成，兼配碎器不①、宝石、玛瑙〔8〕。霁青釉：用青料配泑合成。东青釉：用紫金釉水②合成。龙泉釉：用紫金釉微掺青料合成。炉均釉：用牙硝、晶料〔9〕，配釉合成。碎器釉〔10〕：用碎器不出三宝棚者〔11〕，细淘则成碎器，粗淘则成大纹片。

【校】

①“不”，美术本缺此字。

②“水”，美术本作“微掺青料”。

【注释】

〔1〕紫金石：即紫金土，因其色紫而得名，是一种含铁量很高的黏土。紫金土是宋代配制哥窑、官窑和龙泉黑胎青瓷瓷胎的重要原料，也是明清时期景德镇配制酱釉和仿龙泉系列青釉的重要原料。除配制紫金釉外，还可配制传统的冬青、天青、粉青、龙泉、紫金、乌金、茶叶末等色釉。

〔2〕硝石：又称焰硝、钾硝石等。无色、白色或灰色结晶状，有玻璃光泽。可用于配制孔雀绿釉。还可用作五彩、粉彩的颜料。

〔3〕黑铅末：一般以黑铅称石墨，系一种结晶碳。在这里似指青铅与石英、硝酸钾等配合为釉彩溶剂。　赭石：矿石，由氧化铁或含氧化铁、氧化锰等矿物的黏土构成，一般呈红褐色，也有土黄色或红色的。可作颜料。

〔4〕矾红釉：瓷器釉色名。一种以氧化铁为主要着色剂的低温红釉，色近橙红，故称。

〔5〕青矾：即皂矾。一种制作矾红釉彩的原料。　铅粉：俗称铅白，

呈白色粉末状，是低温釉的主要助熔剂。 广胶：一种颜色调料剂。

〔6〕石子青：陶瓷青花料之一，亦称“无名子”，出产于江西。 石末：即石英粉。

〔7〕豆油釉：瓷器釉色名。

〔8〕碎器不：指用三宝棚瓷石加工而成的不子。 宝石：据景德镇色釉老艺人公布的祭红配方，其中有陀星石、海浮石等，宝石似指这些原料。 玛瑙：一种质地较纯的石英，主要成份是氧化硅。

〔9〕晶料：即青铅晶料。主要用于配制低温色釉和釉上彩料。

〔10〕碎器釉：瓷器釉色名。

〔11〕三宝棚：也称“三宝蓬”，在今景德镇东郊。所产瓷石为略带灰褐色的白粒岩，可塑性极强。除了用以配合大件、厚胎及某些上等胎骨外，还可用来制作各种纹片釉、铜红及影青等传统颜色釉。

陶彩需用色料：铅粉、焰硝〔1〕、青矾、黑铅、松香〔2〕、黛〔3〕、白炭〔4〕、金箔、古铜、赭石、乳金银〔5〕、石子青、紫金石、五色石英。

【注释】

〔1〕焰硝：一名消石，亦名火硝。

〔2〕松香：松脂的别名。

〔3〕黛：一种青黑色的颜料。

〔4〕白炭：一种经过炭窑炭化后，再在空气中燃烧片刻进行高温炼炭，然后隔绝空气进行冷却制成的木炭。因在空气中燃烧后外表带灰白色，故称。

〔5〕乳金银：指研磨极细的金粉和银粉。

卷四　陶务方略

景德镇陶业，俗呼货料[1]，操土音[2]，登写器物花式，字多俗省。其不见于《字书》字[3]，如䌷（音又，俗当泑字）；㝚（音笃，俗指坯足）之类；其见于《字书》而俗借用者，如靶（《字典》音霸[4]，辔革也，俗借为柄靶用）；琢（《字典》音捉，治玉也，俗借为瓶罍器名）；不（《字典》岸入声，《说文》櫯同櫱[5]，木曲，头不出也；俗借①釉，不音，近敦字，上声，之类。他如饭作反，撇作丿，同作门，盌作才，壶作乎，圾作件之类，虽土著[6]，犹参问乃得也[7]。

【校】

①“借”，美术本作“五”。

【注释】

〔1〕货料：货物原料。

〔2〕土音：地方口音，方音。

〔3〕《字书》：《字典》的古称。

〔4〕《字典》：即《康熙字典》。清朝康熙年间，张玉书、陈廷敬等奉皇帝命令编纂的一部字典。

〔5〕《说文》：即东汉许慎（约58—约147）所撰《说文解字》14卷并叙目共15卷。许慎，字叔重。汝南召陵（今河南漯河召陵）人。

〔6〕土著：本地人。

〔7〕参问：询问。

镇陶字样又有通用者，如缸或作“堈”“㽘”等字，窑或作“窯”“㼹”等字，泑或作“釉”“䌷”“油”等字。群书杂记[1]，亦多互见[2]。

【注释】

〔1〕群书：指各类书籍。　杂记：零碎的记载。

〔2〕互见：相互补充说明。

在镇陶作器，质粗细不一。有用官古不者，有用上古不者，有用中古不者，有用滑石者，有用釉果配高岭者，有用滑石配白石者，有用余干不配高岭者，有用黄泥不者，有用捡渣者，各视所造器采用。

瓷土，自来以麻仓为著〔1〕，俗呼麻村。窑里〔2〕，又呼洞里，属邑东乡。明末①土竭。后复出，造成釉果，则大坞岭为上。性硬，白而微汗，造瓷不挫，古器中多用作骨胎。他处亦有硬白土，或不免有油，又或白而性软耳。

【校】

①“末”，原本作“未”，据美术本改。

【注释】

〔1〕著：优。

〔2〕窑里：今作瑶里，在景德镇东北，距市约50公里，因是景德镇陶瓷发祥地而得名。

釉果，凡佳器全用作质，次品亦半用之，粗器则止，和水合灰以当水泑〔1〕。嘉庆三年〔2〕，邻邑乐平亦出此，为婺人起厂舂造〔3〕，块式大于窑里所造。陶户试用颇不低。先是造户装至南港口〔4〕，贿邑东人驾东港船接装入镇埠〔5〕，货充窑里釉果，今则明货于陶家矣〔6〕。

【注释】

〔1〕水泑：用釉果和釉灰配制而成的白釉浆。

〔2〕嘉庆三年：1798年。

〔3〕婺人：今江西婺源人。

〔4〕南港口：即今景德镇南河口。

〔5〕东港：即今景德镇东河。

〔6〕明货：明目张胆地卖。

高岭，本邑东山名。其处取土作不，初止土著汪、何、冯、方四姓业此。今则婺邑多充户，然必假四姓名号刻印高岭块上，如曰何山玉、曰汪某、方某者。近邑西李家田大州上亦出土可用，不大下于东土，但造佳瓷者，必求东埠出者耳。

高岭，上者麻布口，次者糖口，最下磁器口。何谓磁器口？试照擘验土块[1]，口如破磁片，滑平无纹而①不糙，若刀切然。此土必无健性，造坯经烧必软挫。旧有红高岭，出邑东方家山，块色粉红，经烧则仍白色。后其姓以土竭近祖茔[2]，遂请禁绝。

【校】

①“而”，诸本皆作“雨”，据文意改。

【注释】

〔1〕擘验：掰开检验。擘，同掰。

〔2〕祖茔：祖坟。

高岭，不用碓舂，取土起棚，不过淘练成泥，印块而已。若砷不土，虽亦名土，实则取石，必先洗去石上浮土，再用锥碎成小块，然后杵臼一昼夜成土，始淘练印造。大约上舂水大，每棚碓可全舂；下年水小力微，必减几支碓舂。水急力匀，舂土稠细；水缓力轻，舂土稍粗，故所出不砷，上舂者佳。作坯亦比下年者胜。

同一不也，而有红、黄、白之分。红、白不，皆器之细者用；黄不，则惟粗器用之。然有一种淡黄带白色者颇佳，又不止粗器用也。

黄不，土块大而坚，舂之杵舂亦必坚大。白不，土稍松细，碓式亦次于舂黄不者。邑东王港以上有二十八滩，每滩皆有水碓①，舂土作不。昔舂黄不户半于白不，今则舂造黄不者只五六处，馀俱改舂白不。

【校】

①“碓”，诸本皆作“堆”，据文意改。

不之绝佳者，惟寿溪坞所产[1]。他处载来镇市，必曰：我寿溪不，亦多可用。

【注释】

〔1〕寿溪坞：在今景德镇臧湾乡南部。

瓷土，洪家坳旧出者与金家山所产同妙。后因与祁邑连界，属一势宦祖茔来脉[1]，兴讼永禁[2]。

【注释】

〔1〕势宦：有势力的官宦。

〔2〕兴讼：发生诉讼，打官司。

坪里土、葛口土，皆祁门县所产。自余干①土出，而坪里、葛口之土用者少矣。近邑南有小里土，亦可用。春户多合用之，然不及余干②土也。

【校】

①“干”，美术本作“千”。

②“干”，美术本作“千”。

不之名类不一，而玉红、提红二种为上。然二种不性软，必多合高岭方可用。余干①不性颇健，少以高岭配合便可用。近日高岭所出已不如前，陶户遂多用余干②不。

【校】

①“干”，美术本作“千”。

②“干”，美术本作“千”。

水汹号为百家货，陶户用罩坯外。惟兰、宋、白、饭、砂、宫等坯不用[1]，惟研合釉果和水罩外，大抵槎窑粗器多以釉果①当水汹。

【校】

①“果”，美术本缺此字。

【注释】

〔1〕兰、宋、白、饭、砂、宫等坯：分别指兰竹式、宋式、白器式、饭器、砂工和宫式等品种。

滑石作器胎，惟质佳耳，所衬出釉色，反不如不泥上釉，尤莹泽耐看。故官古不多用，洋器半用，惟雕镶小琢器肯用。然滑石瓷器画作，亦不及好官古。

捡渣作质，顶粗之器，如冒宫、冒饭、冒盂、冒令、莲子大碗、大草撇、砂古大砂炉二及小雕削禽鱼人物之类。捡渣者何？盖大窑户所淘泥不倾去粗沉之土渣也。凡用捡渣户，雇工收捡于外，复加淘汰，练成泥方可用。

青料，以黑绿而润泽有光色者为上品，仿霁青器必用之①。若青花淡描用青之法：先定花样画坯上，然后罩上釉水，釉水②干入窑烧，陶成遂现青翠色。若不用釉罩，其色仍黑。或先上釉，再画釉外，则料③多烧飞。

【校】

①“之”字后，美术本多一“者”字。

②“釉水”二字，原本缺，据美术本增。

③“料”，美术本作“科”。

镇有彩器〔1〕，昔不大尚〔2〕，自乾隆初，官民竞市，由是日渐著盛。俗呼红店，其自称曰炉户。皆不用古法明暗炉之制，但以砖就地围砌如井样，高三尺馀，径围三两尺，下留穴，中置彩器，上封火而已，谓之烧①炉，亦有期候。若问以明炉、暗炉，多不知为何。

【校】

①“烧”，美术本作“上”。

【注释】

〔1〕彩器：指釉上、釉下彩绘瓷器，如斗彩、五彩之类。

〔2〕尚：崇尚。

凡器之高大件，最难烧造。如二尺四大盘，顶皮大碗、千坂、五百坂大地瓶、五百坂大缸、三百坂花桶等器〔1〕，口面既大，坂数又高，造时必倍其坯。式较劣，取优者送窑，经烧难保不有跷扁损挫之患〔2〕。

【注释】

〔1〕顶皮大碗：不详，待考。

〔2〕跷扁：即瓷器在窑内变形。跷，本义为行步不平。

脱胎器薄，起于永窑，永窑尚厚，今俗呼半脱胎。另有如竹纸薄者一式，俗以真脱胎别之。此种真脱胎，起自成窑，暨隆、万时之民窑。但隆、万尚蛋皮式，止一色纯白者，不似今多画青花，其净白尤浇美过之也。

上古、中古器，昔无琢类，不造小圆器，止有大碗、宫碗、七寸、五寸、四大器之称[1]。今则小圆式亦造矣。

【注释】

〔1〕七寸、五寸：又称炉寸器，为盘碟类器皿。　四大器：特指正德大碗、正德宫碗、鲜花大碗、鲜花宫碗四种大件瓷器。

洋器，有滑洋器、泥洋器之分。一用滑石制作器骨，工值重，是为滑洋器。一用不泥作器质，工值稍次，是为粗洋器。

小琢器，户亦呼雕削，如造汤匙、挂瓶、茶托等具[1]，画青花、淡描等花，或兼仿东青器。近闻仿造东青新试得一法：用釉果作质，陶成则泑色益衬出，而美过于前仿东青器。

【注释】

〔1〕挂瓶：即壁瓶。造型为瓶体一面随形鼓起，另一面坦平，宜于平贴挂在墙上，故名。　茶托：放茶盏的器皿。

满窑一行[1]，另有店居。凡窑户值满窑日，则召之。至满毕归店。主雇有定，不得乱召。俗传先是乐平人业此[2]，后挈鄱阳人为徒[3]，此康熙初事。其后鄱邑人又挈都昌人为徒，而都邑工渐盛，鄱邑工所满者反逊之。今则镇分二帮，共计满窑店三十二间，各有首领，俗呼为满窑头。凡都、鄱二邦，满柴、槎窑，皆分地界。

【注释】

〔1〕满窑：烧窑时将瓷坯装入匣钵后在窑内堆垛排放。

〔2〕俗传：民间传说。

〔3〕挈：招收。

窑内各有把庄头，亦为烧夫。烧夫中又分紧火工、溜火工、沟火工。火不紧洪，则不能一气成熟；火不小溜，则水气不由渐干，成熟色不漂亮；火不沟疏，则中后左右不能烧透，而生糊所不免矣[1]。烧夫有泼水一法，要火路周通，使烧不到处能回焰向彼，全恃泼火手段。凡窑皆有火眼[2]，照来焰泼去，颇为工巧。

【注释】

〔1〕甋：陶瓷类未烧透。

〔2〕火眼：窑炉组成部分。烧窑时，火焰由火膛进入火道，经火眼方能进入窑室。

柴窑多烧细器，槎窑多烧粗器。前代厂制，一窑兼用柴、槎，四六配烧。今悉搭民窑〔1〕，分柴、槎为二帮，故有柴窑、槎窑之称。其中又分大器窑、小器窑、包青窑诸号。

【注释】

〔1〕搭民窑：明嘉靖以后，御器厂就开始将厂内所造之坯部分散搭民窑烧造，清从乾隆以后，实行全部官搭民烧，御器厂只完成制坯工序，专搭包青窑烧成。

五曹满器〔1〕，五行之名，都邑人呼为五乎。几曹、几乎，皆行路之数。又传五乎实四担，坯匣共计三十二蕈〔2〕，亦有论柱数烧者〔3〕。

【注释】

〔1〕曹：《景德镇陶歌》“窑中呼一路为一曹”，大约作“遭”讲，即行数。

〔2〕蕈：当为计量单位。

〔3〕论柱数：以堆叠在窑内坯匣的柱数计算。

烧窑户，搭烧坯瓷，其满烧之规：当窑门前一二行皆以粗器障搪怒①火，三行后始有细器，其左右火眼处则用填白器拥燎搪焰，正中几行，则满官古、东青等器，尾后三四行又用粗器拥焰。若窑冲〔1〕，惟排砖靠砌而已。

【校】

①“怒”，美术本作“恕”。

【注释】

〔1〕窑冲：俗称观音堂，即窑背端穹窿所构成的“佛龛”式空间，用于装饰窑砖，供修窑之用。

自烧自造者，谓之烧囫窑。或不搭他户烧，或亦搭一二户烧。窑门前用空匣满排以障火，如昔厂官窑满法者。三行后始用坯器，尾后亦满粗器，以搪火焰。

厂昔有大匣窑，专满空匣。今悉入民窑先烧，惟包青窑乃可搭烧。何谓包青？盖凡搭坯入其窑必陶成皆青品，有苦窳不青器[1]，则另偿包烧者。不独厂官器搭如此，即诸户搭烧亦然也。

【注释】

〔1〕苦窳：粗劣。

瓷器固须精造，陶成则全赖火候。大都窑干、坯干、柴干，则少坼①裂、色晦之患；土细、料细、工夫细，则无粗糙、滓斑之虞[1]。

【校】

①“坼”，美术本作“拆”。

【注释】

〔1〕虞：担心，忧虑。

结砌窑巢，昔不可考。自元、明以来，镇土著魏姓世其业。若窑小损坏，只需补修。今都邑人得其法，遂分业补窑一行。然魏族实有师法薪传[1]。余尝见其排砌砖也，一手挨排粘砌，每粘一砖，只试三下即紧粘不动。其排泥也，双手合舀一拱泥，向排砌一层砖中间两分之，则泥自靠结砖，两路流至脚，砌砖者又一一执砖排粘。其制泥，稠如糖浆，亦不同泥水工所用者。

【注释】

〔1〕薪传：柴虽烧尽，火种仍可留传。比喻道术学业相传不绝。

渣饼[1]，有平正细白者，是白不造成。有粗样者，是泥土打成。大小视坯足为度。凡坯装匣内，必用渣饼垫足，经烧后其捉乃不粘匣底。又有用黄砂渣垫捉亦不粘匣者。五代周烧柴窑器，所谓“足多粗黄土”盖此。

【注释】

〔1〕渣饼：又称垫饼，烧瓷器的垫烧工具。

陶户收买釉不，先于船中提少许捏成块，上划各土客字号[1]，烧窑日置之火眼内，待烧熟用铁钩探出，验辨货色，谓之试照。

【注释】

〔1〕土客：土方和客方。即本地人和后来迁移来的人。

本烧户，亦有自试火照之法[1]。盖坯器入窑，火候生熟究不可定。因取破坯一大片，中挖一圆孔，置窑眼内，用钩探验生熟。若坯片孔内皆熟，则窑渐陶成，然后可歇火。

【注释】

〔1〕火照：又称“试片”，是用来测定窑内温度的。宋窑的火照是利用碗坯改做的，上平下尖，大体呈V形。下部尖端插入满砂粒的匣钵内，匣钵放于窑膛中，在观火孔里可以看到。火照上端有圆孔，当窑工测定窑内温度时，用长钩伸入观火孔，将火照从匣体里钩出。每烧一窑要验火照数次，每验一次，就钩出一个火照。火照都上半截釉，只能使用1次。

陶户坯作人众，必用首领辖之，谓之坯房头，以便稽查口类出入雇人。其有众坯工多事，则令坯房头处平[1]，有惰工坏作，亦惟彼是让[2]。

【注释】

〔1〕平：平息。

〔2〕让：责备，谴责。

坯房发给人工，其为地下印、利、做坯等工，则皆四月内给值，十月找①满，年终再给少许；其为画作上工，则按五月端节、七月半、十月半及年竣分给。至供饭一例，则阖镇皆三月朔起[1]。有发市钱。

【校】

①“找”，原本作“栈”，据美术本改。

【注释】

〔1〕阖镇：全镇。

窑①砖，旸皋滩沿河所造[1]。其法：埏埴泥土[2]，用方木匣印成长七八寸、阔三四寸，须②先贮窑烧熟，方可用。初烧者为新砖，烧数次者为老砖。老砖结窑③佳。

【校】

①“窑”，美术本缺此字。

②“须”，经堂本缺此字，据美术本增。

③“窑”字后，美术本有“寸窑”二字。

【注释】

〔1〕旸阜滩：在今景德镇北昌江上。

〔2〕埏埴：和泥制作陶器。

俗有估堆之说〔1〕。凡陶户提①同口〔2〕，有剩下零瓷，或稍茅损②色杂者，则另堆聚一处，新旧大小不等，有此路行家觅户估买。昔多有估堆致富者，今则有外佳内窳弄巧者矣，俗谓做堆。

【校】

①“提”，美术本作“堤”。

②“损”，经堂本作“惊”，据美术改。

【注释】

〔1〕估堆：小批拍卖，俗称包圆。

〔2〕提同口：指对产品进行挑选，成套包装。同，行业用语，碗、盘、碟十个为“一同”。

商行买瓷，牙侩引之〔1〕，议价、批单，交易成，定期挑货，必有票计器数为凭，其挑去瓷器有色杂茅损者，亦计其数，载票交陶户换补佳者，谓之换票。其瓷票、换票，皆素纸为之，或印行号、户号，加写器数字，或全用墨写。

【注释】

〔1〕牙侩：市侩，商人。此指瓷器买卖的中间人。

商雇茭草工扎瓷〔1〕，值有常规，照议如一。其稻草、篾片①皆各行长雇之茭草头已办。稻草出吾邑者好用，而邑北尤佳。篾则婺界所析，今里村、镇市亦有。

【校】

①“篾片”，美术本作“片篾”。

【注释】

〔1〕茭草工：瓷器包装工人。

把庄一行〔1〕，凡诸路客至，必雇定把庄头，挑收窑户。瓷器发驳〔2〕，则把庄头雇夫给力送下河。又有类色头〔3〕，汇清同口，包纸装桶，茭草跟①

凳[4]，皆有定例，俗又呼油灰行。

【校】

①“跟”，美术本作“根”。

【注释】

〔1〕把庄：今称挑运。

〔2〕驳：大批货物用船分载转运。

〔3〕类色头：看色工的首领。类色，看色。

〔4〕跟凳：茭草工人五个人共一组工作，称一条凳。

磨补瓷器，镇有勤手之徒，挨陶户零估收聚，茅糙者磨之，缺损者补之，俗呼为磨茅堧店。

过光瓷器，皆暗损未坏者。此诈伪之流，贱市而涂固之[1]。然沾热汤即破，只可盛干冷物，俗呼为过江器。

【注释】

〔1〕贱市：低价出售。

黄家洲苏湖会馆近河洲地，为小本商摆瓷摊所一大聚场也。面河距市中方广约二里许[1]，遍地皆瓷器摊，任来往乡俗零买，不拘同口①个数。

【校】

①“口”，美术本作“日”。

【注释】

〔1〕方广：面积，范围。

瓷器街颇宽广，约长二三百武[1]，距黄家洲地半里馀。街两旁皆瓷店张列，无器不有，悉零收贩户，整治摆售，亦有精粗、上中下之分。

【注释】

〔1〕武：古以六尺为步，半步为武。

潘家疃在镇之中秀渡对岸，疃内多潘姓，自国初已陶，然只坯坊陶窑多处，陶户仍居镇中，时至疃内省视烧造[1]。其窑则皆烧槎。其坯亦有由镇载入疃窑烧者，亦有疃坯载送镇窑烧者，故中渡口一带河中多有陶户装坯船、装瓷器船。

【注释】

〔1〕省视：察看。

镇又有小本旅伴，手提大篮采贩陶户诸瓷器，走黄家洲上及觅趁各瓷行零卖。其器稍有茅疵，亦或时得佳器，俗呼为提洲篮者。

卷五　景德镇历代窑考

陈

至德元年[1]，诏镇以陶础贡建康[2]。

【注释】

〔1〕至德元年：583年。至德（583—586），南朝陈后主陈叔宝年号。

〔2〕镇：新平镇（景德镇前身）。　础：垫在柱子下的石礅。　建康：时为南朝陈国都。今江苏南京。

唐

陶　窑

唐初器也。土惟白壤[1]，体稍薄，色素润，镇钟秀里人陶氏所烧造[2]。《邑志》云[3]：唐武德中[4]，镇民陶玉者载瓷入关中，称为假玉器，且贡于朝，于是昌南镇瓷名天下[5]。

【注释】

〔1〕白壤：白色的柔土。

〔2〕钟秀里：景德镇中一里弄名。

〔3〕《邑志》：即《浮梁县志》。

〔4〕武德（618—626）：唐高祖李渊年号。

〔5〕昌南镇：景德镇旧称。

霍　窑

窑瓷色亦素，土墡腻质薄[1]，佳者莹缜如玉[2]，为东山里人霍仲初所作[3]，当时呼为霍器。《邑志》载：唐武德四年，诏新平民霍仲初等制器进御。

【注释】

〔1〕墡：白土。

〔2〕莹缜如玉：晶莹如玉。

〔3〕东山里：景德镇中一里弄名。

宋

景德窑

宋景德年间烧造[1]，土白壤而埴，质薄腻，色滋润。真宗命进御，瓷器底书“景德年制”四字，其器尤光致茂美[2]。当时则效，著行海内[3]，于是天下咸称景德镇瓷器[4]，而昌南之名遂微。

【注释】

〔1〕景德（1004—1007）：宋真宗赵恒年号。

〔2〕光致：有光泽而细腻。　茂美：美好。

〔3〕海内：国境之内，全国。古谓我国疆土四面临海，故称。

〔4〕咸：全，都。

湘湖窑（附）

镇东南二十里外，有湘湖市，宋时亦陶。土埆埴[1]，其体亦薄，有米色、粉青二色。蒋《记》云[2]：器雅而泽[3]，在当时不足珍。然唐公《陶成纪事》则曰：“厂仿米色、粉青宋釉二种，得于湘湖故窑款色。”盖其地村市尚寥落有存窑址，自明已圮[4]。

【注释】

〔1〕埆：土地坚硬、瘠恶。

〔2〕蒋《记》：指元代蒋祈《陶记》（或称《陶记略》）。蒋祈，宋

元间人，曾于景德镇监陶。《陶记》是我国最早的一部叙述景德镇陶瓷发展史的著作。

〔3〕器雅而泽：考康熙二十一年（1682）刻《浮梁县志》及乾隆七年（1742）刻《浮梁县志》所录《陶记》均无此语。蓝氏或别有所本。

〔4〕圮：塌坏，倒塌。

元

改宋监镇官为提领[1]，至泰定后又以本路总管监陶[2]，皆有命则供，否则止，税课而已[3]。故惟民窑著盛，然亦无多传名者。蒋《记》云："景德镇埏埴之器，洁白不疵。"据此，则元瓷尚白可知。又云："江、湖、川、广，器用青白，出于镇之窑者也。"据此，则元瓷俱有青白色。又云："印花、画花、雕花之有其技。"据此，则元瓷已工巧画镂矣。又云："窑有尺籍[4]，私之者刑[5]。"据此，又非税课之一证乎。蒋公名祈，元人也。

【注释】

〔1〕提领：此指元代管理景德镇的行政长官。

〔2〕泰定（1324—1328）：元泰定帝孛儿只斤·也孙铁木儿年号。　本路：元代景德镇属饶州路。

〔3〕税课：赋税。

〔4〕窑有尺籍：窑的大小长短都由官府丈量，登记在书写军令的簿籍上。

〔5〕私之者刑：私自篡改就要受罚。

枢府窑

元之进御器，民所供造者，有命则陶。土必细白埴腻，质尚薄，式多小足印花，亦有戗金五色花者[1]。其大足器，则莹素。又有高足碗[2]，蒲唇、弄弦等碟[3]，马蹄盘，耍角盂各名式[4]，器内皆作"枢府"字号。当时民亦仿造，然所贡者，俱千中选十，百中选一，终非民器可逮[5]。

【注释】

〔1〕戗金：在器物图案上作嵌金花纹。

〔2〕高足碗：碗的一种，碗腹之下有高足。

〔3〕蒲唇：碟的装饰纹样，纺织纹。 弄弦：碟的装饰纹样，弦纹。

〔4〕耍角：一作倭角，即折角。

〔5〕逮：及。

湖田窑（附）

镇河南岸口有湖田市，元初亦陶。土墒垆[1]，质粗多黄黑色，即浇白者亦微带黄黑。当时浙东西行之，器颇古雅。蒋《记》云："浙东西之器尚黄黑，则出于昌水南之湖田窑者也。"今窑市已墟，湖田村落尚在，其窑器犹有见者。

【注释】

〔1〕墒垆：黑色坚硬的土。

明

洪 窑

洪武二年设厂于镇之珠山麓，制陶供上方[1]，称官瓷，以别民窑。除大龙缸窑外，有青窑、色窑、风火窑、匣窑、爁熿窑共二十座。至宣德中，将龙缸窑之半改作青窑，厂官窑遂增至五十八座，多散建厂外民间。迨正德始称御器厂。

洪器土骨细腻，体薄，有青、黑二色，以纯素为佳。其制器必坯干经年[2]，重用车碾薄，上釉，候干，入火。釉漏者，碾去再上釉，更烧之。故汁水莹如堆脂，不易茅蔑[3]。此民窑所不得同者。若颜色器中，惟青黑戗金壶、盏甚好。

【注释】

〔1〕上方：朝廷。

〔2〕经年：经过一年或若干年。

〔3〕茅蔑：茅，瓷器边口破损。蔑，器身出现裂缝损伤。

永　窑

［明］永乐 青花缠枝花纹双耳扁瓶
（河北承德避暑山庄博物馆藏）

永乐年厂器也。土埴细，质尚厚，然有甚薄者如脱胎，素白器彩、锥、拱样始此。唐氏《肆考》云〔1〕：“永乐器有压手杯〔2〕，中心画双狮滚球为上品，鸳鸯心者次之，花心又次之。”杯外青花深翠，式样精妙。若后来仿制者殊差。永器鲜红最贵。

【注释】

〔1〕唐氏《肆考》：清唐秉钧《文房肆考图说》。唐秉钧，字衡铨。嘉定（今上海嘉定）人。

〔2〕压手杯：古代瓷器名。坦口折腰，手把之，其口正压手，故名。

宣　窑

宣德间厂窑所烧。土赤埴壤，质骨如朱砂，诸料悉精。青花最贵，色尚淡，彩尚深厚，以甜白、棕眼为常，以鲜红为宝，器皆腻实不易茅蔑。唐氏《肆考》云：“宣厂造祭红红鱼靶杯〔1〕，以西红宝石为末入泑〔2〕，鱼形自骨内烧出。凸起宝光，汁水莹厚。有竹节靶罩盖卤壶、小壶甚佳〔3〕。宝烧霁翠尤妙。又白茶盏光莹如玉，内有绝细龙凤暗花〔4〕，花底有暗款‘大明宣德年制’，隐隐鸡橘皮纹〔5〕。又有冰裂、鳝血纹者〔6〕，几与官、汝窑敌〔7〕。他如蟋蟀澄泥盆〔8〕，最为精绝。”按：宣窑器无物不佳，小巧尤妙，此明窑极盛时也。祭红有两种：一为鲜红，一宝石红。唐氏所记乃宝石红，概以祭红言之，似误。宣青是苏泥勃青，故佳，

［明］宣德 青花缠枝莲托八宝纹高足碗
（北京市文物研究所藏）

成化时已绝，皆见闽温处叔《陶纪》[9]。今宣窑瓷尚有存者。

【注释】

〔1〕靶杯：即高足杯，上为碗形，下有柄，柄呈圆柱形或竹节形。

〔2〕西红宝石：即霁红。

〔3〕卤壶：盛咸汁调料的把壶。烹饪中称调味汁浓厚者为卤，故称。

〔4〕绝细：极其精细。　暗花：瓷器坯上刻花后施釉，形成的隐露花纹。

〔5〕隐隐鸡橘皮纹：明张应文《清秘藏》及谷应泰《博物要览》均作“隐隐橘皮纹起”。

〔6〕冰裂：也称“开片”，釉面裂纹如冰裂，故名。　鳝血纹：开片裂缝的色泽犹似鳝鱼的血痕。

〔7〕敌：相当。

〔8〕蟋蟀澄泥盆：明宣德年间专为斗蟋蟀所造的一种陶瓷盆。蟋蟀，虫名，又名促织。明宣宗朱瞻基好斗蟋蟀，命造此盆。澄泥，一种加工极细的特殊泥料，以水澄结细泥而成，故名。

〔9〕温处叔《陶纪》：乾隆四十八年《浮梁县志》卷五作“温处叔《陶纪》”。温处叔，不详，待考。

成　窑

成化厂窑烧造者。土腻埴，质尚薄，以五彩为上。青用平等青料[1]，不及宣器。惟画彩高轶前后[2]，以画手高，彩料精也。郭子章《豫章陶志》云[3]：成窑有鸡缸杯，为酒器之最，上绘牡丹，下画子母鸡，跃跃欲动。五彩蒲萄擎口扁肚靶杯，式较宣杯妙甚。次若人物莲子酒盏，草虫小盏，青花纸薄酒盏，名式不一，色深浅莹洁而质坚。五采齐著小碟、香盒、小罐，皆精妙可人。唐氏《肆考》云：神宗尚食[4]，御前有成杯一双，直钱十万。明末已贵重如此。按：昔论明瓷者，首宣，次成，次永，次嘉。然宣彩未若成彩，其点染生动，有非丹青家所能及也。

【注释】

〔1〕平等青料：又称“陂塘青”，青料名。产于江西乐平。用于青花瓷器的着色剂。烧后呈色清淡，与永乐、宣德所用呈色浓艳之苏泥勃青易别。

〔2〕轶：超过。

〔3〕《豫章陶志》：为郭子章所撰《豫章书》的一部分内容。郭子章

（1543—1618），字相奎，号青螺，又自号曰玭衣生。泰和（今江西泰和）人。另著有《粤草》《蜀草》《晋草》《楚草》等。

〔4〕神宗尚食：神宗，明神宗朱翊钧，年号万历。尚食，指御膳。

正　窑

［明］正德　青花海水八怪纹碗（故宫博物院藏）

正德中厂器。土埴细，质厚薄不一，色亦分青、彩，惟霁红尤佳。嗣有大珰镇云南〔1〕，得外国回青〔2〕，价倍黄金，知其可烧窑器，命用之。其色古菁〔3〕，故正窑青花多有佳品。按：回青以重色为贵，当日厂工恣为奸利，出售民埫。迨嘉靖间邑令朱景贤设法调剂〔4〕，其弊稍息。霁红即鲜红、宝石红两种。

【注释】

〔1〕嗣：接着，承续。　大珰：指当权的宦官。珰，汉代宦官充武职者的冠饰，后即作为宦官的代称。

〔2〕回青：陶瓷青花料之一。明正德时已出现，嘉靖时成为当时青花的标志。回青多与石子青配合使用。配制时二者比例不同，则呈色各异。

〔3〕古菁：古朴华丽。

〔4〕朱景贤：字范之。浙江山阴（今浙江绍兴）人。嘉靖时任浮梁县令。

嘉　窑

嘉靖中厂器。土墡埴，质腻薄。时鲜红土绝，烧法亦不如前，仅①可造矾红色〔1〕。惟回青盛作，幽菁可爱〔2〕，故嘉器青花亦著，五彩略备，然体制较之宣、成器则远甚。郭《纪》云〔3〕：世宗经箓醮坛用器〔4〕，有小白瓯，名曰坛盏，正白如玉，绝佳。唐氏《肆考》亦载：嘉窑青尚浓，其厂器如坛盏、鱼扁盏、红铅小花盒子，足为世玩〔5〕。

［明］嘉靖 青花缠枝龙纹罐（江西省博物馆藏）

【校】

①“仪”，美术本作“器”。

【注释】

〔1〕矾红色：瓷器釉色名。一种以氧化铁为主要着色剂的低温红釉，色近橙红，故称。

〔2〕幽菁可爱：精丽可爱。

〔3〕郭《纪》：郭子章《豫章大事记》。

〔4〕世宗：明世宗嘉靖皇帝朱厚熜。 经箓醮坛：道家设坛诵经求福的道场。

〔5〕世玩：世人把玩的欣赏品。

隆万窑

穆宗、神宗年间厂器也。土埴坟〔1〕，质有厚薄，色兼青、彩，制作益巧，无物不有。汁水莹厚如堆脂，有粟起若鸡皮者，有发棕眼若①橘纹者亦可玩。唐氏《肆考》云：明瓷至隆万时，回青已绝，不及嘉窑青花。麻仓土亦告竭，饶土渐恶，器质较前多逊。又以淫巧为务，其秘戏器一种〔2〕，殊非雅品，镇埆作俑自此〔3〕。惟祭红器尚有佳者，然亦非鲜红、宝石红之祭红矣。

【校】

①“若”，美术本作“者有”。

【注释】

〔1〕土埴坟：陶土细密肥润。

〔2〕秘戏：指男女猥亵形象。

〔3〕作俑：《孟子·梁惠王上》：“仲尼曰：‘始作俑者，其无后乎！’为其象人而用之也。”本谓制作用于殉葬的木或陶制俑人，后因称创始、首开先例为“作俑”。多用于贬义。

龙缸窑

明厂有龙缸窑，称大龙缸窑，亦曰缸窑。窑制：前宽六尺，后如前饶五寸[1]，入身六尺，顶圆。鱼缸大样、二样者止烧一口。瓷缸三样者，一窑给砌二台，则烧二口。缸多画云龙或青花，故统称以龙缸窑名之。烧时溜火七日夜。溜，缓小也，如小滴流缓缓起火，使水气渐干、渐熟，然后紧火二日夜，缸匣既红而复白色，前后通明亮，方止火封门。又十日，窑冷方开。每窑约用柴百三十扛，遇阴雨或有所加。有烧过青双云龙宝相花缸、青双云龙缸、青双云龙莲瓣大缸、青花白瓷缸、青龙四环戏潮水大缸、青花鱼缸、豆青色瓷缸等式。

【注释】

〔1〕饶：多。

崔公窑[1]

嘉、隆间人，善治陶，多仿宣、成窑遗法制器，当时以为胜，号其器曰“崔公窑瓷”，四方争售。诸器中，惟盏式较宣、成两窑差大，精好则一。馀青、彩花色悉同，为民窑之冠。

【注释】

〔1〕崔公窑：崔公，即崔国懋。明嘉靖、隆庆时制瓷名工。在景德镇开设民窑，制造宣德窑瓷器，极为成功，号称“崔公窑”。

周窑[1]

隆、万中人，名丹泉，本吴门籍[2]，来昌南造器，为当时名手。尤精仿古器，每一名品出，四方竞重购之。周亦居奇自喜，恒携至苏、松、常、镇间[3]，售于博古家，虽善鉴别者，亦为所惑。有手仿定鼎及定器文王鼎炉与兽面戟耳彝，皆逼真无双，而①千金争市，迄今犹传述云[4]。

【校】

①“而”，经堂本缺此字，据美术本增。

【注释】

〔1〕周窑：又称“周公窑”。明代景德镇著名民窑之一。隆庆、万历

年间苏州人周丹泉为造仿古瓷的名家。擅于仿古器，他仿造的文王鼎炉和兽面戟耳彝，尤为逼真。

〔2〕吴门：指今苏州或苏州一带。为春秋吴国故地，故称。

〔3〕恒：常常。　苏、松、常、镇：指苏州、松江、常熟、镇江。

〔4〕传述：传说，转述。

壶公窑[1]

神庙时烧造者[2]，号壶隐道人。其色料精美，诸器皆佳，有流霞盏、卵幕杯两种最著[3]。盏色明如朱砂，杯极莹白可爱，一枚才重半铢，四方不惜重价求之。亦雅制壶类，色淡青如官、哥器，无冰纹。其紫金壶带朱色，皆仿宜兴时、陈样壶[4]，底款为“壶隐老人”四字，相传为昊十九，而籍不可知矣。李日华赠诗云[5]：“为觅丹砂斗市廛[6]，松声云影自壶天[7]。凭君点出流霞盏，去泛兰亭九曲泉[8]。”

【注释】

〔1〕壶公窑：明代制瓷名师昊十九所制瓷器极精巧，当时称为“壶公窑”“昊窑”。昊十九，名为，别号十九，自号壶隐道人。浮梁（今江西景德镇）人。

〔2〕神庙：明神宗朱翊钧。

〔3〕流霞盏：明代饮酒器具。指文人聚会，吟诗流觞行乐时用的小酒盏。明万历年间浮梁人昊十九所制的流霞盏，小巧玲珑，光洁莹润，享有盛名。　卵幕杯：明代瓷制饮酒用具。此杯体小、胎薄如卵壳。

〔4〕时、陈：当指明中期制作宜兴紫砂壶的名手时朋、时大彬父子和陈用卿、陈仲美等。

〔5〕李日华（1565—1635）：字君实，号竹懒，又号九疑。明嘉兴（今浙江嘉兴）人。万历进士。官至太仆寺少卿。工书画，精鉴赏。著有《六研斋笔记》《书画眼》等。

〔6〕市廛：本指市场上供储存货物的屋舍、场地。后用以称商店集中的处所。　丹砂：朱砂。道教以为经过烧炼丹砂可化为黄金。这里指制陶的原料。

〔7〕壶天：壶与天，意谓所造壶妙夺天工。此指昊十九。

〔8〕兰亭九曲泉：此用兰亭曲水流觞故事。据载晋朝王羲之等名士常在此饮酒作乐。见王羲之《兰亭集序》。兰亭，在今浙江绍兴西南。

小南窑（附）

镇有小南窑①，明末烧造，窑独小，制如蛙伏，当时呼虾蟆窑。器粗整，土埴黄，体颇薄而坚。惟小碗一式，色白带青，有青花，花止兰朵、竹叶二种。其不画花，惟碗口周描一二青圈者，称白饭器。又有擎，坦而浅，全白者，仿宋碗。皆胜行一时，国初犹然。

【校】

①“窑”，诸本皆作“街”，据文意改。

国　朝

陶至今日，器则美备[1]，工则良巧，色则精全①，仿古法先，花样品式，咸月异岁不同矣。而御窑监造，尤为超越前古，谨录其特著者。

【校】

①“全”，经堂本作“金”，据美术本改。

【注释】

〔1〕美备：完美齐备。

康熙年臧窑

厂器也，为督理官臧应选所造。土埴腻，质莹薄，诸色兼备，有蛇皮绿、鳝鱼黄、吉翠、黄斑点四种尤佳。其浇黄、浇紫、浇绿、吹红、吹青者亦美，迨后有唐窑，犹仿其釉色。唐公《风火神传》载[1]：“臧公督陶，每见神指画呵护于窑火中，则其器宜精矣。”

【注释】

〔1〕《风火神传》：又称《火神传》《火神童公小传》，清唐英撰。记载童宾因造龙缸之事，跳入窑火中以殉身的事迹。

雍正年年窑

厂器也，督理淮安板闸关年希尧管镇厂窑务，选料奉造，极其精雅。驻厂协理官每月于初二、十六两期，解送色样至关，呈请岁领关帑[1]。琢器多卵色，圆类莹素如银，皆兼青、彩，或描锥、暗花、玲珑诸巧样[2]，仿古创新，实基于此。《文房肆考》云：雍正初，楚抚严公希尧烧造厂器。以“年”为“严”，又称“楚抚”，殆误。《邑志》载年公《重修风火神庙碑记》，碑尚存。

【注释】

〔1〕呈请：申请。

〔2〕玲珑：一种瓷器装饰技法。器物成型后在坯上镂雕透空花纹，再用釉将透雕花纹填平，烧后花纹清晰可见，具有玲珑剔透、精巧细腻的特色。

乾隆年唐窑

厂器也，内务府员外郎唐英督造者。唐公以雍正戊申来驻厂协理，佐年著美[1]，迄乾隆初榷淮；八年，移理九江钞关，皆仍管陶务。公深谙土脉火性，慎选诸料，所造俱精莹纯全。又仿肖古名窑诸器，无不媲美。仿各种名釉，无不巧合。萃工呈能，无不盛备。又新制洋紫、法青、抹银、彩水墨、洋乌金、法琅画法洋彩、乌金、黑地白花、黑地描金、天蓝、窑变等釉色器皿。土则白壤而埴，体厚薄惟腻，厂窑至此集大成矣[2]。既复奉旨恭编《陶冶图》二十页，次第作《图说》进呈。临川李巨来先生序公集云[3]：“独斟酌华实间，有得于心。而龙缸、均窑追绝业[4]，复古制；翡翠、玫瑰，更出新奇。是公之陶，即公之心为之也。”

【注释】

〔1〕佐年著美：辅佐年希尧完成烧造瓷器。佐，辅佐。年，年希尧。著，完成。美，此处指督造瓷器。

〔2〕大成：特指某类事物的各个方面相当完备。

〔3〕李巨来：名绂，号穆堂，字巨来。江西临川（今江西抚州）人。康熙进士，历任内阁学士等职，雍正初任广西巡抚，后署直隶总督。著有《穆堂类稿、续稿、别稿》。

〔4〕绝业：失传的事业。

卷六　镇仿古窑考

定　窑

［宋］ 定窑白釉刻花碗（首都博物馆藏）

宋时所烧，出直隶定州[1]。有南定器、北定器。土脉细腻，质薄，有光素、凸花、划花、印花、绣花诸种[2]，多牡丹、萱草、飞凤花式[3]。以白色而滋润为正，白骨而加以泑水，有如泪痕者佳[4]，俗呼粉定，又称白定。其质粗而微黄者低，俗呼土定。东坡《试院煎茶诗》云："定州花瓷琢红玉。"蒋《记》云：景德镇陶器有饶玉之称[5]，视真定红瓷足相竞。则定器又有红者。间造紫定、黑定[6]，然惟红、白二种，当时尚之。唐氏《肆考》云：古定器以政和、宣和间窑为最好[7]，色有竹丝刷纹[8]。其出南渡后为南定[9]，北贵于南，划花最佳，光素亦好。昌南窑仿定器，用青田石粉为骨，质粗理松，亦曰粉定。其紫定色紫，黑定色若漆，无足重也。

【注释】

〔1〕直隶定州：窑址在今河北曲阳涧磁村及东、西燕山村一带。

〔2〕光素：光辉皓白。　凸花：剔花的纹样微凸出，故称凸花。　划花：瓷器的传统装饰技法之一。在尚未干透的陶瓷器表面用木刀、竹条、铜铁制器等尖状工具浅划出的线条状花纹。　印花：用带有图样的陶范压印有凹凸花的花纹。

〔3〕萱草：一名忘忧草，传说孕妇佩之生男，也称宜男草。

〔4〕泪痕：因釉的垂流积聚而呈泪痕状，故称。

〔5〕饶玉：唐代景德镇称新平，属饶州府，故景德镇窑又称饶州窑。唐代武德年间，镇钟秀里人士陶玉以瓷进贡，号“假玉器”。东山里霍仲初也造瓷进御，号“莹缜如玉”。后以“饶玉”名之。

〔6〕黑定：定窑出产的黑色瓷器。釉色黑如漆，光亮照人。　紫定：定窑出产的紫色瓷器。宋代定窑瓷器釉色品种之一。最早见于明曹昭《格古要论·古定窑》：“有紫定色紫，有黑定色黑如漆，土俱白，其价高于白定。”

〔7〕政和（1111—1118）：宋徽宗赵佶年号。宣和（1119—1125）：宋徽宗赵佶年号。

〔8〕竹丝刷纹：宋代定窑瓷器坯体成型时利坯所致，因利坯不可能完全平整如镜，当釉稀薄处，便可见条条细小痕迹，此即竹丝刷纹。

〔9〕南渡：北宋末，汴京（今河南开封）失陷，朝廷南迁临安（今浙江杭州），史称南渡，是为南宋。

汝　窑

［宋］ 汝窑碗（上海博物馆藏）

汝亦汴京所辖。宋以定州白器有芒〔1〕，不堪用，遂命汝州建青器窑。土细润如铜，胎①有厚薄，色近雨过天青。汁水莹厚若堆脂，有铜骨无纹、铜骨鱼子纹二种。《格古要论》云〔2〕：汁②中棕眼，隐若蟹爪者尤佳。《辍耕录》云〔3〕：河北、唐、邓、耀州悉效之〔4〕，而汝窑为魁。底有芝麻花细小挣钉，当时珍尚。

唐氏《肆考》云：汝器土脉质制较官窑尤滋润，薄者为贵。屑玛瑙为油〔5〕，如哥而深，微似卵白，真所谓淡青色也。然无纹者尤好。

【校】

①“胎”，诸本皆作“体”，据文意改。

②“汁”，美术本作“汴”。

【注释】

〔1〕芒：指采取覆烧法烧造的碗、盘、碟、杯等器皿，因口沿无釉而露出胎骨，又称“芒口”。北宋定窑始烧。

〔2〕《格古要论》：3卷，明曹昭撰。曹昭，字明仲。松江（今上海松江）人。其书成于洪武二十年（1387）。

〔3〕《辍耕录》：又名《南村辍耕录》，30卷，元末明初陶宗仪（1316—1403后）所编纂。陶宗仪，字九成，号南村。黄岩（今浙江黄岩）人。《辍耕录》是有关元朝史事的札记。

〔4〕河北：此指河北窑。　唐：指唐邑窑：　邓：指邓州窑。　耀州：指耀州窑。

〔5〕屑玛瑙为油：研玛瑙为末作釉料。油，即釉。

官　窑

［宋］　官窑贯耳瓶
（中国历史博物馆藏）

宋大观、政和间，汴京自置窑烧造，命曰官窑。土脉细润，体薄，色青带粉红，浓淡不一，有蟹爪纹，紫口铁足〔1〕。大观中，釉尚月白、粉青、大绿三种。政和以后，惟青分浓淡耳。

案：南渡时，有邵成章提举后苑〔2〕，袭旧京遗制，置窑于修内司烧造〔3〕，曰内窑，亦名官窑。澄泥为范，极其精制，釉色亦莹澈，为当时所珍重①。后郊坛下②别立新窑〔4〕，亦曰官窑，式制不殊。比之旧窑、内窑，大不侔矣〔5〕。

唐氏《肆考》云：古官器，其妙处当在体质、油色，色带白而薄如纸者，颇亚于汝。伪者皆龙泉所造，无纹路。南宋余姚秘色瓷〔6〕，今人率以官窑目之，不能别白〔7〕，间见乱真。

【校】

①“重”，经堂本缺此字，据美术本增。

②“下”，经堂本作“丁”，美术本作“丁”，据文意改。

【注释】

〔1〕紫口铁足：南宋官窑的特征之一。由于施有乳浊性厚釉，口沿处釉层较薄，泛出比黑胎稍浅的紫色;底足无釉处则呈现胎的颜色。瓷器上的这种特点称“紫口铁足”，它和青釉配合，既能衬托青釉的美，又使厚釉产品具有挺拔秀丽的质感。

〔2〕邵成章提举：南宋监理官窑烧瓷的宦官。高宗时提举后苑，号为“邵局”，于修内司创建瓷窑，主持烧造宫廷用器，世称为“修内司官窑”或“内窑”。所烧瓷器在形制、釉质上仿北宋汴京官窑特征，用料精细，制作规整，并以釉色晶莹透澈而为世所珍贵。

〔3〕修内司：南宋内府之名，亦管理瓷器的烧造。

〔4〕郊坛：故址在今杭州南郊乌龟山西麓。

〔5〕侔：齐等，相当。

〔6〕余姚：大致为今浙江余姚。

〔7〕别白：分辨明白。

东 窑

北宋东京民窑也，即今开封府陈留等处。土脉黎细，质颇粗厚，淡青色，亦有浅深，多紫口铁足，无纹，比官窑器少红润。唐氏《肆考》误以为董窑。又云：核之董窑似官，其不同者，质粗欠滋润。盖东、董声相近，唐氏半采《格古要论》，乃传闻之讹也。

案：古东器，虽有紫口铁足，无蟹爪纹，不逮官窑多矣。唐氏何得云似？《陶成纪事》亦称东窑，载东青有浅、深二种。唐氏于东青色则书“冬青”，何不自知“东”之讹“董”也？且今所仿东青器并无紫口铁足，或更加彩矣。

龙 泉 窑

宋初处州府龙泉县琉田市所烧，土细埴，质颇粗厚，色甚葱翠，亦分浅、深，无纹片。有一等盆，底有双鱼，盆外有铜掇环。器质厚实者，耐摩弄，不易茅蔑，第工匠稍拙〔1〕，制法不甚古雅耳。景德镇唐窑①有仿龙泉宝烧一种尤佳。《格古要论》以为亦有薄式。

［宋］ 龙泉釉八折棱杯（丰城市博物馆藏）

唐氏《肆考》云：古龙泉器②，色甚葱翠，妙者可与官、哥争艳，但少纹片、紫骨铁足耳。

【校】

①“窑”，美术本作“器”。

②“器”，美术本作“窑”。

【注释】

〔1〕第：只是。

哥　窑

宋代所烧，本龙泉琉田窑。处州人章姓兄弟分造，兄名生一，当时别其所陶，曰哥窑。土脉细紫，质颇薄，色青，浓淡不一。有紫口铁足，多断纹，隐裂如鱼子。釉惟米色、粉青二种，汁纯粹者贵。

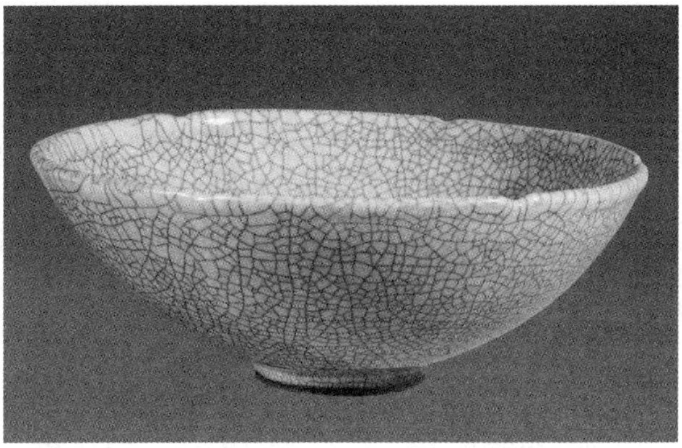

［宋］ 哥窑葵瓣口碗（上海博物馆藏）

唐氏《肆考》云：古哥窑器质之隐纹如鱼子，古官窑质之隐纹如蟹爪，碎器纹则大小块碎。古哥器①色好者类官，亦号百圾碎，今但辨隐纹耳。又云汁油究②不如官窑。

案：哥窑在元末新烧，土脉粗燥，色亦不好，见《格古要论》。旧呼哥哥窑，亦取土于杭。

【校】

①“器”，美术本作“窑”。

②“究”，美术本作“突”。

章龙泉窑

即生一之弟章生二所陶者，仍龙泉之旧，又号章窑，或曰处器、青器。土脉细腻，质薄，亦有粉青色、翠青色，深浅不一。足亦铁色，但少纹片，较古龙泉制度更觉细巧精致，至今温、处人犹称为章窑[1]。

唐氏《肆考》云：兄弟二窑，其色皆青，有浓淡，皆铁足。旧闻有紫足，少见。惟哥窑有纹，弟章窑无纹为别。《春风堂随笔》云[2]：章窑所掏青器，纯粹如美玉，为世所贵，即官窑之类。

案：白壤所造，外涂泑水，翠浅露白痕者真。明初，窑移处州，青器土垩火候，渐不及前矣。

【注释】

〔1〕温、处人：温州人和处州人。

〔2〕《春风堂随笔》：1卷，明陆深（1477—1544）撰。陆深，初名陆荣，字子渊，号俨山。上海（今上海）人。另著有《春雨堂杂钞》等多种。

均　窑

亦宋初所烧，出钧台。钧台，宋亦称钧州，即今河南之禹州也。土脉细，釉具五色[1]，有兔丝纹[2]。红若胭脂朱砂为最。青若葱翠，紫若墨者次之。三者色纯无少变杂者为上，底有一二数目字号为记者佳。若青黑错杂如垂涎，皆三色之烧不足者，非别有此样。俗取梅子青、茄皮紫、海棠红、猪肝、骡肺、鼻涕、天蓝等名。蒋《记》云：近年新烧，皆砂土为骨，釉水微似，制有佳者，俱不耐久。

［宋］ 钧窑玫瑰紫釉花盆（故宫博物院藏）

唐氏《肆考》云：均窑始禹州，禹州昔号钧台，均合书钧，今通作均，沿写已久。此窑惟种菖蒲盆底佳甚[3]。他如坐墩、罏、合、方瓶、罐子，多黄沙泥坯，则器质不佳。

案：唐《说》特就古均器言之耳[4]，若今镇陶所仿均器，土质既佳，瓶、罏尤多美者。

【注释】

〔1〕五色：指孔雀蓝、孔雀绿、深红、深褐和黑色。

〔2〕兔丝纹：色彩交错的兔毫纹样式。

〔3〕菖蒲：天南星科多年生水生草本植物。通常为菖蒲属植物的泛称。具香气，根入药。

〔4〕唐《说》：唐秉钧《文房肆考图说》。

碎器窑

南宋时所烧造者，本吉安之庐邑永和镇另一种窑。土粗坚，体厚质重，亦具米色、粉青样。用滑石配釉，走纹如块碎，以低墨土赭搽薰，既成之器，然后揩净，遂隐含红黑纹痕，冰碎可观，亦有碎纹素地加青花者。

唐氏《肆考》云：吉州，宋末有碎器，亦佳。今世俗讹呼哥窑，其实假哥窑虽有碎纹，不同鱼子，且不能得铁足。若铁足则不能有声，惟仍呼碎器为称。

案：所谓紫口铁足，今镇陶多可伪设，即鱼子纹亦不必定属汝、哥类。凡圆琢小件皆有精仿者矣。

卷七　古窑考

东 瓯 陶

瓯越也[1]，昔属闽地，今为浙之温州府。自晋已陶，其瓷青，当时著尚。杜毓《荈赋》所谓“器泽陶拣，出自东瓯”者是也[2]。陆羽《茶经》云[3]：瓯越器青，上口唇不卷，底卷而浅，受半斤已下。

【注释】

〔1〕瓯越：越族中的一支，亦称“东瓯”。秦汉时分布在今浙江南部瓯江、灵江流域，相传是越王勾践的后裔。后世亦以东瓯或瓯越为温州及浙南地区的别称。

〔2〕《荈赋》：即杜预（222—284）所撰，《荈赋》铺叙了茶叶的培植、采摘、饮用和饮茶器具的选择。荈，指晚采的茶。杜预，字元凯。京兆杜陵（今陕西西安）人。西晋时期著名的政治家和学者，灭吴战争的统帅。著有《春秋左氏经传集解》等。

〔3〕《茶经》：唐代陆羽（733—约804）著，3卷，分为10篇。陆羽，字鸿渐，自称桑苎翁，又号东冈子。唐竟陵（今湖北天门）人。

关 中 窑

元魏时所烧[1]，出关中，即今西安府咸阳等处。陶以供御。

【注释】

〔1〕元魏：即北魏。魏孝文帝迁都洛阳，改本姓拓跋为元，所以历史上也称元魏。

洛京陶

亦元魏烧造，即今河南洛阳县也。初都云中[1]，后迁都此，故亦曰洛京。所陶皆供御物。

【注释】

〔1〕云中：古地名。今内蒙古托克托境内。

寿窑

唐代所烧，江南之寿州也[1]。瓷色黄。《茶经》以寿瓷为最下，云黄则茶色紫，不相宜。

【注释】

〔1〕寿州：今安徽淮南、寿县、六安等地。

洪州窑

洪州烧造者，亦见唐代。洪州，今南昌府。《格古要论》云：江右洪州器黄黑色。《茶经》云：洪州瓷褐，令茶色黑，品更次寿州。陆佃曰[1]：“褐，色黄黑。”

【注释】

〔1〕陆佃（1042—1102）：字农师，号陶山。宋越州山阴（今浙江绍兴）人。陆游祖父。

越窑

越州所烧，始唐代，即今浙江绍兴府，在隋、唐曰越州。瓷色青，著美一时。《茶经》云：“碗，越州为上。其瓷类玉、类冰，青而益茶，茶色绿，邢瓷不如也。”陆龟蒙诗云[1]：“九秋风露越窑开[2]，夺得千峰翠色来。”孟郊诗云[3]：“越瓯荷叶空。”顾况《茶赋》云[4]：“越泥如玉之瓯。”观此，则越窑亦唐时韵物矣。

唐氏《肆考》云：越窑实为钱氏秘色窑之所自始。

［宋］ 越窑青瓷三足蟾蜍砚滴

（慈溪市博物馆藏）

【注释】

〔1〕陆龟蒙（？—约881）：字鲁望。姑苏（今江苏苏州）人。唐朝诗人。著有《笠泽丛书》《甫里集》等。

〔2〕九秋：即秋天，秋季3个月为90天，故称。

〔3〕孟郊（751—814）：字东野。湖州武康（今浙江德清）人。唐代诗人，著有《孟东野诗集》等。

〔4〕《茶赋》：唐顾况（约730—806后）作。顾况，字逋翁，自号华阳山人。苏州海盐（今属浙江）人。唐代诗人，著有《华阳集》。

鼎　窑

唐代鼎州烧造，即今西安府之泾阳县也。陆羽《茶经》推鼎州瓷碗，次于越器，胜于寿、洪所陶。

婺　窑

亦唐时婺州所烧者，今之金华府是。《茶经》又以为婺器次于鼎瓷，非寿、洪器所能及。

岳　窑

湖南岳州府，唐代亦陶，瓷皆青。《茶经》谓又次于婺瓷，然青固宜茶，茶作白红之色，悉胜于寿州、洪州者。

蜀　窑

唐时四川邛州之大邑所烧。体薄而坚致，色白声清，为当时珍重。

《杜少陵集·韦处乞大邑瓷碗》诗云[1]："大邑烧瓷轻且坚，扣如哀玉锦城传[2]。君家白碗胜霜雪①，急送茅斋也可怜[3]。"首句美其质，次句美其声，三句美其色，蜀窑之佳已可想见。

案：《辍耕绿》引《笔衡》载有续窑[4]，疑"续"即"蜀"误。唐氏又以大邑瓷隶越窑下，说尤误矣。

【校】

①"霜雪"，经堂本作"雪碗"，据美术本改。

【注释】

〔1〕《杜少陵集》：是唐代大诗人杜甫（712—770）的诗文集。杜甫，字子美，又自称少陵野老，故世亦称杜少陵，他曾任检校工部员外郎，故又称杜工部。原籍襄阳（今湖北襄阳）人，生于河南巩县（今河南巩义）。

〔2〕哀玉：指如玉声凄清的音响。 锦城：四川成都的别称。

〔3〕茅斋：茅庐，自谦之辞。

〔4〕《笔衡》：即《坦斋笔衡》，原本共6卷，南宋叶寘撰。叶寘，字子真，号坦斋。池州青阳（今安徽池州）人。

秘色窑

吴越烧造者。钱氏有国时，命于越州烧进，为供奉之物[1]，臣庶不得用[2]，故云秘色。其式似越窑器，而清亮过之。

唐氏《肆考》云，蜀王建报朱梁[3]，信物有金棱碗[4]，致语云："金棱含宝碗之光，秘色抱青瓷之响。"则秘色乃是当时瓷器之名，不然，吴越专以此烧进，何蜀王反取之以报梁耶?

案：《垣斋笔衡》谓秘色唐世已有，非始于钱氏，大抵至钱氏始以专供进耳，岂王蜀遂无唐之旧器哉！又徐寅有《贡馀秘色茶盏》七律诗[5]，可见唐有之辨非谬。特《辍耕绿》疑为即越窑，亦误。南宋时秘①色窑已移余姚，迄明初遂绝。

【校】

①"秘"，美术本作"稔"。

【注释】

〔1〕供奉：特指供献给帝王。

〔2〕臣庶：臣民。

〔3〕王建：字光图，五代十国前蜀皇帝。907—918年在位。陈州项城（今河南沈丘）人，一作许州舞阳（今河南舞阳）人。 朱梁：五代十国时的后梁（907—923）开国皇帝为朱温，故称。

〔4〕金棱碗：饰金瓷碗。

〔5〕徐寅：字昭梦。莆田（今福建莆田）人。唐乾宁进士，授秘书省正字。后唐时去官归隐。工诗，多咏物之作。有《钓矶文集》5卷存世。

秦 窑

唐代烧造，今甘肃之秦州也。相传器者皆碗杯之属，多纯素，亦有凸鱼水纹者。

柴 窑

五代周显德初所烧〔1〕，出北地河南之郑州。其地本宜于陶，以世宗姓柴，故名。然当时亦称御窑，入宋，始以柴窑别之。其瓷青如天，明如镜，薄如纸，声如磬，滋润细媚，有细纹，制精色异，为古来诸窑之冠，但足多粗黄土耳。

唐氏《肆考》云：柴窑起于汴，相传当日请器式，世宗批其状曰："雨过天青云破处，者般颜色作将来〔2〕。"今论窑器者，必曰柴、汝、官、哥、定，而柴久不可得矣。得残器碎片，制为冠饰、绦环、玩具〔3〕，亦足珍贵①。世传柴瓷片，宝莹射目，光可却矢。宝莹则有之，却矢未必然，盖难得而重言之也。

【校】

①"贵"，美术本作"重"。

【注释】

〔1〕显德（954—960）：后周太祖郭威、世宗柴荣、恭帝柴宗训年号（年号一直沿用）。

〔2〕者般：这般。

〔3〕绦环：官员燕居时，或根本不穿官服的人们使用的带具。

唐邑窑

宋时烧造，即今南阳府唐县。昔称青瓷，质泑不及汝器。

邓州窑

亦宋所烧，即南阳府之邓州，皆青瓷，未若汝器滋润。

耀州窑

耀州，今属西安府。亦宋烧青器，色质俱不逮汝窑。后烧白器，颇胜。然陶成皆不坚致，易茅损，所谓黄浦镇窑也。

乌泥窑

［金］耀州窑青釉葫芦形执壶
（首都博物馆藏）

建宁府建安所烧，始于宋。厥土黑坟，质粗不润，泑水燥暴，色面亦青。《瓶花谱》以乌泥与龙泉、均、章诸窑并重〔1〕。《博古要览》则谓当差肩象、东〔2〕。

《留①青日札》云〔3〕：建安乌泥窑器，品最下，未可传信。抑今昔之不同耶！

【校】

①“留”，诸本皆作“拾”，据文意改。

【注释】

〔1〕《瓶花谱》：1卷，明张谦德（1577—1643）撰。张谦德，后改名丑，字青甫，号米庵。昆山（今江苏昆山）人。另著有《清河书画舫》等。　章诸窑：应指哥窑和龙泉窑。　并重：同等看待。

〔2〕《博古要览》：疑为《博物要

览》，16卷，明谷应泰（1620—1690）撰。其书论列古器物、字画、织绣、印宝等。谷应泰，字赓虞，号霖苍。直隶丰润（今河北丰润）人。 差肩象、东：与象窑、东窑比肩。差肩，比肩，并列。象，象窑。东，东窑。

〔3〕《留青日札》：40卷，明田艺蘅撰。田艺蘅，字子艺，号品岩子。钱塘（今浙江杭州）人。约生活在明嘉靖、隆庆和万历初年间。另著有《田子艺集》《大明同文集》《诗女史》等。

余杭窑

亦宋时烧造，乃杭州府之余杭县也。色同官瓷，无纹，不莹润。

叶垣斋《笔衡》云：郊坛下新窑，已比旧官内窑大不侔。他如乌泥窑、余杭窑，更非官窑比矣。

丽水窑

亦宋所烧，即处州丽水县，亦曰处窑。质粗厚，色如龙泉，有浓淡，工式尤拙。

萧窑

出徐州府萧县之白土镇，一曰白土窑，亦宋代烧造。厥土白壤，质颇薄泽，皆①白器，制式规范颇佳。

《夷坚志》云〔1〕：萧县白土镇造白器，凡三十馀窑，窑户多邹姓，有总首〔2〕，其陶匠约数百人，制作颇佳。

【校】

①“皆”，美术本作“者”。

【注释】

〔1〕《夷坚志》：笔记小说集。原书420卷，南宋洪迈（1123—1202）撰。洪迈，字景卢，号容斋，别号野处。南宋饶州鄱阳（今江西鄱阳）人。绍兴（1131—1162）中与兄洪适、洪遵先后中词科，号称“三洪”。洪迈精通史籍，另著有《容斋随笔》《野处类稿》等。

〔2〕总首：总头领。

吉州窑

［元］ 吉州窑白地黑彩奔鹿纹长颈瓶
（江西省博物馆藏）

宋时吉州永和市窑，即今之吉安府卢陵县。昔有五窑[1]，具白色、紫色。紫有与紫定相类者。五窑中，惟舒姓烧者颇佳。舒翁工为玩具，翁之女名舒娇，尤善陶。其罏、瓮诸色几与哥窑等价。花瓶大者值数金，小者有花。《格古要论》云：体厚质粗，不甚足品。

唐氏《肆考》云：吉窑颇似定器，出今吉安之永和镇。相传陶工作器入窑，宋文丞相过时[2]，尽变成玉。工惧事闻于上，遂封穴不烧[3]，逃之饶[4]，故景德镇初多永和陶工。

按：此亦元初事，若明陶以后，则皆昌南土著。

【注释】

〔1〕五窑：据出土标本，当指舒、陈、周、郭、谢五姓窑。

〔2〕宋文丞相：南宋末丞相文天祥（1236—1283）。原名云孙，字履善，一字宋瑞，号文山。吉州庐陵（今江西吉安）人。著有《文山先生全集》等。

〔3〕封穴：封闭窑口。

〔4〕饶：饶州。

建　窑

古建州窑也。出宋代，为今之建宁府建阳县，始于建安，后迁建阳，入元犹盛。碗盏多是擎口，体稍薄，色浅黑而滋润①，有②黄兔斑、滴珠大者真[1]。宋时茶尚擎碗，以建安兔毫盏为上[2]。

唐氏《肆考》云：旧建瓷有薄者，绝类宋器。

【校】

①“滋润”，美术本缺此二字。

②“有”，美术本缺此字。

【注释】

〔1〕黄兔斑：又称黄兔毫，釉面似黄色兔毛一样。　滴珠：即油滴，在黑色釉面上布满闪烁银光的小圆点。

〔2〕兔毫盏：宋代饮茶用的一种盏，敞口、深腹、浅圈足。因胎厚色黑，釉里有细丝状银色结晶，形如兔毛，故名。

象窑

宋南渡后所烧，出处未详。有蟹爪纹，以色白滋润为贵。其黄而质粗者品低。

唐氏《肆考》云：或言象器出今宁波府象山县，核之象窑，似定，但多质粗。其滋润者亦终逊定器，且次于霍州镇之彭窑。

榆次窑

此西窑也〔1〕，即太原府榆次县。自唐已陶，土粗质厚，厥器古朴。

【注释】

〔1〕西窑：旧时对山西瓷窑的总称，包括平定窑、霍州窑、榆次窑、平阳窑等。

平阳窑

亦西窑也，平阳府所烧。唐、宋皆陶，有砖窑，大而容器多；有土窑，小而容器少。土壤白，汁水欠纯，故器色无可传者。

宿州窑

宋代烧造，为今凤阳府之宿州也。器仿定色，当时行尚颇广。自定窑器减后，而北地且多市充定器，然固不及真定瓷也。

泗州窑

江南之泗州，宋代亦陶。悉仿定窑器色，但不著于时。贪其值贱者多市充定器。或云，泗器实与宿窑相埒[1]。

【注释】

〔1〕相埒：相等。

彭窑

元时彭均宝于霍州烧造。土脉细白，埴腻体薄，尚素，仿古定器，制折腰样甚整齐，当时以彭窑称焉。其佳者与定相埒，因亦呼新定器。

《格古要论》云：元彭均宝效古定窑制器，创折腰样，其土脉细白，绝类真定，往往为牙行指作定器[1]。以烧于霍州，又名霍窑。

唐氏《肆考》云：元之戗金匠户彭均宝烧仿定器，与白定相似，但比青口欠滋润，极脆，难以传久。市肆卖古瓷，多充为定器，非真赏家莫辨。

【注释】

〔1〕牙行：旧时为买卖双方说合交易而从中收取佣金的商行。相当于现代的经纪人。

宣州窑

元、明烧造，出宣州。土埴，质颇薄，色白。

临川窑

元初烧造，即今抚州府之临川县。土埴细，质薄，色多白微黄，有粗花者。

南丰窑

出盱江之南丰县[1]，元代烧造。土埴细，质稍厚。器多青花，有如土定等色。

蒋《记》云：夫何昔之课斯陶者日举，今则州家多挂欠？原其故有五，临川、建阳、南丰产有所夺，三也。按此是说镇陶之利为三邑陶所夺，可见临窑、南窑在元时亦盛。

【注释】

〔1〕盱江：即抚河，又称汝水，为江西第二大河流。

陇上窑

陇东所陶，始于明，即平凉府华亭县等处。或称白器，或曰类西窑。大抵质粗工拙，不足贵。蔡九霞《志》云〔1〕：平凉华亭之间，明产瓷器，古陇东地也。

【注释】

〔1〕蔡九霞：即蔡方炳（1626—1709），字九霞，号息关，别号息关学者。江苏昆山（今江苏昆山）人。明季诸生。康熙十八年（1679）举博学鸿儒。工诗文，兼善隶草。著有《耻存斋集》《铨政论》《历代茶榷志》《马政志》《愤助编》等。

欧窑

明代烧造，为江南常州府宜兴人，以其姓欧①，皆呼为欧窑。有仿哥窑纹片者，有仿官、均窑色者，彩色甚多，俱花盘、奁架诸器〔1〕。其红、蓝纹釉二种尤佳〔2〕，昌南唐窑曾仿之〔3〕。

唐氏《肆考》云：宜兴窑又有专造紫砂壶一式。《阳羡茗壶系》云〔4〕：壶品，著名大家有时大彬②、李仲芳、徐友泉、陈仲美、陈俊卿等〔5〕。

按：宜兴壶窑虽属陶成，然不类瓷器，此编只纪瓷，陶故不列入。

【校】

①“姓欧”，美术本作“欧姓”。

②“彬”，诸本皆作“宾”，据文意改。

【注释】

〔1〕奁架：盛放梳妆用品的器具。

〔2〕红、蓝纹釉：均为仿钧窑的低温颜色釉。其中蓝釉为欧窑基本釉

色，是间于灰黑、灰绿之间的灰蓝釉。

〔3〕昌南唐窑：即景德镇唐窑。乾隆年间唐英主持御器厂烧造瓷器。

〔4〕《阳羡茗壶系》：1卷，明周高起（1596—1645）撰。周高起，字伯高。江苏江阴（今江苏江阴）人。邑诸生，博闻强识，工古文词。清兵至时，不屈而死。另撰有《读书志》等。

〔5〕时大彬（1573—1648）：宜兴紫砂艺术的一代宗匠，明壶艺名家时朋之子，生平活动期在明代万历朝至清代顺治朝之间。　李仲芳：明制壶名手李茂林子，制陶名家时大彬高足。江西婺源（今江西婺源）人。善制宜兴砂壶，及时大彬之门为高足第一，所制渐趋文巧。其父督以敦古，芳尝手一壶示其父曰："老兄，者个何如？"俗因呼其所做为"老兄壶"。今世所传大彬壶亦有仲芳做之，大彬见赏而自署款识者，时人语曰："李大瓶，时大名。"　徐友泉：名士衡，江西婺源（今江西婺源）人。自小拜时大彬为师。其作品，别具一格，擅仿古铜器形及蕉叶、莲房等各式各样的紫砂壶。泥色多变，技艺高超。　陈仲美：明万历至清顺治年间江西婺源（今江西婺源）人。原在景德镇制瓷，后到宜兴制陶。善配壶土，意有创新。善以自然界的花果、草虫入壶，壶似花果，缀以草虫，或龙戏海涛，形神逼真，呼之欲出；塑大士像，庄严慈悯，神彩欲生。　陈俊卿：明天启至崇祯年间江西婺源（今江西婺源）人。制壶名手，时大彬弟子。

横峰窑

横峰，今广信府兴安，昔属弋阳县之太①平乡。明处州人瞿志高来创造窑器〔1〕。嘉靖间，因民饥乱〔2〕，乃即横峰窑镇地改立兴安县，移窑于弋之湖西马坑，俗犹呼横峰窑，亦曰弋器。所造瓶、罐、缸、瓮、盘、碗之类甚粗。

【校】

①"太"，经堂本作"大"，据美术本改。

【注释】

〔1〕瞿志高：明代制瓷名工。处州（今浙江丽水）人。本在横峰造窑器。嘉靖间移于弋阳，仍称"横峰窑"，又叫"弋窑"。　来：谓从处州来弋阳县太平乡。

〔2〕因民饥乱：指嘉靖十九年（1540）农民暴动反抗封建统治的斗争。

以上古陶，惟自晋纪起[1]。东瓯、关、洛诸作，在当时原只泛称陶器，故仍以陶纪之，馀悉称窑。盖陶至唐而盛，始有窑名也。

【注释】

〔1〕自晋纪起：自晋代开始叙述。

各郡县窑考（附）

邢 窑

出直隶之顺德府邢台县，自唐已烧造。土细质腻，色尚素，昔称白瓷。今亦有描青杂式者。《茶经》云：世以邢州瓷处越器上，然邢瓷类银、类雪，邢瓷白而茶色丹，似不如越。

按：《茶经》第就品茶言瓷耳，邢器亦足观。

磁州窑

始磁州，昔属河南彰德府，今属北直隶广平府。称“磁器”者盖此。又本磁石制泥为坯，陶成，所以名也。器之佳者与定相似，但无泪痕，亦有划花、绣花，其素者价高于定，在宋代固著。今人讹以陶窑瓷品概呼为磁器，不知另有是种窑。

［元］ 磁州窑白地黑花凤纹罐（首都博物馆藏）

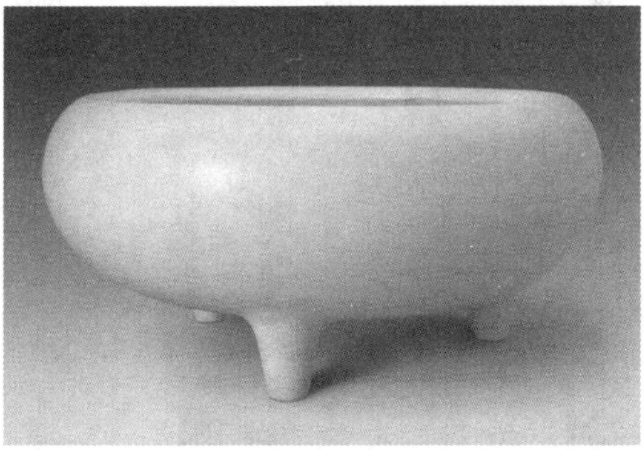

［明］ 德化窑白釉螭耳炉（南京博物院藏）

德化窑

自明烧造，本泉州府德化县，德化今改属永春州。碗、盏亦多擎口，称白瓷，颇滋润，但体极厚，间有薄者。惟佛像殊佳。今之建窑在此，盖不类旧建瓷矣。

处 窑

浙之处州府，自明初移章龙泉窑于此烧造至今，遂呼处器。土粗垩，火候、汁水皆不得法。或犹有以龙泉称者，要非古章窑比也。

许州窑

明河南许州烧造，制磁石为之，亦瓷器也。色样皆有，花素较磁州新近者为优。或曰窑始于宋。

河北窑

烧造由宋始，青瓷也，即今河南卫辉府，昔称河北地。器同汝制而色质不及，只可与唐、邓、耀等窑为伍。

怀庆窑

出河南怀庆府，自明迄今尚烧造。

宜阳窑

明陶，即河南宜阳县，今尚烧造。

登封窑

亦自明始，即河南府登封县，今尚陶。

陕州窑

河南之陕州也，烧造始于明，今尚陶。

兖州窑

明以来烧造者，即兖州府邹、峄等处[1]，今尚陶。

【注释】

〔1〕邹：今山东邹城。　峄：峄山，又称邹山。在今山东邹城东南。

平定窑

今之西窑也，自宋已陶。土黎质粗，而色白微黑，器皆厚大，盆、碗殊无可观，人呼之曰俏器，即平定州烧者。

霍州窑

亦今之西窑，始于唐宋。土细壤，质腻，体薄，色多白，比平阳所造为佳，当时别之曰霍器。

［元］ 霍窑白釉印花盘（上海博物馆藏）

广窑

始于广东肇庆府阳江县所造，盖仿洋磁烧者，故《志》云：广之阳江县产磁器。尝见炉、瓶、盏、碟、碗、盘、壶、盒之属，甚绚彩华丽。惟精细雅润不及瓷器[1]，未免有刻眉露骨相，可厌。然景德镇唐窑曾仿之，雅润足观，胜于广窑。此与磁州、许州等器，皆非瓷土所成者也。

《陶成纪事》云：一仿广窑釉色及青点釉一种。按：此亦唐厂所仿。

【注释】

〔1〕雅润：雅致温润。

外译窑考（附）

高丽窑

即高丽国所烧造者[1]，不知起于何代。质颇细薄，釉色与景德镇微类。有粉青者，似龙泉器。有细花者，仿佛北定器。若上有白花朵儿者，彼国不甚值钱，大约与越窑、秘色窑、汝窑诸式相类，惟瓜尊、狻猊罏颇著异[2]。

【注释】

〔1〕高丽国：朝鲜半岛古代王朝之一，即王氏高丽，疆域基本涵盖今朝鲜半岛。

〔2〕狻猊炉：指刻镂成狮子状的香炉。狻猊，亦作“狻麑”。古代传

说中的一种猛兽。

大食窑

大食国所造[1]，以铜作骨，用药烧成，五色华绚。有见其碗、盏、壶、盒者，谓与佛郎嵌器颇相似[2]，不知著始何代。

【注释】

〔1〕大食国：中国唐宋时期对阿拉伯帝国的称呼。

〔2〕佛郎嵌器：即珐琅器，其实又称景泰蓝，是一外来语的音译词。珐琅一词源于中国隋唐时古西域地名拂菻。

佛郎嵌窑

亦呼鬼国窑，即今所谓“发蓝”也，又讹“法琅”。其窑甚狭小，制如垆器[1]。亦以铜作胎，用色药嵌烧，颇绚采可玩。

唐氏《肆考》云：今云南人在京多作酒盏，仿佛郎嵌，俗谓之鬼国嵌。

【注释】

〔1〕垆：旧时酒店里安放酒瓮的土台子。

洋磁窑

西洋古里国造[1]，始者著代莫考。亦以铜为器骨，甚薄，嵌磁粉烧成。有五色，缋彩可观，椎①之作铜声，世称洋磁。泽雅鲜美，实不及瓷器也。今广中多仿造[2]。

唐氏《肆考》曰：洋磁等器，虽甚绚采华丽而欠雅润精细，仅可供闺阁之用，非士大夫文房清玩也[3]。

【校】

①“椎”，诸本皆作“推”，据文意改。

【注释】

〔1〕古里国：又作“古里佛”，是位于南亚次大陆西南部的一个古代王国。

〔2〕广中：指广州。

〔3〕清玩：清雅的玩品。

卷八　陶说杂编上

浮于饶称望邑[1]，景德一镇，屹然东南一雄观[2]。业陶者于斯[3]，贸陶者聚于斯。天下之大[4]，受陶之利，而举以景镇名[5]。（王泽洪《记》[6]。）

【注释】

〔1〕浮：浮梁县。　饶：饶州府。　望邑：重要的城邑。

〔2〕雄观：壮观。

〔3〕业陶：从事制造陶瓷事业。

〔4〕天下：所有的人。

〔5〕举：赞许，表彰。

〔6〕王泽洪《记》：指《浮梁县志》卷首所载康熙十一年（1672）知府王泽洪《浮梁县志序》文之十。王泽洪，曲都人，曾任饶州知府。

浮处万山之中，而景德一镇，则固邑南一大都会也。殖陶之利，五方杂居，百货具陈，熙熙乎称盛观矣[1]。（陈淯《集》[2]。）

【注释】

〔1〕熙熙：热闹的样子。　盛观：壮观。

〔2〕陈淯《集》：指《浮梁县志》卷首所载旧志序文之十四。陈淯，字白水。福建人。任抚州府通判，署浮梁知县。

昌南镇陶器行于九域[1]，施及外洋，事陶之人，动以数万计。海樽山俎[2]，咸萃于斯[3]，盖以山国之险兼都会之雄也。（沈怀清《记》[4]。）

【注释】

〔1〕九域：九州。古代分中国为九州。说法不一。《尚书·禹贡》作

冀、兖、青、徐、扬、荆、豫、梁、雍；《尔雅·释地》有幽、营州而无青、梁州；《周礼·夏官·职方》有幽、并州而无徐、梁州。后以“九州”泛指天下，全中国。

〔2〕海樽山俎：樽，盛酒器皿。俎，盛肉器皿。海、山，极言其大。此处代指各种奇异的物品。

〔3〕萃：聚集。

〔4〕沈怀清《记》：指《浮梁县志》卷首载旧志序文之十六。沈怀清，名嘉征。浙江山阴（今浙江绍兴）人。任浮梁知县16年，为官清廉。

景德，江右一巨镇也，隶于浮〔1〕。业制陶器，利济天下〔2〕，四方远近，挟其技能以食力者〔3〕，莫不趋之如鹜〔4〕。（谢旻《外纪①》〔5〕。）

【校】

①“纪”，美术本作“记”。

【注释】

〔1〕隶：附属，属于。

〔2〕利济天下：施恩泽于天下。

〔3〕食力：指靠劳动生活的人。

〔4〕趋之如鹜：像野鸭成群而往。比喻很多人争相趋附、前往。趋，奔赴，归附。鹜，野鸭。

〔5〕谢旻《外纪》：谢旻，清雍正年间曾任江西巡抚，主修《江西通志》。《外纪》，即谢旻所撰《广济堂记》。

昌江之南，有镇曰陶阳，距城二十里，而俗与邑乡异。列市受廛〔1〕，延袤十三里许〔2〕，烟火逾十万家〔3〕，陶户与市肆当十之七八，土著居民十之二三。凡食货之所需求〔4〕，无不便五方，藉陶以利者甚众。（黄墨舫《杂志》〔5〕。）

【注释】

〔1〕列市受廛：廛，古代城市平民的房地。市廛，集市。

〔2〕延袤：绵亘，绵延伸展。

〔3〕烟火：炊烟。泛指人烟。

〔4〕食货：食和货。粮食等食物和钱财、货物。

〔5〕黄墨舫《杂志》：疑指清黄绳先撰《墨舫剩稿》。黄绳先，号墨舫。

浮梁提封仅百里〔1〕，土宜于陶，以致陶之业、陶之人及陶中所有之事，几皆半于浮。则景德一镇，洵浮之要区矣〔2〕。（杨竹亭《集》〔3〕。）

【注释】

〔1〕提封：犹版图，疆域。隋薛道衡《老氏碑》："牂牁夜郎之所，靡漠桑榆之地，咸被声教，并入提封。"

〔2〕洵：实在。

〔3〕杨竹亭《集》：不详，待考。

唐褚绥，字玉衡，晋州人。景隆初〔1〕，为新平司务。会洪州督府奉诏需献陵祭器〔2〕，甚迫，绥驰戟门〔3〕，力陈岁歉，户力凋残〔4〕，竟获止。（《襄陵名宦志》〔5〕。）

【注释】

〔1〕景隆：应为"景龙"（707—710），唐中宗李显年号。

〔2〕会：适逢。　献陵：唐高祖李渊的陵寝。

〔3〕戟门：指督府的衙门。

〔4〕凋残：衰落，残败，减损。

〔5〕《襄陵名宦志》：不详，待考。

窑之长短，率有椳①数籍税〔1〕，而火堂、火栈、火尾、火眼之属〔2〕，则不入于籍。烧时，窑牌火照迭相出试，谓之报火。（蒋祈《陶略》〔3〕。）

凡窑家作辍〔4〕，与时年丰凶相为表里〔5〕，闻镇之巨户今不如意者十八九。（同上。）

进坑石制②泥精细，湖坑、岭背、界田之所产，已为次矣。比壬坑、高砂、马鞍山，厥土、赤石，仅可作匣。攸山石垩烧灰〔6〕，杂以槎叶木柹，火而加炼之，必剂以釉泥而后用〔7〕。（同上。）

【校】

①"椳"，美术本作"瑻"。

②"制"，美术本作"裂"。

【注释】

〔1〕率：都。

〔2〕火堂：窑前面的燃烧室，今称火膛。　火栈：俗称火路。　火尾：窑后室温度较低、气温不易控制处。

〔3〕《陶略》：即《陶记》。

〔4〕辍：中止，停止。

〔5〕时年：当年。　相为表里：相互关联。

〔6〕攸山：即景德镇与婺源交界的游山。

〔7〕釉泥：即釉果。

彭器资①尚书文集有《送许屯田诗》序云[1]：“浮梁父老言，自来作知县不买瓷器者一人，君是也；作饶州不买瓷器者一人[2]，今程少卿嗣宗是也[3]。”惜乎！不载许君之名[4]。（《容斋随笔》[5]。）

【校】

①“资”，美术本作“瓷”。

【注释】

〔1〕彭器资：即彭汝砺（1041—1095），字器资。宋鄱阳（今江西鄱阳）人。北宋经学家。治平二年（1065）进士第一。历官大理寺丞、吏部侍郎等职。著有《易义》、《诗义》及《鄱阳集》。

〔2〕作饶州：任饶州府知府。

〔3〕程少卿嗣宗：不详，待考。

〔4〕许君：即许屯田，名彭年。曾任浮梁县令。

〔5〕《容斋随笔》：分《随笔》《续笔》《三笔》《四笔》《五笔》，共5集74卷。南宋洪迈著。其中前四集各16卷，因书未成而作者过世，故《五笔》仅为10卷。这部书内容范围颇广，资料甚富，包括经史百家、文学艺术、宋代掌故及人物评价诸方面内容。它对后世产生了较为深远的影响，《四库全书总目提要》推它为南宋笔记小说之冠。

吾闻陶之为道也[1]，捣金石之屑，拔草木之精，埏之坯之、鋎之绘之、泑之煅之[2]，别土脉火色，寻蟹爪、鱼子。自霍、景、柴、汝、定、官、哥、均以来，至今日而其器益精。（谢济世《叙》[3]。）

【注释】

〔1〕道：行业。

〔2〕鋎：使器物变圆无棱角的样子。

〔3〕谢济世《叙》：谢济世（1689—1756），字石霖，号梅庄。清全州（今广西全州）人。康熙五十一年进士，官至浙江道监察御史。著有《谢梅庄

先生遗集》等。《叙》，不详，待考。

宣窑冰裂鳝血纹者，与官、哥同，隐纹如橘皮。红花、青花者，俱鲜彩夺目，堆垛可爱[1]。永窑细款青花杯，成窑五采葡萄杯及纯白薄如琉①璃者，今皆极贵。又有元代“枢府”字号窑者，亦可取。（文震亨《长物记》[2]。）

宣窑有鱼藻洗、葵瓣洗、磬口洗、鼓样洗、五采桃注、石榴注、双瓜注、双鸳注、暗花白香橼盘、苏麻泥青香橼盘、朱砂红香橼盘诸件[3]。又香合之小者，有饶窑蔗段、串铃二式[4]。（同上。）

宣庙有尖足茶盏[5]，料精式雅，质厚难冷，洁白如玉，可试茶色，盏中第一。世庙有坛盏[6]，中有“茶汤”“果酒”，后有金箓“大醮坛用”等字者[7]，亦佳。又一种名崔公窑，差大[8]，可置果实。（同上。）

【校】

①“琉”，美术本作“玻”。

【注释】

〔1〕堆垛：堆积。

〔2〕文震亨《长物记》：即明文震亨（1585—1645）所撰《长物志》。12卷。内容分室庐、花木、水石、禽鱼、书画、几榻、器具、位置、衣饰、舟车、蔬果、香茗12类。文震亨，字启美，长洲（今江苏苏州）人。另著有《怡老园记》等。

〔3〕洗：盛水洗笔的器皿。 注：用于斟注的小壶。 香橼：芸香科。常绿乔木。枝有短刺。叶互生，革质，具腺点。供观赏或作砧木。果实、花、叶可提芳油。中医学上以果皮入药，亦名“香圆”。

〔4〕蔗段、串铃：以形而言，类似甘蔗段、成串的铃铛。

〔5〕宣庙：明宣宗朱瞻基代称。此称宣德朝。

〔6〕世庙：指明世宗朱厚熜。

〔7〕金箓：道教谓天帝的诏书。

〔8〕差：略微。

玩好之物以古为贵[1]，惟今代则不然[2]。永乐之剔红[3]，宣德之铜，成化之窑器，其价遂与古敌[4]。先是宣窑品最贵，近日又重成窑，盖两朝天纵留意曲艺[5]，宜其精工如此。花样皆作八吉祥、五供养、一串金、西番莲[6]，以至斗鸡、百鸟及人物故事。至嘉靖窑，则又仿宣、成二种而稍胜之。惟崔公窑加贵，然其值亦第宣、成之什一耳[7]。（明沈氏《敝帚斋馀谈》[8]。）

幼曾于二三中贵家见隆庆窑酒杯茗碗[9]，俱绘男女私亵之状。盖穆宗好内[10]，以故奉造此种。然春画之起，始于汉广川王画屋[11]。又书载，汉时发冢，则凿砖画壁，俱有此种。杯、碗正不足怪也。（同上。）

宣德时最娴蟋蟀戏[12]，因命造蟋蟀盆，今宣窑蟋蟀盆犹甚珍重，其价不减宋宣和盆也[13]。（同上。）

[清] 嘉庆 粉彩莲座托八吉祥
（南京博物院藏）

[清] 嘉庆 粉彩莲座托八吉祥
（南京博物院藏）

【注释】

〔1〕玩好：供玩赏的奇珍异宝。

〔2〕今代：现代，今世。

〔3〕剔红：漆器工艺的一种，即雕红漆。

〔4〕敌：相当。

〔5〕天纵：天所放任，意谓上天赋予。后常用以谀美帝王。　曲艺：小技。古多指医卜以至书画之类的技能。

〔6〕八吉祥：瓷器传统吉祥纹样之一。由法螺、法轮、宝伞、白盖、莲花、宝瓶、金鱼、盘长八种吉祥物组成，偶有火珠状吉祥物代替其中之一，常见与莲花组合成图案。　五供养：指涂香、供花、烧香、饭食、灯明五种供物。　一串金：即连翘。　西番莲：蔓生植物，又名大丽花。

〔7〕什一：十分之一。

〔8〕沈氏《敝帚斋馀谈》：沈氏，即明沈德符（1578—1642），字景倩，又字虎臣。秀水（今浙江嘉兴）人。《敝帚斋馀谈》，1卷，记典章故事。

〔9〕中贵：朝中贵人。指朝廷中的高官。

〔10〕穆宗好内：即朱载垕（1537—1572），明世宗朱厚熜第三子。嘉靖四十五年（1566）继位，翌年改元隆庆，在位6年卒。好内：贪恋妻妾姬侍。

〔11〕广川王画屋：《汉书》卷五三《列传·景十三王》："赵敬肃王彭祖以孝景前二年立为广川王。"并载其生活淫乱。广川，今河北景县广川镇。画屋：事不详，当指屋内画男女猥亵故事。

〔12〕娴：熟习，熟练，此处引申为钟意、喜欢。

〔13〕不减：不次于，不少于。

吴门周丹泉，巧思过人，交于唐太常[1]，每诣江西之景德镇仿古式制器[2]，以眩耳食者[3]。纹款色泽，咄咄逼真，非精于鉴别，鲜不为鱼目所混。一日，从金阊买舟往江右[4]，道经毗陵[5]，晋谒太常[6]，请阅古定鼎。以手度其分寸，仍将片楮摹鼎纹[7]，袖之，遂别之镇。半载而旋，仍谒唐，袖出一鼎云："君家白定炉鼎我又得其一①矣。"唐大骇，以所藏古鼎较之，无纤毫疑。又盛以旧罏，底盖宛如辑瑞之合也[8]。询何所自来，周云："余畴昔借观[9]，以手度者再，盖审其大小轻重耳，实仿为之，不相欺也。"太常叹服，售以四十金，蓄为副本，并藏于家。神庙末年，淮安杜九如浮慕唐之古定鼎[10]，形诸梦寐，从太常孙君俞强纳千金，得周之仿鼎以去。（《韵石斋笔谈》[11]。）

【校】

①"一"，美术本作"二"。

【注释】

〔1〕唐太常：即唐鹤征（1538—1619），字元卿，号凝庵。明武进（今江苏常州）人。隆庆进士。历任礼部主事、太常寺少卿、南京太常等职。著有《桃溪札记》《周易象义》《周易合义》等。

〔2〕诣：到。

〔3〕耳食者：轻信别人话的人。

〔4〕金阊：苏州有金门、阊门两城门，故以"金阊"借指苏州。 买舟：雇船。

〔5〕毗陵：今江苏常州。

〔6〕晋谒：拜见。

〔7〕片楮：片纸。楮，纸的代称。

〔8〕辑瑞之合：用来比喻器盖与器底完全相配。辑瑞，指会见下属的典礼。

〔9〕畴昔：往日，从前。

〔10〕杜九如：淮安商人。　浮慕：仰慕。

〔11〕《韵石斋笔谈》：2卷，姜绍书撰，记录所见古器书画及诸奇玩。姜绍书，字二酉，号晏如居士。江苏丹阳（今江苏镇江）人。明末清初藏书家、学者。另著有《瑶琨谱》《无声诗史》等。

陶辨器足。永乐窑压手杯，滑底沙足〔1〕。宣窑坛盏，釜底线足〔2〕。嘉靖窑鱼扁盏，馒①心圆足〔3〕。凡陶器出窑，底足②可验火法。（《留③青日札》。）

【校】

①“馒”，诸本皆作“镘”，据文意改。

②“足”，美术本缺此字。

③“留”，诸本皆作“拾”，据文意改。

【注释】

〔1〕滑底沙足：指器足外缘有沙痕，底内光滑。这是永乐窑压手杯的特点。

〔2〕釜底线足：指器足似釜，足直。这是宣德窑白茶盏的特点。

〔3〕馒心圆足：圈足内微微凸起似馒头状。

饶州景德镇，陶器所自出。大观间有窑变，色红如朱砂，佥谓荧惑缠度临照而然〔1〕。物反常为妖，窑户亟碎之。时有玉牒防御使仲戢〔2〕，年八十馀，居于饶，得数种出以相视，云比之定州红瓷，色尤鲜明。（《清波杂志》〔3〕。）

【注释】

〔1〕佥：全，都。　荧惑：古指火星。因隐现不定，令人迷惑，故名。《吕氏春秋·制乐》：“荧惑在心。”高诱注：“荧惑，五星之一，火之精也。”　缠：古同“躔”。又称躔次，日月星辰在运行轨道上的位次。　临照：天日之照耀。

〔2〕玉牒：记载帝王谱系、历数及政令因革之书。至宋代，每10年一修。《新唐书·百官志三》：“（宗正寺）知图谱官一人，修玉牒官一人。”　防御使：职官名。唐武则天时始设于夏州，安史之乱时分设于中原军事要地，掌本区军事，位在团练使下。唐后期，诸州刺史不带团练使者多

加此衔，或与团练使互兼。至宋代为武将兼衔，官阶高于团练使，低于观察使。辽南面官系统中有防御使。清代各省驻防军中设防御使，是正五品武官。驻京之健锐营及各陵寝亦设防御使。

〔3〕《清波杂志》：12卷，《别志》3卷。南宋周煇撰。书中记载了宋代的一些名人轶事；保留了不少宋人的佚文、佚诗和佚词；记载了当时的一些典章制度、风俗、物产等。周煇，字昭礼。泰州（今江苏泰州）人。另著有《北辕录》《别志》等。

髹漆螺蛔嵌器垢旧〔1〕，若洗拭，法用无糨软绢，包香蛤粉满扑过〔2〕，另将软绢细细揩抹。其黑处自①光如镜，而所嵌物则明显。（《云谷卧馀》〔3〕。）

【校】

①“自”，美术本作“白”。

【注释】

〔1〕髹漆螺蛔嵌器：一种手工艺品，用贝壳薄片做成人物、鸟兽、花草等形象嵌在髹漆器物上。螺蛔，用螺蛳壳或贝壳镶嵌在漆器、硬木家具或雕镂器物的表面，做成有天然彩色光泽的花纹、图形。

〔2〕蛤粉：即蛤蜊粉。宋米芾《画史》：“古书画皆圜，盖有助于器。晋唐皆凤池研，中心如瓦凹，故曰研瓦。如以一花头瓦安三足尔，墨称螺，制必如蛤粉，此又明用凹砚也。”

〔3〕《云谷卧馀》：20卷，续8卷，清张习孔撰。张习孔，字念难。安徽歙县（今安徽歙县）人。顺治六年（1649）进士。官至山东提学佥事。习孔工诗词古文，好为杂记，另著有《贻清堂集》。

成化间，朱元佐监陶〔1〕，《登朝天阁冰立堂观陶火诗》云：“来典陶工简命膺，火①林环视一栏凭。朱门近与千峰接〔2〕，丹阙遥从万里登〔3〕。霞起赤城春锦列〔4〕，日生紫海瑞光腾〔5〕。四封富焰连朝夕〔6〕，谁识朝臣独立冰。”（《爱日堂抄》〔7〕。）

【校】

①“火”，美术本作“大”。

【注释】

〔1〕朱元佐：明督陶宦官，成化年间（1465—1487）在景德镇御窑厂

督造瓷器。

〔2〕朱门：红漆大门。指贵族豪富之家。

〔3〕丹阙：借指皇帝所居的宫廷。

〔4〕赤城：传说中的仙境。　春锦：形容艳丽的春花。

〔5〕紫海：传说中海名。唐苏鹗《杜阳杂编》卷中："敬宗皇帝宝历元年，南昌国献玳瑁盆、浮光裘、夜明犀。其国有酒山、紫海……水色如烂椹，可以染衣，其龙、鱼、龟、鳖、砂石、草木，无不紫色。"　瑞光：吉祥之光。

〔6〕四封：四境之内。

〔7〕《爱日堂抄》：疑为清赵士介《爱日堂抄本》。

明有昊十九者，浮梁人，能吟，工书画，隐于陶轮间〔1〕，所制精瓷雅壶，俱妙绝人巧，自号壶隐老人。（《紫桃轩杂缀》〔2〕。）

【注释】

〔1〕陶轮：制作陶器所用的转轮。此指潜心制瓷。

〔2〕《紫桃轩杂缀》：4卷又缀3卷，《四库全书总目》作"《紫桃杂缀》3卷又缀3卷"。明李日华著。

镇瓷无色不备〔1〕，惟明厂有鲜红〔2〕。其纯白器或画青花，或加五彩。永窑亦足贵，多厚，成窑薄。宣窑青淡，嘉窑青浓，前后规制殊异。永在宣、成之下，嘉之上。《南村》谓宣青成彩〔3〕，以宣窑五彩深厚堆垛，不若成彩用色浅深，殊有画意也。惟宣花是苏泥勃青〔4〕，至成化其青已尽，只用平等青料，则论青花，宣为胜。然正、嘉用回青，亦足品。但宣窑选料、制样、绘画、题款，无一不佳耳。总之，明瓷无能过宣、成者。（《明瓷合评》〔5〕。）

【注释】

〔1〕镇瓷：景德镇瓷器。

〔2〕明厂：明景德镇御窑厂。

〔3〕《南村》：即《南村随笔》，6卷，清陆廷灿撰。陆廷灿，字秩昭。江苏嘉定（今上海嘉定）人。另著有《续茶经》等。　宣青成彩：宣德窑青花，成化窑彩瓷。

〔4〕宣花：宣德窑青花。

〔5〕《明瓷合评》：为唐秉钧《文房肆考图说》卷三《古窑器考》中

的一目。《古窑器考》实则照录清梁同书《古铜瓷器考》中的内容。

凡用佳瓷，不先制之，遇热汤水无有不损裂。必须先以米泔水〔1〕，温温渐煮，出再以生姜汁及酱涂器底下，入火稍煨顿可保〔2〕。（《墨娥小录》〔3〕。）

粘碗盏法：用未蒸熟面筋，入筛净细石灰少许，杵数百下，忽化开如水，以之粘定，缚牢阴干，自不脱，胜于钉钳①，但不可水内久浸。又凡瓷器破损，或用糯米粥和鸡子青〔4〕，研极胶粘，入粉少许再研，以粘瓷损处，亦固。（同上。）

【校】

①“钳”，美术本作“铜”。

【注释】

〔1〕米泔水：淘米水。

〔2〕顿：同“炖”。

〔3〕《墨娥小录》：14卷，是一部杂录性质的著作。作者不详，待考。

〔4〕鸡子青：鸡蛋清。

陶器贡自京师，岁从部降式造特多，以龙凤为辨。（王宗沐《陶书论》〔1〕。）

【注释】

〔1〕王宗沐《陶书论》：王宗沐（1524—1592），字新甫，号敬所。临海城关（今浙江临海）人。明嘉靖二十三年（1544）进士。历任刑部主事、广东参议、山西右布政使、山东左布政使、刑部左侍郎等。著有《海运详考》《海运志》《敬所文集》《江西省大志》等。《陶书论》是《江西省大志》中的一目。

江阴周高起曰：明有陈仲美，婺源人，初造瓷于景德镇，尤善诸玩，类鬼工。以业之者多，不足成其名，弃之而来阳羡〔1〕。好配壶土，心思殚竭〔2〕，可列神器〔3〕。（《阳羡茗壶系》。）

【注释】

〔1〕阳羡：今江苏宜兴。

〔2〕殚竭：用尽，竭尽。

〔3〕神器：神物。

水盏子者[1]，乐器也。古犹瓦缶为之[2]。明姑苏乐工谋易以铁[3]，不成，乃购食器之能声者。得内府监制成化瓷器若干，则水浅深，分下上清浊，叩以犀匙[4]。凡器八，而音周，绝胜古之击缶者[5]，因强名曰水盏子。（毛奇龄《水盏子记》[6]。）

【注释】

〔1〕水盏子：器皿类一种比较小的食器，如瓷杯、小盆等，以盛水多少而调音。

〔2〕瓦缶：小口大腹的瓦器。此指古代陶土制的打击乐器。

〔3〕姑苏：苏州的别称。因其地有姑苏山而得名。

〔4〕犀匙：犀牛角制作的勺子。

〔5〕击缶：敲击瓦缶。古人或以缶为乐器，用以打拍子。

〔6〕毛奇龄《水盏子记》：毛奇龄（1623—1716），字大可、齐于，号初晴、秋晴等，又以郡望称西河。浙江萧山（今浙江杭州萧山区）人。明末清初学者、文学家。清初以仇家构陷，改名甡亡命浪游。康熙十八年（1679）以荐举博学鸿词，授翰林院检讨，充明史馆纂修官。长于经学和音韵学，又通乐律，工诗词古文。有《西河合集》。

［明］宣德 青花缠枝花卉纹梅瓶
（故宫博物院藏）

陶器以青为贵，彩品次之。瓷之青花、霁青、粉青，悉藉青料。其仿汝窑、官窑、哥窑、龙泉窑，其色青者亦资①青料。（唐氏《肆考》。）

宣窑青花，一名苏麻离青，成化时已少。正德间得回青，嘉窑御器遂用之。捶碎有朱砂斑者为上，银②星次也。纯用回青，则色散不收，必用石青和之，或什之一，或四之六，设色则笔路分明[1]，混水则颜色明亮[2]。（同上。）

窑变，一说火之幻化所成，非徒釉色改变，实有器异成奇者。《东坡集》载《瓶笙诗》引云：刘仲几饮饯[3]，闻笙箫声，察之出于炉上双瓶。明诏景德镇烧屏风，变其二为床、船。余家有镇瓷宋碗一，暑天盛腥物不臭腐。若官、均、哥窑，于本色釉外，变而为淡黄或灰紫错杂，类诸物态，此不足异，时亦有之。（同上。）

磁、瓷字，不可通。瓷乃陶之坚致者，其土埴壤。磁，实石名，出古邯郸地，今磁州。州[③]有陶，以磁石制泥为坯烧成，故曰磁器。非是处陶瓷皆称磁也。闻景德镇俗概从磁字书称。余所见商侣，亦多以瓷为磁，真可一噱。磁州今尚烧造。（同上。）

［清］雍正 窑变蟠螭鱼篓尊（天津博物馆藏）

自镇有陶，而凡戗金、镂银、琢石、髹漆、螺甸、竹木、匏蠡诸作[4]，今无不以陶为之。或字或画，仿嵌维肖。（同上。）

【校】

①“资”，美术本作“瓷”。

②“银”字后美术本多一“台”字。

③“州”，美术本缺此字。

【注释】

〔1〕笔路：笔法。

〔2〕混水：又称“分水”，青花操作工艺之一。即在勾好的轮廓线内，用含水量82%~96%的青料填色。

〔3〕饮饯：以酒饯行。

〔4〕竹木：竹子与木料，此指竹器工艺和木器工艺。　匏蠡：均容器。匏，葫芦制成的容器，故名。蠡，瓠瓢。

洪熙间[1]，少监张善始祀祐陶之神[2]，建庙厂内。曰师主者，姓赵名慨，字叔朋，尝仕晋朝。道通仙秘，法济生灵[3]，故秩封万硕[4]，爵视侯王，以其神异，足以显赫今古也。成化中，太监邓贤而知书，谓镇民多陶，悉资神佑，乃徙庙于厂东门外之通衢[5]，东北百武许，即今所也。詹珊《记》[6]。）

【注释】

〔1〕洪熙：明仁宗朱高炽年号。

〔2〕少监张善：明宣德朝太监。宣德二年往景德镇监造瓷器，贪酷暴

虐，所造御用器，多以分赠其同列，后被处死。

〔3〕生灵：人民，百姓。

〔4〕秩：官吏的职位或品级。 万硕：即万石。汉代三公别称万石。后泛指官职高的人。硕，古同“石”。

〔5〕通衢：四通八达的道路。

〔6〕詹珊《记》：詹珊，字廷珮。浮梁人。嘉靖进士。《记》，指其所撰《师主庙记》。

唐光启中〔1〕，有灵官华光者〔2〕，神明赫著，民居横田社者奉之。嘉靖辛酉，部使者以验器至，改庙为公署。越岁，兵宪涂任斋公莅镇〔3〕，宿公署，夜寐，若有牖其衷者〔4〕。明日进太①府观海顾公、节推城山饶公，议更创之。于是，议以厂东旷地建署，而庙地仍归民。听复建，奉如旧。隆庆五年，陶务日急，祷于神得宽牒，民乃请于明府〔5〕，协更新之，工竣，耆老来告余〔6〕。余曰：陶①范型于土，人力可为。既入冶中，烟燎变幻，不可豫②测〔7〕，造化甄陶〔8〕，有默司焉〔9〕。匪神之为灵至是耶！厥功亦与有力，宜永祀志〔10〕。（曹天祐《记》〔11〕。）

【校】

①“陶”，经堂本作“豫”，美术本作“像”，据文意改。

②“豫”，诸本皆作“陶”，据文意改。

【注释】

〔1〕光启（885—888）：唐僖宗李儇年号。

〔2〕灵官华光：道教神名，指“五显灵官大帝华光天王”。

〔3〕兵宪：明代兵备道副使、佥事，俗称为兵宪。 莅：到。

〔4〕牖：窗户。

〔5〕明府：汉代用为对太守的尊称。唐以后多用以称县令。

〔6〕耆老：指年老而有地位的士绅。

〔7〕豫测：预测。

〔8〕甄陶：烧制瓷器。

〔9〕默：暗中。 司：主管，掌握。

〔10〕宜：应该，应当。 志：记在心里。

〔11〕曹天祐《记》：曹天祐，字有卿。浮梁人。嘉靖进士，官至浙江按察使。《记》，指其所撰《五王庙记》。

唐公英《中秋后三日诗》云："惭愧甄陶汉使槎[1]，几番佳节在天涯。西风一夜吹乡梦，寒雨连朝湿桂花。"又，《留别陶署诗》云："半野半官栖八载，谁宾谁主寄孤情。梁间燕垒分辛苦，槛外花枝负约盟[2]。"又云："西江八载赋皇华[3]，淮海乘春又放槎[4]。"又云："古亭翠撷心裁句，珠阜香留手植花。"（《陶人心语》[5]。）

【注释】

〔1〕槎：竹筏、木筏，喻指出使。

〔2〕约盟：缔结盟约。

〔3〕皇华：《诗·小雅》中的篇名。《序》谓："《皇皇者华》，君遣使臣也。送之以礼乐，言远而有光华也。"《国语·鲁语下》："《皇皇者华》，君教使臣曰，每怀靡及，诹、谋、度、询，必咨于周。"后因以"皇华"为赞颂奉命出使或出使者的典故。

〔4〕淮海：指以徐州为中心的淮河以北及海州（今江苏连云港）一带的地区。

〔5〕《陶人心语》：诗文别集。清唐英著。14卷。凡初集4卷，续选9卷。附《可姬传》1卷。集系顾栋高为之编定。以其长期监瓷厂窑务，故以《陶人心语》名。

佑陶灵祠堂西侧，有青龙缸一，径三尺，高二尺强，环以青龙，四下作潮水纹，墙口俱全[1]，惟底脱，明万历造。先是累造，弗成，督者益力[2]。神童公悯同役之苦，独舍生殉火，缸乃成。此则成中落选之损器也，久弃寺隅，余见之，遣两舆夫舁至神祠之堂侧[3]，饰高台以荐焉[4]。此器之成，沾溢者，神膏血也[5]；团结者，神骨肉也；清白翠璨者[6]，神精忱猛气也[7]。（唐英《龙缸记》。）

【注释】

〔1〕墙：缸壁。

〔2〕益力：变本加厉压榨工匠。

〔3〕舁：共同抬东西。

〔4〕荐：进献，祭献。

〔5〕膏血：脂血。

〔6〕翠璨：璀璨。

〔7〕猛气：勇猛的气势或气概。

年公希尧云：予自雍正丁未之岁，曾按行至镇[1]。越明年，而员外郎唐侯来偕董其事[2]，工益举，而制日精，予仍长其任。一岁之成，选择包匦[3]，由江达淮，咸萃予之使院[4]，转而贡诸内廷焉。（《风火神庙碑记》[5]。）

【注释】

〔1〕按行：奉命。

〔2〕唐侯：唐英。　董：监督管理。

〔3〕包匦：裹束而置于匣中。一说包裹缠结。《尚书·禹贡》："包匦菁茅。"孔颖达疏引郑玄曰："匦，犹缠结也……重之，故既包裹而又缠结也。"蔡沈《书经集传》："匦，匣也……既包而匣之，所以示敬也。"

〔4〕使院：指淮安板闸关关署。

〔5〕《风火神庙碑记》：即《重修风火神庙碑记》。

从镇东南去二十里馀，地名湘湖，有故宋窑址。尝觅得瓷砾旧器不完者，质颇薄，却是米色、粉青二式。（《陶成示谕稿》[1]。）

【注释】

〔1〕《陶成示谕稿》：又称《陶政示谕稿》《陶务事宜示谕稿》，唐英撰。

陶固细事，而物料、火候与五行丹汞同其功[1]。兼之摹古酌今，侈弇崇庳之式[2]，抽添变通之理，今可出其意旨[3]，唯诺夫工匠矣。（《示谕稿序》。）

【注释】

〔1〕五行：水、火、木、金、土。我国古代称构成各种物质的五种元素，古人常以此说明宇宙万物的起源和变化。　丹汞：指炼丹者从朱砂中提炼出来的丹药。

〔2〕侈弇：指钟口的大与小。《周礼·春官·典同》："侈声筰，弇声郁。"郑玄注："侈谓中央宽也，侈则声迫筰，出去疾也。弇谓中央宽也，弇则声郁勃不出也。"《礼记·少仪》："工依于法游于说。"汉郑玄注："《考工记》曰：……侈弇之所由兴，有说。"孔颖达疏："侈谓钟口宽大，弇谓钟口内小。"　崇庳：高低，高下。

〔3〕意旨：意图，旨意。多指尊者的意向。

釉水谓之垩泽。昔出新正都长岭者作青黄釉，出义坑者作浇白釉，二处皆有柏叶斑[1]。又出桃花坞者，青花、白器通用之。（《陶成纪事》。）

【注释】

〔1〕柏叶斑：黏土上含有杂质或有机物而形成若干斑纹，有如柏叶。

神庙时诏景德镇烧造屏风，不成，变而为床，长六尺，高一尺，又变为船一只，长三尺，舟中什物无一不具。郡县官皆见之，乃椎碎，不敢以进也。（《豫章大事记》[1]。）

瓷器以宣窑为佳，中有窑变者极奇，非人力所可致，人多毁藏不传。（同上。）

【注释】

〔1〕《豫章大事记》：明郭子章撰。

琢器之式，有方圆、棱角之殊。制画之方，别采绘、镂雕之异。仿旧须宗其典雅[1]，肇新务审其渊源[2]。器自陶成，规矩实遵古制，花同锦簇，采色胜上春台[3]。观、哥、汝、定、均，抔污①之仪则非远[4]。水、火、金、木、土，洪钧之调剂维神[5]。或相物以赋形，亦范质而施采。功必藉夫埏埴，出自林泉。制不越夫罇罍[6]，重均彝鼎[7]。炉烟焕色，虽瓦缶亦参橐籥之权[8]。彩笔生花，即窑瓷可验文明之象。（唐隽公《陶冶图说》。）

【校】

①“污”，美术本作“汙”。

【注释】

〔1〕宗：取法，

〔2〕审：知道，知悉。

〔3〕春台：春日登眺览胜之处。《老子》：“荒兮其未央，众人熙熙，如享太牢，如登春台。”

〔4〕抔污之仪则非远：历代陶瓷器，都取法于古代简陋的生活需要。古代掘地为坑当酒尊。《礼记·礼运》：“污尊而抔饮。”郑玄注：“污尊，凿地为尊也。” 孔颖达疏：“凿地污下而盛酒，故云‘污尊’。”抔饮，以手掬水而饮。污，掘地。

〔5〕洪钧：指天。《文选·张华〈答何劭〉诗之二》："洪钧陶万类，大块禀群生。" 李善注："洪钧，大钧，谓天也；大块，谓地也。言天地陶化万类，而群化禀受其形也。"

〔6〕罇罍：泛指酒器。

〔7〕彝鼎：泛指古代祭祀用的鼎、尊、罍等礼器。

〔8〕橐籥：古代鼓风吹火用的器具。

陶土，出浮梁新正都麻仓山，以千户坑、龙坑坞、高路坡、低路坡四处为上。其土埴垆[1]，匀有青黑缝、糖点、白玉、金星色[2]。石末，出湖田一二图。釉土①，出新正都，最上为长岭，为义坑。长岭作青黄釉，义坑作浇白釉，俱有柏叶斑。(《江西大志》。)

【校】

①"釉土"，美术本作"土釉"。

【注释】

〔1〕埴垆：稍黏而较疏松的土壤。《周礼·地官·草人》："勃壤用狐，埴垆用豕。" 郑玄注："埴垆，黏疏者。" 贾公彦疏："以埴为黏，以垆为疏，故云黏疏也。"

〔2〕匀：假借为"均"。

明神宗十一年，管厂同知张化美[1]，报麻仓老坑土膏渐竭。(《邑志》。)

嘉靖二十六年，上取鲜红器[2]，造难成，御史徐绅奏以矾红代[3]。隆庆五年诏造里外鲜红器，都御史徐栻疏请转查改矾红例①[4]。(同上。)

明神宗十一年，给事王敬民奏[5]，罢烧造烛台、屏风、棋盘、笔管等件。(同上。)

康熙十六年，邑令张齐仲，阳城人，禁镇户瓷器书年号及圣贤字迹，以免破残。(同上。)

沈怀清《窑民行》诗云："景德产佳瓷，产器不产手。工匠来八方，器成天下走。陶业活多人，产不与时偶。"又云："食指万家烟[6]，中外贾客薮[7]。坯房蚁垤多[8]，埳火触牛斗[9]。都会可比雄，浮邑抵一拇[10]。"(同上。)

镇南有马鞍山，旧取土作烧瓷匣，后以景镇来脉禁止。山之西麓，唐有云门教院[11]。（同上。）

【校】

①“例”，美术本作“器”。

【注释】

〔1〕同知：此景德镇御器厂督造官副职。

〔2〕上：皇上。

〔3〕御史徐绅：嘉靖二十年（1541）三甲进士。

〔4〕都御使徐栻：字世庚。常熟（今江苏常熟）人。嘉靖二十六年（1547）进士。

〔5〕给事王敬民：明代督陶官。万历十二年（1584）工科都给事中王敬民，极言瓷器烧造之苦与玲珑奇巧之难，得旨：棋盘、屏风减半烧造。

〔6〕食指：指家庭或家族人口。明钱子正《溪上所见》诗：“家贫食指众，谋生拙于人。”

〔7〕贾客：商人。　薮：人或物聚集的地方。

〔8〕蚁垤：蚁穴外隆起的小土堆。此言坯房众多。

〔9〕牛斗：指牛宿和斗宿。此言火光冲天，气势极大。

〔10〕拇：首屈一指。

〔11〕教院：佛寺。

颜鲁公建中时守郡[1]，行部新平[2]。陆士修与公友善[3]，来游新平，同止云门教院数日[4]。中宵茗饮联咏[5]，有“素瓷传静夜，芳气满闲轩”之句，载云门断碑。（《昌南记》[6]。）

厂内珠山独起一峰峦，俯视四境。相传秦时番君登此[7]，谓立马山。至唐，因地绕五龙脉，目为珠山。元末，于光据之为行台[8]，号蟠龙山。明称纛山[9]，后以为御器厂镇山。（同上。）

唐有监务厅[10]，宋设司务厅[11]，宋元皆置湘湖务，元有湖①田市。（同上。）

以上皆镇陶旧说，概未编次书名前后。

【校】

①“湖”，美术本作“务”。

【注释】

〔1〕颜鲁公：即颜真卿（708—784），字清臣。京兆万年（今陕西西

安）人。唐代杰出书法家，世称“颜体”。楷书与赵孟頫、柳公权、欧阳询并称“楷书四大家”，与柳公权并称“颜筋柳骨”。　建中（780—783）：唐德宗李适年号。

〔2〕行部：巡行所视察的地方。

〔3〕陆士修：颜真卿好友，曾任嘉兴县尉。

〔4〕止：居住。

〔5〕中宵：中夜，半夜。

〔6〕《昌南记》：明吴敌撰。书详记景德镇地方史事。

〔7〕番君：指秦代番阳令吴芮。《汉书·吴芮传》：“吴芮，秦时番阳令也，甚得江湖民心，号曰番君。”

〔8〕于光：都昌人。参加元末农民起义，占据浮梁。开始追随徐寿辉，后从朱元璋。　行台：台省在外者称行台。此处为于光的割据地。

〔9〕纛：古时军队或仪仗队的大旗。

〔10〕监务厅：唐武德四年（621），朝廷在镇设监务厅，监瓷进御。

〔11〕司务厅：景德（1004—1007）中，监务厅改为司务厅。

卷九　陶说杂编下

虞阏父为周初陶正[1]，武王赖其利器用[2]，与其神明之后，妻而封于陈[3]。（《左传》[4]。）

【注释】

〔1〕虞阏父：一作遏父。商周之际人。妫氏，传为虞舜后裔。周武王时任陶正，主管制陶。武王灭商后，其子满受封为陈国始祖。　陶正：周代职官名，主掌陶器。《左传·襄公二十五年》："昔虞阏父为周陶正，以服事我先王。"杨伯峻注："陶正，主掌陶器之官。"

〔2〕武王：周武王姬发，西周的创建者，谥号武王。

〔3〕妻：以女嫁人。　陈：古国名。在今河南东部和安徽北部一带。

〔4〕《左传》：即《春秋左氏传》，《春秋》三传之一，相传为春秋时鲁国左丘明撰。左丘明（约前502—约前422），春秋鲁国（今山东肥城）人。

文彩纂组者[1]，燔功之窑也[2]。（《管子》[3]。）

【注释】

〔1〕文彩：纹彩、纹饰。　纂组：赤色绶带。

〔2〕燔：烧。

〔3〕《管子》：书名，战国时齐稷下学者托名管仲所作。其中也有汉代附益部分。共24卷。原本86篇，今存76篇。管子（？—前645），名仲，春秋时期齐国政治家、思想家。

宁封子为黄帝陶正[1]，有一人过之[2]，请为之掌火，能出五色烟。久则以教封子，封子积火自烧[3]，遂能随烟气上下。（《列仙传》[4]。）

【注释】

〔1〕宁封子：又称龙跷真人，为道教神仙。

〔2〕过：来访，探望。

〔3〕积火：积久焚烧的大火。

〔4〕《列仙传》：宣扬道教神仙信仰著作之一。旧题为西汉刘向撰。然《汉书·艺文志》只录刘向《说苑》《新序》《列女传》等，独无此书。今人多疑其为汉魏间文士所作而托名刘向。

《何稠传》[1]：稠博览古图，多识旧物。时中国久绝琉璃之作，匠人无敢措意[2]。稠以绿瓷为之，与真无异。（《隋书》。）

【注释】

〔1〕《何稠传》：《隋书》中记载何稠的传记。何稠，字桂林。本西域人。通商入蜀，家于郫县（今四川郫县）。隋代著名工艺家、建筑家。

〔2〕无敢：不敢。　措意：动手制作。

李洪山人博知，尝谓成式[1]：瓷器璺者可以弃[2]。昔遇道流[3]，言雷蛊鬼魅多遁其中[4]。（《酉阳杂俎》[5]。）

【注释】

〔1〕成式：即段成式（约803—863），字柯古。临淄（今山东淄博）人。唐代文学家，工诗，有文名。在诗坛上，他与李商隐、温庭筠齐名。著有《酉阳杂俎》等。

〔2〕璺：微裂，尤指陶瓷、玻璃等器物上出现的裂纹。

〔3〕道流：道士之辈。

〔4〕遁：隐藏。

〔5〕《酉阳杂俎》：唐段成式撰。前集、续集共30卷。所记有仙佛鬼怪、人事以至动物、植物、酒食、寺庙等。

天宝内库有青瓷酒杯[1]，纹如乱丝，其薄如纸，以酒注之温温然有气，相次如沸汤[2]，乃名自暖杯。（《云仙杂记》[3]。）

【注释】

〔1〕天宝内库：唐代天宝年间的皇家仓库。天宝（742—756），唐玄宗李隆基年号。

〔2〕相次：依为次第，相继。

〔3〕《云仙杂记》：10卷，旧题唐代冯贽撰，实为后人伪托。书中皆记古今逸事。

徐寅《贡馀秘色茶盏》诗云："巧剜明月染春水[1]，轻旋薄冰盛绿云。古镜破苔当席上[2]，嫩荷涵露别江濆[3]。"（《唐咏物诗选》[4]。）

【注释】

〔1〕春水：春天的河水。

〔2〕席上：筵席之上首。

〔3〕江濆：江岸。亦指沿江一带。晋陆云《答吴王上将顾处微》诗之四："于时翻飞，虎啸江濆。"

〔4〕《唐咏物诗选》：作者不详。清雍正间俞琰辑有《咏物诗选》，其《器用部》收入徐寅此诗。

秦观诗[1]："月团新碾瀹花瓷[2]。"陈师道诗[3]："价重十冰瓷[4]。"孙抃诗[5]："花瓷旋封裹。"王世贞诗[6]："泻向宣州雪白瓷[7]。"（《诗选》[8]。）

【注释】

〔1〕秦观（1049—1100）：字少游、太虚，号淮海居士。"苏门四学士"之一。扬州高邮（今江苏扬州）人。北宋文学家、词人。

〔2〕瀹：煮。

〔3〕陈师道（1053—1102）：字履常、无己，号后山居士。彭城（今江苏徐州）人。元祐初苏轼等荐其文行，起为徐州教授，历仕太学博士、颍州教授、秘书省正字。北宋诗人。著有《后山居士文集》等。

〔4〕冰瓷：即有冰裂纹的瓷器。

〔5〕孙抃（996—1064）：字梦得，初名贯，眉州眉山（今四川眉山）人。举进士。历任开封府推官、尚书吏部郎中等。嘉祐五年（1060），拜参知政事（副宰相）。英宗即位，为户部侍郎。赠太子太保，谥文懿。有文集30卷。

〔6〕王世贞（1526—1590）：字元美，号凤洲，又号弇州山人。太仓（今江苏太仓）人。官刑部主事，累官南京刑部尚书，移疾归，卒赠太子少保。明代文学家、史学家。著有《弇山堂别集》《嘉靖以来首辅传》《读书

后》《弇州山人四部稿》等。

〔7〕宣州：今安徽宣城。

〔8〕《诗选》：即《御定佩文斋咏物诗选》，486卷，康熙四十五年，圣祖仁皇帝御定。

巴东下岩院僧[1]，偶于水际得一青瓷碗[2]，式若斗磬[3]，折花及米其中，皆满。以金银与钱试之亦然。僧宝之。后年老，乃掷此碗江中，不欲以累法众[4]。（《韵府群玉》[5]。）

【注释】

〔1〕巴东：今湖北巴东。　下岩院：寺院名。

〔2〕水际：水边。

〔3〕磬：佛寺中使用的一种钵状物，用铜铁铸成，既可作念经时的打击乐器，亦可敲响集合寺众。

〔4〕法众：佛教信众。南朝梁沈约《法王寺碑》：“祁祁法众，同兹无我。”

〔5〕《韵府群玉》：类书。20卷。宋元之际阴时夫编，其兄中夫作注。时夫名幼遇，中夫名幼达，奉新（今江西奉新）人。类书按韵编排，摘录典故和词藻，隶于各韵之下。

南人习鼻饮[1]。有陶器如杯碗，旁植一小管若瓶嘴，以鼻就管吸酒浆。暑月以饮水，谓之鼻饮杯。云水自鼻入咽，快不可言。邕州人已如此[2]。记之以发一胡卢[3]。（《桂海虞衡志》[4]。）

花腔腰鼓[5]，陶鼓也，出临桂职田乡[6]。其土特宜鼓腔[7]，村人专作窑烧之，腔上油画红花纹以为饰。（同上。）

【注释】

〔1〕南人：南方人。　鼻饮：以鼻饮水。

〔2〕邕州：今广西南宁。

〔3〕胡卢：笑的样子。一说喉间发出的笑声。

〔4〕《桂海虞衡志》：原书3卷，今存1卷。宋范成大（1126—1193）撰。本书记述了广南西路的风土民俗。范成大，字致能，号石湖居士。平江府吴郡（今江苏苏州）人。宋著名诗人。

〔5〕花腔腰鼓：花腔鼓的一种。

〔6〕临桂：今广西临桂。

〔7〕鼓腔：鼓的中空部分。

袁宏道曰〔1〕：“尝见江南人家所藏旧觚〔2〕，青翠入骨〔3〕，砂斑垤起〔4〕，可谓之金屋〔5〕。其次官、哥、象、定等窑佳瓶，皆细媚滋润，尤花神之精舍也〔6〕。”（《瓶史》〔7〕。）

【注释】

〔1〕袁宏道（1568—1610）：字中郎，号石公。明公安（今湖北公安）人。官至吏部郎中，著有《袁中郎集》等。

〔2〕觚：古代酒器，青铜制，盛行于中国商代和西周初期，喇叭形口，细腰，高圈足。

〔3〕青翠入骨：青翠的釉色烧至胎骨。

〔4〕垤起：凸起。垤，小土堆。

〔5〕金屋：华美之屋。

〔6〕精舍斋：精美的房舍。此指精美的花瓶。

〔7〕《瓶史》：2卷，袁宏道撰。该书从鉴赏角度论述了花瓶、瓶花及其插法。

《史考》〔1〕：“尧饭于土簋〔2〕，饮于土硎〔3〕。”《汉书》〔4〕：“南山有汉武旧甸。”潘岳《赋》〔5〕：“倾缥瓷以酌醁醽①〔6〕。”《齐职仪》曰〔7〕：“左右甄官署〔8〕，掌瓦缶之作。”（《正字通》〔9〕。）

【校】

①“醽”，美术本作“醸”。

【注释】

〔1〕《史考》：即《古史考》，25卷，蜀汉谯周（约201—270）撰。谯周，字允南。西充（今四川阆中）人。

〔2〕土簋：古代盛饭的瓦器。

〔3〕土硎：古代一种盛汤羹的瓦器。

〔4〕《汉书》：又称《前汉书》，东汉班固（32—92）编撰，是中国第一部纪传体断代史，“二十四史”之一。班固，字孟坚。扶风安陵（今陕西咸阳）人。东汉著名史学家、文学家。另著有《白虎通德论》4卷。

〔5〕潘岳《赋》：指潘岳（247—300）《笙赋》。潘岳，字安仁。荥

阳中牟（今河南荥阳）人。

〔6〕缥瓷：晋代浙江温州一带的瓯窑所产青瓷被叫作缥瓷。缥瓷胎体细腻，呈色较白，白中略泛灰色；釉色淡青，透明度较高。缥，原是晋代一种淡青色的丝帛，瓯窑青瓷的颜色很像这种缥，故借缥以名瓷，称为缥瓷。 酌：斟酒。 醁醽：即醽醁，美酒名。

〔7〕《齐职仪》：官制史书，又作《齐职官仪》。50卷，南朝宋、齐之际王珪之撰。王珪之，琅邪（今山东临沂）人。官长水校尉，有史才。南朝宋元徽二年（474），奉敕纂集历代设官制度，撰成此书。书中于宋以前历代官制，分门别类，依次叙其因革。

〔8〕甄官署：官署名。掌供砖瓦石器陶瓷等事，设令丞为长贰。晋有甄官署，历代沿置。隋属太府寺，唐属将作监。金属工部。

〔9〕《正字通》：12卷，明张自烈（1597—1673）撰。张自烈，字尔公，号芑山，又号谁庐居士。宜春（江西宜春）人。著名藏书家、学者。

会昌元年〔1〕，渤海贡紫瓷盆〔2〕，容量半斛〔3〕，内外通莹〔4〕，其色纯紫，厚可寸许，举之又甚轻，如拈鸿毛然〔5〕。（《杜阳杂编》〔6〕。）

【注释】

〔1〕会昌元年：841年。会昌（841—846），唐武宗李炎年号。

〔2〕渤海：唐时以靺鞨粟末部分主体，结合其他靺鞨诸部所建政权。

〔3〕斛：中国旧量器名，亦是容量单位，一斛本为十斗，后来改为五斗。

〔4〕通莹：透明光亮。

〔5〕鸿毛：鸿雁的毛，比喻极轻。

〔6〕《杜阳杂编》：3卷，唐苏鹗撰，记载唐代宗至懿宗十朝的边地及外国的奇技异物，其中颇多传闻、虚构的故事。苏鹗，字德祥。居于武功（今陕西武功）。光启进士。另著有《苏鹗演义》等。

马祖常①诗〔1〕：“贡篚银貂金作藉〔2〕，官窑瓷盏玉为泥。”苏轼诗：“刘生望都门〔3〕，病羸寄空窑〔4〕。”王令诗〔5〕：“大匠陶百窑，不问履下泥。”张耒②诗〔6〕：“碧玉琢成器，知是东窑瓷。”吴澄诗〔7〕：“登阁望芙蓉，麻烟起蒸窑。”（《韵藻》〔8〕。）

【校】

①“常”，美术本作“帝”。

②“耒”，美术本作“来”。

【注释】

〔1〕马祖常（1279—1338）：字伯庸。世为雍古部，居净州天山（在今内蒙古四子王旗），其高祖在金末为凤翔兵马判官，子孙因以马为姓。随父宦游，徙居光州（治今河南潢川）。延祐进士，历官监察御史、礼部尚书、御使中丞、枢密副使。卒谥文贞。

〔2〕贡篚：《尚书·禹贡》：“厥贡漆丝，厥篚织文。”孔颖达疏：“篚是入贡之时盛在于篚。”后因用“贡篚”指进贡，贡献。

〔3〕都门：借指京都。

〔4〕羸：瘦弱。

〔5〕王令（1032—1059）：初字钟美，后改字逢原。广陵（今江苏扬州）人。北宋诗人。王安石对其文章和为人皆甚推重。著有《广陵先生文章》《十七史蒙求》。

〔6〕张耒（1054—1114）：字文潜，号柯山，世称宛丘先生、张右史。因其仪观甚伟，魁梧逾常，所以人复称其“肥仙”。楚州淮阴（今江苏淮安淮阴西南）人。北宋诗人。为“苏门四学士”之一。著有《柯山词》《张右史文集》。

〔7〕吴澄（1249—1333）：字幼清，晚字伯清，学者称草庐先生。抚州崇仁（今江西崇仁）人。宋元之际儒家学者，经学家、理学家。著有《老子注》《书纂言》《礼记纂言》等。

〔8〕《韵藻》：类书。明杨慎（1488—1559）撰。杨慎，字用修，号升庵，后因流放滇南，故自称博南山人、金马碧鸡老兵。四川新都（今四川成都）人。明代著名文学家，另著有《升庵集》等。

孟铣小敏悟〔1〕，见刘祎之金碗〔2〕，惊曰：“此药金烧其上，有五色气。”（《朝野佥载》〔3〕。）

【注释】

〔1〕孟铣：疑为孟诜（621—713）。唐汝州（今河南汝州）人。著名学者、医学家、饮食家。其著作《食疗本草》是世界上现存最早的中医食疗专著，孟诜被誉为食疗学的鼻祖。　敏悟：聪明。

〔2〕刘祎之（631—687）：字希美。常州晋陵（今江苏常州）人。唐初学者。少以文藻知名。上元中，迁左史、弘文馆直学士，官至凤阁侍郎、

同凤阁鸾台三品。

〔3〕《朝野佥载》：笔记。20卷。原本已佚。今本6卷，为明人从《太平广记》中辑出重编，又窜入部分伪文。唐张鷟（约658—730）撰。本书主要记隋唐两代朝野逸闻，尤对武则天时朝政颇多讥评。张鷟，字文成，自号浮休子，史称“青钱学士”。深州陆泽（今河北深州）人。以辞章知名，下笔神速。另著有《龙筋凤髓判》《游仙窟》等。

高丽陶器，色青者，国人谓之翡色〔1〕。近年以来，制作之巧，色泽尤佳。酒尊之状如瓜，上有小盖，而为荷花伏鸭之形。复能作碗、碟、杯、瓯、花瓶、汤盏，皆窃仿定器制度，故略而不图。惟酒尊著异耳。（《宣和奉使高丽图经》〔2〕。）

高丽燕饮器皿〔3〕，多涂金或银，而以青陶器为贵。有狻猊香炉，亦翡色也，上蹲兽，下为仰莲以承之，诸器惟此物最精绝。其馀则越州古秘色、汝州新窑器，大概相类。（徐兢《高丽图经》。）

丽人陶器，又有大水①瓮，广腹敛颈，其口差小，敞②高约六尺，阔四尺五寸，容三石二升。凡山岛海道来，舟中水或缺，则用此载水售之。（同上。）

【校】

①“水”，美术本作“小”。

②“敞”，美术本作“擎”。

【注释】

〔1〕翡色：翡翠色。

〔2〕《宣和奉使高丽图经》：40卷，宋徐兢（1091—1153）撰。其书分28门，凡高丽国之山川、风俗、典章、制度，以及接待之仪文，往来之道路，无不详载。徐兢，字明叔，号自信居士。北宋和州历阳（今安徽和县）人。以父任补官。宣和六年（1124）以国信使提辖官，随使高丽，著《宣和奉使高丽图经》，归朝进于上，赐同进士出身。命知大宗正丞事兼掌书学。工诸体书法，尤擅篆书。亦善山水人物画。

〔3〕燕饮：宴饮。燕，通“宴”。

元载饮食〔1〕，冷物用琉黄碗，凡热物则用泛水瓷器。器有三千事〔2〕，皆邢雪、越冰之类。（《枢要录》〔3〕。）

【注释】

〔1〕元载（？—777）：字公辅。凤翔岐山（今陕西凤翔）人。唐朝中期政治人物。

〔2〕事：件，副。

〔3〕《枢要录》：疑为《紫枢要录》，10卷，武则天（624—705）撰。武则天，并州文水（今山西文水）人。中国历史上唯一一个正统的女皇帝。

张谦德云："凡插花，先须择瓶。若夏秋用瓷瓶，堂厦宜大，书屋宜小，忌其环①〔1〕，忌其对。贵瓷贱金银，尚清雅也。口欲小而足欲厚，取其安稳而不泄气也。"（《瓶花谱》。）

【校】

①"环"字后，美术本有"像神祠也"四字。

【注释】

〔1〕忌其环，忌其对：《景德镇陶录校注》注："原书刊于《宝颜堂秘笈》本作'忌有环，忌成对'，义更明。"

东坡诗云："病贪赐茗浮铜叶〔1〕。"案：今御前赐茶，皆不用建窑盏，用火汤甃，其样似铜叶汤甃耳。铜叶①色，黄褐色也。（《演繁露》〔2〕。）

【校】

①"铜叶"，美术本作"叶铜"。

【注释】

〔1〕铜叶：茶盏。

〔2〕《演繁露》：16卷，后有《续演繁露》6卷，又称为《程氏演繁露》，都是由宋程大昌（1123—1195）著。全书以格物致知为宗旨，记载了三代至宋朝的杂事488项。程大昌，字泰之。徽州休宁（今安徽休宁）人。

［宋］ 定窑白釉盖罐（首都博物馆藏）

诸名窑古瓷，如罏欠耳足，瓶损口棱，有以旧补旧，加以釉药，一火烧成，与旧制无二。但补处色浑然，得此

更胜新者。若用吹釉之法补旧，补处更可无迹。如有茅者，闻苏州虎邱有能修者，名之曰紧。《留①青日札》

定窑釉滋润，汝窑釉厚如堆脂，官窑釉色莹澈，旧器釉厚故也。（同上。）

【校】

①“留”，诸本皆作“拾”，据文意改。

王缄曰〔1〕：“余友刘君幕游颍州〔2〕，闻邑绅刘吏部家藏古瓷碗四，内绘彩蝶。贮以水，蝶即浮水面，栩栩欲活。索观者众，遂秘不示。”（《凝斋丛话》〔3〕。）

【注释】

〔1〕王缄：字凝斋，福山（今山东烟台福山）人。清乾隆元年（1736）举人，曾任湖北当阳、天门知县。著有《秋灯丛话》。

〔2〕幕游：旧时称离乡当幕友为“幕游”。　颍州：今安徽阜阳。

〔3〕《凝斋丛话》：不详，待考。疑为王缄所撰。

品茶用瓯，白瓷为良。所谓“素瓷传静夜，芳气满闲轩”也。《茶经》重青瓷，云：“碗，越州上，鼎州次，婺州次，岳州次，寿州、洪州又次。邢亦不如越。”抑何所尚不同耶？（《阳羡茗壶系》。）

凡窑皆有变相，匪夷所思，若宜兴砂壶亦然。如倾汤贮茶，则云霞绮闪，直是神之所为，此亿千或一见耳〔1〕。（同上。）

【注释】

〔1〕亿千：极言数之多。

柴窑器最贵，世不一见。闻其制：青如天，明如镜，薄如纸，声如磬。官、哥、汝等窑，以粉青色为上，淡白次之，油灰则下。纹取冰裂、鳝血为上，梅花片、墨纹次之，细碎纹最下。均窑色如胭脂为上，青若葱翠，紫若墨者次之，杂色不贵。又官窑隐纹如蟹爪，哥窑隐纹如鱼子，龙泉窑器甚厚，工稍拙。文震亨（《长物志》。）

花瓶须用官、哥、定等窑古胆瓶、一枝瓶、小蓍草瓶、纸槌瓶〔1〕，馀如暗花、青花、茄袋、葫芦，细口、扁肚、瘦足药坛及新建窑等瓶，俱不入清供〔2〕。其鹅颈壁瓶尤不雅。（《长物志》。）

[元] 景德镇窑青白釉镂雕五峰笔架（首都博物馆藏）

龙泉窑、均州窑之瓶，有极大二三尺者，以插古梅最相称。凡花瓶用锡胆，皆可免冬月冻裂之患[3]。（同上。）

白定笔格有三山、五山及卧花娃等式[4]。笔筒之制，古白定窑竹节者最贵，然难得。大者，东青细花式亦可用。若鼓样，中有孔插笔及墨者，虽旧物，不雅。官、哥窑笔洗，有葵花洗、磬口洗、四卷荷叶洗、卷口蔗段洗诸式。定窑笔洗有三箍洗、梅花洗、方池洗诸式。龙泉窑笔洗有双鱼洗、菊花洗、百折洗诸式。官、哥、白定等窑水注有方、圆、立瓜、卧瓜、双桃、莲房、蒂叶、茄壶诸式。印池以官窑、哥窑方式为贵[5]，定窑及八角、委角者次之，青花白地有盖、长样者，俱不雅。（同上。）

水中丞用铜[6]。铜性猛，贮水则有毒，易脆①笔，故以陶瓷为佳。陶瓷水中丞，有官窑、哥窑之瓮肚、小口、钵盂诸式。笔觇[7]，定窑、龙泉窑之小浅碟俱佳。糊斗[8]，定窑有蒜蒲长罐式，哥窑有方斗如斛，中置一梁者。（同上。）

【校】

①“脆”，美术本作“肥”。

【注释】

〔1〕胆瓶：因器型如悬胆而得名。　纸槌瓶：因形似纸作坊所用的制纸工具槌而得名。

〔2〕清供：清雅的玩品。多指书画、金石、古器、盆景等可供赏玩的东西。

〔3〕冬月：冬天。

〔4〕笔格：笔架，搁毛笔的文房用具。

〔5〕印池：印泥缸。

〔6〕水中丞：又作水丞。供磨墨用的盛水器。以玉石或陶瓷制成。

〔7〕笔觇：古代文人书写绘画时，用来掭拭毛笔的用具，也称“笔舐”。

〔8〕糊斗：盛糨糊的器具。铜制或瓷制。

国初有发隗嚣墓者[1]，官觉而追之，得陶器数十。见一酒盏于京师，色如龙泉窑之淡黄者，外皆自然蕉纹[2]，内有团花[3]，砂底，丰上敛下，口径三寸许。（刘体仁《识小录》[4]。）

柴窑无完器，近复稍稍出。马布庵见示一洗[5]，圆而椭，面径七寸，黝然深沈，光色不定，雨后青天尚未足形容。布庵曰"余目之为绛霄[6]"，盖实罕觏云。（《七颂堂识小录》。）

官窑螭耳洗，宋修内司窑杯，直如筒，色如猪肝，皆北海物[7]。浮月杯，陶杯也。口微缺，以金锢之[8]，酒满则一月皛皛浮酒面[9]。先朝中州王邸物[10]，后不知所归。（同上。）

越窑矮足爵，栗壳浮青，转侧皆翡翠[11]。吴越王钱氏取供后，当时民间禁不敢用，故今存者极少。（同上。）

【注释】

〔1〕发：挖掘。　隗嚣（？—33）：字季孟。东汉天水成纪（今甘肃静宁西南）人。王莽末，据陇西起兵，初附刘玄，不久附光武帝刘秀，后又称臣于公孙述。光武西征，嚣奔西域，悲愤死。《后汉书》有传。

〔2〕蕉纹：蕉叶纹。

〔3〕团花：四周呈放射状或旋转式的圆形装饰纹样。古代铜器、陶瓷器、织绣品以及现代某些丝绸织品上常有此种花饰。

〔4〕刘体仁《识小录》：即清刘体仁（1624—1684）所著《七颂堂识小录》。刘体仁，字公㦷，号蒲庵。明末颍川（今安徽阜阳）人。顺治进士，官至吏部郎中。工诗文，善山水，萧疏旷远，寄兴天真。另著有《七颂堂诗文集》等。

〔5〕马布庵：杞县（今河南杞县）人。

〔6〕绛霄：指天空极高处。天之色本为苍青，称之为"丹霄""绛霄"者，因古人观天象以北极为基准，仰首所见者皆在北极之南，故借南方之色以为喻。

〔7〕北海：古代帝王宫院。

〔8〕锢：把金属熔化以浇灌堵塞空隙。此处为用金镶补。

〔9〕皛皛：洁白明亮貌。

〔10〕王邸：王府。

〔11〕转侧：转换角度、方向。

李凤鸣，字时可，家富事侈靡。杨廉夫闻其名访之[1]，时可为设荷花宴。有水晶几十二[2]，上列器皆官窑瓷。一时豪丽，罕有其比。（《都公谭纂》[3]。）

【注释】

〔1〕杨廉夫：即杨维祯（1296—1370），字廉夫，号铁崖、铁笛道人，又号铁心道人、铁冠道人等，晚年自号老铁、抱遗老人等。诸暨（今浙江诸暨）人。泰定进士。元末明初著名诗人、文学家、书画家和戏曲家。著有《东维子文集》《铁崖先生古乐府》等。

〔2〕几：小桌为几，大桌为案。

〔3〕《都公谭纂》：2卷，明代都穆（1458—1525）撰，记明代人物故事。都穆，字玄敬，一作元敬，郡人称南濠先生。吴县（今江苏苏州）人。弘治十二年第进士，授工部主事，官至礼部郎中。明金石学家、藏书家。另著有《金薤琳琅录》《南濠诗话》等。

辉出疆时[1]，见燕中所用定器[2]，色莹净可爱。近年所用，乃宿、泗近处所出，非真定也。越上秘色器，始钱氏有国日。供奉之物，不得臣下用，故曰秘色。（《清波杂志》。）

尝见北客，言耀州黄浦镇烧瓷，名耀器。白者为上，河朔用以分茶[3]。出窑一有破碎，即弃于河，一夕化为泥。（同上。）

汝窑，宫禁中烧者，内有玛瑙末为油。惟供御，拣退方许出卖，近尤难得。（同上。）

【注释】

〔1〕出疆：犹出境。古代指离开某一封国疆土，前往他国。

〔2〕燕：同“宴”。

〔3〕河朔：古代泛指黄河以北的地区。《尚书·泰誓中》：“惟戊午，王次于河朔。” 孔传：“戊午渡河而誓，既誓而止于河之北。” 分茶：宋元时煎茶之法。注汤后用箸搅茶乳，使汤水波纹幻变成种种形状。

哥窑，宋时旧物，留传虽久，真赝相杂。人间颇多，求其真宋而精美者绝少。秀之嘉善巨族曹琼获一香炉[1]，高可二寸馀，阔称是，以美玉镂海东青捉天鹅为盖[2]，真绝美者也。渐闻于镇守麦太监，麦因琼索之，其子不得已，遂献焉。后为司礼监之有力者夺去[3]。正德间，盗窃而货于吴

［宋］ 哥窑鱼耳炉（中国历史博物馆藏）

下[4]。上海淀山张信夫以二百金易之归，复重货于好事者。而内府竟亦不追，此真古哥器矣。（《北窗琐语》[5]。）

【注释】

〔1〕秀之嘉善巨族：秀州嘉善县的豪门大族。

〔2〕海东青：雕的一种。

〔3〕司礼监：官署名。明置，明朝内廷管理宦官与宫内事务的“十二监”之一。

〔4〕吴下：泛指吴地。下，用于名词后表示处所。

〔5〕《北窗琐语》：明余永麟撰。本书记载明代人物逸事、风尚变化等。余永麟，浙江鄞县（今浙江宁波）人。嘉靖举人，官苏州通判。

巩县有瓷偶人[1]，号陆鸿渐，买十茶器必得一鸿渐。市人沽茗不利，辄灌注之。鸿渐昔嗜茶，而此遭困辱。（《梁溪漫志》[2]。）

【注释】

〔1〕巩县：今河南巩义。　瓷偶人：河南巩县白瓷窑烧造的雕塑小俑。

〔2〕《梁溪漫志》：10卷，南宋费衮撰。费衮，字补之。无锡（今江苏无锡）人。

先子主长葛簿时[1]，与李屏山、张仲杰会饮，座中有定瓷酒瓯，因为联句。先子首唱云：“定州花瓷瓯，颜色天下白。”屏山则曰：“轻浮妾玻璃，顽钝奴琥珀。”张乃曰：“器质至坚脆，肤理还悦泽。”云云。（《归潜志》[2]。）

【注释】

〔1〕先子：称亡父。

〔2〕《归潜志》：14卷，金末刘祁（1203—1250）撰。本书记述金朝史实的私家著作。刘祁，字京叔。浑源（今山西浑源）人。他早年随祖父、父亲游宦于金之南京开封府，结识了不少名官显宦和文人学士。金亡以后，回到故乡，有感于“昔所与交游皆一代伟人，今虽物故，其言论、谈笑想之

犹在目。且其所闻所见可以劝戒规鉴者，不可使湮没无传”，于是写作该书，意在“异时作史，亦或有取焉”。

官窑，烧于宋修内司中，为官家所造也，窑在杭之凤皇山下。其土紫，故足色若铁，时云“紫口铁足”。其哥窑，烧于私家，取土亦俱在此地。官质隐纹如蟹爪，哥质隐纹如鱼子，但汁料不如官器佳耳。（《文房清玩》〔1〕。）

［五代］ 定窑“官”字款莲瓣纹盖罐（上海博物馆藏）

定窑器，北宋定州始也，其色白，间有黑、紫，然俱①白骨质胎，加之泑水有如泪痕者为上。又有南渡定器。（同上。）

汝窑器，其色卵白，汁水莹厚若堆脂，底有芝麻细小挣钉。（同上。）

【校】

①“俱”，美术本作“其”。

【注释】

〔1〕《文房清玩》：不详，待考。

［宋］ 汝窑碗（故宫博物院藏）

汝窑，出汝州，宋时烧者。淡青色，有蟹爪纹者真，无纹者尤好。土脉细润，薄甚难得。柴窑，出北地郑州，周世宗姓柴，故名。天青色，细纹，器滋润细腻，惟是粗黄土足。古龙泉窑，土脉细且薄者贵，今曰处器、青器①。（《格古要论》。）

【校】

①“今曰处器、青器”，美术本缺此六字。

成、宏间[1]，吾邑河庄孙氏曲水山房藏定窑鼎一，乃宋器之最精者。体圆而足三，有耳，有李西涯篆铭镌于炉座[2]。嘉靖倭变[3]，兹鼎为京口靳尚实所得[4]，毗陵唐太常凝庵从靳购之，遂归唐。唐虽奇①窑器多，此鼎一至，诸品避席[5]。自是海内评窑器者，必首推唐之白定窑鼎云。唐不轻示人。（《韵石斋笔谈》。）

【校】

①“奇”，美术本作“哥”。

【注释】

〔1〕成、宏间：当为“成、弘间”，指明代成化、弘治年间。此处为避乾隆皇帝弘历的名讳，改“弘”为“宏”。

〔2〕李西涯：即李东阳（1447—1516），字宾之，号西涯、寿村逸叟。湖南茶陵（今湖南茶陵）人。天顺八年（1464）进士，选庶吉士，授编修。官至吏部尚书、华盖殿大学士，预机务多有匡正。卒谥文正。善诗，是茶陵诗派领袖。工书，擅长篆、隶。著有《怀麓堂集》《怀麓堂续稿》等。

〔3〕嘉靖倭变：嘉靖中后期东南沿海地区发生的倭寇骚扰，以及伴随而生的沿海民变。

〔4〕京口：今江苏镇江。

〔5〕避席：回避，避退。

万延之赴铨都下[1]，以十钱市一瓷缶沃盥[2]，既倾，有馀水留缶。时寒凝冰，视之则桃花一枝也，明日成双头牡丹，次日又成水村，断鸿翘鹭满缶，宛如寒林图画。因什袭珍藏[3]，遇寒则约客赏观。此窑之至幻者乎。（《春渚纪闻》[4]。）

【注释】

〔1〕万延之：宋朝宣义郎，钱塘南新（今浙江杭州）人。　赴铨：赴京候选官职。铨，选拔官吏。　都下：首都汴京（今河南开封）。

〔2〕沃盥：浇水洗手。《左传·僖公二十三年》：“奉匜沃盥，既而挥之。”孔颖达疏：“盥，谓洗手也。沃，谓浇水也。”匜，盥器。

〔3〕什袭：把物品层层包裹起来，引申为珍藏。

〔4〕《春渚纪闻》：10卷，宋代何薳（1077—1145）撰。宋代一部笔记专集。何薳，字子楚，一字子远，号韩青老农。浦城（今福建浦城）人。

宋叶寘《坦斋笔衡》云："陶器自舜时便有，三代迄于秦、汉，所谓甓器是也[1]。"此必叶公仅依《周礼·考工记》"有虞氏上陶[2]"，《礼记·明堂位》"泰，有虞氏之尊也[3]"，《韩非子》"虞舜作食器[4]"，《史记·五帝本纪》"舜陶河滨，作什器于寿邱[5]"，诸书等句而云然耳。予尝阅《汲冢周书》有云[6]："神农作瓦器[7]。"《路史》有云[8]："燧人为釜[9]。"《物原》有云"神农作瓮"[10]，"轩辕作碗碟"。《绀珠》有云[11]："瓶，缾同，神农制。"《吕氏春秋》有云[12]："黄帝有陶正①，昆吾作陶[13]。"《说文》："昆吾作陶。"《春秋正义》[14]"少皞有五工正[15]，砖埴之工曰鶅雉[16]"之文。则陶窑上古已有，不自舜始也。意《考工》《礼记》《韩非》《史记》皆称"有虞氏"者，盖以上古太朴，陶器只如今黄沙土之质，至舜而制度略备，精粗有别，故有泰尊食器之作尔。其称"上陶"者，"上"与"尚"通，谓舜至质，贵陶器也，当训"好尚"之"尚"[17]，不作"上下"之"上"解。（唐氏《肆考》。）

稽唐虞三代[18]，以迄秦、汉、魏晋六朝，著于经、史、子、集者，惟曰缶、曰土增、曰土刑、曰泰尊、曰瓬大瓦棺、曰甑盆、曰瓦旊之类[19]，名凡数十，而窑无所考，至唐始著窑名。（同上。）

宋时宫中所有定、汝器，率铜铃其口[20]，以是损价。而今之求定、汝者，即以铜铃口为真。骨董家论古[21]，往往如此。（同上。）

【校】

①"正"，美术本作"王"。

【注释】

〔1〕甓器：陶器。

〔2〕《周礼·考工记》：《周礼》篇名。《考工记》，先秦时期手工艺专著。书中记载了木工、金工、皮革工、染色工、玉工、陶工6类30个工种，研究中国古代科学技术的重要文献。西汉时被编入《周礼》，以替代遗失的《冬官》。　有虞氏：传说中远古部落名，舜为其领袖。　上：同"尚"，重视。

〔3〕《礼记·明堂位》：《礼记》篇名。主要记载了诸侯朝见周公于明堂的位置排列情况，并交代了鲁国享用天子之礼的由来，以及各种礼仪制度在鲁国的具体运用情况。《礼记》，亦称《小戴礼记》或《小戴记》，儒家经典之一，传为西汉戴圣所编纂。戴圣，字次君。梁（郡治今河南商丘）

人。　泰：古酒樽名。

〔4〕《韩非子》：55篇，战国韩非（约前280—前233）所撰。韩非，战国末期韩国（今河南禹州）人，韩王室诸公子之一。

〔5〕《史记·五帝本纪》：《史记》十二本纪第一篇。《史记》，130卷，西汉司马迁（约前145—约前89）撰。司马迁，字子长。左冯翊夏阳（今陕西韩城南）人。　河滨：黄河之滨，或云在今山东定陶。　什器：指各种生产用具或生活用具。　寿邱：古地名，在今山东曲阜东。

〔6〕《汲冢周书》：即《逸周书》。连序共71篇，其中11篇有目无文。晋太康时汲冢出土简中有此书（或其部分），因称为《汲冢周书》。经后代学者考定为先秦古籍，而多数出于战国时拟周代诰誓辞命之作。书中文字多有误脱。今存晋代孔晁注本。

〔7〕神农：即炎帝，传说中农耕技术创造者。《淮南子·修务训》说他曾尝百草，发明医药，又教民播种五谷。

〔8〕《路史》：47卷，南宋罗泌（1131—1189）撰。罗泌，字长源，号归愚。吉州庐陵（今江西吉安）人。

〔9〕燧人：传说中的钻木取火并始创结绳记事法之人。　釜：釜鬲，陶制炊器。

〔10〕《物原》：1卷，明罗颀撰。主要介绍我国古代先民的发明创造，如锔子的发明、豆腐的制造等。罗颀，字仪甫。山阴（今浙江绍兴）人。

〔11〕《绀珠》：即《事物绀珠》。41卷，明黄一正编。黄一正，字定父。扬州（今江苏扬州）人。

〔12〕《吕氏春秋》：又称《吕览》，26卷，秦吕不韦（？—前235）及其门客撰，汉高诱注。

〔13〕昆吾：夏的同盟部落。己姓。相传为颛顼之后。在今河南濮阳。善于制造陶器和铸造铜器。后为商汤所灭。西周时为许的封地。

〔14〕《春秋正义》：唐太宗李世民命孔颖达（574—648）作《五经正义》，即《十三经注疏》中的《五经疏》，其中有《春秋正义》。孔颖达，字冲远。冀州衡水（今河北衡水）人。

〔15〕少皞：即少昊，传说中远古东夷族首领。名挚，一作质，一说号金天氏。东夷族以鸟为图腾，相传他曾以鸟为官名，设有工正和农正，管理手工业和农业。

〔16〕鷃雉：古代指东方出产的野鸡。《左传·昭公十七年》“五雉

为五工正”。晋杜预注：“五雉，雉有五种，西方曰鷷雉，东方曰鶅雉，南方曰翟雉，北方曰鵗雉，伊洛之南曰翚雉。”此指陶正。

〔17〕训：训诂。

〔18〕唐虞：唐尧和虞舜。

〔19〕泰尊：陶尊，酒器。 瓬：古代盛酒的有盖的瓦器，口小，腹大，底小，较深。 瓦棺：以瓦为棺。棺，人死葬尸之具。 甑：古代炊具，底部有许多透蒸汽的小孔，放在鬲上蒸煮。

〔20〕铜钤其口：在瓷器口部镶铜边。

〔21〕骨董家：古董家。指收藏、买卖或鉴赏古玩的人。

唐秉钧曰：古瓷，柴、汝最重。柴周之外，次及官、定。盖定、汝、官、哥皆宋器也。然柴、汝之器传世绝少，而官、定犹有者。非官、定易得也，以定有北定、南定，而霍州镇彭窑亦曰新定。官有旧京、修内司之别，而郊坛下新窑亦曰官窑。新定不如南定，南定不如北定。旧京官窑，著时未久，当以修内司所造为上，新窑为下。其时已有差等。后有新仿定器，有不减定人制法者，有制作极工不入清赏者。好事者指某器曰定、某器曰官，安知其不为赝鼎所惑耶？今流传者，惟哥窑稍易得，盖缘质厚耐藏。定、汝体薄，难于完留故也。（《古瓷合评》。）

关洛间有人耕地[1]，常掘出古瓷器杯、棬、锭、柎之属[2]，千形万变，并是彩绘秘戏之状。耆老相传是五胡乱华时[3]，元魏惧其地有王气，瘗此为厌胜之具[4]，皆供御物也。（《猃园》[5]。）

【注释】

〔1〕关洛：关中和洛阳一带。

〔2〕棬：曲木而成的盂类饮器。 锭：古代蒸食物的有足器具。 柎：钟鼓架的足，亦泛指器物的足。

〔3〕五胡乱华：中国西晋时期，塞北多个少数民族的游牧部落趁中原的西晋王朝衰弱空虚之际，大规模南下建立胡人国家。“五胡”指匈奴、鲜卑、羯、羌、氐五个胡人的游牧部落。

〔4〕瘗：埋物祭地。

〔5〕《猃园》：16卷，明钱希言撰，皆记当时神怪之事。钱希言，字简栖。吴县（今江苏苏州）人。明代文学家、小说家。另著有《剑荚》等。

宋臬使荔裳[1]，康熙中分巡秦州时[2]，城北寺基忽裂丈馀，得古瓷一窑，同人索取殆尽。癸卯入都，仅馀碗二、杯一。一碗阔五寸，内外纯素；一碗差小，波纹动荡，似吴道子画[3]。杯贮水可一合许[4]，有鱼四头，亦凸起，游泳宛然[5]。商邱宋中丞牧仲见之[6]，叹为异物，载入《说部》[7]。此真古器，足贵者矣。（《凝斋丛话》。）

【注释】

〔1〕宋臬使荔裳：即宋琬（1614—1674），字玉叔，号荔裳。清莱阳（今山东莱阳）人。顺治进士，曾任浙江按察使、四川按察使。著有《安雅堂文集》等。臬使，按察使的别称。

〔2〕秦州：今甘肃天水。

〔3〕吴道子：唐代画家。阳翟（今河南禹州）人。擅画佛道人物，用状如兰叶或莼菜条的笔法来表现衣褶，有飘举之势，人称“吴带当风”。后人把他和张僧繇并称“疏体”。吴道子画塑兼工，千百年来被奉为“画圣”。

〔4〕合：中国古代容量单位，一升的十分之一。

〔5〕宛然：仿佛，很像。

〔6〕宋中丞牧仲：即宋荦（1634—1713），字牧仲。曾任江苏巡抚。清代以右副都御使为巡抚的兼衔，故也称中丞。

〔7〕《说部》：指古代小说、笔记、杂著一类书籍。明钟惺《致谭友夏书》：“奇俊辨博，自是文之一种，以施之书牍、题跋、语林、说部，当是本色。”

粘官窑器皿法：用鸡子清匀糁石灰，捉清另放[1]，以青竹烧取竹沥，将鸡子清与竹沥对停熬和成膏，粘官瓷破处，用绳缚紧，放汤内煮一二沸，置阴处。三五日，去绳索，其牢固异常，且无损痕。（《墨娥小录》[2]。）

【注释】

〔1〕捉清：元人口语，即提清。

〔2〕《墨娥小录》：无卷数。明无名氏撰。主要杂记修身养性等。其中卷三为《饮膳集珍》，卷八为《种植怡情》，卷一三《禽畜宜忌》均属农学方面内容，还有文府、博古、艺术、历法、香谱、牙牌、汤茗、医法、悟真、丹房、方术等方面内容，共14类。

金溪邮路亭胡姓有甲乙入山，见白兔追而射之，兔不见，乃志其处[1]。发之[2]，则古冢也。旁有大缸，中贮素瓷瓶二、古砚一。甲碎其一瓶，乙止之，取以为养花器。砚乃澄泥砚。瓶置几上，数日，觉有气自内浮出，氤氲若云气之蒸[3]，不测其故[4]。试折花木贮其中，无水而花卉不萎，且抽芽结实，若附土盘根者然，始讶瓶盖窑变类也。一日风雨大作，忽霹雳一声，瓶竟震碎，乙甚惋惜。（《耳食录》[5]。）

【注释】

〔1〕志：做记号。

〔2〕发：挖掘。

〔3〕氤氲：烟气、烟云弥漫的样子，气或光混合动荡的样子。

〔4〕不测其故：不知道什么原因。

〔5〕《耳食录》：初编12卷，二编8卷，清乐钧（1766—约1816）撰。《耳食录》为笔记小说集，初编112篇，二编87篇。此书内容写狐鬼故事、青年男女恋情、里巷谐笑、名人逸事等。乐钧，初名宫谱，字元淑，号莲裳。江西临川（今江西抚州）人。嘉庆六年（1801）举人。著名诗人。另著有《青芝山馆集》。

定窑器皿有破损者，可用楮树汁浓涂破处[1]，扎缚十分紧，俟阴干，永不解。（《云谷卧馀》。）

【注释】

〔1〕楮树：又名构树，古代造纸原料之一。

高从诲时[1]，荆南尚使磁器[2]，皆高其足，而公私竞置用之[3]，谓之高足碗。（《三楚新录》[4]。）

【注释】

〔1〕高从诲（891—948）：字遵圣，五代南平国君主。

〔2〕荆南：即五代十国时的南平国，立国时期在924—963年。

〔3〕置：购置。

〔4〕《三楚新录》：3卷，一作周羽翀撰。三楚指长沙马殷、武陵周行逢、江陵高季兴，分别据楚地所建政权。此书根据故老传闻，记三楚兴废本末。周羽翀，宋初人。曾任儒林郎、试秘书省校书郎、桂州修仁令。

耀州陶匠创造一等平底深碗，状简古[1]，号曰小海瓯。（《清异录》[2]。）

【注释】

〔1〕简古：简朴古雅。

〔2〕《清异录》：2卷，宋初陶穀（903—970）撰。陶穀，字秀实。北宋新平（今陕西彬县）人。

破碗上下作两截，断而齐者名无底碗，大吉。往往以上截书古语于其中，悬东壁〔1〕，谓祥瑞也。（《田家杂占①》〔2〕。）

【校】

①“占”，美术本作“志”。

【注释】

〔1〕东壁：室东侧的墙壁下。

〔2〕《田家杂占》：3卷，元娄元礼撰。农业气象专书，约成书于明洪武元年（1368）。娄元礼，字鹤天，号田舍子。元末明初浙江霅川（今浙江湖州）人。

印色池，官、哥窑方者，尚有八角、委角者，最难得。定窑方池，外有印花纹甚佳，此亦少者。诸玩器，玉当较胜于磁，唯印色池以磁为佳，而玉亦未能胜也，故今官、哥、定窑者贵甚。近日新烧有盖白定长方印池，并青花白地、纯白者，此古未有，当多蓄之〔1〕。且有长六七寸者，甚佳。（《考槃馀事》。）

印章，有哥窑、官窑、东青窑者，其制作之巧，纽①式之妙，不可尽述。（同上。）

【校】

①“纽”，美术本作“组”。

【注释】

〔1〕蓄：积聚，储藏，保存。

吴门周丹泉能烧陶印〔1〕，以垩土刻印①文或辟邪，龟、象、连环、瓦纽〔2〕，皆由火范而成，色如白定，而文亦古。（《妮古录》〔3〕。）

【校】

①“以垩土刻印”，原本缺，据美术本增。

【注释】

〔1〕陶印：以陶作为刻印材料的印章。先以陶土制成印坯，刻上印文及辟邪、龟、象、瓦等印纽，然后放入窑中烧制而成。陶印的印文古朴淳厚。也有以宜兴紫砂作印的，做出的印章颇耐看。

〔2〕辟邪：古代传说中的神兽。似鹿而长尾，有两角。《急就篇》卷三："射魃辟邪除群凶。"颜师古注："射魃，辟邪，皆神兽名……辟邪，言能辟御妖邪也。"　瓦纽：古印纽名。印章的鼻作瓦形，故名。形式近似鼻纽。秦官印用瓦纽。

〔3〕《妮古录》：4卷，明陈继儒（1558—1639）撰。陈继儒，字仲醇，号眉公，又号麋公。华亭（今上海松江）人。另著有《陈眉公先生全集》《小窗幽记》等。

窑器，方为难，今制方窑器为盛。（《事物绀珠》。）

余秀州买得白定瓶〔1〕，口有四纽，斜烧成"仁和馆"三字，字如米氏父子所书〔2〕。（《妮古录》。）

余于项元度家〔3〕，见哥窑一枝瓶、哥窑八角把杯、哥窑乳炉〔4〕。项希宪言〔5〕：司马公哥窑合卺双桃杯〔6〕，一合一开，即有哥窑盘承之，盘中一坎正相容，亦奇物也。后入刘锦衣家〔7〕。（同上。）

【注释】

〔1〕秀州：今浙江嘉兴。

〔2〕米氏父子：米芾（1052—1108）、米友仁（1074—1153）父子，太原（今山西太原）人。父子二人均为宋代书法家、画家、书画理论家。

〔3〕项元度：不详，疑是明代大收藏家项元汴的兄弟。

〔4〕乳炉：身有突起如乳状的香炉。

〔5〕项希宪：疑指项元度。

〔6〕司马公：即对司马光（1019—1086）的尊称。司马光，字君实，号迂珍，晚号迂叟，世称涑水先生。陕州夏县（今山西夏县）。历仕仁宗、英宗、神宗、哲宗四朝，卒赠太师、温国公，谥文正。北宋政治家、文学家、史学家。著有《资治通鉴》《涑水记闻》《潜虚》等。　合卺双桃杯：宋代瓷杯的一种。为哥窑制品。造型新颖别致，杯身为双桃一合一开，有哥窑烧制的盘承托，盘中有一坎，正可容置杯座。明陈继儒《妮古录》详记其

流传，并叹为“奇物”，今未见传世品。

〔7〕刘锦衣：在锦衣卫供职的刘姓人士。锦衣，即锦衣卫，全称锦衣亲军都指挥使司，明朝初为护卫皇宫的亲军，后兼管刑狱，赋予巡察缉捕权力。清初一度沿用，不久改称銮仪卫。

官、哥二窑，时有窑变，状类蝴蝶、禽鸟、麟豹等像。于本色泑外，变色或黄或红紫，肖形可爱，乃火之幻化，理不可晓。（《博物要览》。）

古人吃茶多用擎，取其易干不留滓。饮酒用盏，故无劝盘〔1〕。今所见定器劝盘，乃古之洗也。古人用汤瓶①、酒注〔2〕，不用壶瓶及有嘴折盂。台盘用始元朝〔3〕，古定、官窑俱无此器。（《格古要论》。）

金花定碗，用大蒜汁调金描画，然后再入窑烧，永不复脱。（同上。）

【校】

①“瓶”，美术本作“缺”。

【注释】

〔1〕劝盘：劝酒时用来放酒杯的盘子。

〔2〕汤瓶：古代烹茶煮水用的茶具，又称茶瓶、茗瓶、水瓶。　酒注：酒壶。

〔3〕台盘：一种盛果品的高足托盘。

卖花顾媪持一旧瓷器求售，似笔洗而略浅，四周内外及底皆有泑色，似哥窑而无纹，中平如砚，独露瓷骨，边线界画甚明，不出入毫发，殊非剥落。不知何器，以无用还之。后见《广异记》《逸史》等所载〔1〕，乃悟。唐以前无朱砚〔2〕，凡点勘文籍〔3〕，则研朱于杯盏，大笔濡染〔4〕，贮朱于钵。杯盏略小而口哆〔5〕，以便掭笔〔6〕。钵稍大而口敛，以便多注浓沈也。顾媪所持，盖即朱盏，向来赏鉴家未及见耳。急呼之来，问此瓷器何往。曰：“本以三十钱买得，云出自井中，今以无用，二十钱卖诸杂物摊上，久，不能复问所在矣。”余深为惋惜。世多以高价市赝器，而真古瓷反往往见摈如此〔7〕。（《槐西杂志》〔8〕。）

【注释】

〔1〕《广异记》：原书20卷，戴孚撰。唐代志怪小说集。戴孚，谯郡（今安徽亳州）人。　《逸史》：唐代卢肇撰，轶事小说集。卢肇，字子

发。袁州宜春（今江西宜春）人。唐代文学家。会昌三年（843）状元及第。始为鄂岳节度使卢商从事，后升任著作郎，又迁充集贤院直学士等。

〔2〕朱砚：红色的石砚。宋代米芾《砚史·蔡州白砚》："理滑可为器，为朱砚，花蕊石亦作小朱砚。"

〔3〕点勘：校对勘正文字。

〔4〕濡染：浸湿。常指运笔写字作画。

〔5〕口哆：口沿外张。

〔6〕掭笔：掭墨，用毛笔均匀地蘸墨汁。

〔7〕摈：抛弃。

〔8〕《槐西杂志》：《阅微草堂笔记》篇名，清纪昀（1724—1805）著。纪昀，字晓岚，一字春帆，晚号石云，道号观弈道人。河间府献县（今河北献县）人。清代著名学者、文学家。清乾隆时进士，官至礼部尚书，协办大学士，谥文达。曾任《四库全书》总纂官。能诗及骈文，另有《纪文达公遗集》等传世。

平阳，陶唐氏之故都也。其俗勤俭，旧多窑居。新安赵给谏吉士《竹枝词》咏之云〔1〕："三月山田长麦苗，村庄生计日萧条。羡他豪富城中户，住得砖窑胜土窑。"其镇署三堂后〔2〕，尚有砖窑五圈。（《霁园夜谭录》〔3〕。）

【注释】

〔1〕赵给谏吉士：给谏，宋门下省有给事中，掌封驳政令违失，另有左、右谏议大夫分隶门下、中书二省，掌规谏讽谕，二者全称给谏。清为六科给事中别称。赵吉士（1628—1706），字天羽，号恒夫、寄园。原籍安徽休宁，后为钱塘（今浙江杭州）人。顺治八年（1651）举人。康熙七年（1668）官山西交城知县。以功擢户部主事。二十五年，升户部给事中。二十七年以事罢职。不久补为国子监学正。清代诗文家。著有《万青阁全集》《林卧遥集》《续表忠记》等。

〔2〕三堂：第三进堂屋。

〔3〕《霁园夜谭录》：疑为和邦额（1736—？）所撰《夜谭随录》。和邦额，字霁园、闲斋，号霁园主人、蛾术斋主人。满洲镶黄旗人。清乾隆三十九年（1774）中举，后出任山西乐平县令。

自古陶重青品，晋曰“缥瓷”，唐曰“千峰翠色”，柴周曰“雨过天青”，吴越曰“秘色”。其后宋器虽具诸色，而汝瓷在宋烧者淡青色，官窑、哥窑以粉青为上，东窑、龙泉其色皆青。至明而秘色始绝。（《爱日堂抄》。）

有客携柴窑片瓷，索数百金，云嵌于胄[1]，临阵可以辟火器，然无由知确否。余曰：“何不绳悬此物，以铳发铅丸击之，如果辟火不碎，价数百金不为多。如碎，则辟火之说不确，理不能索价也。”客不肯，曰：“公于赏鉴非当行[2]，殊煞风景。”急怀之去。后闻鬻于贵家[3]，竟得百金。夫君子可欺以其方，难罔以非其道[4]。炮火横冲如雷霆下击，岂区区瓷片所能御？且雨过天青，不过泑色精妙耳。究由人造，非出神功[5]，何破裂之馀片尚有灵如是耶？（《如是我闻》[6]。）

【注释】

〔1〕胄：盔，古代战士戴的帽子。

〔2〕当行：内行，对某种业务或工作有丰富的知识和经验。

〔3〕鬻：卖。

〔4〕君子可欺以其方，难罔以非其道：君子可以拿合乎情理的事去欺骗他，却不可以把不合情理的事去欺骗他。

〔5〕神功：神灵的功力。

〔6〕《如是我闻》：《阅微草堂笔记》篇名。

以上皆陶事旧说，或全篇，或一二语，悉撮录[1]，以资闻见[2]。

【注释】

〔1〕撮录：选择抄录。

〔2〕闻见：所闻所见，知识。

卷十 陶录馀论

陶有遥、逃二音，烧造砖埴皆可称也。《正字通》：“陶与匋同。”又，陶即窑字，通作窑、堶、匋等字。《说文》：“匋，瓦器，从缶。包省声。”盖古字双音并义①，后始陶、窑分称。

【校】

①“双音并义”，美术本作“双义并音”。

“舜陶河滨”，《类书纂要》注[1]：“河滨，即今定陶县西北。”《舆图直指》则谓在馆陶、陶邱之间[2]。考陶邱，即定陶。然定陶与馆陶相去甚远。又“作什器于寿邱”，《舆图直指》言“寿邱在兖州府东”，则馆陶、定陶皆于兖甚远，未知河滨所在。近考《括地志》云[3]：“陶城在蒲州河东县北三十里，为舜所都，南去历山不远。”按此或即其地。

【注释】

〔1〕《类书纂要》：33卷，清代周鲁撰。此书为抄录类书而成。其内容全不注明出处。有的舛误相因，并无新意。

〔2〕《舆图直指》：不详，待考。

〔3〕《括地志》：550卷，《序略》5卷。唐李泰（618—652）主编。唐地理总志。成书于唐太宗贞观十六年（642）。李泰，字惠褒，唐太宗李世民第四子。曾任扬州大都督、雍州牧、左武侯大将军等职，封为魏王。

闽温处叔《陶制序》深得陶事三昧[1]，其略云：“淘先濯之[2]，使定沦矣[3]，尤必澄也[4]。扰之欲调，而掣之欲坚，不然，恐其宛也[5]。”此数句盖言淘练泥泑之工。又云：“作之力须均，扶欲啬[6]，弗均则侧，弗啬则泐也[7]。”此是言拉坯之难。又云：“入范而抟之，疏数须得其平也[8]。力欲转而滑，滞则裂，按之而实斯痕也[9]。”此是言印模不易。又云：“浣之、括之、拭之[10]，必详悉求其类，不则疵也[11]。”此是言旋坯、过泑之艰。又云：“里坚白而表凝素者，上也。虽加之以绘，佳也。”此言陶成器质贵精洁。又云：“表容青，虽绘事弗及，次也。”此言器品质亏非所贵[12]。又云：“笔纹期如丝，纹丰而沴[13]，亦次也。”此言画描之工。又云：“一品为之功数易，一弗善，不能良也。”此总言陶作之难。盖观于温《序》所言，从可知陶事曲折矣。

【注释】

〔1〕三昧：奥妙，诀窍。唐代李肇《唐国史补》卷中：“长沙僧怀素好草书，自言得草圣三昧。”

〔2〕濯：洗。

〔3〕定沦：淘洗瓷土使水面平静。

〔4〕澄：淘洗泥料，使泥料中的杂质沉淀。

〔5〕宛：弯曲变形。

〔6〕啬：用力小。

〔7〕泑：裂开、解裂。

〔8〕疏数：稀疏和密集。

〔9〕斯：则。

〔10〕浣：此处指补水的工序（即整坯）。凡拉制成型后经干燥和利坯后，均需补水。一般在补水前先清扫、吹净坯体内杂尘、杂质，再以特制的补水笔蘸清水刷磨。　括：扎束。

〔11〕不：古同“否”。

〔12〕亏：欠缺。

〔13〕沴：水流不畅。引申为阻水的高地。

镇瓷，在唐、宋不闻有彩器，元、明来则多青花，或仿他处青瓷矣，然非今之所谓青也。今俗又以器之上品者为青，如呼头青、提青、三色青之类，昔只以上色、次色、三色分之。

在镇官窑瓷器有三：一厂官器，一仿宋代汴、杭官窑器，其一则居俗所称官古器也。厂官器非民间所有，官古器则盛行于今，宋官器仿制不多矣。

陶瓷有所谓口者，即器上围员口，俗呼盘口、碗口、盘堧、碗堧是也[1]。所谓足者，即器底圈边，俗呼碗埞、杯埞是也。所谓骨子，即器具土质，俗呼泥胎儿是也。

【注释】

〔1〕堧：原指城下宫庙外及水边等处的空地或田地。引申为外沿、周边。

陶瓷有以圾称者（俗作件）。自五圾起，以至百圾、五百圾、千圾，如尊、罍、盆、缸之类。按：《字①书》圾与岌通，危也。则以圾称，谓其危而成难也。故圾数愈增，则愈难陶成。

【校】

①“字”，美术本作“子”。

陶瓷有茶托、酒托，疑即古礼器之舟也[1]。《周礼》：“祼用鸟彝、黄彝[2]，皆有舟。”郑注[3]：“舟，樽下台，若今承①盘子。”由是考之，舟、托非一物乎？

［五代］ 白釉托（故宫博物院藏）

【校】

①“承”，美术本缺此字。

【注释】

〔1〕舟：尊彝等器的托盘。

〔2〕祼：古代酌酒灌地的祭礼。 鸟彝：宗庙祭器六彝之一。以其刻画凤凰等鸟形为饰，故名。 黄彝：宗庙祭器六彝之一。器上以黄金缕为目。盛郁鬯，用于秋、冬之祭。亦名黄目。《周礼·春官·司尊彝》：“秋尝冬烝，祼用斝彝、黄彝。”郑玄注：“黄彝，黄目尊也。……黄目以黄金为目。《郊特牲》曰：‘黄目，郁气之上尊也。黄者，中也，目者，气之清明者也。言酌于中而清明于外。’”

〔3〕郑注：汉著名经学家郑玄为古书作注的统称。郑玄（127—200），字康成。北海高密（今山东高密）人。学问渊博，尤工《易》《礼》。注解经籍兼采今古文，融会各家之说。为汉撰注家中最有权威者，世称“郑学”。名《注》有《毛诗》《周礼》《仪礼》《礼记》等。

［宋］ 钧窑菱花式花盆
（故宫博物院藏）

均红器古作者，土质粗疏，微黄，泑色虽肖，究非佳品。今镇陶选用净细白埴①土范胎为之，再上均红泑，故红色衬出愈滋润，所谓玫瑰、海棠、骡肝马肺等样，皆胜于往古所造。

【校】

①“埴”，美术本作“填”。

一霁红也，《肆考》纪明厂窑作祭红。沈阳唐公记：今厂器作霁红，而陶俗皆作济红，其实祭红为是。盖宣窑造此，初为祭郊日坛用也[1]。唐窑记霁红，由宣窑霁青推写耳。

【注释】

〔1〕日坛：明、清两朝祭祀日神的处所。现于北京朝阳门外东南。

龙缸大窑，明厂原系三十二座。后因青窑数少，龙缸窑空闲，将大龙缸窑改砌青窑十六座，仍存龙缸大窑十六座。自国初烧造龙缸未成，至唐窑始复其制，搭民窑烧。厂东街有龙缸弄[1]，相传为旧搭烧龙缸处。按：隆、万时厂器，除①厂内自烧官窑若干座外，馀者已散搭民窑烧。《邑志》载：有赏给银两定烧、赔造等语。然今则厂器尽搭烧民窑，照数给值，无役派赔累也[2]。

［明］宣德 青花龙纹大缸
（景德镇陶瓷考古研究所藏）

【校】

①“除”，美术本作“徐”。

【注释】

〔1〕弄：小街道。

〔2〕赔累：经商亏本并欠下债。

镇在唐代瓷陶之外，又有琉璃窑，为市埠桥盛姓所业[1]。有盛鸿者，登乾元第[2]，为利州司马[3]，擢行人[4]。其族人以敕造不称获罪[5]，鸿疏辨免。不欲族裔承匠籍，遂废其业。见《昌南记》。

【校】

①“除”，美术本作“徐”。

【注释】

〔1〕市埠桥：在景德镇小港嘴右边附近。

〔2〕乾元（758—760）：唐肃宗李亨年号。　第：指科举时代经考试而得中，录取。

〔3〕利州：今四川广元。　司马：古代官职名。

〔4〕擢：提拔，提升。　行人：古代官职名，掌宾客礼仪等事。

〔5〕敕造：皇帝下令建造。　不称：不胜任。

《责①备馀谈》云〔1〕：“汪、黄为相〔2〕，宦官邵成章劾其误国，被斥。钦宗思其忠直〔3〕，召赴行在〔4〕，或复沮之〔5〕，乃命止于洪州。及洪州陷，金人授以职，坚不从。金曰：‘忠臣也，不可杀之’。”按：钦宗时，汪、黄未为相，当是高宗之讹。然邵成章南渡时，实尝提举修内司官窑，足为陶中生色矣〔6〕。

【校】

①“责”，美术本作“青”。

【注释】

〔1〕《责备馀谈》：2卷，明代方鹏（1470—？）撰。方鹏，字时举，号矫亭。昆山（今江苏昆山）人。正德年间进士，官至南京太常卿，另著有《续观感录》《昆山人物志》《矫亭存稿》等。《责备馀谈》一书杂取为世所称道的古人行事，而摘除其瑕疵之处，因以成书。

〔2〕汪、黄：指汪伯彦、黄潜善。南宋高宗建炎二年（1128），两人同居相位，因循苟安，不作战备，为军民痛恨。

〔3〕钦宗：即宋钦宗赵桓（1100—1161），徽宗长子，即位前封定王，政和五年（1115）立为皇太子，宣和七年（1125）底，金军大举进攻中原时奉父徽宗旨，先以“监国”主政，旋即称帝，改年号靖康。后被金人掳去。1161年病死于五国城（今黑龙江依兰）。

〔4〕行在：即行在所，古代封建帝王所居之处。后指皇帝行幸所居之处，简称行在。南宋迁都临安，称临安为行在，以示不忘旧都汴京，临安只是行都之意。

〔5〕或复沮之：又有人诋毁他。

〔6〕生色：增光添彩。

《正字通》载："景德镇瓷器，用芦麻灰淋汁①涂之。黄色者，赤土汁涂坯，烧之。用芝麻秸淋汁染色，则成紫。"此言非也。按：今配青白泑，止用炼灰。黄色、紫色，本有是种，配泑亦不用芝麻秸汁。若赤土所配，乃紫金泑稍黄一种，非黄色者。

【校】

①"汁"，美术本作"斗"。

《正字通》又载："婺源县界麻仓窑有土可泑。"按：麻仓为邑东村名，或讹麻村，或呼梅村，窑出官土，只可作不，非釉也。

《正字通》又载："庐陵、新建产黑赭石，磨水画瓷坯，初无色，烧之成天蓝，盖今青料也。"按：赭乃赤色，云黑，又云赭，则不得名青料，且新建从未闻产料。

《正字通》又载："景德镇取婺源所产料，名画烧青[1]，一曰无名子。"按：镇所用乃浙料、广料或云南料。昔则苏泥勃青、回青、乐平陂塘青、瑞州石青[2]，从未闻取用婺邑料。凡料之佳者，名老圆子、韭菜边，亦无画烧青、无名子之称。廖公盖以传闻误注耳[3]。

【注释】

〔1〕画烧青：即钴土矿，明代中期青花瓷器使用的一种色料。

〔2〕瑞州：今江西高安。

〔3〕廖公：当为《正字通》作者张自烈。

景德镇自明设御器厂，因有厂官窑，今仍其旧称。《格古要论》载："古饶器，出今饶州浮梁之御土窑[1]，体润而薄。"讹御器厂为御土窑，且景德镇所产，而必曰饶器，即云饶州所辖，岂饶器尽为御土窑烧造者，是又不知有民窑、官窑之分也。

【注释】

〔1〕御土窑：实为元景德镇烧造贡瓷的窑。

刘言史《咏茶诗》云[1]："湘瓷浮轻花。"此湘瓷不知即岳州器欤？抑为本镇附纪之湘湖窑器欤？当俟考定。

【注释】

〔1〕刘言史（约742—813）：唐代诗人。邯郸（今河北邯郸）人。少尚气节，不举进士。后为冀镇节度使王武俊幕宾，颇受礼遇。某日王武俊出猎，一箭射中双鸭，刘言史马上作《射鸭歌》献之。王武俊因之上表为刘言史请官，诏授枣强县令，刘言史托疾不赴，时人敬重，称他为"刘枣强"。

陶庵老人《梦忆》云[1]："嘉兴王二之漆竹，洪漆之漆，张铜之铜，徽州吴明官之窑[2]，皆以一工与器而名家、起家[3]，其人且与搢绅、先生列坐抗礼[4]。"按：徽州距景德镇甚近，吴明官或亦尝陶吾镇，著名当时者欤？不然，徽地无窑也！然莫可详确，亦俟考。

【注释】

〔1〕陶庵老人《梦忆》：即张岱（1597—1689）所著《陶庵梦忆》。张岱，字宗子，又字石公，号陶庵，又号蝶庵。山阴（今浙江绍兴）人。著有《琅嬛文集》《西湖梦寻》《张子文秕》等。

〔2〕吴明官：明万历间制瓷名家。徽州（今安徽歙县）人。

〔3〕名家：谓有专长而自成一家。

〔4〕搢绅：将笏板插在腰带上。搢，插。绅，宽的束腰带。古代士大夫插笏垂绅，借指出仕做官或做官的人。　先生：年长有学问的人。　抗礼：古代礼节之一，指彼此以对等的礼节行礼。

《长物志》载："旧窑枕有长二尺五寸，阔六寸者，凡①可用。是昔尚瓷枕，暑月用之必佳。"今镇只有孩儿枕。

【校】

①"凡"，经堂本缺此字，据美术本增。

《邑乘》载缪宗周《兀然亭诗》云[1]："陶舍重重倚岸开，舟帆日日蔽江来。工人莫惜天机巧，此器能输郡国材。"《志》："兀然亭在鞍山，为祖无择所题云[2]，亭近河滨。"然鞍山附近无陶，实去河甚远。按：兀然亭有二，当是题肇建之兀然亭耳。肇地滨河，建中昔多世陶。有峰曰"肇山"。旧传有兀然亭，其址犹存。缪诗殆非泛指也。

【注释】

〔1〕《邑乘》：县志，地方志。　缪宗周：字惟静。明通海（今云南通海）人。正德进士，官浙江布政使。

〔2〕祖无择（1006—1085）：字择之。蔡州（今河南上蔡）人。宝元元年进士及第，授承奉郎，官至龙图阁学士、知开封府。

明末又有陈仲美、周丹泉，俱工仿古窑器，携售远方。镇人罕获，周窑甚传。若陈来去无定，仿造亦不多，今罕有知之者矣。

真古窑器，得之无价。尝记少时，见有人持湖田窑大方罏一，色素而古雅可爱。云家世珍藏，可验晴雨。请鬻于里淳富宅，富家不辨，数争价往反，忽失手堕碎，深为可惜。

古瓷尚青，宜品茗、酒耳。若肴馔，则素瓷、青花白质瓷为佳。邹阳《赋》〔1〕：“醪醷既成〔2〕，绿瓷是启。”陆羽《经》：“越瓷青而茶色绿。”《七启》〔3〕：“盛以翠樽〔4〕。”李①南金诗〔5〕：“听得松风并涧水，急呼缥色绿瓷杯。”东坡诗：“青浮卵碗香。”观数公句，可知尚青止杯盏之类，亦非如柴、汝之青色也。

【校】

①“李”，经堂本为“季”，据美术本改。

【注释】

〔1〕邹阳《赋》：即邹阳《酒赋》。邹阳，齐人（今山东东部），仕吴王濞，后为梁孝王客。西汉前期散文家，以文辩著称。

〔2〕醪醷：浊酒，未经蒸馏，汁滓混合。

〔3〕《七启》：辞赋名篇。三国魏曹植（192—232）作。曹植，字子建。沛国谯县（今安徽亳州）人。曹操之子，曹丕胞弟。三国魏文学家。

〔4〕翠樽：亦作“翠尊”。饰以绿玉的酒器。

〔5〕李南金：字晋卿，自号三溪冰雪翁。乐平（今江西乐平）人。绍兴二十七年进士。南宋词人。本诗引自李南金《茶声》。

同一青瓷也，而柴窑、汝窑云青，其青则近浅蓝色。官窑、内窑、哥窑、东窑、湘窑等云①青，其青则近淡碧色。龙泉、章窑云青，其青则近翠色。越窑、岳窑云青，则近缥色。古人说陶，但通称青色耳。

【校】

①“云”，美术本作“色”。

景德镇诸窑称青亦不同。有云青者，乃白地青花也，淡描青亦然。其青皆近蓝，色分浓淡。有仿古窑称青者，则亦如古窑之青。若霁青之青，亦近深蓝色。

汝窑瓷色，镇厂所仿者，色青而淡带蓝光，非近碧之粉青也。《肆考》谓汝窑瓷，色如哥而深，则误认青为近碧解矣。不如汝瓷所谓淡青色，实今之好月蓝色。镇厂盖内发真汝器所仿，俗亦呼为雨过天青。又仿粉定有甚佳者，亦不闻是青田石。

《肆考》又以大邑瓷注于越窑下，未考大邑为邛州属县，竟以为越瓷，是不知有蜀窑也。又以东瓯为越窑，未考东瓯地属温州，是不知别有东瓯陶也。《广舆记》载〔1〕：温州城外尚有东瓯王墓〔2〕。

【注释】

〔1〕《广舆记》：明代陆应阳仿《明一统志》，并参考史籍、地方志而编撰的一本地理书。陆应阳，字伯生。松江青浦（今上海松江）人。

〔2〕东瓯王：汉东海王俗称。以东海王国都东瓯得名。《史记·东越列传》：“孝惠三年乃立摇为东海王，都东瓯，世俗号为‘东瓯王’。”

旧越窑自宋末已不复见。《辍耕录》载叶垣斋引陆诗，疑为秘色。而《肆考》越窑实另见，谓第为①秘色之所自始，殆其然乎。

【校】

①“为”，美术本缺此字。

秘色，古作祕①色，《肆考》疑为瓷名，《辍耕录》以为即越窑，引叶寘“唐已有此”语。不思叶据陆诗，并无祕色字也。按：祕色特指当时瓷色而言耳，另是一窑。固不始于钱氏，而特贡或始于钱氏，以禁臣庶用，故唐氏又谓蜀王不当有。不知祕字，亦不必因贡御而言。若以钱贡为祕，则徐寅《祕盏诗》亦标贡字，是唐亦尝贡，何不指唐所进御云秘？岂以唐虽贡，不禁臣庶用，而吴越有禁，故称祕耶？《肆考》又载“祕色至明始绝”，可见以瓷色言为是。

【校】

①“祕”，美术本作“秘”。

《高斋漫录》亦载[1]：“祕色瓷器，世言钱氏有国日，越州烧造，为供奉物，臣庶不得用。”似祕色窑又实起于吴越矣。

【注释】

〔1〕《高斋漫录》：1卷，宋代曾慥（？—1155）撰。曾慥，字端伯，号至游居士。晋江（今福建泉州）人。

雨后天青，止柴窑器色如是，汝窑所仿已不类。宋长白误以为秘色窑器[1]，且称雨后晴天色，讹青为晴。又注《茶经》所云：“越州为上，是指龙泉窑器。”皆载其《柳亭诗话》中。按：秘色窑青色，近缥碧，与越窑同，即越窑亦非龙泉窑。一是绍兴，一属处州，地亦相殊也。宋又云：“秘色晴天，柴皇氏重之[2]。”是并不知世传五窑之自来矣。

【注释】

〔1〕宋长白：原名俊，字长白，以字行。清山阴（今浙江绍兴）人。曾撰有《柳亭诗话》30卷，内容自三代以迄于清，凡涉诗者多所记录。

〔2〕柴皇氏：指后周皇帝柴荣。

《格古要论》谓：“旧哥窑色青，浓淡不一，好者类董窑，今亦少有。成群队者，是元末新烧，欠佳。”按：东窑色淡青，亦有紫口铁足，未闻董窑何昉[1]。殆东、董音相近，各操土音，遂以东讹董。而《肆考》亦误沿董字也。

【注释】

〔1〕何昉：起始于何时何地。昉，开始。

鱼子纹，《格古要论》以为哥器纹，而《陶成记》载汝泑亦有鱼子纹，合之无纹汝釉、蟹爪纹汝釉，可知汝器古有三种泑式。

《陶成记》：仿宋器有铜骨无纹汝泑猫食盘，系人面洗色泽。今镇所仿汝器，并未闻此名式，即铜骨泥绝少，不见有人面洗色泽者。此种真汝式，想尤佳妙。

大观，北宋年号，即有官窑时也。宋本称“官”字，唐隽公不书“官”纪“观”，称“大观釉”。盖以镇陶有厂官器，民俗有官古器，故用“观”字以别之。其实大观即宋官釉，或疑“官”“观”为二，皆讹。

霍器有三：一为宋霍州本来窑，一为元彭君宝仿造窑〔1〕，其一则唐昌南镇霍仲初窑也。彭为上①，仲品②次之，霍州本来者又次之。

【校】

①“上”字后，美术本多一“品”字。

②“品”，美术本缺此字。

【注释】

〔1〕彭君宝：元代制瓷名师，一作老均宝。浙江嘉兴（今浙江嘉兴）人。原是民间戗金匠，擅长制戗金银漆器。后到霍州（今山西霍县）烧制瓷器，其器细白缜腻，仿古定器式样。所制折腰式甚奇，当时呼为“彭窑”。彭窑在霍州（今山西霍县），故又名“霍窑”。

窑变之器有三：二为天工，一为人巧。其由天工者，火性幻化天然而成。如昔传屏风变为床、舟，冰缶冻为花卉、村景，宋碗经暑不腐腥物，乃世不多觏者也。又如均、哥本色泑，经烧忽退变他色及成诸物状①，是所时有者也。其由人巧者，则工故以泑作幻色物态，直名之曰窑变。殊数见不鲜耳。

【校】

①“状”，美术本作“然”。

陶处多者，自来莫过于汴，其次为浙。然汴自柴、东、汝、官、均而外，著名者少。越窑、秘色、官、内、龙泉、哥、章及东瓯，今亦莫继其美。

江西窑器，昔亦多处，惟景德镇著久。《肆考》“饶州窑”亦注“浮梁镇器”，而不列景德镇名，何耶？又云：江西窑器，唐在洪州，宋时出吉州，明见弋阳。何以既注“镇器”，尚言江西窑器某代止在某处乎？

磁石制泥为器，非吸铁引针之磁石，亦非烧料为磁粉之类，乃别一种石。其色光滑而白，其性埴而松，其器美而不致[1]，实与瓷土异。惟磁州、许州有之[2]。

【注释】

〔1〕致：细密，精密。

〔2〕许州：今河南许昌。

楚之长沙属有醴陵土碗，器质甚粗，体甚厚，釉色淡黄而糙，或微黑，碗中心及底足皆无釉，盖其入窑时，必数碗叠装一匣烧故也。此乃乡土窑，所在多有。正如吾昌南在汉时只供迩俗粗用也[1]。

【注释】

〔1〕迩俗：附近民间。

“素磁传静夜”，本王修诗[1]，《昌南记》以为颜、陆二公联句，殊误。《阳羡茗壶系》引之谓“品茶尚素瓷”，然亦不载谁句，而尚素又与《茶经》相反。

【注释】

〔1〕王修：字叔治，北海营陵（今山东昌乐）人。东汉末年大司农郎中令。

《广舆记》止载登封、宜阳产瓷器，而不知洛阳已陶于元魏时；止载平凉、华亭产瓷器，而不知秦州已陶于唐代。《肆考》载“秘戏器”作俑于隆、万，而不知元魏之关洛窑已有此种。

蘸汹之法：欲其莹匀，大抵贵手法轻快[1]。《肆考》谓：“不急能匀，重复蘸之则莹厚，谬矣。”按：当蘸湿时，若不急起，纵使汹周[2]，不几酥破乎[3]！莹厚亦不必重复，如重蘸，色反不匀。今惟大琢器、大圆器用吹釉法，有重复多遍者，馀小器及常粗器，蘸汹则不然。

【注释】

〔1〕贵：重要。

〔2〕周：周全，全面。

〔3〕不几：没有希望，不可希求。几，通“冀”。《商君书·定

分》："为治而去法令，犹欲无饥而去食也，欲无寒而去衣也，欲东而西行，其不几亦明矣。"朱师辙解诂："几，冀也。"

《肆考》说定器出定州，即真定。按：定州系直隶州，在真定之西南，非真定也。真定为常山，定州为中山。宋苏东坡知定州，其时即为边郡〔1〕，真定固属辽，不属宋也。

【注释】

〔1〕边郡：靠近边境的郡邑。

《肆考》谓："古人以足载器，器足多取沉重。柴窑足每粗黄土，官、哥、龙泉皆铁足。"此非也。按：周之柴窑，其时鲜佳不，故①胎质用黄土，足亦黄土，非另造续成者。即铁足亦因铁骨泥作质，故坯足露铁色，非另造②铁足安上。唐氏不知坯装匣烧，匣内尚有渣饼、砂渣垫足，只疑另有器足承载器烧，故有"古取沈重"之说。

【校】

①"故"，美术本作"但"。

②"造"字后，美术本多一"烧"字。

《通志》曰："造坯彩画，始条理也。入窑火候，终条理也。"即以火候言之，火①有前、中、后之分，有紧、溜②之候，或对日，或一昼夜。大器或溜七日夜，紧二日夜。火弱则窳甐〔1〕，俗呼糟坯；火猛则偾暴〔2〕。溜者，欲习于火而无嬴〔3〕；紧者，如燎于原而无缩〔4〕。若倦睡不应机〔5〕，神昏莫辨火色③〔6〕，有破璺走焰之失〔7〕，所烧器必多鳆昼、阴璺、黑黄之患矣〔8〕。则所谓条理者，正须缕析也〔9〕。

【校】

①"火"，美术本作"大"。

②"溜"，美术本作"润"。

③"火色"，美术本作"色火"。

【注释】

〔1〕窳甐：粗劣且烧不透的瓦器。

〔2〕偾暴：偾，僵，败坏，破坏。暴，鼓凸而不坚致。

〔3〕嬴：过度。

〔4〕缩：亏欠。

〔5〕应机：顺应时机，及时准确把握窑内的各种变化。

〔6〕神昏：神志昏迷不清，或全然不知。

〔7〕破璺走焰：指由火力不均和火焰性质掌握不适当而造成的瓷件开裂、吸烟等缺陷。

〔8〕罅垦：器物的外形凹凸不平。罅，凸起。垦，凹下。　阴璺：器物釉色不亮。

〔9〕缕析：详细分析。

金溪王仁圃先生成《江西考古录》〔1〕，无一言及陶务，岂谓陶器不足录？良由人地远隔〔2〕，知有不逮也。陶器自古资利用。景德镇陶，历代名天下，实江西土产之最。非惟好古之士〔3〕，在所必详，即有心国计民生者，亦未可略也。桂幸生长于斯〔4〕，耳目所习，虽犹不尽，谨就所知者考辨之，或亦可为博雅君子之一助。

【注释】

〔1〕金溪王仁圃：即王谟，字仁圃，一字汝上。清江西金溪（今江西金溪）人。清乾隆四十三年（1778）进士。授建昌府学教授。以辑录古佚书闻名。撰辑有《读书引》《江西考古录》《豫章十代文献略》《汉魏丛书》《汉唐地理书钞》等。　《江西考古录》：10卷，清王仁圃撰。地理考证著作，以江西古建筑、古迹、古物等内容为主。

〔2〕良：确实。

〔3〕非惟：不但，不仅。

〔4〕桂：即郑廷桂。

从来纪陶无专书，其见于载籍者〔1〕，或因一事而引及一器，或因一器而引及一事，或因吟赋而载一二名。惟蒋祈《陶①略》及沈阳唐公《陶成记》《示谕稿》说景德镇陶事颇详。其他如练水唐氏《窑器②肆考》，详天下古窑颇悉，而于镇陶多本传闻，往往出蒋、唐诸集之外，其实不无谬误，谨遵师说考辨之〔2〕。

【校】

①“陶”字后，美术本有一“器”字。

②“器”，美术本作“陶”。

【注释】

〔1〕载籍：书籍，典籍。《史记·伯夷列传》：“夫学者载籍极博，犹考信于六艺。”

〔2〕师说：老师传授的说法。

《龙威秘书》有朱桐川先生《陶说》[1]，《说》分三则，惟说镇器多简略。《录》中所引用皆注原书名[2]，非不采其说也。

【注释】

〔1〕《龙威秘书》：10集，169种，清马俊良辑。前5集为玩好游艺，后5集为词章考订。每集又加类名，以示所收内容。马俊良，字嵰山。浙江石门（今浙江桐乡）人。乾隆二十六年（1761）进士，官内阁中书。另著有《易家要旨》《春秋传说荟要》等。

〔2〕《录》：《景德镇陶录》。

是编陶务土宜[1]，多得于访问。若都昌江大光、程镇安、曹惠浦、胡思策、刘文炳、刘伯和[2]，鄱阳金大礼、刘启祥皆习知其事[3]，而能言其制作之详者。而检阅书籍，相与商考[4]，则古黟余有庠稵畯，鄱阳金正仪梦桥，乐平石钟理羹堂，同邑黄达良澹庵、李玑有政、邓世畴寿田，成美功咸为不少[5]。书成，例得书名，遂以识之。

【注释】

〔1〕土宜：各地不同性质土壤，对不同的生物各有所宜。此处指与陶瓷相关的记述。

〔2〕都昌：今江西都昌。

〔3〕习知：熟知。

〔4〕相与：互相，一道。　商考：讨论交流。

〔5〕美功：美好的功业。汉焦赣《易林·剥之第二十三·晋》：“虞夏美功，要荒宾服。”

书　后

镇陶自陈以来名天下，历代著录家多称述。吾师耕馀先生，惜其无专书也，博考众家之说，而实验诸当时之制，辑为是《录》，卷帙未终而逝，盖湮废败箧中垂二十年矣[1]。廷桂受业门墙最久[2]，恸吾师敦行力学[3]，赍志以殁[4]，又遗腹子殇殒无嗣，师母氏汪孑然孀居[5]，抱遗书而无所与谋[6]。欲请以校勘而续成之，藉为吾师存一日，而廷桂又落拓[7]，无力蒇事[8]，其若吾师何哉？嘉庆十有六年辛未，广德刘克斋先生来莅邑事，招廷桂馆署中，风政之暇[9]，时及文辞[10]，亦往往以镇陶无专书为憾。廷桂出此奉质[11]，则跃然而起，命亟续之，与付剞劂[12]。噫！此固廷桂日夜祷祠之而不得者，今庶几为师慰也[13]。虽至愚鲁，不敢不勉，《录》旧六卷，今订为十，惟卷首《图说》、卷尾《陶录馀论》为吾师所未逮，其中八卷，则皆仍吾师之书，分门而附益之，谨阙其所不知，不敢妄有增损。盖于镇陶之原流，工作之勤劳，器用之美利[14]，虽不备悉，然已可得其大略矣。吾师其又谓廷桂何哉？

嘉庆二十年，岁在乙亥，秋八月朔，门人同里郑廷桂谨识

【注释】

〔1〕湮废：湮没废弃。宋叶梦得《〈石林燕语〉序》：“兵火荡析之馀，井间湮废。”　箧：小箱子，藏物之具。大曰箱，小曰箧。　垂：接近。

〔2〕门墙：《论语·子张》：“夫子之墙数仞，不得其门而入，不见宗庙之美，百官之富。得其门者或寡矣。”后因称师门为“门墙”。

〔3〕敦行：笃行。

〔4〕赍志：怀抱着志愿。

〔5〕孑然：孤单。　孀居：守寡。

〔6〕谋：办法，主意。

〔7〕落拓：亦作“落托”。贫困失意，景况凄凉。

〔8〕蒇事：谓事情办理完成。前蜀杜光庭《王宗玠宅弘农郡夫人降圣日修大醮词》：“沥丹款以腾词，拂碧坛而蒇事。”

〔9〕风政：教化政治。《后汉书·滕抚传》：“风政修明，流爱于人，在事七年，道不拾遗。”

〔10〕文辞：文章。

〔11〕质：质正，请教。

〔12〕剞劂：雕版，刻印。

〔13〕庶几：希望，但愿。

〔14〕美利：大利，丰厚的利益。《易·乾卦第一》：“乾始能以美利利天下，不言所利，大矣哉！”

匋雅

〔清〕陈浏（寂园叟）撰

自 序

江浦寂园叟曰：有虞上匋[1]，器不苦窳[2]。匋之坚致者[3]，厥名曰瓷[4]。缥瓷酌酃[5]，赋于潘岳[6]，盖在西晋初叶[7]，青器所自始也[8]。渔洋谓汉有瓷盏[9]，殆非率尔之词[10]。隋①唐以来，作者盖夥[11]，绿瓷紫瓷，并入歌咏；柴、赵雅制[12]，至元而稍衰；永、宣大振[13]，遂重彩画，终明之世[14]，精光不泯[15]。康、雍官窑[16]，穷极美丽[17]，万国周通[18]，名益大显。乃元汴绘图[19]，断自胜国[20]；朱琰撰说[21]，不及本朝[22]。自馀诸子[23]，语焉弗详[24]。三百年间，阙而无征[25]，其奈之何？又以山僻畦儒[26]，勆考古制[27]，而物力既涩[28]，闻②见亦窘[29]，驵侩贵游[30]，虽略知鉴别，意有所会，鲜能笔之于书[31]，则区区著录[32]，乌容已哉[33]！起丙午二月[34]，迄辛亥正月[35]，都凡得书三卷[36]。大氐朴实说理[37]，无取修饰。儿子辈刊而存之，以省钞胥云尔[38]。不曰"瓷③"而曰"匋"者，从其朔也[39]。命之曰"雅"[40]，盖有志而未逮也[41]。是书体例芜杂，初以迫于吏事[42]，今更沈湎杯酒[43]，尚不暇厘析[44]，既已言之矣。

【校】

①"隋"，石印本作"隨"，误。

②"闻"，石印本作"開"，误。

③"瓷"，石印本作"瓶"，误。

【注释】

〔1〕有虞上匋：有虞氏崇尚陶器。有虞氏，上古部落名。传说其首领舜即虞舜，姓姚，名重华，受尧禅，都蒲阪，故址在今山西永济东南。上，同"尚"，崇尚、重视。

〔2〕器：器物。此指陶器。　苦窳：粗糙质劣。苦，通"盬"，不坚

固。窳，恶劣。《韩非子·难一》：“东夷之陶者器苦窳，舜往陶焉，期年而器牢。”

〔3〕坚致：坚实细密。

〔4〕厥：其，他的。

〔5〕缥瓷：晋代浙江温州一带的瓯窑所产青瓷被叫作缥瓷。缥瓷胎体细腻，呈色较白，白中略泛灰色；釉色淡青，透明度较高。缥，原是晋代一种淡青色的丝帛，瓯窑青瓷的颜色很像这种缥，故借缥以名瓷，称为缥瓷。酌酃：饮酒。酌，斟酒。酃，本汉代县名，故地在今湖南衡阳东。以产酒著称，此指酃酒，或称绿酃。

〔6〕潘岳（247—300）：字安仁。荥阳中牟（今河南荥阳）人。晋代诗人，其《笙赋》有句云：“披黄苞以授甘，倾缥瓷以酌酃。”

〔7〕盖：发语词，无义。　初叶：指历史上某一时期的最初一段时间。

〔8〕青器：即青瓷。我国著名传统瓷器的一种。在坯体上施以青釉（以铁为着色剂的青绿色釉），在还原焰中烧制而成。

〔9〕渔洋谓汉有瓷盏：渔洋，清初诗人王士禛（1634—1711），字子真，号渔洋山人。王士禛《池北偶谈》卷一四《谈艺四·汉瓷银槎》：“宋荔裳琬观察藏汉瓷盏二，内有鱼藻文，云在秦州时耕夫得之隗嚣故宫中。”朱琰《陶说》卷四《说器上·汉器》引是说。

〔10〕率尔：轻率、随便。

〔11〕作者：从事制作的人。　夥：多。

〔12〕柴赵雅制：柴周和赵宋的雅正的式样。柴周，五代后周有皇帝柴荣，故称。赵宋，宋朝为赵匡胤所建立，故称。

〔13〕永、宣：明朝永乐和宣德两个年号。永乐（1403—1424），即明成祖朱棣年号。宣德（1426—1434），明宣宗朱瞻基年号。

〔14〕终明之世：整个明代。

〔15〕精光不泯：风仪神采不灭。

〔16〕官窑：由官府直接经营的窑厂。许之衡《饮流斋说瓷·说窑第二》：“自宋以来，已有官窑、民窑之分。官窑者，由官监制以进上方，备赏赉者也。”清代民窑、官窑之外，另有御窑，专供皇宫用瓷器。

〔17〕穷极：穷尽，极尽。

〔18〕万国：天下，各国。　周通：普遍畅通。

〔19〕元汴绘图：指项元汴（1525—1590）所著《瓷器图说》。项元

汴，字子京，号墨林。嘉兴（今浙江嘉兴）人。明代大收藏家、画家。

〔20〕断自胜国：截止于明朝。胜国，此指明朝。

〔21〕朱琰撰说：朱琰所著《陶说》。朱琰，字桐川，别号笠亭。海盐（今浙江海盐）人。《陶说》，6卷，为清代研究中国古代瓷器较重要的著作。

〔22〕不及本朝：没有述及清朝。本朝，指清朝。

〔23〕自馀诸子：其他学者。

〔24〕语焉弗详：虽然提到了，但说得不详细。唐代韩愈《原道》："荀与杨也，择焉而不精，语焉而不详。"

〔25〕阙而无征：缺乏而且无人考证。阙，缺少。征，考证，证验。

〔26〕山僻眊儒：山中僻远之地的老年读书人。作者自谦之词。眊，古同"耄"，老年。

〔27〕劬考古制：勤劳考证古代的制度。劬，勤劳。考，考证。古制，古时的法式制度。

〔28〕物力：可供使用的物资。 涩：缺少、不足。

〔29〕闻见亦窘：所闻所见亦有局限。

〔30〕驵侩：亦作"驵会""驵阓""驵狯"，说合牲畜交易的人。后泛指经纪人、市侩，此指市井百姓。 贵游：指无官职的王公贵族。亦泛指显贵者。

〔31〕鲜：少。

〔32〕区区著录：自谦所著非鸿篇巨制。

〔33〕乌容已哉：怎么能够不做呢？即非写作此书不可。

〔34〕丙午：清光绪三十二年（1906）。

〔35〕辛亥：清宣统三年（1911）。

〔36〕都凡：总共。

〔37〕大氐：大概、大致、基本。氐，根本。

〔38〕钞胥：专事誊写的胥吏、书手。 云尔：用于语尾，表示如此而已。

〔39〕朔：初，始。

〔40〕雅：正的，合乎规范的。深入而准确。

〔41〕有志：有志向。 未逮：不及，没有达到。

〔42〕吏事：公事。

〔43〕沈湎：亦作"沉沔""沉湎"。犹沉溺，多指嗜酒。

〔44〕不暇：没有时间，来不及。 厘析：条分缕析，此指整理加工。

原序一(匋雅初名瓷学)

叙曰：重译[1]，译华瓷为支那[2]，盖即支那瓷之省文也[3]。于是寰球之人，遂皆目支那为瓷国[4]。吾华之瓷业近益凋瘵矣[5]。其犹能以其瓷蜚声于寰球[6]，而为寰球之人所称道弗衰者，则国初之旧瓷也[7]。

居中国之人，不能使其国以坚船利炮称雄于海上，其次又不能以其工业物品竞争于商场，而仅凭藉①其国初所出之瓷之声誉以相与夸耀，至使寰球之人目其国为瓷国者，则有司者之辱也[8]。居瓷国而不通瓷学，又使寰球之人嗤其生长于瓷国，而并不知其国之瓷之所以显名，则吾党之耻也[9]。

京师者[10]，一国精华之所在也。寂园叟者，江浦之鄙人也[11]。叟居京师二十馀年，若将终其身执胥吏之役[12]，而不敢逾越者[13]，军国之事宜非所留意。所宜留意者，仍吾党之旧学而已[14]。叟近年以来，著录益多，子京绘图[15]，笠亭说器[16]，名称不一，卷帙乃繁[17]。世有考吾华之绝业者未尝一窥斯编[18]，盖亦不能辄读叟所著之他书也[19]。叟于是乎有《瓷学》之作。

光绪丙午十有一月二十三日寂园叟自序

【校】

①"藉"，石印本作"籍"。

【注释】

〔1〕重译：原指以译传言，此处指以多种语言转相翻译。

〔2〕支那：英文China的音译。又作"钗拿"。许之衡《饮流斋说瓷·概说第一》："宜夫'钗拿'之名，代表国号。释其义，则'支那瓷'之省文也。"

〔3〕省文：缩写、简称。

〔4〕目：看作、称为。

〔5〕凋瘵：衰败。

〔6〕蜚声：扬名。

〔7〕国初：指清朝初年。

〔8〕有司者：官吏。古代设官分职，各有专司，故称。

〔9〕吾党：指吾辈。

〔10〕京师：指北京。

〔11〕江浦：作者家乡，今江苏江浦。　鄙人：粗鄙之人。作者自谦之辞。

〔12〕胥吏：官府中的小吏。

〔13〕逾越：超过，超越。

〔14〕旧学：指传统国学，即西学传入之前中国固有关于经、史、子、集的研究与撰述，瓷学是其中之一。

〔15〕子京绘图：即项元汴所著《瓷器图说》

〔16〕笠亭说器：即朱琰所著《陶说》。

〔17〕卷帙乃繁：书籍越来越多。卷帙，书籍，篇章。

〔18〕绝业：有非凡成就的事业或学业。

〔19〕辄：立即。引申指容易。

原序二

文之高尚者[1]，谋篇为要[2]。画家之千岩万壑[3]，兵家之千乘万骑[4]，必也大山宫小山[5]，大营包小营[6]，未有不分门类，不序列前后，首尾纷纶糅杂[7]，历历落落而自成一家言者也[8]。

寂园叟之在都下也[9]，竿牍填委[10]，日且仆仆于车尘马足间[11]，以糊其数十口之生，亦至云惫矣[12]。乃犹与一二耆古之士昌明绝学[13]，为之剖析毫芒[14]，以彰阐我国工艺之精美[15]，物产之殷富，康、雍、乾三朝制作之宏伟都丽[16]，足以上掩朱明[17]，弹压五洲[18]，岂不有卓然可传者在欤[19]？

叟穷蹙著书[20]，一日而得二万言，析而为十有二种，演之得十馀万言，皆说古器者，《瓷学》其一也。其有一则而散见于各种者，词气则同[21]，而意趣各有属也[22]。是编综其大凡[23]，不名一物[24]，乃空谈名理之作[25]。顾又以薄书鞅掌之故[26]，思想所届[27]，纵笔之所[28]，如初未尝厘订体例，区别部分，斠斠章法[29]，一以质直简率为主，而一切无所润饰。盖劳人草草[30]，忧心如捣[31]。诗三百篇[32]，大氐烦怫牢抑不得于时者之所言[33]，固与研《都》炼《京》多得著书岁月者迥不侔矣[34]。嗟乎！嗟乎！海盐朱氏昔所著录者[35]，今兹所存百不得一焉[36]。叟所目睹而手记之者[37]，亦不能以多觏[38]，则后之读叟书者，其感喟无聊又当何如也[39]？

吾宗剑潭孝廉见而诧曰[40]："子抑何言之不雅驯也[41]？"则笑应之曰："吾宗著作等身[42]，类多经济，为世用之书[43]。鄙人硁硁说瓷[44]，乃自以为择言尤雅，或且过于笺注唐律[45]，校勘各国条约[46]，修正《盐法志》之时也[47]。若夫治丝、冶金、梭栉、化合比而附之[48]，各自为篇，此则后生小子积日累月之事[49]，恐非叟之所能为役者矣[50]。"

宣统庚戌上巳寂园叟题于雄树堂[51]

【注释】

〔1〕高尚：高明上达。

〔2〕谋篇：构思文章的篇章结构。

〔3〕千岩万壑：形容山峦连绵，高低重叠。

〔4〕千乘万骑：形容车马之盛。

〔5〕大山宫小山：语出《尔雅·释山》："大山宫小山，霍。"《疏》："宫犹围绕也。谓小山在中，大山在外围绕之，山形若此者名霍。"此以喻说分门别类，有合理的秩序。

〔6〕大营包小营：谓大营包揽小营。营，军队的营寨。此以喻说分门别类，有合理的秩序。

〔7〕纷纶糅杂：混乱。

〔8〕历历落落：零落不堪、参差不齐的样子。

〔9〕都下：指京都，即北京城内。

〔10〕竿牍填委：书札堆积。竿牍，书札。填委，堆积。

〔11〕仆仆：奔走劳顿貌。　车尘马足：指车马奔波。亦喻人世俗事。出自北宋欧阳修《相州昼锦堂记》："奔走骇汗，羞愧俯伏，以自悔罪于车尘马足之间。"

〔12〕惫：疲惫。

〔13〕耆：通"嗜"。　昌明：发扬光大。

〔14〕剖析毫芒：分析毫毛的细尖，比喻极细微。

〔15〕彰阐：表彰说明。

〔16〕都丽：华丽，美丽。

〔17〕朱明：指明朝，因明朝皇帝姓朱，故称。

〔18〕弹压五洲：为世界各地所景仰。

〔19〕卓然可传：卓越可以流传。

〔20〕穷蹙：窘迫，困厄。

〔21〕词气：言语或文辞风格。

〔22〕意趣：意味情趣，此指内容。

〔23〕综其大凡：述其大概。

〔24〕不名一物：不作具体考证。

〔25〕名理：考核名实和辨名析理。

〔26〕鞅掌：谓职事纷扰繁忙。《诗·小雅·北山》："或栖迟偃

仰，或王事鞅掌。”《毛传》：“鞅掌，失容也。”郑玄笺：“鞅犹何也，掌谓捧之也。负何捧持以趋走，言促遽也。”孔颖达疏：“传以鞅掌为烦劳之状，故云失容。言事烦鞅掌然，不暇为容仪也，今俗语以职烦为鞅掌，其言出于此传也。故郑以鞅掌为事烦之实，故言鞅犹荷也。”

〔27〕届：极限，穷极。

〔28〕纵笔：放手书写。

〔29〕斞斠：斞与斠，均中国古代容器之容量单位，喻指考量。

〔30〕劳人草草：忧伤之人多虑劳神的样子。《诗·小雅·巷伯》：“骄人好好，劳人草草。”马瑞辰《通释》：“高诱《淮南子》注：‘劳，忧也。’‘劳人’即忧人也。”《毛传》：“草草，劳心也。”

〔31〕忧心如捣：忧愁之心如以杵捣物，上下不安。语本《诗·小雅·小弁》：“我心忧伤，惄焉如捣。”

〔32〕三百篇：《诗经》的别称。《诗经》共三百零五篇，举其整数，则言“三百”。

〔33〕烦怫牢抑：指心情不好。烦，烦恼。怫，犹悒郁，心情不舒畅的样子；牢，牢骚。抑，抑郁。《史记·太史公自序》：“《诗》三百篇，大抵贤圣发愤之所为作也。”

〔34〕研《都》炼《京》：谓为一篇文章呕心沥血，用力多年。《都》，指左思《三都赋》。《文选》卷四《三都赋序》李善注曰：“臧荣绪《晋书》曰，左思，字太冲，齐国人也。少博览史记，欲作《三都赋》，乃诣著作郎，访岷、邛之事。遂构思十稔，门庭藩溷，皆著纸笔，遇得一句，即疏之。征为秘书。赋成，张华见而咨嗟，都邑豪贵，竞相传写。三都者，刘备都益州，号蜀；孙权都建业，号吴；曹操都邺，号魏。思作赋时，吴、蜀已平，见前贤文之是非，故作斯赋以辨众惑。”《京》，指张衡《西京赋》《东京赋》，合称《二京赋》。《文选》卷二《西京赋》李善注曰：“范晔《后汉书》曰，张衡，字平子，南阳西鄂人也，少善属文。时天下太平日久，自王侯以下，莫不逾侈。乃拟班固《两都》，作《二京赋》，因以讽谏。十年乃成。安帝雅闻衡善术学，公车征拜郎中。出为河间相。乞骸骨，征拜尚书，卒。杨泉《物理论》曰，平子《二京》，文章卓然。” 迥不侔：完全不同。

〔35〕海盐朱氏：指清乾隆间学者朱琰，著有《陶说》。

〔36〕今兹：今此，现在。 百不得一：一百个里面也得不到一个。形

容人或物的难得或所得极少。

〔37〕手记：亲手记录。

〔38〕覯：遇见。

〔39〕感喟：感慨叹息。

〔40〕吾宗：犹言本家。　剑潭孝廉：剑潭，作者本家陈剑潭，生平不详。孝廉，明清时期对举人的雅称。陈剑潭当曾中举人，故称。

〔41〕抑何：怎么如此。　雅驯：典雅纯正。

〔42〕著作等身：形容著述极多，叠起来能跟作者的身高相等。《宋史·贾黄中传》："黄中幼聪悟，方五岁，玭每旦令正立，展书卷比之，谓之等身书，课其诵读。"

〔43〕世用之书：为世所用之书。

〔44〕硁硁：形容浅陋固执。作者自谦之辞。

〔45〕笺注：古籍的注解。　唐律：唐朝的法律。

〔46〕校勘：搜集某书的不同版本，校核同异，定其正误。

〔47〕修正：改正，修改使正确。　《盐法志》：古代有关盐业管理的志书，有多种。此处所指不详，当为作者所曾整理者。

〔48〕治丝：缫丝。　冶金：金属冶炼。　梭杼：指纺织。　化合：化工。　比而附之：比类而从。

〔49〕积日累月：同"积年累月"，谓很长时间。

〔50〕为役：担当。

〔51〕宣统庚戌上巳：即清宣统二年（1910）农历三月三日。上巳，古代节日名。魏晋以前以农历三月上旬巳日为上巳，魏晋以后多改为三月三日。这一天人们都到水边洁身或嬉游，以去除不祥。　雄树堂：作者在北京所居斋名。

目录

上　卷

［清］康熙　豇豆红印盒（上海博物馆藏）

印合（盒通），谓之印池（以盛印泥者也）。水盂之小者谓之水丞（曰水盛者误），又谓之水中丞。大者曰洗。康熙彩硬[1]，雍正彩软[2]（沿用厂人通行之名称[3]）。软彩者，粉彩也。彩之有粉者，红为淡红，绿为淡绿，故曰软也。惟蓝、黄亦然。康彩恢奇[4]，雍彩佚丽[5]；戈甲恢奇[6]，花鸟佚丽。五采华贵[7]，青花幽靓[8]；朱红华贵[9]，粉定幽靓[10]。蓝色之最淡者曰天青，青色之较浓者曰天蓝。青花也者，系以浅深数种之青色交绘成文，而不杂以他彩，亦犹画山水者之专用墨笔也。天青也者，幽靓中之佚丽者也。胭脂红也者，华贵中之佚丽者也。乾隆有一种金酱色之釉，其汁浆之薄有似①于胭脂水[11]，而往往描以金彩。豆青、东青、茶叶末、蟹甲青数者[12]，又各有古雅之气韵[13]，而不能以相掩[14]。若美人祭、苹果绿[15]，则又佚丽中之佚丽者也。苹果绿犹时或遇之，而所谓美人祭者，则真景星、庆云莫之能觏者也[16]。

【校】

①“似”，石印本作“以”。

【注释】

〔1〕康熙彩：清康熙官窑的瓷彩。

〔2〕雍正彩：清雍正官窑的瓷彩。

〔3〕厂人：北京琉璃厂的古董商人。

〔4〕恢奇：恢廓奇诡。

〔5〕佚丽：美丽，精美。

〔6〕戈甲：戈和铠甲。这里指瓷画中战争题材的作品。

〔7〕五采：瓷器釉彩名，即青、黄、赤、白、黑。这里泛指各种颜色。采，同“彩”。　华贵：华丽珍贵。

〔8〕青花：釉下青花瓷，又名青花白地或白地青花，青花白瓷，白瓷青花。　幽靓：幽淡而靓丽。

〔9〕朱红：瓷器釉色名。

〔10〕粉定：景德镇仿定窑器之制品。

〔11〕胭脂水：一种低温颜色釉。亦称“金红釉”，以金为着色剂严格控制烧制而成，均为官窑产品。

〔12〕豆青：瓷器釉色名。像青豆一样的颜色。　东青：瓷器釉色名。据说北宋开封东窑所创，瓷釉呈淡青色，故名。　茶叶末：瓷器釉色名。属高温黄釉，经高温还原焰烧成。釉面呈先透状，釉色黄、绿掺杂，绿者称茶，黄者称末，古朴清丽，颇似茶叶细末，故名。　蟹甲青：瓷器釉色名。釉料中含铁、镁结晶釉，由于烧成工艺的某些差异，色调多变化，有如蟹壳色者，俗称蟹甲青。

〔13〕古雅：古老而雅致，谓古典风格。　气韵：文章或书法绘画的意境与韵味。

〔14〕相掩：互相遮蔽。

〔15〕美人祭：瓷器釉色名。色红而润泽细腻，安定而不流淌，是红釉中的上品，以明品最为珍贵。　苹果绿：瓷器釉色名。豇豆红的“窑变”异色。釉面苔绿成片，间泛红晕，似新鲜苹果色泽丰美。

〔16〕景星：大星、德星、瑞星。古人迷信，以为出现景星象征国家有道，百姓有福。　庆云：一种彩云，古人以为祥瑞之气。《汉书·礼乐志》：“甘露降，庆云集。”

五采能力最大，纵横变化，层出而未有穷也。而所谓一道釉者〔1〕，凡系高尚之品，又各各不相侔〔2〕。并如一花之有一世界，莫之能名言者也，岂非不可思议之尤者乎？细入毫芒，苦心分别，久之又久，虽暗中摸索而亦能辨之，斯可以穷天地之精微〔3〕，泄造化之秘钥矣〔4〕。粉定与建窑〔5〕，均以肉红色为贵，而闪黄者次之。闪黄者谓之牙色。宋瓷中雨过天青一种〔6〕，葱蒨靓丽〔7〕，中有蚯蚓走泥回纹，非康、雍朝所能摹仿。去柴周近也〔8〕。

明窑一道釉之瓶罐，青色较浓，间有牛毛直纹，甚有类于道光窑〔9〕。论其式样，则又颇蠢劣，不及康、雍之淡而隽也。

【注释】

〔1〕一道釉：指单一的色釉，如青釉、红釉、黄釉、黑釉、绿釉、蓝釉和白釉等。

〔2〕侔：相同，相等。

〔3〕穷：极。 精微：精深微妙。

〔4〕造化：造物所化，即自然界的创造。 秘钥：隐秘的锁键，比喻奥秘之处。唐李华《东都圣禅寺无畏三藏碑》："掌定门之秘钥，佩如来之密印。"

〔5〕建窑：宋代著名瓷窑。窑址原在福建建安（今福建建瓯），后迁建阳，以地名窑。

〔6〕雨过天青：五代后周瓷器名品，以出窑时必须是烟雨天，故名。宋代烧制者色泽虽有所变化，而仍沿用此称。朱琰《陶说》卷一《说今·陶冶图说》："晋曰缥瓷，唐曰千峰翠色，柴周曰雨过天青，吴越曰秘色。其后宋瓷虽具诸色，而汝器宋烧者，淡青色；官窑以粉青为上；哥窑、龙泉窑，色皆青，陶器青为贵也。"

〔7〕葱蒨：草木青翠茂盛貌。 靓丽：艳丽。

〔8〕去：距离。 柴周：即五代后周，以后周世宗柴荣姓柴，故称。

〔9〕道光（1821—1850）：清宣宗爱新觉罗·旻宁年号。

成化粉定夹彩一种〔1〕，以小碟为最佳。定窑仿宋碟〔2〕，形正圆而有底足，周围并无边墙，殆如一片厚瓷也者。制度之妙，乃不可方物〔3〕。式样绝矮而口径颇巨者，谓之奶子碗，以盛牛乳者也。奶子碗，大氐①凸雕者居多〔4〕，以西湖水色仿汉铜夔纹者为佳〔5〕。定窑素碟中，有凹雕之阴文花纹〔6〕，所谓划花者也〔7〕。惟印合之上盖亦然。宣德青花圆印合，以六字三行款，花作一龙一凤，鳞羽细致而生动者为上品。一凤者亦难得，一龙则较为寻常矣。草虫人物又次之，山水为下。盋，鉢也（鉢本作钵②）。宣德、康熙积红器皿〔8〕，红中之有绿点者无论已，其不化为绿者则变为深色之红瘢〔9〕（红瓷之中有红瘢亦犹天青中之有蓝星也），然不足贵也。

【校】

①"氐"，石印本作"氏"，误。

②"钵"，石印本作"鉢"。

【注释】

〔1〕成化（1465—1487）：明宪宗朱见深年号。

〔2〕定窑：古代著名瓷窑之一。窑址在今河北曲阳涧磁村和东、西燕山村一带。古代属定州，因名。唐时已烧白瓷，至宋代而著名。后亦用以称定窑所烧制的瓷器。明张应文《清秘藏·论窑器》：“定窑有光素、凸花二种，以白色为正，白骨而加以泑水有如泪痕者佳，间有紫色者、黑色者不甚珍也。”

〔3〕不可方物：无可比拟。方物，识别。《国语·楚语下》：“及少皞之衰也，九黎乱德，民神杂糅，不可方物。”韦昭注：“方，别也。物，名也。”

〔4〕凸雕：亦称“堆雕”“凸花”。是采用各种方法，如堆、贴、刻等，使陶瓷表面产生凸起的纹样。

〔5〕西湖水：瓷器釉色名。色呈浅青绿色，宛若湖水，故名。此种釉色为雍正时新创，淡黄中偏绿，犹如“秋葵”或“绿松石”之色，因此亦称“秋葵绿”“松石绿”。许之衡《饮流斋说瓷》有云“大抵青绿之色，不贵深而贵浅，以浅者鲜艳可爱，变化无穷也。葡萄水如新长之葡萄，西湖水、松花绿亦不甚相远。淡绿而微发黄者，名曰秋葵绿……均标新领异，殊可珍贵。”夔纹：青铜器上的装饰纹样之一。夔，神话中形似龙的兽名。

〔6〕凹雕：图案刻于石头或硬物上。凹雕的图案部分是被挖空的。当把凹雕用力压向相对柔软的材料上，就会出现图案的浮雕。 阴文：刻挖平面而成的文字。此指采用模印或刻画之法，使凹入低于瓷表平面的花纹。

〔7〕划花：瓷器的传统装饰技法之一。在尚未干透的陶瓷器表面用木刀、竹条或铜铁制器等尖状工具浅划出的线条状花纹。

〔8〕积红：瓷器釉色名，又称霁红、祭红。色鲜红，因常施于祭祀用瓷器，故名。

〔9〕红瘢：红色斑点痕迹。

水丞，谓之水滴，又谓之蟾注〔1〕。有蟾滴，有龟滴〔2〕，皆水滴也。凡滴各有水管，安插于龟、蟾等物之背上，用时以食指按其管，吸水而注之于砚，故曰滴也，而又①曰注也。古之尊与壶，皆酒器也。今人不之辨〔3〕，而一切强名之曰瓶〔4〕。古以瓶贮酒，今以瓶插花。水丞之高者，锐上而丰下〔5〕，俗谓之田鸡篓。积红小盂而有天然之缺口以搁水挑者，惟雍正官窑有之。是乃制坯时特别之营经〔6〕，故其缺处亦涂有釉质，并非因损坏磨砻②而致使缺也〔7〕。笔架，谓之笔格〔8〕。镇纸，谓之压尺〔9〕。铜与瓷、玉

［清］乾隆 仿官釉水丞
（故宫博物院藏）

皆有之，亦多肖生物者。臂搁[10]，剖巨竹之半成之，亦有制以瓷品者。

【校】

①“而又”，石印本作“又而”。

②“砻”，寂园本及石印本作“礲”。

【注释】

〔1〕蟾注：滴水于砚的器具，因作蟾蜍形，故名。

〔2〕龟滴：滴水于砚的器具，因形如乌龟，故名。

〔3〕不之辨：即不辨之，谓不能分辨。

〔4〕强名：勉强称作。

〔5〕锐上而丰下：上小而下大。

〔6〕营经：即经营。

〔7〕磨砻：磨治。

〔8〕笔格：用以搁置毛笔的架子，以其能分置毛笔，故名曰格。

〔9〕压尺：文具名。多用金属或石等制成，用来压纸、压书，以其如尺故称。

〔10〕臂搁：亦作“臂阁”，俗称手枕。用毛笔书写时用以搁置腕臂的用品。

［元］景德镇窑卵白釉莲花形盏托
（上海博物馆藏）

盏托[1]，谓之茶船[2]。明制如船。康、雍小酒盏则托作圆形，而不空其中。宋窑则空中矣。略如今制，而颇朴拙也[3]。粔籹饧饾（俗谓之糕点）[4]，谓之寒具。而星罗①棋布于瓷品之中[5]，状如七巧之版[6]，则谓之盘格（即俗所谓果盒者也），以乾窑为最多[7]。有洋瓷采绘花鸟者[8]，笔意绝工致[9]。有通体瓷质豆青地金绘夔龙者[10]，篆书金款[11]，典重矞皇[12]。

【校】

①“罗”，静园本缺此字，据寂园本及石印本增。

【注释】

〔1〕盏托：指配套使用的茶盏和托盘。

〔2〕茶船：茶托子。形如船，故名。清顾张思《土风录》卷五：“富贵家茶杯用托子，曰茶船。”

〔3〕朴拙：质朴率真。

〔4〕粔籹：古代的一种食品。以蜜和米面，搓成细条，组之成束，扭作环形，用油煎熟，犹今之馓子。又称寒具、膏环。《楚辞·招魂》：“粔籹蜜饵，有餦餭些。” 餦餭：一种用面粉制成的环形油炸食品。清方以智《通雅·饮食》：“餦餭则粉和饧者，古所谓糍饵也，此皆可充干物。”

〔5〕星罗棋布：如天星罗列，似棋子分布。形容多而密。

〔6〕七巧之版：也称“七巧图”“智慧板”，是汉族民间流传的一种拼图板玩具。

〔7〕乾窑：乾隆官窑。

〔8〕洋瓷：亦作“洋磁”。方言。即搪瓷。

〔9〕笔意：指书画或诗文所表现的意态情致。 工致：工巧精致。

〔10〕通体：整体，全部。

〔11〕篆书：汉字书法之一种。有大篆和小篆之分。大篆狭义专指籀文。广义指甲骨文、金文、籀文和春秋战国时各国的文字。小篆为秦统一后规定的书体写法。

〔12〕典重：典雅庄重。 矞皇：辉煌，光辉。

官窑器皿，下以之贡献于上[1]，上以之赏赐于下。故同一颜色式样之物，官窑必颇贵于客货者半倍[2]，或且倍蓰之[3]。客货有有款者，官窑有无款者。印合馒头式以扁如荸荠者为佳，其下层颇高，底足敛缩者[4]，又谓之馒头抓。钵式亦以浑圆而略扁者为贵。

【注释】

〔1〕上：君主，皇帝。

〔2〕客货：俗称“大路货”，即民窑所造瓷器。

〔3〕蓰：五倍。

〔4〕敛缩：收缩。

瓷之黄黑相间者，谓之茶叶末。其黑色较浓，而又有黄色碎点于底足内外围绕一遭，姿致活泼者，则谓之鳝鱼皮[1]，以成化仿宋者为上。绿多而无碎点者，厥为蟹甲青。有唾沫星若水眼或如棕眼者，名曰新橘[2]，其绿色亦较浓也。雍正积红之最淡者谓之粉红[3]，其尤艳者谓之美人霁，有如牡丹花瓣之娇娆[4]，极为难得。苹果绿也者，积红之巧化（即窑变之谓）者也[5]。豇豆红也者[6]，苹绿之熏黦（即串烟之谓）者也[7]。苹果绿，亦谓之苹果青。其不变为绿色者，则谓之美人霁。所谓美人霁者，积红之淡粉色最娇艳者也。积红即明之祭红，祭、霁音通，故又谓之美人霁。

［清］康熙 豇豆红瓶
（上海博物馆藏）

【注释】

〔1〕鳝鱼皮：瓷器釉色名，即鳝鱼黄。以釉色黄润，带黑色或黑褐色斑点，像鳝鱼的皮色，故称。

〔2〕新橘：瓷器釉色名。

〔3〕粉红：即粉红釉，瓷器釉色名，铜红釉中最鲜艳的一种。又称孩儿脸釉、豇豆红釉、桃花片釉等。釉色似初凝牛血，红而鲜艳，晶莹光亮，器物内外有较大的龟裂纹理。

〔4〕娇娆：柔美妩媚。

〔5〕窑变：瓷器在窑中烧造时发生出人意料的变化。

〔6〕豇豆红：瓷器的釉色名。许之衡《饮流斋说瓷·说彩色》："此色亦由祭红变化而来，以类于豇豆，故以豇豆红呼之。"

〔7〕熏黦：熏黑。黦，黄黑色。 串烟：许之衡《饮流斋说瓷·说疵伪》："串烟者，谓烧瓷之顷，偶为浓烟熏翳，或类泼墨之状，或呈果熟之形，若是者，视其浓淡多少，以定优劣。"

明瓷青花龙小印合，以大如栗者为可爱。小合而开大片者贵，大合而开小片者劣。宣德积红盘，两面皆作丹砂色，宝光逼人，而又满带浓艳之苔点绿[1]，波磔甚伟[2]，足与康熙苹青方辔而联镳也[3]。胭脂双螭水盂[4]，爪握灵芝，沿口皆画云头[5]，形如荸荠式之红盂而稍大[6]，瓷地白如雪，而紫釉凸起若堆料者然，声望甚伟[7]，盖雍正官窑之无款者也。云头略似如意头[8]，其制嫌俗，而雍盂有之[9]。

【注释】

〔1〕苔点绿：瓷器釉色名。烧制时先在坯上施一层底釉，然后吹上一层颜色釉料，再盖上一层面釉，入窑高温还原焰烧成，呈色变化较多，粉红中有绿点的称“苔点绿釉”。

〔2〕波磔：泛指书法的笔画。这里指瓷器品相。波磔，一说左撇曰波，右捺曰磔。

〔3〕方辔：并辔，并驾。辔，驾驭牲口的嚼子和缰绳。　联镳：喻相等或同进。镳，马嚼子两端露出嘴外的部分。

〔4〕胭脂：一种用于化妆和国画的红色颜料。亦泛指鲜艳的红色。螭：古代传说中一种没有角的龙。古建筑或器物、工艺品上常用它的形状作装饰。　水盂：盛水以供磨墨用的器皿。

〔5〕云头：云状的装饰物。

〔6〕荸荠：一种植物，古称凫茈，又称乌芋。其地下茎为扁圆形，表面呈深褐色或枣红色。肉白色，可食。

〔7〕声望：众所仰望的名声。

〔8〕如意：器物名。用竹、玉、骨等制成，头作灵芝或云叶形，柄微曲。供搔背或玩赏等用。

〔9〕雍盂：雍正官窑水盂。

雍正年代不多，而官窑款式凡三变[1]：初年大氐①双圈六字楷书款；中叶则不用款识[2]，盖以瓷器易毁不愿将一代年号委诸粪土中（康熙初亦曾禁用款识）也；晚季仍复著款[3]。诚以国初瓷品之美[4]，上掩朱明，阙而不书，后世何征[5]？惟再变而用篆书，盖骎骎乎入乾隆矣[6]。乾隆篆书款十居六七，然亦有用楷书者。雍正之季始改用篆书款，而在康熙朝亦偶一见之，惟系雕款之罩釉者[7]，则真绝无仅有者也。或曰是雍正之仿康熙者。

【校】

①“氐”，石印本作“抵”。

【注释】

〔1〕凡：总共。

〔2〕中叶：一个世纪或一个朝代的中期。

〔3〕晚季：晚年。季，末，一个朝代的末期。

〔4〕诚：实在，的确。

〔5〕何征：何以证明。

〔6〕骎骎：马疾速奔驰貌。　乾隆（1736—1795）：清高宗爱新觉罗·弘历年号。

〔7〕罩釉：即上釉，为做好的坯胎施釉，有黏釉、刷釉、浸釉、吹釉。

胭脂红，亦粉彩之亚。粉彩以雍正朝为最美，前无古人，后无来者〔1〕，鲜妍夺目〔2〕，工致殊常〔3〕。骨董家每矜言康熙硬彩〔4〕，而薄雍正之粉彩为软彩，实则娱目怡怀〔5〕，粉彩正不多让。闻明代有彩料存库中（世人只知有苏泥勃青及回青）〔6〕，康、雍犹取以烧瓷，至乾隆朝而已不可复得矣。

［清］雍正 胭脂红地粉彩花卉纹碗（上海博物馆藏）

厂人昔轻粉彩，谓其易于残蚀，不能耐久。其实硬彩性刚正，亦时虞剥落也〔7〕。世有鉴家当不论彩之软硬，但能完全无缺，则硬者固甚耐看，软者亦殊美观。

【注释】

〔1〕前无古人，后无来者：指空前绝后，千古独步。

〔2〕鲜妍：光彩美艳的样子。　夺目：光彩耀眼。

〔3〕工致：工巧精致。　殊常：异常，不同寻常。

〔4〕骨董家：经营古物的人。骨董，即古董。　矜：自夸。

〔5〕娱目：使看了心情愉快。　怡怀：使心怀和悦。

〔6〕苏泥勃青：制瓷青料名，外来语音译，又称苏勃泥青、苏麻离青等。产于古波斯或今叙利亚一带。元代青花的一部分和明永乐、宣德官窑所用青料，均为此种。　回青：有产于西域、新疆、云南等多种说法。此料发

色菁幽泛紫，若单独使用则浑散不收，故多与石子青混合使用。明代嘉靖至万历前期多用此料。

〔7〕剥落：脱落。

东青小盂亦有大如栗者，望之蔚然深秀[1]，亦雍正之无款者也。若宣德款如栗之小盂[2]，又有青花夹紫之三鱼紫[3]，釉中且现有苔点绿也。官窑画片之与款识[4]，其底面对径，两两居中，不稍偏斜，取其正也，乃所以谨贡献也[5]。曷贵乎康熙之青花[6]？其色艳也。曷取乎有明之青花？其画工也。而西商重画之心不如其重色[7]，是以康窑梅花罐颇有声价。宣德、成化、嘉靖、隆庆青花之秾艳者[8]，又非康熙所及。有明截筒之瓶，其式最蠢（形如竹筒沿口微凹），而彩画恢奇极矣，望而知为胜朝物也[9]。乾隆窑变半青半紫，金彩双狮凝（去声）于釉里[10]，乃小水丞之美者。天青一种[11]，以康、雍官窑为最美，所谓卵色天者也[12]。

【注释】

〔1〕蔚然深秀：指草树茂密，山色幽深秀丽。宋欧阳修《醉翁亭记》："望之蔚然而深秀者，琅琊也。"

〔2〕款：样式。

〔3〕青花夹紫：青花与釉里红两色并用而成纹饰的瓷器。

〔4〕画片：指印的小幅图画。　款识：刻在器物上的题识。款，刻。识，记。

〔5〕谨贡献：以示向朝廷贡品的郑重。

〔6〕曷：为什么。

〔7〕西商：指西方的客商。

〔8〕嘉靖（1522—1566）：明世宗朱厚熜年号。此指明嘉靖时景德镇官窑。　隆庆（1567—1572）：明穆宗朱载垕年号。此指明隆庆时景德镇官窑。　秾艳：色彩非常艳丽。

〔9〕胜朝：指已被现王朝取代的前王朝。

〔10〕金彩：指一种采用黄金色釉上彩作为装饰的制瓷手法。

〔11〕天青：瓷器釉色名。青瓷颜色中的一种。

〔12〕卵色：蛋青色。古多用以形容天的颜色。

底足内之篆书雕款，先刻年号，后乃罩釉，以康、雍天青为多。雕法有凸有凹。乾隆天青三足之爵[1]，则系凸雕。蟹甲器皿之雕款，则皆雍正窑。亦有仿成化者，乃篆书黑款罩釉者也。雍正凹雕又颇有细沙底不罩釉者。红郎窑华而不俗[2]，郎廷极之所仿制者也[3]。色正朱，若暗败似猪肝者，即不足宝贵矣。大盘以直径过一尺者为佳，有正圆者，有六角圆者。粉定开片大盘，亦以径尺许者为佳。康熙彩画手精妙，官窑人物以《耕织图》为最佳[4]，其馀龙、凤、番莲之属，规矩准绳[5]，必恭敬止[6]，或反不如客货之奇诡者。盖客货所画，多系怪兽老树，用笔敢于恣肆[7]，西人多喜购之。若康熙六旬万寿节所制彩盘[8]，边系淡抹红色之锦纹[9]，中有“万寿无疆”四篆字，花卉、翎①毛画法精绝，一空前古[10]。

［清］康熙 郎窑红瓶
（天津市艺术博物馆藏）

【校】

①“翎”，石印本缺此字。

【注释】

〔1〕爵：中国古代饮酒的器皿。青铜制。有流、柱、鋬和三足。用以温酒和盛酒。

〔2〕红郎窑：清康熙后期景德镇官窑。康熙四十四年到五十一年（1705—1712），江西巡抚郎廷极在景德镇督造瓷器，故名。釉色以宝石红、宝石蓝、宝石绿最佳，宝石红有“郎窑红”之称。

〔3〕郎廷极（1663—1715）：字紫衡，一字紫垣，号北轩。清奉天广宁（今辽宁北镇）人。官至江西巡抚，兼理两江总督。

〔4〕《耕织图》：古代男耕女织，是最基本的生产活动，从而为世所重，画家亦以为题材。南宋刘松年曾画有《耕织图》，楼璹画的《耕图》21幅和《织图》24幅，有木刻流传。清康熙帝命焦秉贞重绘《耕图》与《织图》各23幅。乾隆帝亦曾命冷枚、陈枚各绘《耕织图》。瓷器上出现的耕织图纹，始见于康熙三十五年，康熙五十一年以后广为流行，并成为传统题材，多用青花或五彩表现。

〔5〕规矩准绳：指应当遵守的标准、法则。规矩，画圆、方的工具。

准绳，水准和绳墨，量平直的工具。《管子·宙合》：“世用器械，规矩绳准，称量数度，品有所成。”汉代王符《潜夫论·赞学》：“譬犹巧倕之为规矩准绳以遗后工也。”

〔6〕必恭敬止：即毕恭毕敬，十分恭敬貌。必，通“毕”。《诗经·小雅·小弁》：“维桑与梓，必恭敬止。”

〔7〕恣肆：豪放，无拘束。

〔8〕万寿节：明清时期皇帝诞日被称为“万寿节”。

〔9〕锦纹：瓷器装饰典型纹样之一，系采用织锦和建筑彩绘作为装饰图案。因其常被用作辅助纹饰，起地纹作用，故又称“锦地纹”。

〔10〕一空前古：前所未有。

国初官窑之大瓶，多系一道釉之仿古者。今世所贵之大凤尾瓶、大棒锤瓶、大观音尊〔1〕，皆客货之施彩者。官窑以雅饬为贵，客货彩画则不嫌其诙诡也〔2〕。是以康、雍五彩之官窑以盘碗为多，而有款大瓶甚不易见（康窑豆彩人物大瓶又多仿成化款也）〔3〕。

古铜彩独推乾隆朝〔4〕，花纹皆凸雕夔龙、云雷〔5〕，青绿殊可珍玩，款皆篆书六字，或凸雕，或以金写之。

康熙客货彩碗，有画四五水鸦或飞、或起，一田父张两手欲捕之者〔6〕，神情生动，树石苍秀〔7〕，真杰构也〔8〕。康熙朝画手佳矣，然客货所画类皆《水浒》《西厢》之故实为多〔9〕，似此荒率野趣之笔〔10〕，更不易觏也。康熙画龙，其眼较长。乾隆朝之龙，眼则正圆矣。西人之论中国贡物均以雕绘龙形为至尊贵〔11〕，而畸人逸士之嗜瓷品者〔12〕，又往往不喜龙也。

人物之太纤细者，往往面貌模糊，无所可观。新瓷釉汁较粗，尤易剥落。道光间有一精于画瓷之良工，能将名人书画摹入瓷茶杯之上，一方寸间辄画五六人，眉目如生，工致殊绝，较之《秋声赋》诸图〔13〕，弥复精妙〔14〕，亦异宝也。杯底篆有作者别号〔15〕，惜余忘之矣，今则不能辄见也。

【注释】

〔1〕凤尾瓶：瓶的一种式样。喇叭状口，长颈，鼓腹，下敛，至底又广，形似凤尾，故名。　棒锤瓶：瓶的一种式样，有硬棒锤、软棒锤之分。因形似棒锤，故名。　观音尊：尊的一种式样。侈口，长颈，丰肩，腹下渐收，至底外撇，器形似观音手中所持瓶式，故名。

〔2〕诙诡：诙谐奇诡。

〔3〕豆彩：又名斗彩、逗彩。许之衡《饮流斋说瓷·说彩色第四》："何谓豆彩？盖所绘花纹以豆青色为最多，占十分之五六，故曰豆彩也。"

〔4〕古铜彩：清乾隆朝装饰彩特殊品种之一，因摹仿古代青铜器色彩，故称。

〔5〕云雷：指云纹和雷纹。

〔6〕田父：老农。

〔7〕苍秀：青翠秀丽。

〔8〕杰构：佳作。

〔9〕《水浒》：即《水浒传》，又称《忠义水浒传》。作者施耐庵、罗贯中。施耐庵无考。罗贯中即《三国演义》的作者。一说作者为罗贯中一人。　《西厢》：即《西厢记》，全名《崔莺莺待月西厢记》，元王实甫著。王实甫，一说名德信。元代著名戏曲家，大都（今北京）人。《西厢记》大约写于元贞、大德年间（1295—1307）是他的代表作，有"《西厢记》天下夺魁"之誉。　故实：故事。

〔10〕荒率：草率。　野趣：山野的情趣。

〔11〕贡物：献给帝王的物品。　至：极，最。

〔12〕畸人逸士：指有独特志行、不同流俗的人和节行高逸之士、隐逸者。

〔13〕《秋声赋》：宋代欧阳修名作。此赋以"悲秋"为题，抒发人生的苦闷与感叹。描绘了山川寂寥、草木零落的萧条景象，常为后世画家所取材。欧阳修（1007—1072），字永叔，号醉翁，又号六一居士。庐陵（今江西吉安）人。北宋著名文学家、史学家。官至枢密副使、参知政事（副宰相），卒赠太子太师，谥文忠。

〔14〕弥：更加。

〔15〕别号：名、字以外另起的称号。

苹果绿之品凡十种：曰大瓶，高尺许，下半截多有荷花瓣；曰小瓶，口亦如大瓶之微侈〔1〕，高不及尺而甚瘦，底足小而深，置诸几上〔2〕，每患其不稳，唯应横陈于绫匣之中〔3〕，以供赏玩〔4〕；曰笔筒，釉汁滋润极矣，颜色亦淡雅可爱也；曰花盆，有圆有方，既高且深；曰苹果尊，状如苹果，口与项缩隐于其肩之下，或有巨口者，则亦不缩项矣；曰太白尊，口小不及寸，项长不及半寸，肩腹及足愈趋下亦愈大，足之围径尺馀矣，有平雕团螭三面以供折枝梅，可以入画；曰盘，有极厚而极巨者；曰碗，以状如草帽者为佳，即压手大杯也；曰盂，即荸荠扁也，腹较皤[5]，口与足略杀[6]；曰印合，当时殊不贵，印合盖、印合，以宋之粉定、明之青花为最良，取其瓷颇旧而不坏印泥也，未有新制印盒以为珍秘者[7]，是以苹绿小合既见轻于当时[8]，亦遂不增重于来叶[9]。

余初入京时，水盂、太白尊之价值皆远过于印合，余宁以四十金购青花龙凤之印合，不以三十二金留苹绿之印合[10]，盖有由也。自后西人发明苹绿之说，而印合较少，阅时亦浸久[11]，价乃比盂、尊尤贵。且御窑只尚朱红，其化为绿者，窑官以为变成他色，即挑出斥去，不得入于贡箱，孰知西人之贵重变化若此其甚哉！吴瘿公尝诵洪北江咏苹果句曰[12]：“绿如春水初生日，红似朝霞欲上时。”以况瓷之苹果绿最为神妙，官窑只有朱红一种。一变为苹果绿，再变为豇豆红，皆朱红之化身，古无此名称也。苹果绿一合值千金，余犹屡见之，而青花龙凤合璧之印合竟不能再见，亦一奇也。豇豆红昉于明，而康熙末年则往往有之，制小而色败，俗所薄为乳鼠皮者是已。然亦颇有苍润可喜之品，其甚劣者则暗敝似灰。大氐豇色瓷类有绿则润，无绿则枯；有绿则真，无绿则赝；绿而不润，燕石居多[13]；润而不绿，俗所谓美人霁者非欤？

【注释】

〔1〕侈：宽大。

〔2〕几：小或矮的桌子。

〔3〕横陈：横卧，横躺。

〔4〕赏玩：欣赏玩味。

〔5〕皤：大（腹）。

〔6〕杀：收束。

〔7〕珍秘：珍贵罕见之物。

〔8〕见轻：被看轻。

〔9〕来叶：后世。

〔10〕留：接受，收留。

〔11〕阅时：经历时日。　浸：渐渐。

〔12〕吴瘿公：即吴保初（1869—1913），字彦复、君遂，晚号瘿公、北山。庐江县（今安徽庐江）人。与陈三立、谭嗣同、丁惠康赞同维新，时人称为“清末四公子”。保初善书法，诗风高旷渊雅，熔铸古今，不拘一体，

著有《北山楼诗词文集》等。　洪北江：即洪亮吉（1746—1809），字君直，一字稚存，号北江，晚号更生。阳湖（今江苏常州）人。乾隆五十五年（1790）考中进士，授翰林院编修，充国史馆编纂官。后督贵州学政。清代文学家。著有《比雅》《洪北江诗文集》及《春秋左传诂》等。

〔13〕燕石：亦称“燕珉”。《太平御览》卷五一引《阙子》：“宋之愚人得燕石于梧台之东，归西藏之，以为大宝。周客闻而观焉，主人端冕玄服以发宝，华匮十重，缇巾十袭。客见之，卢胡而笑曰：‘此燕石也，与瓦甓不异。’主人大怒，藏之愈固。”后以“燕石”喻不足珍藏的假古董。

粉红之微带灰色者，谓之豇红。其不带灰色者，则谓之美人霁。若色灰而又滞暗者[1]，鼠雏之腊也[2]。真坯假彩[3]，俗谓之后上彩，以过枝盘、碗为最多，固也。若彩瓷之伤釉者，亦可用后上彩之法以补之，则谓之补彩。印合以方为贵，以大为贵，以白为贵，以凸雕为贵。茶叶末中有绿色一种，瓷质甚细，异于常品，而与新橘、蟹甲、鳖裙三者又迥不相侔[4]。明粉定印合有形如战鼓者，上盖面平，而与下底又各皆微杀，是以颇贵于磨盘式也。磨盘之与战鼓，毫厘之差，千里之谬[5]，式样之不可苟也如此夫？宣德祭红色匀而釉厚，光彩动人，底足之釉垂垂如漆[6]，所谓大红宝石釉者也。

【注释】

〔1〕滞暗：呆滞暗淡。

〔2〕腊：晾干。

〔3〕真坯假彩：仿制古陶瓷的一种作伪方法。即在真的古陶瓷坯胎上施以新彩，以假乱真。

〔4〕鳖裙：许之衡《饮流斋说瓷·说彩色第四》：“若鳖裙者，俗谓之忘八绿。”

〔5〕毫厘之差，千里之谬：即“失之毫厘，谬以千里”。开始稍微有一点差错，结果会造成很大的错误。毫、厘，两种极小的长度单位。谬，差错。《礼记·经解》：“《易》曰：‘君子慎始，差若毫厘，缪（谬）以千里。’”

〔6〕垂垂：渐渐，将近。

瓷品最重画工，绣品亦然，刻玉、刻木莫不皆然。明瓷画手皆奕奕有神。康熙青花、五彩，亦颇仿明瓷。至雍正则画益美，然以花卉为最工，人物则不及康熙远甚，尤以画美人之瓶罐不能见重于后世。康熙彩画钩勒面目亦用蓝笔，久而弥彰[1]。雍正易以淡赪[2]，于画理则甚合矣[3]。而易于模糊，往往髻鬟高耸[4]，衣裳如新，而①目已不复可辨矣。其缠足作新月形者[5]，社会恶状为外人所笑，且仕女文弱之态千篇一律[6]，无诙诡尚武之精神[7]，是以其人物较逊于往代也。至如花卉之妙，巧夺造化，尤以秋海棠为独步[8]，鲜红嫣润[9]，真绝代尤物，足以超前古越来今矣。

【校】

①"而"，石印本作"面"。

【注释】

〔1〕久而弥彰：时间长了更加明显。弥，更加。彰，明显。

〔2〕赪：古同"赪"，红色。

〔3〕画理：绘画的原理。

〔4〕髻鬟高耸：头发环曲束耸于顶。髻鬟，古时妇女发式之一。

〔5〕缠足：旧时摧残妇女身心健康的陋习。女子以布帛紧束双足，使足骨变形，脚形尖小成弓状，以此为美。　新月形：相传南唐李后主令宫嫔窅娘以帛绕脚，令纤小作新月状，人皆效之，为缠足之始。

〔6〕文弱：文雅柔弱。　千篇一律：一千篇文章都一个样。比喻办事按一个格式，非常机械。南朝梁钟嵘《诗品》卷中："张公虽复千篇，犹一体耳。"宋苏轼《答王庠书》："今程试文字，千人一律，考官亦厌之。"

〔7〕尚武：崇尚勇武或武事。

〔8〕独步：谓独一无二，无与伦比。

〔9〕嫣润：美好柔和。

豆青釉净而色美。雍正官窑所制两耳之瓶，若《礼记》投壶之壶式[1]，底有两眼可以穿带也[2]。西人重豆青，不重东青（东窑所造之青色），以东青多有牛毛纹[3]，乃谓釉质之不匀，由于瓷力之不称。是以哥窑虽古[4]，几无过而问者。吾华重东青，先亦不甚重豆青，重之则近年事也。始于日本人，而欧美效之。

【注释】

〔1〕《礼记》：亦称《小戴礼记》或《小戴记》，儒家经典之一，传为西汉戴圣所编纂。戴圣，字次君。梁（郡治今河南商丘）人。　投壶：古代士大夫宴饮中礼节的一种。《礼记·投壶》："投壶之礼，主人奉矢，司

射奉中，使人执壶。”主人请宾客投掷，以中与不中为饮酒之节。实是饮宴时主人与客燕饮讲论才艺的一种游戏。

〔2〕穿带：器物两耳或底足两边有孔可用带穿过，便于提携或悬挂。

〔3〕牛毛纹：纹片的一种，呈断续状，疏落有致，因类似一簇牛毛而得名。

〔4〕哥窑：宋代名窑。清代朱琰《陶说·说古·古窑考》：“本龙泉琉田窑，处州人章生一、生二兄弟于龙泉之窑，各主其一。生一以兄故，其所陶者曰哥窑。”哥窑之瓷以胎细质白著称。

康熙初年之太白尊，满身多有牛毛纹，其式样亦较晚年加大。晚年之太白尊，制小色劣，肩颇削垂，而不甚耸起也。青花画片以一鹰一熊为佳，瓶曰英雄瓶，罐曰英雄罐，亦有作三兽者。兽之佳者嘘气为云，毛毶毶欲动〔1〕，又五彩之所不能及也。碟之檐或浅而直上者，不作边墙坡陀之形〔2〕，俗谓之糖锣洗。洗者〔3〕，洗笔者也。敞口而巨者谓之洗，而面盆近之。盆以洗手且洗面者也。其口敛而加小者谓之水丞，则盂之属也。

［清］康熙 豇豆红太白尊

（广东省博物馆藏）

瓷品书画，鉴家品评精审，往往逾越市人；至其收藏家魄力雄厚，亦远胜于肆廛〔4〕。一皿之小，一帙之微〔5〕，一为考究渊流〔6〕，每津津其乐道之。是以征求典籍〔7〕，必于耆旧之门〔8〕；搜剔珍奇〔9〕，颇笑暴富之子〔10〕。

【注释】

〔1〕毶毶：毛发、枝条等细长的样子。

〔2〕坡陀：倾斜，不平坦。

〔3〕洗：笔洗，用陶瓷、石头等制成的洗涮毛笔的器皿。

〔4〕肆廛：集市。肆，通“市”。廛，古代指一户平民所住的房屋和宅院，泛指城邑民居。

〔5〕一帙：一册书，一卷书。

〔6〕考究：考索研究。 渊流：犹源流。

〔7〕征求：访求。 典籍：指法典、图籍等重要文献，亦泛指古代图书。

〔8〕耆旧之门：世家旧族。

〔9〕搜剔：搜求。 珍奇：珍贵而奇异的物品。

〔10〕暴富之子：突然发财的人。

苹果绿小瓶，每枚只数寸，而在美洲之圣鲁意斯会场则值美金五千[1]，今且倍之。圆印合亦值美金千圆也。美国赛会税重[2]，及物价五分之二，故获值亦昂。西人虽甚重吾华旧瓷，然以之赴赛，则嗤之以鼻[3]。抱残守缺[4]，骨董家所谓卖一件即少一件，于工商新学毫无进步思想[5]。彼其赛胜宗旨，亦盲人骑马而已[6]，并不能如矮子观场也[7]。

庚子后所出五彩过枝之盘碗甚夥[8]，有桃实八枚缀于枝上者[9]，索价亦甚巨。过枝云者，自此面以达于彼面，枝干相连，花叶相属之谓，皆雍正官窑也。桃实虽华腴而究少风趣[10]，较之癞葡萄之茗碗、抹红樱桃之杯碟（三者皆道光窑之过枝者也）[11]，又有霄垠之殊[12]。持比红梅鹌鹑雍正过枝碗，则又自惭形秽矣[13]。

【注释】

〔1〕圣鲁意斯：即圣路易斯。美国密苏里州东部大城市，位于美国最长的密西西比河中游河畔，美国大陆本土的中央，几乎处于美国的几何中心。这一片地区当年是法国的殖民地，因纪念法国国王圣路易斯九世而得名。

〔2〕赛会：指集聚物品评比优劣的集会。

〔3〕嗤之以鼻：用鼻子轻蔑地吭气，表示瞧不起。嗤，讥笑。《后汉书·樊宏传》："尝欲作器物，先种梓漆，时人嗤之。"

〔4〕抱残守缺：抱着残缺陈旧的东西不放。形容思想保守，不求改进。

〔5〕新学：指清末到"五四"以前由西方传入的资产阶级新文化，包括社会政治学说和自然科学。

〔6〕盲人骑马："盲人骑瞎马"的略语，谓如瞎子骑着瞎马。形容乱闯瞎撞，非常危险。

〔7〕矮子观场：比喻只知道附和别人，自己没有主见。也比喻见识不广。明徐复祚《一文钱》第三出："全心即佛，全佛即人，直是饥人见饭；心不是佛，智不是道，何殊矮子观场。"

〔8〕庚子：此当指清乾隆四十五年庚子（1780）。

〔9〕桃实：指西王母的仙桃。　缀：系结，连接。

〔10〕华腴：衣食丰美。指美好的生活享受。

〔11〕抹红：即抹红釉，“珊瑚红釉”的一种，属低温红釉。因系刷抹上釉，故称。

〔12〕霄垠之殊：天地之别。形容差距很大。

〔13〕自惭形秽：因为自己不如别人而感到惭愧。形秽，形态丑陋，引申为缺点。南朝宋刘义庆《世说新语·容止》：“珠玉在侧，觉我形秽。”

厂人所谓硬片云者，盖指瓷品而言，又目字画为软片，犹之硬彩、软彩之别，皆市声也〔1〕。

成化彩碗，表里各画葡萄果一枝，果凡五六朵，朵紫而叶碧，光景常新，枝藤虬结处袅袅欲动。最难得者，内外彩色花纹不走一丝，映日光照之不知其为两面彩画也。又有抹红青花画龙者，碗式有如押手杯〔2〕，四角各有凹痕一道，此种式样有影青龙物薄如纸者〔3〕，又于过枝、夹彩两种外别树一帜，真明窑也。以意揣之，仙葩珍卉，当时盖无奇不有，决不止此数种。昔人每谓成化款皆康、雍所仿，而使今世之人，抱有生晚之悲者，非确论也。殆因嘉靖、万历采画太粗〔4〕，遂谓成化之精美者尽出自摹本，青胜于蓝，而岂其然哉？康熙抹红，其色正朱，鲜明夺眼，断非雍、乾所能及〔5〕，若官窑彩碗，尤为佳绝〔6〕。永乐影青脱胎碗最为可贵，脱胎乃瓷质极薄之谓。若画之没骨者〔7〕，碗形往往不能正圆，亦脱胎岁久所致。其所影之花，两面莹澈，可以互鉴，惟款识亦然。康熙且无从学步〔8〕，足见胜朝盛时，工业精良，亦颇陵越奕禩也〔9〕。草帽式之碗，状似押手杯而大，以康熙三彩为最多，釉质、画片均嫌粗糙，鱼子蓝表里一色〔10〕，要亦不甚可贵。其宣德六字款者，书法绝佳，豇红、苔绿又多水眼，乃希世之珍。两面苹绿之果盘，有直径七寸者。宣德以华贵胜，成化以幽靓胜，康熙在二者之间，雍正则望尘莫及矣〔11〕。釉里红一种，以康熙朝为独擅胜场〔12〕，雍正朝亦间有之，后此则《广陵散》矣〔13〕。芦菔尊、苹果尊二者〔14〕，尺寸颇小，几与苹绿争价。大鱼缸可容五斗油，葫芦瓶高不及尺，价相若也〔15〕。器不论大小，小者之价或且逾于大者数倍焉。

【注释】

〔1〕市声：市井语、生意场上的话。

〔2〕押手杯：亦作“压手杯”，古代瓷器名。坦口折腰，手把之，其

口正压手，故名。

〔3〕影青龙：饰以龙纹的影青瓷器。影青，亦作“映青”，即青白瓷。是一种胎体薄而能映见手影的青瓷。

〔4〕万历（1573—1620）：明神宗朱翊钧年号。

〔5〕断：绝对，一定。

〔6〕佳绝：绝妙。

〔7〕没骨：中国画技法名。直接以彩色描摹，不用墨笔勾勒。北宋苏辙《王诜都尉宝绘堂词》：“清江白浪吹粉墙，异花没骨朝露香。”自注：“徐熙画花，落笔纵横。其子嗣变格以五色染就，不见笔迹，谓之没骨。”

〔8〕学步：学习走步。比喻学习做，学习从事。

〔9〕陵越奕禩：超越世世代代。陵越，逾越、超越。奕禩，世代、代代。

〔10〕鱼子蓝：瓷器釉色名。清代康熙朝景德镇仿烧明宣德的一种蓝釉品种。外观犹如洒落的蓝色水滴，又有飘落的雪花之感，故也称“洒蓝”和“雪花蓝”。

〔11〕望尘莫及：追赶不上，只能望见前面骑马的人走过扬起的尘土，比喻远落人后。《后汉书·赵咨传》：“令敦煌曹暠，咨之故孝廉也，迎路谒候，咨不为留。暠送至亭次，望尘不及。”

〔12〕独擅胜场：形容技艺高超。擅，独揽。胜场，取胜的场地。

〔13〕《广陵散》：琴曲名。三国魏嵇康善弹此曲，秘不授人，遭谗被害，临刑索琴弹之，曰：“《广陵散》于今绝矣!”见《晋书·嵇康传》。后世亦称事无后继、已成绝响者为“广陵散”。

〔14〕芦菔尊：即萝卜尊。尊的一种式样。器呈侈口、细长颈下饰双弦纹、丰肩、长腹下敛、假圈足，足脊窄细若萝卜。　苹果尊：尊的一种式样。器侈口，短颈，器口颈若果蒂，下凹于圆腹之中。形似苹果而得名。

〔15〕相若：相近，相仿。

彩瓷先上底釉〔1〕，后画花采。釉里红之制法，系以花采融入底釉之中，白地红龙者居多，亦有作双螭及串枝莲者。红之中又往往有苔点绿，纯庙以来所不能仿也〔2〕。芦菔尊似梅瓶而瘦〔3〕，形如白芦菔。梅瓶小口宽肩，长身短项，足微敛而平底。历代瓶式不相沿袭，递嬗递变〔4〕，可得而言。明之祭红，厂人误为郎窑者也〔5〕。其瓶式有观音尊，有油锤〔6〕，有饽饽凳〔7〕，而无大棒锤。康窑青花、五采略同明祭，而皆有大棒锤。其大棒锤一种，初

［清］康熙 青花赤壁赋图花觚
（故宫博物院藏）

年较巨，晚年较小，晚年之青花棒锤又多有画草虫者。下逮雍正朝[8]，五采则多软棒锤，纯釉则多仿古。至乾隆又一变，其花瓶式样则在观音尊、软棒锤之间。望见其式样，即可决为某朝之物[9]，不必于彩色、画笔中求之，而况于款识也耶？乾隆九江瓷[10]，大瓶多有形如竹筒，而制特宽博[11]，上下收缩作圆式，若盘之一覆一仰者，俗谓之灯笼罩，亦寻常式样耳。明瓷花觚与康、雍迥别[12]，康、雍觚式腰际凸起，而明瓷直下无波折也[13]。乾隆东青窑变各瓶，有匀配三羊头于肩际者；有无羊头者，形式又在饽饽凳、玉壶春之间。其较小者更有积红、积蓝、茶叶末诸色。康熙人物衣褶最为生动，树则老干槎丫[14]，花则风枝袅娜，而作者姓氏湮佚无闻[15]，可喟也。永乐款之器皿，有长方盂、椭圆盂及瓶碗。顺治款则甚不易见[16]。

【注释】

〔1〕彩瓷：亦称“彩绘瓷”。器物表面饰以彩绘的瓷器。主要有釉下彩瓷和釉上彩瓷两大类。

〔2〕纯庙：指清乾隆皇帝。乾隆谥号为“高宗法天隆运至诚先觉体元立极敷文奋武钦明孝慈神圣纯皇帝”，简称“纯庙”。

〔3〕梅瓶：瓶的一种式样。小口、短颈、丰肩、瘦底、圈足的瓶式，以口小只能插梅枝而得名。

〔4〕递嬗递变：依次更替演变。

〔5〕郎窑：清康熙朝郎廷极所监督的江西景德镇窑及其所督造瓷器的代称。又，许之衡《饮流斋说瓷·说彩色第四》：“祭红之宝石釉者，俗呼之曰郎窑。”

〔6〕油锤：瓶的一种式样。小口，细长颈，圆腹，圈足，形似榨油作坊用的油锤，故名。

〔7〕饽饽凳：形似油锤而项甚肥，直下若截筒者曰饽饽凳。

〔8〕逮：及，到。

〔9〕决：断定。

〔10〕九江瓷：景德镇瓷器的别称。明清时，景德镇瓷器多经九江由水路转输四方，故称。

〔11〕宽博：大，多。

〔12〕花觚：仿青铜器造型的一种陈设用瓷。多用于插花，布置厅堂。装饰题材有人物故事、民间传说、缠枝花卉或是花鸟等。　迥别：大不相同。

〔13〕波折：变化。

〔14〕槎丫：亦作“槎岈”“槎牙”。树木枝杈歧出貌。

〔15〕湮佚：埋没，散失。

〔16〕顺治（1644—1661）：清世祖爱新觉罗·福临年号。

［清］道光 青花缠枝番莲纹花盆款

（南京博物院藏）

旧瓷款识有满文〔1〕，有洋文〔2〕，有喇嘛文〔3〕。款有有边者，有无边者；有方圈者，有①圆圈者，有长方圈者，而扁方圈线甚不多见。雍正官窑彩盘，外层若系花卉，其内层之底亦往往有彩花一二朵，或茉莉，或兰，更有画樱桃数枚者，则三果碗也。康窑亦时一有之。“慎德堂”羹匙以画鹤二十四只者为上〔4〕，一、二、三、四鹤者次之，一儿捧桃者又次之，荷花瓣为下。“慎德堂”系道光官窑，而价侔雍、乾之高品〔5〕，亦一时风尚使然，以三字直款者为贵。广窑羹匙极别致〔6〕，惜柄②太短耳，明建亦然〔7〕。宋瓷水碗高足细腰，质如千年之玉。豆彩人物大瓶，康熙之仿成化款者，画稿甚美，而多录华文于瓶上〔8〕，西人遂不甚重之。羹匙绝少佳品，觯竹主人所制（在嘉庆、道光间）每画甚蠢之彩蝠〔9〕，殊不足贵也。均窑独花盆为多〔10〕，秘色葱蒨〔11〕，雍正仿之且犹不能逼肖〔12〕，况其后耶？康熙彩绘人物多用蓝笔勾出面目，甚为耐久。美人两颊又往往晕以淡赭，亦颇娇娆。

【校】

①“有”，石印本作“一”，误。

②“柄”，寂园本及石印本作“炳”，误。

【注释】

〔1〕满文：中国满族使用过的文字。我国明末满族入关前（1599）清太祖努尔哈赤命额尔德尼和噶盖二人参照蒙古文字母所创制，俗称无圈点满文或老满文。字母数目和形体与蒙古文字母大致相同。后清太宗皇太极于1632年命达海（1595—1632）加以改进，形成比较完善的字母体系和拼写法，与蒙古文字母特征有了明显区别，俗称有圈点满文。

〔2〕洋文：外国的语言文字。

〔3〕喇嘛文：即藏族文字。喇嘛，对僧侣的尊称。

〔4〕慎德堂：慎德堂是清代道光皇帝读书理政的地方，故有“慎德堂”款的瓷器正是道光皇帝的御用瓷器。

〔5〕侔：等同。　高品：精品。

〔6〕广窑：许之衡《饮流斋说瓷·说窑第二》：“广窑。宋南渡后所建，在广东肇庆阳江。胎质粗而色褐（即灰色），所制器多作天蓝色，惟不甚匀耳……”　别致：北京琉璃厂市语，谓有逸趣。

〔7〕明建：明朝建窑。

〔8〕华文：汉语文字。

〔9〕觯竹主人：清代制瓷家名号，真姓名不详。道光瓷名款。其制以小件器为多，杯最为精美。　嘉庆（1796—1820）：清仁宗爱新觉罗·颙琰的年号。

〔10〕均窑：宋代著名瓷窑。地处河南禹州，古代称钧州，故名“钧窑”，亦名“均窑”。

〔11〕秘色：越窑中上好青瓷以及越窑烧制的供应皇宫之物。

〔12〕逼肖：很相似。

康窑最善画松，茄色之干，墨色之针，渲以硬绿，浓翠欲滴，其壮①彩、老笔有②足令人惊叹者。起石谷地下〔1〕，作意为之，殆无以复过也。人物精妙恢③诡，亦匪夷所思〔2〕。补彩之法诡矣〔3〕。五彩之涉绘事者易补，纯色之上一道釉者较为难补。康、雍天青淡而弥隽，且中有秾蒨之小点，殊可喜也，惟广窑亦然。乾隆窑变瓶，罐口际每有蟠螭一条，乃全身凸起者。太白尊腹有团螭三个，系浅凹雕也。康窑而后，遂无仿制者。软棒锤之式，口略撇，肩略垂，底足略敛而无胫，此其所以异于硬者。成化、万历五彩皆画戏剧之习战斗者，洋商所谓刀马人者也〔4〕。波斋云诡〔5〕，牛鬼蛇神〔6〕，又似宋代法画——有故实可指。

【校】

①“壮”，石印本作“肚”，误。

②“有”，石印本作“又”。

③“恢”，石印本作“诙”。

【注释】

〔1〕石谷：清代画家王翚（1632—1717），字石谷，号耕烟散人、乌目山人、清晖主人等。江苏常熟（今江苏常熟）人。师王鉴、王时敏，临摹宋元名迹，而自成一家，有“清初画圣”之誉。

〔2〕匪夷所思：指言谈行动离奇古怪，不是一般人根据常情所能想象的。匪，不是。夷，平常。出《周易·涣》：“涣有丘，匪夷所思。”

〔3〕补彩：即在瓷彩剥落的地方补加釉彩，是一种挽救彩病的方法。

〔4〕刀马人：康熙中期民窑五彩所广泛采用的一种装饰。以刀（兵器）、马（战马）、人（武士）三个主题来描绘《三国演义》《封神榜》等古典小说中的战争场面，有着浓重的民族风格和民间气息。

〔5〕波谲云诡：好像云彩和水波那样，形态不可捉摸。原形容房屋构造就像云彩、波浪一样千姿百态。后多形容事物变幻莫测。谲，同谲，怪异，变化。

〔6〕牛鬼蛇神：牛首之鬼和蛇身之神。形容作品虚幻怪诞。亦喻指虚幻怪诞的作品。

青花又名淡描，同一色也。见深见浅，有一瓶一罐而分至七色、九色之多者，娇翠欲滴。西人甚重梅花罐，画笔虽甚粗劣，而容光姣丽，一涉灰黯则索然寡味矣〔1〕。其画兽也，毛细于发，竦然直立，有绘水、绘声之妙。雍正朝已却步，而况于乾、嘉以后耶？康熙积红大碗厚有过二分者，雍正胭脂红小碗薄有如卵幕者。乾隆大瓶有以白粉涂地而上绘《九秋图》者〔2〕，花枝生动，最有书卷气〔3〕，彩釉亦鲜艳异常。其豆青地而夹以彩绘者，又不如寻常白地之足珍也。粉地虽甚美观，惟易于剥蚀，亦一病也。康窑大梅瓶，有豆青地而晕以釉里红龙者。康熙青花观音尊，其有人物工细者，又皆官窑之仿成化款者也。瓶底可作小盂，碎瓷可作带版（其尤碎者以装画蹬）〔4〕。大笔筒可作花盆，小笔筒可代酒杯。

【注释】

〔1〕索然寡味：毫无意味或毫无兴致的样子。寡，少，缺少。

〔2〕《九秋图》：清代官窑瓷器装饰画。画面绘桂花、菊花、秋葵、鸡冠、芙蓉、秋海棠等各式秋季花草九种，含意秋天是同庆丰年的季节，因名“九秋图”或“九秋同庆”。康熙、雍正朝的九秋碗，器小胎薄，内壁白釉，外壁红地五彩，绘多种花卉，彩色绚丽。康熙制品以抹红作地，底款青花双方框“康熙御制”。雍正制品除铁红地色外，还有金红地，底书青花“大清雍正年制”或“雍正年制”方款。

〔3〕书卷气：指在说话、作文、写字、画画等方面表现出来的读书人的风格、气质。

〔4〕带版：不详，待考。　躞：书卷的杆轴。

日本喜素洁之瓷，若豆青，若建窑，若广窑，若茶叶末，皆谓之日本庄。法商则尚五采，虽极破碎亦不甚计较。英商爱青花，近则价锐减，而上品者仍不减。美商则以红色、天青色官窑之有款者为上，俗谓之一道釉，尤重瓶罐。德人又喜毡包青之瓶罐也〔1〕。豆青地而加以彩绘以乾窑为多，康熙窑亦时一见之。世界之瓷以吾华为最，吾华之瓷以康、雍①为最。旧世界之瓷以质朴为贵，新世界之瓷以彩画为贵。学术不同，文章因之而变，今吾华瓷业盖甚凋瘵矣。工既弗良，质亦粗劣，此丧其本有者也。守常蹈故〔2〕，销路阻滞，此懵于今情者也〔3〕。康窑有青花大盘，椭圆而长，长可二尺，宽及尺。盖西餐所用，颜色美好，笔法工细，为国初教士所特制，或即南怀仁、汤若望之流亚欤〔4〕？盘中画皇冕徽章，旁有两翼之狮狗，分攀于其上。载有腊丁古文、阳历年月〔5〕，吾华业瓷者宜知所取材焉（详见《世界瓷鉴》）。

【校】

①“雍”，静园本作“熙”，据寂园本及石印本改。

【注释】

〔1〕毡包青：瓷器釉色名。色泽与祭蓝釉相近而似紫，釉面浑厚。许之衡《饮流斋说瓷·说彩色四》：“至于蓝紫相和，而蓝尤浓厚者，曰毡包青。”

〔2〕守常蹈故：固守常法，遵循常规。

〔3〕懵：昏昧无知的样子。

〔4〕南怀仁（1623—1688）：比利时人，耶稣会传教士，1659年来华传教。著有《教要序论》《康熙永年历法》等。　汤若望（1591—1666）：德国人，耶稣会传教士，1620年到澳门，后到北京学习汉语，继往西安传

教。著有《主教缘起》《古今交食考》等。　流亚：同一类的人或物。

〔5〕腊丁古文：即拉丁文，是欧洲古罗马帝国时期的文字。

洋瓷种类亦不一，康、乾以来输入良多，大氐为粤海关监督所定制，精细绝伦。或谓近世洋瓷亦颇退化，非訾言也[1]。洋瓷亦分粗、细两种。其乾隆贡品，颇有华字年识，侔①于料款[2]，东西人皆争购之。尤以女神像之属，为极珍秘。

【校】

①“侔”，石印本作“俟”。

【注释】

〔1〕訾言：不实之言。

〔2〕料款：用进口珐琅彩料书写的底款。

康窑有瓜皮绿一种[1]，满开小片，以大罐形如西瓜，盖上有瓜藤者为佳，其他瓶类转无足贵也。道光窑喜于茶杯或鼻烟壶上画极小之人物、树木、楼台、船只、旗帜，颇参用泰西画法[2]，人大如蚊，树小于荠，纤毫毕现，亦奇品也。明瓷大采盒，底与盖，表与里，各画故事一则，有若宋画也。康窑①青花《耕织图》大碗，妇孺鸡犬，神情宛宛[3]，五彩尤奇美，中外珍之。雍正粉彩大盘②亦多画《西厢》风景，盘制最浅，宜于张挂。大氐粉彩人物，每苦面目漫漶[4]，若釉汁完美，无少缺蚀，而古妆女子又不作社会恶态者，亦能于康画之外独树一帜。惟客货多系锦边，殊觉粗糙。

圆印合之式样，无论高矮，以上盖作馒头形者佳，磨盘式（圆形而底面皆平者谓之磨盘）为下。其上盖为平面瓷片，而有子口（平面瓷片内有圈口一围，形如底足，以作关栏者谓之子口）者，亦殊不见其佳也。或谓宋瓷有以香质入料，久则异香喷发，且香气随年代而改变，嗅而知为某代之物，其说非也。盖瓷胎净细，阅岁浸久[5]，自发古香，书籍亦然，非另有香料也。

【校】

①“窑”，静园本作“瓷”，据寂园本及石印本改。

②“盘”，石印本作“碗”。

【注释】

〔1〕瓜皮绿：瓷器釉色名。一种低温铜釉。因色泽绿如西瓜皮，故名。

〔2〕泰西：泛指西方国家，一般指欧美各国。

〔3〕宛宛：真切可见貌。

〔4〕漫漶：书版、石刻等因年代久远遭磨损而模糊不清。

〔5〕阅岁：经历年岁。

瓷香馆记（附）

昔南田草衣有欧香馆〔1〕，居常不得其解说〔2〕。云茶香者，非也。辛卯岁，余家草帽胡同得一苹果绿之印合，盛以檀匣〔3〕，袭以锦囊〔4〕，已而发异香，非兰非麝〔5〕，盖瓷香也。嘻，异哉！

或曰是檀匣之香，其说非也。余所藏檀匣夥矣，有与斯合之匣同一檀材而别制为数匣者，胡他匣之寂寂无闻也〔6〕？且檀梨之檀，非沉①檀之檀。檀质不同，臭味迥别。其芬芳郁烈浮现于锦囊之际者〔7〕，悠然以清至为微妙，异乎木质所发之香，盖可评量而得之也。或曰宋瓷胚胎原质往往杂以香料，时或喷溢，嗅而知为某代之物，其说近是而亦非也。瓷质之净细而优美者，积年既多，乃吐幽馥〔8〕。亦如名书法帖，古香醰醰〔9〕，自在流露，并非别有药料羼入土坯中而始有此异也〔10〕。盖料屑微末，离其本体，渐即漫灭，非若瓷质所发之香久而弥浓。鼻观参详〔11〕，心知其故，一经识者道破〔12〕，世之钝根人犹莫不点首会意〔13〕，斯为无上上乘禅矣〔14〕。

余蓄古瓷日益富，香各不同，瓶、盂、尊、罍往往而有〔15〕，而以此合为第一。余二十年来所见苹果绿印合以百十计〔16〕，均系康熙六字三行横款，此合独双行直款，定为仁庙初年物〔17〕。颜色妍丽，当世殆无其伦比〔18〕，一若流霞倒映〔19〕，白波中碧苔数十点〔20〕，容与其际〔21〕。西人所谓天然之三彩，在康熙三彩中最为贵重者也。洪北江咏苹果句云“绿如春水初生日，红似朝霞欲上时”，足以形容其百一矣〔22〕。

馆三楹〔23〕，花木深秀，以嘉名宠之〔24〕，复诠次其说而为之记〔25〕。

【校】

①“沉”，寂园本及石印本作“沈”。

【注释】

〔1〕南田：即恽南田（1633—1690），初名格，字寿平，后以字行，改字正书，号南田、云溪外史等。江苏武进（今江苏常州武进）人。清初画

家、诗人。筑室曰瓯香馆，著有《瓯香馆集》等。　草衣：结草为衣。引申指身处草野未仕之人。

〔2〕居常：平时。

〔3〕檀匣：檀木做的盒子。

〔4〕袭：盖。　锦囊：用锦制成的袋子。古人多用以藏诗稿或机密文件。

〔5〕麝："麝香"的简称。泛指香气。

〔6〕胡：文言疑问词，为什么，何故。　寂寂无闻：谓毫无声息，不为人知。这里指没有香气。

〔7〕芬芳郁烈：香气浓烈。

〔8〕幽馥：醇馥幽郁。

〔9〕古香：指图书、藏画、法帖等发出的气味。　醰醰：酒味醇浓、醇厚。

〔10〕羼：掺杂。

〔11〕鼻观：以鼻而观，即嗅闻。　参详：思量、琢磨。

〔12〕识者：有见识的人。

〔13〕钝根人：天资愚钝缺少灵活性的人。　点首会意：表示允可、赞许。

〔14〕无上上乘禅：最高的智慧。无上上乘，即大乘，谓其教法至高无上。禅，佛教名词。

〔15〕罍：古代一种盛酒的容器。小口，广肩，深腹，圈足，有盖，多用青铜或陶制成。

〔16〕百十：一百左右。

〔17〕仁庙：清圣祖康熙皇帝庙号为"仁"，臣子在提及时尊称为"仁庙"。

〔18〕无其伦比：同"无与伦比"，指事物非常完美，没有能跟它相比的。

〔19〕一若：好像。　流霞：浮动的彩云。

〔20〕白波：白色的波浪。

〔21〕容与：徘徊犹疑，此处指随水波起伏动荡。

〔22〕百一：百中之一。

〔23〕楹：量词，古代计算房屋的单位。一说一列为一楹，一说一间为一楹。

〔24〕嘉名：好名字。

〔25〕诠次：选择和编排。

瓷器之画龙者，雅不足为奇[1]。惟釉里红官窑，无论大小器皿皆为绝品，且又杂有苔点也。其施诸彩画者亦略分两种，譬如同一康窑[2]，有拿空夭矫状态恢奇者[3]，有呆板拙滞无足挂眼者[4]，有抹红描金典重名贵者（其抹红釉中亦杂泥金，故釉带黄光）[5]，有一红（亦系抹红，但釉色深滞只取厌耳）一绿触处多有者[6]。大氐物稀为贵，而画笔灵蠢之辨[7]，又微乎其微。印合之一龙一凤者，以青花为绝品，惟宣德有之。成化尚避三舍[8]，雍窑直是粗才[9]。若盘、碗之一龙一凤者，虽曰官窑，康彩亦适嫌其俗耳，明窑亦然。青红瓶、碗之口际，有白釉一线状如灯草，谓之灯草边。瓶、罐、盘、碗之类皆有底，且有圈形之足，故厂人号称之曰底足。器皿之作方式者，其底足亦方。又，底足著物之处必有圈线一围，亦谓为灯草边，鉴家于此辨别土坯之精粗焉。

【注释】

〔1〕雅：向来。

〔2〕譬如：比如。

〔3〕夭矫：形容姿态的伸展屈曲而有气势。

〔4〕挂眼：留意，重视。

〔5〕典重：典雅庄重。

〔6〕触处：到处，处处。

〔7〕灵蠢：灵巧与笨拙。

〔8〕尚避三舍：即“退避三舍”。主动退让九十里。这里谓不如。舍，古时行军计程以三十里为一舍。《左传·僖公二十三年》载，晋公子重耳有难，得楚君之助，乃对楚君承诺后来报答说：“晋楚治兵，遇于中原，其辟君三舍。”

〔9〕粗才：粗糙的材质器物。

瓷质有浆（泥浆也）胎、磁（石粉也）胎之别[1]。宋之粉定、明之青花印合多系浆胎，其开片也较易。然至于漏油（印泥之油从开片处浸出，谓之漏油），则又患其刓敝矣[2]。某朝某代署款者，必于底足之内。足高者或且题字于垂跗内层之边际[3]，亦有在口上及腰腹者。年号、堂名、人名之外，大小罐头多有在底足内题一“天”字，盛行于康熙朝，是为天字罐。康熙客货（非御窑所造，谓之客货）有但画双圈者，于双圈内但画一叶者命曰秋叶底，雍正亦有“天”字小罐。凡罐以不失原盖为可贵也。粉定印合都无款识，而合盖之内往往有焦黄似烙①痕者[4]，亦颇有淡墨细点，望之若尘星然。雍正官窑大小盘、碗，白胜霜雪，既轻且坚。上画彩花数朵，每一朵横斜萦拂，袅娜多姿，笔法绝不板滞。花作茄紫、蛋黄、天青各色[5]，皆非乾隆朝所能几及[6]，尤以粉红秋海棠为绝艳[7]。豆彩（豆青色之彩画也）串枝莲中碗，杂以抹红之点画，精采逼人，章法工致，亦绝代奇品也。小酒碗略作压手式，尤为可爱。

【校】

①“烙”，石印本作“略”，误。

【注释】

〔1〕浆胎：瓷器名。因以澄浆成形，故名。胎薄体轻，精致美观。　磁胎：亦作“瓷胎”。即上釉或绘饰图案之前的素胎。

〔2〕刓敝：摩挲致损，磨损，损坏。

〔3〕跗：脚背，足上。

〔4〕烙痕：烙印。

〔5〕茄紫：即茄皮紫，瓷器釉色名。指以氧化钴为呈色剂，生坯挂釉，经高温烧成后呈现如茄皮一样的深紫色，故名。　蛋黄：瓷器釉色名。因色如鸡蛋黄，故称。

〔6〕几及：达到。

〔7〕绝艳：艳丽无比。

客货有款，官窑无款，已甚奇矣。乃有明明官窑而画稿了无意味者，有的真客货而笔意工细绝伦者。瓷虽小道[1]，亦微乎微矣[2]。圆印合之最大者，对径一尺弱，双钩“懋勤殿”三字[3]，左右蟠二龙[4]，金彩为贵，青花夹彩者次之，底有嘉庆六字蓝篆款。康熙朝酒器，多画饮中八仙[5]，类皆恢奇恣肆。惟贺知章骑马落井一幅[6]，最为可鄙。按少陵原诗[7]，语意谐妙[8]，谓尔如眼花必且落井而眠于水中矣。画手呆著迹相，辄于马前画一井，已不可通矣。又忌讳“落井”二字，特画一极小之井于马前，以示不至作溺鬼之意，尤堪齿冷[9]。康、雍蛋黄器皿，颜色俱极鲜明。康窑小酒杯，皆有双耳，款字精细，凹雕龙螭，亦有凸雕者。茶叶罐甚精，然颇罕见。雍窑青花盘、碗，乃极能耐久之品。明之粉定押手大杯，槧有阴文暗花[10]，若鱼若蝶，类仿宋制。浆胎大开片，质亦甚轻，若大笔洗、大水丞，又有凸雕花卉或古纹者。印合所槧笔锭之属，虽甚粗简，而无伤大雅[11]。

【注释】

〔1〕小道：儒家对宣扬礼教以外的学说、技艺的贬称。

〔2〕微乎微：奥妙难测。

〔3〕懋勤殿：明清宫殿名。在今北京故宫博物院西南，与端凝殿相对。皇帝常在此读书，批阅奏本及鉴赏书画，今博物院藏书画每有“懋勤殿鉴赏章”。

〔4〕蟠：环绕，盘伏。

〔5〕饮中八仙：指唐朝嗜酒的八位学者名人，亦称酒中八仙或醉八仙。《新唐书·李白传》载，李白、贺知章、李适之、汝阳王李琎、崔宗之、苏晋、张旭、焦遂为“酒八仙人”。杜甫有《饮中八仙歌》。瓷器画面绘饮中八仙，每于人物之上书以人名。

〔6〕贺知章（659—约744）：字季真，自号四明狂客。唐越州会稽永兴（今浙江杭州萧山）人，早年迁居山阴（今浙江绍兴）。生性旷达豪放，工诗，善谑，好饮酒，人称“诗狂”。

〔7〕少陵：即唐朝著名诗人杜甫（712—770），字子美，尝自称少陵野老，世称杜少陵、杜工部。祖籍襄阳（今湖北襄樊），生于河南巩县（今河南巩义）。其诗与李白并称，称“诗史”，又被尊称为“诗圣”。有《杜工部集》。

〔8〕谐妙：诙谐精妙。

〔9〕齿冷：耻笑。因笑则张口，笑的时间长了，牙齿会感到冷，故称。

〔10〕棨：刻。　暗花：瓷器坯上刻花后施釉而形成的隐露的花纹。

〔11〕无伤大雅：指虽有影响但对主要方面没有妨害。大雅，本为《诗经》篇名，这里指雅正、文雅大方。

早年软彩一种，殊不足贵。近则雍正粉彩声价陡增，惟豆彩亦然。然均以画笔之优劣为轩轾[1]。雍正络子樽[2]，甚有名望。豆青色者篆款六字甚精美，高不及尺，状类绍兴酒坛，而殊无底足，腹亦微皤，又似惠泉山所制之不倒翁也[3]。肩花作本色，绳圈凸纹数道，具有条理。另有一种雪地彩络者，较豆青大及数倍，有两耳，有底足，其络纹如带，宽及半寸，墨绿相间，杂以他彩，若古锦所裁，有双圈六字款，甚可宝也。胭脂水酒杯有雍正御制款者，往往夹以花彩，或谓不若净地之佳，然画笔工整，吾见亦

［清］雍正 东青釉络子尊（景德镇陶瓷馆藏）

罕，收藏家每视为珍品。胭脂水为康熙以前所未有，釉薄于蛋膜者十分之一，匀净明艳，殆亡①伦比。紫晶逊其鲜妍，玫瑰无其娇丽。客货虽系疙疸釉〔4〕，而鲜妍古润，声价亦高。乾、嘉以后，每下愈况②〔5〕，不堪入目〔6〕。若乾隆初年御制之品，亦尚有追踪雍窑者〔7〕，然而仅矣〔8〕。雍正套杯，有粉彩花卉或人物，有黄地而夹绘花蝶者。其夹彩一种，官窑、客货又不甚悬殊也。套杯小至大，一至十。瓶罐亦有浆胎者，仍以粉定与青花为多，彩绘则偶一遇之耳。浆胎青花，以画兽者为最细，不仅以色胜也。青花之浆胎者必开片，西人甚重之。青花开片之花瓶，尺寸每不甚高大，又俱无款识，朱明、康、雍皆有之，亦有下逮乾窑者。若雍窑鼻烟壶形式虽劣，画片殊佳，殆皆当时药瓶耳。雍窑胭脂水夹彩之小碗，逊于御制小酒杯远甚，盖画笔粗也。乾窑又多系绿里，嘉庆仿之，画笔均劣，亦殊可憎。

【校】

①“亡”，石印本作“无”。

②“每下愈况”，石印本作“每况愈下”。

【注释】

〔1〕轩轾：引申为高低、轻重、优劣。车前高后低叫轩，前低后高叫轾。《诗经·小雅·六月》：“戎车既安，如轾如轩。”

〔2〕络子樽：许之衡《饮流斋说瓷·说瓶罐第七·络子尊》：“络子尊略似绍兴酒坛，于下半截有绳圈纹，如包络之状，故名。”尊，同樽。

〔3〕惠泉山：即惠山，位于江苏无锡的西郊，以生产惠山泥人而著名。惠山脚下的泥土不仅细腻韧糯，可塑性强，而且干而不裂，弯而不断。早在北宋熙宁七年，苏轼途经无锡，即有“惠泉山下土如糯”的诗句。

〔4〕疙疸釉：瓷器表面凹凸不平或如水波起伏，从旁侧视或用手抚摸可以感觉到此种缺陷，形似疙疸，故名。

〔5〕每下愈况：越往下越明显。表示情况越来越坏。

〔6〕不堪入目：指形象丑恶，使人看不下去。

〔7〕追踪：追随，效法。

〔8〕仅：数量少，极少。

吾华瓷品尚矣，而今不古若者，原因甚繁复也[1]。曰胚胎，昔之土质细腻，今则粗劣矣。曰手工，昔之模范精整[2]，今则苦窳矣[3]。曰釉质，昔之垩泽莹润，今则枯燥矣。曰彩色，昔之颜料鲜明，今则黯败矣。曰式样，昔之古意深厚，今则俗恶矣。曰画手，昔之写生雅致，今则蠢谬矣[4]。曰火候，昔之出窑完美，今则薛①暴矣[5]。

居今稽古[6]，度越前修[7]，要其大旨[8]，厥有二端[9]。康、雍两朝瓷业空前绝后，乾隆雕绣最工，独于瓷器退化。唐英著说[10]，朱琰述文[11]，或详当时之制度，或考往代之流传，彩绘弗彰，惟矜朴素，非其文字之不工，亦时世有以限之也[12]。先乎康、雍而生者，不知有康、雍之昌明；后乎康、雍而生者，不能臻康、雍之绝诣[13]；不先不后而生于康、雍之朝者，虽文美之可观，而又无古雅之足言[14]。

瓷犹园也，富人润屋[15]，广厦万间，终不若旧家池馆，衰柳残荷之别饶野趣也。又况佳山胜水，岩壑万千[16]，异草奇葩，珍禽怪兽，如游艮岳[17]，如入山阴[18]，绝非经营拳石、拂拭盆松者所能梦见也耶[19]。积三百馀载之菁华[20]，一旦大暴于世[21]，先朝美术[22]，触手如新，斯其难得者欤？华瓷冠绝全球，而华人初不知其可宝，殆真所谓圣不自圣[23]，民无能名者也[24]。

列强交通[25]，东西角胜[26]，而吾华独占最优之名誉。于是欧美斐澳，恐后争先。一金之值，腾涌千百[27]。茗瓯酒盏，叹为不世之珍；尺瓶寸盂，视为无上之品。且又为之辨别妍媸[28]，区分色目[29]。探赜索隐[30]，造精诣微[31]。豇红苹绿，则析及毫芒；御窑客货，则严其等第[32]。浣纱贫女，一入吴宫[33]；射钩贱士，迭为齐相[34]；容光焕发[35]，熏沐有加[36]。吹嘘判其菀②枯[37]，顾盼增其声价[38]。波斯碧眼[39]，隔重译而输将[40]；齏饭酸儒[41]，掷重金而弗吝。椎埋发冢之子[42]，弓玉盗库之夫[43]，凿险缒幽[44]，以真换赝[45]。或豪夺虞剑[46]，或巧赚《兰亭》[47]。教子升天之杯[48]，实为祸苗；清明上河之图[49]，且兴大狱。

已亥、丙午辇致避暑山庄法物于都下[50]，凡数十万件。以每件三五百金计之，至谓可抵甲午、庚子两次大赔款[51]。其较为蕴藉者[52]，亦谓创设一大博物院，足以辉映五洲[53]，万口同声，有由来矣，其难得者又一也。

嗟嗟寂翁[54]，平生已矣。缁尘憔悴[55]，雪刺盈颠[56]。远念故邱[57]，百无可说。独此区区眼福[58]，在现在世界中亦几几乎登峰造极！斯亦京华二十载之薄有所得也。偶忆宗伯船娘事[59]，毋亦哑然失笑也耶!

【校】

①“薛”，寂园本及石印本作“薜”。

②“菀”，石印本为“莞”，误。

【注释】

〔1〕繁复：繁多而复杂。

〔2〕精整：精粹端正。

〔3〕苦窳：粗糙质劣。苦，通“盬”，不坚牢。窳，恶劣。

〔4〕蠢谬：愚笨荒谬。

〔5〕薜暴：破裂，剥落。

〔6〕居今稽古：立足于今天考察古事。稽，考察。

〔7〕度越前修：超过前贤。

〔8〕大旨：主要意思，大要。

〔9〕厥有二端：乃有两个方面。厥，乃。

〔10〕唐英著说：指清唐英（1682—1756）著《窑器肆考》。唐英，字隽公，号叔子、蜗寄居士。奉天（今辽宁沈阳）人。官内务府员外郎、九江关监督。绘有《陶成图》，作《陶成纪事》碑文，著有《古柏堂传奇》17种。

〔11〕朱琰述文：指清代朱琰著《陶说》6卷。

〔12〕时世：时代。

〔13〕臻：达到。　绝诣：极高之造诣。

〔14〕足言：可言。

〔15〕富人润屋：谓富人可以使居室华丽生辉。本《礼记·大学》：“富润屋，德润身。”

〔16〕岩壑万千：即“千岩万壑”。形容山峦连绵，高低重叠。南朝宋刘义庆《世说新语·言语》：“顾长康从会稽还，人问山川之美，顾云：‘千岩竞秀，万壑争流。’”

〔17〕艮岳：宋徽宗于政和七年（1117）在汴京东北作万岁山，宣和四年（1122）自为《艮岳记》，以为山在国都之艮位，故名以艮岳。艮岳

旧址在今河南开封城内东北隅。

〔18〕如入山阴：王献之曾住在会稽山阴（今浙江绍兴），那里山水优美，后比喻一路上景色优美，或来往人很多。

〔19〕拳石：指园林假山。

〔20〕菁华：精华。

〔21〕大暴于世：广为世人所知。

〔22〕先朝：明朝。

〔23〕圣不自圣：圣人不自以是圣人。

〔24〕民无能名：谓老百姓难以形容的伟大。本《论语·泰伯》：“子曰：‘大哉，尧之为君也！巍巍乎！唯天为大，唯尧则之。荡荡乎！民无能名焉。巍巍乎！其有成功也；焕乎，其有文章！’”

〔25〕列强交通：谓与欧美诸国间的交往。

〔26〕东西角胜：谓中国与列强的竞争。角胜，较量胜负。

〔27〕腾涌：比喻物价腾贵。

〔28〕妍媸：美好和丑恶。

〔29〕色目：种类名目。

〔30〕探赜索隐：探究深奥的道理，搜索隐秘的事情。探，寻求，探测。赜，幽深玄妙。索，搜求。隐，隐秘。

〔31〕造精诣微：学业达到精深微妙的地步。

〔32〕等第：等级次第。

〔33〕浣纱贫女，一入吴宫：指春秋越国美女西施亡吴之事。西施，姓施，以貌美著称，春秋末期出生于浙江诸暨苎萝村。时越国称臣于吴国，越王勾践卧薪尝胆，谋复国。设计使献西施于吴王夫差。西施成为吴王最宠爱的妃子，惑使吴王败坏国事，为勾践灭吴以东山再起立了大功。浣，洗。

〔34〕射钩贱士，迭为齐相：指春秋齐国大臣管仲相齐桓公事。春秋时齐襄公昏乱，其弟纠奔鲁，以管仲、召忽为师；小白奔莒，以鲍叔为师。襄公死，纠与小白争归齐国为君。管仲将兵遮莒道阻小白，射中其衣带钩。小白佯死，得先入为君，是为桓公。桓公即位后不计前嫌，任管仲为相，终成霸业。此以管仲等的例子喻指出身卑微，后居高位。

〔35〕容光焕发：脸上光彩四射。形容人精神振奋。

〔36〕熏沐：熏香沐浴。这里指爱护古瓷。

〔37〕菀枯：原指草木的茂盛与枯萎。比喻瓷器的优劣。

〔38〕顾盼：盼望。

〔39〕波斯碧眼：谓西亚商人。

〔40〕重译：原指以译传言即翻译，这里以言语言不通，距离遥远。　输将：运送。

〔41〕虀饭酸儒：谓穷困文人。虀，古同“齑”，捣碎的姜、蒜、韭菜等。

〔42〕椎埋发冢：指劫掠和盗墓。

〔43〕弓玉盗库：指盗窃国库。弓玉，犀弓玉带，古代需皇帝赏赐才可以佩带之物。

〔44〕凿险缒幽：凿崖登高，系索入穴。

〔45〕赝：假货。

〔46〕豪夺虞剑：喻说强取他人之宝。虞剑，即吴剑。春秋时吴人善于铸剑，故称。虞，金文或作“吴”。

〔47〕巧赚《兰亭》：指萧翼赚《兰亭序》法帖故事，见《太平广记》卷二〇八《购兰亭序》。喻说巧取他人之宝。《兰亭》，即《兰亭序》，晋王羲之作文并书。书法原本已佚，今存摹本，历代书家推为“天下第一行书”。

〔48〕教子升天之杯：绘有《教子升天》图画的瓷杯。画面由天上的大龙和海水中的小龙组成，通过大龙呼唤小龙升天，以喻父母望子成龙的愿望，或祝颂人高升。此纹样在清中期较多见，为收藏家、鉴赏家所珍。

〔49〕清明上河之图：即《清明上河图》，此指绘有此图的瓷器。《清明上河图》为北宋画家张择端所作，图中生动描绘了中国北宋开封城市生活的面貌，具有极高的艺术与历史价值。张择端，字正道。东武（今山东诸城）人。

〔50〕己亥、丙午：指清光绪二十五年（1899）己亥和三十二年（1906）丙午。　辇致：用车载运而来。　避暑山庄：清朝皇帝避暑胜地，在今河北承德。　法物：宗教用的礼器、乐器等器具。　都下：即当时国都北京。

〔51〕甲午、庚子两次大赔款：清朝政府因中日甲午战争和八国联军侵华两次战争失败而被迫给予列强的赔款。光绪二十年（1894）爆发的中日战争，按中国干支纪年时为甲午，故称甲午战争。这次战争中方战败，被迫订立《马关条约》，其第四款规定“中国约将库平银贰万万两交与日本，作为赔偿军费”，此项赔偿称甲午赔款；又清光绪二十六年（1900）八国联军侵华，清政府被迫与德、法、俄、英、美、日等11国驻华公使在北京签

订《辛丑条约》，其第六款规定，赔偿各国关平银4.5亿两，年息4厘，分39年还清，本息合计982238150两。因为该年为庚子年，故称庚子赔款。

〔52〕蕴藉：含蓄而不显露。

〔53〕辉映五洲：光辉映照世界各地。五洲，世界各地。

〔54〕寂翁：作者自称。

〔55〕缁尘憔悴：在京城生计艰难，身心交瘁。缁尘，本陆机《为顾彦先赠妇》诗："京洛多风尘，素衣化为缁。"缁，黑色。

〔56〕雪刺盈颠：满头白发。颠，头顶。

〔57〕远念：对远方人或物的思念。 故邱：家乡的山丘，故乡。

〔58〕眼福：谓得见我国名瓷之幸运。

〔59〕宗伯船娘事：宗伯，官名。周代六卿之一。掌宗庙祭祀等事，即后世礼部之职。因亦称礼部尚书为大宗伯或宗伯，礼部侍郎为少宗伯。船娘，撑船操舟，打鱼载客的妇女。

旧瓷疵纇百出〔1〕，足为盛德之玷〔2〕。驵侩奸商〔3〕，诪张为幻〔4〕，弥复出人意表〔5〕。今者摘隐抉伏〔6〕，几于禹鼎铸形〔7〕，又考古者所宜知也。揣形剂色〔8〕，诣苦心孤〔9〕。羼赝迷真〔10〕，抽新换旧。润者而使之枯，整者而使之缺。薰砻①百道〔11〕，瘗浸三年〔12〕。虚冒仿古之称，阴施作伪之技，此其较然易晓者也。纯色（即所谓一道釉者是也）之皿，案磨布擦，细纹如毛，或若枯腊，则谓之伤釉。硬彩大绿，年久坼裂〔13〕，粉墨亦然，厥价锐减，则谓之崩釉。崩釉者可施描补，伤釉者独无挽救。瓶盂口径微有剥落，大醇小疵〔14〕，不亏全体，则谓之毛边（亦谓之茅边）；瓶颈跌损，截之使齐，配以它盖，改而为罐，则谓之磨边。毛边者十折二三，磨边者十折八九。沸浆注碗，沈不及半〔15〕，底遂迸裂，状如鸡爪，则谓之爪纹；沈满其碗，口乃惊破，或触或震，亦成直缝，则谓之冲口（腹纹亦有冲裂者）。爪纹者无足重轻，冲口者须分长短。嘉、道之物嫌于近代，或艰摹拟，伪去其款，则谓之磨底；破碗之底，嵌于新瓶，款真物假，天衣无缝，则谓之假底。磨底者②有值巨金，假底者一文不值。火候骤③紧，敛釉露骨，既稀且微，若断若续，则谓之缩釉；随意挂釉，不令到底，宋元器皿往往有之，则谓之短釉。缩釉者苦心鉴别，短釉者一览而知。坯质偶松，土浆不匀，火力拆④之，厥有短缝，则谓之窑缝；釉初离火，冷气骤袭，惊纹不透，止在一面，则谓之冷纹。冷纹者瓷质未伤，窑缝者不为亏缺。釉汁未干，两皿相并，黏而为一，擘之使开，则谓之黏釉；物相击触，幸未啸裂，但损釉质，或及胎骨，则谓之磕碰。黏釉者病在先天，磕碰者不至瓦解。良釉经火变为他色，浓烟熏翳乃如泼墨，则谓之串烟。釉汁星星，光未发亮，火气蒙罩，如饧如饴，则谓之麻癞。串烟者浓淡攸分，麻癞者精神顿减。其有素瓷真款，加绘彩釉，重复入窑，烘之使干，命曰真坯假彩，尤为翻空出奇〔16〕。他若补耳、补足、配颈、配嘴、换梁、换盖、义环（用义髻之例）、义柄，则又百出不穷，莫之能究诘者已〔17〕。

【校】

①“砻”，寂园本及石印本作“礲”。

②“者”后，静园本有一“问”字，衍。

③“骤”，静园本缺此字，据寂园本及石印本增。

④“拆”，石印本作“折”，误。

【注释】

〔1〕疵颣：缺点，毛病。

〔2〕盛德：高尚的品德。　玷：污点。

〔3〕驵侩：亦作“驵会”“驵阓”或“驵狯”。说合牲畜交易的人。泛指经纪人、市侩。

〔4〕诪张为幻：欺诳诈惑。《尚书·无逸》：“民无或胥诪张为幻。”孔《传》：“诪张，诳也。君臣以道相正，故下民无有相欺诳幻惑也。”

〔5〕出人意表：超乎人们的意料。

〔6〕摘隐抉伏：探隐揭秘。

〔7〕禹鼎铸形：相传大禹铸造九鼎，取象魑魅魍魉，以镇压之，达到安天下的目的。《欧阳修集》卷三《居士集》之《憎蚊（庆历六年）》诗云：“禹鼎象神奸，蛟龙远潜伏。”

〔8〕揣形剂色：猜想式样、色泽。

〔9〕诣苦心孤：用心良苦，造诣极其深。

〔10〕羼赝迷真：掺入假的以乱真。

〔11〕薰砻百道：想尽一切办法熏磨。砻，磨。百道，喻想尽一切办法。

〔12〕瘗浸：埋藏浸泡。瘗，埋藏。

〔13〕坼裂：裂开，撕裂。

〔14〕大醇小疵：谓大体纯正，略有欠缺。醇，纯。疵，病。唐代韩愈《读荀》：“孟氏，醇乎醇者也；荀与杨，大醇而小疵。”

〔15〕沈：当为“汁”。

〔16〕翻空出奇：形容诗文、字画等一反前人窠臼，以独特的想象取胜。

〔17〕究诘：追究查问，查考。

近出雍正仙女小碗，树叶为衣，眉目佼好〔1〕，手携锄药之铲，鲁之谗鼎也〔2〕。雍正豆彩酒杯仿明成化六字款，多画极精致之人物。每只各有故事一则，若陶渊明、林和靖、米元章、周茂叔之类〔3〕，不可枚举〔4〕。以视道光《无双谱》〔5〕，有仙凡之别，精粗雅俗，盖不可以道里计〔6〕，且彩色式样无一相同者。款字神似隋碑，尤令人叹为妙绝。明祭有棕眼厚釉〔7〕，满开小片而深紫者。有无眼无纹片之薄釉而明如镜、赤如血者，则谓之亮釉，尤为希世之珍。明祭薄釉，又有赤色中微带金黄色者，纹如牛毛，亦颇雅饬也〔8〕。雍正小瓶，色似白非白，镌有暗螭，灯下辄露异光，所谓影青（一作隐青）者也。均窑笔洗，紫蒨弥望〔9〕，中作曲蟮走泥纹〔10〕，底有数目号码，糊以芝麻酱釉〔11〕，其底上镌有横直字样者，皆非人世间物也。胭脂红碗、碟多系内层洁白，薄几如纸，其小碟有作两面脂红者，四角凹圆，尤为难能可贵。脂红小碗以荷包式六字圆款者为佳。其碗口微侈者谓之栗子杯，时或槧有暗龙，系四字方款，色亦较深，各有妙趣也。苹果绿瓶、盂等件，有似老苔荡漾积水中微放金色毫光者〔12〕，洵为凤毛麟角不易经眼者也〔13〕。

【注释】

〔1〕佼好：美好。

〔2〕鲁之谗鼎：春秋鲁国鼎名。《韩非子·说林下》：“齐伐鲁，索谗鼎。”

〔3〕陶渊明（约365—427）：一名潜，字元亮，自号五柳先生。浔阳柴桑（今江西九江）人。东晋末期南朝宋初田园诗人。著有《陶渊明集》等。　林和靖（967—1029）：名逋，字君复。卒赠和靖先生。北宋初年著名隐逸诗人。终生不仕未娶，惟喜植梅养鹤，自谓“以梅为妻，以鹤为子”，人称“梅妻鹤子”。　米元章（1052—1108）：名芾，初名黻，后改芾，字元章，号襄阳漫士、海岳外史等。世称米襄阳。北宋太原（今山西太原）人。书法家、画家、书画理论家。与苏轼、黄庭坚、蔡襄并称宋代四大书法家。著有《砚史》《书史》《画史》《宝章待访录》等。　周茂叔：即周敦颐（1017—1073），字茂叔，世称濂溪先生。道州营道（今湖南道

县）人。宋代著名理学家，卒谥元公。著有《太极图说》《通书》等。

〔4〕不可枚举：不能够一个个地列举。形容数量、种类极多。枚，个。

〔5〕《无双谱》：全称《南陵无双谱》，绍兴金古良画，御用刻工朱圭镌刻，刊于清康熙三十三年（1694）。画从汉代至宋1400多年间的40位名人，如项羽、苏武、李白、司马迁等。以其事迹举世无双，故称《无双谱》。画有题诗，毛奇龄《序》称："是谱名无双，而实具三绝，有书，有画，又有诗也。"

〔6〕不可以道里计：不能用里程来计算。形容程度相差很大。

〔7〕棕眼：又称针眼、毛孔、猪毛孔，即釉面有密密麻麻似橘子皮样小孔。

〔8〕雅饬：典雅整饬。

〔9〕弥望：满眼。

〔10〕曲蟮：蚯蚓。

〔11〕芝麻酱釉：瓷器釉色名。色呈芝麻酱样，故名。

〔12〕积水：积聚的水。

〔13〕洵：诚然，确实。　经眼：看到。

雍正官窑葵绿小碗亦系楷书方款，高二寸，口径寸半，底微弱，俗谓之筒子杯。筒子杯高，墩子杯矮，而上下分寸相悬无几〔1〕。若口下敛缩至底足而颇小者，则谓之莲子杯。莲子杯以盛莲子得名，亦犹之栗子杯盖果盘之小者，非谓其状如莲子也。莲子杯也者，又即所谓荷包式小碗者也。以胭脂红荷包式之小碗厕诸葵绿筒子杯之列〔2〕，则真秀美无伦矣。日本颇贵重广窑，目为泥均〔3〕，价或逾于真均，亦可诧也。乾窑如来宝相〔4〕，金碧庄严，穷工极巧〔5〕。其素瓷观音像容色沈沈〔6〕，亦能使人肃然起敬。大氐窑烧佛像，亦推雍、乾两朝为绝诣。后有作者，蔑以复加〔7〕，叹观止矣。康窑客货瓷块，亦多画单个人物，大氐小说家言〔8〕。

【注释】

〔1〕相悬无几：相差无几，差别不大。

〔2〕厕：杂置，参与。

〔3〕目为：看作。

〔4〕如来宝相：即如来佛的造像。

〔5〕穷工极巧：极端精巧。

〔6〕沈沈：同"沉沉"。深沉。

〔7〕蔑以复加：无以复加。不可能再增加。指程度达到极点。蔑，无，没有。

〔8〕小说家：先秦诸子九流十家之一。这里指历代小说的作者。

今之螭虎〔1〕，其古者夔龙之流亚欤〔2〕？欧人重鹰狗，华人则重鹰熊，独至于狮，中西兼重之，雕绣皆然，此不第画之瓷品也〔3〕。

康熙无款豆青大碗，中现四鱼，釉里红之仿元瓷者也。雍正小碗，白地红鱼，又有四蝠三果三菱者，皆釉里红也，系官窑六字款。三果以画桃子、荔支、石榴者为多，亦有杂以他果不拘一格者。康熙御制款小饭碗，款系红、紫、天青、湖水各色，四字堆料，笔法整饬，古月轩款所由昉也〔4〕。碗地各色俱备，而以粉红、淡黄、天青、深紫为最娇美。碗上夹绘彩花，有四巨朵者，有整枝花朵者，价颇不赀〔5〕，所谓夹彩者也。其花朵中嵌有"万寿长春"等字者，价为之稍减，近亦不能多觏云。

【注释】

〔1〕螭虎：传说中的龙子之一。亦指器物上的龙形。王士禛《香祖笔记》卷九引《博物志·逸篇》又云："质赑性好负重，故用载石碑，螭虎形似龙，性好文采，故立于碑文上。"

〔2〕夔龙：夔龙是汉族神话传说中的单足神怪动物。明高濂撰《遵生八笺·燕闲清赏笺（上卷）》："唐天宝时，有局铸花纹，细密可爱，全尚华藻，于三代之制，或改为锦地，或改夔龙为螭，或改雷纹为方胜……取便一时，无意千古。"

〔3〕不第：不仅。

〔4〕古月轩：清乾隆间内府之画室名。许之衡撰《饮流斋说瓷·说款识第六》："古月轩彩，为有清一代最珍贵之品，价值奇巨。而同时仿者，值亦相等也。古月轩为内府之轩名，当时选最精画手为之绘器……当时所制不多，同时即须饬工仿制，故仿古月轩彩者亦系乾隆之物，其价略与之相埒。"

〔5〕价颇不赀：十分贵重。

有一种采盘，直径不及尺，四围绝宽展，高约二寸强，系淡色胭脂水，细腻熨贴，极平而极匀，在雍正朝宜推为特色；每盘亦各画鹌鹑、梅竹之属，红碧鲜艳，望而决为宪庙时代物〔1〕。余自睹①眼力百不失一〔2〕，瓷界推为名宿者也〔3〕。及翻视款识，则天青堆料"乾隆年制"四字，书法工整，与雍正精绘之杏林春燕碗款字正复相似[4]，所谓古月轩料款者也[5]！翻覆端详，不禁骇叹。

康熙有硬彩，无粉彩。有软棒锤（此式惟雍正以后始有之）瓶，周身硬彩，仅于肩上画云气一遭，钩以粉彩。余定为雍正初年所制，闻者叹服。此种彩盘当是世宗末年造坯绘彩[6]，迨纯庙临御始填款耳。世宗御宇十三载[7]，写此款者当即是康熙时人。惟康熙款似虞永兴[8]，此款略似伊阙佛龛[9]，不知是否一人。若寻常官窑之楷款，康熙初年为一人，末叶至雍正为一人，雍正篆款与乾隆初年又为一人。

余所见胭脂水佳者，皆雍正官窑。而乾隆以后客货居多，虽有款识，往往颓败似肝，颇深厌其堆垛疙疸，了无意味。实则乾隆朝之胭脂水官窑绝少，经见者岂显晦不时，前此未尝发现耶？抑过此以往[10]，彩色全非，不仅一胭脂水耶？学问之道，至无穷尽。颀儿谓骨董家学[11]，无所谓毕业，真有味乎其言之也。

宫盘彩色奇丽，不但脂水神肖，雍正即粉、墨、红、绿各彩，亦无一不肖者。惟画手亦然。余定为乾隆元年所填款，岂虚语哉？有识者不当以乾隆朝物目之也（详见《世界瓷鉴》）。

【校】

①“赌”，石印本作“睹”，误。

【注释】

〔1〕宪庙：雍正皇帝谥“世宗敬天昌运建中表正文武英明宽仁信毅睿圣大孝至诚宪皇帝”，简称“宪庙”。

〔2〕百不失一：命中率高，或做事有充分把握。汉代王充《论衡·须颂》：“从门应庭，听堂室之言，什而失九，如升堂窥室，百不失一。”

〔3〕名宿：名家。

〔4〕杏林春燕碗：瓷碗名。杏林春燕，瓷画名，源于“杏林春满”。据《神仙传》记载，三国时吴人董奉医术高明，治病不取酬，只求种几株杏树，久而杏树成林。后以“杏林春满”称颂医风高尚的名医。

〔5〕古月轩料款者：谓由古月轩绘图的瓷器。许之衡撰《饮流斋说瓷· 说花绘第五》：“乾隆以古月轩声价为最巨。古月轩所绘，乃于极工致中饶极清韵之致。以人物为最难得，即绘杏林春燕，声价亦腾噪寰区。”

〔6〕世宗：指清世宗雍正皇帝。

〔7〕御宇：指皇帝登基即位，统治天下。

〔8〕虞永兴：即唐代著名书法家虞世南（558—638），字伯施。余姚（今浙江余姚）人。隋炀帝时官起居舍人，入唐历任秘书监、弘文馆学士等。太宗贞观年间曾任秘书监，后赐爵永兴县子，故世称“虞永兴”或“虞秘监”。

〔9〕伊阙佛龛：即《伊阙佛龛之碑》，亦称《褚遂良碑》。篆额题“伊阙佛龛之碑”。贞观十五年（641）刻于河南洛阳龙门石窟壁宾阳洞内。这里因伊水东西两岸之香山和龙门山对峙如天然门阙，故称“伊阙”。《伊阙佛龛之碑》是传世褚书早期的代表作，目前国内所见褚遂良楷书之最大者，字体清秀端庄，宽博古质，是初唐楷书的典范。

〔10〕过此以往：除此以外。

〔11〕颀儿：其人不详，当为作者之子。　骨董家学：文物收藏鉴赏之学。骨董，又作古董，即古代文物。

苹青尊、盂往往有绿片漫阔〔1〕，甚属难得，而一串浓烟，则颜色黯败，声价为之贬损矣。康、雍彩画瓶件，以花鸟或野兽为最上。以人物论，则袍笏不如甲胄〔2〕。若美女之纤纤玉笋〔3〕，则品斯下矣。乾隆积红水盂，有似康熙荸荠扁而颇巨者，但无款耳。雍正官窑有一种天青小钵，颜色较深，直径五寸弱，无底足，而有六字篆款，釉质甚细，其绝佳处正在不开纹片。豆青小石榴尊〔4〕，雍正六字楷款，向来众人遇之，今不然矣。但使项无残缺，虽失去上盖，犹为奇货可居〔5〕。雍正御制碗之抹红夹彩者，亦殊精绝。康熙六字蓝款荸荠扁之水盂，有天青薄釉者，表里一色，声价一如苹果绿。其天青小观音尊，口内亦上色釉，康熙六字款（状式亦如苹果绿之小瓶），价又相若也。康窑天青如意尊〔6〕，并系内外薄釉，且有凹雕篆款，底上亦罩以天青色釉者。雍正橄榄罐茶叶末之深绿者，上锐下丰，有凹线三道，系墨色篆款，其内外及底，三者皆一色，与天青如意尊正复相同。郎窑仿成化之豆彩大瓶，有画花鸟者，彩色笔法，皆有矩度〔7〕。以视寻常人物，尤为可宝。

【注释】

〔1〕漫阔：浸润。

〔2〕袍笏：朝服和手板。古时文官所用。　甲胄：铠甲和头盔。古代将士所用。

〔3〕玉笋：喻女子手指。

〔4〕石榴尊：尊的一种式样。唇口外卷，短颈，圆腹，圈足，因其外

卷的口部似张开的石榴果，故名。

〔5〕奇货可居：指把少有的货物囤积起来，等待高价出售。也比喻拿某种专长或独占的东西作为资本，等待时机，以捞取名利地位。《史记·吕不韦列传》：“吕不韦贾邯郸，见（子楚）而怜之，曰：‘此奇货可居。’”

〔6〕如意尊：尊的一种式样。状似如意，故名。

〔7〕矩度：规矩法度。

像生器皿〔1〕，色目非一。人物、鸟兽，指不胜屈〔2〕。乾窑白兔，微现青色。雍窑洋狗，疙疸（釉也）较白。康窑之狗，有黑有红。乾隆瓷佛，珍于范铜〔3〕。

【注释】

〔1〕像生：仿天然产物制作的花果人物等工艺品，因形态逼真如生，故称。

〔2〕指不胜屈：形容数量很多，扳着指头数也数不过来。清代陈康祺《郎潜纪闻》：“本朝大臣夺情任事者，指不胜屈。”

〔3〕范铜：铸铜。这里指铜佛。

天青雍正款小花盆，另有盆底（北音读如脸，疑当作连，谓底之连盆者即盆垫也，与盆之瓷座略同）。表里及底皆一色，较之积红各盆，弥堪贵重。有一种豆青色之小豆，盖祭品也。细腰丰趺〔1〕，旁有小圆耳二，上有盖，式极殊特。雍正双圈六字款，款在豆盖之内，持①比青花乾隆篆款者，又有上下床之别矣〔2〕。茄紫色颇鲜艳。有一种小盘，表里一色，外雕暗龙，雍正六字款，惬心悦目〔3〕，良足欣赏〔4〕，近已不多见矣。豆青凸螭圆洗及小笔筒诸物，有嘉靖、雍正各款，釉光刀法，并为后来所不及。均窑渣斗亦分青、紫二色〔5〕，式巨而价亦不廉。康熙款之天青云罍尊，雕纹精细而古雅，惜其两耳带有铜环也。铜镶碗口，宋明御用物始有之，粉定也，明之祭红也，数见不怪〔6〕。但去其铜片，直如磨口，为可惜耳。而顺治官窑之淡描大茶碗，亦有磨口似曾经铜镶者。官窑、客货，界限绝严。其必严之故，所分在款识，而亦不尽在款识也。盖官窑画工雅致，价亦大增。若一道釉者，苹果绿、胭脂水而外不易区别。但贵品釉汁，又非客货所能办。譬如天青小瓶，客货沿口多作黄黑色，则又显分轩轾矣。

【校】

①“持”，寂园本及石印本作“特”。

【注释】

〔1〕趺：物体的足部。

〔2〕上下床之别：比喻人或事高下悬殊。《三国志·魏书·陈登传》：“如小人欲卧百尺楼上，卧君于地，何但上下床之间邪？”

〔3〕惬心悦目：指看到美好的景色而心情愉快。

〔4〕良：很。

〔5〕渣斗：又名奓斗、唾壶，用于盛装唾吐物。

〔6〕数见不怪：经常见到，不觉得奇怪。

康熙黑釉之大瓶，上画梅花，笔意粗恶。西人目为三彩，每一只动辄万馀金。其硬绿凤尾大瓶，或棒锤开光（仿古绵纹，中夹圆式、长式、扇面式，别绘人物花卉于其中，则谓之开光），亦往往一瓶五七千金，非必士夫之所嗜也〔1〕。士夫亦鲜有此种物力者。康熙朝之红色尊、盂，当时一有绿斑，即应贬损其价值，可见古昔不重窑变。市侩竞趋西商，投其所好，巧立名目，争相谀媚，久之又久，亦遂成为定评〔2〕。是非好恶，贵贱美丑，而岂有真哉？然康、雍以前，客货无有朱红者。是纯色之釉，亦颇有精粗之不同，不独彩画然也。宋哥茗具〔3〕，碗上各有盖，满身皆褐色细斑，碗边作老黄色，或即所谓紫口者欤？道光彩笔筒画《秋声赋》，一翁灯下读书，童子秉烛开门侧耳而听，杂树环屋，笔意良美。虽不及雍窑豆彩人物之精，亦可赏也。其画入鼻烟壶者，较逊一筹，篇幅太小故也。嘉庆窑画手最俗，不如道光窑远甚。康窑人物诙诡似陈老莲〔4〕，道光画手则如改七芗之工致矣〔5〕。

【注释】

〔1〕非必：不一定，不见得。　士夫：士大夫。

〔2〕定评：固定的评价，定论。

〔3〕宋哥：即宋代的哥窑。

〔4〕陈老莲（1598—1652）：名洪绶，字章侯，因好画莲，自号老莲，晚年又号悔迟、老迟等。浙江诸暨（今浙江诸暨）人。明末清初杰出的画家，工山水、花鸟、书法，尤以人物画成就最高。

〔5〕改七芗：即改琦（1774—1829），字伯蕴，号香白，又号七芗、

玉壶外史等。华亭（今上海松江）人。清代著名画家，宗法华嵒，喜用兰叶描画仕女，衣纹细秀，树石背景简逸，造型纤细，敷色清雅，创立了仕女画新的体格，时人称为“改派”。能诗词，著有《玉壶山房词选》。

乾隆豆青凸花方杯，旁有两耳，制甚古奥[1]，款系墨彩[2]，作“宝啬”二字，笔意秀整[3]。其抹红杯碟而描画金龙者，殊不足观也。豆青三孔小瓶，乾隆六字款，口颇侈而大，釉汁粒粒如细珠，所谓唾沫星者也[4]。别有东青牛毛纹一种。形式较巨，腹且愈扁而愈博，尤为可贵。雍正豆青各式花盆，面面作凸花六字篆书蓝款，颇落落大方。其花中微泛蓝色者，又较逊也。豆青金彩，乾窑瓶罐多有之，“慎德堂”此种花盆即系金款。“慎德堂”为道光窑中无上上品，足以媲美雍正。质地之白，彩画之精，正在伯仲间[5]。然亦有劣下者，直不如道光寻常官窑本色也[6]。

【注释】

〔1〕古奥：古而深奥，不易理解。

〔2〕墨彩：墨色。

〔3〕秀整：俊秀严整。

〔4〕唾沫星：釉质中含有不均匀的水汁，也称“唾沫釉”。

〔5〕伯仲：兄弟之间的老大和老二。比喻不相上下。

〔6〕直：简直。

有以瓷制为溲溺器，盖酒具也。且皆绘画猥亵，亦太伤雅哉！套环之瓶奇巧能转动，或于瓶上嵌列小儿（乃捏成儿形黏诸瓶上，非画也），为内府所珍[1]，价亦不赀，然不为吾党所重。乾隆古铜彩笔筒，凸雕双龙，涂以泥金六字篆书金款，极为难得。近日宜均绝昂贵[2]，大印合有浑圆者，有四方者，盖内蓝晕[3]，有甚美丽者。瓷器之有裂纹者，未出窑为窑缝，出窑后则为冲口①。雍正粉彩小碟，直径约二寸，各画红白秋海棠数枝，娇润欲滴，平底而周遭作压手杯式。有有款者，有无款者，皆官窑也。抹红瘦身之天球瓶[4]，品格绝佳，乃雍正朝物。虽无款识，而所值不赀，乃逾于积红也。凡所谓均窑笔洗者，皆盆连耳[5]。雍正豆青色浑圆小钵（亦谓之圆罐），平雕串枝莲而无款识，亦颇古雅。凡小罐口际稍一侈突，或线边凸起，即无足观者，而明祭往往犯此病。洋商喜购瓷佛，大小彩素，层出不穷，京内外庙宇遂为之一空。

【校】

①“瓷器”句，石印本缺此句。

【注释】

〔1〕内府：清代的内务府。

〔2〕宜均：明、清两代江苏宜兴生产的一种仿钧釉陶器。宜均釉料加入含磷的石灰窑窑汗作熔剂，使釉带有乳浊感。所产有白泥、紫砂两种坯胎。釉色以天青、天蓝、灰蓝、月白为主。

〔3〕蓝晕：釉面所呈现的天蓝色釉斑。

〔4〕天球瓶：瓶的一种式样。瓶形为小口、直颈、丰肩、假圈足、砂底微凹。因圆球腹硕大，像是从天降下来似的，故名。许之衡《饮流斋说瓷·说瓶罐第七·天球瓶》：“天球口与项相若，腹为浑圆，肩与足又相若也。”

〔5〕盆连：盆座。

器皿之佳者，曰瓶、曰盂、曰罐、曰合、曰罏、盎、杯、盘之属，至于不可胜纪〔1〕，而以瓶之种族为最多。瓶之佳者曰观音尊（以下①均另有图式）、曰天球、曰饽饽凳、曰油锤、曰大凤尾、曰胆、曰美人肩、曰棒锤、曰投壶之壶、曰背壶之壶、曰荷包、曰如意尊、曰石榴尊、曰萝卜尊、曰牛头尊、曰鸡心、曰络子尊、曰梅瓶、曰仿周秦罍缶〔2〕，若玉壶春〔3〕，若软棒锤，抑其次也。凡诸名称皆沿用市俗之语，无足深论。此外罏、罐等类，亦不一其式，盖未可一二数也。

古窑之存于今世者，在宋曰均、曰汝、曰定、曰官、曰哥、曰龙泉、曰建、曰元之紫釉、曰明之祭红、积红、鸡油黄、青花、五彩、鳝鱼皮〔4〕。六朝及唐瓷犹偶一遇之〔5〕，柴则无可征考，官、哥虽甚古茂〔6〕，而不甚见重于当世，盖仿制较多，真者千不得一。

上所胪列釉质之润、颜料之美〔7〕，既已各擅胜场矣。本朝在康熙曰硬彩、曰青花、曰青花夹紫、曰豇豆红、曰苹果绿、曰雨过天青、曰茄皮紫、曰鳖裙、曰葡萄水、曰朱红、曰抹（读如摩上声）红（有柿红、枣红之别）、曰抹蓝、曰瓜皮绿、曰鱼子蓝、曰秋葵绿、曰蛋黄〔8〕；在雍正曰美人祭、曰胭脂水、曰西湖水、曰松花绿、曰东青、曰豆青、曰仿均、曰仿龙泉、口茶叶末、曰鱼肚白、曰蟹甲青、曰毡包青、曰鹦哥绿、曰新橘、曰各色豆瓣、曰金酱、曰芝麻酱、曰豆彩、曰墨彩、曰粉彩、曰铁绣花〔9〕；在乾隆曰古月轩料彩、曰古铜彩、曰窑变；在道光曰慎德堂彩，若此之伦，更仆难罄[10]；嘉、咸两朝罕足称述[11]。

手工之佳妙者，画家写生而外，曰平雕、曰凸雕、曰雕款、曰套环转动之瓶罐、曰影青、曰釉里红，亦皆以康、雍为最精。

【校】

①“下”，石印本作“上”，误。

【注释】

〔1〕不可胜纪：不能逐一记述。极言其多。《汉书·公孙弘、卜式、兒宽传》之“赞”：“汉之得人，于兹为盛，儒雅则公孙弘、董仲舒、兒宽……受遗则霍光、金日磾，其馀不可胜纪。”

〔2〕胆：胆瓶，瓶的一种式样，因器型如悬胆而得名。　美人肩：略似如意尊，项与胫均苗条，口与足相等，腹稍巨，弯折处有姿致，故曰美人肩也。　背壶：亦作穿带壶、穿带瓶、背水壶等。喇叭形口，瘦长鼓腹，腹部有一对环耳。因为壶的两侧有穿带或绳索的环耳沟漕而得名。　荷包：瓶的一种式样。形扁，圆口，腹均大，类如荷包，故名。　牛头尊：尊的一种式样。大口，口以下渐放，垂腹，圈足，肩两侧有对称的蟠螭耳、戟耳或兽头耳，器形似牛头，故名。　鸡心：瓶的一种式样。因为像鸡的心脏，故名。　仿周秦罍缶：瓶的一种式样。

〔3〕玉壶春：瓶的一种式样。撇口、细颈，圆腹，圈足。

〔4〕鸡油黄：瓷器釉色名。比“娇黄”略深，近似鸡油的黄色。故称。

〔5〕六朝：三国吴、东晋和南朝的宋、齐、梁、陈，相继建都建康（今江苏南京），史称为六朝。

〔6〕古茂：古雅繁盛。

〔7〕胪列：罗列，列举。

〔8〕葡萄水：瓷器釉色名。高温紫釉的一种。色泽近似熟葡萄色，故名。　抹红：瓷器釉色名。“珊瑚红釉”的一种，属低温红釉。它不采用吹釉法上釉，而是刷抹釉，故名。　抹蓝：瓷器釉色名。

〔9〕松花绿：瓷器釉色名。偏黑的深绿色，墨绿。　仿龙泉：瓷器釉色名。青釉的一种。色泽较重，有宋元龙泉釉的效果，故又称“仿龙泉釉”。　鱼肚白：瓷器釉色名。似鱼腹部的颜色。　鹦哥绿：瓷器釉色名。色微透明或半透明，绿色娇艳，如同鹦哥的绿色羽毛。　各色豆瓣：瓷器釉色名。　金酱：瓷器釉色名。一种变化最多、色彩最丰富、形态最复杂的艺

术釉。　铁绣花：瓷器釉色名。指用含铁的釉料经高温烧成时析出晶体，在紫黑色釉面上呈现色如铁锈的花草纹，故名。

〔10〕更仆难罄：指不胜屈，数不胜数。

〔11〕称述：称扬述说。

天家府库尚矣[1]。此外则热河之避暑山庄[2]，陪京殿座[3]，实为仙都灵域[4]。西藏喇嘛颁赐骈阗[5]，毡裹殷富，颇入龙动（译音）[6]。曲阜孔门[7]，囤拥亦厚；满、蒙藩邸[8]，被赏无算[9]。下此则琳宫绀宇[10]，戚畹主第[11]，窖藏繁阜[12]，飘散何穷[13]。发、捻之乱[14]，所至残破，东南诸省尤患其贫。比岁以来[15]，输出弥夥。晋、秦旧邦[16]，罗掘殆尽[17]，毁屋发瓦，剖墓求珍，足使神荒其居，鬼泣其宅。于是尸脚漆灯厕于宫熏之次[18]，玉几陈列乃有黄肠之器[19]，嘻，足异矣。

【注释】

〔1〕天家：指皇宫。

〔2〕热河：清康熙四十二年（1703）建避暑山庄于热河西岸，此后皇帝经常至此避暑。热河名称来源自承德避暑山庄内的温泉，温泉水流入武烈河后，其下游在承德内的部分冬季不结冰，蒸汽蒸腾，所以被称为“热”河。

〔3〕陪京殿座：盛京宫殿。陪京，清朝的盛京，今辽宁沈阳。

〔4〕仙都灵域：神仙居住的地方。

〔5〕颁赐：赏赐，分赏。　骈阗：聚集在一起。

〔6〕龙动：伦敦的旧译名。

〔7〕曲阜孔门：指山东曲阜的孔府、孔庙。

〔8〕满、蒙藩邸：清代满洲、蒙古两族的王府。

〔9〕无算：无数。

〔10〕琳宫：仙宫。亦为道观、殿堂之美称。　绀宇：即绀园。佛寺之别称。

〔11〕戚畹：皇亲国戚的住宅。　主第：公主的住宅。泛指贵族之家。

〔12〕繁阜：繁盛，繁多。

〔13〕何穷：无穷，无数。

〔14〕发、捻之乱：分别指发生于清咸丰、同治年间的太平天国与捻军起义。

〔15〕比岁：近年。

〔16〕晋、秦旧邦：指山西与陕西。山西与陕西分别为春秋晋、秦之故地，故称。

〔17〕罗掘：谓网鸟挖鼠。比喻用一切办法筹措或搜括财物。

〔18〕尸脚漆灯：古代葬礼于死者脚边所置漆饰的灯具。　宫熏：宫中熏香的器物。

〔19〕玉几：玉饰的小矮桌。　黄肠之器：棺中用品。黄肠，这里指黄心的柏木。

雍正白瓷水仙盆（长方而作横式者）六字篆款，凸雕花卉翎毛，亦有作松花绿者。若墨彩六方大花盆，花卉竹树杂以题跋，各占一面，乃书画大家笔墨也。乾隆初年积红器皿每多无款者，有一种圆钵，大如西瓜；又有美人肩大瓶，满身牛毛纹，皆色鲜而釉润，所可宝贵藏弆者也[1]。康窑储秀宫款之三采（淡黄、大绿、茄紫为三采，黑、白、绿及红、白、绿之属亦皆谓之三采，有画果者，有画梅者，有窑变者）大盘，画桃、榴、佛手三果[2]；果各三枚，枝叶衬之；中画香橼亦三枚[3]，直径可四尺，堪庋西瓜十数枚[4]。近出青花及粉桃大盘与储秀宫盘相埒者[5]，又比比是也[6]。皆宫内以盛各种鲜果者。雍窑大盘厚及三、四分，直径不及二尺。六字双圈楷书，中画滕王阁诸图[7]，雉堞风樯[8]，交互若织，俨然一幅石谷画也。又，客货面盆中画十六子，衣著如一，乃雍正最鲜之粉彩，盖奁具也[9]。均窑压手大杯，细腰丰趺，亭亭玉立，并有蚯蚓走泥印，内青而外紫，鲜妍罕匹，真宋物也。有雍款饭碗，上画蜡梅过枝，下绘牡丹之属，盖真坯而假彩者。余能于绿釉辨之。

【注释】

〔1〕藏弆：收藏。

〔2〕储秀宫款：瓷器的款式。储秀宫，明清两朝后妃所居住的地方，为西六宫之一。

〔3〕香橼：常绿小乔木或大灌木。有短刺。叶子卵圆形，总状花序，花瓣里面白色，外面淡紫色。果实长圆形，黄色，果皮粗而厚，供观赏。果皮中医入药。亦指这种植物的果实。

〔4〕庋：置放，收藏。　十数：犹言十多，十几。表示较多。

〔5〕相埒：相等。

〔6〕比比：到处，处处。

〔7〕滕王阁：位于江西南昌西北部沿江路赣江东岸，与湖北黄鹤楼、湖南岳阳楼为并称为“江南三大名楼”，因初唐才子王勃作《滕王阁序》而天下扬名，被推为“江南三大名楼”之首。

〔8〕雉堞风樯：城墙帆船。雉堞，城墙。风樯，帆船。

〔9〕奁具：妇女梳妆用品。

冲（北音读去声）口，一作“衝”口〔1〕。宋土定壶、盂〔2〕，亦甚古雅，而色较黄，质较粗，下于粉定一等。乾窑萝卜尊，式样绝佳，高不及尺，上画水仙、天竹豆、月季、蜡梅之属。月季含苞吐萼，秀美天成。底系“乾隆年制”四字，为堆料蓝款，画笔亦与古月轩无异。古月轩之小瓶，才二寸耳。花彩颇相若，价亦不赀（详见《世界瓷鉴》）。款识字数之最多者有粉彩小坛，杂画群卉，凹雕楷书“道光某年定府行有恒堂珍赏”十馀字，外罩釉质，殊可把玩。定府又有扁豆红之如意尊，抹红写款，字数亦较多，下于豇豆红一等。雍正仿均紫釉散漫，虽不及真均之美丽，而颜色苍浑，亦别有一种刚劲之气。其所摹式样，又皆古雅绝伦。雍正官窑小瓶青花绿螭，二者之外有豆彩花卉，上画二鸟，一绿而一紫。瓶系灯笼式，圆身而方口，不甚可贵也。惊纹多在碗之内层〔3〕，而外层曾未穿透。细审碗边，亦复无所觉察〔4〕。又谓之冷纹，与冲口迥不相同，其曲折有致者〔5〕，可以目为开片。粉彩及釉里红，亦有串烟之病。

【注释】

〔1〕“衝”：同“冲”。

〔2〕宋土定：宋代定窑（在今河北曲阳）烧制的瓷器品种之一，质地较粗。

〔3〕惊纹：瓷器因坯体较薄，偶遭轻微触碰产生的极细小的裂纹，称惊纹。

〔4〕亦复：也。表示同样。

〔5〕有致：有韵味。

明窑影青压手杯，其薄如纸，即万历吴十九之卵幕杯也〔1〕。康熙青花酒杯画十二个月花卉〔2〕，一杯一花，铢两颇轻〔3〕。其施彩绘者，价尤昂贵。大抵以有黄兔者为殊尤〔4〕，菊花、荷花为较逊，余皆平等视之。余初入京时，十二杯若缺其一，即不易售出。已而成对或得四枚、六枚者，亦颇视为难得。近则一枚、二枚且不能辄遇之矣〔5〕。汝窑小杯，垩泽虽不甚莹润，而下有瓷座，纹如蚯蚓走泥，亦堪宝重〔6〕。雍正积红花浇〔7〕，牛

[清]康熙 五彩十二月“花神”杯(故宫博物院藏)

毛纹酷似宣祭之佳品[8]，篆款亦与小花盆相似，分列上下左右，若有眼之钱文也[9]。明瓷仿哥之鲜艳者，厂人俗称谓之绿郎窑，沪渎谓之果绿[10]。

【注释】

〔1〕吴十九：一名吴为。或作昊十九。自号壶隐道人。景德镇（今江西景德镇）人。生于明嘉靖前期，卒于万历后期。明朝制瓷名家，所制薄胎精瓷，妙绝人间。

〔2〕康熙青花酒杯：即十二花神酒杯，康熙时造，一套12只，各绘花卉一种，相应12个月的时令。

〔3〕铢两：一铢一两。引申为极轻的分量。

〔4〕殊尤：最好。

〔5〕辄：总是、就。这里引申指经常。

〔6〕宝重：珍惜重视。

〔7〕花浇：许之衡《饮流斋说瓷·说瓶罐第七·花浇》：“花浇者，浇花之壶也。”

〔8〕宣祭：指宣德祭红。许之衡《饮流斋说瓷·概说第一》：“至均窑始尚红色，元瓷于青中每发紫色，至明宣德祭红则为红色之极轨。”

〔9〕钱文：古钱圆形内有方孔，方圆间即钱面上铸有文字，称钱文。

〔10〕沪渎：古水名。指吴淞江下游近海处一段（今上海市区内的吴淞江）。因当地人民用“扈”在江海之滨捕鱼为业而得名。

均窑盆连大都圆式，八角边墙陂①陀，数见不鲜，身价转巨。有一种均窑笔洗，长方六角，檐圆较深，稍稍直下，有似《相人经》所谓颧骨插天仓者[1]，极为别致，不得竟以盆连目之也。釉质者，青葱紫蒨，若蜡泪之成堆，棕眼含水，底有阴文数目字之号码，糊以芝麻酱，真宋物也。古物之美者，以釉质、手工、时代三者为最要。三者毕精，约而弥珍，不必觥觥大器[2]，始足惊心动魄也[3]。均洗高约二寸许，宽不过三寸，长不及五寸，马脚船唇[4]，便于行匣[5]，寂娱清秘[6]，亦殊可贵。

乾隆青花之提梁酒壶[7]，画片、式样均尚有可取[8]。乾隆豆青花鼓

［宋］ 钧窑玫瑰紫釉葵花式花盆
（中国历史博物馆藏）

式之茶罐，双耳作兽头，亦寻常式样也，六字篆款，价不甚贵，近亦不能多见。内平外凸之雕花豆青海碗，雍、乾皆有之，式样绝巨，而甚为精致，价亦甚廉。雍、乾积红大碗，底足高约寸许，各有六字款。乾窑鲜丽，雍窑浑厚而有牛毛纹，一经庚子之变〔9〕，价值乃骤加数倍。

【校】

①“陂”，石印本作“坡”。

【注释】

〔1〕《相人经》：书名。相人，观察人的体貌以推断其吉凶祸福。 天仓：相者术语。即天庭。

〔2〕觥觥：刚直貌，壮健貌。

〔3〕惊心动魄：使人神魂震惊。原指文辞优美，意境深远，使人感受极深，震动极大。后常形容使人十分惊骇，紧张到极点。南朝梁钟嵘《诗品》卷上：“文温以丽，意悲而远，惊心动魄，可谓几乎一字千金。”

〔4〕马脚船唇：应为“马背船唇”，指在旅途中。

〔5〕便于行匣：便于旅行中放在匣子里带着。

〔6〕寂娱清秘：清寂落寞中把玩自娱。

〔7〕提梁：指篮、壶等的提手。

〔8〕可取：可以选用、取用的。

〔9〕庚子之变：指清光绪二十六年（1900）八国联军侵华事件。因为这一年是中国农历庚子年，故称为“庚子之变”。

以刀刻画花纹于未经糊釉之先，阳文为凸雕，阴文为平雕，隐于瓷质之内，而瓷质极薄者，上釉之后内外皆平，以手指按摩之，故不能觉也。若向日光或灯花照之始见花纹，则谓之影青。大氐小碗隐龙者居多，而龙往往作青色。宣德、康熙又均尚白，色地薄于纸，雍正仿之，有楷书方圆款而外抹以燕支水者〔1〕。

辗石为粉不易开片者，命曰瓷胎；泥浆①之质易于开片者，命曰浆胎。浆胎开片开在胚胎，代远年湮〔2〕，垩泽亦因之而迸开。有小开片，有大开片。开有先后，片有新旧。翳后开之新片[3]，证历年之久远。小片之细碎者曰鱼子纹，大片之稀疏者曰牛毛纹。鱼子纹最为劣下，不以厕诸作者之列。牛毛纹微带黄色，若隐若现，毫厘未拆，其釉质也。

【校】

①“浆”，石印本作“酱”，误。

【注释】

〔1〕燕支水：即胭脂水。

〔2〕代远年湮：年代久远。

〔3〕翳：遮蔽，掩盖。

积红佳皿系属瓷胎，而康、雍两朝之积红多有牛毛纹也。雍窑之绿不如康窑远甚，亦颇含有绿意也。红中有绿谓之苔点，其最佳者晕成一片，则谓之苹果绿。白中有黑谓之尘星，苔点之中亦杂尘星。彼积红牛毛之纹，釉似坼而未坼，搅尘星其如墨夐，不可以拂拭。浆胎大片年久龟坼，鱼子细纹烘坯而拆。龟坼者坼及胚胎，若鱼子与牛毛，其坼也于胚胎无涉也。哥窑瓷胎大片入骨，出窑经风，随时迸裂。其裂也，乃具有殊特之性质。胚胎与釉泽而俱坼，渺不关乎经年与累月[1]，是以西人重其古，而嫌其拙。哥窑之真者，光采照人，式样亦最古雅。今所以见轻于世人者，皆赝作也。迩来青花大开片之瓶罐所在多有[2]，亦并不见其古旧。盖作伪之技，晚近弥工，记者于此可以观世变矣[3]。

【注释】

〔1〕经年与累月：经年累月。指历时甚久。

〔2〕迩来：近来。　所在多有：指某类事情或现象到处都有，而且很多。宋代郑兴裔《请禁民不举子状》：“至于生子恒多不举，伤天理之和，灭人伦之大，末俗相沿，所在多有。”

〔3〕记者：作记的人。　世变：时代变迁。

宣红小碗，以两面红者为佳。若苔点枯黄，竟可憎矣。压手杯或作押手杯，于义亦通，一音之转也[1]。印池之透油者自内片以达于外片，虽足为历年久远之确证，然真体已亏，不适于用，声价亦为之稍贬。印池浆胎者居多，开片之后时或透油，且有底足透油者。大凡透油之印池，其印泥中所研之朱砂，往往随油质以浸入釉质，时作肉红色。故印池一种，无论宋瓷、明瓷、青花、粉定，均以大开片肉红色而又未至透油时代者，乃如初写黄庭，恰到好处〔2〕。

【注释】

〔1〕一音之转：原本为一音，而因地区、时代而发生了变化，由一音而分化为二音（或更多）的现象。

〔2〕初写黄庭，恰到好处：恰到好处的意思。黄庭，即《黄庭经》，道教经名。因有晋代名书法家王羲之小楷本而著称于世。原为黄素绢本，在宋代曾摹刻上石，有拓本流传于世，为小楷范本，有“初写黄庭，恰到好处”之誉。

釉质之厚者曰堆脂（即宝石釉），曰疙疸釉；薄者曰胭脂水，曰抹红抹蓝，曰淡刷天青。疙疸釉之白者较为可贵，惟雍正以前始有之。若胭脂水而疙疸釉者，则乾隆以后之劣品也，黄釉亦然。釉汁之美者曰水眼。其次曰棕眼，曰橘眼，若唾沫星，又其次也。至若康熙天然之三彩，乃造化偶作游戏，不可必得者也。其自在活泼之妙，直使后人无从摹仿，仙乎仙乎〔1〕！鱼子蓝（旧者惟康熙有之）小油锤（油锤似天球，腹作浑圆形，但口及项较细）瓶，开圆光三个，彩画花卉虫鸟。大棒锤瓶则开长光，两面彩画人物，并皆精妙。淡描乃青花之疏简者〔2〕，简其词曰描青。伤微而多者曰毛边，伤少而较大者曰磕碰①。

【校】

①“伤微”句，石印本缺此句。

【注释】

〔1〕仙乎仙乎：形容飘飘然如登仙一般。

〔2〕疏简：粗疏简略。

鹧鸪斑不能仿制〔1〕，若犀尘与褐斑，犹时一遇之。白瓷釉汁中满含最细之墨点而不凹下者最为可贵，命曰犀尘。大氐雍正以前物，宋、明粉定多有之（其凹下者系釉质为火力所缩，黏有黑灰。近于麻癞，所在多有，适足为累也）。或点形较大而于白汁中泛出老米色一簇，如牛脂之垛成碎末者，命曰褐斑，亦惟乾隆时物，间或有此特色。其底釉里釉晕作圈线，似皴非皴，且有淡黄似烙痕者，则谓为炒米釉，亦多历年所之一证也，伪为者须以明眼辨之。

乾窑积红小水丞，口敛底平，皤其腹，六字双圈款。方之天然缺口之雍窑小红盂，不啻婢见夫人[2]，而价值颇昂。郎窑无所谓之绿也，乃明瓷之葱翠者耳。康熙客货之彩瓶大凤尾式有梅鹊。棒锤式有《十美图》[3]，弓鞋高髻[4]，分琴棋书画与笙管笛箫两种；又有采莲者，大氐俗不可耐，而每只辄数千金。

【注释】

〔1〕鹧鸪斑：茶盏名。因釉面呈现金色光泽的铁黑色结晶，色如鹧鸪鸟花斑，故名。

〔2〕不啻：如同。

〔3〕《十美图》：传统纹饰。明朝著名画家唐寅曾为宁王朱宸濠画十美人图，皆为当时宫中之人，有广陵人汤之谒（善画）、姑苏人木桂（善琴）、嘉禾人朱家淑（善书）、金陵人钱韶（善歌）、江陵人熊御（善舞）、荆溪人杜若（善筝）、洛阳人花萼（善笙）、钱塘人柳春阳（善瑟）、公安人薛幼端（善箫）及南昌崔莹。

〔4〕弓鞋：旧时缠脚妇女所穿的鞋子。　高髻：高绾之发髻。

东青颜色幽靓，冰纹亦极古雅，非近代所能仿制。虽有官窑款识，而西人亦不知宝贵之也。“敬畏堂”所制器皿俱系豆青[1]，以视“觧竹”彩瓷较为雅饬。雍窑有一种蓝瓶，较广窑为匀细，而色比天青稍深，底足高半尺。六字篆款极精美，式方而分作两截。若花盆垛于觚斗之上，亦异品也。涂以抹红之釉，而虚其中若为空白也者，又似乎阴文之花纹，谓之盖雪，亦锦纹之亚，余亦甚不喜之。别有一种盘碗以抹红写生绘为细碎花枝者，犹为彼胜于此。近出雕蓝、雕丹之奶子小碗，内涂以金，大氐粗糙而质厚，亦无足述者。广窑也者，仿均之浅蓝者也；窑变也者，仿均之深紫者也。窑变往往有蓝色，而广窑不见紫釉，抑独何欤？鸡缸款识为“大清乾隆仿古”六字，盖篆书也，而字体特巨。

【注释】

〔1〕敬畏堂：清雍正、乾隆年间景德镇瓷器堂名款。

鸡缸小儿淡红衣黄裤，左脚扬起，右手亦然，而手藏袖内，其袖覆右手而下垂。乾隆仿制者已称为奇货，成化故物渺不可以一见，而何万历五彩之触眼纷拿也耶[1]？紫黑之釉满现星点，灿然发亮，其光如铁，则谓之铁绣花。汉唐故物，出自邱墓[2]，满身土斑，瓷无釉汁，则谓之土花绣。铁绣花大盂高约六七寸，口径三寸许，底径不及尺，口蟠一螭，雍正物也。其官窑方圈耳之方式大瓶，高约二尺，亦均无款识也。雍款东青大方瓶，丰上而杀下，双如意飘带耳，式极古雅。满身牛毛纹，较之铁绣花方瓶，不翅奴隶命骚[3]。雍窑积红瓶，细沙底（惟乾隆以前始有之），盖无款时代物。状似天球而项弥短，腹弥皤，颜色深厚而鲜明。

【注释】

〔1〕触眼纷拿：繁盛显眼。触眼，显眼，引人注目。纷拿，繁盛貌。

〔2〕邱墓：坟墓。

〔3〕不翅：不啻。翅，通“啻”，无异于。　奴隶命骚：应为“奴仆命骚”。唐代诗人李贺，七岁能辞章，文才超卓，为韩愈等人所重，可惜27岁即早亡。杜牧评价他，如果不早离世，再从文理上加以提高，屈原的《离骚》与他的作品相比，就可以看成奴仆一样了。后以此典指人诗文华美，才华横溢。唐代杜牧《李贺集叙》：“贺生二十七年死矣。世皆曰：‘使贺且未死，少加以理，奴仆命《骚》可也。’”

或者谓均窑红、朱二色以一、三、五、七、九单数为号码，蓝、青二色以二、四、六、八、十双数为号码，著之篇章，视为秘诀。今以宋物证之，殊不必皆然。盖六角花盆往往如或者所言，自馀均器大都青其里而紫其外，及翻阅底足之号码，则又单数、双数无甚区别。厂人误呼天青为月白[1]，点金成铁[2]，沿而不改，无如之何[3]。

康窑彩画，往往官窑不如客货，亦一奇也。官窑力求工细，下笔不肯苟率[4]，自其所长。客货信手挥洒，老笔纷披[5]，时或有独到之天趣[6]，令人不可方物。康窑青花亦虽颇有天趣，而笔意老辣[7]，终不如彩画之奇。康窑彩画时亦工细绝伦，而兽毛毵动，口喷云气，又不如青花之妙。雍窑黑地万花中碗，光采夺目，价值奇巨。盖雍正彩之最有精神者。

【注释】

〔1〕月白：带蓝色的白色。因近似月色，故称。

〔2〕点金成铁：用以比喻把好文章改坏，也比喻把好事办坏。宋代释道原《景德传灯录·真觉大师灵照》：“问：‘还丹一粒，点铁成金；至理一言，点凡成圣。请师一点。’师曰：‘还知齐云点金成铁吗？’曰：‘点金成铁，未之前闻。至理一言，敢希垂示！’”

〔3〕无如之何：没有任何办法。《礼记·大学》："小人之使为国家。灾害并至，虽有善者，亦无如之何矣。"

〔4〕苟率：随便。

〔5〕老笔：老练娴熟的笔法。　纷披：杂乱而散落。

〔6〕天趣：自然的情趣。

〔7〕老辣：老练刚劲。

宋均之紫汗漫全体[1]，元瓷之紫聚于二鱼[2]。宋均之紫汗漫全体，仿均（雍窑也）之紫漫晕其半。宋均之紫多在外层，仿均之紫内外各半。宋均之紫汗漫全体，仿均之紫自成片段①。

【校】

①"段"，静园本作"叚"，据寂园本及石印本改。

【注释】

〔1〕汗漫全体：像流汗一样遍及全身。

〔2〕二鱼：瓷器的两耳。

龙泉哥窑，代有仿制，坯质泥松，物多罅窳[1]。雍窑有一种小瓶，式极修雅[2]，上画八卦太极[3]，色亦幽蒨，下画海水，则系釉里红、苔点绿，是为青花夹紫之特色，盖雍正初年物也。

鸡缸为酒器中珍品，昉于成化，今惟有乾隆仿古之作，详见朱笠亭所撰《陶说》。今缸有纯庙御制七言古风一章[4]，是其殊特之旌帜也[5]。庚子以前[6]，每对不过百金，今且二、三倍矣，然犹不易见。收藏家所宜究心者也[7]。伪品充斥，要亦煞费苦心，卒之摹拟艰辛，难逃鉴家之眼。正未知成化旧物，其生动颖妙又当何如也[8]。缸之真者，字迹亦分两种：一派为簪花格蝇头小楷[9]，笔笔韶秀而美致[10]；一派较为古拙。至价值之高低，以小孩眉目之狞佼为断[11]，此则千夫之所易辨者也。

海盐朱笠①亭（琰）所撰《陶说》，援古证今[12]，详赡博洽[13]，虽亦有蓝本[14]，要于宋元以前研究颇审。笠亭生长乾隆，彼时康、雍瓷品尚未发明，即明瓷亦多简略。后有蓝浦者[15]，篡袭诸家之说，愿以恶札[16]，辄易其名曰《景德镇陶录》[17]，体例极为芜谬[18]。

【校】

①"笠"，石印本作"泣"，误。

【注释】

〔1〕罅窳：粗劣，裂缝。

〔2〕修雅：高雅，不粗俗。

〔3〕八卦：《周易》中的8种具有象征意义的基本图形，用“——”和“— —”符号，每卦由三爻组成；以“——”为阳，以“— —”为阴。名称是：乾、坤、震、巽、坎、离、艮、兑。相传是伏羲所作。《易传》作者认为八卦主要象征天、地、雷、风、水、火、山、泽8种自然现象，并认为“乾”“坤”两卦在八卦中占特别重要的地位，是自然界和人类社会一切现象的最初根源。八卦本是反映古代人们对现实世界的认识，具有朴素的辩证法因素，自被用为卜筮的符号，逐渐带上神秘的色彩。　太极：古代哲学家称最原始的混沌之气。谓太极运动而分化出阴阳，由阴阳而产生四时变化，继而出现各种自然现象，是宇宙万物之源。《易·系辞上》：“易有太极，是生两仪，两仪生四象，四象生八卦。”孔颖达疏：“太极谓天地未分之前，元气混而为一，即是太初、太一也。”

〔4〕古风：诗体的一种。即古体诗。

〔5〕旌帜：旗帜。

〔6〕庚子：即清光绪二十六年庚子（1900）。这里指当年发生的八国联军侵华事件，即“庚子事变”。

〔7〕所宜：适宜，妥当。　究心：专心研究。

〔8〕颖妙：高明精妙。

〔9〕簪花格：簪花，头上插带花朵。张彦远《法书要录》卷二收南朝梁袁昂《古今书评》：“卫恒书如插花美女，舞笑镜台。”后称书法娟秀工整者为簪花格。明代王彦泓《即事》诗之五：“含毫爱学簪花格，展画惭看出浴图。”　蝇头小楷：像苍蝇头一样小的楷书文字。

〔10〕韶秀：美好清秀。

〔11〕犷：凶恶。　佼：美好。

〔12〕援古证今：引述古事来证明今事。援，引。南朝梁刘勰《文心雕龙·事类》：“事类者，盖文章之外，据事以类义，援古以证今者也。”

〔13〕详赡：详细丰富而充实。　博洽：广博。多谓学识广博。

〔14〕蓝本：古籍版本的一种形式。由于蓝印本是一部书雕版之后最早的印本，因此就有“初印蓝本”之称。

〔15〕蓝浦：字耕馀，一字滨南。清景德镇（今江西景德镇）人。著

有《景德镇陶录》。

〔16〕慁：使混乱，打扰。　恶札：拙劣的书法或文笔。

〔17〕《景德镇陶录》：清代蓝浦原著，后经弟子郑廷桂增补为8卷，另加入卷首《图说》和卷尾《陶录馀论》共10卷。

〔18〕芜谬：芜杂谬误，荒谬。

以皿入缸，淘荡其汁[1]，是为蘸釉。蘸釉者厚若堆脂，截竹或角，嘘气匀之，是为吹釉。吹釉者薄于卵幕。昔惟大器用吹釉之法[2]，次数多至十馀起，取其匀也。釉汁旋吹而旋添，其告成也缓，其程功也易[3]。后则小器用吹釉之法，遍数亦有三、四次，欲其匀且薄也。釉质但吹而不添，其运腕也速[4]，其奏效也难[5]。釉薄者，火候稍差，则有渗黄之患。釉厚者，手法一钝，辄多干枯之虞[6]。干枯之理由有三：火力过（平声）则枯，手法钝则枯，釉汁有渣滓则枯。有浆胎，有瓷胎。浆胎质松，瓷胎音脆。雍、乾瓷胎之细腻者谓之细沙底，颇不亚于浆胎也，而刚劲过之。有沙底，有钢底。沙底贵白，钢底贵亮（光亮也）。沙底贵细，钢底贵响（声响也）。

【注释】

〔1〕淘荡：犹冲激。

〔2〕大器：与下文小器相对，指瓷器体积之大者。

〔3〕程功：衡量功绩，计算完成的工作量。

〔4〕运腕：书法用语。谓写毛笔字时运用手腕操纵笔锋。

〔5〕奏效：取得成效，见效。

〔6〕虞：忧虑，忧患。这里引申指危险。

今之雍正豆青，仿龙泉之最美丽者也。而乾隆以后，往往间以金绘夔龙古文，价称昂贵[1]。釉质凸起，形如水泡，手法未匀，火力鼓之，此暴（与爆同，见《周礼》）釉也[2]。若在士女眉目之间，则几乎毁矣。仁庙六旬万寿所制瓷品颇多，盘、碗、碟、盏、花鸟、虫鱼，几于无美不备。迨纯庙时代屡次举行盛典，物力①之厚，名匠之多，取材之宏，历时之久，又不斤斤于瓷品一种求之，是以瓷品转逊于往代也。

广肆通称[3]，嫌于俚谬，而相沿相袭，竟不能改也。口小腹大者谓之瓶，口腹相若者谓之尊。今则尊之于瓶，混合为一，呼马呼牛[4]，由来旧矣。其口大腹小者谓之花觚，亦谓之花插。觚之小者曰渣斗，渣斗之小者则漱具也。漱具亦分二种：一为似觚者，唾水于地不分两层，或者腹微皤耳，此中西之所通也；一为分两层者，噙净水于小碗，而唾其沫液于下层之小罐，碗安罐上，合而为一，推凿（读若槽）合缝，乃成套之物。此则西人之所哂[5]，皆漱具也。

【校】

①“力”，石印本作“刀”，误。

【注释】

〔1〕价称：声价名誉。

〔2〕《周礼》：儒家经典之一。搜集周王室官制和战国时各国制度，添附儒家政治理想，增减排比而成的汇编。故经学家认为《周礼》是周公所作，今文经学家认为出于战国，近人考证后定为战国时作品。

〔3〕厂肆：指清代北京琉璃厂古董市场。

〔4〕呼马呼牛：称之为马或称之为牛。呼，称呼。明代冯惟敏《耍孩儿·十自由》：“论理法难听受，总不如装聋塞耳，一任他呼马呼牛。”

〔5〕哂：讥笑。

花浇也者，浇花之壶也。官窑瘀合，惟嘉庆独多。合式有二：一紫地彩花，一淡茄地金彩花。紫地者较大，分为两屉，覆以瓷盖，中凹而置孔。淡茄色者似面盆而小（句）。盆有盖（句），盖有顶，似罐盖也。鱼缸，以距京不远之长辛店长和窑为最佳。缸面对径二尺强，底微杀，沿边四面有兽头二，篆文“寿”字二，馀则鼓钉十数个而已[1]。瓷缸自数寸以至四、五尺，式样不一。有仿寻常水缸者，有状类荸荠扁而容水石馀者。以釉里红龙官窑为贵，釉里红鱼而杂青花水草者次之，广窑又次之。然皆不若长和陶器之与鱼相得也（详见《世界瓷鉴》）[2]。饲鸟瓷品安于篾笼之内，如水罐、粟罐，皆小于银杏，而有胭脂红、天青诸色。其穿篾系处各有圈形二（句）。圈各有小眼，亦可借作水中丞也。大氐最精极细之佳皿，如豇红、胭脂水之类，亦只小品为多，无觵觵巨器者。桃形而有嘴与柄，无上盖也。底足内有一圆孔，可以灌水于其中，则谓之醋壶，所以防虫蝎之入也。以深绿及茄色者为佳，然不见有款识者。明瓷青花人物，以笔筒、花觚为甚诙诡。

【注释】

〔1〕鼓钉：一种似圆鼓的钉子，有的圆头上有花纹。

〔2〕相得：相配，相称。

［明］永乐 青花龙柄花浇
（故宫博物院藏）

料款分两种，曰某某年制，曰某朝御制。康、雍暨乾隆初叶皆有之。料款某某年制之盘碗，素地精绘，往往胜于色釉夹彩者，不可不知。御制款亦分两种，曰堆料，曰描青。雍正料款之精品，远在康熙之上。康窑色釉夹彩者多系黄地，或作番莲四朵，甚且花朵中分嵌篆字，颇皆有可识。雍窑色釉夹彩，若胭脂水、秋葵绿之质地，皆美丽无伦，画笔殊绝生动。康熙御制碗有宝相花三朵〔1〕，大小不一，阴阳向背，偏反秾艳生香活色，纯合乎西法，亦殊非后世所能几及。若连枝带干，律以恽派〔2〕，或又不如雍窑耳。料款至贵重，康、雍精品皆画以粉彩，孰谓粉彩不足重耶①？料款之盘碗有题句，上下有胭脂印章三，雍窑曰月古、曰香清，乾窑曰金成、曰彤映，皆方印也，在题句之下，其引首长方曰佳丽〔3〕，在题句之上，则雍、乾之所同也。

【校】

①“耶”，石印本作“耳”。

【注释】

〔1〕宝相花：我国传统装饰纹样之一，又称“宝仙花”“宝花花”。一种寓有“宝”“仙”之意的装饰图案。纹饰构成，一般以某种花卉（如牡丹、莲花）为主体，镶嵌其他花叶组成，基部用圆珠作规则排列，有富贵之相，故名“宝相花”。

〔2〕恽派：即清代画坛上以恽寿平（1633—1690）为代表的“常州派”，亦称“毗陵派”。恽寿平，初名格，字寿平，后以字行，改字正叔，号南田、云溪外史、白云外史、东园客、草衣生等。武进上店（今江苏常州）人。终生不应科举，卖画自给。擅画山水、花卉，有名当世。筑室曰瓯香馆，著有《南田画跋》《瓯香馆集》等。

〔3〕引首：我国书画题识，前面右上方多盖一长方或椭圆形印章，称“引首”。

“慎德堂”款之器皿，若采花之旁有墨彩题句者，其下必有小印“道光”二字，多作椭圆形。康熙十二月花之酒杯，无论官窑、客货，皆于描青题句下印一篆书“赏”字，殊不足赏也。胭脂水夹彩之雍窑大盘，有仿康熙五采花篮者，奇丽无比，直可与乾隆鹌鹑盘方轨而齐镳也[1]。宣德龙凤之青花印合，名望甚伟。近今仿制者，画笔工致而生动，几于突过[2]。雍、乾王公贵人，颇亦饰为陈设。寂者年垂半百[3]，老眼无花，要难逃鉴家之犀照也[4]。

都下有琉璃窑，专制黄绿砖瓦，以供殿座之用。螭头、鸱吻、麟凤、狮狗等物[5]，大氐殿瓦边脊，皆有之。又偶造坐礅，以饷朝贵[6]。其尤为适用者，莫如冰桶，各色俱备，且甚美观。冰桶制方，而盖分两半，各有钱窍五孔者二枚。木桶有铜箍两道，瓷桶亦摹仿箍式，横现凸文。瓷价过巨，抑亦不如窑瓦之悦目也（详见《钵庵忆语》及《世界瓷鉴》）。

【注释】

〔1〕方轨：比肩。　齐镳：并驾。

〔2〕突过：高出，超越。

〔3〕寂者：作者号寂园叟，此为谦称。

〔4〕犀照：比喻洞察幽微。《晋书·温峤传》：“至牛渚矶，水深不可测，世云其下多怪物，峤遂毁犀角而照之。”

〔5〕螭头：古代彝器、碑额、庭柱、殿阶及印章等上面的螭龙头像。亦借指殿前雕有螭头形的石阶等。　鸱吻：古代宫殿屋脊正脊两端的一种饰物。初作鸱尾之形，一说为蚩（一种海兽）尾之形，象征辟除火灾。后来式样改变，折而向上似张口吞脊，因名鸱吻。　麟凤：麒麟和凤凰。

〔6〕饷：馈送。　朝贵：在朝的高官。

红有百馀种。就抹红一种而论，有柿红、枣红、橘红之别；就橘红一种而论，又有广橘、福橘、瓯橘之殊。深浅显晦[1]，细入毫芒，巧历之所不能算也[2]。琴归生谓寂者曰[3]：君与北山瘿公品评瓷器[4]，争妍斗丽，细入毫芒，无非本其好色之天性而益发挥之耳。曰：然哉！然哉！天地之道，一生二，二生四[5]，纵横变化，无有穷竟，参伍错综[6]，是成文理[7]。文理之美者，宜莫画若也，故一切形形色色，惟画师为能状其微妙[8]，惟文人为能阐其精深[9]。画师而不通文学者，直命之曰匠而已矣，有道之士所夷然不屑者也[10]。瘿公曰：岂独吾土为然哉！欧美大画家，亦多善属文者。琴归初不研究瓷学，近则造精诣微，为当代所希。

一切官窑等诸秘色上方珍品，宝贵甚至。自非近籞侍从、贵戚巨邸不能蒙被恩泽[11]，赏赉频仍[12]。若彼穷县酸儒、风尘骚客，虽或生逢并世，躬际圣明[13]，罔睹灵威[14]，莫窥禁脔[15]。近则远人弋篡[16]，不惜重金。于是宵小生心[17]，遂多窃屦盗簪之士[18]；故家中落[19]，不少典琴卖剑之人[20]。有此数因，郁之愈久，泄之愈奇。肮脏一翁[21]，有此眼福，亦云幸矣。

【注释】

〔1〕显晦：明暗。

〔2〕巧历之所不能算：精于历算的人也无法计数。《庄子·齐物论》："一与言为二，二与一为三。自此以往，巧历不能得，而况其凡乎！"

〔3〕琴归生：作者友人。真实姓名不详，待考。

〔4〕北山瘿公：即吴保初（1869—1913），字君遂、彦复，晚号瘿公、北山。庐江（今安徽庐江）人。浙江提督吴长庆之子。

〔5〕天地之道，一生二，二生四：本《易·系辞上》："是故《易》有太极，是生两仪。两仪生四象。四象生八卦。八卦定吉凶，吉凶生大业。是故法象莫大乎天地。"

〔6〕参伍错综：指交互错杂。本《易·系辞上》："参伍以变，错综其数。"

〔7〕是成文理：因此而有文章。本《易·系辞下》："物相杂，谓之文。"文理，文辞义理，或曰文章的条理。

〔8〕状：叙述，描写。

〔9〕阐：说明，表明。

〔10〕有道之士：明白事理的人。《吕氏春秋·察今》："有道之士，贵以近知远，以今知古，以所见知所不见。"　夷然：鄙视貌。

〔11〕自非：倘若不是。　近籞侍从：帝王身边侍候卫护的人。籞，帝王的禁苑。　贵戚巨邸：皇亲国戚的大宅。　蒙被恩泽：受到帝王给予的恩惠。蒙被，受到。恩泽，帝王或朝廷给予臣民的恩惠。言其如雨露之泽及万物，故云。

〔12〕赏赉：赏赐。　频仍：连续不断。

〔13〕圣明：英明圣哲，无所不晓。旧时称颂皇帝的一种谀辞。

〔14〕灵威：威灵，威势。

〔15〕禁脔：比喻珍美的、独自占有而不容别人分享染指的东西。

〔16〕远人：远方的人，关系疏远的人。此指外国人。　弋篡：不正

当的夺取。

〔17〕宵小：小人，坏人。

〔18〕窃屦盗簪之士：小偷小摸。屦，古代用麻葛制成的一种鞋。簪，簪子，用来绾住头发的一种首饰，古代亦用以把帽子别在头发上。

〔19〕故家：世家。　中落：中途衰落。

〔20〕典琴卖剑之人：谓漂泊江湖的贫困文士。本《陆游诗集》卷一一《秋怀》之四："典琴沽市酿，卖剑买吴牛。鸡黍随时具，江山到处留。随僧日一浴，笑吏月三休。安得沅湘客，相从赋《远游》？"

〔21〕肮脏一翁：作者自谦的说法。肮脏，虽处贫困之中，却刚直倔强的样子。

有以唐诗赞均窑者曰"夕阳紫翠忽成岚"〔1〕，此可以知其釉汁之美矣。盘碗佳品不少，概见今世所存者〔2〕，磨边缺足之盆连而已。夺我胭脂山，妇女无颜色〔3〕，可为今世之盆连悲也。而今世磨边缺足之盆连，且犹纷纷超越太平洋而西迈矣〔4〕。康、雍瓷品照耀四裔〔5〕，而独于紫均一种不能仿制，夫亦有所限于天者欤？有一种果盘五寸，其紫透骨，并无号码及蚯蚓走泥之纹片，乃真正宋物。曰广窑者，非唐英曾于景德镇仿制。广窑是否乌泥为坯，未从考证。

【注释】

〔1〕夕阳紫翠忽成岚：紫，当作苍。句出《全唐诗》卷一二八王维《送方尊师归嵩山》："仙官欲往九龙潭，旄节朱幡倚石龛。山压天中半天上。洞穿江底出江南。瀑布杉松常带雨，夕阳苍翠忽成岚。借问迎来双白鹤，已曾衡岳送苏耽。"

〔2〕概见：概略地记载。

〔3〕夺我胭脂山，妇女无颜色：《史记·匈奴列传》司马贞《索隐》引《西河旧事》云："山在张掖、酒泉二界上，东西二百馀里，南北百里，有松柏五木，美水草，冬温夏凉，宜畜牧。匈奴失二山，乃歌云：'亡我祁连山，使我六畜不蕃息；失我燕支山，使我嫁妇无颜色。'"胭脂，又写作燕脂、燕支、焉支等，一种红色染料，古代妇女用以涂脸颊或嘴唇。匈奴语称妻子叫"阏氏"，也就是燕支，意思是他们的妻子可爱得就像燕支花，艳丽动人。现今甘肃永昌县与山丹县之间，还有燕支山或叫焉支山、胭脂山的，因山中生长红兰花（采其汁加入油脂可做胭脂）。

〔4〕且犹：尚且。　西迈：指进入西方市场。

〔5〕四裔：本指幽州、崇山、三危、羽山四个边远地区。此指四方边远之地。

仿哥之粗糙者，片纹入骨，亦谓之冰纹。瓷有瓷骨，釉有釉骨。青花能入釉骨，而抹红不能。青花能入釉骨，釉里红则更入釉骨。近出癞瓜过枝小碗〔1〕，皆道光官窑，亦殊不足贵，只取憎耳〔2〕。雍正仿明之压手小杯，一边采凤，一边翠竹，亦颇照过枝画法，但略胜于道光窑之癞瓜耳，非奇品也。酒壶之佳者，历代少有，亦不知其曷故〔3〕。雍窑有篆款仿均者，有提梁豆彩者，有葵①绿开光墨彩者，差堪入目〔4〕。龙泉壶亦甚古雅。近日壶价翔贵〔5〕，曰以东邻之故〔6〕。

【校】

①“葵”，石印本作“蒸”，误。

【注释】

〔1〕癞瓜：即苦瓜。

〔2〕取憎：招致憎恶。

〔3〕曷故：何故。

〔4〕差堪：略可。　入目：观看。

〔5〕翔贵：犹腾贵，言物价飞快上涨。

〔6〕东邻：东边的邻居。此指日本。

瓷器式样守常蹈故〔1〕，无可省览〔2〕。若力求新奇，又适形其俗。此中妙谛〔3〕，有匪可名言者也〔4〕。范铜为质，嵌以铜丝，花纹空洞，杂填彩釉，昔谓之景泰蓝，今谓之珐琅（当作佛郎，一作法蓝，盖此种彩以巴黎为最美）。大氐朱碧相辉，镂金错采，颇觉其富贵气太重，若真系明器〔5〕，亦殊古趣盎然。近日窑变甚贵，乾隆朝则颇有佳品，式样亦较嘉、道为优。苹果尊有两种，式样相若，惟口径不同。缩项者口径不及寸，巨口者口径可二寸。

【注释】

〔1〕守常蹈故：因袭保守。

〔2〕无可省览：没有值得一看的。

〔3〕妙谛：精妙之真谛。

〔4〕匪：不。

〔5〕明器：指明朝的景泰蓝。

余所见成化彩之佳妙者，大都雍正朝所仿制。郎仿已不易得〔1〕，近则真迹流传者不少。若万历彩，若嘉靖青花，若宣德祭红（与）积红，眼福亦未为悭也〔2〕。雍正仿均之品，紫色较褪而晕成一片，细若犀尘，瓷质清刚，雅非后来所能及。康熙有抹红金彩十六子大碗，三儿在鱼缸捉鱼，一儿携松鼠，尤有神致。而嘉、道两朝，俱能仿之，价亦不甚相远也。五采三果磡式中碗昉于乾隆，而道光仿之，亦无甚区别。若雍正之三果大碗，则波峭有味矣〔3〕。筒杯、酒杯画法板滞，亦殊寻常也，近乃价值昂贵。

【注释】

〔1〕郎仿：即郎窑所仿制。郎窑，清康熙朝郎廷极所监督的江西景德镇窑及其所督造的瓷器之代称。

〔2〕眼福：看到珍奇或美好事物的福分。　悭：吝啬。

〔3〕波峭：本指山岩、屋势倾斜曲折貌。后借以形容人物俊俏有风致。

画纸、绢者不屑于画瓷也。而能画瓷者，又往往不能画纸、绢。国初刻玉、范铜之俦〔1〕，率皆姓氏流芳〔2〕，表扬奕禩〔3〕，而画瓷者多湮没不彰〔4〕，致可慨喟〔5〕。画者且不能传，又况于制坯掌火者乎？其实绝技通神〔6〕，艺进于道〔7〕。若明季陶人吴十九者，不可以其手工而少之也。成化彩瓷，吾见亦罕矣，证以康、雍两朝所临仿者，笔意生动活泼，宜高出乎嘉靖、万历之上。康熙彩之颜料，固非后世所常有。论其画手高妙，不但官窑器皿仿佛王、恽，即平常客货亦莫不出神入化，波澜老成〔8〕。雍正花卉殊尤，又颇饶书卷气〔9〕。乾隆而后，虽有缜栗奇丽之品〔10〕，而匠心所运〔11〕，未能脱去町畦〔12〕。

近岁以来，海市交通〔13〕，摹儗古画，精诚团结〔14〕，时或迷离扑朔〔15〕，几致乱真，洵可以凌轹咸、同〔16〕，抗衡嘉、道〔17〕，亦云桀矣〔18〕。康雍国家闲暇，乾隆不惜工本，其制作之精美豪宕〔19〕，由于朝命〔20〕，专官监督，其任百尔〔21〕，执事媚兹一人〔22〕。今则列雄富商，涨力旁魄〔23〕，区区藏弆，不足以供无尽之取求。巧伪繁兴〔24〕，侔①色揣称〔25〕，殚竭工致〔26〕，矻矻穷年〔27〕，非夫在上位者有以宏奖而提倡之也〔28〕。营利之心亟〔29〕，因而考古之诣深也〔30〕。

嘉靖、万历之五彩，粗枝大叶，画笔草草[31]。宣德官窑之青花印合，龙翔凤翥[32]，细意熨贴[33]，较诸嘉靖双螭，殊为秾纤绝特[34]。自徐朱明之无款淡描人物，心细于发，笔亦足以达之。所画多故事，颇似宋人翰墨，直是突过康熙。或曰是雍正之仿制者，殆不然矣。世传明代青料，当时已不给于用。雍、乾两朝之青花，盖远不逮康窑。然则青花一类，康青虽不及明青之秾美者，亦可以独步本朝矣。

【校】

①“侔”，石印本作“埒”。

【注释】

〔1〕国初：清初。　俦：类，辈。

〔2〕率皆：犹言都是。　流芳：流传美好声誉。

〔3〕表扬奕祺：世世代代宣扬。奕祺，世世代代。

〔4〕不彰：不显。

〔5〕慨喟：感慨叹息。

〔6〕绝技通神：谓超群的技艺乃至于出神入化。

〔7〕艺进于道：谓技艺高妙可达于道的境界。

〔8〕波澜老成：形容文章等气势雄壮，语句老练。波澜，波涛，形容文章等多起伏。老成，指文章等很老练。唐代杜甫《敬赠郑谏议十韵》：“毫发无遗憾，波澜独老成。”

〔9〕饶：多。

〔10〕缜栗：小心细密。　奇丽：新奇美丽。

〔11〕匠心：工巧的心思。多指文学艺术中创造性的构思。

〔12〕町畦：田界。喻陈规旧套。

〔13〕海市：海上贸易。

〔14〕精诚团结：一心一意，团结一致。精诚，真诚。《庄子·渔父》：“真者，精诚之至也，不精不诚，不能动人。”

〔15〕时或：有时。　迷离扑朔：形容事情错综复杂，难以辨别清楚。《乐府诗集·横吹曲辞五·木兰诗》：“雄兔脚扑朔，雌兔眼迷离。双兔傍地走，安能辨我是雄雌。”

〔16〕凌轹：超越，压倒。

〔17〕抗衡：对抗，匹敌。

〔18〕桀：古同“杰”。突出、优异。

〔19〕豪宕：指文艺书画作品感情奔放，不受拘束。

〔20〕朝命：朝廷的命令或任命。

〔21〕百尔：犹言诸位。亦指在位者。

〔22〕执事：有职守的人，官员。　媚兹一人：出《诗·大雅·下武》："媚兹一人，应侯顺德。"本是说只为讨一个人的喜欢。这里的意思是说专供皇上之用。

〔23〕旁魄：即磅礴。壮阔广大的样子。

〔24〕巧伪繁兴：虚伪不实的兴起甚多。巧伪，虚伪不实。繁兴，兴起甚多。

〔25〕侔色揣称：形容描写景物，恰到好处。侔，相等。揣，估量。称，好。南朝宋谢惠连《雪赋》："抽子秘思，骋子妍辞，侔色揣称，为寡人赋之。"

〔26〕殚竭：穷尽。　工致：工巧精密。

〔27〕矻矻穷年：毕生辛苦。矻矻，辛苦。穷年，毕生。

〔28〕上位者：指皇帝。

〔29〕亟：急切。

〔30〕诣：学问所达到的境地。

〔31〕草草：草率。

〔32〕龙翔凤翥：喻神采飞扬。

〔33〕细意熨贴：细心整理妥当。熨贴，整理妥当。

〔34〕秾纤：艳丽纤巧。　绝特：超出寻常。

瓷画之结作团彩者〔1〕，最无风趣〔2〕。豆彩团花，固非佳品，若釉里红之团鹤，亦甚恶劣，转不若串枝莲之为愈也〔3〕。五彩团龙亦未能免俗，惟团螭较为生动，或者彼善于此耳。木之有肌理者〔4〕，尖峰重叠，颇似浪纹〔5〕，名为野鸡翅，略分黄、黑、赤三色。有明祭红釉汁较厚，其火力、烟气参差覯会，往往有鸡翅木之纹理，望之蔚然而深。此亦如犀①之有星〔6〕，玉之有纇，树之有瘿〔7〕，而西商重之。祭红瓶碗之底略分二色：微绿者苹果底，曰宣德也；混白者米汤底〔8〕，曰万历也。又有开片、不开片之别。大氐苹果底罕有不开片者，惟皆无款识，郎仿亦然。康熙白瓷酒盏，口径二寸弱，沿口画红蝠百只〔9〕，曰洪福齐天。盘、碟亦有作此式者。中央凸雕四字，乃篆书也。而双圈六字款特为精美。

【校】

①“犀”，石印本作“遲”，误。

【注释】

〔1〕团彩：四周呈放射状或旋转式的圆形装饰纹样。古代铜器、陶瓷器、织绣品以及现代某些丝绸织品上常有此种花饰。

〔2〕风趣：情趣，风味。

〔3〕愈：更好。

〔4〕肌理：指器物、花木、果实、水土等表面的纹理。

〔5〕浪纹：即水浪纹。以形态恰似河海中荡漾的波浪而得名。

〔6〕星：细碎的小颗粒物。

〔7〕瘿：虫瘿。树木外部隆起如瘤者。

［清］雍正 黄釉暗龙纹碗（镇江博物馆藏）

〔8〕米汤底：窑器因釉层厚，釉汁垂流而不过足边，足部底心呈苹果青或米汤色，谓之“米汤底”。许之衡《饮流斋说瓷·说窑第二》：“此种制品，以深红宝石釉为主体，肇于明代宣、万，仿于清初。今之所谓郎窑者，实混明清而一之……郎窑有先后所制之分……先制者口底微黄，所谓米汤底者是也；后制者口底，或作豆青色，或作苹果青，所谓苹果底者也。”

〔9〕红蝠百只：红蝙蝠一百只，以象征下句所说“洪福齐天”。

瓷有瓷学，父不得传之子，厂肆徒夥有终身由之而不得其道者。彼颖悟之学者〔1〕，亦必先见真迹，始能辨别赝器〔2〕。一贵人以贩瓷起家，至圭、顿之富〔3〕，因缘奸利〔4〕，匪可穷诘〔5〕。其子亦掌管花月〔6〕，于此道盖茫然也〔7〕。黄地青花，雍正官窑之所重视者。匪独盘、碗然也，大瓶亦有之。热河藏瓷之所，有御题曰梨花伴月，曾刻有界画山庄之图〔8〕，精美绝伦。厥中佳皿充斥〔9〕，以盘、碟一宗而言〔10〕，最下层之盘直径四尺许，五采璀璨。以次递小，垛至殿脊，有如瓷塔。它物称是〔11〕，皆康、雍窑也。乾隆以后之贡品，大都未尝开箱，堆积庑下〔12〕。余友守承德时〔13〕，尚未辇运入都[14]。贾胡之游历至境者[15]，时或华商与俱，故官吏防之綦严[16]。而软红窟中[17]，往往于无意中见奇品，盖邸第所自出也[18]。其迸溢口岸者[19]，则又不可胜纪矣。

【注释】

〔1〕颖悟：聪明，理解力强。

〔2〕赝器：假品。

〔3〕圭、顿：白圭和猗顿。白圭是战国周人，善经商。猗顿是战国时巨商。以经营河东池盐致巨富。两人皆为豪富。

〔4〕因缘：机会，缘分。　奸利：指非法谋取利益。

〔5〕匪：不。　穷诘：深入追问，追根寻源。

〔6〕掌管花月：风流场上头面人物。花月，喻男女风情之事。

〔7〕茫然：无所知的样子。

〔8〕界画：中国画中以界笔、直尺画线的技法。界画适于表现宫室、楼台、屋宇等题材。　山庄：指承德的避暑山庄。

〔9〕厥中：其中。　充斥：充满，到处都是。

〔10〕一宗：表数量，一批。

〔11〕称是：与此相称，即大都如此。

〔12〕庑下：堂下周围的走廊和廊屋里。

〔13〕余友：我的朋友。

〔14〕辇运：运输。

〔15〕贾胡：经商的胡人。泛指外国商人。　游历：游览，考察。

〔16〕綦严：极严。綦，很，极。

〔17〕软红窟：即软红尘、销金窟。亦即《红楼梦》中所谓“富贵温柔之乡”。

〔18〕邸第：王公贵戚的府第。

〔19〕迸溢：饱满外溢，充满外露。

茄紫甚难摹拟，往往不能仿制。康窑大盘，直径三尺强，彩画《左传》五霸战争之事[1]，两阵有多至二百馀人者，光华眩睛[2]，亦殊怪特[3]。唐瓷缥青小瓶，高才及尺，颜色幽蒨，形式甚佳，在马蹄尊、饽

［清］乾隆 粉彩百鹿纹双耳尊

（上海博物馆藏）

饽凳二者之间[4]，而瓷质弥复坚厚，殊可宝也。明祭大瓶，有鲜红如鸡血者，或即鸡红之称之所由来欤？新瓷之不甚细者，亦间有疙疸釉，但釉质发青，不难辨也。釉汁中有小沫起泡如碎珠者，谓之唾沫星。边圈不起沫泡而若含泪盈眶者，谓之水眼；凹而缩者曰棕眼；浅大而滋润者曰橘眼。康窑青花三兽瓶罐，有浑写大意者[5]，周身但作云片，并不以毛细如发为工致。语其娇翠，虽蔚蓝洒雨[6]，无其丽也。康窑、客货大彩盘所画人物，每诙诡可怖，怪怪奇奇，千态万状[7]。余不谙戏曲[8]，不能名其妙。百禄尊，上画百鹿，又名百鹿尊。雍正仿均大瓶，有掌大秘色釉数块，殊为奇特，惜满身小片耳。百鹿尊，以抹红鹿头为两耳，画鹿百尾，杂以树石。盖无足纪者，且新制甚夥，几不挂鉴家之眼。

【注释】

〔1〕《左传》：即《春秋左氏传》，《春秋》三传之一，旧传为春秋时鲁国左丘明撰。　五霸：春秋时先后称霸的五个诸侯。即齐桓公、宋襄公、晋文公、秦穆公、楚庄王。另一说是指齐桓公、晋文公、楚庄王、吴王阖闾、越王勾践。

〔2〕光华：光芒，光彩。

〔3〕怪特：奇怪特别。

〔4〕马蹄尊：尊的一种式样。广口，圆唇敛，削肩广腹，平底，器形似马蹄状，故名。

〔5〕浑写大意：全面描摹大概的意思。

〔6〕洒雨：小雨。

〔7〕千态万状：极言状态之多。南朝梁武帝《龙教寺碑》："浮屠涌现，千态万状。"

〔8〕谙：熟悉，精通。

淡黄色之釉，微微发绿者，谓之秋葵绿。乾隆以后之胭脂红，往往釉质粗厚，颜色黯晦。明窑无所谓胭脂水，康窑亦然。惟康熙御制饭碗有脂水写款，或有粉红为地杂以采绘者。其寻常康瓷无粉彩之说也。脂水之杂以粉料者是为粉红，命曰粉彩。若淡红宝石为末，则又不杂粉料矣。墨彩之浓厚而发亮者，厂夥异其名曰黑彩。黑彩之淡薄而无光者，又区而别之曰墨彩。其实一物而已，曰墨曰黑虽分犹之不分也。墨彩专指画笔而言，黑彩则兼及质地矣。

［清］乾隆 青花暗八仙纹穿带瓶
（首都博物馆藏）

康熙十二月花卉酒杯，一杯一花，有青花，有五采，质地甚薄，铢两自轻。采花以有黄色小兔者为最美，菊与荷、鸳者为下。昔者十二杯不过十数金，所在多有，今则黄兔者一只已过十笏矣〔1〕。若欲凑合十二月之花，诚戛戛乎其难〔2〕，青花价值且亦不甚相悬也。

定窑之牙色者，鱼藻纹有似浆胎也。其白色者质地较脆，大开片乃瓷胎也。蛇、蝎、蜈蚣、癞虾蟆、守宫〔3〕，谓之五毒。万历、道光颇杂以人物，康窑但有花草，画法尤诙诡。雍窑白瓷大尊凸雕仿汉六字楷款，甚精美。秋葵绿小瓶乃无康、雍官窑者，今世所觏，大氐道光窑耳。葵绿至道光，虽官窑小碗，亦殊不觉其可喜。点作米形而放大者，攒凑成团，在豆彩中殊为低劣。其有凹雕影青仿作此等花样者，填以淡碧，亦下驷也〔4〕。

康熙官窑彩碗，上画过海八仙〔5〕，而并无海水，面目秀异，身段灵活，乃叹康窑画手非后世所及。吕岩有一弟子捧书立吕旁〔6〕，俗呼柳树精〔7〕，顶上生柳枝，殊怪特也。又有一鹤一鹿，鹿旁立一童子，鹿前一女，当是麻姑〔8〕，后一翁脑绝巨，当是南极老人〔9〕。寿星与麻姑何时成一家眷属，世俗祝嘏者辄为之撮合〔10〕，使人哑然。此则六旬圣寿贡品也〔11〕。衣褶皆系淡色抹红，亦颇不恶〔12〕。此后画笔益工，而殊嫌板滞，且一蟹不如一蟹〔13〕。

【注释】

〔1〕笏：金银的计算单位。铸金银成笏形，一枚为一笏。

〔2〕戛戛乎其难：形容困难，费力。

〔3〕守宫：即壁虎，又名蝎虎。因其常守伏于宫墙屋壁以捕食虫蛾，故名守宫。

〔4〕下驷：原指劣等马。比喻物之粗劣者，犹言下品或下等。

〔5〕八仙：民间广为流传的道教八位神仙。有唐代八仙、宋元八仙，所列神仙各不相同。至明代吴元泰《八仙出处东游记传》始定为：铁拐李（李铁拐）、汉钟离（钟离权）、张果老、蓝采和、何仙姑（元代以前有徐

神翁而无何仙姑）、吕洞宾、韩湘子、曹国舅。

〔6〕吕岩：即吕洞宾（798—？），唐末道士。传说后来修道成仙，为八仙之一，称吕祖、纯阳子、吕纯阳等。《全唐诗》收有他的诗，皆关于修道学仙者。

〔7〕柳树精：柳树成精的妖怪，小说《飞剑记》中所写吕洞宾所收随行不离的一个徒弟。

〔8〕麻姑：道教女仙之一，见葛洪《神仙传》。旧时为女性祝寿多赠麻姑像，取名麻姑献寿。

〔9〕南极老人：又叫老人星，即寿星。

〔10〕祝嘏者：祝嘏，祝寿。古代仅用于皇室、贵族，后通用于一般人。《清史稿·德宗纪一》："谕本年万寿毋庸告祭，停升殿礼，免各省文武大员来京祝嘏。"此处指祝寿者。

〔11〕圣寿：皇帝的生日。

〔12〕不恶：不坏，不错。

〔13〕一蟹不如一蟹：比喻一个不如一个，越来越差。宋苏轼《艾子杂说·三物》："艾子行于海上，见一物圆而褊，问居人曰：'此何物也？'曰：'蝤蛑也。'既又见一物，圆褊多足而差小，问居人曰：'此何物也？'曰：'螃蟹也。'又于后得一物，状貌皆若前所见而极小，问居人曰：'此何物也？'曰：'彭越也。'艾子因叹曰：'何一蟹不如一蟹也？'"本此。

釉汁忌搀粉质，亦忌矾质，二者黏合力不足，时或径行蜕落如泥金，然非磨擦之病也。粉质太厚久而剥蚀，矾质过薄自然飘散，均于手工、火①力不相干涉。涂粉为地，上绘杂花，粉固易于残褪，花亦因之不牢，若将粉质羼于它色釉汁之中，则为粉彩，或且较本质尤形娇艳，而露冷莲房亦殊可惜也〔1〕。矾质少而他汁多者，又或上釉较厚，尚不至有自②蜕之虞。

【校】

①"火"，石印本作"大"，误。

②"自"，石印本作"此"。

【注释】

〔1〕莲房：莲蓬。莲花开过后的花托，倒圆锥形，有许多小孔，各孔分隔如房，故名。

康窑彩画，红为深色之抹红，不知何故，且与它色釉质有平凸之殊，容易褪落，直如泥金。雍正以后，红釉凸起，而又皆系粉彩，与明祭之大红宝石釉、积红之鲜红釉又均不相侔。岂大红、鲜红二种迄不能施之于彩画耶〔1〕？今无所谓大红、鲜红者矣。恨不得起古人而问之〔2〕。

釉里红即是鲜红釉，而颜色略淡，岂鲜红之釉仅能施之釉里耶？近世红釉之劣，殆无与伦比。粉彩云者，不专指红色而言，黄、绿、茄紫亦皆有粉也。搀粉之釉不独彩绘为然〔3〕，所谓一道釉者，亦莫不有粉也。有浓深之釉，有浅淡之釉，有和以粉质而成浅淡者，有不和粉质而自来浅淡者，有和以他汁而亦成浅淡者。同一手也，用之此釉则鲜明，用之彼釉而黯败，则釉质之有美恶也。同一釉也，此人画之则鲜明，彼人画之则黯败，则画手之有优劣也。画瓷者之用釉，犹之书家之用墨、绣工之用针，此就绒光墨采言之，尚未及美术之作用也。优劣相去万里，其发端甚微〔4〕，此人之结构，巧亦恢奇也，拙亦恢奇也。彼人则无巧无拙，均堕入恶劣一派。一则颦笑皆工〔5〕，一则笑啼皆罪〔6〕。东施捧心〔7〕，未免唐突夷光矣〔8〕。书画家之与瓷品，大氐不甚远耳。

【注释】

〔1〕迄：始终。

〔2〕起古人：使古人活过来。

〔3〕不独：不仅。　为然：是这样。

〔4〕发端：开始，开头。

〔5〕颦笑：皱眉和欢笑。

〔6〕笑啼：欢笑和啼哭。

〔7〕东施捧心：相传春秋时美女西施有心痛病，经常捧心而颦（皱着眉头）。邻居有丑女认为西施这个姿态很美，也学着捧心皱眉，反而显得更丑，大家见了都避开她。后因以“捧心”喻拙劣的模仿。

〔8〕唐突：冒犯，亵渎。　夷光：即西施，春秋越国美女。

宋、元器皿，不厌古拙。近世官窑胎骨以薄为贵（宋、元亦有甚薄者），以轻为贵。釉汁以匀为贵，以润为贵。

先挂绀色厚釉，再挂微黄、淡墨之绿釉，则为鳖裙。罩釉一次者命曰纯色，所谓一道釉者是也。而鳖裙一种，系以此一色之釉，蒙而罩之。彼一色之釉，则仍谓之纯色也。红、黄、蓝、黑、绿，是分五色。得其一色

［清］康熙 青花山水镂雕“卐”字碗

（上海博物馆藏）

者谓之色釉，参伍而错综之则成彩矣。凡挂一色之釉者，皆谓之纯色釉。白釉谓之本色，若茄色、葵色，皆间色也。先画彩花，后填色釉，则谓之夹彩。先施圈栏，内绘花彩，外填色釉，则谓之开光。开光器皿，亦有不填色釉，而于界阑之外满画各色锦纹者。锦纹类仿宋制，色目繁多，名称不一，而以卐字与串枝番莲为较多。釉汁中含有水星，如小珠历历可数，曰水眼。若起泡沫与膜质，则不得冒此名称矣。棕眼较巨，缩而凹，亦谓之鬃眼。豇豆红与淡茄不甚相远，而较之淡茄犹觉雅驯。以满含水眼者为最难得，若稍涉灰败，则命之曰鼠腊，俗谓之耗子皮。斯其劣下者矣。

宣德以红胜，有似康熙；成化以彩画胜，有似雍正。成彩固不易多见，近则宣红之佳者，亦寥寥如晨星矣。

明瓷青花笔筒，往往沿口凹雕一围，填以影青，画笔工致，无款识，瓶、觚亦然。而官窑之有款者，笔意转粗，抑何也？瓶中之观音尊一种，高二尺以外，三尺以内，式样佳妙，群相推重〔1〕，以青花、五彩为最多。其较小者，高不过一尺，青花犹时一遇之，五彩则罕觏矣。红色厥夸明祭〔2〕，大小毕备，再小者不过数寸，欣瘦而纤趺〔3〕，所谓豇红、苹绿者也。棒锤为通常格式，青花、五彩与观音尊略同。惟盈尺小瓶，亦颇多彩画耳。粉定种类不一，胎有厚薄，色有牙黄、粉白二种。花纹分凸雕、平雕、彩画三种，有开片，有不开片。宋为上，明次之，至乾隆而止。永乐窑有一种素碗，俨露瓷骨（瓷骨云者，未上釉之白瓷也），以质薄如纸而内有影青雕花者为上品。有一种积红瓶，高才及尺，色颇鲜艳，寻常白釉底而有青花一“天”字，然又甚小，不得以康熙朝之天

［明］崇祯 青花沐象图笔筒

（北京艺术博物馆藏）

字罐为比例。其式样盖在饽饽凳、玉壶春之间。乾隆东青、茶叶末两种，多有作此式者，则仍乾隆时物也。

雍正窑变达摩像，高尺馀，袈裟宽博，兜风尤巨，似步行江风中飘飘欲动。赤脚草履，头上戴有软兜，面貌秀野，无狰狞之态。面及手、足未上釉，刻工精妙，一物隐肩后，系以芦干络草帽而扛之肩上者。乾窑如来趺坐像，亦高尺馀，金身蓝髻座涌莲花，袒一臂披袈裟，系乾隆初年之胭脂水，亦颇鲜艳也。协理窑务笔帖式六十四（人名也）所塑神像[4]，奕奕有精彩，辄用青色题名于神之背后，盖雍正以前之官窑也。六十四，乃窑官之监塑者，非工人也。

【注释】

〔1〕推重：推崇重视。

〔2〕厥夸：当推。引申指最好的。

〔3〕纤趺：小脚。此当指底足小。

〔4〕协理：清代官职，职责是协助主要大臣处理事务。　笔帖式：官名。满语意为办理文件、文书的人。后金天聪五年（1631）设六部时由巴克什改称。清各部院、内行衙署均有设置，主要掌管翻译满、汉奏章文书、记录档案文书等事宜。　六十四：人名，不详。清雍正间（1723—1735）协理窑务笔帖式，因在景德镇监督瓷窑而著名。

郎世宁系法国人，康熙年间所制之郎窑，乃江西巡抚郎廷极所仿，亦不止祭红一种，非世宁也。世宁游于雍、乾间，善用中国笔作画，尝为纯庙造像，亦颇参用泰西界画法。今之厂人以明祭为郎窑，荒矣。又以郎廷极为郎世宁，尤为可哂。

近日官窑之劣，不如摹古假伪者远甚。通常器皿大小二千馀件，销价至六万金，尚属减之又减，核实开报，亦云巨矣。日本甚重广窑，大氐盂、罐、瓶、罏颇称珍秘，而以灰地之晕蓝色者为贵。若紫黑之大鱼缸状如荸荠，灰白之大瓶状又如方式之鱼缸，皆容水数石，颇饶古趣，乃无过而问者。

瓶之绝大者，高与人齐，西人置诸楼梯之侧，以为陈设。其二尺上下者，云以安顿电灯于几案之间。若五、六寸者，视为最合格之珍品，以多为贵，既供玩赏，且插花也。

下① 卷

【校】

①“下”，寂园本作“中”。

明永乐有凹雕款、青花楷款两种。成化楷法峭劲[1]，姿态飞动[2]。嘉靖、万历款字苍拙[3]，惟官窑有之。宣德款如宋椠书[4]，最有意味，其客货署年者又颇瘦硬倜傥也[5]。宋碗有“政和”款字[6]，亦未穷其究竟。

康熙小瓶①、盂皆青花六字款，不加双圆圈，笔意浑成，绝似宣德青花印合款也。若盘、碗则皆加双圈，亦仿宣窑，但楷法清刚耳。雍窑大楷，时复瘦硬通神[7]，论其工整有姿骨，或且过于康熙时。其康、雍之仿成化者，康极飞动，雍极雅隽[8]。康熙方圈楷款，则未之见也。仿明之外，又有开元年号[9]，殆仿唐时铜器而题此款耳。雍正各款自以双圆圈六字楷书为最多，亦有作方圈小楷者，皆蓝款也。其凹雕篆款而罩以釉汁者，甚为名贵。乾隆款识多系青花六字篆书，俗所谓图书款者也[10]。初年亦多双圈楷书者，若堆料楷款、凸雕篆款，弥足珍贵。其绿底抹红之篆款，亦官窑也。乾隆又有抹红款而非绿底者，较为希罕。“慎德堂制”四字楷款，款外不画方圆之圈，笔法工稳，以抹红为最多，亦有泥金者。

嘉庆以后，官窑亦系抹红篆书款，殊不足贵。

【校】

①“瓶”，石印本作“盆”。

【注释】

〔1〕峭劲：挺拔坚劲，刚健。

〔2〕飞动：飘逸生动。

〔3〕苍拙：苍劲古拙。

〔4〕宋椠：宋版。

〔5〕瘦硬：谓字体瘦细而劲健。 倜傥：洒脱，不拘束。

〔6〕政和（1111—1118）：宋徽宗赵佶年号。

〔7〕时复：犹常见。 通神：通于神灵。形容本领极大，才能非凡。

〔8〕雅隽：文雅隽永。

〔9〕开元（713—741）：唐玄宗李隆基年号。

〔10〕图书款：即图章款。图章，图书印章，后泛指印章为图章。陶瓷作品的印章一般都是绘画者用毛笔描画的。

康、雍青花彩瓶，客货无款者居多，而盘、碗之采画者类皆官窑。若官窑有款之瓶件，以一道釉为最夥。嘉靖坛庙供碗〔1〕，黄地红龙，细腰高足，碗内青花篆书一“寿”字，笔意飘瞥〔2〕。康窑之粗者，以黄、绿、茄三色为素三采。近出莲实三采吸杯（莲实、莲叶各居其半数，于莲叶、莲实之外，别有莲茎，茎细而中空，以口就茎而吸酒以饮，谓之吸杯）甚多，既非官窑，又未经人用，不知所自来。惟一种不带莲实但作莲叶式底缀三小螺，中蹲一小蟆者，亦别有莲茎以通吸饮，较为细润（近又出鸭子吸杯颇多）。

均窑有紫、青两种。青者，俗谓之月白，实渊源于柴周之雨过天青。康、雍两窑青色益淡，再淡则为鱼肚白矣。其较深者厥称东青。至乾窑而有纹片，实月白天青之化身也，后此则绝响矣。新制崛起，颇有可观，亦仅能仿天青而已。月白一种演为两派：天青、东青双标耸峙〔3〕。东青一派又分而为二，近于绿色者曰豆青，近于蓝色者曰积蓝。绿之种类益繁，枝条百万辈作朋生〔4〕，而锁钥于雍、乾之窑变〔5〕。蓝、紫交汇而成章，紫之黯晦者为墨彩，为黑彩；稍稍鲜明者为祭红，为积红。自白而黑与自红而白，相距径庭〔6〕，循环合轨，涂辙四出〔7〕，五采混同，理有固然，无足怪者。

【注释】

〔1〕坛庙：古人用来祭祀天地、日月、山川、祖先、圣贤、神灵的建筑。

〔2〕飘瞥：迅速飘过或飘落，此处指笔意飘逸。

〔3〕双标：华表。因其成对，故称。此借指天青、东青。 耸峙：高耸矗立。

〔4〕枝条：比喻分支、旁支、支派。 辈作朋生：先后与同时并生。

〔5〕锁钥：锁与钥匙，喻事物的关键。这里引申指掌握。

〔6〕径庭：即大有径庭。《庄子·逍遥游》：“大有径庭，不近人情

焉。”王先谦《集解》引宣颖云：“径，门外路；庭，堂外地；大有，谓相远之甚。”后称彼此差异很大为“大有径庭”。

〔7〕涂辙：车辙、轮迹，犹踪迹。

“慎德堂”十六子中碗，笔法甚俗，彩色亦劣。咸丰官窑款之中碗，有大有小，各画十八罗汉〔1〕，虽未能免俗，亦殊为精致，多系恩侯家故物〔2〕。揣其年岁，当在洪、杨倡乱以前〔3〕。维时距道光甚近〔4〕，瓷地雪白，乃与“慎德堂”不相上下。瓷品之画花鸟者，鸟不可甚大，花不可甚小，反是则于画理欠合〔5〕。又①，画龙不宜于写正面，虫、鱼、鸟、兽又莫不然也。

【校】

①“又”，静园本作“有”，据寂园本及石印本改。

【注释】

〔1〕十八罗汉：指佛教传说中十八位永住世间、护持正法的阿罗汉，由十六罗汉加二尊者而来。他们都是历史人物，均为释迦牟尼的弟子。

〔2〕恩侯：清代有延恩侯与承恩侯。此当指承恩侯。《清史稿》卷三四九《穆克登布传》载，道光十四年，册立皇后礼成，追封穆克登布之子孝全成皇后之父二等侍卫颐龄为一等承恩侯。

〔3〕洪、杨倡乱：即洪秀全、杨秀清所领导的太平天国运动，清统治者称其为“洪杨之乱”。

〔4〕维时：当时。

〔5〕画理：绘画原理。

海盐朱氏《陶说》谓吕爱山冶金〔1〕，朱碧山冶银〔2〕，蒋抱云冶铜〔3〕，赵良璧冶锡〔4〕。今则铜器且不得一见，所谓金银器、锡器更属无从寓目〔5〕。大氐金、银各器典守颇严〔6〕，不至遗失，其流落人间者，又必熔化兑用，销归乌有。此金、银不如瓷、铜之一证也。

市肆之颇巨者，以萨阁学之“尚古斋”为最早〔7〕，国老之“尚德堂”为最久〔8〕。若顾少洲之“永珍斋”〔9〕，穆老（恩禄）之“瑞珍斋”〔10〕，亦其次也。乱后，贾氏兄弟瓷品尚多，而海王村则日益萧瑟，自“延清堂”外或几乎息矣〔11〕。“大吉祥斋”弢光匿景〔12〕，西商犹颇踪迹之〔13〕。

西人之贩古瓷者，美曰陆安格，即红客也。英曰大巴，法曰小郎，犹太曰讨饭鬼，皆商贩耳。若法之樊国梁、美之毕德格〔14〕，则一为教士，一为舌人〔15〕。庚子后，日本商渐多，亦沪客之流亚耳。

【注释】

〔1〕吕爱山：明代金银匠，著称于时。

〔2〕朱碧山：名华玉，实名长春堂。约生于元大德（1297—1307）初年。嘉兴（今浙江嘉兴）人。元代银器铸造名家，善制银槎。

〔3〕蒋抱云：清初民间艺人，又作蒋抱虚。以善于冶造铜器而闻名朝野。

〔4〕赵良璧：明代人，以善制小锡壶著名。

〔5〕寓目：过目，观看。

〔6〕典守：主管，保管。

〔7〕萨阁学：其人不详。阁学，清代内阁学士的简称。

〔8〕国老：国之重臣。指其人不详。

〔9〕顾少洲：即顾永保，永珍斋古玩店老板。曾带瓷器参加了1900年的巴黎世界博览会。

〔10〕穆恩禄：清末北京古玩商人。

〔11〕延清堂：清末由内务府总管出资开设的古董店，专门经营官窑瓷器。

〔12〕弢光匿景：隐藏才华，不使外露。

〔13〕踪迹：按形踪影迹追查、追寻。

〔14〕樊国梁（1837—1905）：法国人，义和团运动时期北京西什库教堂（北堂）主教。著有《燕京开教略》等书。　毕德格（？—1902）：美国人。同治十三年（1874）来华，任美国驻天津副领事。后因仰慕李鸿章而辞去领事职务，入李鸿章幕府，为其出谋划策，成了李鸿章重要的私人秘书、翻译和顾问。

〔15〕舌人：称翻译官。

古之瓷学家，吾不得而见之矣。绍兴倪小舫署①正与大宗伯延煦同时〔1〕，一则贮储较俭，一则散亡略近。此后则胡葵甫方伯（湘林）暨张樵野尚书〔2〕，并有声于时〔3〕。吏人史某，讴伶余紫云〔4〕，亦薄有藏弆。

粤东通商最久，湔染欧风〔5〕，一时研究瓷学者，时或多于他省。张故粤人，风流递衍，于是黎、颜两君涉猎藩篱〔6〕，窥见奥窔〔7〕。小车人雏〔8〕，各擅胜场。若香山尚书、新会中丞〔9〕，皆鉴别精审，摆脱凡近〔10〕，以视某相、某大臣、某侍郎兄弟出身秘苑〔11〕，殆尤过之。

郑部郎识力亦佳〔12〕，第微近市道〔13〕。市道之极者，莫如某卿矣。某大臣以监守自盗起家，贵后不肯居其名。某卿彰明较著[14]，惟利是视[15]，而风骚衰歇矣[16]。市侩习与西人居，乃为效颦之态[17]，殆不可以一二数。

浔有两太史[18]，又颇知措意斯道[19]，惜魄力稍弱，复不能专精一致耳。陶氏附庸风雅[20]，近更稍稍蓄瓷。婴公比部[21]，昔唯以石雄于世[22]，藏瓷甚不多，而品格殊妙。琴归端居研究[23]，所诣颇深。渭南眼界如何[24]，虽不得而知，本其素蕴以发为诗歌[25]，自是雅人深致[26]。

老夫阅历三十年，当代瓷学家盖无一不知名者，倦游人海[27]，著述自娱，可喟也已[28]。

【校】

①"署"，石印本作"暑"，误。

【注释】

〔1〕倪小舫：清末绍兴人，精鉴别，曾任光禄寺卿。　署正：清朝称神乐署主职，正六品，主掌皇家祭祀乐舞之事。

〔2〕胡葵甫：即胡则安，字绥邦，号镇斋，别号葵甫。乾隆六年（1741）以《书经》中浙江乡试举人，初任安徽休宁县知县，后任陕西白水县知县，署耀州事。　张樵野：即张荫桓(1837—1900)，字樵野。广东南海（今广东佛山南海）人。历任户、礼、兵、刑、工、吏六部侍郎。中日甲午战争中曾与邵友濂为全权大臣赴日谈判。1897年又出使英、美、法、德、俄诸国。1898年3月，协助李鸿章与俄国签订《旅大租地条约》。戊戌变法时，调任管理京师矿务、铁路总局，倾向变法。戊戌政变后遭弹劾充军新疆。1900年被杀。著有《三洲日记》。

〔3〕有声于时：当时有声望。

〔4〕讴伶：歌唱或戏曲演员。　余紫云（1855—1899）：原名金梁，字砚芬（艳芬），堂号"胜春"。湖北罗田（今湖北罗田）人。京剧青衣演员。

〔5〕湔染欧风：浸润濡染欧洲的风俗、风气。湔，浸润。

〔6〕黎、颜两君：具体不详，待考。　藩篱：比喻界域，境界。宋代苏轼《和寄天选长官》："藩篱吾未窥，敢议穷阃奥。"

〔7〕奥窔：奥妙精微之处。

〔8〕小车入雒：典故未详。雒：古都邑名。东汉光武帝建都改名雒阳。故地即今河南洛阳。

〔9〕香山尚书、新会中丞：姓名不详，待考。

〔10〕凡近：才思平庸浅薄。

〔11〕秘苑：犹禁苑。帝王的林园。此处借指出身权贵。

〔12〕郑部郎：不详，待考。部郎，中央六部中的郎中、员外郎。

〔13〕第：只是。　市道：买卖之道。

〔14〕彰明较著：指事情或道理极其明显，很容易看清。彰、明、较、著，都是明显的意思。《史记·伯夷列传》："此其尤大彰明较著者也。"

〔15〕惟利是视：一心为利，别的什么都不顾。《晋书·温峤传》："苏峻小子，惟利是视，残酷骄猜，权相假合。"

〔16〕衰歇：衰落，止息。

〔17〕效颦：即"东施效颦"。故事说西施之东邻女东施，慕西施之美，而效其捧心皱眉之状，结果为人所笑。见《庄子·天运》。后人称机械模仿他人为"东施效颦"。

〔18〕浔：清代江西九江的别称。　太史：称翰林。

〔19〕措意：用心，留意。

〔20〕陶氏：其人不详，待考。　附庸风雅：形容缺乏文化修养的人追随于文化人，装出自己很有修养，文雅有风度的样子。附庸，古代指附属在诸侯大国下面的小国，引申为从属的地位或依赖的关系。风雅，原指《诗经》中的《国风》《大雅》《小雅》，后指风流，儒雅。

〔21〕婴公：作者友人，姓名不详，待考。　比部：古代官署名。明清时对刑部司官的习称。

〔22〕雄：强有力，杰出。

〔23〕端居：闲居。

〔24〕渭南：当为作者友人，姓名不详，待考。

〔25〕素蕴：犹素养。

〔26〕雅人深致：出南朝宋刘义庆《世说新语·文学》："'纡谟定命，远猷辰告。'谓此句偏有雅人深致。"原是赞赏《诗经·大雅》的作者有深刻的见解，后形容人的言谈举止不俗，品格高尚，情趣深远。雅，高雅，高尚。致，情趣。

〔27〕倦游人海：厌倦游历于人世社会。

〔28〕可喟也已：真令人喟叹了。

美术尊重画工，古人锦、玉、瓷、铜四者迭互临摹[1]，此锦纹开光之瓶、罐之所自也。踵事增华[2]，精仿宋元绢画人物故实，几于笔笔有来历。后之客货推波助澜，图绘小说、演义，泛滥及于戏剧，虽曰荒唐不经[3]，要其态度俶诡[4]，足以发扬蹈厉[5]，使人忘倦。盖自朱明以来而已然矣[6]。

崩釉者，暴也。色釉五彩皆患之。

[明] 宣德 釉里红三鱼纹高足杯
（上海博物馆藏）

瓷、玉瓶件，模范式样，亦都规橅汉铜[7]，不独画片然也。余所见白玉器皿，多与《西清①古鉴》所绘之罍、缶、斝、卣形状相侔[8]，每件动值千数百金，不可覼缕记述[9]，类多纯庙时物，物力良厚，西人亦颇以重价购之。余每觉玉器趣味颇少减于古瓷，故亦略而不详。其实，周、汉铜器又皆渊源于有虞氏之陶工，由陶而铜，由铜而玉，复由玉而瓷，更迭循环。终亦合而为一，不过精粗工拙大有不同耳。

釉里红虽甚希罕，而人多知之，釉里蓝知者盖鲜。此种康窑大瓶，龙身夭矫，青云缭之。

【校】

①“清”，寂园本及石印本作“青”，误。

【注释】

〔1〕迭互：交互，轮流。

〔2〕踵事增华：继续前人的事业，并使更加完善美好。踵，追随，继续。南朝梁萧统《文选序》：“盖踵其事而增华，变其本而加厉。物既有之，文亦宜然。”

〔3〕荒唐不经：犹荒诞，不合乎常理。

〔4〕俶诡：奇异。

〔5〕发扬蹈厉：出《礼记·乐记》：“发扬蹈厉，太公之志也。”原指周初《武》乐的舞蹈动作。手足发扬，蹈地而猛烈，象征太公望辅助武王伐纣时勇往直前的意志。这里以指使人精神受到鼓舞和震动。

〔6〕已然：已经如此。

〔7〕规橅：规模，法度。亦谓以之为法度。橅，古同“模”。

〔8〕《西清古鉴》：40卷，附《钱录》16卷。清乾隆中梁诗正等奉旨纂修，是一部著录清代宫廷所藏古代青铜器的大型谱录。书仿效《考古图》《宣和博古图》体例，将内府庋藏的鼎、尊、彝等青铜器分门别类，荟辑成编。计收商周至唐代铜器1529件（包括铜镜），每器绘制一图，图后以楷书系说。绘图精审，毫厘不失，器物的方圆围径、高广轻重记载详明，对古器物的铭文均钩摹注释。考证虽兼取欧阳修等众家之说，但又非诸家所能及。书中驳斥了历代著家之谬误，解释疑难，补充遗漏，使三代古器物如现目前。

〔9〕覼缕：详细而有条理地叙述。

磨底之物，证以细沙，定为雍正朝所造作，亦甚有特识矣〔1〕。浮梁县境土膏告竭〔2〕，层累而降〔3〕，益属粗材而不尽可凭也，此非后世亦有细沙底之谓也。有一种粉白小罐，口上蟠有胭脂红凸螭，细沙磨底，盖雍正小瓶之绝脰者〔4〕，运以真坯假彩之法，脂红、粉白悉系伪为，螭亦新坯黏合，沿口薄上釉汁，皆赝制也。物希为贵，而太不经见者，必有可疑。盖匪独罐也，瓶亦有之。

近日雍正粉彩小罐，数见不鲜，脖有细项，似有盖而遗失者，以“巨德堂制”四字蓝款为较多〔5〕，彩色、画工亦似雍正时物。余以底足之沙眼甚粗，决为赝本也〔6〕。

［清］光绪 粉彩牡丹白头翁花盆

（南京博物院藏）

仙女之杯，粉红为衣，绕以彩云，款系墨彩，如“坦斋”之类〔7〕。杯阴或书“富贵神仙杯”字样〔8〕，大同小异，多系赝作。瓢公持论主宽〔9〕，特具极新极旧之识，宵民之作奸者多也〔10〕。余惟刻苛峭深〔11〕，日抱极旧极新之思，奸人之作伪者盛也。

近日伪制风行，胭脂红几胜嘉、道，但微闪黄色，渣滓未①清，颇欠澄静〔12〕，究远逊于雍正，望而知为新釉。其淡②刷天青一种弥足夺真粉彩，最有揣摩。瓷地洁白，质亦极薄，底沙甚细腻，而碧色不鲜，颇似菜绿。语其茄黄，又皆黯寖不扬，能辨之者微乎微矣。

【校】

①“未”，静园本作“末”，据寂园本及石印本改。

②“淡”，石印本作“浅”。

【注释】

〔1〕特识：独立的见解。

〔2〕浮梁县：今属江西。朱琰《陶说》卷三《说明·饶州窑》：“饶州府浮梁县西兴乡景德镇，水土宜陶。镇设自宋景德中，因名。置监镇，奉御董造，饶州窑自此始。”

〔3〕层累而降：一层层地开挖下来。

〔4〕绝脰：断脖、去头。此指去掉了瓶的上口部分。

〔5〕巨德堂制：许之衡《饮流斋说瓷·说瓶罐第七》：“巨德堂罐：形式不大，多作粉彩，底有‘巨德堂制’四字，乃雍正时物也。”

〔6〕决：断定。　赝本：赝品。

〔7〕坦斋：许之衡《饮流斋说瓷·说款识第六》：“又有略园、荔庄、坦斋、明远堂、百一斋等，皆乾、嘉间制品。”

〔8〕富贵神仙杯：未见诸书记录。

〔9〕瓢公：作者友人，不详，待考。　持论：立论，提出主张。

〔10〕宵民：犹小民。普通老百姓。

〔11〕刻苛峭深：极尽挑剔推求。

〔12〕澄静：清澈平静，清静。

［清］康熙　青花釉里红楼阁图盘

（上海博物馆藏）

康熙彩盘，上绘山水、人物，有似斩然未经人用者[1]，殆一瓢所谓极新极旧者也[2]。太阳一轮，金彩夺睛，决非近代所能仿制。盘系客货，不得辄疑为禁品，岂真三晋旧家藏庋至二百馀年之久而不一开箱笼者耶[3]？玫瑰紫盘，直径约五寸，表里如一。圈足抹以芝麻酱，虽无蚯蚓走泥印，亦宋物也。以广窑呼之，枉矣。

雍正官窑款之素瓷杯、碗，较之未经上釉之明瓷瓶、罐，尤为繁夥。一入精于伪制者之手而素者彩矣，杯则现极精之花鸟，碗则一例过枝。最喜用紫墨、淡赪不甚习见之彩料，猝然相遇[4]，难以辨别。若责以朱红、硬绿，则图穷而匕首见矣[5]。

雍、乾料款精品，多画月季、蔷薇诸名卉，秾纤繁艳[6]，鉴家宝之。画者自署印曰“金成”。然则瓷界中之作手[7]，亦有偶传其姓氏者矣。

宝畲主人与诗人李廌青（锴）交颇密[8]，故制瓷不俗。彩瓷册页以康窑为最精。花树、几榻[9]，色色奇妙，颜料亦极为鲜明。其画手之高，直有匪夷所思。至①于不可思议者，惟嫌于亵渎[10]，搢绅先生难言之（详见《世界瓷鉴》）[11]。

【校】

①“至”，静园本作“之”，据寂园本及石印本改。

【注释】

〔1〕斩然：全新貌。

〔2〕一瓢：作者友人，当即上文所称瓢公，不详，待考。

〔3〕三晋旧家：指山西世家勋贵。三晋，古地区名。春秋末韩、赵、魏三家瓜分晋国，是为战国时的韩赵魏三国，历史上称为“三晋”。三晋疆域屡有变迁，战国晚期约当今山西，河南中部、北部和河北南部、中部。近代又用作山西省的别称。　藏庋：收藏。

〔4〕猝然：突然，出人意料。

〔5〕图穷而匕首见：即成语“图穷匕见”。《战国策·燕策三》载：战国燕太子丹派荆轲去刺秦王，荆轲以燕督亢地图卷匕首献于秦王，展图将尽，匕首露，轲持以刺秦王，不中被杀。后以“图穷匕见”比喻事情发展到最后，真相毕露。

〔6〕秾纤繁艳：艳丽纤巧，繁盛艳丽。

〔7〕作手：制作者。

〔8〕李廌青（锴）：即李锴（1686—1755），字铁君，一字眉山，号廌青。清代诗人。著有《原易》《春秋通义》等。

〔9〕几榻：靠几与卧榻。常用以泛指日用器具。

〔10〕亵渎：轻慢、不雅。

〔11〕搢绅先生：古代穿儒服的读书人。出《庄子·天下》：“其在于《诗》《书》《礼》《乐》者，邹鲁之士，搢绅先生多能明之。”成玄英疏：“邹鲁之地儒服之人能明之也。”这里指上流人士。

［清］雍正 茶叶末釉花洗
（景德镇陶瓷馆藏）

近时发现雍正款积红瓶甚夥，皆玉壶春式，颜色斩新，经售者常悚然不宁，不敢以视明眼人也[1]，今亦十不存一矣。监守自盗者，以新换旧，以赝换真，虽有削瓜者之严明[2]，而亦未从研诘者也[3]。苹绿花瓶，满身苔点，泛泛于桃花春浪间，岂不美哉！惜大者下刻荷瓣，小者底足不稳耳。其略似油锤而哆口者[4]，殊不经见[5]。雍正天青大瓶，有能容五斗米者，状似玉壶春，而口逾侈，腹逾皤。又有豆青小瓶，高不及尺，状亦如之，而价相若也。雍正官窑款茶叶末大扁瓶，有凸纹甚巨，系仿汉铜者。式既修饬，色尤殊艳。官窑款识之采瓶，甚不经见。雍窑粉彩大瓶，双圈六字款，高二尺，式样绝美，颇似美人肩而略肥。上画白桃花一枝，红桃花两枝，所谓碧桃者也。画笔生动，娇丽无匹，使南田命笔[6]，难以复过。惜不著画者姓名，以视“蝴蝶落英”四字雍正款者①，不啻海若之于河伯矣（蝴蝶落英瓶自项至口，每作竹节式）[7]。

【校】

①“者”，石印本作“式”。

【注释】

〔1〕明眼人：识货者，有见识的人。

〔2〕削瓜者：指朝廷执法人。相传皋陶是舜时掌刑法的官员，《荀子·非相》：“皋陶之状，色如削瓜。”本此。

〔3〕研诘：仔细询问，盘问。

〔4〕哆口：张口。这里喻指口大而上沿外展之形状。

〔5〕殊不经见：特别少见。

〔6〕命笔：使笔，用笔。谓执笔作诗文或书画。

〔7〕海若：传说中的海神。《楚辞·远游》：“使湘灵鼓瑟兮，令海若舞冯夷。”王逸注：“海若，海神名也。” 洪兴祖补注：“海若，庄子所称北海若也。” 河伯：传说中的河神。《庄子·秋水》：“于是焉，河伯欣然自喜，以天下之美为尽在己。”陆德明《释文》：“河伯姓冯，名夷，一名冰夷，一名冯迟……一云姓吕，名公子；冯夷是公子之妻。”

雍窑鼻烟壶，多浑圆而长，有青花，有夹紫，有开片，人物戏剧，皆奕奕有神。道光窑鼻烟壶以蝈蝈著名，以有篾丝笼及葫芦(冬月养蝈蝈之具)花草者为最佳[1]。其彩画二女各弹琵琶者，大氐一满装，一汉装，虽未能免俗，而神采如生。元瓷大盘中晕紫色一大片，殊为艳绝，不必其为鱼也。边墙浅而直，与今式迥异。其宋瓷无紫釉者纹片雅靓[2]，光色幽沈[3]，尤足倾倒辈流[4]，盖哥哥窑也[5]。康熙棒锤式黑瓶，金彩山水，密林陡壑，甚似黄鹤山樵[6]。均窑紫色与月白并重，后人则尤重紫色，其实紫釉之干涩，而无蚯蚓走泥纹者，远不及月白莹润者也。月白而能莹润，则仿柴之雨过天青者也。

【注释】

〔1〕冬月：指冬天。

〔2〕雅靓：即“雅静”。雅致素静。

〔3〕幽沈：亦作“幽沉”。低沉，阴沉。

〔4〕辈流：流辈，同辈。

〔5〕哥哥窑：即哥窑。

〔6〕黄鹤山樵：元代画家王蒙（1308—1385），字叔明，号黄鹤山樵、香光居士。湖州（今浙江吴兴）人。与黄公望、吴镇、倪瓒合称“元四家”。能诗文，工书画，尤擅画山水。传世的代表作有《青卞隐居图》《春山读书图》《葛稚川移居图》《夏日山居图》《夏山高隐图》等，对明清及近代山水画影响甚大。

蚓走泥之直下者，又谓之泪痕。盖泪痕之润者，亦可称为蚓走泥。非若蚓走泥之干枯者，不得概以泪痕目之也。瓷器之别致而残缺者，使人可惜。玉器之完全而恶劣者，使人可嫌。世之君子，宁使人可惜，毋使人可嫌。山魈、木客[1]，狰狞可怖者也。蛩虫、粪蛆，龌龊可憎者也[2]。余所见瓷画标本多矣，有可怖之鬼怪，而无可憎之蛩蛆[2]。

【注释】

〔1〕山魈：古代传说以为山怪，又称“山萧”“山臊”“山缫”等，记述状貌不一。　木客：传说中的深山精怪，实则可能为久居深山的野人。因与世隔绝，故古人多有此附会。《太平御览》卷八八四引晋邓德明《南康记》：“木客，头面语声亦不全异人，但手脚爪如钩利，高岩绝峰然后居之。”

〔2〕蛩蛆：蛆虫。

骨董家最重别致，一变而为俶诡，再变而为华贵。华贵不已，流于糜费，误入歧趋，遂成恶劣而不可救药矣。雅、郑之辨[1]，理本循环[2]；清、浊之殊[3]，造于一念；差之毫厘，谬以千里矣。园蔬逾珍馐[4]，瓦缶胜金玉，所谓别致者也。披萝带荔[5]，吞刀吐火[6]，俶诡之谓也。金题玉躞[7]，威凤祥麟[8]，华贵之说也。翠羽饰于屏幄①[9]，白玉镂为楹联，则糜费矣。珊人之面目皆红[10]，玉女之眉发尽白，则恶劣矣。大氐山川、人物、花鸟、虫鱼，不写生于画师，而乞灵于珊玉[11]，此恶劣之所自也。

卧游代车马之劳[12]，尺幅有千里之势[13]，则写生之妙也。绫绢之寿不如纸幅，纸幅之寿不如瓷品；瓷品太脆又娇于纸绢，素纸、素绢不如素瓷，纯色之釉更仆难数[14]。较之彩纸、彩绢，其为优劣，何翅霄垠[15]？且瓶可插花，炉可焚香，杯、壶尽斟酌之欢，盂、合佐书画之兴，又非若纸、绢②二者仅能张之粉壁、装潢卷册而已也。然则骚人墨客[16]，矜为画师而耻为瓷工，果何故耶？寄托在笔墨之表，传神于阿堵之中[17]，固非纸绢不足以发其奇也。纸绢之与瓷品，其能巍然并存而不至偏废者，其在斯乎？其在斯乎？

中西画法迥异，故西人之重纸绢初不逮于瓷品[18]，晶玉之陋于瓷品，亦犹之锦绣之亚于纸绢也。以人物言之，纸绢瓷品而外，檀梨木也，脂翠玉也。浅雕者，添配陈设花木之类，即稍愈于透雕(搜空者谓之透雕)。透雕者，又颇逊于单个(即佛像一尊之谓)，单个者不乏华贵之姿，而镶嵌(譬如雕檀梨为山水，而别以玉人镶嵌其上)者实茹恶劣之毒，水晶、羊脂，弗及檀梨紫铜之较为雅驯也。铜寿最久，而敷彩设色难比瓷绢，遂让一筹，至以珊瑚、翠玉雕为士女，则至恶极劣，莫之能医者矣。

彼以刻工为能事者，刻士女不若刻樵牧③，刻樵牧④不若刻佛像，刻佛像不若刻鸟兽，刻鸟兽不若刻夔龙，盖夔龙颇仿古文，不棘于目也。蛟螭胜于龙凤，锦纹胜于蛟螭，花木胜于山水，鳞介胜于人物[19]，此檀梨雕刻之大凡也[20]。

就瓷品而论，青花则取其沈静[21]，五彩则喜其豪宕[22]；士女之文秀，莫如甲士之尚武，亦各有所取材，难以限于方隅者也[23]。几⑤之四足而琢为琴剑之式，树之花叶而缀以象贝之珍，摹雅而愈形其俗，求华而适以得窘，此之谓恶劣。今因说瓷而牵连及之。

【校】

①“幄”，石印本作“幄”，误。

②“绢”，石印本作“纸”，误。

③“牧”，石印本作“收”，误。

④“牧”，石印本作“收”，误。

⑤“几”，寂园本及石印本作“凡”。

【注释】

〔1〕雅、郑：雅乐和郑声。古代儒家以郑声为淫邪之音。因以“雅郑”指正声和淫邪之音。引申为正与邪、高雅与低劣。汉代扬雄《法言·吾子》：“或问，交五声十二律也，或雅或郑，何也？曰，中正则雅，多哇则郑。”

〔2〕理本：至治的根本。

〔3〕清浊：喻人事的优劣、善恶、高下等。

〔4〕逾：越过，超过。　珍馐：珍奇名贵的食物。

〔5〕披萝带荔：山鬼以薜荔为衣，以女萝为带。薜荔，蔓生常绿灌木，也叫木莲，古人称为香草。女萝，一种攀蔓悬垂的丝状植物。屈原《九歌·山鬼篇》：“若有人兮山之阿，披薜兮带女萝。”

〔6〕吞刀吐火：古杂剧之一，泛称魔术。出自汉代张衡《西京赋》：“吞刀吐火，云雾杳冥。”

〔7〕金题玉躞：形容书画或书籍装潢得极为精美。金题，押头也，犹今书面签题也；玉躞，系缚书卷的玉别子（又称“插签”）。宋代米芾《书史》：“隋唐藏书，皆金题玉躞，锦赗绣褫。”

〔8〕威凤祥麟：麒麟和凤凰，古代传说是吉祥的象征，只有在太平盛世才能见到。后比喻非常难得的人才。《宋书·符瑞志中》：“元康四年，南郡获威凤。”《宋史·乐志一》：“九年，岚州献祥麟。”

〔9〕翠羽：翠鸟的羽毛。此借指珍宝。　屏：亦作“庰”。亦称“屏匽”“屏厕”。隐蔽偏僻之处。厕所的别称。　幄：篷帐象屋之形，王及贵族出行于外临时歇息之所。《释名·释床帐》：“幄，屋也，以帛衣板施之，形如屋也。”

〔10〕珊人：珊瑚制作的人。

〔11〕乞灵：求助于神灵或某种权威。　珊玉：珊瑚与晶玉。

〔12〕卧游：谓欣赏山水画以代游览。后亦指看内容生动的游记、图片等。

〔13〕尺幅有千里之势：一尺长的画幅，画进了千里长的景象。比喻外形虽小，包含的内容很多。

〔14〕更仆难数：换了很多人来数，还是数不完，形容人或事物很多。《礼记·儒行》："遽数之不能终其物，悉数之乃留，更仆未可终也。"更仆，换人。

〔15〕何翅：犹何止，岂但。霄垠：天地，指差别很大。

〔16〕骚人墨客：指诗人、作家等风雅的文人。

〔17〕传神于阿堵之中：即传神阿堵。形容用图画或文字描写人物，能得其精神。传神，指好的文学艺术作品描绘的人物生动、逼真。阿堵，六朝人口语，即这、这个。南朝宋刘义庆《世说新语·巧艺》："顾长康画人，或数年不点目精（睛）。人问其故，顾曰：'四体妍蚩，本无关于妙处，传神写照，正在阿堵中。'"

〔18〕不逮：比不上，不及。

〔19〕鳞介：泛指有鳞和介甲的水生动物。

〔20〕大凡：犹大要、大概。

〔21〕沈静：亦作"沉静"。沉稳闲静，平静。

〔22〕豪宕：亦作"豪荡"。谓意气洋溢，器量阔大。指文艺书画作品感情奔放，不受拘束。

〔23〕方隅：指偕居于一偏。

［清］康熙 青花山水人物纹花盆
（镇江博物馆藏）

康熙青花大瓶，西人亦甚重。开片若下半有牛毛纹者，不以开片论，盖西人之所摈也〔1〕。康窑青花人物，以身段较巨、诙诡尚武者为可喜。近代官窑，莫非景德镇物产。而市人每以彩瓶之绿里绿底乾红（即抹红）款识者，不论官窑、客货，辄别其称谓曰九江瓷，可哂孰甚焉。瓷之绿里绿底及黑边、黄边者，皆取人憎厌，未能免俗者也。喇嘛庙中所出之先朝供品，式样、花纹亦颇嫌其俗，又多系绿里绿底者。宋均之"均"通作"钧"，以其出自钧台也。惟"均"字沿用已久，是以今世新窑款称"钧窑""均制"，实不可通也。若书作"宋钧"，人反不知所谓矣。乾隆款小碗画墨彩喜鹊二十只，妍丽无匹，又杂绘他色花木，较之"慎德堂"黄地群鹤饭碗，有聋昭之别〔2〕。

［宋］ 钧窑仰钟式花盆（故宫博物院藏）

【注释】

〔1〕摈：抛弃。

〔2〕聋昭之别：即郑昭宋聋。《左传·宣公十四年》："楚子使申舟聘于齐，曰：'无假道于宋 。'亦使公子冯聘于晋，不假道于郑。申舟以孟诸之役恶宋，曰：'郑昭宋聋，晋使不害，我则必死。'王曰：'杀女，我伐之。'见犀而行。及宋，宋人止之……乃杀之。"杜预注："昭，明也。聋，暗也。"后以"郑昭宋聋"比喻情况不同。

土坯而发现金碧之光彩者，殆亦岁久使然。近出奇式甚夥，如碗有横柄，非圆非方；杯有两翼，既平且长；此外屋形、塔形并猪、鸭、狗、马肖生之像均甚古拙，大抵冢中物居多。一切器皿，皆谓之陈设。碗开圆光，各画一欧罗巴人，且有盘外涂以胭脂水，盘内画一西国装束者，皆系乾隆客货，画笔较粗，殊不足珍也。乾隆官窑瓶件，有画极精美之洋人，更有牵一洋狗，而狗脸涂粉，神采奕奕者。康窑抹红地之彩瓶，往往开有圆光，红既残褪，彩亦暗淡，而大腹贾宝之〔1〕。唾沫星之所以异于水眼者，则以釉汁中所凝之水质有无泡沫为别。唾沫星之起沫者，其泡质中空，水汁不匀，有似卵幕（即蛋膜也）。若水汁晕于四围，逼成无数圆形之小点而星星不散者，则精华之所凝冱也〔2〕，故水眼为旷代一遇之绝品〔3〕。窑变仿均，青紫交汇，如残烛之泪涓涓下垂〔4〕。

【注释】

〔1〕大腹贾：旧时称富商。含讥讽意。

〔2〕凝冱：结冰，冻结。

〔3〕旷代：空前，绝代。

〔4〕涓涓：水流淌貌。

茶叶末纹理之佳妙，有若干(音甘)泥团之疏散于水中者，且其渐渐晕开，汇于底足，围绕周遭，直如鳝鱼腹皮之姿态流动，又于窑变外很少佳

［清］乾隆 茶叶末釉绥带葫芦瓶
（镇江博物馆藏）

趣。若广窑釉汁，本系青灰质地而有极艳之蓝色，晕成纹片，亦足为苹果色之喷绿雾者，助其后劲〔1〕。茶叶末以滋润、鲜明、活泼三者为贵，广窑苹果绿亦然。若苹绿而干枯板滞，虽宣德名窑，亦适足为累矣。而况于广窑乎？况于茶叶末乎？茶叶末黄杂绿色，娇娆（句）而不俗，艳于花，美如玉，范为瓶，最养目。

【注释】

〔1〕后劲：承前而无衰弱之状态。

嘉庆窑小酒杯，抹红六字款，至无足贵，而能备赤金、茄紫、粉红、抹红、天青、蛋青、鹅黄、硬绿及赭、墨诸色，画笔亦甚有可喜者（详见《斗杯堂札记》）〔1〕。乾窑瓷品，不但画碧睛棕发之人，其于楼台花木亦颇参用界算法，命曰洋彩。范铜为质，嵌以铜丝，制为花纹，中填色釉，厥为景泰蓝。范铜为质，不嵌铜丝，满浇釉汁，加以彩绘，厥为洋瓷。质系华瓷，笔法迥异，参用西算〔2〕，有类界画，厥为洋彩。铜地而瓷画者，洋瓷也。瓷地而界画者，洋彩也。道光窑人物，喜画《无双谱》〔3〕，甚不见佳。康窑无款小采瓶，作美人肩式，长不过三寸，杂画草虫，沙底螺纹十数道。雍正官窑小采瓶，式样甚多，以马蹄尊画二绿螭者为较美。豇豆红之黯败如乳鼠皮者（指康熙小瓶、太白尊、扁盂而言），积红之黯败似猪肝者（康、雍、乾三朝盘、碗、瓶、罐而言），虽有官窑六字款，而价亦甚低。若仿制之宝石釉，果其颜色鲜艳，虽斩新皿物，值又颇昂。公卿舆台〔4〕，本无种子〔5〕，人贵自立，岂不信哉？是以道光彩画之殊绝者，且与康彩比贵也。

【注释】

〔1〕《斗杯堂札记》：本书作者寂园叟的另一部著作。

〔2〕西算：西方的算术，当指几何学。

〔3〕《无双谱》：全称《南陵无双谱》，绍兴金古良画，御用刻工朱圭镌刻，刊于清康熙三十三年(1694)。画从汉代至宋1400多年间的40位名人，如项羽、苏武、李白、司马迁等。以其事迹举世无双，故称《无双

谱》。画有题诗，毛奇龄《序》称：“是谱名无双，而实具三绝，有书，有画，又有诗也。”

〔4〕公卿：三公九卿的简称，泛指高官。　舆台：古代十等人中两个低微等级的名称。舆为第六等，台为第十等。泛指操贱役者，奴仆。《文选·张衡<东京赋>》：“发京仓，散禁财，赉皇僚，逮舆台。”

〔5〕本无种子：司马迁《史记·陈涉世家》载，陈胜号召同行戍人起义说：“王侯将相，宁有种乎？”本此。

某一朝之玉器，其形式、状态亦略与某一朝之瓷器相仿佛。有黄玉盖碗，遥而望之，知为乾隆时代物，盖其式样决定之也。乾隆墩子式之三果彩碗，语其式样则宽博敦厚，衡其画法则整饬工致，论其采色则鲜腴停匀[1]，亦普通之佳品也。道光仿制乃不差絫黍[2]，非翻视款识，几莫之能辨。嘉、道之抹红地十六子彩碗，直追康窑，是以价值亦不甚相悬。新瓷式样以仿旧为能事，而旧瓷式样又以翻新出奇为尽态极妍[3]。于是乎一代有一代之制度，一朝有一朝之精神。雍窑东青钵缸，厥底浑圆，余所拟为不倒翁者是也。上有圆盖，盖内有双圈六字楷款，其与豆青瓷豆正复相同。青花夹紫，盛于康窑，釉汁之最能耐久者也。或青云而紫龙，或青干而紫花，或青爪而紫翎，或青字而紫印（《贤臣颂》之笔筒是也），此种紫釉多夹绿点，直与釉里红无异。

［清］乾隆 粉彩鸡缸瓶

（景德镇陶瓷馆藏）

【注释】

〔1〕停匀：均匀，匀称。

〔2〕不差絫黍：犹言丝毫不差。絫，亦作“累”。古代重量单位名称。黍，微小的重量。《汉书·律历志上》：“权轻重不失黍累。”颜师古注引应劭曰：“十黍为累，十累为一铢。”

〔3〕尽态极妍：容貌姿态美丽娇艳到极点。

洋瓷以乾隆朝有款者为最精，盒则锦地开光，小瓶则黄地花朵，皆系妙品，然不如女神像之珍秘也。洋瓷款识，亦以胭脂红为佳品，天青次之。

乾隆堆料款有天蓝铁线篆[1]，笔意精美绝伦。惟所画花卉团簇繁丽，略如古之锦灰堆[2]，且多系黄地，不如白地者之疏落①纤秀也。白地花卉以有翎毛或草虫者为弥旨[3]，而西人固不重白地也。

【校】

①“落”，石印本作“若”，误。

【注释】

〔1〕铁线篆：小篆的一种。学者以为由秦代《泰山刻石》《琅邪台刻石》等玉箸书风脱出。用笔圆活，细硬似铁，划一首尾如线，故名。唐代李阳冰篆书亦称“铁线篆。”

〔2〕锦灰堆：明清瓷器惯用的一种图案，又称锦盆堆、规矩花。朱琰《陶说》卷三《说明·造法》：“锦灰堆，折枝花果堆四面也。”

〔3〕弥旨：更加美好。

远镜与电话二者，使吾华古人闻之，必以为妖异也。有思想而后有形式，而后有世界，理想所有皆实象。所有明瓷大瓶，每多彩画《封神榜》之千里眼、顺风耳[1]，何其与今世纪不谋而同符耶[2]？是故以理想入画者，终当征诸实验，余言岂妄哉？①

【校】

①此节文字，石印本缺。

【注释】

〔1〕《封神榜》：又名《封神演义》《商周列国全传》《封神传》等。明朝陈仲琳（或许仲琳）撰，一说作者为明代道士陆西星。　千里眼、顺风耳：《封神演义》中虚构的轩辕庙中的两个鬼使。见该书第九十回。

〔2〕何其：怎么那样。　不谋而同：事先没有商量过，言行却完全一致。

一瓶之式样，千变万化，无有穷期，故瓶独尊于他品。籞内瓶破，若沟中红叶，流出人间，瓷片作浅青色，质厚而粗，盖唐窑也[1]。较之霜雪轻坚，扣如哀玉者，殊不侔矣。均窑方式坐磡，紫色亦美，而坯质泥松，同符朱说[2]。宋紫最秾丽[3]，至元世犹有“鱼釉”之称，然已婢学夫人[4]，后此竟绝响矣。康红最嫣，超轶有明[5]，雍窑亦颇能嗣音[6]。乾隆以来，江河日下[7]。故好紫者必推宋、元，怡红者止于雍、乾。粉定至沈静，而边有三魔，一犯之则蹉跌矣[8]。曰黑边，曰黄边，所谓紫口者也，曰铜边。之三边者[9]，古之所重，今之所轻。

【注释】

〔1〕唐窑：清代唐英在景德镇所督造之窑器。

〔2〕同符朱说：与朱琰《陶说》相合。同符，与……相合。朱说，朱琰著《陶说》。

〔3〕秾丽：艳丽。

〔4〕婢学夫人：婢女学作夫人。比喻刻意去学，却总不能像。

〔5〕超轶有明：超过明朝。超轶，超过，超越。有明，指明朝。有，词头。清代李斗《扬州画舫录·新城北录下》：“仲子乃尽阅有明之文，得其指归，洞彻其底蕴。”

〔6〕嗣音：谓继承前人的事业，如响应声。

〔7〕江河日下：江河的水一天天地向下流。比喻情况一天天地坏下去。

〔8〕蹉跌：失败。

〔9〕之三边：这三边。

墨①釉狻猊，身如狮而角如羊，极有威猛。釉之剥落者，彩绘之釉，其釉易补；纯色之釉，其釉难补。苹果绿者，三百年物也。苔衣成片，杂以霞珠，寂坐丛篁怪石间[1]，瀹茗焚香，眷言相对[2]，较之明祭华贵，粉定幽娴，益觉隽而弥旨[3]。红瓷奇彩眩眼，不能逼视者，盖明祭也。

【校】

①“墨”，静园本作“黑”，据寂园本及石印本改。

【注释】

〔1〕丛篁：丛生的竹子。

〔2〕眷言：亦作“睠言”。眷恋回顾貌。言，词尾，无义。《诗经·小雅·大东》：“睠言顾之，潸焉出涕。”

〔3〕隽而弥旨：意味深长。

祭红不始于郎廷极，厂人乃误为郎世宁，且以雍正、乾隆间之欧罗巴人为明人。又况郎廷极所仿者以成化彩为最多，何独以祭红属之郎窑耶？明瓷红碗，类多铜镶其口，雍、乾时代何尝有此制度？或曰郎窑乃南窑之讹，譬彼绿色底里者曰九江瓷也。官窑品物无论采绘与色釉，今孰不自景德镇来者？而必于绿底绿里之瓷乃区而别之曰九江耶？南之于郎，亦恐蹈望文生义

之诮[1]。今遇朱紫伟厚之器皿[2]，若苹果①底、若米汤底者，倘不以郎窑之名名之，则市人皆弗详所指，且鲜不诧为倒绷孩儿者[3]，呼马呼牛，余惟从众云尔。

明祭之鲜红而亮者为玻璃釉，其黯晦者为橘皮釉。明祭之鲜红而亮者亦有厚釉、薄釉之分。红之中有绿，亦窑变耳。其细碎而凝结者曰苔点绿，其喷散若烟雾者曰苹果绿。

【校】

①“果”字后，寂园本有一“绿”字。

【注释】

〔1〕望文生义：不了解某一词句的正确意义，只从字面上去牵强附会，做出不确切的解释。清代张之洞《𬨎轩语·语学》：“空谈臆说，望文生义。” 诮：嘲讽。

〔2〕朱紫：红色与紫色。

〔3〕倒绷孩儿：接生婆把初生婴儿裹倒了。比喻一向做惯了的事因一时疏忽而弄错了。绷，包扎。《事文类聚》前集卷二七：“岂有三十年为老娘而倒绷孩儿者乎？”

［元］ 龙泉窑青釉玉壶春瓶
（义乌市博物馆藏）

瓶高约二尺，口有双边，项较细而颇短，自肩及踵占七分之五，直若截筒，围径二尺弱，曰硬棒锤。上杀下丰，口巨躯短，长约六七寸者曰如意尊。二十馀倍如意尊之大，而有两鹿头为耳，彩绘百鹿者为百禄尊。似如意尊而肩长及项，项长及口，由瘦以入肥，而又苗条有姿致者曰美人肩。似太白尊而口大数寸，状如马蹄者曰矮马蹄，盖水中丞也。状似美人肩，而项短腹大，口颇侈者曰玉壶春。状似美人肩，而自口至项均甚细瘦，并不以次递加，直至腰腹而突然膨脝者，为油锤。形如油锤而项甚肥，直下如截筒者曰饽饽凳。瓶高二尺许，口侈，项较短，肩围宽博，下及于胫，以次稍稍递减，自肩至胫占五分之三，胫与项相若也，口与底相若也，胫及于底又稍稍加丰，则谓之观音尊。器无论方圆，周遭量之谓之圆径。对直量之，谓之直径，亦谓之对径。

康窑蓝绿皆浓厚，故曰硬彩。雍窑则浅淡而美观，有粉故也。其无粉者亦羼以他质之淡汁，在著色中推为妙品。乾隆初年，去雍未远，倡条冶叶不乏奇丽之观[1]。中叶以后，深厚固不如康熙，美丽亦不及雍正，惟以不惜工本之故，犹足以容与中流[2]。嘉、道而降，画工、彩料直愈趋愈下，而极精之品犹自有不可埋没处。

万历五彩，草昧初开[3]，往往显其拙相。康窑画笔老横，雍正一出以峭丽[4]，皆非寻常匠手所能几及[5]。乾隆惟以工致擅场[6]，殆少奇趣。此事虽细，亦颇关气数[7]，不可强也。嘉、道以后，循规蹈矩，未尝不黾勉学步[8]，而出神入化之绝艺或①几乎息矣。

【校】

①“或”，静园本作“武”，据寂园本及石印本改。

【注释】

〔1〕倡条冶叶：喻指色情场所。倡，通“娼”。冶，妖艳。唐代李商隐《燕台四首·春》首两联云：“风光冉冉东西陌，几日娇魂寻不得。蜜房羽客类芳心，冶叶倡条遍相识。”

〔2〕容与中流：位居中等。容与，徘徊犹豫，踌躇不前貌。

〔3〕草昧：创始，草创。

〔4〕峭丽：遒劲秀丽，壮美。

〔5〕匠手：技艺高明的能手。　几及：达到。

〔6〕擅场：压倒全场。指技艺高超出众。

〔7〕气数：运气、命数，谓命运注定的时限。

〔8〕黾勉：勉力，勉强。

康、雍彩盘边作古锦纹而开光三五[1]，中绘花枝者，皆客货也。式样极浅，宜于张挂。论盘中之画，花卉更劣于人物。而杂绘牡丹、锦鸡，此种康窑，画笔尤为粗率，千篇一律，所在多有。且赝品至多，极为可憎。若雍窑之面盆，往往并无款识，而作彩花数朵，疏密相间，美丽殊伦[2]。其盆又皆细沙底也。

康窑佳式之瓶，以观音尊、大棒锤为最多。然多系客货，有双圈底，有双圈秋叶底，亦有无圈无叶者。偶遇有款之瓶，大都仿题成化，或且于款之四周彩绘龙物，要皆一例豆彩，无所谓硬彩也。其所谓硬彩者，盖往往无款识也。豆彩成化款者，郎窑也。康彩小棒锤瓶，画笔尤粗，若小观音尊，

［清］乾隆 粉彩开光山水图镂空盖瓶
（故宫博物院藏）

则不经见也〔3〕。粉定盂洗凸雕花卉，而以双鱼为名贵，其双鱼之中雕有篆书“富贵大吉祥”或“宜子孙”“宜侯王”等字者，弥复难得〔4〕。若康熙以前之白瓷大开片而又有双鱼者，亦足珍也。洗面者谓之洗（即面盆也）。其次洗手，其次洗笔，亦皆谓之洗。小至荸荠扁式之红盂，乃水丞耳，而亦谓之洗。故洗之大者曰盆，洗之小者曰盂。

乾隆积红略分三时代，初叶似康、雍，末叶似嘉、道。嘉道之积红已属亡赖之尤〔5〕，再后即无所谓积红者也。

【注释】

〔1〕古锦纹：古代锦绣的花纹。　开光三五：谓制作瓷器时，在其三或五处部位留出某一形状（如扇形、菱形、心形等）的空间，然后在该空间里饰以花纹进行装饰。开光之法，先施圈栏，内绘花彩，外填色釉，以成图案。开光，本谓神佛的偶像雕塑完成后，选择吉日，举行仪式，揭去蒙在脸上的红绸，开始供奉，后借指对某一部位作特别修饰；三五，三或五，开光的数量。

〔2〕殊伦：指出类拔萃。

〔3〕不经见：不常见。

〔4〕弥复：更又，尤其。

〔5〕亡赖之尤：最不合规矩者。亡赖，无赖，不务正业。尤，特异、突出。

何以谓之豆彩？豆者，豆青也，谓釉色之青如青豆者也。豆之青者有深有浅，厥色亦至有不齐，大氐淡于康窑之硬绿也。纯色曰豆青，杂以他色曰豆彩。康窑之仿明人物，颇多绘画豆彩者，大氐杂彩花纹独以豆青一色占其多数，故别其名曰豆彩。豆彩始于康熙，盛于雍正，而式微于乾隆〔1〕，嘉、道以后殆未之见也。或谓豆彩声价远逊粉彩，盖又不尽然。豆彩花样如果与硬彩无异，诚不能及硬彩之昂贵。至与粉彩相较量，更当以画手之工拙为论断，非仅就彩色言之也。彼次等官窑之盘、碗，往往点绘花纹，无所取义，近似攒凑〔2〕。观者视如劣品，遂有目豆彩为逗①彩者，言其彩色碎点

［清］乾隆 斗彩开光农耕图扁瓶
（天津博物馆藏）

姘逗而成者也[3]。亦名之曰斗彩，言杂彩鳞比若斗者之争竞激烈也[4]。古者瓷学迄少专书，辽村贾胡望文生义[5]，洵可哂也[6]。

豆彩言人人殊，大氐市侩俗流，转相附会，古书散佚，久而阙传，近代绩学之士[7]，又都有力者鲜也。其稍稍有力者，亦见不及此，骛远谈高[8]，罕有专家之考据[9]。自笠亭传本外[10]，此调乃成绝响矣。至祭红、积红，均以宝石为恶泽，笠亭犹不免自歧其说[11]，矧其下焉②者乎[12]？

【校】

①“逗”，石印本作“逼”，误。

②“焉”，石印本作“马”，误。

【注释】

〔1〕式微：衰落。

〔2〕攒凑：聚集、拼凑。

〔3〕姘逗：拼凑嬉戏。

〔4〕鳞比：像鱼鳞般地依次排列。

〔5〕辽村：辽代海王村。清李岳瑞《春冰室野乘》卷下“百年前海王村之书肆”条下注云：“琉璃厂于辽为海王村。”本此，故称。本书下亦云：“辽之海王村也，亦曰燕乡，燕下乡之海王村也。” 贾胡：外国商人。

〔6〕洵：确实、实在。

〔7〕绩学：学问渊博。

〔8〕骛远谈高：比喻不切实际地谈论过高、追求过远的目标。骛，通“务”，追求。

〔9〕考据：指对古籍文字音义和古代名物的典章制度等进行考核辨证。

〔10〕笠亭传本：指朱琰撰瓷学专著《陶说》。

〔11〕自歧其说：自己的说法前后不一致。

〔12〕矧：何况，况且。

尘星之晕成黄色，自为片段，若炒米釉者，或亦谓之鹧斑，不独兔毫盏可与媲美，近出建窑乌泥瓷甏碗，类多有兔毫者。有釉里红，有釉里蓝，有红蓝相间者，有独为蓝色者。乾隆之釉里红，亦偶有苔点绿，然退化甚锐[1]，后此则真黯淡无聊者矣。苔点绿始于宣德，而迄于康熙。若雍窑之粉色积红，偶杂苔点，亦殊患其有尘星也。尘星在白瓷中，为历年久远之证。若羼入苔点绿中，殊为减色[2]。宣窑之苔点大而鲜，雍窑之苔点细而暗。若晕成一片之苹果绿，惟康窑有之，此其所以独绝也。近世欧美所发明之新理，必非亡谓矣[3]。

【注释】

〔1〕锐：骤，急剧。

〔2〕减色：差，逊色。

〔3〕亡谓：没有意义的事。

［清］乾隆 胭脂红釉蒜头瓶
（故宫博物院藏）

雍窑之美人祭，乃祭红之淡而艳者。美人霁，其俗称也。康熙实只有苹果绿，初无所谓美人霁。沪滨以美人祭属之苹果绿[1]，不误而误也。祭红之淡而艳者，有似牡丹之嫩蕊，熹微朝露而又光采焕发[2]，至为匀净，丝毫不杂以他色。

豇豆红与茄皮紫之所以分别，辨色甚易，而名言甚难[3]。豇红在若鲜若黯之间，过鲜则为茄皮紫，稍黯又成乳鼠皮。语其难能可贵，至于不能形容，宜乎世之重苹绿者，相提而并论之也。

登峰造极，各有独到之处，而不能以相掩也。曰均紫、曰宝石红（即有明之祭红①，国初之红郎窑也）、曰苹果绿、曰豇豆红、曰美人祭（皆积红也）、曰胭脂水、曰雨过天青、曰粉定、曰吴十九之卵幕杯。至于硬彩、粉彩，则又争妍竞胜，各出其奇，不可执一端以为名言者也。别致而有特色者曰粉定夹彩、曰胭脂水夹彩、曰凸雕粉定、曰葡萄水。

若积红、西湖水、秋葵绿、茄皮紫、新橘、抹蓝、生蛋黄、鸡油黄、窑变、仿均，抑其次也。若茶叶末、鳝鱼黄、古铜彩、东青、豆青，影青又其次也。下至积蓝、鱼子蓝、抹红、建瓷之属，又次之次也。惟青花一种，优劣相去万万[4]，亦正与五彩同。

【校】

①“祭红”，静园本作“红祭”，据寂园本及石印本改。

【注释】

〔1〕沪滨：称上海。

〔2〕熹微：微明，光线淡弱的样子。

〔3〕名言：称说、描述。

〔4〕相去万万：形容相差很大。

有一种盘、碟，表里皆如浓深之积蓝，而釉质发亮，亦名曰玻璃釉，康、雍、乾三朝皆有之，略有似于毡包青也。料质烟壶有倭瓜（即俗所谓北瓜也）瓤、西瓜水（红色）各色，而瓷质曾不经见（馀不贵料质烟壶，而有时亦颇蓄之者，则以瓷品、瓶件所未备之色，不得不借料质烟壶以弥其缺憾也）。乾隆古月轩料器彩画之工，旷世一遇。若瓷器之填料款者，亦只曰仿古月轩款耳，不必其轩中藏庋之品也。明祭之与郎制，后先晖映[1]。橘釉不如亮釉，薄釉不如厚釉。宣红橘釉近紫，虽甚黯晦，实颇高于郎制。红瓷大观音尊及盘、碗之属，无论苹果底、米汤底，皆有仿哥冰纹，大氐朱明故物。其白釉涂底而并无冰纹者，或又郎制为多。

雍正朝年希尧所制青花小罐绝夥，彩瓶亦精致。今世肆中惟一种积红小瓶目为年窑，他不之省也。雍正官窑大瓶，式样略似如意尊，所画红梅、水仙、山石、草地，与雍窑过枝彩碗甚相似，有天竺豆而无翠竹[2]，此其小异者也。水仙精妙绝伦，葳蕤垫角[3]，尽态极妍。梅树下鹌鹑，厥数有九，三只在地觅食物，二只交翅宛颈，两吻相接，其一高张两翼飞且行，又非脂水宫盘所能几及者矣。

【注释】

〔1〕晖映：光彩照耀。

〔2〕天竺豆：从印度传来的一种植物。天竺，古印度别称。

〔3〕葳蕤垫角：以葳蕤为衬托。葳蕤，即萎蕤，草名。垫角，一种头巾。这里用指衬品。本《后汉书·郭太传》载，郭太，字林宗，有盛名。曾出行遇雨，“巾一角垫，时人乃故折巾一角，以为‘林宗巾’”。后以用“垫巾”“垫角”为高雅。

后周雨过天青，不可得而见之矣。赵宋所仿之青瓷，即今所谓东青者也。宋哥、弟窑之雅靓①者，殊耐人咀味〔1〕。日本绝重广窑，谓其国某氏来华所制，声价乃过于宋均，亦好事者欺人之语耳。积红器皿，红釉中杂现白花，微微凸起，乃本色之釉，命曰露骨。而以蝶形为雅饬，即《博物要览》所载西红宝石烧出鱼形者也〔2〕。影青双龙小杯，凹雕"大明宣德年制"楷款，而款上又颇罩有釉汁也。

【校】

①"靓"，石印本作"覩"，误。

【注释】

〔1〕咀味：品味。

〔2〕《博物要览》：12卷，明末清初谷应泰（1620—1690）撰。其书论列古器物、字画、织绣、印宝等艺术品。谷应泰，字赓虞，号霖苍，直隶丰润（今河北丰润）人。

［清］乾隆 胭脂红地划花福海纹碗
（上海博物馆藏）

纯庙御笔所钤①极小玺章，上圆而下方，圆者阳文（即朱文也）曰乾（用卦文作三画），方者阴文（即白文也）曰隆，亦多有施之瓷品者。康熙彩瓷之画人物，女不如男，文不如武。胭脂水两面色釉之器皿，最为殊特，实与夹彩珍品同称罕觏〔1〕。雍窑海棠圆式小碟，直径可四寸，六字双圈楷款，四角各有凹直线一道，鲜艳殊绝。凡所谓六字款者，皆"大清某某年制'六字。凡所谓双圈款者，皆大字楷书，圈作圆形两道。其方圈两道，皆小楷也。篆书六字方式者，俗谓之图书款。万历小酒杯四字楷款，画两儿于上，一衣抹红，一衣豆绿，绿彩尤鲜明，亦希罕之品。

【校】

①"钤"，石印本作"铃"，误。

【注释】

〔1〕罕觏：极少见。

康窑影青双龙杯，虽不如吴十九卵幕之精，亦颇称难得。雍窑豆彩番莲杯，嵌有喇嘛奇字者，式样尤极可爱。雍窑天青酒缸，高五六寸，口径三寸弱，底径二寸强，底系六字篆书凹雕，款上蒙色釉，亦贵品也。雍窑积红酒杯，内作鸡心窠（杯心圆而略深，以次递锐，谓之鸡心）者，式样绝美，六字双圈款，沿口泛白色，在积红釉中亦最为鲜妍，式样最小，宜斟汾酿。予①在王城二十馀年[1]，特仅一遇耳。成化四字款酒杯，冰纹入骨，颜色葱翠，俗之所谓绿郎窑者，紫口铁足，世人乃不知宝贵。

【校】

①“予”，石印本作“子”。

【注释】

〔1〕予：同“余”，我。　王城：都城。

六字款横者三行，直者双行。东青唾具，雍正六字篆款，高尺馀，口径半尺强，牛毛纹绝雅饬，又神似甚矮之花觚也。雍正仿均花盆，状如灵芝，大如折箑[1]，而有四足，篆款极优美。雍正仿均，以淡色东青为质地，和以紫釉，散如杂星，亦颇夹灰墨小点，而青紫交晕，天然浑合，甚难觅也。釉质甚平而内现粗纹，屈曲蟠折，若蚯蚓之走沙泥中，均窑、汝窑皆有之。均窑之莹润而直下者，则谓之泪痕。鉴家辨乎此，恒决为真宋物也[2]。

［明］宣德　青花海水纹渣斗
（故宫博物院藏）

【注释】

〔1〕箑：扇子。扬雄《方言》：“扇，自关而东谓之箑，自关而西谓之扇。”

〔2〕恒：常。

雍窑扁瓶，腹之左右两端作圆形，口横而方，较腹为小，底相若也。双耳式若飘①带，东青色，牛毛纹，古趣盎然，耐人寻味。圆罐之稍长者，高及尺，肩耸博，左右各有半圈形，盖凸雕而罩以釉汁者，俗谓之日月罐。以东青色乾隆篆款者为多，惟康窑始有积红耳。深绿之有棕眼者谓之新橘

（橘之未黄者也），近墨者为鳖裙，近黄者为蟹甲，此三者为一类。瓜皮绿分二种，一小开片，一无片，而皆有光彩。雍窑新橘小缸，表里一色，周身鬃眼，细沙底，刻篆款其上。抹红款甚不足贵，而“慎德堂”独为秾艳，楷法亦不恶。广窑凹棱小酒杯，中有蓝晕，外有极淡之朱砂斑，若指螺所印者，价值奇昂。乾隆积红美人肩式花瓶六字篆款，颜色微紫而有金彩梅花，笔法良美，其特色也。

【校】

①“飘”，静园本作“飖”，据寂园本及石印本改。

［清］雍正 蟹甲青釉瓜棱罐
（故宫博物院藏）

绿瓷造端于青瓷，绿之浓厚者为瓜皮绿，为新橘。其微黄者为蟹甲青，稍黑者为鳖裙。若鹦哥绿则近于浅蓝，亦殊葱翠，然不为时论所重〔1〕。若葡萄水，若苹果绿，则超超玄箸矣〔2〕。彼秋葵绿与西湖水二者，亦颇足珍也。此外，茶叶末又分深浅数种，且有鼻烟与菜尾之殊，殆难可一二数也。惟豆青一门，宜以绿色当之。若东青、鱼肚白则渐远渐淡，入于素瓷本色矣。苹果绿不在诸绿之中，而独超然于诸绿之上〔3〕，不亦奇耶？

积蓝、玻璃蓝（即亮釉之蓝）最深，有芝麻星者为鱼子蓝，天青乃蓝色之甚浅者，东青色颇淡而可入于蓝，可入于绿。积红夹彩一种，宣窑时一见之。较胜于祭红之夹彩者，何也？一开片，一不开片耳。明祭有玻璃釉，积蓝有玻璃釉，窑变亦有玻璃釉。

【注释】

〔1〕时论：当时的舆论。

〔2〕超超玄箸：指言论文辞高妙又明切。超超，高超。玄，微妙。箸，通“著”，明显。南朝宋刘义庆《世说新语·言语》：“我与王安丰说延陵、子房，亦超超玄箸。”

〔3〕超然：高出。

有一种小罐，釉质略似芝麻酱，底系螺纹十馀道，中微凹而有光线一道，闪皪活泼[1]，在若隐若现之间，名曰指南针。无论如何摆动，光线所指方位不移，特晃漾如空际金蛇不可捉摸耳。此等绝艺，云只一人能为之，盖在雍正年间云。余曾于某先生座上一觇其异[2]。

雍窑粉彩盘、碟，于牡丹一门无美不备。径寸者，三寸者，五寸者，七寸者。三寸又分二种，或平底，或凹底，各极其妙，不相掩也。

有一种小虫，翠羽红襟，纤丽波峭[3]，头尖如舵尾，两眼微细，生于锐额之顶上，双须较短，能飞而不能鸣也。余儿时，辄闻塾童呼其名曰“桂花卖胭脂”，盖随俗沿传，无关典要者也[4]。此虫入画者绝少，绢绣颇不经见。道光浅蓝款之中碗绘有此虫，又杂以豆花蝈蝈之属，光采甚都[5]。

【注释】

〔1〕皪：明亮，鲜亮。

〔2〕觇：暗中察看。

〔3〕波峭：指俊俏有风致。

〔4〕典要：经常不变的准则、标准。

〔5〕甚都：很美。

鹦哥绿，甚不似鹦哥也，色微近于浅蓝，宜正名曰翠羽。然较其秾艳，又弗若真翠，且新制夺古，无足贵也。有一种翠地紫纹之垩，质细碎若鱼子，或若鸡翅木之文①理，市侩强名之曰均釉[1]，殊可憎也。宜兴砂皿，上罩釉汁多甜白、淡青二色[2]，乃欧氏所仿，曰宜均也。或以属之瓯越，误矣。欧氏原制尚有可观者，后人转相摹拟，纹片日益琐②细，亦殊可厌。

广窑谓之泥均，其蓝色甚似灰也。日本以为其古先国人来至吾华，手所创制，特宝贵之，实无根之谈[3]。近则方寸小品，几于媲价苹青[4]，亦自有说以处此也。于灰釉之中旋涡周遭，颇露异彩，较之雨过天青尤极秾艳，目为云斑霞片，不足以方厥体态[5]，视彼窑变泪痕若零雨之直下者，匪可相提并论[6]。《洛神赋》曰[7]：神光离合，乍阴乍阳[8]。彼其潆洄缭绕之姿致[9]，以苹青之珠晕例之，斯其流亚者欤？又有时于灰釉中露出深蓝色之星点，亦足玩也。

【校】

①“文”，石印本作“纹”。

②“琐”，静园本作“锁”，据寂园本及石印本改。

【注释】

〔1〕市侩：买卖的中间人，或称牙人。这里泛指古董商人。

〔2〕甜白：瓷器釉色名，或作“填白”。胎质极纯而精润的白瓷。

〔3〕无根之谈：没有依据的说法。

〔4〕媲价：比价，媲美。

〔5〕方厥：比拟它。

〔6〕匪：不。

〔7〕《洛神赋》：原名《感鄄赋》，一般认为是因曹植被封鄄城所作；亦作《感甄赋》，“甄”通“鄄”，但也有人认为其写作牵涉到曹植与魏文帝曹丕之妃甄氏之间的一段错综复杂的感情。曹植（192—232），字子建。沛国谯（今安徽亳州）人。三国时魏国诗人。他是曹操与武宣卞皇后所生第三子。

〔8〕神光离合，乍阴乍阳：光芒闪烁，忽明忽灭，不可捉摸。

〔9〕潆洄：水流回旋貌。

以绿里瓷（即俗所别为九江瓷者也）伪具作为酒器，至猥极亵，万于鞋杯[1]，而西人嗜之，秽矣。葡萄水甚似西湖水。而市俗所名为西湖水者，色又近于松花石，并不似西湖水也，且有略泛蓝色者。蓝与紫相和，而蓝色浓厚者，谓之毡包青，德人嗜之。馀他书所载青花，不注时代，皆康熙之无款者，大氐双圈或圈内有秋叶者。乾隆大字篆款天球瓶，青花夹紫，桃实嫣然。雍彩花卉，干作墨彩，久而褪落。而盆画有络纬娘[2]，意态生动，不减康雍之蝈蝈也。盆底有指螺印数丛，是其特色。

【注释】

〔1〕万于：万倍于，谓极甚。

〔2〕络纬娘：虫名。即莎鸡，俗称络丝娘、纺织娘。夏秋夜间振羽作声，如纺车响，故名。

康窑七寸碟，四围淡赭锦纹，分嵌“万寿无疆”篆字，盖六旬庆典所制，以赐大小臣工者也。画笔各体皆工，人物、鸟兽、山水、博古乃无一不备，而以花卉草虫为绝生动，且贤于雍窑彩盆也。康窑青花粥罐，左右各有两眼以穿铜环，故不甚可贵。而画笔生动，颜色鲜艳者，亦颇为鉴家所珍。

雍窑天青渣斗与圆盂，皆堪宝贵。供盘细腰而丰趺，趺之内层六字横楷款，笔法整饬。近出天青中碗，表里一色，质薄而色丽，故可藏也。供碗作鱼肚白者，里外凸雕古纹，精美无伦，亦雍窑也。雍窑天青高酒缸，质绝厚而色殊浅淡，高半尺许。直径三寸弱，底径二寸弱，外容与底一色，底有阴文雕篆六字，罩以釉汁，亦有作鱼肚白者。小花浇之似爵者，可用为酒器也。

［明］宣德 青花缠枝牡丹纹蟋蟀罐
（苏州文物商店藏）

道光窑墨床〔1〕，每画一人牵懒驴过桥，极有神态。若茗碗画骑驴少年，类拖辫发，则康、雍所未有也①。康、雍所画风雪寻梅之一翁一僮，又非道光窑所能几及者矣。蟹甲青以雍窑为最美，有瓶、罏、盆、缸之属。

古瓶何以无底？晋人赛会以媚偶像〔2〕，壮夫叉②手于腰，短衣健步，用示威猛，复以铁絙围于腰际〔3〕，绕臂膊而出诸肩上。肩有瓶，铁絙从瓶底上出瓶口，则敲碎瓶底以贯穿之，更饰彩衣小儿立瓶上，大抵装点戏曲，命之曰台阁。铁絙至末渐细瘦，又缚于儿之腰际，儿赖以不坠。于是以台阁媚神者〔4〕，岁必坏多瓶。不问其为康窑为雍窑也，嘻其傫矣〔5〕。

康熙硬彩蟋蟀③罐，每画故事一则，山水、树木，俱有精神。盖上亦画人物，内容沙痕细腻，底则隐隐现有螺纹，皆康窑确证。题识系青色楷书“绍闻堂’三字横款，笔法浑成，最有别趣，倘用作印泥巨合，亦殊奇特。

【校】

①“也”字下，静园本多一句“则康雍所未有也”，衍。

②“叉”，静园本及石印本均作“义”，径改。

③“蟋蟀”，静园本作“蟀蟋”，据寂园本及石印本改。

【注释】

〔1〕墨床：文房用具之一，为在研墨时稍事停歇，磨墨处湿润，以供临时搁墨之物。多为木、玉、瓷所制，形状或为床式，或为几案式。

〔2〕晋人：山西人。 赛会：旧俗用仪仗、鼓乐、杂戏迎神像出庙，周游街巷或村庄的酬神活动。 偶像：神像。

〔3〕铁絙：大铁索。

〔4〕台阁：古代酒库于每年迎引新酒时所举行的游艺活动。宋代周密《武林旧事·迎新》："户部点检所十三酒库，例于四月初开煮，九月初开清。先至提领所呈样品尝，然后迎引至诸所隶官府而散。每库各用匹布书库名高品，以长竿悬之，谓之'布牌'。以木床铁擎为仙佛鬼神之类，驾空飞动，谓之'台阁'。"

〔5〕僿：不诚恳。

硬彩草虫大盘，青花窄边，"拙存斋"三字直款，亦康窑也。"静镜堂"三字直款之天青小酒碗，乾隆窑也。内有青花番莲，画笔亦甚古雅。豇豆红之于茄皮紫，差别在几希微忽之间[1]，茄皮紫之于毡包青也亦然。玉仿铜，锦仿玉，瓷仿锦，四者迭互为用，而铜器之式样，又出于陶。

乾隆六字脂红大篆款之洋瓷巨盘，对径几二尺，四周黄地碎锦纹约及四寸，工细殊绝，背面亦然。盘心画海屋添筹之属[2]，仙山楼阁，缥缈凌虚，盖参用泰西界画法也。敷彩之精，用笔之奇，有匪夷所思者，吾恐孟頫、十洲均当望风低首[3]，惜当时不著作者姓名耳。

【注释】

〔1〕几希：相差甚微，极少。

〔2〕海屋添筹：旧时用于祝人长寿。海屋，寓言中堆存记录沧桑变化筹码的房间。筹，筹码。宋代苏轼《东坡志林》卷二："海水变桑田时，吾辄下一筹，迩来吾筹已满十间屋。"

〔3〕孟頫：即赵孟頫（1254—1322），字子昂，号松雪道人，又号水精宫道人，中年曾作孟俯。吴兴（今浙江湖州）人，故画史又称"赵吴兴"。元代著名画家，与欧阳询、颜真卿、柳公权并称楷书四大家。赵孟頫博学多才，能诗善文，工书法，精绘艺，善金石，通律吕，解鉴赏。特别是书法和绘画成就最高，开创元代新画风，被称为"元人冠冕"。著有《松雪斋集》等。　十洲：即仇英（约1501—约1551），字实父，一作实甫，号十洲。太仓（今江苏太仓）人，移家吴县(今江苏苏州)。与沈周、文徵明和唐寅被后世并称为"明四家"，亦称"天门四杰"。仇英存世画作有《赤壁图》《玉洞仙源图》《桃村草堂图》《剑阁图》《松溪论画图》等。　望风低首：一见之下即低头拜服。

粉定夹彩小罐，浆胎①极轻，色又洁白，盖乾窑未开片者，仿成化四字款墨彩殊艳，盖上亦有彩花一团也。雍窑积红大小花盆皆系圆式四字款，其有三足小盆座（句），底系色釉六字款，尤为纤秾可喜。西人于青花，笃嗜番莲[1]。康窑则有小渣斗、小观音尊，流光正碧，独称妖冶[2]。小观音尊高及尺，其细颈而博肩者尤为奇特。康熙无款采盘，有画《后赤壁赋》者[3]，笔意苍雅，又非武装人马所能雁行声价者矣[4]。碗有作仰钟式者，谓如钟之倒置几上者也。

【校】

①“胎”，静园本作“贻”，据寂园本及石印本改。

【注释】

〔1〕笃嗜：非常喜爱。

〔2〕妖冶：艳丽。

〔3〕《后赤壁赋》：苏轼名作。苏轼（1037—1101），字子瞻，号东坡居士。四川眉山（今四川眉山）人。宋代著名文学家，多才多艺，在书法、绘画、诗词、散文各方面都有很高造诣。

〔4〕雁行声价：声誉与价格相等。雁行，大雁飞行。喻并行、平等、同列。

祭红夹彩，振古所希[1]，惟宝石釉之开小片者，尤不宜于人物。均窑洗外紫内青，蚓纹呈露，底抹芝麻酱，有横镌“永安寺”、直镌“悦生殿用”七字者，殆圆明之役流出人间者欤[2]？海王村旧名燕下乡，辽御史大夫李内贞之墓在焉[3]。欧窑之冰纹古靓者，又非欧氏阳羡砂所能摹拟[4]。

【注释】

〔1〕振古：远古，往昔。

〔2〕圆明之役：指圆明园于咸丰十年（1860）遭英法联军的野蛮洗劫与焚毁。

〔3〕李内贞（898—978）：吉美。妫汭（今山西永济）人。后唐庄宗时举秀才，后归辽，辽景宗时官至检校司空兼御史大夫。

〔4〕阳羡：今江苏宜兴。秦汉时称阳羡，故名。

胭脂水有款小瓶，绝不经见。其有似如意尊而稍大者，高及尺，两耳颇肥如象鼻，然釉汁不甚鲜美，且略有疙疸，盖雍正客货也。脂水只有小碗碟，偶遇水丞，诧为异宝，可见此种彩料之难得。

奶子碗之青花无款者，盖卑之无高论[1]。宋瓷亦有奶子碗，檐矮而质

［明］宣德 甜白釉鸡心碗（扬州博物馆藏）

厚，当时不必以盛牛乳也。而满现紫黑色之淡斑，且有细碎纹片，或曰安南瓷也[2]。

【注释】

〔1〕卑之无高论：谓评价不高。

〔2〕安南：唐调露元年（679）改交州都督府为安南都护府，省称安南府。“安南”之名始此。明永乐时，以其地置交阯省，宣德时独立建国，中国称之为“安南”。清时改为“越南”。

积红即祭红，同为祭品中贵重之器皿也。祭蓝亦然（今惟以积蓝称之）。自项子京《古瓷图说》出，遂以有纹无款之宝石红为祭红，而以无纹有款之鲜红为积红。俗亦有以积红作醉红者，又谓之鸡红，不知语其血、其冠、其羽也。大氐随其品色以定名称，望文生义，通人嘲之[1]。

乾隆初叶，款系楷书。中年以后，始用篆书。雍正初叶，款系圆圈，季叶乃改为方圈[2]。

【注释】

〔1〕通人：学识渊博通达的人。

〔2〕季叶：末年，一个历史时代的末段。

康熙小红合，非用以盛印泥也，私家仿制，每与官窑无别，亦以盛豆蔻、砂仁之属[1]。

茶叶末一种，雍正、乾隆皆凹雕篆款。新橘则系细沙底，而雕款不罩以釉汁。茶叶末一种，本合黄、黑、绿三色而成，以雍正仿成化者为贵，然则成化之有茶叶末也明矣。仿明者略偏于黑，雍正官窑则仿偏于黄矣。而尤以绿色独多者，最称希罕，盖乾隆窑也。嘉、道以后，取人憎厌，亦莫名其所以然。大氐色黯败而板滞，釉汁不润，质又颇粗，顾康熙一代不见有茶叶末之瓷品，抑独何欤？

【注释】

〔1〕豆蔻：植物名。又称“圆豆蔻”“白豆蔻”。姜科。叶片细长形，花淡黄色，果实扁球形，种子有芳香气味。果实和种子可入药。

瓶之碎者，瓶底可作小盂，瓶身可改带版。其尤碎者以装画蹬也。盘、碗之属亦然。笔筒之大者宜作花盆，其小而矮者亦可代酒杯也。雍正小酒杯，口侈底敛，式样极美，六字楷书款，以素地无花者为真品，然不甚可贵。其有彩画鹌鹑、芦苇者，景色甚佳，仅墨粉、淡赭数色不可多得，惟虑有后上彩者（所谓真胚假彩者也）。雍、乾青花官窑，多作串枝莲者，颜色较浓，画亦少味，故声价亦为之不扬。雍正官窑红梅过枝碗，双圈六字天青款，斜枝远出，亦画有鹌鹑二只，杂以草石，与脂水夹彩宫盘盖出自一人之手，益足信宫盘之为雍坯乾款矣（详见《钵庵忆语》）[1]。

【注释】

〔1〕雍坯乾款：雍正朝的瓷坯，至乾隆朝烧制，款落乾隆者。

康窑大笔筒乃有淡描媟嬻之画[1]，可以为亵矣。康窑白罐，盖有顶如桃，周身疙疸釉，颇称雅靓，盖德化（建窑也）之旧者。今德化所出白瓷花盆，瓷质雪白，价廉而式样不俗。康窑无粉采，而御制料款之碗则有粉彩，而又浑成耐久，不似雍、乾之易于褪落。且有粉红为地，夹绘他彩花卉者，尤为难得。盖脂水之①酞醨者也[2]。孰谓康熙朝无粉红并无脂水耶？亦惟见之于御制饭碗而已。

［清］乾隆 粉彩人物故事图笔筒

（上海博物馆藏）

【校】

①“水之”，静园本作“之水”，据寂园本及石印本改。

【注释】

〔1〕媟嬻：亦作“媟渎”。淫秽。

〔2〕酞：味浓烈的酒。　醨：味淡的酒。

万历朝多彩瓷笔管，上画云气，且有蓝款，而康、雍无之，憎其笨重也。至若五色龙之笔格，则又诋为粗材矣。

雍正凸螭豆青大盘，双圈六字款，近出最夥，皆官窑之仿龙泉者也。康熙彩画，其红为深色之抹红，易于磨擦，乃反谓之硬彩，盖指蓝、绿各色不杂以粉质也。其蓝、绿二彩堆起甚厚，时亦有暴（与凸泡之爆釉略有不

［清］乾隆 粉彩文房用具（上海博物馆藏）

同）裂之患，若龟坼者然。是又釉汁太净，黏力减少故也。

素瓷有四种：一为粉定，以浆胎为正宗，瓷胎者次之；一为白釉而内有影青雕花者（亦有划花者）；一为白釉而内无影青雕花者，而吴十九之卵幕杯犀尘肉色（略有红意），薄无可薄，则又贵于粉定；一则显露胎骨未上釉汁者也，其于卵幕各有影青、不影青之别，大氐影青者质必加薄。粤若填白（盖堆花之属，作甜白者非）[1]，则凸雕（印花、绣花之类是也）之亚也。

【注释】

〔1〕粤若：发语词。用于句首以起下文。

乾窑背壶式之瓶，多画串枝莲及花鸟果品，亦殊可赏也。

有一种泥金釉之瓷品，厥状类钟而无追蠡[1]，且顶上有孔。又一物形如巨钵而浑圆①，其底并无圈足，仰而置诸几上，则东西摇曳，乃真个不倒翁也。上绘杂彩，釉汁甚美，皆纯庙时物，然不知其何用。以意揣之，金釉者当系浆糊之盖碟，碟已失而盖尚存。其似钵者或系墨罩、菜罩之流亚欤？然不透空气，甚不宜于夏也。盖雍正东青钵多有作此式者，上有盖，盖内有款，可以盛棋子，锦座或檀架宜可以承之，不必其有底足也。此则状式过巨，必非盛棋子之用。

乾隆款积红中碗，以有鸡心窝者为贵，小酒杯之有窝者为尤贵。

【校】

①“圆”字后，寂园本多一“满”字。

【注释】

〔1〕追蠡：出自《孟子·尽心下》：“高子曰：‘禹之声尚文王之声。’孟子曰：‘何以言之？’曰：‘以追蠡。’”追，钟纽，即悬挂钟的绳子。蠡，本指咬啮木头的虫，此说钟纽将要断掉，就像被虫子咬啮的那样。此处引申为钟款文或铭文。

宋定、明祭及仿哥皆有纹片，而夹以彩画，甚亡①谓也[1]。纹片而施于观世音之面部，则弥为无理[2]。彩地、彩花谓之夹彩，要贵于相因相避[3]。如粉红地者，花必天青；天青地者，花必茄紫。

【校】

①“亡”，石印本作“无”。

【注释】

〔1〕亡谓：即无谓，没有意思。亡，通“无”。

〔2〕无理：没有道理。

〔3〕相因相避：互相配合而又不相混同。

康熙马蹄尊式之尺许小瓶，长项巨足，两面各画巨蝠，厥状极蠢。蝠色有似釉里红，亦杂现绿点，虽有官窑六字款而声价不高。其有釉里红花朵而名为矮马蹄者，涤去长项粗劣之状态，堪与小酒坛式之水盂并重。康熙官窑六字款之小罐，短项小口，只绿叶数片、釉里红花一两朵，厥名曰小酒坛，价稍逊于矮马蹄，状则罐也，用则盂也。马蹄尊有二种，一为瓶，一为盂。盂口巨，瓶项长。瓶价低，盂价昂。瓶有项，盂无项。盂之画似小坛，别其名曰矮马蹄，红花碧叶，固优于两蠢蝠也。

历朝瓷画人物，其面目神采大氐相同。缘当时画手不过一二人，惜姓氏不传耳。至运笔不同，代有宗派，不独石树花鸟，颇分王、恽也[1]。北人呼鳖为“忘八”，色釉之有鳖裙，俗乃谓之“忘八绿（北音读绿若虑）”，宜乎吾宗剑潭之嘲为不雅驯也[2]。

康窑御制饭碗有淡红作粉色者，非客货所能有也。厂夥皆知康熙无粉彩，乌知康熙之粉彩绝无暴裂褪落之虞[3]，以视雍正官窑，尤为难能可贵。第寻常康熙官窑已不见有粉红之影响[4]，况客货耶？志之以穷其变。

【注释】

〔1〕王、恽：王即王翚，恽即恽南田。二人都是清代著名画家，而风格不同。

〔2〕吾宗剑潭：作者的本家陈剑潭，生平不详，待考。 雅驯：典雅纯正，文雅不俗。

〔3〕乌知：怎么知道。 虞：忧虑。

〔4〕第：只是。

窑变器皿，有碧色玻璃釉堆厚若绿晶者，殊可宝也。近虽伪制绝夥，而能仿雍、乾之窑变者则未之一见。宣祭之变绿者惟盂独多，丑其词曰翻红，要亦大有不同。譬如盂绿而沿口泛红若线一圈者，边檐宽博，口径甚小，质多粗劣，盖嘉、道以后所制之劣品。若盂绿而中心泛红，乃窑变之奇特者，式如康窑之荸荠扁，釉汁精美而滋润，国初佳皿，仅一见之，未宜漫加菲薄。其有芳烈拂拂发为古香者，尤足与"频香馆"之康窑红合并传不朽，皆绝品也。近日赝鼎纷陈〔1〕，被欺者众，又非嘉、道以后之劣品所可同语者也。或曰翻红乃"矾红"之转音，解人不在兹乎〔2〕？宣祭小盂苹果底，而底有红釉一片者，亦希世珍也。

【注释】

〔1〕赝鼎：《韩非子·说林下》："齐伐鲁，索谗鼎，鲁以其雁往，齐人曰：'雁也。'鲁人曰：'真也。'"雁，同"赝"，假的。后因以"赝鼎"指仿造或伪托之物。

〔2〕解人：见识高明，理解情趣的人。　兹：这。

康熙仿明款之豆彩，大抵郎制为多，往往绿色中含有渣滓，盖馀剩次等之料汁也。雍正官窑则不然，特用甚佳之釉质，以供其挥洒，故精粗美恶万有不同〔1〕，所谓斗胜者非欤〔2〕？至其馀剩之料汁或时作次等器皿之用，亦不尽系上品，所谓姘逗之彩点者也。以"斗"释"豆"，以"逗'解"豆"，均之一音之转而已。

青花大笔筒或者用以种花，可谓善于作用。康窑四体书笔筒多写王铁萧《圣主得贤臣颂》〔3〕，款系釉里红篆书，作"熙朝传古"四字，颇杂绿点，行楷又有多作《圣教序》者〔4〕。

【注释】

〔1〕万有：犹万物。

〔2〕斗胜：比赛争胜。

〔3〕四体书：汉字的四种主要字体，即正（真）、草、隶、篆。其中正（真）即楷书。西晋卫恒《四体书势》称四体为古文、篆、隶、草。　《圣主得贤臣颂》：西汉王褒作。王褒，字子渊。蜀资中（今四川资阳）人。宣帝时应诏作此篇，见《汉书》卷六四下《王褒传》载。

〔4〕《圣教序》：《圣教序》全名《大唐三藏圣教序》，由唐太宗李世民撰写，表彰唐僧玄奘至印度取经，回长安后翻译佛教三藏要籍事，并以

此冠诸经文首。后由沙门怀仁从王羲之书法中集字，刻制成碑文，称《唐集右军〈圣教序〉并记》，或《怀仁集王羲之书〈圣教序〉》，因碑首横刻有七尊佛像，又名《七佛圣教序》。

乾隆胭脂水酒杯系海棠方式，内外与底皆一色，四角各有深凹线一道，质地甚平而釉汁深紫，沿口灯草边，底沙绝细腻，亦可贵也。置诸海棠式小碟中，直是一家眷属。海棠式成窑压手大杯，有紫垣仿制，有真成化窑，但真者绝少。有宝石红（即祭红也）、有朱红（即积红也，又曰鲜红）、有美人祭（即粉红也）、有豇豆红（近于茄紫也）、有胭脂水、有抹红（即珊瑚釉也）。抹红亦分两种，其带黄色者，直同于杏子衫矣。若苹果绿则鲜红之化身，不可方物者也。康窑山水似王石谷，雍窑花卉似恽南田，康窑人物似陈老莲，道光窑人物似改七芗。菜盘有四季花果，而果盘则数止一双，果盘之画鸟盘各二尾者，乃具有飞鸣食宿之态，此其明征也[1]。

【注释】

〔1〕明征：明证。

有紫建[1]，有乌泥建，有白建。明建窑之白地者，瓷质颇厚，而映日照之，能见指影在外闪动者，非赝①鼎也。近世有以真正粉定用后上彩之法者，其彩必不鲜。非不能鲜也，不敢鲜也。鲜则露其为赝②矣。

【校】

①“赝”，寂园本、石印本作“雁”。

②“赝”，寂园本、石印本作“雁”。

【注释】

〔1〕紫建：建阳窑中偶有因烧窑火候等出现的釉彩为绛色的瓷器，别称“紫建”。

青花印合以宣德为上，成化次之，正德、嘉靖之画法，皆不能及也，若雍、乾官窑，瞠乎后矣[1]。粉定而描以青花者，印合为独多，他器亦有之，亦夹彩之遗意也，而惜乎粉定印合之绝无夹彩者也。宋定圆斗式之小盂，纹亦凹凸①如藤斗。

【校】

①“凹凸”，寂园本及石印本作“凸凹”。

【注释】

〔1〕瞠乎后：即“瞠乎其后”，谓落在后面。瞠，瞪眼。

民间所卖之瓷器，厂人则谓之曰客货，凡所以别于官窑也。官窑之尤精者命曰御窑，御窑也者，至尊之所御也。官窑也者，妃嫔以下之所得用者也〔1〕。曰馒头，曰饽饽（北音读勃曰波），皆厂人象形语也。即馎饦之类〔2〕。梵音谓脂盉盂为多罗，疑即钵也。

【注释】

〔1〕妃嫔：妃和嫔，泛指皇帝的妾。

〔2〕馎饦：汤饼的别名。古代一种水煮的面食。北魏贾思勰《齐民要术·饼法》：“馎饦，挼如大指许，二寸一断，著水盆中浸。宜以手向盆旁，挼使极薄，皆急火逐沸熟煮。非直光白可爱，亦自滑美殊常。”宋代欧阳修《归田录》卷二：“汤饼，唐人谓之‘不托’，今俗谓之馎饦矣。”

宣红之有款者，厂人亦沿项子京之说，呼之曰积红。其无款而宝石釉者，则误呼之曰郎窑。万历有所谓宝石红，而无所谓积红者。康熙有所谓积红，而无所谓宝石红者。惟宣德兼之。厂者，琉璃厂也，京师骨董市场也，是曰辽村，辽之海王村也，亦曰燕乡，燕下乡之海王村也。西商①青花重仿古，五彩则重武装〔1〕。明彩之不如康彩者，瓶式劣也。

【校】

①“商”，石印本作“乡”，误。

【注释】

〔1〕武装：此指武人形象或战争场面。

宣、万无款宝石釉〔1〕，亦有娇娆如娃娃脸者也①。又皆谓之美人祭也。雍正蟹甲青之器皿，有黑色篆款者。厂人所称广窑以沙泥为胎，故谬曰泥均，其产于宜兴者又曰宜均。“泥”“宜”音相近，而阳羡砂遂与广窑混合矣。成化而有篆款，乃凹雕上釉者也，以鳝鱼皮色为较多，或曰雍正仿也。康熙末叶彩画盘、碟，有中央藻绘四围空白者〔2〕，盖已浸入雍正矣。故验其采色确系康熙，而款识则雍正也。

【校】

①“也”，静园本及石印本缺此字，据寂园本增。

【注释】

〔1〕宣、万：指明代的宣德、万历两朝。

〔2〕藻绘：亦作“藻缋”。修饰，做美丽的描绘。

宋官窑绝不经见，铁足鳝血纹之押手杯，则异宝也，世人罕能识之者。若厂村所谓哥与龙泉[1]，大抵明仿为多。雍正粉彩之仿成化者，其盘碟之属类皆中央藻缋，四周空白，且于空白内雕有影青螭虎。康熙苹绿小合，以盛豆蔻、槟榔之属，不必其为印泥池也。若属之于匙箸三件，则小劈沈檀[2]，此其部聚[3]。有瓶有合，何独无小炉也耶？殆不然矣。印合重哥窑，若泥均亦可喜也。雍正之仿哥者，声价不在东青下。宋龙泉之佳者，日本人谓之砧手（手者式样之谓）。磨盘式之印合，古所谓甘蔗段也。宋窑粉定圆印合，式样极扁，殆如两片厚瓷，周遭斗笋合缝[4]，内容微凹，其底下一片略有圈形之足而已。

【注释】

〔1〕厂村：犹厂肆、辽村、海王村，均指北京琉璃厂古董市场。

〔2〕沈檀：亦作“沉檀”。原指沉香木和檀木。此指妆饰用的颜料。色深而带润泽者叫“沉”，浅绛色叫“檀”。

〔3〕部聚：原谓部署、聚集军队。此指物件归当整齐。

〔4〕斗笋合缝：谓连接和拼合榫头合拢。

绿者，谓之苹果绿也，而厂人于竟体朱红者亦以苹果绿呼之[1]。粉红者，谓之美人祭也，而沪商之于竟体变绿者亦以美人祭呼之。绿点者，谓之苔点绿，其喷若绿雾者则谓之苹果绿，厂人不知有苔点也，而概以苹果呼之。

无款宝石釉之宣祭、万祭，与宣、康两朝之积红，其浅淡似桃花者，则皆谓之美人祭，西人又呼美人祭为桃花色也。牡丹、芍药亦无非形容其粉红而已。

九江瓷者，景德镇窑之通称也。官窑胥于是乎出[2]。此外若越、若建、若广、若均、若汝、若定，或几乎息矣。

【注释】

〔1〕竟体：遍体、全身。

〔2〕胥：都，全部。

康熙苹绿六字款之印合，初年两行，行三字；中年三行，行二字，皆无圆方边线者也。“慎德堂”瓷器皆抹红楷款，亦有金款者。宋之粉定凸雕者，翔凤固不如鱼藻也。其作桐油色者，又不必皆为玛瑙釉。俗以泥均为广窑，实则二物也，有细纹者宜兴砂居多。广窑有似景德镇者。嘉、道间十三行开办[1]，初筑有阿芙蓉馆，其所设茗碗皆白地彩缋，精细无伦，且多用界画法，能分深浅也。

【注释】

〔1〕十三行：清康熙二十五年(1686)设立于广州的经营对外贸易的专业商行，又称洋货行、洋行、外洋行。乾隆二十二年（1757）后，与西洋各国贸易限于广州一处。

［清］雍正 淡黄釉碗（故宫博物院藏）

棒锤名称俗恶已极，再有软、硬之别，可谓至蠢极鄙。然厂人象形，相沿已久，亦实无以易之也。瓜皮绿有绿里者，其乾隆窑欤？宣祭中有葡萄水一种，外碧而内紫（句）。釉垂垂如漆，光亮而满含唾星，其香尤烈。康窑有以鱼子蓝为质地，而夹填釉里红三果者。古窑釉汁往往露其瓷骨，其露出质地之较小者谓之缩釉。第缩釉形相亦有长短粗细之不同，大抵明瓷较长，康窑较细，雍、乾官窑已绝少缩釉者矣。宋、元釉汁往往不到底足，其露出瓷骨处皆大块片段，且多半有釉半无釉者。抹红之盘厥色甚深，间以青花串枝番莲，古雅名贵，真明瓷也。庚子后流出蛋黄果盘，触眼若新[1]。有弘治款[2]，有雍正款，雍正又皆夹有青花也。有以细眼如尘为瓷地之粟纹者[3]，殆不然也。宣红之有纹无款者曰宝石釉，无纹有款者曰美人祭。宋土定纹如鱼子，然不害其佳。有一种正德款龙凤印合，香味甚浓，非瓷质所发香也。盖当时以盛发泽(即梳头油也)者，曰油香也。有一种浆胎青花龙凤之祭品，若豆登之属，其底足露骨处往往有异香，若藏香也者[4]。

红花浇非用以致祭也，仿其色焉耳。

【注释】

〔1〕触眼：目光所及。

〔2〕弘治（1488—1505）：明孝宗朱祐樘年号。

〔3〕粟纹：陶瓷器纹饰之一。以小圆点组成，其状如粟。故名。

〔4〕藏香：西藏一带所产的一种线香，原料用檀香、芸香、艾等，颜色有黑、黄两种，藏族用来敬佛。

别致云者，厂人语也。犹言逸趣也。此二字虽俗，故可以传世。

明代祭红分两种：宝石釉者无款识，或红或紫，俗所称郎窑者也；其有款识者以康、雍、乾三朝言之，所谓公惭卿，卿惭长者也[1]。若宣德精品，则又崔颢题诗矣[2]。宝石釉之祭红乃有似于小开片。

【注释】

〔1〕公惭卿，卿惭长：东汉时民谣，谓一代不如一代。出陈寿《三国志·魏书·陈群传附子泰传》注引《博物记》曰："大丘长陈寔、寔子鸿胪纪、纪子司空群、群子泰四世，于汉、魏二朝并有重名，而其德渐渐小减。时人为其语曰：'公惭卿，卿惭长。'"

〔2〕崔颢题诗：元代辛文房《唐才子传》卷一载，唐代诗人崔颢游武昌，登黄鹤楼，感慨赋诗"昔人已乘黄鹤去，此地空馀黄鹤楼"云云。及李白来读后，曰："眼前有景道不得，崔颢题诗在上头。"无作而去。崔颢（？—754），汴州（今河南开封）人。开元十一年（723）进士，曾为太仆寺丞，天宝中为司勋员外郎。此处以"崔颢题诗"赞扬宣德朝陶瓷为第一。

康彩饮中八仙酒杯小者，多系官窑，画笔特为生动，彩亦精美，极为难得。其高数寸者皆民窑也。日本人重泥均，而以有纹者为贱，细如鱼子者为下。盖纹片细碎，乃阳羡砂之上釉者，欧氏之所仿也，要不得以广窑目之。西洋亦重东青与天青，而皆以无纹片者为贵。嘉靖青花有绝秾艳者，画笔亦美。盖官窑久藏内府，近始流出者也。若用之经久，则光彩就晦矣。宣德有款之积红大盘，有质厚而式巨者。寻是以推[1]，则大瓶、大壶之属，当时必所在多有。

【注释】

〔1〕寻是以推：由此推想。

近世亦偶见越窑小碗，其色微青，两面透映，所谓越瓷如冰者也。其殆唐窑欤？碗有断纹甚多，惟卷口不卷口与古说有异耳。纹如袜线，短细而屈曲者谓之断线纹，唐窑有之。垩泽垂垂直下者谓之泪痕，蟠屈粗拙者曰蚯蚓走泥印，宋窑有之。若水眼、若棕眼，宣红有之。粟纹，盖即橘眼、棕眼之类，曰如灰如面者，殆非也。

歙县程哲字圣跂者所著《窑说》[1]，类与朱琰《陶说》相同，而不及朱《说》之富。朱《说》亦有蓝本，政不知其孰先孰后也。惟程《说》内有“宣青为麻叶青”一语，乃朱《说》所无，馀皆与朱《说》无少区别。练川唐氏《窑器肆考》于朱《说》互相出入[2]，较朱《说》尤多。

项子京《瓷器图说》为西人所重，翻有英国文字[3]。其称祭红为积红，自后乃有鲜红、宝石红之别。《南村随笔》以祭红为祭品所用[4]，理故可通，必当有所本，项《说》或仍音之转耳。

【注释】

〔1〕《窑说》：即《窑器说》。《清史稿·艺文志》著录：“《窑器说》一卷。程哲撰。”又《皇朝文献通考》卷二二七著录：“《蓉槎蠡说》十二卷，程哲撰。哲，字圣跂。歙县人。王士祯《序》曰：‘圣跂抱博辨之才，具论断之识，无雷同剿说之弊。’”

〔2〕练川唐氏《窑器肆考》：清代唐秉钧《文房肆考图说》。唐秉钧，字衡铨。嘉定（今上海嘉定）人。练川，嘉定旧称。

〔3〕翻：翻译。

〔4〕《南村随笔》：6卷，清代陆廷灿撰。陆廷灿，字秩昭，自号幔亭。江苏嘉定（今上海嘉定）人。另著有《续茶经》等。

隆庆、顺治瓷品绝少。隆庆青色秾艳，画笔幽靓。顺治淡描美人，其衣带裙褶飘飘然有凌云之气。

杯①之坦口折腰者，古谓之压手杯，今之所谓马铃式(俗谓之铃铛杯)者也。后人以压手杯专属之于甏碗，正不必其折腰也。

《南村随笔》谓正德、弘治、隆庆三朝皆有宝石釉之祭红，而沪人专以属之宣德、万历，其于郎紫垣②之所仿者正复相恩[1]。笠亭《陶说》亦不详祭红与积红之区别，至祭红何以无款，朱氏更未叙及。朱《说》所载隆庆藏器，美不胜收。今则青花盏托一枚，好事者亦珍同拱璧。

【校】

①“杯”，石印本作“坏”，误。

②“垣”，石印本作“坦”，误。

【注释】

〔1〕郎紫垣：即郎廷极（1663—1715），字紫垣。　恩：杂乱。

兔毫盏即鹧鸪斑。第鹧斑痕宽，兔毫针瘦，亦微有不同。或称近有闽人掘地得古盏颇多，质厚，色紫黑，茶碗较大，山谷诗以斗茶者也。酒杯较小，东坡诗以之盛酒者也。证以蔡襄《茶录》[1]，其为宋器无疑。曰瓯宁产，曰建安所造，皆闽窑也，底上偶刻有阴文“供御”楷书二字。《格古要论》谓盏多甃口[2]，则不折腰之压手杯也。

《博物要览》谓宣碗红鱼系宝石为末，宜即今之釉里红也。釉里红又与项《说》之积红无异，然则子京所说之积红与《南村》所说之祭红自是一物，但造法与胎骨不同耳。若《事物绀珠》所称鲜红土绝一语[3]，宝石果得以土视之耶？

【注释】

〔1〕蔡襄《茶录》：《茶录》，蔡襄（1012—1067）作于宋代皇祐（1049—1053）年间，是宋代重要的茶学专著。全书分为两篇。蔡襄，字君谟。兴化仙游（今福建仙游）人。天圣八年（1030）进士，累官至端明殿学士。卒赠礼部侍郎，谥号忠惠。学识渊博，书艺高深，与苏轼、黄庭坚、米芾并称为“宋四家”。曾督造小龙团茶，并因此撰写《茶录》。《茶录》本身还是一件书法杰作。

〔2〕《格古要论》：3卷，明代曹昭撰。曹昭，字明仲。松江（今上海松江）人。其书成于洪武二十年（1387）。书分13门，分别为：古铜器、古画、古墨迹、古碑法帖、古琴、古砚、珍奇、金铁、古窑器、古漆器、锦绮、异木、异石。见识颇精，为赏鉴家所重。

〔3〕《事物绀珠》：41卷，明代黄一正撰，万历辛卯（1591）始成书。

有明祭红之胎骨（瓷之本质曰胎骨）最为坚致而洁白。“西”“玜”音同，西红宝石或即碧霞玜耳。宋均之无紫而有异光发现者，盖仿柴天青之佳品也，何必玫瑰紫始为悦哉？今以月白俗名污之，谬妄甚矣。盖市人俚语，不知世有柴窑者也。私家制作，以堂名、人名为佳，不宜用公司字样。粉彩有天然生成之淡红石质，不必皆以白粉料羼入红釉之内。

大红、鲜红，皆宝石釉也（今则专以宝石釉属之明祭），一道釉之器皿最为珍贵。康窑非御制饭碗，不肯轻以宝石釉施诸彩画，其明征也。御制碗上之脂水颜色，或即碧霞玐之类。康之硬彩，雍之粉彩，其红、绿、蓝、黄、茄紫各品，大氐宝石釉为多。宝石无美不备，不专属之于大红也。或曰彼时民窑之所以能发异采者，亦盗用官料搀入石汁中也。国初库存颜料，多系胜朝留贻，虽不必尽为宝石，亦断非后来所能有。重以土膏秾腻，工作坚致，画法精妙，历年久远，安得不驰誉寰球，为我曹著作生色耶[1]？

【注释】

〔1〕我曹：我辈。曹，辈。

成庙喜鸽[1]，而贵嫔喜小狗，故当时瓷碗，多画此二物。瓶、碗之黑边、黄边者，只取人憎耳。而宋瓷紫口铁足，又颇异常名贵。乾窑有以胭脂红制成荷花瓣九片，外红而内白，偏反掩映，姿态横生，茎作葵绿色，迎面另有一瓣作为上盖，子口胎质极细腻，乃画碟也。胭脂红一种，在乾隆初叶，亦神似雍窑之细腻鲜艳，盖仍雍正朝制胚罩釉，迨乾隆御极始填款耳。末叶渐入嘉庆，其官窑脂水品物类，皆边围闪黄，垩泽粗黯，满雕阴文，细花绘以杂彩。中间相隔五十年，直不可以道里计[2]。嘉庆尚有此种小瓶，绿底绿里，抹红篆款，而声价不少贬损。

康窑双耳黄酒杯，双龙耳固不易得，其寻常双耳以小如豇豆仁者为佳，款字以如蝇头者为贵。柴窑所谓青如天、明如镜、薄如纸，三者均指釉汁而言，不指胎骨而言[3]。元以前之瓷皿，虽亦偶有薄胎者，要亦不能如明瓷脱胎之薄也。此言薄如纸者，盖谓所上之釉，其薄如纸也。《清秘藏》所述绦环一片[4]，竟以纸薄属之于胎骨，殆不其然。项子京（元汴）《瓷器图说》所载瓷灯甚多，大氐摹仿两汉铜器。

【注释】

〔1〕成庙：即明成祖朱棣（1360—1424），永乐皇帝。

〔2〕不可以道里计：不能用里程来计算。形容相差很大。

〔3〕胎骨：指坯子或骨架。

〔4〕《清秘藏》：2卷，明代张应文（？—1595）撰。张应文，字茂实，号彝甫，别号“被褐先生”。嘉定（今上海嘉定）人。 绦环：带钩。

西人以康熙黄、茄、绿三色之瓷品为素三采，声价极高，实则中才以下之粗材也。特波磔老到、颜料浑朴耳[1]，非精品也。所画花卉，亦寻常式样，绝少恢奇飞动之趣。西商又以此种素三彩为明彩，明明康熙款识，而谓之为胜朝物，嘻其异矣。绿色瓶、罐，西商亦以明制为贵，实则乾隆无款者居多。嘉靖款字似严分宜〔2〕，万历树叶似沈石田〔3〕，皆一时风尚使然。成化亦有描金瓷品，康、雍仍之，乾隆亦尚名贵。嘉、道以后，虽寻常器皿，殆无不描金者，殊使人可憎。雍窑有一种菊瓣小盘，各彩具备，边若锯齿，余雅不喜之〔4〕。

【注释】

〔1〕波磔老到：书法的笔画功夫精深。波磔，书法指右下捺笔。一说左撇曰波，右捺曰磔。　浑朴：朴实浑厚。

〔2〕严分宜：即严嵩(1480—1567)，字惟中，一字介溪。江西分宜人。弘治十八年(1505)进士。改庶吉士，授编修。历吏部左侍郎、礼部尚书、吏部尚书、武英殿大学士、谨身殿大学士、少傅兼太子少师、太常卿等职。著有《钤山堂集》。

〔3〕沈石田：即沈周（1427—1509），字启南，号石田，晚号白石翁。长洲（今江苏苏州）人。明代杰出书画家，是明代中期文人画“吴派”的开创者，与文徵明、唐寅、仇英并称“明四家”。传世作品有《庐山高图》《秋林话旧图》《沧州趣图》。著有《石田集》《客座新闻》等。

〔4〕雅：极，甚。

天生之淡红石质非搀以粉质者，黏合力较足，固不易于残褪也。若粉红色宝石为末，又非淡红石质所可比拟者矣。青绿亦然。《事物绀珠》谓嘉靖间鲜红土断绝，盖宝料之鲜红者，乌得以寻常红土视之。碗有外绿内红，绿如湖水、红如火者，盖宣祭窑变之怪伟者〔1〕，非秘色也〔2〕。吴越秘色当属之青器，仍柴周遗风也〔3〕，朱《说》疏证甚详〔4〕。沪渎呼雍正仿龙泉之品曰哥绿〔5〕，以弟为兄，以章生一为章生二也。或又谓之果绿，乃哥音之转，非苹绿之省文，窘陋殊甚。或又曰哥绿者鹦哥绿也，于义亦通。嘉靖黄釉不如成化之尤为浓厚，康、雍只淡①黄为超妙耳〔6〕。万历彩画自不如成化之工，要其颜色深厚、画笔雄募，亦迥非后世所及。

【校】

①“淡”，石印本作“浅”。

【注释】

〔1〕怪伟：奇特壮美。

〔2〕秘色：朱琰《陶说》卷一《说今》："晋曰缥瓷，唐曰千峰翠色，柴周曰雨过天青，吴越曰秘色。"

〔3〕遗风：前代或前人遗留下来的风尚。

〔4〕疏证：阐释考证。

〔5〕沪渎：古水名。指吴淞江下游近海处一段(今黄浦江下游)。因当地人民用"扈"在江海之滨捕鱼为业而得名。

〔6〕超妙：高超美妙。

美人霁之名，羌无故实〔1〕，市俗同音相呼，以讹传谬，亦殊不易改变。近人所指目者约分三种：曰宝石釉(俗所称之郎窑)之粉红者，曰豇豆红之鲜艳者(绿多及红色艳者，厂人皆谓之苹绿)，曰胭脂水之浅淡者。其实非也。当时呼粉红为娃娃脸，华人比之牡丹、芍药，西人所谓桃花片、海棠红者也。娃娃脸一变而为美人脸（俗又谓之杨妃色），再变而为美人祭。霁者，祭之转音，而又祭之讹字，言如美人之开笑脸者也。

此种美人脸之祭红瓷品，只有雍正官窑无款时代曾特制天球式小瓶一次，高约一尺以内，其娇艳不可形容，式样亦极优美，盖于明祭红、苹果绿、胭脂水三者之外独树一帜。以瓶之式样论，脂水近似橄榄尊，苹绿则为小观音尊，及下半凸雕荷①瓣者，明祭红则大观音尊及油锤等件。以颜色论，明祭红有红瘢、豇豆、苹绿，皆杂以绿色斑点。其无绿色者，窑之名称亦不能以有无绿色为区别。胭脂水则色近于紫，且均系至薄之吹釉。惟然而美人祭之颜色，其即项氏所谓积红者耳，积红之浅淡美丽者耳。至其容光焕发，自非屑淡②红宝石（如碧霞玐之类）为釉，亦何得惊心动魄至于此极〔2〕？今未见庐山真面〔3〕，辄以豇红、苹绿之属当之，正不能日呼途人而一一告语之也！

时方以宣、康有款之粉红为美人脸之祭红，而乌知豇、苹佳皿皆朱红之化身耶？

【校】

①"荷"字后，寂园本又多一"荷"字，衍。

②"淡"，石印本作"浅"。

【注释】

〔1〕羌无故实：指诗文不用典故或无出处。这里以指没有根据。羌，语首助词，无实义。

〔2〕至于此极：到了极点。多形容痛苦之极。《孟子·梁惠王下》："吾王之好鼓乐，夫何使我至于此极也？父子不相见，兄弟妻子离散。"

〔3〕庐山真面：真实具体的情况。本苏轼《题西林壁》："横看成岭侧成峰，远近高低各不同。不识庐山真面目，只缘身在此山中。"庐山，我国名山之一，在江西九江。

永乐款之盖碗有青花夹彩表里绘龙者，形式绝巨。庚子前一见之，厂人初不知其可宝贵也。"子口"二字，今以斗笋合缝者为子口，或曰乃紫口之讹音。盖紫口铁足，宋瓷所艳称者也。宋均满涂紫釉，元则于青釉中夹以紫色一二片，以成鱼形者为佳。

传闻汉口人家藏有一柴窑器皿，或即冰玉主人之天青碗欤[1]？碗为湖北人买去，或即万（航）欤？碗为怡贤亲王故物[2]，仍宋器之精美者，未必即为柴窑也。怡邸自号冰玉，岂藏有越州窑欤？

【注释】

〔1〕冰玉主人：即爱新觉罗·弘晓(1722—1778)，号冰玉主人，又号冰玉道人。怡贤亲王胤祥之子，袭爵，卒谥僖，称怡僖亲王。任乾清门侍卫。弘晓聪颖好学，能文，能诗，善书，尤喜读通俗小说，曾为才子佳人小说《平山冷燕》题词，并加批语。

〔2〕怡贤亲王：爱新觉罗·胤祥，康熙十三皇子，深受宠爱，五次随驾南巡江浙、北巡塞外。雍正帝继位后封为怡亲王，并定为世袭罔替之"铁帽子王"；用为总理事务大臣、军机大臣，亲书"忠敬诚直，勤慎廉明"赐之。

宋龙泉青器，亦浓淡不一其色。今之堆花以手工做成人物，粘于瓶罐之上，与以笔蘸粉堆坯者不同，划花则凹雕也。印花凹凸皆有，往往于宋定得之。镂花锼空玲珑，殊乏天然之趣，盖魔道也。锥花以锥尖戳成花纹。绣花针工加细，此种古法近世已不甚踵用[1]。粉定凹雕者多，凸雕者少。有一种小合，底盖均凸雕牡丹式样，浑圆而略扁，满身大开片，亦足藏也。

［宋］ 瓜棱壶（龙泉市博物馆藏）

近世所称果绿，其色葱翠；有碎冰纹片而无款识，以小坛为多。在当时并非精品，近则声价颇昂。欧罗巴人之于瓶件颇喜彩地夹彩者，是以黑地独尊，黄地次之，若素地五采则已不甚重视。英商之言如此。

【注释】

〔1〕踵用：沿用。

古者蘸釉之法，以器皿置诸釉汁中一浸而提起，是以厚若堆脂，而短釉处甚多，不似后世涂釉必匀，且有截竹蒙纱细细吹匀者。补彩者易，补釉（纯色之釉，俗所谓一道釉者是也）者难。黄、茄、紫三彩之盘、碗，式样寻常，画笔亦较粗，略似储秀宫之庋果大盘〔1〕。庚子后流出最夥，几于坑谷皆满〔2〕，每对只①索四金，近则涨至百馀倍，实则中下之官窑耳。有一种黄地六方瓶，高不及二尺，式样恶劣，每方所绘之人物故事若孤山放鹤〔3〕，又颇形其鄙。虽亦有康熙款识，只取憎耳。乃至落釉缺口，声价犹及数千金，西国嗜好之，不可思议，顾如是耶？盖储秀大盘至为伟大，一二贵人争藏之久，乃不复可得，而寻常大盘声价十倍矣！又，久而寻常小碗，亦增利市，市侩忽见破瓶，自必异常居奇，殊堪齿冷。

【校】

①“只”，静园本作“口”，据寂园本及石印本改。

【注释】

〔1〕储秀宫：故宫内廷西六宫之一，明清两代后妃居住的地方。位于咸福宫之东、翊坤宫之北。明永乐十八年（1420）建成，初名寿昌宫，嘉靖十四年(1535)更名储秀宫。清沿明朝旧称，清顺治十二年（1655）重修。

〔2〕坑谷皆满：即“满坑满谷”。语出《庄子·天运》“在谷满谷，在坑满坑”。后以形容数量极多。

〔3〕孤山放鹤：北宋诗人林逋隐居在西湖孤山植梅养鹤的故事。

古月轩所藏之套料鼻烟瓶，款皆“乾隆年制”字样，其直题古月轩款者，赝①鼎也。料款之瓷皿亦然。翻红乃矾红之讹。瓷无专书，市侩以音相呼而已。建窑原系建宁，乃黑色兔毫盏也。后以属之德化，则皆白瓷矣。有硬棒锤，有软棒锤，市侩名②称，至为劣恶。肩耸拥肿、身如截筒、口有凸边一道者，为硬棒锤。肩彝口哆、足稍敛者，为软棒锤。

【校】

①"赝"，寂园本及石印本作"雁"。

②"名"，石印本作"多"。

苹绿荷花瓣之瓶皆凸雕也，宋龙泉撇口碗亦有此式者。苹果尊于苹果绿之外，又有天青、釉里红两种，皆珍玩也。苹果尊以形式言，厥分两种，有缩项者，有巨口而无项可缩者。康采水中丞有二种：一则口小而腹皤、釉里红花数朵、枝叶亦罗罗清疏者，曰小酒坛；一则巨口丰下，高约二寸，花叶亦如之，曰矮马蹄。

物希为贵，固也。然孤高之品〔1〕，举世无其俦匹〔2〕，悠悠者转莫名其妙〔3〕。此硬彩、软彩、黑彩、素三彩之所以轰动一时。而葡萄水一种，世人迄无有知其名者，而况于唐之白器、宋之青器耶？

【注释】

〔1〕孤高：孤特高洁，孤傲自许。

〔2〕举世：全世界，普天下。　无其俦匹：没有与它可相比的。

〔3〕悠悠者：众多的人。　莫名其妙：说不出其中的奥妙。指事情很奇怪，说不出道理来。

明人欧子明所制宜兴花盆之属〔1〕，每有阳文"子明仿古"字样，是曰欧瓷。亦犹之葛明祥也〔2〕，葛乃乾、嘉时人。欧、葛瓷釉略相似，在灰墨、蓝绿之间。厂人鄙之，以为溺壶色。日本人美之，以为海鼠色，且谓四时花光，皆与之相宜。

时大彬所制砂壶〔3〕，紫泥中有白点若花生果也。陈曼生壶〔4〕，式样较为小巧，所刻书画亦精，壶嘴不淋茶汁，一美也；壶盖转之而紧闭，拈盖而壶不脱落，二美也。

【注释】

〔1〕欧子明：明代宜兴（今江苏宜兴）人，在鼎山镇创制瓷器，世称欧窑。能烧造宋代官窑、哥窑、钧窑等式花盘、奁架等器，世称"宜钧"。所造紫砂茶壶，杂以瓷质，亦极有名。

〔2〕葛明祥：清乾隆时制陶家，宜兴丁山人。与弟葛源祥擅仿钧釉瓶类器物，呈蓝色翠毛釉，底部有"葛明祥"或"葛源祥"三字印章款。

〔3〕时大彬（1573—1648）：号少山。明壶艺名家时朋之子。宜兴

（今江苏宜兴）人。著名匠师。

〔4〕陈曼生：名鸿寿（1768—1822），字子恭，号曼生。浙江钱塘(今浙江杭州)人。善书法篆刻，篆刻取法秦、汉，旁及丁敬、黄易，擅切刀，刀法纵肆爽利，对后来取法浙派者影响颇大。为“西泠八家”之一。善书法，能画山水、花卉、兰竹。官溧阳知县时，制陶家杨彭年为制茶具，经其铭文，风行于时，称“曼生壶”。有《桑连理馆词集》等。

明瓷釉汁之滋润者，谓之蜜淋釉。

香瓷种类不一，凡泥浆胎骨者发香较多，瓷胎亦偶一有之。要必略磨底足，露出胎骨，而后香气喷溢，鉴家又安肯一一试之耶？香瓷最不易得。有土胎香者，有泥浆胎香者，有瓷胎香者，此自然之古香也。有藏香胎者，有沈香胎者，有各种香胎者，此人工之香也，然亦希世之珍。有梳头油香者，古宫奁具，虽颇伤大雅，却别有一种风流佳话。

太白尊惟康窑有之，各色俱备，惟红独多。乾隆有“五福堂”，堂中饭碗，内画红蝠五只，外系万花攒密若锦灰堆也，款为堆料铁线篆。乾隆末叶，款始改用抹红。初惟绿底者红款，继乃白地者亦写红款，遂开嘉、道先声，殊不见其佳。此种白地抹红乾隆款有小酒杯，外画绿色海水，内画红鱼十数头，亦尚别致。

“李唐越器人间无，赵宋官窑晨星看。殷周鼎彝世颇多，坚脆之质于焉辨。坚朴脆巧久暂分，立德践行义可玩。朱明去此弗甚遥，宣成雅具时犹见。寒芒秀采总称珍，就中鸡缸最为冠。牡丹丽日春风和，牝鸡逐队雄鸡绚。金尾铁距首昂藏，怒势如听贾昌唤〔1〕。良工物态肖无遗，趋华风气随时变。我独警心在齐诗〔2〕，不敢耽安兴以晏。”此乾隆丙申御题《仿古鸡缸》诗也〔3〕。缸有大有小，小者尤鲜。

“揠苗鄙宋人〔4〕，抱瓮惭蒙庄〔5〕。何如衔尾鸦〔6〕，倒流竭池塘。稆稏舞翠浪〔7〕，蘧荫生晨凉。斜阳耿疏柳〔8〕，笑歌问女郎。”此康窑《耕织图·灌溉》诗也。图凡多幅，有青花，有五彩，以康彩为最精，官窑盘面有泥金篆款。或者以西商不喜华字，辄将各图诗字磨刷而去之。殊不知近数年来，西人颇研考华文，见有御制原诗者矜为完璧。往者彩盘、彩碗触眼而有，今则青花亦如星凤矣〔9〕。海碗书籍益鲜，求一刻本图诗而亦不易得，况盘、碗①也耶？

【校】

①“碗”，静园本作“上”，据寂园本及石印本改。

【注释】

〔1〕贾昌：唐玄宗时长安善斗鸡者。《全唐诗》第878卷《神鸡童谣》：“生儿不用识文字，斗鸡走马胜读书。贾家小儿年十三，富贵荣华代不如。能令金距期胜负，白罗绣衫随软舆。父死长安千里外，差夫治道挽丧车。”

〔2〕齐诗：这里指《诗经·齐风》，中有《女曰鸡鸣》一篇，毛《序》以为“刺不说德也。陈古义以刺今。不说德而好色也”。

〔3〕乾隆丙申：乾隆四十一年（1776）丙申。

〔4〕揠苗鄙宋人：谓宋人揠苗助长实在是太笨了。揠苗助长，本《孟子·公孙丑上》：“宋人有闵其苗之不长而揠之者，芒芒然归，谓其人曰：‘今日病矣！予助苗长矣！’其子趋而注视之，苗则槁矣。”一般用来比喻违反事物的发展规律，急于求成，反而坏事。但这里是直用其事而给予贬斥。揠，拔起。

〔5〕抱瓮惭蒙庄：《庄子·天地篇》载子贡遇一老人抱瓮灌园，事倍功半；劝以用槔可以省力而且高效，但老人以为用机械则起机心，不合于道，拒绝了子贡的建议。这里直用其事，说如庄子说的抱瓮灌园的做法，现在也该感到惭愧了。

〔6〕尾鸦：古代的汲水用的水车。《苏轼集》卷六《无锡道中赋水车》诗：“翻翻联联衔尾鸦，荦荦确确蜕骨蛇。分畴翠浪走云阵，刺水绿针抽稻芽。洞庭五月欲飞沙，鼍鸣窟中如打衙。天公不见老翁泣，唤取阿香推雷车。”

〔7〕穲稏：稻子摇动貌。

〔8〕耿：光明，引申指照亮。

〔9〕星凤：景星和凤凰。喻罕见珍奇或珍奇之物。

器弇口谓之雅，明粉定盂多肖之。朱《说》有所谓磬口者，磬亦曲折之义也。余初著书时，宋均且不见重于西商，今则宋、元瓷品，声价陡增。然犹必沾沾于紫釉，犹未得天青之三昧也。乾隆有五福堂御制文以记之。堂内所藏碗，万花攒绕。所画皆外国奇卉，天青堆料四字篆款。碗系黄地，内画红蝙蝠五尾，犹五福之义也〔1〕。青器有于粉青上杂绘深青色之古篆，参差错落，若“寿“字者。然其元、明间物，而即青花之所自欤？宋汝有甚薄者，宋定多印花者。

【注释】

〔1〕五福：《书·洪范》："五福：一曰寿，二曰富，三曰康宁，四曰攸好德，五曰考终命。"攸好德，谓所好者德；考终命，谓善终不横夭。

瓷钉有二种：有垂垂如足者，所谓爪者是也；又有以竹签支撑皿底而入窑者，迨火候圆满，撤去竹签，则亦有釉如钉形（即挣钉也）。阳文花纹凡数种：有凸雕者，有印花者，有填白者。以粉料堆填瓷上，再罩釉汁，则谓之填白。划花用刀，绣花用针，印花用版，堆花用笔。堆花者，填白也。镂花，则两面洞透，所谓玲珑瓷者也。划花纹凹，印花纹凸，雕花有凹有凸。

客货者，民窑也。官窑别于民窑，御窑别于官窑。章氏兄弟窑，近世皆谓哥窑色白而有冰裂纹，实则赝本甚多。哥窑有粉青一种，较弟窑更为幽黯[1]。弟窑色绿，即龙泉窑也。东西商人以无纹者为贵，雍正所仿龙泉皆无纹者也。制佳而款精，后起者胜，岂不然欤？明仿弟窑，有一种色极葱蒨，厂人妄呼为绿郎窑，则又满身纹片，且甚细碎，价乃奇贵。即雍、乾所仿，亦珍同拱璧，其实皆粗材也。

【注释】

〔1〕幽黯：深青黑色。黯，青黑色。《全唐诗》第735卷和凝《宫词百首》："兰殿春融自黯笙。玉颜风透象纱明。"

口绝奓而无肩[1]，亭亭玉立，腰敛缩直下及于足者，谓之觚。此明制也。康、雍则腰际凸起，较有不同。永乐长式横盂，有青花而方者，有仿哥而椭圆者。康窑御制彩碗，有一种薄釉，甚似雍正之胭脂水，惟微作金酱色。若谓康窑无粉红，亦无脂水，何以御制彩碗中有脂水料款、粉红花蕊？且釉汁极腴润，其故何哉？自御制彩碗外，虽康熙官窑，亦不见有粉红、脂水二色。其所谓硬彩者，抹红而已矣。西狮得其真相，华狮出于理想，此为可鄙耳。然较诸四爪双角之龙，犹为此胜于彼，亦瓷画刻绣之魔也。

【注释】

〔1〕绝奓：开口很大。奓，打开、张开。

康、雍、乾三朝料款，初似永兴，继似宋椠，后乃作铁线篆。太白尊即鱼捕尊，盖渔父罾也。小而瘦者曰田鸡篓。雍正窑极精之脱胎瓷画有四绝焉：质地之白，白如雪也，一绝也；薄如卵幕，口嘘之欲飞，映日或灯光照之，背面能辨正面之笔画彩色，二绝也；以极精之显微镜窥之，花有露光[1]，鲜艳纤细，蝶有茸毛且荃荃竖起[2]，三绝也；小品而题极精之楷篆，各款细如蝇头，四绝也。深红、浅红参差相间，而异采发越若断若蹙者曰桃花浪[3]，雍正窑为多，亦桃花片、美人祭之亚匹也[4]。

【注释】

〔1〕露光：借指露水珠。

〔2〕蝶：蝴蝶。

〔3〕发越：焕发。

〔4〕亚匹：同一流人物。

纹片滋润活泼，其纹之两旁闪闪有光者，曰蜻蜓翅。宣德浆胎小腕内外大开片，有外画青花三团龙者，有内作釉里红石榴一枚者，且带有青花枝叶也。抹红釉质薄如脂水，其微黄者曰珊瑚釉。脂水影青栗子杯，犹偶一遇之。若莲子杯，则不易一①见也。厌胜瓷画至猥也[1]，以康彩为最活泼，雍窑次之，道光以后骇蠢不可名[2]。

【校】

①“一”，静园本及石印本缺此字，据寂园本增。

【注释】

〔1〕厌胜：即“厌而胜之”，系用法术诅咒或祈祷以达到制胜所厌恶的人、物或魔怪的目的。

〔2〕骇：愚，无知。

以抹红精画，串枝莲之盘碗，皆雍正官窑也。论其品格，在才不才之间[1]。抹红为地，内外夹以青花古纹，若串枝莲之属，每题为宣德款，此与蛋黄地夹以青花之雍正款者正复不甚相远。若黄地大小盘、碗，成化甚浓，嘉靖次之，弘治又次之，似均在康、雍之上。康雍以淡胜，明瓷以浓胜。

【注释】

〔1〕才不才之间：不上不下、中等。出《庄子·山木》：“明日，弟子问于庄子曰：‘昨日山中之木，以不材得终其天年；今主人之雁，以不材死。先生将何处？’庄子笑曰：‘周将处夫材与不材之间。材与不材之间，似之而非也，故未免乎累……’”本此化出。

纯色之釉盘、碗绝夥，有红，有蓝（分天青、深蓝两种），有黄，有白。惟绿为较少，黑者更不易见，见之亦不足珍也。道光窑小碗，有浅雕海水夹绘杂彩人物者，亦魔道也。康窑御制碗，以画红黄宝相花者为最精，宝相似月季而蕊片较巨，往往反卷若锦段。串枝莲者，西番莲也。近有抹红地青花盘宣德六字款，红色颇深。观世音有彩画者，有建窑坐像、立像者，有素衣而蓝风兜（风兜者，巾帽之属，兜风者俗谓之斗篷）者。像以似美女者为劣，似美男者为贵。青花瓷画绝幽蒨，傥以蓝笔临摹之矜为稿本[1]，亦雅人深致也。

【注释】

〔1〕傥：如果。　矜：自珍、自夸。

雍、乾茶叶末之花浇，高可及尺，而无上盖，胫肥腰细，无异雍红。口小柄圆，尤为波峭。雍窑闪黄，乾窑惨绿[1]。闪黄者贱，惨绿者贵。有一种黄釉小罐亦有仿哥纹片，曰黄郎窑也。其说亦不经，盖明制也，当于色、式二者辨之。彩碗之奇者曰彩夹彩，曰两面彩，曰料款之古月轩彩。两面彩亦分为二种，有各绘各彩者，以一面青花为稍寻常，若两面同一花纹、映日光照之不走一丝者，真绝品也。彩瓷之最薄者，一面本色，一面花彩，映日光照之，在本色之一面能分出背面之五色，又与两面彩有别，盖卵幕之精者也。瓷之白且薄者，有二语赞之曰："只恐风吹去，还愁日炙销。"花耶？人耶？不可得而名言之矣。轩中藏弆之烟壶，料款亦分年号，大氐皆乾隆年制也。初不直题为古月轩制，其直题为古月轩者，赝也。西湖水又与松花绿不甚相远。

【注释】

〔1〕惨绿：深绿。惨，严重。

"洪福齐天"茶碗亦有彩绘人物者[1]。弘治有硬彩花鸟七寸盘，凹雕款，盖郎窑也。贤于黄瓷远矣。楷款之似虞永兴者，永乐也，宣德也，康熙之初叶也。官盘者，果盘也。其数只一双，非若采盘之有四季花果也。于何验之？以每盘二鸟而具有飞鸣食宿之态也。脂水之黯淡者有豇豆红与云豆红之别。云豆者，扁豆也。苹果尊之巨口者，无项颈之可缩也。乳鼠色浅，云豆色深，豇红色润，淡茄色鲜，四者相似而不相似，区而别之，微之微矣。名为矮马蹄，而有釉里红花朵者，涤去长项粗劣之状态，堪与小酒坛式之水盂并重。

【注释】

〔1〕洪福齐天：旧时颂扬人福气极大。亦作为吉祥话称颂词流行于世。

宣德红中多苔点，而成化则喷若绿雾，康熙兼之。宣祭、万祭，厂人所谓郎窑者也。祭红多有橘眼者，其无橘眼之有款官窑，则据项氏之说以积红别之〔1〕。明祭皆无款识，郎窑亦然。明祭之破者，其瓷质异常白致。鸡缸式样有二，其一种较小者，弥为鲜见。某贵人之仆者，振雅大狱也〔2〕。贵人死，与一大府昵〔3〕，大府为顿置之戚，而振雅乃蹶。康窑鸡杯不仿古，有深如斗者，有高二寸弱、对径三寸弱者，有高寸弱、径寸强者。雍窑粉彩大碗，有如马铃式而画笔甚细者。

［明］宣德 青花海水红海兽纹高足杯
（上海博物馆藏）

【注释】

〔1〕项氏之说：指项元汴著《瓷器图说》。

〔2〕振雅大狱：兴起很大的案件。

〔3〕大府：明清时称总督、巡抚为大府。 昵：亲昵。

碗之绿其外而赤其内者，其赤如火，盖上釉法如抹蓝而兼之窑变者也。孰非开辟以来之土与石哉〔1〕？是故质地之无异于寻常者，其瓷虽颇旧而价值甚卑。清都秘府藏之千百年〔2〕，一旦骤入人世，其激赏可知，所谓会也〔3〕，可以遇而不可以求。李荐①青为乾隆时人〔4〕，谓宣德朝有三佛齐之紫硃〔5〕，琉球之安澜砂〔6〕，渤泥之紫矿胭脂石〔7〕，皆非后世所有。

【校】

①荐，静园本作“廌”，据石印本改。

【注释】

〔1〕开辟：指宇宙的开始。古代神话指盘古氏开天辟地。

〔2〕秘府：古代禁中藏图书秘记之所。

〔3〕会：运气、机会。

〔4〕李荐青：清震钧《天咫偶闻》卷八载，李荐青，名楷，乾隆时人。隐居京师东北田盘一带，著述甚多，有《尚史》《焦螟集》等。

〔5〕三佛齐：7世纪兴起于印度尼西亚苏门答腊的古国。中国唐代古籍又称室利佛逝，宋代以后史籍称为“三佛齐”。都城在今巨港。盛时势力达西爪哇、马来半岛、加里曼丹西部，控制中国、印度、阿拉伯国家间交通贸易要冲。

〔6〕琉球：是由以冲绳群岛、宫古群岛、八重山群岛为中心，总共140多个大小岛屿组成的被日本强占的“琉球国”领土。目前只有40个岛屿有人居住，总人口约120万。原本的“琉球王国”，或地理概念的“琉球弧”“琉球文化圈”地区，远比现在的冲绳范围还大。而且“琉球弧”的岛屿，从南到北散布于1000公里海面，覆盖的面积甚至比日本的本州还大。而从冲绳最西端的岛屿与那国岛，晴天可以望得见台湾。最南端的岛屿波照间岛，它的纬度比台北还南。

〔7〕渤泥：古国名，也称勃泥、佛泥、浡泥等。加里曼丹岛北部文莱一带古国。10世纪起即与中国之间使节、商人往来不绝。

曰豇豆红，曰苹果青，曰苹果绿，曰红郎窑，曰美人霁，曰朱红，曰鸡红，曰醉红（二说尤无根，乃音之转也），曰大红，曰鲜红，曰宝石红，曰积红。兹十有二者，皆《南村随笔》所谓宣德祭红系以西红宝石末入釉者也。自项氏《天籁阁瓷器图说》有积红名称，遂乃与祭红区而为二。今人以宝石釉之无款者为祭红，其汁较厚，俗所概称为郎窑者也。其鲜红、朱红、粉红或变为青绿之有款者，纹片不少概①见，则皆谓之为积红。于是乎同一红宝石，而有祭红与积红之判矣。既决其皆为宝石末，而《事物绀珠》又以鲜红为土质，笠亭仍之，不其缪欤?

【校】

①“概”，石印本作“慨”，误。

厂人以明祭为郎窑，一误也。以郎廷极之窑属之郎世宁，二误也。郎窑不仅仿宣祭宝石釉一种，五彩青花之仿明款者，郎窑实居多数，尤以仿成化之粉彩、豆彩为绝精。亦有硬彩题弘治款者，盖郎廷极字紫垣（一作紫衡）者之所制也。见刘廷玑《在园杂志》及阮葵生《茶馀客话》〔1〕。紫垣以康熙四十四年巡抚江西，至五十一年调漕运总督。世知有世宁而不知有紫垣者，世宁界画盛行于时也。世宁乃雍正时代之西洋人，乾隆初犹供奉内廷。昔有以景德镇为南窑者，所以别于定、汝也。今厂人犹呼绿底者为九江瓷，亦可笑也。瓷少专书，厂人同音相讹，要不足为异[2]。

【注释】

〔1〕刘廷玑《在园杂志》：刘廷玑（约1654—？），字玉衡，号在园。先世居河南开封（今河南开封），后迁辽阳（今辽宁辽阳）。廷玑循例入官，曾任内阁中书、浙江括州知府、浙江观察副使等。另著有《葛庄分类诗钞》14卷等。　阮葵生《茶馀客话》：阮葵生（1727—1789），字宝诚，号层山。江苏山阳(今江苏淮安）人。乾隆进士。官至刑部右侍郎，治狱以明察平允见称于时。葵生工诗文，另著有《七录斋诗文集》等。

〔2〕要：希望。

以箸叩瓷碗，其音悠然无尽者谓之韵，与声、音、响三者各有不同。宋以前之瓷，泥土为胎，然颇多有韵者。“大邑瓷扣如哀玉”“柴窑声如磬”皆是也。明以后之瓷皆系瓷胎，敲之亦有韵，但不能如古韵之悠长之，尤可贵耳。

陶制为铃，其大如栗，含丸如豆，振之则响动九幽[1]，数百年物也。

嘉、道间鸦片烟馆始设于广东，馆中所用茗具皆画以洋彩，工细殊绝，并于碗上题字，曰“粤东省城十三行”，门曰“靖远”、曰“荳栏”，又题字曰“粤东海珠”，凡十有五字。其碗盖之上，别题句曰“美味遍招云外客，清香可引洞中仙”。或曰广窑也，非景德镇所制。

【注释】

〔1〕九幽：指地底最深最暗之处，形容极高和极低的地方。

矾红不详厥用，亦未究其所自出，或曰即抹红也，又曰胭脂水也。二说无所依据，大抵鲜红既绝，而明代有纹无款之祭红，或即所谓矾红者欤?第弗省胭脂红是否即胭脂石耳[1]。且矾红非红料也，以青翠之颜料入窑、迨出窑则为矾红色。或谓雍正朝胭脂水之吹釉者（与厚腻之疙瘇釉不同）乃系茜草汁，真理想语耳[2]。今亦不能再有雍正朝之胭脂水矣。

嫛、撇通，喻其浅也。

广窑也，宜均也，泥均也，今所盛行者朱明之器也。有小片可憎者，有厚釉无片者，有纹片疏密古雅者，有薄釉灰黯而旧者，惟有款识者较少。此种器皿，似非宫府所藏。其新若未触手者，大抵旧家祠庙什袭珍秘者也[3]。

【注释】

〔1〕省：明白。

〔2〕理想语：想象之辞。

〔3〕什袭：重重包裹，谓郑重珍藏。什，十。

朱笠亭于本朝瓷品未详厥说，其于朱明各器要亦语焉弗详。《陶说》初无所谓广窑也。老于厂甸者相传[1]，以乌泥胎骨蒙罩灰蓝淡色之釉者厥为广窑。自日本人予以重价，遂群目之为泥均。盖此种胎骨系以乌泥抟成，而仿用宋均青色之釉汁，故曰泥均。或谓系阳羡砂所制，泥、宜音本相近，乃宜兴所仿之均窑。其说近似有理。或又谓嘉、道间广窑瓷地白色，略似景德镇所制，厂人所指之广窑，盖官（宋之官窑也）窑之转音。斯说也浩无津涯[2]。广窑亦必有乌胎，当不止白色一种。

宋官冰裂鳝血，《博物要览》谓青色分青白。《格古要论》又谓宋官窑黑色，朱竹垞①又谓其赪如馀霞、润如海棠[3]，似宋官已有红器。今以灰蓝一种之色当之，必不其然。

蓝浦《陶录》谓广东之阳江瓷有青点釉一种，亦与今所盛行之灰蓝色不同。以胎骨言之，宜兴砂紫有似乌泥广窑，未经实验，殊难臆断[4]。且各地窑制，古存今废者何可胜数，无从得明窑之真相。

签亭说古，有功于瓷学者甚伟。其所谓明时宜兴欧氏仿造官、哥、均窑采色甚多，是曰欧窑。是宜砂亦不止仿均一种，更不止灰蓝一色。时人又讹“欧”为“瓯”，则竟以阳羡为瓯越矣。会稽大郡[5]，邑县要自不同。东瓯色青，故曰东青。此种灰蓝色之瓷品颇有觥觥大器[6]，瓶、盂、尊、炉各种俱备，要自与时为变迁。

总之，市人名称亦都无掌故可言[7]，宜砂、广窑不一其制，转相摹仿，各能乱真，既无专家之书，难以十分穿凿[8]。厂人师承相传，其相指为广窑者，亦必有说以处此也。若果以有纹片者为广制，殊非惬心贵当之语[9]。阳羡、阳江，彼此互仿。唐英又在景德镇兼仿阳江、阳羡两窑之器，参伍错综，益复不易辨析。今兹所风行海外者，或者其唐仿乎？

【校】

①“垞”，石印本作“琁”，误。

【注释】

〔1〕厂甸：旧址即今北京东、西琉璃厂之间十字路口东北角的中国书店所在地，泛指琉璃厂一带。

〔2〕浩无津涯：漫言而没有根据。浩，弥漫盛大。津涯，依据。

〔3〕朱竹垞：朱彝尊(1629—1709)，字锡鬯，号竹垞，晚号小长芦钓鱼师，又号金风亭长。秀水（今浙江嘉兴）人。清代诗词人、学者。其学识渊博，著述甚丰，著有《曝书亭集》《日下旧闻》《经义考》等。

〔4〕臆断：主观的判断。

〔5〕会稽：古地名，故吴越地。会稽因绍兴会稽山得名。

〔6〕觥觥：壮健貌，勇武的样子。

〔7〕掌故：旧制、旧例，后多指历史上的人物事迹、制度沿革等史实或传说考究轶事。

〔8〕穿凿：非常牵强地解释，硬说成具有某种意思。《后汉书·徐防传》，“孔子称述而不作”“今不依章句，妄生穿凿……轻侮道术”。

〔9〕惬心贵当：合情合理。本晋代陆机《文赋》：“故夫夸目者尚奢，惬心者贵当。”

近今山庄溢出之名瓷往往走入西人之囊，其康窑而明款者，郎廷极之所进也，匪独民窑有之。

《历代瓷器谱》乃嘉、道间厂人所述，不著作者姓名，文理谫陋〔1〕，殊不足观。其所列各种古窑，自谓出于《景德镇陶录》。蓝浦本与同时，是《谱》剿袭蓝说。而于明代祭红并属之于郎世宁，则非蓝说之所有，此实近世传讹所由来。嘉庆去古未远，郎世宁虽确为雍、乾时代人，其入中国或较早；郎廷极虽确为康熙朝之江西巡抚，安知雍、乾时代不尚存于世耶？郎窑虽确在抚赣时〔2〕，又安知下逮雍、乾郎遂不再摹仿耶？朱琰生长乾隆，蓝浦亦在乾、嘉间，均于本朝瓷品未加考证，此郎廷极之所以不显于世也。《谱》载郎世宁所造红瓷以绿底冰纹为贵，米汤底次之，白底又次之，岂三底兼仿之耶？抑两郎俱仿之耶？考古之难如此。

【注释】

〔1〕谫陋：浅陋。

〔2〕抚赣：抚，官名。巡抚的简称。赣，江西的简称。郎廷极于康熙四十四年到五十一年（1705—1712）任江西巡抚，督景德镇烧造瓷器。

郎世宁仿制宝石釉之祭红，是说也可以与紫垣之郎窑并存。惟《历代瓷器谱》初未述明郎世宁所仿之红器即系有明宝烧之祭红，则《历代瓷谱》之阙略也〔1〕。或曰苹果底者宣德祭红也，米汤底者万历祭红也，其寻常白底则郎世宁所仿者也。然耶？否耶？沪商以苹果、米汤两底属之明代〔2〕，学识似颇优于厂肆。第明代祭红亦不止宣德与万历两朝，其正德、成化、弘①治、隆庆皆有此等宝石釉之祭红。当于何辨之？或谓沪人妄以郎窑之绿底者为宣德，米汤底者为万历；此种宝石釉之祭红实只郎窑而已，明代无此制也，亦未免太武断矣。铜镶碗口岂本朝物哉？孰为明制？孰为郎仿②？要在鉴者自辨之耳。

【校】

①“弘”，静园本、寂园本及石印本均作“宏”，据文意改。

②“仿”，静园本作“窑”，据寂园本及石印本改。

【注释】

〔1〕阙略：缺漏，不完备。

〔2〕沪商：此指上海的古董商人。

米汤底断为万祭，亦苦别无考证，则以近代瓷学之无专书也。郎造红瓶以观音尊式为最多，固明明与康窑之青花相似矣。观音尊非明代式样，饽饽凳与油锤则亦皆为康制矣。或谓此种青花瓶式乃仿有明之祭红而为之者，是又一说也。郎世宁在雍、乾间犹供奉内廷，岂所仿红器仅在初入中国时，后此遂绝笔耶？而亦无人焉以转相摹效之耶？是在雅善鉴别者矣。

豇红大笔筒，实为康熙朝有数之品。太白尊，又名鸡爪尊。永乐款之碗，有青花，有五采，有仿哥，有脱胎暗龙。黑色瓷皿较少，有乌金釉马铃碗差堪鉴录，惟瓶亦有之。

阳羡壶以时大彬（蓝浦误作宾）、李仲芳、徐友泉、陈仲美、陈俊卿为最著〔1〕，若陈曼生者，本朝一人而已。

【注释】

〔1〕李仲芳：制壶名手李养心（号茂林）之子，制陶名家时大彬之弟子。善制宜兴砂壶，及时大彬之门为高足第一，所制渐趋文巧。其父督以敦古，芳尝手一壶示其父曰：“老兄，者个何如？”俗因呼其所作为“老兄壶”。亦入金坛，卒以文巧相竞。今世所传大彬壶亦有仲芳作之、大彬见赏而自署款识者，时人语曰：“李大瓶，时大名。” 徐友泉：名士衡。自幼

拜时大彬为师，精工紫砂艺术，尤于泥色品种贡献甚多。擅仿古铜器壶，手工精细，壶盖与壶口能够密不透风。他所制的长爪兽的形态，亦是仿青铜器的形制，古拙有韵，非同凡响。　陈仲美：江西婺源人。原在景德镇制瓷，后到宜兴制陶。善配壶土，意有创新。以花果、草虫入壶，壶似花果，缀以草虫，或龙戏海涛，形神逼真，呼之欲出；塑大士像，庄严慈悯，神彩欲生。　陈俊卿：宜兴制壶高手。紫砂名师时大彬之徒弟。

积红者，鲜红也，有款无纹者也。宝石红者，祭红也，无款有纹者也。四者其本一也。自项氏积红之名笔于书，而后分而为二。吸杯者，鼻饮杯也。建瓷于碗内作人立形，其陆鸿渐耶[1]？下有小孔，酒满则漏去，曰平心碗也。磬口者，弇口也。磬者，折也；弇者，内向也。褐色种类甚多，有黑褐，有绿褐，有黄褐，有粉青褐。

【注释】

〔1〕陆鸿渐：陆羽（733—约804），字鸿渐。唐代复州竟陵（今湖北天门）人。自称桑苧翁，又号东冈子。以嗜茶著名，并对茶道有精深研究，撰有《茶经》。旧时被视为“茶神”。

陶人，若晋之赵叔明[1]，唐之陶玉、霍初仲[2]，宋之章生一、章生二，元之彭均宝[3]，明之周丹泉、欧子明、瞿志高、吴十九、陈仲美、吴明官数子者[4]，得传其姓名。若唐之盛姓[5]，明之崔公、舒翁、舒娇者[6]，则仅传其姓，或并姓而不传焉，亦有幸有不幸矣。成、嘉、康、雍之画瓷者佚而不彰[7]，则大憾事也。雍、乾间之画墨彩者，红印曰陶，其姓耶（或曰陶钧，乃人名也）[8]？乾隆朝画古月轩彩之金成字彤映者，亦人名耶？有脂水小篆印文在。

【注释】

〔1〕赵叔明：晋人，擅制陶器。

〔2〕陶玉：唐武德（618—626）中昌南镇（今江西景德镇）人。将所造瓷载入关中，称为假玉器，具贡于朝，于是昌南镇名闻天下。所造瓷名曰“陶窑”。　霍仲初：唐代陶瓷名家，景德镇东山里人。乾隆《浮梁县志》：“新平霍仲初制瓷日就精巧，唐兴素瓷在天下而仲初有名。武德四年(621)，有民陶玉者，载瓷入关中，称为假玉器，献于朝廷，于是诏仲初等暨玉制器进御。”其窑称“霍窑”，器曰“霍器”。霍器瓷质细腻，洁白如

玉，质量很好。唐武德四年（621），唐高祖发布诏令，指定要霍仲初“制器进御”。

〔3〕彭均宝：元代造瓷名匠，烧窑于山西霍州 。制品仿北宋定窑，胎薄质细，净白尚素，当时称为“彭窑”“新定窑”“霍窑”。

〔4〕周丹泉：名时臣，字丹泉。明代苏州（今江苏苏州）人。隆庆、万历间仿古瓷名家。　瞿志高：明代制瓷名工。处州(今浙江丽水)人。本在横峰造窑器。嘉靖间移于弋阳，仍称“横峰窑”，又叫“弋窑”。《景德镇陶录》称其“所造瓶、罐、缸、瓮、盘、碗之类，甚粗”。　吴明官：歙县（今安徽歙县）人。明万历间景德镇制瓷名家。或曰在徽州，明张岱《陶庵梦忆》卷五“诸工”条云：“徽州吴明官之窑，皆以竹与漆与铜与窑名家起家。”《陶录馀编》亦曰：“按徽州距景镇(景德镇)甚近，吴明官或亦曾陶吾镇著名当时者欤？不然，徽地无窑也。”

〔5〕盛姓：不详，待考。

〔6〕崔公：明代隆庆、万历年间崔国懋，于景德镇制陶，擅仿宣德、成化年间瓷器，著名一时。为当时民窑之冠。世称“崔公窑”。　舒翁、舒娇：宋代舒翁、舒娇父女为庐陵（今江西吉安）永和镇人，相继以烧造瓷器为业，技艺、产品独具特色。父亲舒翁擅于烧制玩具，女儿舒娇则长于烧制垆瓮，并擅长构图上釉，产品以白釉、绿釉、黑釉、彩绘为主。他们所烧造的各种玩具和绘有佛、仙人物的瓷瓶，造型生动，色彩明快，制作精美，最为人们所喜爱。舒娇技艺殆过其父，是我国陶瓷史上见于文献记载的第一个女陶瓷家。清代况周颐《眉庐丛话》：“宋时庐陵永和市，有舒翁以陶器著称，工为玩具。翁女尤善，号曰舒娇。其垆瓮诸色几与柴哥等价。按：媍书谈瓷故者，世不多覯，间见数种，亦不具舒娇之名，亟记之。”

〔7〕佚而不彰：被埋没。佚，失落。彰，显。

〔8〕陶钧：清雍乾间（1723—1795）人。擅画瓷器，以墨彩名。

或谓明祭之有纹无款者为矾红，然则无纹有款者为鲜红矣。岂嘉靖以后鲜红已绝，至康、雍而复现耶？康、雍而降又益不鲜耶？六朝瓶往往似葬器，高二尺许，口起厚棱，项颈细而长，附项每作人物形，别黏于瓶上，刀法甚粗，釉作青白色，近亦赝本纷陈矣。瓶有刻隶书“云麓”等字者，盖庙名也。六朝瓶、碗每有刻字者，其字往往在正面，不在底足也。

陶为胎骨，略有灰质之釉汁碗似甆制，有刀纹如鱼笔法，若武梁刻石[1]，曰汉之葬器也。元以前之瓷无旋坯之器，但以竹刀旋之而已。宋瓷天青色之滋润者，不独泪痕可爱也。青光中闪有紫光，若隐若现，则谓之异采。盖异宝也。

脱胎之最薄者，可以映出指尖之螺纹。

【注释】

〔1〕武梁刻石：在今山东嘉祥武翟山(旧称紫云山)下武梁祠发现的东汉画像刻石。

嘉靖官窑素彩之碗，表里皆大绿（即硬绿也）为地，满画圆圈若螺纹，若凤眼[1]。墨有采，笔有力（赝者墨圈无笔力，无意致）[2]，谓之海涛。表里各有怪兽二尾，喷散若扇，头有鬣，如猛狮也。又各有海马二，碗心龙有翼，凡四兽四马一龙。尾、鬣、蹄、爪皆黑色，身则或深紫若墨，或畲（音夸，上声）绿（绿中略泛黄色，若蟹甲也。非官窑不能有此绿，盖宝料也），或碧绿（较硬绿浅翠，俗谓之三绿），或蜜蜡黄绿。涛中浪头皆白，为玻璃白。沿碗底一圈绿中有梅花八朵，白质黄心，浪花中又皆有梅花也。此碗有十异焉，曰素三彩（实则素七彩也），曰彩夹彩，曰两面彩，曰绿地，曰绿套绿，曰海马，曰嘉靖六字官窑款，曰真明瓷，曰恢奇，曰硬札（兼彩色、笔力二者言之）。

【注释】

〔1〕凤眼：指小眼角向上的眼睛。亦用作对女子眼睛的美称。

〔2〕笔力：字、画、文章在笔法上表现的气势和力量。

正德、嘉靖、万历青花印合，每画一龙一凤，均不及宣德也。均盎不如均盆。盎者，盆连也，即盆座也。万历有海马碗，画四马杂以海水。有五彩，有青花状似奶子碗。天青贵于均紫，而均紫贵于鼻涕釉。今之宋均盆盎，其颜色劣者皆鼻涕釉也，非天青也，是以有月白之诡称。元代紫鱼、紫姜釉之器皿，其质地、颜色亦只能于月白分优劣，而不能如宋均之追摹天青矣[1]，去柴周远也。厂人不知宋以前之窑，亦不知明有几帝，其遇晋、唐、五代器，则以宋窑赅之[2]；遇永乐、正德、弘治、隆庆诸器，则以明窑赅之，而不知其希贵。

古瓷犹古钱也。不徒论年代之久远[3]，而又颇珍惜夫享历短少之帝者之年号也。

【注释】

〔1〕追摹：追忆摹仿。

〔2〕赅：概括，包括。

〔3〕不徒：不但。

元代之胭脂石之宝料，存者盖寡，珍惜倍至。至是以仅仅作鱼形，其劣者作姜形，不能如宋器之满紫矣。元瓷之紫釉双鱼，即釉里红之所自始也。釉之薄者曰脱胎，曰吹釉，曰卵幕。其厚者曰垂漆，曰堆脂，曰宝石。釉之绝佳者，南人曰肥，北人曰滋润，东人曰蜜淋，西人曰宝光，皆吾党所谓古色者也。绿釉、黑釉之有异采者，映天光视之，闪有紫片、金银片。吴音读雍如熊，遂目粉彩为熊窑。熊何人哉？亡是公矣。郎窑之仿成化者，有硬彩，有豆彩，而无粉彩。粉彩者，赝①也。

【校】

①"赝"，寂园本及石印本作"雁"。

《历代瓷器谱》谓晋州王衡以造祭器著名[1]。又谓朱元佐者[2]，成化朝之制瓷者也。宋以前瓷器，有浑身缩釉如虫书者[3]。然虫书云者，虫蠹之谓也。《历代瓷器谱》谓郎世宁所制器皿，有青、蓝、墨绘各种，盖不仅宝石红也。又谓永乐时已绘五彩，亦不仅有鲜红也。

【注释】

〔1〕王衡：不详，待考。

〔2〕朱元佐：明成化朝督陶中官。

〔3〕虫书：秦八体书之一。王莽变八体为六体。又名鸟虫书。《汉书·艺文志》："六体者：古文、奇字、篆书、隶书、缪篆、虫书。"颜师古注："虫书，谓为虫鸟之形，所以书幡信也。"

以茄、黄、绿三色晕成杂斑，曰虎皮斑也。法国人初颇嗜之。此素三彩之权舆也[1]。近日素三彩腾踊百倍[2]，以怪兽为上，人物次之，花卉又次之，而所谓虎皮斑者，转致无人问津。素三彩亦以大瓶、大罐为上，大盘、大碗次之，若肖生之单个人物，较逊一筹。洪武酒缸[3]，有老僧衣一种，亦茶叶末之亚流也。兔毫盏有一种绝小者，口径寸许，殊可玩也。或谓此种宋器，乃闽人掘地所得，亦赝说也[4]。

【注释】

〔1〕权舆：本义草木萌芽的状态，引申为起始、初时。

〔2〕腾踊：跳跃，喻物价飞涨。

〔3〕洪武（1368—1398）：明太祖朱元璋年号。

〔4〕赝说：欺诈的说法。

宋、元紫器，朱明官窑，大抵流出簟沟[1]，喷溢海国[2]。岂有世家乔木[3]，能历数朝者耶？虬髯碧眼[4]，重译来宾[5]，一掷万金，昌言罔讳[6]。守者盖藏不谨[7]，很者亡命以求[8]，偶一拜章[9]，辄报闻罢[10]。盖难言之矣[11]，所从来远矣[12]。

【注释】

〔1〕簟沟：从皇宫流经的河渠。

〔2〕海国：临海之国或海外之国。

〔3〕世家乔木：《孟子·梁惠王下》："孟子见齐宣王曰：'所谓故国者，非谓有乔木之谓也，有世臣之谓也。'"本此。喻指传世古物。

〔4〕虬髯碧眼：蜷曲的胡须，碧蓝色眼睛，谓欧美人。

〔5〕重译来宾：来自外国的客人。重译，辗转翻译。

〔6〕昌言罔讳：敢于直言，无所忌讳。昌言，原指善言，引申为直言。

〔7〕盖藏不谨：《礼记·月令》："命有司曰，天气上腾，地气下降。天地不通，闭塞而成冬。命百官谨盖藏。"本此。谓保密不够。谨，小心。

〔8〕很者：指搜求古董的外国人。很，同"狠"。　亡命：拼命。

〔9〕拜章：此指登门拜访乞求。

〔10〕报闻罢：结果可知。

〔11〕难言：不易说清楚。

〔12〕所从来：局面的由来。

建瓷以无字无花纹者为贵，以正圆者为贵。坛罐有仿武梁画象者，或黑质白章[1]，或丹质白章[2]，曰附近中国之小国之沙胎器也[3]。以年考之，殆已在康、雍上矣。"中和堂""拙存斋"皆在康熙朝。"植①本堂"之茶叶末，盖在嘉、道间，又与"彩华堂"同时也。卵幕，俗名鸡蛋壳。兔毫即是鹧鸪斑。浆胎者，煨瓷也。浆胎所开之片为细片，仿哥所开之片为粗片。

【校】

①“植”，石印本作“值”。

【注释】

〔1〕黑质白章：黑色质地白色花纹。

〔2〕丹质白章：朱红色的质地白色花纹。

〔3〕小国：小的邦国。

葡萄水之外绿而内红者，粗片垂釉〔1〕，赝①制风行〔2〕，被赚者夥〔3〕。某馆西人惩羹吹虀〔4〕，虽遇有明真本而亦目为燕石〔5〕，不足怪也。若康熙初叶之太白尊，式样既巨，款字仿明，尤不甚经见〔6〕，亦竟以藕②为茄〔7〕，则诚有目无珠者矣。又奚诧其于新造之素三彩〔8〕，爱玩不忍释手耶〔9〕？

某馆颇以贩瓷获利，或者辗转售伪，匪伊朝夕〔10〕。彼都贵族，争相贡谀〔11〕，盖直道不行久矣〔12〕，区区陈列品，其一端焉耳〔13〕。

【校】

①“赝”，寂园本用石印本作“雁”。

②“藕”，石印本作“藉”，误。

【注释】

〔1〕垂釉：又称“泪痕”。陶瓷烧制过程中的一种流釉现象。

〔2〕风行：盛行，普遍流行。

〔3〕赚：骗。

〔4〕馆：外国使馆。　惩羹吹虀：人被滚汤烫过，以后吃冷菜也要吹一下。比喻戒惧过甚。羹，滚汤。虀，细切的肉菜，冷食品。《楚辞·九章·惜诵》：“惩于羹者而吹虀兮，何不变此志也？”

〔5〕有明：明代。

〔6〕经见：常见。

〔7〕以藕为茄：因相似而误以此为彼。

〔8〕奚：怎么。　诧：惊讶。

〔9〕爱玩：喜爱而研习，喜爱而玩赏。

〔10〕匪伊朝夕：不止一日。清代蒲松龄《聊斋志异·婴宁》：“我有志，匪伊朝夕。”

〔11〕贡谀：献媚。

〔12〕直道：犹正道。

〔13〕一端：指事物的一点或一个方面。　焉耳：而已。

甃托者，盏托也，宋官窑之仿剔红者也[1]。剔红，漆托始于宋。柴窑出河南郑州，《七颂堂识小录》称其光色黝然[2]，又谓马布庵目之为绛霄[3]，曰黝、曰绛，又不仅一雨过天青矣。缩釉之虫书者，又如蛇香灰。海南人以蛇骨研末，和入线香中焚之[4]，则香灰不落，且屈曲蟠绕若蛇形。泥均、宜均、唐均，各应正其名曰蓝均。素三彩之盘碗，各有凹雕暗龙，其浅碧一色，最为鲜艳。卵幕茗碗，盖有圈式影青之细纹，较寻常式样为尤小，铢两最轻，光色如良玉，亦近赝本孔多矣[5]。康熙臧窑，乃臧应选也。唐时秦窑亦有凸鱼杯碗[6]，《历代瓷谱》谓系纯青冰纹，与阮亭所述之隗宫二鱼碗迥乎不同[7]。《凝斋丛话》则称宋安雅得古瓷一窑[8]，随手散尽，仅馀三器，大小花素皆有之，初未指为隗碗也。刘体仁《识小录》又言嚣墓有陶器数十[9]，见一酒盏于京师，如龙泉之淡黄者，又未尝有鱼藻纹也。

【注释】

〔1〕剔红：漆器工艺的一种，即雕红漆。

〔2〕《七颂堂识小录》：清代刘体仁（1624—1684）撰。刘体仁，字公㦷，号蒲庵。颍川（今安徽阜阳）人。顺治进士，官至吏部郎中。工诗文，善山水，萧疏旷远，寄兴天真。另著有《七颂堂诗文集》等。

〔3〕马布庵：杞县（今河南杞县）人。　绛霄：天之色本为苍青，称之为“丹霄”者，因古人观天象以北极为基准，仰首所见者皆在北极之南，故借南方之色以为喻。

〔4〕线香：香名。用香末制成，细长如线，故名。供药用者多以白芷、芎劳、兜娄香等为末，以榆皮面作糊和剂制成。

〔5〕孔多：大多。这里谓很可能。孔，大。

〔6〕秦窑：蓝浦撰、郑廷桂增补《景德镇陶录》卷七《古窑考》：“秦窑。唐代烧造，今甘肃之秦州也。相传器者碗杯之属，多纯素，亦有凸鱼水纹者。”

〔7〕阮亭：清王士禛的号。　隗宫：战国燕昭王为招贤而礼待郭隗所建的馆舍。见《史记·燕召公世家》。　迥乎不同：差距很大，完全不一样。

〔8〕《凝斋丛话》：不详，待考。　宋安雅：即宋琬(1614—1674)，字玉叔，号荔裳、无今。清莱阳（今山东莱阳）人。著有《安雅堂文集》等。

〔9〕嚣墓：任嚣之墓。任嚣（前？—前206），秦朝将领。于秦始皇

三十三年（前214）统一岭南，并置南海、象郡、桂林三郡和番禺（今广州）等县。南海郡含今广东大部，郡治番禺，首任郡尉即任嚣。这是岭南历史上第一次划分的行政区，亦是广州历史上最早的行政建置。

《博物要览》十二卷，明末谷应泰撰。

《事物绀珠》四十一卷，明扬州黄一正字定父者撰，万历辛卯始成书。

《清秘藏》二卷，明昆山人张应文字茂实者撰，其子谦德者润色之。谦德原名丑。

《格古要论》三卷，明松江人曹昭字明仲者撰，书成于洪武十二年。

《留青日札》三十九卷，明田艺衡撰。

《妮古录》明陈眉公撰。

《六砚斋笔记》十二卷，明李日华撰。

《考槃馀事》四卷，明屠隆撰。

《辍耕录》元陶宗仪撰，书成于至正二十六年，载在《津逮秘书》。

《南村随笔》六卷，国初嘉定人陆廷灿字秩昭者撰。

饮流斋说瓷

[民国] 许之衡 撰

书成自题六十韵

——饮流漫稿

此日知何日[1]，孤怀百感纡[2]。有涯生待遣[3]，何物性能娱[4]？漉酒怀难写[5]，看花眼倦盱[6]。书淫辞顾怪[7]，画癖谢倪迂[8]。树树闻鶗鴂[9]，山山听鹧鸪[10]。误人燕市筑[11]，为客楚庭竽①[12]。自障元规扇[13]，谁敲处仲壶[14]。世情蕉里鹿[15]，乡梦笋边鲈[16]。非墨吾尊命[17]，谈玄我踞觚[18]。谛参悲乃智[19]，生悟有还无[20]。遇蹇天应恕[21]，忧来古与愉[22]。赏心开异境[23]，淪性辟奇途[24]。大邑诗吟杜[25]，花瓷句咏苏[26]。缥题潘岳赋[27]，器列子京图[28]。红玉谁初琢[29]？青冰孰此腴[30]？古香邢与越[31]，秘色蜀兼吴[32]。汝定摩挲爱[33]，官哥考订劬[34]。天青痕淡抹，雨过润如酥[35]。泑现鱼形幻[36]，纹揩蟹爪粗[37]。宣成洵质茂[38]，隆万亦华敷[39]。胜代崇文物[40]，官窑重楷模[41]。精华四海萃[42]，供亿万缗输[43]。禁料新颁紫，璇题细点朱[44]。作监专吏设[45]，善画外臣摹[46]。辇载连车骑[47]，船装连舳舻[48]。木兰移别殿[49]，辽沈入陪都[50]。岁贡征常例[51]，珍藏别御需[52]。球琳储百库[53]，琛賮列千橱[54]。鬼斧精英琢，神工藻缋铺[55]。赛珍弛海国[56]，载宝耀寰区[57]。制作关时会[58]，人文待发摅[59]。《考工》畴补记[60]，美术罕周诹[61]。走也风尘贱[62]，研之岁月徂[63]。挈瓶非号智[64]，扪籥未全诬[65]。结习痂成癖[66]，嘤②鸣道不孤[67]。近邻寂园叟[68]，时过斗杯庐[69]。日下多廛肆[70]，昌南富埴垆[71]。海王村屡过[72]，内史墓频趋[73]。玮丽罗千态[74]，恢奇列万殊[75]。微茫穷彖黍[76]，毫发判锱铢[77]。水晕疑含眼[78]，沙痕细辨趺[79]。碧应羞③球玳[80]，赭已夺珊瑚[81]。苹绿凝螺黛[82]，豇红艳绛襦[83]。画题轩古月[84]，色染水西湖[85]。秘笈搜天籁〔86〕，遗闻考绀珠〔87〕。名工唤章弟〔88〕，雅制忆彭姑〔89〕。周鼎防遭弃〔90〕，康瓠莫贡谀④〔91〕。遇秦矜得宝〔92〕，易赵讶怀瑜〔93〕。茗椀嵇康斗〔94〕，茶瓯陆羽呼〔95〕。见闻搜北梦〔96〕，掌故说西凫〔97〕。病魇犹堪遗〔98〕，愁魔或足驱〔99〕。偶然存剩稿，聊复写编蒲〔100〕。随笔供《谈薮》〔101〕，零编此《说郛》〔102〕。志惭⑤文长物〔103〕，集愧褚坚瓠〔104〕。撷粹仍馀粕〔105〕，存精未汰芜〔106〕。杀青宜瓿覆〔107〕，饮墨且毫濡〔108〕。淹雅惭欧九〔109〕，丛残补继儒〔110〕。学原嗤骨董，趣可博胡卢〔111〕。今古同抔⑥土〔112〕，乾坤一破盂〔113〕。千金留敝帚〔114〕，吾自爱真吾。

【校】

①“竽”，原本及书庄本均作“竿”，据文意改。

②“嘤”，书庄本作“婴”。

③“羞”，美术本作“差”，据书庄本改。

④“谀”，美术本作“腴”，据书庄本改。

⑤“惭”，书庄本作“渐”，误。

⑥“抔”，美术本及书庄本均作“坏”，据文意改。

【注释】

〔1〕此日：这天。　何日：哪一天，什么时候。

〔2〕孤怀：孤独的情怀，即愁情。　百感：种种感慨。　纡：系结，缠绕。

〔3〕有涯生：即生有涯。《庄子·养生主》：“吾生也有涯，而知也无涯。以有涯随无涯，殆已。”涯，水边，泛指边界。　待遣：打发日子。

〔4〕何物：什么东西。　能娱：可供娱乐。

〔5〕漉酒：即滤酒。本指用纱布将酒槽与酒汁分开的过程。此言饮酒。　怀：心意，情意。　写：抒写。这里指消除心中的忧思。

〔6〕看花：唐代进士考试，及第者有在长安城内看花的习俗。唐代孟郊《孟东野集》三《登科后》：“春风得意马蹄疾，一日看尽长安花。”　盱：张目，睁大眼睛。

〔7〕书淫：形容人酷爱读书，无尽无休。《晋书·皇甫谧传》：“耽玩典籍，忘寝与食，时人谓之书淫。”　辞：告别，此言不如。　顾怪：即顾炎武（1613—1682），原名绛，字忠清；明亡后改名炎武，字宁人，亦自署蒋山傭，学者称亭林先生。昆山（今江苏昆山）人。明末清初著名的思

想家、学者。著有《日知录》《音学五书》等。《清史列传·顾炎武传》：“年十四，为诸生，耿介绝俗。与同里归庄善，时有‘归奇顾怪’之目。”

〔8〕画癖：谓喜爱绘画艺术成癖。明代刘基《题宋子章效米元晖山水图》：“昔时米南宫，父子同画癖。” 谢：谢绝，此言不如。 倪迂：即元代大画家倪瓒（1301—1374），初名珽，字元镇，号云林子、幻霞子等。无锡（今江苏无锡）人。出身豪富，信奉道教，元末战乱，散尽家资，浪迹太湖、泖湖一带，寄兴书画。性孤介，有洁癖，以是人称倪迂。画与黄公望、吴镇、王蒙并称元四家。善楷书，工诗歌，传世除书画外，有《清閟阁集》。

〔9〕鶗鴂：鸟名，俗称杜鹃。李商隐《锦瑟》：“庄生晓梦迷蝴蝶，望帝春心托杜鹃。”

〔10〕鹧鸪：鸟名。其叫声若曰“行不得也哥哥”。辛弃疾《菩萨蛮·书江西造口壁》：“江晚正愁余，山深闻鹧鸪。”

〔11〕误人：贻害于人。 筑：古代乐器名。形制似琴，有弦，用竹击之，取以为名。《史记·刺客列传》：“荆轲既至燕，爱燕之狗屠及善击筑者高渐离。荆轲嗜酒，日与狗屠及高渐离饮于燕市。酒酣以往，高渐离击筑，荆轲和而歌于市中，相乐也。”

〔12〕楚庭：传说中广州最早的名称。 竽：古代的一种吹奏乐器。《韩非子·内储说上》：“齐宣王使人吹竽，必三百人，南郭处士请为王吹竽，宣王说之，廪食以数百人。宣王死，湣王立，好一一听之，处士逃。”此即成语“滥竽充数”的故事，作者用以自谦。

〔13〕元规扇：喻高官权贵气势凌人，又泛指尘污。《艺文类聚》卷六引晋代郭澄之《郭子》曰：“庾公名位渐重，足倾王公。时庾亮在石头，王公在城，忽风起扬尘，王公以扇拂之曰：‘元规尘污人。’”表示对庾亮的鄙视。《世说新语·轻诋》亦载。元规，庾亮（289—340）的字，东晋颍川鄢陵（今河南鄢陵）人。

〔14〕处仲壶：即处仲击壶。《晋书·王敦传》：“（敦）每酒后辄咏魏武帝乐府歌曰：‘老骥伏枥，志在千里。烈士暮年，壮心不已。’以如意打唾壶为节，壶边尽缺。”处仲，王敦（266—324）的字，琅邪临沂（今山东临沂）人。

〔15〕世情：世俗人情。 蕉里鹿：《列子·周穆王》载，春秋时，郑国樵夫打死一只鹿，恐人见，藏鹿于水濠里，盖上蕉叶。后去取鹿时，记

不起藏鹿的地方，于是自以为做了一场梦。后多用于恍惚如梦的糊涂事儿。

〔16〕乡梦：思乡之梦。　笋边鲈：此处化用“莼鲈之思”的典故。《晋书·张翰传》：“翰因见秋风起，乃思吴中菰菜、莼羹、鲈鱼脍，曰：‘人生贵得适志，何能羁宦千里以要名爵乎？’遂命驾而归。”而吴中莼鲈常以樱笋佐之，此代指思乡之情。

〔17〕非墨：《墨子》有《非命》篇，反对天定人事的观念。

〔18〕谈玄：魏晋时期流行的一种学术风气。名士们以《老子》《庄子》《周易》“三玄”为其基本内容，摒弃世务，专谈玄理。　踞觚：倚着灶角。语本《南华逸编》：“仲尼读《春秋》，老聃踞灶觚而听。”

〔19〕谛：仔细，引申指深入。　参：学习。　悲：指佛家慈悲之说。

〔20〕有还无：有即是无，无即是有，谓生死都属自然的道理。

〔21〕蹇：跛，行走困难。引申为艰难不顺。

〔22〕古：此言古玩。

〔23〕赏心：心意欢乐。　异境：奇妙的境界。

〔24〕淪：浸渍，这里引申指对人性情的涵养。

〔25〕大邑诗吟杜：唐代杜甫《又于韦处乞大邑瓷碗》诗有“大邑烧瓷轻且坚，扣如哀玉锦城传”之句。杜，杜甫（712—770），字子美，自号少陵野老。巩县（今河南巩义）人。盛唐时期伟大现实主义诗人，被后世称为“诗圣”，诗被称为“诗史”。

〔26〕花瓷句咏苏：宋代苏轼《试院煎茶》诗有“潞公煎茶学西蜀，定州花瓷琢红玉”之句。　苏，苏轼（1037—1101），字子瞻，号东坡居士。眉州眉山（今四川眉山）人。与父苏洵、弟苏辙称“三苏”。著有《东坡七集》《东坡乐府》等。

〔27〕缥：淡青或青白色。此指缥瓷，青瓷之一种。　题：写，此言记载。　潘岳赋：即潘岳《笙赋》。其有句云：“披黄苞以授甘，倾缥瓷以酌醽。”潘岳（247—300），字安仁。荥阳中牟（今河南中牟）人。晋代大诗人。

〔28〕器：瓷器。　子京图：即项元汴《瓷器图说》。子京，即项元汴（1525—1590），字子京，号墨林。秀水（今浙江嘉兴）人。明代大收藏家、画家。

〔29〕红玉：本指红色的玉，此指红釉色的瓷器。苏轼《试院煎茶》诗有云：“君不见昔时李生好客手自煎，贵从活火发新泉。又不见今时潞公煎茶学西蜀，定州花瓷琢红玉。”

〔30〕青冰：当指釉色如寒冰的青瓷。　腴：肥美。

〔31〕邢：邢窑，五代著名瓷窑，白瓷生产的发源地。窑址在今河北邢台。　越：越窑。唐、五代时著名的青瓷窑场和青瓷系统。因在越州（今浙江慈溪），故称。陆羽《茶经》：“碗，邢不如越。”

〔32〕秘色：秘色瓷，唐宋青瓷名。宋代《高斋漫录》等认为，系五代吴越王钱氏专用并贡奉朝廷的一种越窑器，臣庶禁用，故名“秘色”。　蜀：即前蜀，五代十国之一。王建所建，都成都。　吴：即吴越国，五代十国之一。钱镠所建，都杭州。本书《概说第一》：“至如吴越钱镠时有所谓秘色者，蜀王建时又有所谓金棱碗者，观于此则唐时已有青色，有黄色，有褐色，有白色，有金色，几于五光十色矣。”

〔33〕汝：即汝窑，因在宋代汝州（今河南汝州）境内，故称。　定：即定窑，因在宋代定州（今河北曲阳）境内，故名。　摩挲：抚弄。

〔34〕官：即官窑，指北宋和南宋时在京城汴京（今河南开封）和临安（今浙江杭州）由宫廷设窑烧造的青瓷，故又有“旧官”和“新官”之分，前者为北宋官窑，后者为南宋官窑。　哥：即哥窑，因宋代龙泉章氏兄弟各主窑事，兄所主者称哥窑。但至今未找到确切窑址。　考订：考据辨订。　劬：劳累，劳苦。

〔35〕天青痕淡抹，雨过润如酥：清代梁同书《古窑器考·柴窑》载五代后周世宗（柴荣）时所烧瓷器“青如天，明如镜，薄如纸，声如磬。相传当时请示瓷器式样颜色，世宗批其状曰：‘雨过天青云破处，者般颜色做将来’”。雨过天青喻青色，蔚蓝澄澈如雨后晴空。酥：酥油，指如酥油般细腻。

〔36〕泑：古同“釉”。　鱼形：指鱼子纹，瓷器开片的一种。开片中纹路交错，形成细小的纹片。因其状如鱼子，故名。

〔37〕蟹爪：指蟹爪纹，瓷器开片的一种。因似螃蟹的爪子爬过后而引起的不规则的弧线弯曲状，故名。

〔38〕宣成：明代宣德朝和成化朝。此指明宣德窑和成化窑烧制的瓷器。宣，宣德（1426—1435），明宣宗朱瞻基年号。成，成化（1465—1487），明宪宗朱见深年号。　洵：确实。

〔39〕隆万：明代隆庆朝和万历朝。此指明隆庆窑和万历窑的瓷器。隆，隆庆（1567—1572），明穆宗朱载垕年号。万，万历（1573—1620），明神宗朱翊钧年号。

〔40〕胜代：被战胜的朝代，此指明朝。

〔41〕楷模：典范，榜样。

〔42〕四海：古以中国四境有海环绕，各按方位为“东海”“南海”“西海”“北海”，但亦因时而异，说法不一。此指天下，全国各地。　萃：聚集。

〔43〕亿万：极言其数之多。　缗：古代穿铜钱的绳子，每串一千文。　输：输送供给。

〔44〕璇题：玉饰的椽头。《文选·扬雄〈甘泉赋〉》：“珍台闲馆，琁题玉英。”李善注引应劭曰：“题，项也。榱椽之头，皆以玉饰，言其英华相烛也。”琁，同璇，美玉。　点朱：或指釉彩的朱砂点。

〔45〕作监：即匠作的监管。　专吏：专权行事的官吏。

〔46〕外臣：在朝廷以外供职的官员，即地方官吏。

〔47〕车骑：成队的车马。

〔48〕舳舻：船头和船尾的并称。这里指前后首尾相接的船。《汉书·武帝纪》：“自寻阳浮江，亲射蛟江中，获之。舳舻千里，薄枞阳而出。”颜师古注引李斐曰：“舳，船后持柂处也。舻，船前头刺棹处也。言其船多，前后相衔，千里不绝也。”

〔49〕木兰：香木名。又名杜兰、林兰。皮似桂而香，状如楠树。　别殿：正殿以外的殿堂。

〔50〕辽沈：指沈阳。1636年，皇太极在盛京（今辽宁沈阳）称帝，改国号为大清，改元崇德，清朝正式建立。　陪都：首都外别建的国都，又称陪京。清顺治帝迁都北京，但仍以盛京为留都，又称陪都。

〔51〕岁贡：古代诸侯或属国每年向朝廷进献礼品。　常例：常规，惯例。

〔52〕御：对帝王所作所为及所用物的专称。

〔53〕球琳：即球、琳，皆美玉名，此代指精美瓷器。《书·禹贡》：“（雍州）厥贡惟球琳琅玕。”孔传：“球、琳，皆玉名。”

〔54〕琛賮：献贡的财货。《魏书·匈奴刘聪等传序》：“辫发之渠，非逃则附；卉服之长，琛賮继入。”

〔55〕藻缋：彩色的绣纹，错杂华丽的色彩。《史记·平准书》：“乃以白鹿皮方尺，缘以藻缋，为皮币，直四十万。”

〔56〕海国：临海之国或海外之国。明代何景明《送宗鲁使安南》诗：“日月天门迥，星辰海国遥。”

〔57〕寰区：天下，人世间。

〔58〕时会：时机，时候。

〔59〕发摅：发扬，传播。

〔60〕考工：即《考工记》，书中记述了齐国关于手工业各个工种的设计规范和制造工艺，保留有先秦大量的手工业生产技术、工艺美术资料，记载了一系列的生产管理和营建制度，一定程度上反映了当时的思想观念。畴：同“筹”。

〔61〕美术：此指瓷器研究著作。　周诹：商议，探讨。

〔62〕风尘：谓行旅辛苦劳顿。

〔63〕徂：过去，逝去。

〔64〕挈瓶：汲水用的小瓶，比喻知识浅薄。《左传·昭公七年》：“虽有挈瓶之知，守不假器，礼也。”

〔65〕扪籥：比喻认识片面，不得要领。扪，按，摸。籥，古代管乐器，样子像笛。出自苏轼《日喻》，有个生来就眼睛瞎的人，不知道太阳的样子。有人告诉他太阳光像蜡烛，他摸了摸蜡烛，后来摸到籥，也以为是太阳。

〔66〕结习：喻指积久难除之习惯。　痂成癖：成语“嗜痂成癖”的略语，比喻爱好怪诞的事物已成为一种癖好。痂，疮口或伤口表面凝结的硬壳。

〔67〕嘤鸣：鸟相和鸣。本《诗经·小雅·伐木》：“嘤其鸣矣。求其友声。相彼鸟矣。犹求友声。”后以嘤鸣比喻朋友间同气相求或意气相投。

〔68〕寂园叟：即陈浏（1863—1929）。清代江浦（今江苏南京）人，著有《匋雅》一书。

〔69〕斗杯庐：即斗杯堂。陈浏，别号杯隐。蓄酒杯300馀种，题其堂名为“斗杯堂”，并为之记。

〔70〕日下：指北京。古代以帝王比日，因以皇帝所在地为“日下”。

〔71〕昌南，江西景德镇古称。　埴垆：稍黏而较疏松的土壤，此引申指做成的瓷器。

〔72〕海王村：今北京西城区和平门外琉璃厂，是京城开办最早的古玩市场。

〔73〕内史墓：清《日下旧闻考》卷六一引《辽御史大夫李内贞墓志》：“葬于京东燕下乡海王村。”李内贞，字吉美，妫汭（今山西永济）人。后唐庄宗时举秀才，后归辽，辽景宗时官至检校司空兼御史大夫。

〔74〕玮丽：华美。

〔75〕恢奇：杰出，不平常。

〔76〕微茫：引申为渺茫。　絫黍：谓数量、差距微小之至。

〔77〕毫发：犹丝毫，极少，极细微。　锱铢：旧制锱为一两的四分之一，铢为一两的二十四分之一。比喻极其微小的数量。

〔78〕水晕：指水面上细微的圆圈形的水纹。此指釉面晕重者似鸲鹆的眼睛。

〔79〕沙痕：沙上的痕迹。此指器足外缘有沙痕，底内光滑。即沙足滑底。

〔80〕琭：玉名，泛指玉。　玳：即玳瑁釉。瓷器釉色名。以黑、黄、青等色釉交织混合，施挂在瓷坯表面，烧成之后，有如海龟色调，故称。

〔81〕赭：红褐色。　珊瑚：即珊瑚红釉。瓷器釉色名。一种低温铁红釉。始于清代康熙年间，雍正、乾隆较盛。是将红釉吹在白釉上，烧成后釉色均匀、光润，能与天然珊瑚媲美，故名。

〔82〕苹绿：即苹果绿釉。瓷器釉色名。祭红的一种窑变，亦称“苹果青釉”。烧成时釉中的铜大部分被氧化而形成深浅不一的绿色，一般在浅绿色底上杂有深绿色斑点，少数地方微泛红色，酷似新鲜苹果，故名。　螺黛：古代妇女用来画眉的一种青黑色矿物颜料。

〔83〕豇红：即豇豆红釉。瓷器釉色名。高温铜红釉，和郎窑红齐名。色为淡粉红，犹如红豇豆，由此而得名。又名“吹红”“美人醉”“桃花片”“娃娃脸”。　绛襦：红色短衣。

〔84〕轩古月：即古月轩。因乾隆朝的珐琅彩釉瓷器精美，数量多，且有“古月轩”的款识，便把这种瓷器统称为“古月轩”。

〔85〕水西湖：即西湖水釉。瓷器釉色名。是因其釉色呈浅青绿色，宛如湖水之色，故名。

〔86〕秘笈：珍贵罕见的书籍。　天籁：自然界的声音，物自然而然发出的声音。此指陶瓷自然之理。

〔87〕遗闻：过去留下的传闻，异闻。　绀珠：《事物绀珠》，41卷，明代黄一正撰。黄一正，字定父。扬州（今江苏扬州）人。

〔88〕章弟：即宋代龙泉窑章氏兄弟中的弟弟。清代朱琰《陶说》卷二《说古・宋哥窑》：“本龙泉琉田窑，处州人章生一、生二兄弟龙泉之窑，各主其一。生一以兄故，其所陶者曰哥窑。”

〔89〕雅制：雅正的式样。　彭姑：不详，待考。

〔90〕周鼎：指周朝传国的九鼎，此喻真品。

〔91〕康瓠：空壶，破瓦壶，代指赝品。　贡谀：献媚。

〔92〕遇秦矜得宝：谓秦之缶、赵之瑟，皆极宝贵。《史记·廉颇蔺相如列传》："秦王饮酒酣，曰：'寡人窃闻赵王好音，请奏瑟。'赵王鼓瑟。秦御史前书曰：'某年月日，秦王与赵王会饮，令赵王鼓瑟。'蔺相如前曰：'赵王窃闻秦王善为秦声，请奏盆缻秦王，以相娱乐。'……秦王不怿，为一击缻。相如顾召赵御史书曰：'某年月日，秦王为赵王击缻。'"缻，同缶。《风俗通义》曰："缶者，瓦器，所以盛酒浆，秦人鼓之以节歌也。"

〔93〕怀瑜：成语"怀瑾握瑜"的略语，指有高贵的品德和非凡的才能。怀，怀藏。握，手握。瑾、瑜，美玉，比喻美德。

〔94〕嵇康（223—262）：字叔夜，三国魏谯郡铚（今安徽濉溪）人。官至中散大夫，世称嵇中散。为"竹林七贤"的领袖人物。崇尚老庄，好谈性理之说。能诗，善文，精于琴，善于音律。著有《嵇中散集》等。

〔95〕陆羽（733—约804），字鸿渐，自称桑苎翁，又号东冈子。唐复州竟陵（今湖北天门）人。一生嗜茶，精于茶道，有茶叶专著《茶经》，对中国茶业和世界茶业发展做出了卓越贡献，被誉为"茶仙"，尊为"茶圣"，祀为"茶神"。

〔96〕北梦：即五代末宋初孙光宪（约895—968）所著《北梦琐言》，共20卷。孙光宪，字孟文，自号葆光子。陵州贵平（今四川仁寿）人。

〔97〕掌故：历史上的制度、文化沿革以及人物事迹等。　西凫：疑为清代王星诚（1831—1859）所著《西凫残草》。王星诚，本名于迈，又名章，字平子，改字孟调。浙江山阴（今浙江绍兴）人。

〔98〕病魇：说梦话。

〔99〕愁魔：愁思。谓如魔缠身，故云。

〔100〕聊复：姑且，暂且。　编蒲：编联蒲叶以供书写。

〔101〕随笔：随手下笔。　《谈薮》：书名。北宋庞元英撰。1卷。内容记述逸闻琐事，不乏怪异，其中《兀术》为鬼话。庞元英，字懋贤。单州（今山东成武）人。

〔102〕《说郛》：小说集名，100卷，元代陶宗仪（1316—1403后）所编纂。陶宗仪，字九成，号南村。黄岩（今浙江黄岩）人。另著有《南村诗集》等。

〔103〕文长物：即明代文震亨（1585—1645）所撰《长物志》。12

卷。内容分室庐、花木、水石、禽鱼、书画、几榻、器具、位置、衣饰、舟车、蔬果、香茗12类。文震亨，字启美，长洲（今江苏苏州）人。另著有《金门录》《文生小草》。

〔104〕褚坚瓠：即清初褚人获所著《坚瓠集》。其主要内容是记述能人异事。褚人获，字稼轩，又字学稼，号石农。江苏长洲（今江苏苏州）人。另著《读史随笔》《退佳琐录》《宋贤群辅录》等。

〔105〕撷粹：摄取精华。

〔106〕芜：杂乱。

〔107〕杀青：古人校书，初书于竹简上，改定后再书于绢帛。后因泛称缮成定本或校刻付印为“杀青”。 瓿覆，即覆瓿，作覆盖瓿口的之用。比喻著作毫无价值或不被人重视。亦用以表示自谦。

〔108〕毫濡：即濡毫，蘸笔。指写作或绘画。

〔109〕淹雅：渊博而高雅。 欧九：即欧阳修（1007—1072），字永叔，自号醉翁，晚年号六一居士，谥号文忠，世称欧阳文忠公。因排行第九，故称。吉安吉水（今江西吉安）人。北宋时期著名政治家、文学家、史学家和诗人。

〔110〕丛残：琐碎，零乱，亦指琐碎零乱的事物。 继儒：即明末诗文书画名家陈继儒（1558—1639），字仲醇，号眉公、麋公。华亭（今上海松江）人。著有《陈眉公先生全集》《珍珠船》等。

〔111〕胡卢：喉间发出的笑声。

〔112〕今古：谓古往今来，从古至今。 抔土：即一捧之土，此代指坟墓。明代屠隆《昙花记·郊游点化》：“恨无情抔土，断送几英豪，今古价，有谁逃。”

〔113〕乾坤：天地。 破盂：此当指上古葬具瓦棺，罂盂。《太平广记》卷一九七沈约引《史系》：“天监五年，丹阳山南得瓦物，高五尺，围四尺，上锐下平，盖如合焉。中得剑一，瓷具数十，时人莫识。沈约云：‘此东夷罂盂也，葬则用之代棺。’”

〔114〕千金留敝帚：《东观汉记·光武帝纪》：“家有敝帚，享之千金。”比喻东西虽然不好，但是自己非常珍惜。敝帚，破旧的扫帚。

目录

概说第一

吾华美术[1]，以制瓷为第一。何者[2]？书画、织绣、竹木、雕刻之属[3]，全由人造，精巧者可以极意匠之能事[4]。独至于瓷[5]，虽亦由人工，而火候之深浅，釉胎之粗细，则兼藉天时与地力[6]，而人巧乃可施焉。故凡百工艺，欧美目吾华皆若土苴等视[7]，独瓷则甘拜下风[8]，尊为瑰宝[9]。诚以瓷货之美[10]，冠绝全球[11]，虽百图仿效，终莫能及[12]，盖得于天地者厚也[13]。宜夫“钗拿”之名[14]，代表国号。释其义，则“支那瓷”之省文也[15]。其声名洋溢[16]，固已久矣[17]。

【注释】

〔1〕吾华：中国、中华。　美术：艺术。

〔2〕何者：为什么。

〔3〕竹木：竹子和木料。此指竹器工艺和木器工艺。　属：类。

〔4〕极：尽力。　意匠：诗文、绘画等事的精心构思。　能事：原指能做到的事，后指擅长的本事。

〔5〕独：唯独。

〔6〕藉：凭借。

〔7〕土苴：渣滓，糟粕。如土芥。　等视：同等看待。

〔8〕甘拜下风：表示真心佩服，自认不如。

〔9〕尊：推崇。　瑰宝：贵重而美丽的珠宝，稀世之珍宝。

〔10〕诚：的确，确实。

〔11〕冠绝：绝对超拔，第一。

〔12〕终莫能及：终究不能达到。

〔13〕厚：厚待。

〔14〕钗拿：英文 China 的音译。

〔15〕省文：简称。

〔16〕洋溢：充满，广泛传播。喻声名远播。

〔17〕固：确实。　久：长时间。

瓷质之贵，在于瓷泥〔1〕。瓷泥也者，以地质学语释之，乃一种富于粘性之冲积土也〔2〕。大抵由山水冲激，积而成砂，砂复滤细，则成为泥。是种土砂，非随处所恒有〔3〕。复分各色，有紫、有黄、有褐、有白，而以白为最贵。紫也、黄也、褐也，均无法使之白。而白之一种，千百年来独尊景德镇之所制焉。

【注释】

〔1〕瓷泥：制作陶瓷的主要原料。瓷土、瓷石捣碎和水之后称作瓷泥。

〔2〕冲积土：指河流冲激物上发育的土壤。

〔3〕恒：经常。

吾华制瓷，可分为三大时期：曰宋，曰明，曰清。宋最有名之窑有五，所谓柴、汝、官、哥、定是也〔1〕。更有均①窑〔2〕，亦甚可贵。其馀各窑，则统名之曰小窑（详后《说窑》章）。而元之一代，历年较短，与宋末不甚相远，亦可附于宋焉。明之最盛，在永乐、宣德、成化、嘉靖、万历数朝〔3〕。清又可分为五期，康熙、雍正、乾隆、道光、光绪〔4〕，均为一代制作之杰出者。此时代之大较也〔5〕。至于宋以前，虽隋唐时代有作者，然皆于故录识其名〔6〕，罕得目睹其物〔7〕，兹编故断自宋代为始〔8〕。

【校】

①“均”，书庄本作“钧”。

【注释】

〔1〕柴：指柴窑。传为五代后周世宗柴荣时所烧造，故名。惜柴窑之瓷，今已无完品。　汝：指汝窑。我国宋代名窑之首，以在汝州（今河南汝州），故名。　官：指两宋官窑。北宋大观、政和年间，在汴京附近设立窑场，由官府直接经营，专烧宫廷用瓷器，即北宋官窑；南宋时在今杭州凤凰山南麓乌龟山郊坛另设新窑，称郊坛下官窑，又称南宋官窑。　哥：指哥窑。相传宋代龙泉章氏兄弟各主窑事，哥者称哥窑，为宋代名窑之一。所烧造以纹片著称。至今仍有成品传世，但其窑址未发现。　定：指定窑。它是继唐代的邢窑白瓷之后兴起的一大瓷窑体系。主要产地在今河北曲阳的涧磁

村及东燕山村、西燕山村一带，因该地区唐宋时期属定州管辖，故名。

〔2〕均窑：古代名窑，始于唐，盛于北宋。以其地处河南禹县，因古属钧州，故名钧窑。后世传为“均窑”。

〔3〕永乐（1403—1424）：明成祖朱棣年号。 宣德（1426—1435）：明宣宗朱瞻基年号。 成化（1465—1487）：明宪宗朱见深年号。 嘉靖（1522—1566）：明世宗朱厚熜年号。 万历（1573—1620）：明神宗朱翊钧年号。

〔4〕康熙（1662—1722）：清圣祖爱新觉罗·玄烨年号。 雍正（1723—1735）：清世宗爱新觉罗·胤禛年号。 乾隆（1736—1795）：清高宗爱新觉罗·弘历年号。 道光（1821—1850）：清宣宗爱新觉罗·旻宁年号。 光绪（1875—1908）：清德宗爱新觉罗·载湉年号。

〔5〕大较：大概，大略。

〔6〕故录：以往的文献记录。故，以往。

〔7〕罕得：难得。

〔8〕兹编：本书。

陶之为物〔1〕，发明最古，自有虞氏已见经籍〔2〕。此后汉晋瓦器〔3〕，六朝偶俑〔4〕，近年筑路出土者，填溢市肆〔5〕，可见吾华历朝制作之大概焉。若瓷之发明，自晋始见于记载。其后元魏、隋、唐，骎骎渐①盛〔6〕。观陆羽《茶经》所载，则唐时茶具已极精美，可知唐代以越窑著称〔7〕。陆龟蒙诗云〔8〕：“九秋风露越窑开〔9〕，夺得千峰翠色来。”孟郊诗云〔10〕：“越瓯荷叶空。”顾况《茶赋》云〔11〕：“越泥②如玉之瓯。”诗人屡见诸吟咏〔12〕，其妙品当可想见。然代远年湮〔13〕，流传极罕。虽近时出土间有发现，然已在存疑之列，殊难一一考证。清高宗《题鸡缸诗》云〔14〕：“李唐越器人间无〔15〕，赵宋官窑晨星看〔16〕。”清初已如此，今更可知矣。

【校】

①“渐”，书庄本作“澌”，误。

②“泥”，美术本及书庄本皆作“瓷”，据《全唐文》卷五二八顾况《茶赋》改。

【注释】

〔1〕物：器物。

〔2〕有虞氏：传说中古部落名，居于蒲阪（今山西永济西南蒲州

镇）。舜为其领袖。　经籍：泛指古代图书。

〔3〕瓦器：用泥土烧制的器皿。亦泛指粗制的陶器，以别于瓷器。

〔4〕六朝：三国吴，东晋，南朝宋、齐、梁、陈相继建都建康（今江苏南京），世称为六朝。　偶俑：陶制或木制的以替代真人的人形殉葬品，这里指陶俑。

〔5〕填溢市肆：充满市面上的古玩店铺。

〔6〕元魏：即北朝时期的魏朝，以孝文帝迁都洛阳，改本姓拓跋曰元，故称。　骎骎：马跑得飞快的样子，比喻事情发展很快。

〔7〕越窑：唐、五代时最著名的青瓷窑场和青瓷系统，也称秘色窑。在越州境内（今浙江余姚），故名。

〔8〕陆龟蒙（？—约881）：字鲁望，自号江湖散人、甫里先生，又号天随子。姑苏（今江苏苏州）人。唐代著名文学家，著有《笠泽丛书》《甫里集》等。

〔9〕九秋：即秋天，秋季3个月为90天，故称。

〔10〕孟郊（751—814）：唐代诗人。字东野，湖州武康（今浙江德清）人。著有《孟东野诗集》。

〔11〕顾况（约730—806后）：唐代诗人。字逋翁，自号华阳山人。苏州海盐（今属浙江）人。著有《华阳集》《顾逋翁诗集》等。

〔12〕吟咏：有节奏、有韵调地诵读，此指吟诗作赋。

〔13〕代远年湮：年代久远。

〔14〕清高宗：清乾隆皇帝，庙号高宗。

〔15〕李唐：唐朝皇帝姓李，故唐朝又被称为李唐。

〔16〕赵宋：宋朝皇帝姓赵，故宋朝又被称为赵宋。　晨星：晨见之星。常以喻人或物之稀少。

至于彩色之发明，亦颇久远。陆羽《茶经》谓：瓯〔1〕，越器青，寿州瓷色黄〔2〕，洪州瓷色褐〔3〕。又谓：碗，越州为上。其瓷类玉、类冰，青而益茶；邢瓷类银、类雪〔4〕，白而茶丹〔5〕。《杜甫集·韦处乞大邑瓷碗》诗云：“君家白碗胜霜雪，急送茅斋也可怜〔6〕。”至如吴越钱镠时有所谓秘色者〔7〕，蜀王建时又有所谓金棱椀者〔8〕，观于此则唐时已有青色，有黄色，有褐色，有白色，有金色，几于五光十色矣。近人睹宋代均、哥诸器，制作古朴，色亦简单，遂遇形式古朴者，概以宋元赅之〔9〕。乌知乎唐代制器[10]，已力求华美如是哉。

【注释】

〔1〕瓯：盆盂类瓦器。

〔2〕寿州：指寿州窑。

〔3〕洪州：指洪州窑。

〔4〕邢瓷：即邢州窑所出瓷器。邢州窑旧址在今天的邢台内丘、临城一带。

〔5〕白而茶丹：白而茶色发红。丹，红。

〔6〕茅斋：茅庐，自谦居处简陋之辞。

〔7〕至如：连词。表示另提一事。 吴越钱镠：吴越（907—978）国君钱镠（852—932），字具美（一作巨美）。杭州临安（今浙江杭州）人。五代吴越国创建者。都杭州（今浙江杭州）。盛时疆域13州，约为今浙江全省、江苏西南部、福建东北部。

〔8〕蜀王建：五代十国时前蜀皇帝王建（847—918），字光图。许州舞阳（今河南舞阳）人。（907—918）年在位。 金棱椀：饰金的瓷碗。

〔9〕赅：概括，包括。

〔10〕乌知乎：哪里知道。

至于瓷而有花，就余所见，则宋时已极精美。宋瓷花之佚丽者[1]，莫如粉定[2]。粉定雕花者[3]，穷妍①极丽[4]，几于鬼斧神工[5]。而哥瓷亦有加②彩者。若元瓷③，余亦见有暗花者[6]。余曾见一半瓷半瓦之盘雕凹花加五彩者[7]，其彩与花异常古拙，是否宋以前物，未敢决定。可知瓷之有花，其滥觞为已古矣[8]。至于明代，则各种花绘，穷态极妍[9]。《佩文斋书画谱》载明代嘉靖官窑花瓷④有五十馀种之多[10]。其彩画之诡奇[11]，绘事之伟丽[12]，几于不可方物[13]。所惜者上方贵品，既罕流及人间，而历年既多，残缺不少。重以贾胡辇载[14]，搜及岩穴。遂令朱明遗器[15]，粗伪者充塞市廛[16]，精真者珍同拱璧[17]。然间或一遇[18]，亦足考见前代美术之一斑焉[19]。

【校】

①“妍”，书庄本作“研”，误。

②“加”，书庄本作“如”。

③“瓷”，美术本作“窑”，据书庄本改。

④“瓷”，书庄本作“彩”，误。

【注释】

〔1〕佚丽：美丽，精美。

〔2〕粉定：瓷器的一种。仿定窑瓷器而和以石粉者称之为粉定。

〔3〕雕花：雕刻成的图案、花纹。

〔4〕穷妍极丽：极其艳丽。

〔5〕鬼斧神工：形容建筑、雕刻等技艺的精巧。也作神工鬼斧。

〔6〕暗花：瓷器坯上刻花后施釉形成的隐露花纹。

〔7〕半瓷半瓦：指介于陶与瓷之间的一种器物。

〔8〕滥觞：比喻事物的起源、发端。

〔9〕穷态极妍：形容把各种美姿都表现出来。妍，美丽。

〔10〕《佩文斋书画谱》：中国书画艺术类书。康熙四十七年（1708）清圣祖命孙岳颁、王原祁等纂辑。100卷。分论书画、书画家小传、书画跋等门；论书画门又别为书体、书法、书学等类。征引古籍1800馀种，注明出处，颇便稽考。

〔11〕诡奇：怪异奇特。

〔12〕伟丽：壮美，宏伟壮丽。

〔13〕不可方物：不能识别，无法分辨。此指无可比拟。方物，识别。

〔14〕贾胡：外国商人。　辇载：车载运输。辇，车。

〔15〕朱明：明朝的皇帝姓朱，故又被称为朱明。

〔16〕市廛：指商肆集中的地方，又称“市井”。

〔17〕拱璧：大璧，指珍贵的物品。

〔18〕间或：偶尔。

〔19〕一斑：指豹身上的一块斑纹。比喻事物的一小部分。

西哲有言〔1〕：“世愈近则愈进化。”以此原则衡之华瓷〔2〕，乃大不然。观于宋瓷，汝、均、哥诸器，制作凝重古雅〔3〕，而瓷质之腴润〔4〕，釉色之晶莹，历千载而常新。粉定则精丽妍巧〔5〕，与清乾隆同臻极轨〔6〕。至于元，则反古拙，有类于土缶砌甓〔7〕。明永乐影青一种〔8〕，迥非康、乾之所能及。明宣祭红〔9〕，天下称为瑰宝①，而天启、崇祯〔10〕，甚至卑无闻焉。康熙花卉人物，似华秋岳、陈老莲〔11〕。雍正花卉，纯似恽南田〔12〕，而人物则逊于康熙。至乾隆研炼〔13〕，瓷质胜于康、雍，而绘画则除古月轩外〔14〕，稍未之逮〔15〕。其官窑多作锦地〔16〕，参入泰西几何画法〔17〕，虽穷妍②极巧，错采镂金[18]，然视康、雍之浑雅高古[19]，雅人视之[20]，殆不如矣。道光③则别开一派，虽属小家法，亦有足观者焉。若夫咸、同[21]，殆卑之无甚高论。而光绪近年仿康、乾诸制，往往逼真，鱼目混珠，识者憎之[22]，然不能不谓其美术之精进也[23]。统观诸朝[24]，或盛或衰，殆无常轨[25]，衡以"世愈近则愈进化"之说，乃迥不相侔[26]。律以"人存政举，人亡政熄"之言[27]，则庶几相近[28]。盖瓷虽小道[29]，而于国运世变亦隐隐相关焉。

【校】

①"瑰宝"，书庄本作"宝瑰"，误。

②"妍"，书庄本作"研"，误。

③"道光"前，据书庄本有一"至"字。

【注释】

〔1〕西哲：西方哲人。

〔2〕衡：衡量。

〔3〕古雅：古朴雅致。

〔4〕腴润：丰润。

〔5〕精丽：精华美丽。　妍巧：妍丽奇巧。

〔6〕同臻：同时达到。　极轨：最高境界。

〔7〕土缶：即土罐。　硎：通"铏"，盛羹的器皿。　羹：用肉或菜调和五味做成的带汁的食物。《说文》："五味和羹。"

〔8〕影青：又名映青，即青白瓷。是一种胎体薄而能映见手影的青瓷。

〔9〕明宣：明代宣德年间。　祭红：又名霁红、宝石红、鸡红、积红等。祭红釉的配方由红铜条、紫英石合成，兼配碎器、宝石、玛瑙等组成。

〔10〕天启（1621—1627）：明熹宗朱由校年号。崇祯（1628—1644）：明思宗朱由检年号。

〔11〕华秋岳（1682—1756）：即华喦，字秋岳，号新罗山人、东园生、布衣生等。福建上杭（今福建上杭）人，侨寓扬州。清代著名画家。　陈老莲（1598—1652）：名洪绶，字章侯，因好画莲，自号老莲，晚年又号悔迟、老迟等。诸暨（今浙江诸暨）人。明末清初杰出的画家，工山水、花鸟、书法，尤以人物画成就最高。

〔12〕恽南田（1633—1690）：清初画家。初名格，字寿平，后以字行，改字正叔，号南田、云溪外史等。江苏武进（今江苏常州武进）人。著

有《瓯香馆集》。

〔13〕研炼：研磨锤炼。

〔14〕古月轩：指一种清代的工艺美术品。它以珐琅彩在玻璃胎上施以彩绘，经高温烧制而成。它是瓷器装饰技法的一种。又称瓷胎画珐琅，后人称古月轩，国外称蔷薇彩。

〔15〕稍未之逮：大都没赶上。逮，及、到。

〔16〕锦地：用漆填或描绘出华美的纹样作衬地，其上再饰各种图案。

〔17〕泰西：犹极西。泛指西方国家，一般指欧美各国。

〔18〕镂金：雕镂物体，中间嵌金。

〔19〕浑雅：质朴高雅。　高古：高雅古朴。

〔20〕雅人：风雅之士。

〔21〕咸、同：即咸丰、同治。咸丰（1851—1861），清文宗爱新觉罗·奕詝年号。同治（1862—1874），清穆宗爱新觉罗·载淳年号。

〔22〕识者：懂行的人。

〔23〕精进：精明上进，锐意求进。

〔24〕诸朝：上所述各朝。

〔25〕常轨：不变的规矩、法则或秩序。

〔26〕迥不相侔：完全不符。

〔27〕人存政举，人亡政熄：出《礼记·中庸》："文武之政，布在方策。其人存，则其政举；其人亡，则其政息。"

〔28〕庶几：差不多。

〔29〕小道：儒家对宣传礼教以外的学说、技艺的贬称。

宋代制瓷，虽研炼极精，莹润无比，而体制端重雅洁，犹有三代鼎、彝之遗意焉〔1〕。粉定妍巧极矣，而花纹源出秦镜〔2〕，纯白①一色，仍极雅净也〔3〕。至宋末而加彩兴，始稍稍趋于华美。元瓷间有花彩，然大都步宋规模，且不及宋制之精，时露古拙气象。大抵蒙古历年既短，故制品稍逊于宋代欤？有明聿兴〔4〕，制作渐备，润色承平〔5〕，乃及瓷业。龙凤之文最古〔6〕，殆沿宋制。由是而花卉，而众兽，而人物，增华饰美，然其时绘事，犹见古朴疏宕之气焉。至清康熙，专以名工制瓷，名手绘画，殆纯入于美术范围，而高穆浑雅之气，犹未尽掩。入雍正，则专以佚丽胜矣。至乾隆，则华缛极矣〔7〕，精巧之至，几于鬼斧神工，而古朴浑厚之致，荡然无存。故乾隆一朝，为有清极盛时代，亦为一代盛衰之枢纽也。政治、文化如是，瓷业亦然。嘉庆虽犹存典型[8]，然仅虎贲中郎之似[9]。道光画笔，出以轻倩[10]，而物料美盛[11]，远②逊前朝。咸、同一蹶不振，虽美术退化，亦时势使然也。光绪稍稍复兴，但有形式，而乏精神矣。故观于瓷业之盛衰，与历史世代变迁之局成正比例。然由朴以趋华，由简以趋赜[12]，乃必循之轨也[13]。

【校】

①“白”，书庄本作“自”，误。

②“远”，书庄本作“遗”，误。

【注释】

〔1〕三代：夏、商、周三个朝代。　鼎：炊器，多为青铜所制。　彝：古代宗庙常用礼器的总名。

〔2〕秦镜：亦作秦鉴。传说秦始皇有一方镜，能照见人心的善恶。

〔3〕雅净：雅致纯净。

〔4〕聿：文言助词，无义，用于句首或句中。

〔5〕承平：治平相承，太平。

〔6〕龙凤之文：龙与凤形象的纹饰。文，今字作“纹”。本书类此处皆作“文”，下不再一一注出。

〔7〕华缛：华采繁富。

〔8〕嘉庆（1796—1820）：清仁宗爱新觉罗·颙琰年号。

〔9〕虎贲中郎：官名。东汉虎贲中郎将所属，秩比六百石，掌侍从。此处指仅能继承守旧，而不能发扬创新者。

〔10〕轻倩：轻快美好。

〔11〕美盛：美好，华美。

〔12〕赜：深奥，玄妙。

〔13〕循：沿袭、遵循。

古瓷尚青，凡绿也、蓝也，皆以青括之。故缥瓷入潘岳之赋[1]，绿瓷纪邹阳之编[2]。陆羽品茶，青碗为上。东坡吟诗[3]，青碗浮香。柴窑则雨过天青，汝窑、哥窑、龙泉、东窑均主青色，此宋以前尚青之明证也。至均窑始尚红色，元瓷于青中每发紫色，至明宣德祭红则为红色之极轨。康熙郎窑[4]，递衍递嬗[5]。而豇豆红、胭脂水[6]，尤为时代所尚。故青色以后，红色继兴，至于今益盛，足见由朴趋华之显征也。而西人于重红之外，兼重黑色，青色则稍稍摈弃〔7〕。此种心理，不解其由，或者物以希为贵欤？由是言之，青为过去之色，红为极盛之色，而黑为异军①特起之色。若夫白色者，则除粉定外，不甚见重于世。殆贵华而贱素，固人情所同耶！

【校】

①“军”，书庄本作“常”。

【注释】

〔1〕缥瓷：晋代浙江温州一带的瓯窑所产青瓷被叫作缥瓷。缥瓷胎体细腻，呈色较白，白中略泛灰色；釉色淡青，透明度较高。缥，原是晋代一种淡青色的丝帛，瓯窑青瓷的颜色很像这种缥，故借缥以名瓷，称为缥瓷。

〔2〕绿瓷：唐代人对绿色瓷器的一种称谓。邹阳《酒赋》：“醪醴既成，绿瓷既启。” 邹阳：齐人（今山东东部），仕吴王濞，后为梁孝王客。西汉前期散文家，以文辩著称。

〔3〕东坡：即宋代文学家苏轼，号东坡。

〔4〕郎窑：清康熙朝郎廷极所监督的江西景德镇窑及其所督造的瓷器之代称。

〔5〕递衍递嬗：依次衍生、更替，逐步演变。

〔6〕豇豆红：铜红高温釉中的一种，又名“娃娃脸”“桃花片”“美人醉”，为清代康熙晚期出现的铜红釉品种。因其色调淡雅宜人，以不均匀的粉红色犹如红豇豆一般，且造型轻灵秀美而得名。 胭脂水：一种低温颜色釉，亦称“金红釉”。以金为着色剂（0.5%～0.6%），釉汁细腻，光润匀净，色如胭脂，故名。

〔7〕摈弃：抛弃。

试以瓷比之诗家，宋代之汝、均、哥、定，则谢宣城、陶彭泽也〔1〕。淡而弥永〔2〕，渊渊作金石声〔3〕，殆去《三百篇》犹未远也〔4〕。元瓷者，其晋人之古乐府欤〔5〕？质直而有致〔6〕，朴拙而不陋〔7〕。若明瓷，则初唐之四杰也〔8〕。壮丽华贵〔9〕，开盛唐之先声，而疏处往往不及①来者。至于康熙，殆于李、杜〔10〕，无美不臻〔11〕，而波澜老成〔12〕，纯乎天马行空，不可羁勒矣〔13〕。若雍正，颇似王龙标、岑嘉州〔14〕，高华而清贵者也。若乾隆，则似元、白、温、李〔15〕，极妃青俪白之能事〔16〕，所谓千人皆爱，雅俗共赏者矣。嘉庆者，有如晚唐之皮、陆〔17〕，矩矱不失而声价远逊[18]。道光品格较小，而饶有别趣，揆之诗家[19]，其殆宋代之姜尧章欤[20]？若夫光绪，则明之七子也[21]。刻意摹拟古人，其功力亦有独到处，然比之盛唐，则不啻上下床之别矣[22]。瓷者，工之美术；诗者，辞之美术。不类而类[23]，亦足资一噱也。

【校】

①“及”，美术本无此字，据书庄本增。

【注释】

〔1〕谢宣城（464—499）：即谢朓，字玄晖。陈郡阳夏（今河南太康）人。建武二年（495）任宣城太守，故称。南齐永明体诗的代表作家。　陶彭泽（372—427）：即陶渊明，一名潜，字元亮，私谥靖节。浔阳柴桑（今江西九江）人，东晋末期南朝宋初诗人、辞赋家、散文家。因曾任彭泽县令，故称。著有《陶渊明集》。

〔2〕淡而弥永：恬淡而长久。

〔3〕渊渊：鼓声。亦泛用作象声词。南朝宋刘义庆《世说新语·言语》：“衡扬枹为《渔阳掺挝》，渊渊有金石声，四坐为之改容。”

〔4〕《三百篇》：《诗经》的别称。《诗经》共305篇，故称“三百”。

〔5〕古乐府：指汉、魏、晋、南北朝的乐府诗。乐府，朝廷署理音乐的机构，始于秦，汉代相沿以设，最为著名。

〔6〕质直而不致：质朴坦白而有趣味。

〔7〕朴拙而不陋：质朴古拙而不粗劣。

〔8〕初唐四杰：初唐文学家王勃、杨炯、卢照邻、骆宾王的合称。

〔9〕奡：傲慢。常用以形容文字超脱不凡。

〔10〕殆于：相当于。　李、杜：唐朝大诗人李白和杜甫。

〔11〕不臻：不至，达不到。

〔12〕波澜老成：形容文章气势雄壮，语句老练。波澜，波涛，形容文章多起伏。老成，指文章很老练。

〔13〕羁勒：束缚。

〔14〕王龙标（？—约756）：即王昌龄，字少伯。太原（今山西太原）人。一说京兆（今陕西西安）人。盛唐著名边塞诗人，后人誉为“七绝圣手”。开元进士，官汜水尉、校书郎，后贬龙标尉，世称王龙标。　岑嘉州（约715—770）：即岑参，唐代诗人。祖籍南阳（今河南新野），荆州江陵（今湖北荆州）人。曾官嘉州刺史，世称岑嘉州。

〔15〕元、白、温、李：指中唐诗人元稹、白居易及晚唐诗人温庭筠、李商隐。

〔16〕妃青俪白：即俪青妃白。用青配白。比喻文句对偶工整。俪，成双，成对。妃，同“配”。

〔17〕皮、陆：指晚唐诗人皮日休、陆龟蒙。

〔18〕矩矱：规矩法度。

〔19〕揆：揣测。

〔20〕姜尧章（约1155—1209）：即南宋著名词人兼音乐家姜夔，字尧章，号白石道人，世称姜白石。江西鄱阳（今江西鄱阳）人。

〔21〕七子：明代的两个文学流派，有“前七子”与“后七子”之分。“前七子”包括李梦阳、何景明、徐祯卿、边贡、康海、王九思和王廷相；“后七子”指李攀龙、王世贞、谢榛、宗臣、梁有誉、徐中行、吴国伦。

〔22〕啻：仅仅，只有。　上下床：《三国志·魏书·陈登传》，汉末许汜遭乱过下邳，见陈登，登轻视汜，自上大床卧，使汜卧下床。后汜以此事告刘备，备曰：“君求田问舍，言无所采，是元龙（陈登之字）所讳也，何缘当与君语？如小人，欲卧百尺楼上，卧君于地，何但上下床之间邪？”后以“上下床”喻高低悬殊。

〔23〕不类而类：不相类而相通。

吾华诸美术，以论书、画之书为最多，以其与文人气习近也。若刻印、若范铜〔1〕，则稍罕矣。而论瓷之书，尤寥寥若晨星。盖工艺为自来文人所弗习，而美术又非专家莫解也。明代品瓷，作者较夥，屠隆之《考槃馀事》、黄一正之《事物绀珠》、张应文之《清秘藏》、谷应泰之《博物要览》〔2〕，源源本本〔3〕，勒为专书〔4〕，后世犹可考见。至项子京《瓷器图说》〔5〕，则彬彬美备〔6〕。译有英、法各国文字，西人考瓷者，皆以是为蓝本焉〔7〕。有清以来，朱琰之《陶说》、程哲之《窑说》、唐英之《窑器肆考》、蓝浦之《景德镇陶录》〔8〕，亦复有名于时，然多详于远代而略于近也。寂园《陶雅》〔9〕，赡①博极矣〔10〕。然自谓未尝厘订体例〔11〕，区别部分，初学者殊有望洋之叹〔12〕，则美犹有憾也。谫陋如余〔13〕，敢言述作？然笃志所嗜〔14〕，研究遂勤，日笔月识〔15〕，居然成帙〔16〕。窃慨乎吾华绝业〔17〕，不绝如缕〔18〕，生瓷国而不解言瓷，厕工廨而不能知工〔19〕，吾党之耻也〔20〕。于是乎本其一得，发为兹编。世多博雅〔21〕，乌足邀其一哂？然抱残守缺之思[22]，凿险缒幽之想[23]，则固已锲而不舍矣[24]。以新体之悬谈[25]，作孝标之自序[26]，跫然足音[27]，似人而喜，或者其许我乎[28]？

【校】

①“赡”，书庄本作“瞻”。

【注释】

〔1〕刻印：刻写和油印。　范铜：铜器制作。范，模子。

〔2〕屠隆之《考槃馀事》：《考槃馀事》17卷，明末屠隆（1542—1605）撰。屠隆，字长卿，又字纬真，号赤水。鄞县（今浙江宁波）人。另著有《凤仪阁乐府》《安罗馆清室》等。　黄一正之《事物绀珠》：《事物绀珠》41卷，明黄一正编。黄一正，字定父，扬州（今江苏扬州）人。　张应文之《清秘藏》：《清秘藏》2卷，明代张应文（？—1595）撰。张应文，字茂实，号彝甫，别号“被褐先生”。嘉定（今上海嘉定）人。　谷应泰之《博物要览》：《博物要览》16卷，明代谷应泰（1620—1690）撰。其书论列古器物、字画、织绣、印宝等艺术品。谷应泰，字赓虞，号霖苍。直隶丰润（今河北丰润）人。

〔3〕源源本本：源头和根本。多用以指事情的始末。

〔4〕勒：雕刻。

〔5〕项子京《瓷器图说》：《瓷器图说》，项子京（1525—1590）撰。项子京，名元汴，字子京，以字行，号墨林。秀水（今浙江嘉兴）人。明代收藏家、画家。他家境富裕，广搜法书名画，因而熏习既久，书画自通。

〔6〕彬彬美备：文质完美齐备。

〔7〕蓝本：古籍版本的一种形式。由于蓝印本是一部书雕版之后最早的印本，因此就有“初印蓝本”之称。

〔8〕朱琰之《陶说》：《陶说》6卷，清朱琰撰。朱琰，字桐川，别号笠亭。海盐（今浙江海盐）人。乾隆三十一年（1766）进士。著有《金华诗录》《明人诗钞》《笠亭诗钞》等。　程哲之《窑说》：《窑说》1卷，清代程哲撰。程哲，字圣跂。歙县（今安徽歙县）人。　唐英（1682—1756）之《窑器肆考》：《窑器肆考》，清代唐英撰（一说唐秉钧撰）。唐英，字隽公，号叔子、蜗寄居士。奉天（今辽宁沈阳）人。官内务府员外郎、九江关监督。绘有《陶成图》，作《陶成纪事》碑文，著有《古柏堂传奇》17种。　蓝浦之《景德镇陶录》：是书为蓝浦原著，后经弟子郑廷桂

增补为8卷，另加入卷首《图说》和卷尾《陶录馀论》共10卷。蓝浦，字耕馀，一字滨南。清代景德镇（今江西景德镇）人。

〔9〕寂园《陶雅》：2卷。寂园，即寂园叟，名陈浏（1863—1929）。清江浦（今江苏南京）人。所著《陶（匋）雅》一书，对陶瓷的起源，古代瓷器的胎质、釉色、装饰以及陶瓷销售情况均作了记述。这部书对研究中国制瓷历史，特别是研究清代制瓷状况，具有重要参考价值。

〔10〕赡博：丰富广博。

〔11〕厘：整理。

〔12〕望洋之叹：即望洋兴叹。《庄子·秋水》："于是焉，河伯始旋其面目，望洋向若而叹。"意谓在伟大事物面前感叹自己的渺小，或言才力不济而无可奈何。

〔13〕谫陋：浅薄。

〔14〕笃志：专心一志，志向不变。

〔15〕日笔月识：天天做笔记。

〔16〕帙：书，书的卷册。

〔17〕绝业：有非凡成就的事业。

〔18〕不绝如缕：多形容局面危急或声音、气息等低沉微弱、时断时续。绝，断。缕，细线。

〔19〕厕：参与。　工：建筑。　廨：古时官吏办公的地方。

〔20〕吾党：吾辈。

〔21〕博雅：谓学识渊博，品行端正。

〔22〕抱残守缺：抱着残缺陈旧的东西不放。形容思想守旧，不求改进。

〔23〕凿险缒幽：此言深入探讨。

〔24〕锲而不舍：不停地镂刻，比喻坚持不懈。锲，雕刻。舍，停止。

〔25〕悬谈：佛教讲经者于讲经前先概述篇章要义，称悬谈。

〔26〕孝标：即刘峻（462—521），字孝标。平原（今山东德州）人。南朝梁学者、文学家，以注释刘义庆等编撰的《世说新语》而著闻于世，文章亦擅美当时。

〔27〕跫然足音：寂寞中难得的来客。跫，脚步声。

〔28〕许：期望。

说窑第二

“柴汝官哥定”一语，为瓷学家之恒言[1]，皆宋窑名也。兹编断自宋始[2]，则五窑不可以不详[3]，其馀有名各窑，亦当递述也[4]。说之如下。

【注释】

〔1〕恒言：常言，俗语。

〔2〕兹：这个，此。

〔3〕五窑：宋代名窑，即柴、汝、官、哥、定诸窑。

〔4〕递述：依次论述。

柴　窑

在河南郑州，即柴世宗所创也[1]。相传当日请器式，世宗批其状曰：“雨过天青云破处，者般颜色作将来[2]。”二语①可以想见。《陶录》谓其“青如天，明如镜，薄如纸，声如磬”[3]。然“薄如纸”一语，乃指釉汁言，非指瓷胎言也。“青如天”一语，亦不尽然。柴窑固以天青为主色[4]，但据《博物要览》则尚有虾青、豆青、豆绿等色[5]，不止天青一色也。釉中有细文开片[6]，见于豆绿色者较多。无釉之处悉呈黄土色，然滋润细媚，为古来诸窑之冠。在明代已不易见，近筑路掘出陶器颇多，间有类此者，尝于某公座上见之。或者天壤②奇宝[7]，不肯终秘人间耶[8]？

【校】

①“语”，书庄本作“说”。

②“壤”，书庄本作“壊”，误。

【注释】

〔1〕柴世宗：即后周世宗柴荣（921—959），邢州龙冈（今河北邢台）人。954—959年在位。

〔2〕者般：这般，这样。

〔3〕《陶录》：即《景德镇陶录》，清景德镇人蓝浦及其弟子郑廷桂撰。

〔4〕天青：深黑而微红的颜色。

〔5〕虾青：虾青色。　豆青：像青豆一样的颜色。　豆绿：一种比嫩绿色较黄而暗，比标准绿色较黄而微浅的灰绿色至中黄绿色。

〔6〕开片：亦称冰裂纹，瓷器釉面的一种自然开裂现象。

〔7〕天壤：天地，天地之间。

〔8〕秘：隐秘，埋没。

汝　窑

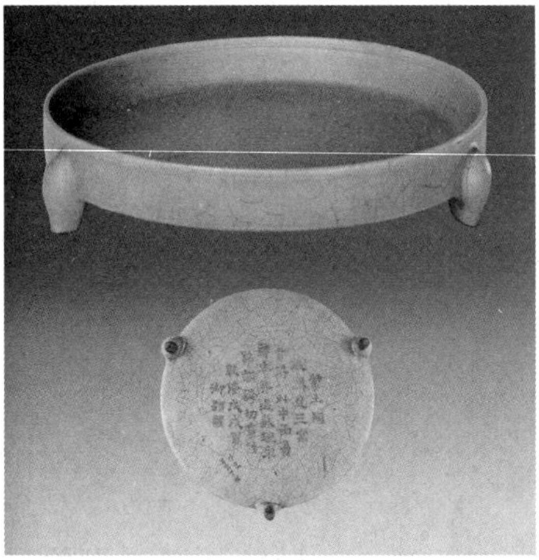

［宋］汝窑三足洗（故宫博物院藏）

在河南汝州，北宋时所创设也。土细润如铜，体有厚薄，汁水莹润〔1〕，厚若堆脂。有铜骨无纹者，有铜骨鱼子纹者，有棕眼隐若蟹爪文者尤佳〔2〕。豆青、虾青之色居多，亦有天青、茶末等色〔3〕。无釉之处所呈之色，类乎羊肝〔4〕，底有芝麻花细小挣钉〔5〕，乃真物也。其色纯静①深穆〔6〕。余前云俨有三代鼎彝气象者，即感于此而言。

【校】

①“静”，书庄本缺此字。

【注释】

〔1〕汁水：釉汁。　莹润：晶莹润泽。

〔2〕棕眼：又称针眼、毛孔、猪毛孔，即釉面上密密麻麻似橘子皮样的小孔。

〔3〕茶末：即茶叶末釉。瓷器釉色名。属高温黄釉，经高温还原焰烧成。釉面呈先透状，釉色黄、绿掺杂，绿者称茶，黄者称末，古朴清丽，颇似茶叶细末，故名。

〔4〕羊肝：指羊肝色，即紫黑色。

〔5〕挣钉：上尖下圆的痕迹。

〔6〕深穆：深厚肃穆。

官　窑

宋大观、政和间在汴京所造[1]。体薄色青，有带粉红色者，浓淡不一，有色带白而釉薄如纸者。大观中，尚月白、粉青、大绿三种[2]。有蟹爪文、紫口铁足[3]，盖其胎本紫色也。然宋官窑有数种，南渡后[4]，邵①成章于修内司烧造曰内窑[5]，亦名官窑。其后郊坛下别立新窑[6]，亦曰官窑。是宋时已有旧京、修内司、郊坛下三种[7]。唐氏秉钧谓旧京著时未久[8]，当以修内司所造为上，新窑为下。当时已分差等矣[9]。南宋余姚秘色②瓷[10]，后人亦目之为官窑③，大抵皆仿汴京遗制，递衍递嬗也。

［宋］官窑碟

（广东民间工艺博物馆藏）

【校】

①“邵”，书庄本此字前有“从”字，衍。

②“色”，书庄本作“邑”，误。

③“窑”，书庄本作“瓷”。

【注释】

〔1〕大观（1107—1110）：宋徽宗赵佶年号。　政和（1111—1118）：宋徽宗赵佶年号。　汴京：北宋都城，今河南开封。

〔2〕尚：崇尚。　月白：白色泛蓝，近似月色，故称。

〔3〕紫口铁足：官窑、哥窑共同特征。本书《说胎釉第三》曰：“紫口铁足，谓口际有边，深黄而近紫，足则铁色也。”

〔4〕南渡：北宋末，汴京（今河南开封）失陷，朝廷南迁临安（今浙江杭州），史称“南渡”，是为南宋。

〔5〕邵成章：名谔。南宋杭州官窑瓷器监督官，曾主持修内司窑，形

式、釉质均仿汴京窑特征烧制。最早见于叶寘《坦斋笔衡》所记："中兴渡江，有邵成章提举后苑，号邵局。袭故京遗制，置窑于修内司，造青器名内窑；澄泥为范，极其精致，油色莹彻，为世所珍。" 修内司：南宋内府之名，亦管理瓷器的烧造。

〔6〕郊坛下：故址在今杭州南郊乌龟山西麓。

〔7〕旧京：指北宋京城汴梁官窑。

〔8〕唐氏秉钧：即唐秉钧，字衡铨。上海（今上海）人。清代医家，撰有《人参考》1卷。

〔9〕差等：等级，区别。

〔10〕余姚：今浙江余姚。 秘色瓷：古代名窑进贡朝廷的一种特制瓷器精品，简称"秘瓷"。秘色，吴越国钱氏割据政权控制了越窑场，命令这些瓷窑专烧供奉王宫用的瓷器，秘不示人，庶民不得使用，且釉药配方、制作工艺保密，故名。

哥　窑

［宋］哥窑小杯（故宫博物院藏）

宋处州龙泉县人章氏兄弟均善治瓷业〔1〕。兄名生一，当时别其名曰哥窑。其胎质细，性坚，其体重，多断纹，隐裂如鱼子〔2〕，亦有大小碎块文，即开片也。釉①以米色、豆绿二种居多，有紫口铁足。无釉之处所呈之色，其红如瓦屑。其釉极厚润纯粹〔3〕，历千年而莹泽如新〔4〕。元末明初暨清唐英屡有仿制，然远不逮宋制之精矣〔5〕。但近年以来，不甚为时人所重〔6〕，因之价值稍贬。

【校】

① "釉"，书庄本缺此字。

【注释】

〔1〕处州：清代处州府，今浙江丽水。 龙泉：今浙江龙泉。

〔2〕鱼子：即鱼子纹。指瓷器开片中纹路交错，形成许多细眼，状如鱼子，故名。

〔3〕纯粹：纯正不杂，精纯完美。

〔4〕莹泽：明亮而有光泽。

〔5〕不逮：不及。

〔6〕时人：当时的人。

定　窑

［宋］定窑白釉“官”字款刻花莲瓣碗
（河北省定州市博物馆藏）

在直隶定州〔1〕，所造者名曰北定，宋初所建设也。南渡后，在景德镇制者名曰南定，以其釉似粉，故通称曰粉定。北定，其质极薄，其体极轻，有光素、凸花、划花、印花、暗花诸种〔2〕。大抵有花者多，无花者少。花多作牡丹、萱草、飞凤、盘螭等形〔3〕，源出秦镜〔4〕，其妍细处几疑非人间所有，乃古瓷中最精丽之品也。开片者，其开片皆系柳文〔5〕，白骨而加以釉水〔6〕，有如泪痕者〔7〕，亦为佳品。口底率漏胎〔8〕，故其口往往有以铜镶之者。南定之胎质极细，色极白，其釉亦系白玻璃釉，惟澄清之处略闪豆绿色耳。釉中有鼓花者〔9〕，有不鼓花者。其形式与北定相同〔10〕，而胎釉微有小异。凡粉定之真者，其釉光而且润，与旧象牙同。釉中多有柳文开片，与伪造之开片不同。伪者之釉或太混，或太干，或①太透亮，或太暗淡，万难如旧者之润亮也〔11〕。粉定种类不一，胎有厚薄，色以闪红者为贵，闪黄者次之，闪黄即牙色也。有开片，有不开片。明代成化仿者亦佳，乾隆以后遂无仿之者矣。

【校】

①“或”，书庄本作“成”，误。

【注释】

〔1〕直隶：清初设直隶省，1928年改省名为河北省。

〔2〕光素：光辉皓白。　凸花：剔花的纹样微凸出，故称凸花。　划花：瓷器的传统装饰技法之一。在尚未干透的陶瓷器表面用木刀、竹条、铜铁制器等尖状工具浅划出的线条状花纹。　印花：用带有图样的陶范压印有

凹凸花的花纹。

〔3〕萱草：一名忘忧草，传说孕妇佩之生男，也称宜男草。

〔4〕秦镜：传说秦始皇有一方镜，能照见人心的善恶。《西京杂记》卷三："高祖初入咸阳宫，周行库府……有方镜，广四尺，高五尺九寸。表里有明，人直来照之，影则倒见；以手扪心而来，则见肠胃五脏，历然无碍；人有疾病在内，掩心而照之，则知病之所在。又女子有邪心，则胆张心动。秦始皇常以照宫人，胆张心动者则杀之。"

〔5〕柳文：即柳叶纹，形如垂柳，即细长的开片纹。

〔6〕白骨：即胎骨，坯胎。

〔7〕泪痕：因釉的垂流积聚处而呈泪痕状，故称。

〔8〕率：一般来说。　漏胎：露胎。

〔9〕鼓花：即凸花。

〔10〕形式：器形样式。

〔11〕万难：极难。

章龙泉窑

［元］龙泉窑青釉鼎式炉

（浙江省博物馆藏）

宋龙泉人章生二所陶器名曰章龙泉窑，又名弟窑。前所述章生一之哥窑，即其兄也。章窑①与哥别者，哥有纹，弟无纹，以是为特异之点。有粉青色、翠青色，深浅不一，足亦铁色。龙泉不自章始，古龙泉不易见，章所仿制，大致同古而较精致耳。今人但称章制为龙泉，古制已为所掩矣。明仿龙泉，与宋无甚大异，惟其色略淡，其釉略薄耳。清唐英在景德镇所仿②釉乃迥乎不同〔1〕，大抵豆绿色有暗花者即唐所仿也。龙泉豆绿者与汝窑大致相同，往往易于相混。今为析之：汝胎粗而略糠〔2〕，龙泉坚而且细；汝釉薄而清，龙泉釉厚而混；汝无釉之处色如羊肝，龙泉无釉之处色如瓦屑；汝釉上有光，透脱如料，龙泉釉上无光，滋润若玉；汝多有鱼子文，少有蟹爪文，龙泉间有蟹爪文，绝无鱼子文。其相异之点在此。

【校】

①“窑”，书庄本作“瓷”。

②“仿”字后，书庄本多一“胎”字。

【注释】

〔1〕迥乎不同：即迥然不同。谓差别很大，完全不同。南宋朱熹《答程允夫书》：“知吾儒之所谓道者，与释氏迥然不同，则如朝闻夕死之说矣。”

〔2〕糠：从稻、麦等谷物上脱下的皮、壳，形容不结实、不坚硬的样子。

均　窑

［元］钧窑天蓝釉钵

（河南省文物考古研究所藏）

宋初禹州所造〔1〕。禹州昔号钧台，“钧”讹作“均”，相沿已久。胎质细，性坚，其体略重，釉具五色〔2〕，浑厚浓润，有兔丝文〔3〕。红若胭脂、朱砂者为最，青若葱翠、紫若墨者次之。初制者色纯无少变杂，后制有青紫相错如垂涎者，皆烧不足之故，而世人往往尊视此种。犹之佳砚本不宜有鸲鹆眼〔4〕，而人反以鸲鹆眼为贵也。其釉分为两种，一曰细平釉，一曰橘皮釉。橘皮釉亦属后起者，故兼有紫斑者居多，平釉有紫斑者绝少也。均窑之底有一、二、三、四等数目字为识。或谓红色①等器以一、三、五、七等单数为识，青色等器以二、四、六、八等双数为识，此说乃不尽然。惟六角花盆必如是耳，馀器则不拘此例。均釉厚而且润，若蜡泪之成堆。惟纯色者混而且匀，釉中多有蟹②爪文，无釉③之处呈羊肝色或芝麻酱色，乃真物也。伪者釉薄而不匀，其色非偏于蓝，则偏于灰，与纯正天蓝色迥异，无釉漏胎之处，亦不能呈羊肝色，纵有之，亦是先抹后烧者也。均窑与元瓷辄易相混，然实大有别也。均釉厚而匀，元瓷釉厚而垂；均之胎、釉皆细，元瓷之胎、釉皆粗；均之釉无论深浅浓淡皆混然一律，元瓷之釉浓处有时或起条文，浅处有时仍见水浪〔5〕。均窑之天青色者，肆人呼为月白[6]，盖仿柴之雨过天青也。紫釉④而无蚯蚓走泥纹者[7]，殆不如月白而能莹润。然人恒往往重紫而轻月白，所谓痼习者非耶[8]？

【校】

①“色”，书庄本作“字”。

②“蟹”，书庄本缺此字。

③“釉”字下，书庄本有“蟹”字，衍。

④“釉”，美术本及书庄本皆作“油”，据文意改。

【注释】

〔1〕禹州：今河南禹州。

〔2〕五色：指孔雀蓝、孔雀绿、深红、深褐和黑色。

〔3〕兔丝纹：色彩交错的兔毫纹样式。

〔4〕鸲鹆眼：指端溪砚石上具晕重状的圆形斑点，其状很像鸲鹆的眼睛。鸲鹆，即鸲鸽。

〔5〕水浪：指釉面乍看似乎滑，但如闪光细处看则釉中起伏如水波状，俗名浪荡釉。

〔6〕肆人：市井之人。

〔7〕蚯蚓走泥纹：状似蚯蚓在地上留下的泥痕，为钧（均）窑器物中常见的一种特征。

〔8〕痼习：长期养成不易改掉的癖好或习惯。

平阳窑

在山西平阳[1]，宋时所建。其胎与釉皆白中闪黄，微具土色，而制皆仿北定居多，故又称曰土定。平阳真者，其胎之色纯，似黄土。其质在半瓷半瓦之间。其釉光而且润，细而发黄，多有蛇文开片[2]。伪者色稍闪红，而性略糠，其釉亦粗而且暗，干且发白也[3]。

【注释】

〔1〕平阳：今山西临汾。

〔2〕蛇文：开片纹如蛇形之弯曲不能直的细长线纹。

〔3〕干且发白：缺少光泽而且闪白色，或称干白釉。

耀　窑

在西安耀州〔1〕，亦宋时所建。初烧青器，仿汝而略逊；后烧白器较佳。初制者其釉透亮如玻璃，其色微黄，略似虾青色。后制者其釉略混，其色甚白，有似牛乳之白，有似粉油之白，有似熟菱米之白不等〔2〕。耀窑有一种细胎细釉者，胎极薄而带有暗花，釉极细而带有开片，不知者往往以定呼之，其实非也。盖其胎虽薄而仍比定略厚，其釉虽细而仍比定略粗，其色虽白而仍比定略闪黄也。而暗花、开片亦与定微有不同。

［宋］耀州窑青釉花瓣纹水盂
（首都博物馆藏）

【注释】

〔1〕耀州：今陕西耀州。

〔2〕熟菱米：菱角煮熟后皮内可食的果实。菱，植物名，俗称菱角。

磁　窑

出磁州（昔属河南，今属直隶）〔1〕，宋时所建。磁石引针之磁石即产是州〔2〕，取石炼陶，磁器之名乃专指此，今人辄误以“磁”与“瓷”混用矣。器有白釉、有黑釉、有白釉黑花不等，大率仿定居多，但无泪痕，亦有划花、凸花者。白釉者俨同牛乳色，黑釉中多有铁锈花、黑花之色〔3〕，与贴残之膏①药无异〔4〕。

［宋］磁州窑白釉黑花梅瓶
（河南博物院藏）

【校】

①“膏”，书庄本作“贴”，误。

【注释】

〔1〕磁州：今河北邯郸磁县的观台镇与峰峰矿区的彭城镇一带。

〔2〕磁石：磁铁矿石，天然有磁性，能吸铁，俗名吸铁石。

〔3〕铁锈花：瓷器饰彩品种之一。即用含有氧化铁的斑花石作颜料，在瓷坯上描绘图案，经高温烧制而成，因其呈现出斑斓的铁锈红色，故名。

〔4〕贴残：黏贴修补残破处。

建　窑

［宋］建窑黑釉盏（江西省博物馆藏）

在福建，初设于建安〔1〕，后迁建阳〔2〕，始自宋代。古①制者质粗不润，釉汁干燥，又名乌泥窑〔3〕。后制者出德化〔4〕，色甚白而颇莹亮，亦名福窑。因有紫建、乌泥建、白②建三种〔5〕。白者颇似定，惟无开片，佳者瓷质颇厚，而表里能映见指影焉，以白中闪红色者为贵。有凸花及雕字者，然花多不甚工细，比之粉定则小巫见大巫矣，故价值亦逊。至今闽省制器尚盛。

【校】

①“古”，书庄本作“占”，误。

②“白”，书庄本作“目”，误。

【注释】

〔1〕建安：今福建建瓯。

〔2〕建阳：今福建建阳。

〔3〕乌泥窑：指黑釉官窑。

〔4〕德化：指德化窑。德化，今福建德化。

〔5〕紫建：建阳窑中偶有因烧窑火候等出现的釉彩为绛色的瓷器，别称紫建。

广　窑

宋南渡后所建，在广东肇庆阳江。胎质粗而色褐（即灰色），所制器多作天蓝色，惟不甚匀耳。釉厚之处或作靛蓝[1]，釉薄之处或作灰蓝，无釉处所呈之色或如黄酱，或如麻酱，大致仿均而无红斑与蟹爪文，则与均异也。广窑又名泥均，盖以胎骨系以乌泥制成，而仿宋均青色之釉汁也。然多淡青带灰，于灰釉之中露出深蓝色之星点，或如云斑霞片，颇呈异采，视彼窑变泪痕者犹似胜之。或以泥、宜音相近，遂将宜兴所仿之均窑与广窑混合，其讹实甚。宜兴瓷胎与广窑瓷胎似同而实异，至釉汁虽形似而实大殊（详下欧窑一段），纵有彼此仿制者，不难一望而知，何至因音相近而混合耶？广窑在粤名曰石湾[2]，盖南海县佛山镇之一村名也。自明时已迁于此，宋阳江旧窑，今日早已消灭矣。清初颇有良工数人，其仿均见称于世。自日本嗜之，谓其国人所授，价遂倏涨[3]，然实无稽之谈也。至今日制器尚盛，实则胎质粗下，远不及潮阳、合浦（潮阳、合浦[4]，其瓷质甚白，类似醴陵，然名不出①于省外，无良工故也），吾粤殊贱视之。徒以其历史甚古，曾出良工，省外遂颇重视，谚所谓"物离乡贵"者非欤[5]？

【校】

①"出"，书庄本缺此字。

【注释】

〔1〕靛蓝：深蓝色。

〔2〕石湾：镇名。在今广东佛山。

〔3〕倏：极快地，忽然。

〔4〕潮阳：当时的县名。今广东汕头潮阳。　合浦：当时的县名。今广西合浦。　醴陵：当时的县名。今湖南醴陵。

〔5〕物离乡贵：物品离产地越远越贵重。元代王恽《番禺杖》："物眇离乡贵，材稀审实讹。"

前所述诸窑：柴、汝、官、哥、定暨章窑、均窑，皆鼎鼎有名者也。若建、广二窑则别成系统，亦足自树一帜焉。平阳、耀窑、磁窑，亦杂窑之有名者。此外尚有诸窑，统名杂窑，亦曰小窑。兹约举之：仿柴者曰东窑[1]，宋建于东京，东青所由得名也；仿汝者曰唐邑、曰邓州、曰河北[2]；仿官者曰余姚[3]；仿龙泉者曰丽水[4]；仿定者曰吉州、曰宿州、曰泗州[5]。总之，宋代杂窑，不外取法诸大窑，辗转仿效，其佳者每致乱真，而胎质、釉汁之精粗，明眼人不难判别也。虽同一宋器，而价值①则远逊矣。

【校】

①“值”，书庄本缺字。

【注释】

〔1〕东窑：相传在汴京（今河南开封）以东的陈留县（古县名，今已不存），故名。

〔2〕唐邑：指唐邑窑。在今河南唐河县，窑址待考。　邓州：指邓州窑。在今河南内乡。　河北：指河北窑。窑址待考。

〔3〕余姚：指余姚窑。在今浙江余姚。

〔4〕丽水：指丽水窑。在今浙江丽水。

〔5〕吉州：指吉州窑。在今江西吉安。　宿州：指宿州窑。在今安徽宿州。　泗州：指泗州窑。在今安徽泗县。

元　瓷

［元］黑釉凸线纹双系罐
（上海博物馆藏）

元代制瓷亦有多窑，然其名不著，统称曰元瓷而已。近流行之元瓷，皆元时山西、河南一带所制者。若南省所制〔1〕，纵有发现，大都以宋末目之。而元瓷之名，殆专属之仿均带紫之品矣。此制品多作天蓝色，兼带紫斑，以成鱼、蝶、蝠等形者为贵。不带紫者，常品也。河南制者，系元代初年之物，胎釉色泽，与宋均所差无几。潞安制者〔2〕，系元代中年之物，其胎系半瓷①半瓦，釉②比初年略觉透亮。蒲州制者〔3〕，亦元代中年之物，釉亦略透亮，惟红斑之中带有葡萄紫色耳。元瓷之天蓝色者与均大致相同，然亦有别也。元瓷之釉厚而垂，均釉则厚而匀。元瓷之紫聚成物形，宋均之紫弥漫全体。元瓷之釉浓处或起条纹，浅处仍见③水浪，宋均则浓淡深浅皆混然一律，此其所以异也。元瓷真者，无论瓷胎、瓦胎④〔4〕，其体皆重，其性极坚。瓦瓷者，其色虽似瓦，而仍带半瓷质。瓷质者，其质虽似瓷而仍略带瓦质。伪造之胎，则或纯乎瓷，或纯乎瓦，与真者迥不侔矣。

【校】

①“瓷”，书庄本作“之”。

②“釉”，书庄本缺此字。

③“见”，书庄本作“现”。

④“胎”，原本作“瓷”，据书庄本改。

【注释】

〔1〕南省：南方各省。

〔2〕潞安：指潞安窑，在今山西长治。

〔3〕蒲州：指蒲州窑，在今山西永济。

〔4〕瓷胎：在五彩、粉彩和珐琅彩瓷上釉和绘图前被称为瓷胎。瓦胎：陶瓷坯胎之一。陶器类器物，不论有釉无釉，都有吸水性，坯胎为瓦胎。

欧　窑

欧窑一名宜均〔1〕，乃明代宜兴人欧子明所制〔2〕，形式大半仿均，故曰宜均也。制品虽出宜兴，然与阳羡名陶一系微有区别〔3〕，与清代紫砂挂釉各器亦微有不同。大抵制造时仍参入瓷质，非纯用紫砂者欤〔4〕？瓶、盂等物皆有，而尤以洗类为多。欧窑与广窑同一仿均，外观厚重，形极相似而实不同。今略析之：广窑以青发蓝斑者为最多，此外他色虽有，然总不脱灰墨一类釉也。欧窑则色泽较多，除青、蓝外有仿均深紫者，又有云豆、茄皮等色，且蓝斑亦不若广窑之浓，其别一也；广窑之底露胎较多，欧窑之底露胎处甚少，其别二也；广窑之制纯乎浑朴，欧窑之制于浑朴中见妍整，其别三也。至清代唐英亦曾于景镇仿制欧窑，但明欧窑多橘皮釉，而唐仿无之，其釉又与乾隆时器无异。孰明孰清，固不难一望而知。

【注释】

〔1〕欧窑：宜兴的传统工艺陶瓷，始于明朝。釉层较厚，有天青、天蓝、芸豆、月白等色，胎有紫泥、白泥两种，以欧姓所制最为成功，时称欧窑。

〔2〕欧子明：明代陶艺家，江苏宜兴人。擅长模仿哥窑纹片瓷、钧（均）窑瓷，多为盘、奁架等，所制被称为欧窑。

〔3〕阳羡：古县名，今江苏宜兴。

〔4〕紫砂：是一种火石器，介于陶器与瓷器之间的陶瓷制品。

自宋以来，已有官窑、民窑之分。官窑者，由官监制以进上方[1]，备赏赉者也[2]。民窑又名客货[3]，民间所通用者也。清代于官窑之中更有御窑，专备御用而下不敢僭[4]。若官窑，则贵人达官亦得用之，设专官以监督其工，发内帑以支销其用[5]，故所制物品日益精美。御窑画龙，必作五爪，尤其显著之识别欤?

【注释】

〔1〕上方：指皇帝。

〔2〕赏赉：赏赐。

〔3〕客货：俗称“大路货”，民间日用瓷器。

〔4〕僭：超越本分。古代指地位在下者冒用在上者名义或礼仪、器物。

〔5〕内帑：指国库里的钱财。

郎　窑

［清］康熙 郎窑红尊
（上海博物馆藏）

近人最重视之品，厥惟郎窑，然所称实有误。盖通称郎窑者，大抵乃明祭红之宝石釉者也，不必纯为郎制。郎为郎廷极[1]，康熙朝监督瓷业之官，而肆人误为郎世宁[2]。世宁，意①国人。善画。雍、乾间供奉内廷，未尝监督造瓷。郎廷极官至江西巡抚，其制瓷之事实，频见于蓝浦《陶录》、阮葵生《茶馀客话》各书中[3]，则必为廷极而非世宁也，明矣。此种制品，以深红宝石釉为主体，肇于明代宣、万，仿于清初。今之所谓郎窑者，实混明清而一之，然沿误已成习惯，余亦从众也云耳。今俗所分别者，凡深红宝石釉之品，概呼郎窑。红色玻璃釉、橘皮釉之品，概呼积红[4]。积红有款识[5]，郎窑无款识云。郎窑有先后所制之分。凡里外皆有开片而底足有灯草旋文[6]，其色深红如初凝之牛血，此先制者也。若后制，则微有不同。先制者口底微黄，所谓米汤底者是也；后制者口底或作豆青色，或作苹果青，所谓苹果底者也；先制者釉色深红，后制者釉色鲜红，惟釉尚透亮，不似窑变之肉耳[7]。又有所谓绿郎窑者[8]，其色深绿，葱蒨可爱[9]，满身细碎纹片，实则明仿弟窑之品也。雍、乾时代亦有仿者。

【校】

①“意”，书庄本作“法”，误。

【注释】

〔1〕郎廷极（1663—1715）：字紫衡，一字紫垣，号北轩。清奉天广宁（今辽宁北镇）人。官至江西巡抚，兼理两江总督。

〔2〕郎世宁（1688—1766）：意大利人。原名Giuseppe Castiglione。生于米兰。清康熙帝五十四年（1715）作为天主教耶稣会的修道士来中国传教，为宫廷画家，在中国从事绘画达50多年。

〔3〕阮葵生《茶馀客话》：《茶馀客话》30卷，阮葵生（1727—1789）著。阮葵生，字宝诚，号吾山。江苏山阳（今江苏淮安）人。乾隆进士，官至刑部右侍郎。另著有《七录斋诗文集》等。

〔4〕积红：一种铜红釉，由红铜条、紫英石合成，兼配碎器、宝石、玛瑙等组成。

〔5〕款识：刻在器物上的题识。款，刻。识，记。

〔6〕灯草：郎窑红釉，釉汁凝厚，焙烧时，器物上部釉汁向下流动，口沿部分釉层减薄，釉层里的铜红胶体粒子也下坠，使露出的胎体和淡色薄釉，宛如一圈灯草围于口部，故称灯草边，也叫脱口。 旋文：陶器上环绕的线状纹饰。

〔7〕窑变：瓷器在烧制过程中，由于窑内温度发生变化导致其表面釉色发生的不确定性自然变化。 肉：原指行动迟缓，动作慢。这里指釉色不鲜艳、不透亮。

〔8〕绿郎窑：铜红釉偶然因烧窑气氛被氧化而变成绿色的，因其稀少，而被视为珍品。

〔9〕葱蒨：华美，艳丽。

窑　变

窑变者，乃烧窑时火候不匀，偶然釉汁变色之故。大抵欲作深红之色，非一种颜料所能造，必参以他种颜料，而火候深浅之处，红色失而他色露，变成种种形状不等，颇为特异，因之踵作[1]。盖本偶然者，后遂成为

［清］雍正 窑变釉弦纹瓶
（故宫博物院藏）

故然矣。窑变先后所制，亦各有不同。若康熙末年之窑变，其蓝色与雍正时同，惟其红色则发黑；若雍正初年之窑变，红、蓝二色均不发黑，其釉与郎窑之釉略同；若雍正末乾隆初之窑变，其釉与色均与郎窑迥异，且有带款者，盖纯乎人工故意制成者也。

【注释】

〔1〕踵作：相继而为。

年窑　臧窑

年窑者〔1〕，雍正时年大将军羹尧督造之瓷也〔2〕。青花、五彩皆有之〔3〕。而市肆中人，但以一种积红小瓶、小杯等物呼为年窑，其他则不省也〔4〕。年窑之红比郎窑之红较黑而实，且不开片，其声价亦远逊于郎矣。又有臧窑者〔5〕，为雍、乾间臧应选所督造〔6〕，然无甚特异之点，故人罕有知之者。

【注释】

〔1〕年窑：清雍正年间，景德镇烧造的官窑瓷器。雍正四年（1726），年希尧以督理淮安板闸关，兼管景德镇御窑厂，世称年窑。

〔2〕年大将军羹尧：即年羹尧（1679—1726），字亮工。康熙进士。康熙时官至四川巡抚、总督、雍正三年末（1726年初）被赐死。这里以为“年”指年羹尧，是错误的。

〔3〕青花：釉下青花瓷，又名青花白地或白地青花，青花白瓷，白瓷青花。　五彩：这里指红、绿、黄、褐、紫五种颜色。

〔4〕不省：不理会。

〔5〕臧窑：清初臧应选所监督的江西景德镇窑及其督造的瓷器之代称。

〔6〕臧应选：清康熙时工部郎中。康熙二十年至二十七年（1681—1688），清朝廷派遣臧应选等人驻景德镇御窑厂督造御器。这段时间，由于官窑瓷器由他负责督造，因此习惯上把这时的官窑称为臧窑。

说胎釉第三

欲识瓷之美恶，必先辨胎。胎有数种：有瓷胎、有浆胎、有缸胎、有石胎、有铁胎[1]。瓷胎者，辗石为粉[2]，研之使细[3]，以成胚胎者也。凡普通之瓷器均属之。浆胎者，撷瓷粉之精液[4]，澄之使清[5]，融成泥浆，以成胚胎。凡极轻而薄之器属之。缸胎亦名瓦胎，谓胎质粗如瓦器也。凡凝重粗厚之器属之。石胎非真石也，质凝重而坚，略似大理石琢成之器物焉。康熙有石胎三彩是已[6]。铁胎非真铁也，磁质近黑，有如铁色，其胎之厚薄轻重，亦不一致也。

【注释】

〔1〕浆胎：陶瓷坯胎之一。选择细致的瓷粉，加水澄清，融成泥浆而制成。色如米浆，质轻而薄。　缸胎：陶瓷坯胎之一。指胎土粗而厚重的一种陶瓷器。一般这种坯胎凝重粗厚，没有吸水性，都是半陶半瓷的器物。　石胎：陶瓷坯胎之一。质致密笨重，坚硬如石，无气孔，不透明，略似大理石琢成的器物。　铁胎：陶瓷坯胎之一。胎土含铁量较多，坯胎似石，色黑褐如铁，故名。

〔2〕辗：通“碾”，碾压。

〔3〕研：细磨。

〔4〕撷：采集。

〔5〕澄：让液体里的杂质沉淀分离。

〔6〕三彩：黄、绿、紫三色。

瓷[①]器有纹者，谓之开片，有大开片，有小开片。小片之细碎者曰鱼子纹。大片之稀疏者曰牛毛纹、曰柳叶纹、曰蟹爪纹[1]，不外形容其所似也。

【校】

①“瓷”，美术本作“瓦”，据书庄本改。

【注释】

〔1〕牛毛纹：纹片的一种，呈断续状，在器片上疏落有致，因类似一簇牛毛而得名。

瓷之开片，其原因有二：一曰人为之开片，一曰自然之开片。人为之开片，多属浆胎，当入窑烧时，已定使之开片，或开大，或开小，配合药料烧之〔1〕，则出窑时成开片形，一如人意之所欲出。是等开片，形似龟坼〔2〕，开在胚胎者也。自然之开片则历年既久，其釉①渐渐内裂，或成鱼子，或成牛毛诸形。其坼也，纯与胚胎无涉。是等开片，痕不深入，开在釉汁者也。

【校】

①“釉”，美术本作“片”，据书庄本改。

【注释】

〔1〕药料：瓷器的泥釉配方。

〔2〕龟坼：开裂，别称龟裂或皲裂，多是由于胎和釉的膨胀系数不同而出现的缺陷。

牛毛纹微带黄色，鱼子亦然。凡年久自然开片者，其釉似坼而未坼，在若隐若现之间。若人为开片者，则轩豁呈露矣〔1〕。人为开片，始于宋代哥窑，其后因递仿之。

【注释】

〔1〕轩豁：高旷敞亮。　呈露：显露，显现。

浆胎质轻而松，缸胎质重而坚，瓷胎音清而脆。瓷胎之沙底者，谓其底露胎不涂釉也。沙底贵白、贵细，以细砂底为上。缸胎大半缸底，色贵亮，声贵响，年久之缸胎多有铜音，故鉴别家往往叩其声而知是物历年之久暂也。

脱胎一种，其薄类于鸡卵之壳，故又谓卵幕〔1〕，纯乎见有釉不见有胎者也。映日光照之，表里能见手影。有花者，于其里照见外之花纹。有款者，于其表照见内之款字。此等制器，始于永乐，仿于康、雍，乾隆以后，遂不能仿。盖夺造化之天工，极制作之能事矣。

【注释】

〔1〕卵幕：明瓷中的一种薄胎瓷，以釉胎极薄似卵壳故名。万历时景德镇有昊（又作吴）十九，自号壶隐道人，制卵幕杯最为有名，号称壶公窑，详下文。

开片仿哥之粗糙者，谓之冰纹，粤人谓之襞裂〔1〕。开片青花而瓷色发黄者，统称浆胎，沪人谓之煨瓷〔2〕。开大片而瓷色发红者，厂人谓之格瓷〔3〕。有一种釉汁，翠地紫斑，细碎若鱼子，或若鸡翅木之文理者〔4〕，肆人谓之均釉。

【注释】

〔1〕襞裂：谓瓷器上的开片如同衣服的褶痕。襞，折叠衣服。

〔2〕煨瓷：称瓷器炼制时窑温不够高，如用文火慢慢燉熟成者。

〔3〕厂人：窑厂里的人，制瓷者。

〔4〕鸡翅木：一种树木，主要产于东南亚和南美，其材类似鸡翅的纹理，故称。

制瓷上釉有二法：一曰蘸釉①〔1〕，以②皿入缸，荡匀其汁。蘸釉者，其釉厚，故均、哥诸器，往往有若堆脂，所蘸不止一次也。一曰吹釉〔2〕，截竹为筒，嘘气匀之。吹釉者，其釉薄，故旧瓷中有玻璃釉等名目，而薄者甚至有如卵膜也〔3〕。

【校】

①“釉”，书庄本作“以”，误。

②“以”，书庄本作“蘸”，误。

【注释】

〔1〕蘸釉：也称浸釉，制瓷传统施釉方法之一。其法是将坯体浸入釉中，片刻后取出，利用坯的吸水性使釉浆附着于坯上。

〔2〕吹釉：清代制瓷的一种施釉技法。吹釉多用于琢器和大型圆器。朱琰《陶说》卷一《陶冶图说》载其法云：“截径寸竹筒，长七寸，口蒙细纱，蘸釉以吹。吹之遍数，视坯大小与釉之等类为多寡之差。多至十七八遍，少亦三四。”

〔3〕卵膜：蛋壳与蛋白之间的薄膜。

宋、元古瓷，釉厚者有如堆脂，谓之密淋釉。其挂釉至底之处，往往垂若蜡泪，任其渗出，谓之鼻涕釉。又，古瓷中常有釉不到底，露出胎骨大小片段不等〔1〕，甚至有半有釉半无釉者，若是者谓之露胎，其小者谓之缩釉。但以是为宋、元之证，则不尽然〔2〕。盖宋汝、均诸器固多露胎、缩釉，然官窑极精之品，亦有无是者。即有之，亦片段甚小。至于元瓷，则有露胎颇多者。若康、雍间仿宋之品，则又缩釉处甚小矣。至咸、同间仿宋诸器，吾辈目为赝鼎者〔3〕，则密淋、鼻涕等状，又必全似于宋釉，是在明眼人辨之而已〔4〕。

【注释】

〔1〕片段：指整体中的一部分。

〔2〕不尽然：不完全是这样。

〔3〕赝鼎：《韩非子·说林下》："齐伐鲁，索谗鼎，鲁以其雁往，齐人曰：'雁也。'鲁人曰：'真也。'""雁"通"赝"。后因以"赝鼎"指仿造或伪托之物。

〔4〕明眼人：对事物观察很清楚的人，有见识的人。

均窑之釉，扪之甚平〔1〕，而内现粗纹垂垂而直下者，谓之泪痕；屈曲蟠折者〔2〕，谓之蚯蚓走泥印，是均窑之特点也。广窑之釉，扪之甚平，而中现蓝斑，大者谓之霞片〔3〕，小者谓之星点，是广窑之特点①也。均窑以紫胜，广窑以蓝胜。

【校】

①"点"，书庄本作"色"。

【注释】

〔1〕扪：按，摸。

〔2〕蟠：盘曲。

〔3〕霞片：红色薄片。

凡罩釉一次者〔1〕，谓之一道釉。无论青、黄、红、黑种种诸色，得其一者，谓之纯色釉。若白色者，则谓之本色釉。

【注释】

〔1〕罩釉：即上釉，为做好的坯胎施釉，有黏釉、刷釉、浸釉、吹釉等法。

今之所贵于世者，其宝石釉乎？凡深红、鲜红，皆有宝石釉在内，不惟红而已。若绿、若蓝、若茄紫各色，亦皆有之，而世俗则专属于深红一种也。清初颜料，大都明代所遗。其大红、大绿，均非后来所有意者，其亦糁入宝石等料乎？

宝石釉之品，莫贵于亮釉。其明如镜，其润如玉，其赤如鸡血，其通如石之冻〔1〕，《博物要览》所谓鲜红宝石者是也。亮釉又名玻璃釉，乃薄釉也。薄①釉而能备种种诸美，其胎之精细，不待言矣。宝石釉亦有一种厚釉者，有棕眼、橘眼及满开小片等文，然比之薄釉，其价值则稍逊。

【校】

①“薄”，书庄本作“蒲”，误。

【注释】

〔1〕石之冻：即石冻，形容石头色泽如冻冰者，比如浙江青田就有“冻石”。

釉质之厚者，堆脂、密淋、鼻涕之外，又有所谓疙疸釉者。此等釉扪之略有不平，有如结痂之初落，故谓之疙疸也。又有釉汁中含最细之黑点稍凹下者，谓之麻癞，盖烧时为火力所缩〔1〕，黏有黑炭故也。

【注释】

〔1〕缩：由大变小。

有明祭红，釉汁较厚，成一种木纹，有若尖峰重起，又似叠浪，望之蔚然而深〔1〕，是等木名为野鸡翅，是等文名为鸡翅木纹。又有一种祭红，釉①中露白，本色之釉微微凸起，有若鱼、蝶等形，名曰露骨。更若涂以抹红②之釉而虚其中〔2〕，若为空白也者，颇似乎阴文之花纹〔3〕，名曰盖雪。鸡翅、露骨、盖雪，皆釉质之奇者也。

【校】

①“釉”，书庄本作“红”。

②"红"，美术本作"花"，据书庄本改。

【注释】

〔1〕蔚然：原指草木茂密，此指纹理繁密。

〔2〕抹红之釉：即抹红釉，珊瑚红釉的一种，属低温红釉。因系刷抹上釉，故称。

〔3〕阴文：刻挖平面而成的文字。此指采用模印或刻画之法，使凹入低于瓷表平面的花纹。

青、红各器，其口际有白釉一线〔1〕，形若灯草，底足之处又必有圈线一围，二者皆名曰灯草边。以质极滑，线极齐者为贵，市人所谓规矩者也。彼伪制之品往往不能规矩，赏鉴家每于此辨别之。若雍正仿宣红之品〔2〕，近灯草边处色亦较淡。然浅深虽稍有间，亦必极规矩，固不能以伪制目之矣。

【注释】

〔1〕口际：器皿口的边沿。

〔2〕宣红：即明宣德红釉。

灯草边而圆者固贵矣，若方者则尤贵。盖口际扪之若平面者谓之方边，康、乾乃有之。后则圆边有仿制绝精者，而方边则甚罕仿制也。

紫口铁足，谓口际有边，深黄而近紫，足则铁色也。宋瓷多数有之，哥窑尤夥。明成化窑暨康熙光素、青花诸瓶，有铁口、铁足又兼铁膊者〔1〕，口际大半雕有凹花，而雍正官窑，紫口铁足亦不鲜。此等物品，其款字亦多凹雕，挂铁色釉。

【注释】

〔1〕铁膊：瓷瓶的肩与腹间的部分为铁黑色者。膊，胳膊。

紫黑之釉，满现星点，其光莹亮如铁者，谓之铁锈花。星点痕稍长，其光闪烁不定者，谓之蝗股纹，又谓之蚱蜢腿，又谓之蜻蜓翅。同一名词，皆形容其所似也。凡紫黑之釉，苟无是等纹者〔1〕，则不足观矣。

【注释】

〔1〕苟：如果。

脱胎之制，始于明代永乐、宣德，亦精制器。有名者为昊十九，紫桃轩极称之[1]。其薄者能映见手指之螺纹，真绝品也。康、雍所制①，虽亦极薄，然多能映见花与字耳。至道光，瓷尚薄胎，亦有类脱胎之制，识者辨其色泽而知之。

【校】

①“制”，书庄本作“仿”。

【注释】

〔1〕紫桃轩：指明代李日华（1565—1635）。李日华，字君实，号九疑、竹懒。浙江嘉兴（今浙江嘉兴）人。万历二十年进士，官至太仆寺少卿，工书善画，著有《紫桃轩杂缀》《礼白岳记》《六研斋笔记》《味水轩日记》等。

红釉中有绿者，谓之苔点。苔点浑成一片者，谓之苹果绿。苹果绿有似老苔，荡漾水中，微放金光者，乃真奇品也。又有一二片段，忽呈鲜红奇采者，兼有金星，尤为可贵。是以品红者恒以苔点、金星为帜志也[1]。

【注释】

〔1〕帜志：典范，标准。

浆胎必轻，缸胎必重，此恒例也。若缸胎而轻且薄者，则宋代之贵品矣。瓷胎则视物之大小，而定其轻重之所宜。凡极轻与极重之品，皆有研究价值者也。辨器之底，而察新旧，此瓷学家所必要也。宋、元诸器，底际率多露胎。明器有款者，底必挂釉，而无款露胎者亦不鲜。康、雍仿明制，亦如之。若露胎而有印字款者，昔时所轻，今之所罕也。底际款有釉而外无釉者，明代暨康熙亦间有之。若有釉无款者，则当细辨釉质之新旧矣。色微黄者曰米汤底，色稍黄而似烙痕者曰炒米底，色微近豆青者曰苹果底，辨郎窑者辄于此三致意焉。绿里绿底之器，肆人谓之九江瓷[1]，此称殊误，然沿讹袭谬久矣。绿底之器，恒露本色釉以容款字，款作篆书者多，若作楷书者，非常品也。自款字兴而底露胎者少，乾隆以后，底露胎之器日渐少见矣。

【注释】

〔1〕九江瓷：景德镇瓷器的别称。明清时，景德镇瓷器多经九江由水路转输四方，故称。

古瓷之底有钉痕者，古人思想较拙，以铁签支皿底入窑而烧，烧成则撤去铁签，故底有钉痕也。又有一种底露胎而印花纹，或作花形，或作物形，或深入如钉痕而作辘轳旋形者〔1〕，亦古瓷之特色也。若作螺旋纹，则明瓷常有。清初底挂釉之器，亦每有螺旋纹。

【注释】

〔1〕辘轳：古代从井中汲水用具之一种。这里指制陶拉坯的机械，又名陶车、陶钧、转轮。主要部件为一木制水平圆盘和垂直轮轴，圆盘装于轮轴上端，由机械动力或人力作用于轮轴，使圆盘平衡旋转，将泥料放在圆盘中间，用手提拉或用弧形刮板成型，制成陶瓷器的生坯。

釉汁中凹而缩者曰棕眼，亦曰鬃眼；浅大而滋润者曰橘眼；隐含黑点而不凹下者曰犀尘；点形较大而微发老米色者曰褐斑；白中有黑者曰尘星；有小沫凝如水泡者曰泡沫星；不起泡沫而含水晕者曰水浪；尘星之晕成黄色者曰鹧斑〔1〕，又曰兔毫〔2〕。

【注释】

〔1〕鹧斑：即鹧鸪斑。因有鹧鸪斑点的花纹，故称。

〔2〕兔毫：即兔毫斑。在黑釉器上透出黄棕色或铁锈色条纹，因状如兔毫，故称。

釉里蓝一种，其作法系先上一层白釉，再上一层蓝色，复上一层薄釉，最后又画金花，多作龙身夭矫，青云缭绕之画。釉里红之作法亦然。釉里蓝以康熙为最精，新仿者粗恶可厌。釉里红乾隆间尚精，后亦间有仿者，然不足观矣。

釉之旧者，谓之宝光；釉之新者，谓之浮光〔1〕，所谓“失之毫厘，谬以千里”者也〔2〕。但以暗淡无光者，谓为历年久远之证，则大不然，彼佳瓷未有无光者。或则曾经入土，光气净尽，名曰失亮，则又当辨土锈①花之有无矣〔3〕。若伪者，乃用浆砣磨去浮光〔4〕，易于掩蔽一时，终难逃识者之明鉴也〔5〕。

【校】

①“锈”，美术本作“绣”，据文意改。

【注释】

〔1〕浮光：水面或物体表面反射的光。

〔2〕失之毫厘，谬以千里：开始稍微有一点差错，结果会造成很大的错误。毫、厘，两种极小的长度单位。本《史记·太史公自序》："故《易》曰：'失之毫厘，差以千里。'"徐广注曰："一云'差以毫厘'，一云'缪（谬）以千里'。"裴骃案："今《易》无此语，《易纬》有之。"

〔3〕土锈花：陶瓷器因久埋土中，釉面形成土锈如花，故称。

〔4〕浆砣：用于擦磨瓷器、玉器上附着物的轮石。

〔5〕明鉴：明察，称人善于识别事物。

辨浮光之有无，此易事也。若新制之极精者，不惟毫无浮光，且能露出宝光。而旧瓷之种种特色，几于具体若是者，则难辨矣；然有花彩则细辨花彩，无花彩则细辨质地。花彩之精者，几足与旧制颉颃①〔1〕，惟质地则剖析毫芒，自形判别，然其间亦有微乎其微者矣。

【校】

①"颃"，美术本作"颃"，据书庄本改。

【注释】

〔1〕颉颃：不相上下。

玻璃釉之制，盖甚古矣。自宋迄清初，凡带有玻璃釉者，虽皆透脱如玻璃，然总有浑融气象〔1〕，自成一种特色。譬如琥珀、水晶，虽亦如玻璃之浏亮〔2〕，而与玻璃之质究有别也。若夫新造之釉，则无论厚薄，其色虽亦类似玻璃，然终不能混融〔3〕，仍露迹象也。

【注释】

〔1〕浑融：浑合，融合。

〔2〕浏亮：明朗，清明。浏，水深而清澈。

〔3〕混融：混合融合。

宋元之釉极厚，而咸、同间仿宋元者，其釉之厚亦同也。雍、乾之釉极薄，而光、宣间仿雍、乾者，其釉之薄①同，而其间②自有不同者在也，以皮相则失之矣〔1〕。

【校】

①“薄”，书庄本作“间”。

②“间”，书庄本作“薄”。

【注释】

〔1〕皮相：从表面上看。

器小而开大片，器大而开小片，皆足贵也。晚近以来〔1〕，则不贵哥窑之开片，而贵郎窑之开片。大抵开片瓷品，概以扪之无痕者，乃为可贵也。

【注释】

〔1〕晚近：最近。

辨胎釉之道，盖亦夥矣。手而扪之，审其泽也；指而扣之，听其声也；目而察之，辨其色也。更有附于耳际而听其有无微响，以验火气之曾否退落者，然不甚足恃〔1〕，故雅人弗取之。

【注释】

〔1〕足恃：可以依赖。

有一种香瓷，能于座间发出香气。恽南田有瓯香馆，即指此也。盖宋瓷制胚胎往往杂以香料，历年既久，异香喷溢，最为珍罕之品。有土胎香者，有泥浆胎香者，有瓷胎香者。浆胎香者较多，瓷胎较少。更有藏香胎、沈香胎等等〔1〕。若小合之属，古①时奁具载梳头油久〔2〕，亦能浸溢成香，是又入于韵事者矣〔3〕。

【校】

①“古”字前，书庄本有一“乃”字。

【注释】

〔1〕沈：通“沉”。

〔2〕奁：古代盛梳妆用品的匣子。

〔3〕韵事：风雅之事。

香瓷之香，乃在胎骨〔1〕。宋制器皿釉不到底，恒稍露胎骨于外，故能发香。若釉汁满挂，则纵有香料入胎，而亦不能喷溢芬馥矣〔2〕。是以香胎间于古瓷中有之，后代则甚罕也。

【注释】

〔1〕胎骨：指坯子或骨架。

〔2〕芬馥：香气。

挂釉之法，古时以笔拓釉〔1〕，病在不匀。后改为以皿入缸，用蘸釉法匀矣，而屡有不到底者。嗣改为吹釉之法，有三四遍吹至十馀遍不等，则既匀且净，盖进化之理然也。

【注释】

〔1〕拓釉：又称刷釉，陶瓷施釉技法之一。即用毛笔蘸釉浆涂于器坯上。此法只宜于上着色釉或同一器物上施数种不同色釉时用之。

常见一种混合五色之釉，其文缭绕纷纶，有如五色之玛瑙，又似海滨文蛤之壳，名曰混釉，又曰云釉，谓①其如云蒸霞蔚也〔1〕。施之于小瓶类为多，是亦乾隆间一种好奇之新发明。

【校】

①“谓”，书庄本作“雨”，误。

【注释】

〔1〕云蒸霞蔚：像云霞升腾聚集起来，形容景物灿烂绚丽。

乾隆有专仿木制各皿，远望俨然如木〔1〕，而实为瓷者，名曰仿木釉。有仿漆器者，名曰仿漆釉。有仿景泰珐①琅者〔2〕，名曰仿景泰釉。此外，更有玳瑁釉、石釉、花釉等等〔3〕，骤视绝不类瓷，细辨始知皆釉汁变化神奇之至也。

【校】

①“珐”，美术本及书庄本均作“法”，据文意改。

【注释】

〔1〕俨然：形容特别像。

〔2〕景泰珐琅：即景泰蓝，又名铜胎掐丝珐琅，景泰蓝是一种瓷铜结合的独特工艺品。因创始于明代景泰年间，初创时只有蓝色，故名。

〔3〕玳瑁釉：釉的一种，是一种釉面黑、黄等色交织混合色调滋润的釉，由于釉层的龟裂、流动、密集、填缝，在黑色中形成玳瑁状的斑纹，故称。　石釉：仿天然石的一种釉色。　花釉：指一器具有多种釉色。

说彩色第四

以浅深数种之青色交绘成文，谓之青花。本色地而绘以五色花者，谓之五彩。绘三色花者，谓之三彩。彩地而傅以彩花者，谓之夹彩。先施圈阑，内绘花文，外填色釉或锦文者，谓之开光。黑白等地而绘绿、黄、紫三色花者，谓之素三彩（素三彩亦有连地统计者）。由窑变而成红、绿、紫三色者，谓之天然三彩。里外皆有花者，谓之两面彩。

本色地加彩，盖始于宋。或谓始于明者，非也。《陶说》载宋学士王①珪召对蕊珠殿[1]，设紫花坐墩，是其有力之证。以余所见，哥窑加彩之器，古物保存所有之。而友人所藏复有一具，确为宋物无疑。花彩古气盎然[2]，殊不类后加者。至元瓷法花之品（法花详下章），花与底不一色②，已开夹彩之权舆[3]。元时既有夹彩，则本色地加彩必在其先，断可知矣。

【校】

①“王”字下，书庄本有“壬”字，衍。

②“色”，美术本缺此字，据书庄本增。

【注释】

〔1〕《陶说》：我国古代陶瓷研究重要著作之一。清代朱琰撰。朱琰，字桐川，别号笠亭。海盐（今浙江海盐）人。清乾隆三十一年（1766）进士，曾任直隶阜平县令。著作丰富。　王珪（1019—1085）：字禹玉。宋成都华阳（今四川成都）人。弱岁奇警，出语惊人。举进士甲科，为翰林学士。著有《华阳集》。　蕊珠殿：又称蕊宫，道教经典所说的仙宫，此为宋宫殿名。

〔2〕古气：古老质朴的方式、风气等。

〔3〕权舆：本义草木萌芽的状态，引申为起始、初时。

五彩之器，明永乐制作始盛。证以《博物要览》所载，则穷妍竞巧，花样渐多。或谓五彩间有洪武款者[1]，皆属明末清初之所托①，殆或然欤[2]？明代瓷彩发明，足以敻绝奕世[3]，震铄一代者[4]，殊不浅鲜[5]。综其变迁，可得而言。

【校】

①“托”，书庄本作“讹”，误。

【注释】

〔1〕洪武（1368—1398）：明太祖朱元璋年号。

〔2〕或然：偶尔，个别。

〔3〕敻绝：远远超过。　奕世：一代接一代。

〔4〕震铄：震动，光耀。

〔5〕浅鲜：少量。

永乐影青一种，瓷质极薄，雕暗龙花，表里可以映见花纹，微现青色，故曰影青。《陶雅》称为绝品，迥非雍、乾所及。或又谓此等影青，决非永乐，乃嘉靖瓷而书永乐款者，亦有雍窑书永乐款。要之永乐于明代，实彩瓷始盛之时也。

宣德发明祭红，乃祭郊坛用品所创之色也[1]。又称霁红，谓如朝霞霁色[2]。一名积红，一名醉红，复名鸡红。则因瓷无专书，市人以音相呼，遂成种种异名耳。

【注释】

〔1〕郊坛：古代为祭祀所筑的土坛，设在南郊。宋代周密《武林旧事·大礼》：“冬至有事于南郊，或用次年元日行事。先于五六月内择日命司漕及修内司修饰郊坛……郊坛，天盘至地高三丈二尺四寸，通七十二级，分四成，上广七丈，共十二阶，分三十六龛，午阶阔一丈，主上升降由此阶，其馀各阔五尺。”

〔2〕霁色：一种蓝色，与雨后天晴的天空一样的颜色。

成化五彩、青花，均极工致[1]。青花蓝色深入釉骨，画笔老横[2]，康熙犹当却步也[3]。正德发明一种蛋青[4]，浅绿色，其釉极厚极透，其色极艳极鲜，迥非后来所能及。嘉靖则锦纹开光之器益夥[5]，万历祭红侔于宣德[6]，而雕磁碗白间绿色，雕万不断花纹[7]，亦始于是时。

【注释】

〔1〕工致：精巧细致。

〔2〕老横：老辣纵横。

〔3〕却步：却行，后退。

〔4〕正德（1506—1521）：明武宗朱厚照年号。

〔5〕锦纹开光：即锦地开光。在边框外饰以满地锦纹的称为锦地开光，也称锦地盒子心。　益夥：益多。

〔6〕侔：齐等。

〔7〕雕：雕饰。　万不断花纹：或称万字不到头。传统装饰纹样。卍，或作卐，本是一种原始符号，起源于亚洲中部和东部新石器时代彩陶文化时期，其形态是人类自身形态或骨骸形式，用来显示灵魂不死的祖先崇拜观念。佛教用此符号代表“轮回”，为释迦牟尼三十二相之一。梵文名室利靺蹉洛刹曩，意为“胸部的吉祥标志”。古时译为“吉祥海云相”。唐武则天长寿二年（693）定读此符为“万”，从此卍便识为万字。卍字四端可作四方连续展开，形成卍字锦纹，连绵不断，以寓长久不断之意。

明代发明彩色极多，不胜覼指[1]。大抵康、雍时所有之色，殆几无不沿于明代者。若釉里红、豇豆红、抹红、秋葵绿等新艳可喜之色[2]，明已有之。若豆彩一种[3]，成化亦微露端倪。故就彩色论，朱明一代已极纷纭璀璨[4]，清初益推衍其波澜耳[5]。

【注释】

〔1〕不胜覼指：难得一一说明。覼指，一一指出。覼，覼缕，委曲详尽而有条理，多指语言。

〔2〕秋葵绿：釉色名。淡黄泛微绿，与秋天葵花之绿色相近，故名。

〔3〕豆彩：又名斗彩、逗彩。见本书《说彩色第四·豆彩》。

〔4〕纷纭：众多。

〔5〕推衍：延续、发展。

有明彩料，多采自外国：如青花初用苏泥勃青[1]，继用回青[2]；红色则有三佛齐之紫硃[3]，勃泥之紫矿胭脂石，是以彩色浓厚，耀映奕世。而清初采用，犹多前朝内府所遗[4]。

【注释】

〔1〕苏泥勃青：制瓷青料名，外来语音译，又称苏勃泥青、苏麻离青等。产于古波斯或今叙利亚一带。元代青花的一部分和明永乐、宣德官窑所用青料，均为此种。

〔2〕回青：有产于西域、新疆、云南等多种说法。此料发色菁幽泛紫，若单独使用则浑散不收，故多与石子青混合使用。

〔3〕三佛齐：即三佛齐王国，7世纪兴起于印度尼西亚苏门答腊的古国。盛时势力达西爪哇、马来半岛、加里曼丹西部，控制中国、印度、阿拉伯国家间交通贸易要冲。

〔4〕前朝内府：此指明朝管理宫廷事务的机构。

清代彩瓷变化繁赜①[1]，几于不可方物。康熙硬彩，雍正软彩。硬彩者，谓彩色甚浓，釉傅其上，微微凸起也。软彩，又名粉彩，谓彩色稍淡②，有粉匀之也。

【校】

①“赜”，书庄本作“赜”。

②“淡”，书庄本作“深”。

【注释】

〔1〕繁赜：复杂深奥。

硬彩华贵而深凝[1]，粉彩艳丽而清逸[2]，青花幽靓而雅洁[3]。硬彩、青花均以康熙为极轨[4]，粉彩以雍正为绝美。乾隆夹彩最盛，镂金错采[5]，几于鬼斧神工。三朝鼎盛[6]，殆叹观止矣[7]。

【注释】

〔1〕深凝：深沉凝重。

〔2〕清逸：清新俊逸。

〔3〕幽靓：犹幽静。

〔4〕极轨：最为规范。轨，法则、法度。

〔5〕镂金错采：谓华丽的装饰。镂，雕刻。错，涂饰。

〔6〕三朝：指康熙、雍正、乾隆三朝。

〔7〕叹观止：即叹为观止。指赞美所见到的事物好到了极点。叹，赞赏。观止，看到这里就停止。

粉彩易于剥落，为其粉质松软故也。然硬彩历年既久，亦时有剥落者。但使完好精美，则雍正之粉彩亦何让康熙之硬彩耶？康熙官窑、客货概无粉彩，惟御制料款之碗则有之[1]。其粉红为地，杂以彩绘者，尤为珍罕。市人不察，辄以胭脂水堆料款呼之，实不知红粉与脂水迥乎不同也。或谓此等堆料碗，乃雍正物而书康熙款者，亦属非是。

【注释】

〔1〕御制：为帝王所作。　料款：题写的底款。

康熙硬彩，蓝、绿二色堆起甚厚，历年既久，时亦有裂坼之患。红为深色之抹红，且较他色釉质有平凸之差，故亦易于褪落。

五色五章[1]，繁杂纷纶[2]，穷极变化，而细为寻绎[3]，又似有系统之可言。通称五色，青、黄、赤、白、黑而已，递衍递嬗，迅至不可名状[4]。则红之一色，不下百馀种。其次为青，青衍而为绿与蓝，三者一系，不下数十种也。黄者较少，著名者亦十馀种，黄与绿之范围时有出入。黑者最少，仅数种耳，盖黑为最难变化之色也。而白亦有数种。

【注释】

〔1〕五色五章：泛指多种颜色和花纹。色，颜色。章，花纹。

〔2〕繁杂纷纶：繁多而杂乱。

〔3〕寻绎：反复探索，推求。

〔4〕不可名状：无法用语言来形容。名，用言语说出。状，描绘。

今就最流行之色，而试以系统别之：

红（附紫）：祭红、霁红、积红、醉红、鸡红、宝石红、朱红、大红、鲜红、抹红、珊瑚、胭脂水、胭脂红、粉红、美人祭、豇豆红、桃花浪、桃花片、海棠红、娃娃脸、美人脸、杨妃色、淡茄、云豆、均紫、茄皮紫、葡萄紫、玫瑰紫、乳鼠皮、柿红、枣红、橘红、矾红、翻红、肉红、羊肝、猪肝、苹果青①、苹果绿②（二者皆红色所变，故不入绿类，而入红类）。

【校】

①"青"，书庄本作"绿"。

②"绿"，书庄本作"青"。

青（附蓝绿）：天青、东青、豆青、豆彩、梨青、蛋青、蟹甲青、虾青、毡包青、影青、青花夹紫、新橘、瓜皮绿、哥绿、果绿、孔雀绿、翠羽、子母绿、菠菜绿、鹦哥绿、秋葵绿、松花绿、葡萄水、西湖水、积蓝、洒蓝、宝石蓝、玻璃蓝、鱼子蓝、抹蓝、海鼠色、鳖裙、褐绿[①]、粉色褐。

【校】

①"褐绿"，书庄本作"绿褐"。

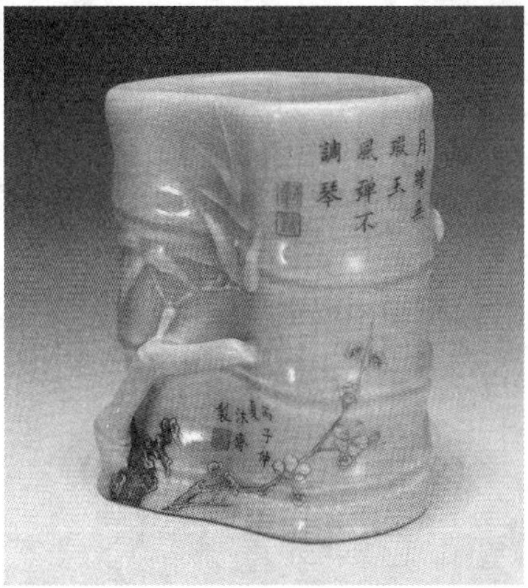

［清］光绪 豆青釉加彩梅竹纹笔筒

（首都博物馆藏）

［清］雍正 黄绿釉碗

（故宫博物院藏）

黄：鹅黄、蛋黄、密蜡黄、鸡油黄、鱼子黄、牙色淡黄、金酱、芝麻酱、茶叶末、鼻烟、菜尾、鳝鱼皮、黄褐色、老僧衣。

黑：黑彩、墨[①]彩、乌金、古铜、墨[②]褐、铁棕。

白：月白、鱼肚白、牙白、填白。

【校】

①"墨"，书庄本作"黑"。

②"墨"，书庄本作"黑"。

以言系统，千绪万端[1]，然概括之，不外深、浅二字，为之归汇[2]。均紫最古，然已有葡萄紫[①]、玫瑰紫之分。至元紫釉，有近猪肝者，有类葡萄者。明代祭红，亦分为二：一宝石红，又曰大红，肆人混称郎窑者也；一鲜红，项子京《瓷器图说》别之为积红者也。大红衍而为抹红、为枣红、为橘红、为猪肝、羊肝、为茄皮紫、为云豆。鲜红衍而为胭脂水、美人祭、豇豆红、桃花片、娃娃脸、杨妃色，皆由一深一浅，竟分派别焉。豇豆红变而

［明］永乐 甜白釉四系罐
（故宫博物院藏）

成苹果，深者谓之苹果绿，浅者谓之苹果青，黯败者谓之乳鼠皮。至于橘红，又有广橘、福橘之殊。茄紫又有深茄、淡茄之别。条叶益繁[3]，支派百出[4]，盖矜奇而竞巧[5]，亦逞异而标新也[6]。

【校】

①“紫”，美术本无此字，据书庄本增。

【注释】

〔1〕千绪万端：犹千端万绪。形容事情杂，头绪多。

〔2〕归汇：归类。

〔3〕条叶：枝叶。

〔4〕支派：种类。 百出：层出不穷。

〔5〕矜奇：炫耀新奇。

〔6〕逞：炫耀。

晋缥唐绿[1]，夐乎远矣。柴周之雨过天青实接其轨[2]，汴京之东青继之，汝窑之豆青承之，是数者皆青之先河也。哥窑衍而为豆绿，弟窑衍而为果绿。至于瓜皮、孔雀、子母、菠菜、鹦哥诸绿，又其后之孳乳也[3]。其浅色者，有秋葵、松花、葡萄水、西湖水诸种。其黯色者，有①蟹甲、鳖裙、毡包青诸种。推之蓝色，深者有宝石蓝、洒蓝等名，浅者有天蓝、灰蓝诸类。此外黄也、黑也，亦莫不有深浅诸色。吾故谓“浅深”二字可分两大支流，而为概括之总汇也。

【校】

①“有”，书庄本作“于”，误。

【注释】

〔1〕晋缥：晋代的缥瓷，属青瓷类，见于潘岳《笙赋》称。缥，帛之一种，青白色。 唐绿：唐代的绿色瓷。

〔2〕柴周：即历史上的五代后周（951—960）。

〔3〕孳乳：派生，演变。

今就世人所宝贵之色，择要以说明之，俾辨色者稍得厓略[1]，非以求备也。其别如左。

【注释】

〔1〕厓略：梗概，大略。

宝石红：祭红之宝石釉者，俗呼之曰郎窑，今为行文之便[1]，以宝石红别之。始于宣德，盛于万历。康熙仿者已稍不如前，此后遂绝响矣[2]。此种器皿大都亮釉，其色深红，如初凝之牛血。里外皆有开片，而扪之无痕，开在釉汁之内，若隐若现。底足灯草边，异①常齐整。底概无款，有米汤底、苹果底两种，稍黄者曰米汤，稍青者曰苹果，均有小开片。此纯红者为极难得，满带苔点绿者次之，其不纯红者则变为其他名称矣（与《说窑》章《郎窑》节参看）。

［明］永乐 红釉暗龙纹高足碗

（故宫博物院藏）

【校】

①“异”，美术本作“畏”，据书庄本改。

【注释】

〔1〕行文：组织文字，表达意思。

〔2〕绝响：指失传的技艺、学问等。出自《晋书·嵇康传论》：“嵇琴绝响。”

积红：祭红之鲜红釉者，据项氏子京说，以积红别之。凡朱红、粉红及变为青绿等色，无开片而有款者，概属于此类。亦始于宣德，其他明代诸朝暨康、雍、乾、嘉均有之。与宝石红之祭红本为一物，其所异者，特一深红、一鲜红，一有小开片、一不开片耳。其灯草边之齐整亦同。惟因其不如宝石红之透亮，价值遂远逊云。

豇豆红：此色亦由祭红变化而来，以类于豇豆，故以豇豆红呼之。釉中多有绿苔点或大片绿斑[1]，亦有纯红者。以康熙款者为最多，若雍正款者，则其釉虽与豇豆红无异，人亦辄以雍正祭红呼之矣。豇豆之黯败者，俗

［清］康熙 豇红水盂
（上海博物馆藏）

称乳鼠皮，价值殊贬。稍深则入云豆色，近紫又入茄皮色。豇红之所以可贵者，在莹润无比，居若鲜若黯之间，妙在难以形容也。

【注释】

〔1〕绿苔点：又称苔点绿，瓷器釉色名。烧制时先在坯上施一层底釉，然后吹上一层颜色釉料，再盖上一层面釉，入窑高温还原焰烧成，呈色变化较多，粉红中有绿点的称苔点绿釉。

胭脂水：胭脂水一色，发明于雍正，而乾隆继之，以其釉色酷似胭脂水，因以得名也。始制者胎极薄，其里釉极白，因为外釉所照，故发粉红色。乾隆所制则胎质渐厚，色略发紫，其里釉尤白，于灯草边处如白玉一道焉。至乾隆末叶，喜满雕阴文细花，绘以杂彩，比之初年，殆不啻上下床之别。而近今伪制，尤以此类为多。客货多系疙瘩釉[1]，而明艳鲜丽，釉亦极薄。至嘉、道以后，虽有此色，然已比之自郐①矣[2]。

【校】

①“郐”，美术本及书庄本均作“桧”，据文意改。

【注释】

〔1〕疙瘩釉：瓷器表面凹凸不平或如水波起伏，从旁侧视或用手抚摸可以感觉到此种缺陷，形似疙瘩，故名。

〔2〕比之自郐：即自郐以下，谓馀下的就不值得一说了。本《左传·襄公二十九年》载吴国的季札观乐于鲁，于诸大侯国之乐均进行评论，唯“自郐以下，无讥焉”，从郐国以下，他就没有再表示意见。郐，春秋小国名。以郐国地狭人少，季札故弃而不论。后因用“自郐以下”喻指不值得重视的事物。

美人祭：美人祭又曰美人霁，祭红之淡粉色者也，西人又呼为桃花色。此种，市夥不解其名，或呼为淡豇红，或呼为淡祭红，孰若美人祭名称之娇艳也耶？馀若娃娃脸、杨妃色、桃花片、桃花浪诸名，均属于此类。稍深稍浅，吹万不同[1]，而歧名异名，因之遂夥。一言以蔽之，则祭红之淡粉色而不发绿斑①者，即此类也。

【校】

①“斑”，书庄本作“班”。

【注释】

〔1〕吹万不同：出《庄子·齐物论》：“夫吹万不同，而使其自已也。”成玄英疏：“风唯一体，窍则万殊。”吹，指风而言。万，万窍。谓风吹万窍，发出各种音响。这里喻说红则一体，而浅深各异。

苹果绿：积红所变之色。绿者成点，谓之苔点。绿者成片，则谓之苹果绿。其淡红者谓之苹果青。皆积红之巧化者也。凡积红、豇豆红而带绿成片者，均以是呼之。成化始兴，康熙为盛，而宣德则但有苔点而未成绿片也。近人品积红，每每以绿片、绿点为贵，无者辄疑为赝鼎。乌知当日有绿斑者，反为弃材耶？自窑变偶成此色，后遂踵作，且成专名，而价值亦侔于深红者。市人竞利，搜者好奇，不其然欤！

均紫：均紫最秾丽〔1〕，为古今艳称〔2〕。初制较浓，有①类长熟之葡萄；后制则近鲜，有类开透之玫瑰，故有葡萄紫、玫瑰紫等名也。全器纯紫者，近已不易一见。末叶蓝、紫相间〔3〕，成垂涎纹〔4〕，如蔚蓝水光中泛出片片之紫浪，洵异彩也〔5〕。元紫成鱼、蝠、蝶等形，釉能深入胎骨，故亦可贵。至明迄清，仿均之品，如涂涂附〔6〕，大抵浅紫，尚可形似，而深紫已渺不可追。或则紫中发红，或则紫中发黑，殆非正紫矣。

［宋］钧窑尊（故宫博物院藏）

【校】

①“有”，书庄本作“于”，误。

【注释】

〔1〕秾丽：艳丽。

〔2〕艳称：称羡。

〔3〕末叶：最后一段时期。

〔4〕垂涎纹：釉多透亮，隐约间可以看见像垂流涎水一样的聚釉现象。

〔5〕洵：诚然，实在。

〔6〕涂涂附：仿钧窑之瓷名，具体不详。

茄皮紫：茄紫一色，始于明末。康熙继之，皆系玻璃釉。淡者比茄皮之色略淡，深者比煮熟茄皮之色又略重，故有淡茄、深茄之分。淡茄尤为鲜艳，介于豇豆、云豆之间。自雍正至乾隆，虽间有茄紫，然已不甚多见，盖其色甚难摹拟故也。最近仿制者，紫中发红，且不匀净，不难一望而知，真伪立判。又此色器皿，大半有雕花者。

各种红紫：红有百馀种，至繁赜矣。除上所述诸种外，其他亦可略述也。粉红，为鲜红之化身，亦即积红之最淡者，或呼为娃娃脸，或呼为牡丹、芍药，或呼为桃花片、海棠红，总不外形容其艳丽而已。朱红，色若正朱，康、乾之制鲜明夺目，以后则比之自郐①。抹红，釉质极薄，参入夹彩，以乾隆间为多。其间又有柿红、橘红、枣红之别。橘红与朱红判别，又在微妙之间。抹红带黄者，又谓之杏子衫矣。珊瑚一种，釉汁极薄，乾窑最精，此后殆如涂附。至羊肝、猪肝，则殊不足轻重。盖红之为色，变化至夥，而近之所重，则偏在于祭红一脉云。

【校】

①“郐”，美术本及书庄本均作“桧”，据文意改。

天青：天青一色，肇端北宋〔1〕。柴周遗制，敻乎渺矣。自宋迄明，代有作者，至康、雍集其大成，幽隽淡永，兼而有之。往往于淡隽中有秾蒨之小点，尤为可喜。其釉色变迁，略有不同。康熙初年之天青，其釉极厚，其色微青，釉色混融，有同鱼脑。康熙末年之天青，其釉略混，其色略蓝。雍正时之天青，其釉略混，其色殆与天蓝无甚大别，此时制器，又往往书成化款也。自康至乾，无论天青、天蓝，其釉皆厚而且润，新者釉混而且粗，鱼脑之说渺不可复追矣。

【注释】

〔1〕肇端：发端，起源。

豆青、豆绿：此二色，宋哥、弟窑为最盛。哥窑多作豆绿，弟窑多作豆青，皆滋润莹泽，至为可爱。弟窑留传比哥窑较夥。明暨清初，亦仿弟窑为多。雍正仿制之品，沪上名曰果绿，莫解其由。谓是哥绿转音，以弟为兄，未必谫陋至此〔1〕。谓是苹绿省文，则色泽殊亦不类。殆沿讹袭谬，不可究诘耳〔2〕。明以前之豆青，微近黄色，至清则纯近绿色。雍、乾以后，往往加彩绘，素地者遂处于平淡无奇。此色易制，沿袭过多，世人淡漠置之，殆如老去秋娘〔3〕，无复当年声价矣〔4〕。

【注释】

〔1〕谫陋：浅薄之意。

〔2〕究诘：深究追问，查考。

〔3〕老去秋娘：喻说人或物过时不再为人所重。秋娘，唐代金陵著名歌妓。杜牧有《赠杜秋娘》诗并序，写杜秋娘青春繁华，老去凄凉。

〔4〕声价：名誉身价。

瓜皮绿：瓜皮绿如西瓜之皮，因以得名。康窑有一种罐，作西瓜状，盖上有瓜藤，弥可珍贵〔1〕。釉上满开小片，其纹略如牛毛。雍正所制，釉厚而且润，色绿而略黄，或如春时之柳叶，或如秋末之葱心。乾隆制者，绿色略深，开片亦较前略粗，然皆滋润莹泽，纹内亦不发黑。若新制，则燥而不润，绿而发黑，故不足珍也。

【注释】

〔1〕弥：更加。

各种青绿：深色诸绿，以孔雀绿为最可爱，葱翠夺目，制亦近罕。其次则蟹甲青，古气盎然，扑①人眉宇。新橘满含棕眼，亦有足多。若鳖裙者，俗谓之忘八绿〔1〕，殆非雅品。大抵青绿之色，不贵深而贵浅，以浅者鲜艳可爱，变化无穷也。葡萄水如新长之葡萄，西湖水、松花绿亦不甚相远。淡绿而微发黄者，名曰秋葵绿。青而略同虾肉色者，名曰虾青。数者均标新领异〔2〕，殊可珍贵。至色微近浅蓝之鹦哥绿与发黄较多之梨青，则稍近于平庸矣。

［清］雍正 孔雀绿釉瓜棱罐

（故宫博物院藏）

【校】

①“扑”，书庄本作“朴”。

【注释】

〔1〕忘八：即王八，乌龟与鳖的俗称。

〔2〕标新领异：提出新奇的主张，表示与众不同。标，提出，写明。异，不同的，特别的。

［明］宣德 霁蓝釉盘

（天津市艺术博物馆藏）

洒蓝、积蓝：康窑于洒蓝中加绘金彩云龙，奕奕有生气[1]。其作法，系先上一层白釉，再上一层蓝色，复上一层薄釉，最后乃画金花。积蓝又名霁蓝，作法与洒蓝有别，乃将蓝色与釉水融和，挂于瓷釉①之上，并不先上白釉。因此之故，其釉比洒蓝为厚，而色则大略相同也。

【校】

①“釉”，书庄本作“胎”。

【注释】

〔1〕奕奕：光明闪耀貌，此指精神焕发。

至若青色之较浓者，曰天蓝。浅蓝而近于绿者，曰翠蓝。深蓝而有芝麻星者，曰鱼子蓝，殆谓其形有类似，非谓其色同鱼子也。至于蓝紫相和[1]，而蓝尤浓厚者，曰毡包青，亦好奇之所嗜云。

【注释】

〔1〕相和：协调。

豆彩：何谓豆彩？盖所绘花纹以豆青色为最多，占十分之五六，故曰豆彩也。或称斗彩，谓花朵之攒簇，有类斗争。或称逗彩，谓彩绘之骈连[1]，有同逗并。实则市人以音相呼，辗转讹述，殊非正诠[2]。是彩康、雍至精，若人物、若花卉、若鸟兽，均异采发越[3]，清蒨可爱。至乾隆以后，喜作团彩[4]，稍欠风致矣[5]。然于华丽之中别饶葱蒨之致[6]，足为

［清］乾隆 斗彩描金婴戏图玉壶春瓶
（故宫博物院藏）

清供雅品[7]，弥可宝贵也。

【注释】

〔1〕骈连：即骈门连室。形容为数众多。《南齐书·竟陵文宣王子良传》："自宋道无章，王风陵替，窃官假号，骈门连室。"

〔2〕诠：解释。

〔3〕发越：犹焕发。宋代沈作喆《寓简》卷四："（古法书）人间殆不复见，其仅存者皆归御府，但追想其笔势飞动，精神发越耳。"

〔4〕团彩：又名皮球花。是一种不规则的呈放射状或旋转式圆形纹样。

〔5〕风致：美好的容貌和举止，风味，风趣。

〔6〕别饶：另有。 葱蒨：草木青翠茂盛貌。

〔7〕清供：犹清玩。明代袁宏道《瓶史·器具》："大抵斋瓶宜矮而小，铜器如花觚、铜觯、尊罍、方汉壶、素温壶、匾壶，窑器如纸槌、鹅颈、茹袋、花尊、花囊、蓍草、蒲槌，皆须形制短小者，方入清供。"

［明］弘治 黄釉双兽耳罐
（故宫博物院藏）

各种黄色：黄亦宣德时所尚之色。其时色深，有同密蜡，故①有宣黄之称。至嘉靖始夹青花，色同鱼子，深者又别之为鸡油黄矣。康熙以后，专尚淡黄，统称蛋黄也。其稍深者谓之熟蛋黄，稍浅者谓之生蛋黄。若和黑、绿二色者，则名茶叶末。茶末导源最古[1]，一为纯正之茶末，一为不纯之茶末。不纯正者或偏于黄，或偏于绿。纯正者如将茶②叶研成细末，调于釉中，其色古雅幽穆，足当清供焉。其黑色稍浓，而有黄色碎点周遭围绕于底足间者，谓之鳝鱼皮，亦象形语也。若鼻烟、若菜尾、若老僧衣，皆茶叶末之变体。鼻烟最浓，菜尾较淡。至如黄、黑、紫相和，砌成斑点，则谓之虎皮斑。在昔偶然风尚，今则无复问津矣[2]。金酱而加金花，亦乾隆间所尚，然皆小品居多，究未足当鼎、彝之巨制也。

【校】

①“故”，书庄本作“致”。

②“茶”，书庄本作“茶”，误。

【注释】

〔1〕导源：发源，起源。

〔2〕问津：询问渡口。这里喻指关心、看得上的意思。津，渡口。

［明］正德 素三彩海蟾纹洗
（故宫博物院藏）

素三彩：紫①、黄、绿三色绘成花纹者，谓之素三彩。以黑地为最贵，亦有浅黄、浅绿等地，而花则黄绿较深者，亦有间露白地者。茄紫为地，殆稍罕见。有则花仅绿、黄二色耳，殆合地统计为三色也。绿套绿、黄套黄，于浅深中分先后，故有实四、五彩而亦称素三彩者。西人嗜此，声价极高。一瓶之值，辄及万金。以怪兽最为奇特，人物次之。若花鸟，价亦不赀也[1]。同一年代，而素三彩之品，视他彩乃腾踊百倍[2]，且其瓷质较粗，底多沙眼[3]，而视同拱璧，殆有解人难索者矣[4]。

【校】

①“紫”，书庄本作“茄”，误。

【注释】

〔1〕不赀：不可比量，不可计数。形容十分贵重。

〔2〕腾踊：跳跃，喻物价飞涨。

〔3〕沙眼：指釉中棕眼。

〔4〕解人难索：能理解道理或解释问题的人，已经很难找到了。

黑彩、墨彩：黑彩以质地言，墨彩以绘事言。凡黑地而花，或五彩，或三彩者，皆称黑彩。墨彩则以淡墨绘诸白地而已。墨彩视同常品，不外备鉴家之一格，若黑彩则声价甚昂[1]。素三彩而兼黑彩者，尤为殊绝[2]。五彩兼黑彩者，次之。

［元］黑釉瓷碗（齐国故城遗址博物馆藏）

【注释】

〔1〕昂：高，贵。

〔2〕殊绝：特出，超绝。

乌金者，黑彩之尤莹亮者也。古铜者，茶末之和深黑者也。铁锈花者，近古铜而色深紫者也。铁棕者，茄紫之和深黑者也。墨褐者，墨彩之弥漫全体者也。四者皆黑之支流也。

［清］雍正 铁锈花釉双耳尊（故宫博物院藏）

月白、鱼肚白：乃色之最淡者，牙白则稍闪黄色矣。若稍闪红色者，又称为虾肉白。填白者，系以粉料堆填瓷上，再蘸釉汁。或讹甜白，失之远矣。以素瓷而论，白亦有种种之别焉。

洋彩：雍、乾之间，洋瓷逐渐流入，且有泰西人士如郎世宁辈供奉内廷。故雍、乾两代，有以本国瓷皿摹仿洋瓷花彩者，是曰洋彩。画笔均以西洋界算法行之[1]，尤以开光中绘泰西妇孺者为至精之品[2]。至于花鸟，亦喜开光。又有不开光者，所用颜色纯似洋瓷。细辨之，则显然有别，且底内往往有华字款也。

【注释】

〔1〕界算法：应为界画法。我国古代绘画有一种以界笔直尺画线的技法，叫界画。

〔2〕开光：装饰方法之一。在器物的某一部位留出某一形状（如扇形、菱形、心形等）的空间，然后在该空间里饰以花纹。常见于景泰蓝、雕漆、陶瓷器皿上的图案装饰。

洋瓷：洋瓷有两种，一为泰西流入之洋瓷，本不入考古家赏鉴。然清初流入之品，有极精者，如绘女神像、自由神之属，诙诡可喜[1]，至旧至精者亦堪藏庋一二也[2]。一为吾国所造铜胎挂瓷之品[3]，市人通称亦曰洋瓷。实则此类彩绘，大半本国华风[4]，尤以绘《西厢》等故事为多[5]。其兼仿洋彩者，反居少数。则呼曰洋瓷，称名殊嫌不当。大抵互市伊始[6]，洋瓷流入，有铜胎者遂印市人之脑[7]。由是凡瓷之铜胎者，不问其为本国制与否，概以洋瓷呼之。相沿成习，牢不可破耳。

【注释】

〔1〕诙诡：荒诞怪异。这里指形象逼真。

〔2〕藏庋：收藏。

〔3〕铜胎挂瓷：即铜胎、瓷胎画珐琅。

〔4〕华风：汉族或中原地区的风俗。

〔5〕《西厢》：即《西厢记》，全名《崔莺莺待月西厢记》，元代王实甫著。王实甫，一说名德信。元代著名杂剧作家，大都（今北京）人。《西厢记》大约写于元贞、大德年间（1295—1307），是他的代表作，有"《西厢记》天下夺魁"之誉。

〔6〕互市：中国历史上指对外贸易或同边境民族间的贸易。

〔7〕印：外界事物反映在脑中所留的形象。

红之一色，康不同于雍，雍不同于乾，乾又不同于嘉、道以后，故后仿者惟红最难摹拟。康熙之蓝，敻绝一代[1]，而近来新发明蓝，亦能得八九，超轶于光绪初年所仿者多矣[2]。若绿与黄，略得四五，亦易于鱼目混珠[3]。惟紫则新仿者甚少。若红、若白，最难逃识者之眼。然纯色釉之器，红亦有仿制极精，不止四五成者。惟白较难追步前朝，而判别乃在微之又微云。

【注释】

〔1〕敻绝：超绝。

〔2〕超轶：超越、胜过。

〔3〕鱼目混珠：拿鱼眼睛冒充珍珠。比喻用假的冒充真的。混，羼杂，冒充。

说花绘第五

瓷之有花，宋代已渐流行。苏东坡诗“定州花瓷琢红玉”，仁宗召见学士王珪[1]，设紫花坐墩是已。今则宋定流传，递衍尚夥。若耀窑、磁窑，均宋器之仿定者也。花多作盘螭、飞凤、牡丹、萱草等形，其精者几与玉琢细器无异[2]，与乾隆御窑后先媲美[3]，殆于异曲同工。自明迄清初，仿定之品，亦足为世重，乾隆后则无复仿者矣。章龙泉窑亦多花纹，其可贵逊于粉定一等。明清仿者，价亦视代之远近为差。耀窑间有黑花者，但不甚为世所重。至紫花宋瓷暨有红绿花彩者，殆如威凤祥麟[4]，不易一见，然亦间有之也。

【注释】

〔1〕仁宗：北宋第四代皇帝宋仁宗赵祯（1010—1063）的庙号。

〔2〕玉琢：用玉雕琢成，形容秀美。

〔3〕后先：先后，前后。

〔4〕威凤祥麟：古时以凤凰、麒麟为祥瑞之物。借以比喻难得的贤才和事物。

定窑、章龙泉窑之花，皆雕花也[1]。定雕较深，章雕较浅，然亦有种种名目之殊[2]。有平雕，谓花纹与地平，釉罩其上，扪之不觉也。有凸雕，谓花皆阳文凸起也[3]。有凹雕，谓花皆阴文凹入也。凹雕亦名划花[4]，凸雕亦名法花[5]，平雕亦名暗花。

【注释】

〔1〕雕花：雕刻图案花纹的一种工艺。以用料言有石雕、砖雕、木雕等，以技法言有平雕、浮雕、堆雕、透雕等。此指窑器的雕花。

〔2〕殊：区别。

〔3〕阳文：凸起的花纹。采用模印、刀刻、笔堆等方法，使得花纹高出瓷器平面谓阳文。

〔4〕划花：制瓷装饰技法之一。在尚未干透的陶瓷器表面用木刀、竹条或铜铁制器等尖状工具浅划出的线条状花纹。

〔5〕法花：制瓷装饰技法之一，又名法华、珐华。采用彩画技术中的立粉方法，在陶胎上用特制带管的泥浆，圈出凸线的纹饰轮廓，再分别以色料填出底子和花纹色彩，入窑烧成。以黄、绿、紫三色居多，间有蓝、白等色。

《博物要览》谓定器有划花、绣花、印花三种〔1〕。划花者最佳，绣花者次之，可见当时制作之盛矣。划花用刀刻，绣花用针刺，印花用版印。更有锥花〔2〕，乃用锥尖凿成花纹。又有堆花〔3〕，以笔揩粉成凸堆形。堆花又名①填白。绣花、锥花二种，后世罕有仿者。

【校】

①“名”，书庄本作“各”，误。

【注释】

〔1〕绣花：以针剔刺纹饰。　印花：用带有图样的陶范压印有凹凸花的花纹。

〔2〕锥花：在铁锥的坯体上锥出纹饰。

〔3〕堆花：又称堆锦。用不同颜色的冻子，堆在黑色漆胎上，未干前用角抄印划出花纹来；或用模子将冻子脱印出花纹和锦地，再上颜色的做法。

印花，肆人亦谓之法花，或谓之鼓花，盖皆市声也〔1〕。

【注释】

〔1〕市声：市井中语，买卖人的话。

前所云凸雕、平雕、凹雕云者，又与雕瓷无涉〔1〕。雕瓷盛于乾隆，所雕之花，尤为深入显出，市人既名，是为雕瓷。彼宋之雕法，则用暗花、划花等名以别之。

【注释】

〔1〕雕瓷：瓷器的一种制作工艺。技法多样，有圆雕、捏雕、镂雕、

浮雕等。烧成后瓷质晶莹光洁，易于清洗。

近人亦能取景德镇素瓷，以针或刀刺成种种花纹，花成以墨填之，俗称刻瓷[1]。其用针、用锥、用刀也，固与宋法无涉。

【注释】

〔1〕刻瓷：用特制刀具在瓷器、瓷板表面刻画、凿镌各种形象和图案，通常也指在瓷器、瓷板上刻凿而成的雕塑工艺品。

素瓷甚薄，雕花纹而映出青色者，谓之影青。镂花而两面洞透者[1]，谓之玲珑瓷。花纹堆起高于质地乃用笔抹成者，谓之堆料花。

【注释】

〔1〕镂花：又名镂孔，陶器的一种雕饰方法。用工具把陶坯从表到里雕镂成圆形、方形或三角形的小孔洞。镂，刻。

填白之堆花，花纹之疏落者也[1]。堆料花者，花纹之繁密者。增一“料”字，亦有别矣。

【注释】

〔1〕疏落：稀少。

釉里红之花，亦为花之别派，大抵此等绘花，须费两番手法也。若两面彩而映光照之[1]，花纹一一相对者，亦奇隽之品[2]。

【注释】

〔1〕两面彩：陶瓷器内外壁，施以同样花纹。在日光下照之，可见两面花纹完全相同，称为两面彩。

〔2〕奇隽：杰出。

以上所云，皆由瓷之本身出花者也。若不由本身出花而别刻花嵌入者，则又当谓之嵌花。

影青，固甚薄之瓷也，乃有瓷质颇厚，仅能一面影出青色雕花者，此则名为隐青[1]。盖雕花后微傅以青色，再加釉汁云尔。制亦始于明代云。

【注释】

〔1〕隐青：即青白瓷。因其晶莹润泽，透明性强，青色隐约可见，故名。

法花之品，萌芽于元，盛行于明。大抵皆北方之窑。蒲州一带所出者最佳，蓝如深色宝石之蓝，紫如深色紫晶之紫，黄如透亮之金珀[1]，其花以生物花草为多。平阳、霍州所出者，其胎半属瓦质[2]，蓝略发紫，绿略发黑，殆非精品。西安、河南所出者，较平阳、霍州略为鲜亮，盖属瓷胎也。至清初始有景德仿造，则纯是玻璃釉，花既玲珑，地尤细净，人物众兽，毫发毕现矣。雍正以后间有仿造，已失良工。故乾窑虽精，亦趋入雕瓷一途[3]，罕见法花之制，其他更无论矣。

【注释】

〔1〕金珀：金黄色的琥珀。以色之深浅所分的一种琥珀类别。珀中透明的称为琥珀，不透明的称为密蜡。如从专业角度来讲，黄色系的称为金珀。

〔2〕半属瓦质：即半瓷半瓦。

〔3〕趋：归附。

脱胎与影青之别何在乎？曰其薄如纸，映光照见指纹者是谓脱胎，此昊十九卵幕之制，所以独绝于明代也。笔细如发，表里花纹发青者是谓影青，此永乐云龙小碗所以超前轶后也[1]。

【注释】

〔1〕超前轶后：空前绝后。

［明］永乐 青花缠枝莲纹压手杯

（故宫博物院藏）

明瓷花样，绘事亦既争妍斗巧，观朱琰《陶说》所载，不下百馀种，书不胜书。兹但就其创始特别之点，纪载一二，亦足见前代美术之一斑①焉。

【校】

①“斑”，书庄本作“班”。

永乐压手杯[1]，底中心画双狮滚球，球内篆款字，为最奇之品。鸳鸯心者次之，花心者又其次，此为底内绘花之始。至康、雍诸器，底内亦有绘花者，皆沿其遗制也。乾隆以后，底内只有款字，纵有花，亦非精品。

【注释】

〔1〕压手杯：古代瓷器名。坦口折腰，手把之，其口正压手，故名。

宣窑之美，为有明一代冠。不但宣红、宣黄彪炳奕叶已也〔1〕，即青花、五彩各器，亦发明极多，咸为后代所祖〔2〕。如“轻罗小扇扑流萤”等画诗句入瓷〔3〕，实开其先。若海兽、人物靶杯〔4〕，亦极奇肆可喜〔5〕。至于漏空花纹填五彩〔6〕，又五彩实填花纹，皆绚艳悦目。又有蓝地填画五彩者，则夹彩之制盛兴矣。戗金之制〔7〕，亦始宣德。吴梅村有《戗金蟋蟀盘歌》〔8〕，可知当时瓷业美术之发达，震古铄今也〔9〕。

【注释】

〔1〕彪炳：照耀，辉耀。此指宣窑成就辉煌。　奕叶：累世，世代。

〔2〕咸：全部。　祖：初，开始。

〔3〕轻罗小扇扑流萤：出自唐代杜牧《秋夕》诗。

〔4〕靶杯：即高足杯，上为碗形，下有柄，柄呈圆柱形或竹节形。

〔5〕奇肆：奇特奔放。

〔6〕漏空：即镂空。

〔7〕戗金：在器物图案上嵌金。

〔8〕吴梅村（1609—1672）：即明末清初著名诗人吴伟业，字骏公，号梅村、鹿樵生等。太仓（今江苏太仓）人。著有《梅村家藏稿》《绥寇纪略》《春秋地理志》等。

〔9〕震古铄今：震惊古人，显耀今世，形容事业或功绩的伟大。

鸡缸始于成化，画石山、牡丹，下有子母鸡，跃跃欲动，小儿扬袂其侧〔1〕。又，器之中心往往绘和合二仙也〔2〕。《高江村集》有《成窑鸡缸歌》〔3〕。此后，乾、嘉、道历朝，均有鸡缸之制，款称仿古盖仿①成化云。今日乾隆之鸡缸，亦已珍同拱璧。若成化者，又在景星庆云之列〔4〕，莫之或觏矣〔5〕。

【校】

①“盖仿”，美术本无此二字，据书庄本增。

【注释】

〔1〕扬袂：举袖。

〔2〕和合二仙：民间传说之神，亦作和合二圣，主男女婚配。世传之

和合神像亦一化为二，然而僧状，犹为蓬头之笑面神，一持荷花，一捧圆盒，意为和（荷）谐合（盒）好。婚礼之日挂悬于花烛洞房之中，或厅堂上，以祈求吉祥美满。

〔3〕《高江村集》：清代高士奇（1645—1703）著。高士奇，字澹人，号江村。钱塘（今浙江杭州）人。另著有《江村消夏录》等。

〔4〕景星庆云：明代方孝孺《御书赞》：“惟天不言，以象示人，锡羡垂光，景星庆云。”比喻难得一见的吉祥征兆。

〔5〕覯：遇见，看见。

成窑如画鞦韆①士女、斗龙舟、周茂叔爱莲、五子相戏、八吉祥、西番莲、锦灰堆等[1]，皆开清康、乾之先路[2]。尤以画人物各器，足为世珍也。

【校】

①“鞦韆”，书庄本作“千秋”，误。

【注释】

〔1〕周茂叔（1017—1073）：即宋代著名理学家周敦颐，字茂叔，号濂溪。世称濂溪先生，卒谥元公。道州营道（今湖南道县）人，著有《周元公集》《太极图说》《通书》等。　八吉祥：瓷器传统吉祥纹样之一。由法螺、法轮、宝伞、白盖、莲花、宝瓶、金鱼、盘长八种吉祥物组成，偶有火珠状吉祥物代替其中之一，常见与莲花组合成图案。此纹样从西藏喇嘛教流传而来。　西番莲：蔓生植物，又名大丽花。　锦灰堆：明清瓷器惯用的一种图案，又称锦盆堆。

〔2〕先路：先河。

嘉靖绘事，喜内外夹花，喜锦地，渐趋于华缛一派[1]。其特色有数种，如外龙凤鸾雀内云龙、外出水龙内狮子花之类，即所谓两面彩也。如海水苍龙捧八卦、天花捧“寿山福海”字。捧字一种，谓花上夹以圆圈，书字其内，此制当兴于是时。清代“万寿无疆”等捧字盘，即仿此也。惟清制多捧四字，明制于器中间，多有仅捧一字或“福”或“寿”者。

【注释】

〔1〕华缛：华采繁富，美盛。

嘉靖八仙捧“寿”，或群仙捧“寿”等盘[1]，以视龙凤捧“寿”、海水飞狮捧“寿”者，尤为可贵。“寿”字居盘中，馀花围之。龙凤较易配置，八仙、群仙则颇费匠心矣。转枝莲托百宝，或转枝莲托百“寿”字[2]，此种奇制，配置极难，而大体又过于琐碎，是以后代罕有仿者。

［明］景泰 青花八仙庆寿图罐
（故宫博物院藏）

【注释】

〔1〕八仙：传说中长生不老的八位神仙。八仙之名，至明代吴元泰《八仙出处东游记传》始定为：铁拐李（李铁拐）、汉钟离（钟离权）、吕洞宾、张果老、曹国舅、韩湘子、蓝采和、何仙姑。

〔2〕转枝莲：又名串枝莲、缠枝莲。其样式以花草为基础，模仿其辗转滋长，缠绵不绝，加入各种花果为边缘或主题纹饰。

万历瓷踵嘉靖法，而益务华丽，两面彩、夹彩之品甚多，花样奇巧绚烂，不胜枚举。捧字一种，尤其所尚。当时回回字、西藏喇嘛字已入中国[1]，故花内捧回回字者，亦始于是时。喇嘛字亦称藏经字，与篆书之“寿”字仿佛相似，当时谓之真言字[2]。插入五采花朵中，亦颇奇观。

【注释】

〔1〕回回字：即阿拉伯文字。回回，指信仰伊斯兰教的民族。 西藏喇嘛字：即西藏民族文字。喇嘛，对僧侣的尊称。

〔2〕真言：即咒语，指佛教经典的要言秘语。

明代绘事，人物虽不甚精细，而古趣横溢[1]，俨有武梁画像遗意[2]。若绘仕女，又似古椠之《列女传图》也[3]。成化人物，多半意笔[4]，高古疏宕[5]，纯似程孟阳[6]。若花卉有极整齐者，虽开锦纹夹花之权舆，然色泽深古，一望而知为朱明之物矣。若绘龙凤众兽，则颜色深入釉骨，时露古拙之致，却非庸手所能及。若万历之九龙盘碗、五龙四凤盘等，古泽扑人眉宇[7]，虽俪红妃绿[8]，亦同于夏鼎商彝[9]。

【注释】

〔1〕横溢：洋溢，充分流露。

〔2〕武梁画像：东汉石刻画像。在今山东嘉祥武翟山（旧称紫云山）下，是东汉末年嘉祥武氏家族墓葬的双阙和四个石祠堂的装饰画。其中以武梁的祠堂为最早，故名。现存画像内容丰富，取材广泛，不仅是精美的古代石刻艺术品，也是研究东汉时期政治、经济、文化的重要实物资料。　遗意：前人或古代事物留下的意味、旨趣。

〔3〕古椠：旧的刻本。椠，书的版本。　《列女传图》：不详。当为《列女传》所作图。《列女传》，西汉刘向撰，是一部记载汉代及其以前著名女子的书。

〔4〕意笔：写意之笔，与写实之笔相对，不作工笔描摹，仅写其特征意象。

〔5〕疏宕：亦作“疏荡”。恬淡隽永。

〔6〕程孟阳（1565—1644）：即明代著名诗人、画家程嘉燧，字孟阳，号松圆、偈庵等。明休宁（今安徽休宁）人。工诗善画，著有《松圆浪淘集》《偈庵集》《耦耕堂集》等。

〔7〕古泽：谓古人诗文所显示出来的色彩与风貌。

〔8〕俪红妃绿：红红绿绿，指色彩艳丽，微含贬意。

〔9〕夏鼎商彝：夏朝的鼎，商代的彝，皆稀世珍宝，为古董中极品。

康熙画笔为清代冠，人物似陈老莲、萧尺木〔1〕，山水似王石谷、吴墨井〔2〕，花卉似华秋岳。盖诸老规模，沾溉远近故也〔3〕。雍正花卉，纯属恽派〔4〕。没骨之妙，可以上拟徐熙〔5〕，草虫尤奕奕有神，几于误蝇欲拂〔6〕。人物山水则稍不如康，然①先正典型〔7〕，犹未之坠。乾隆大兴锦地花，参入泰西界画法，俗谓之规矩花。镂金错彩，叹观止焉。人物细微，毫发毕现，翎毛尤极工致，均以古月轩为极则〔8〕，又与蒋南沙、沈南蘋等把臂入林矣〔9〕。道光精者，亦如改七芗、王小梅〔10〕。此盖一代画笔与一代名手相步趋〔11〕，故一望其画，已知为某朝某代之器也。

【校】

①“然”，书庄本作“熙”。

【注释】

〔1〕萧尺木：即萧云从，字尺木，号无闷道人，晚号钟山老人。芜湖

（今安徽芜湖）人。明末清初著名画家，著有《梅花堂遗稿》等。

〔2〕王石谷（1632—1717）：即王翚，字石谷，号耕烟散人、乌目山人、清晖主人等。师王鉴、王时敏，临摹宋元名迹，而自成一家，有“清初画圣”之誉。江苏常熟（今江苏常熟）人。　吴墨井（1632—1718）：即吴历。本姓言，字渔山，号墨井道人、桃溪居士。常熟（今江苏常熟）人。一生布衣，以卖画为生，与“四王”、恽寿平并称“清六家”。著有《墨井诗钞》《墨井画跋》等。

〔3〕沾溉：比喻使人受益。

〔4〕恽派：即以恽南田为代表的画派。

〔5〕徐熙：五代南唐画家。钟陵（今江苏南京，一说江西进贤西北）人。工花木、蔬果、禽鸟、鱼虫等。

〔6〕误蝇欲拂：误以为是活的苍蝇而想用拂子把它赶走。

〔7〕先正：泛指前代的贤人。

〔8〕极则：最高准则。

〔9〕蒋南沙（1669—1732）：即蒋廷锡，字扬孙，一字酉君，号南沙、西谷、青桐居士。常熟（今江苏常熟）人。康熙四十二年进士，雍正年间曾任户部侍郎、户部尚书、文华殿大学士、太子太傅等职，是清代中期重要的宫廷画家之一。卒谥文肃。著《青桐轩集》《尚书地理今释》等。　沈南蘋（1682—约1760）：即沈铨，字南蘋。浙江德清（今浙江德清）人，一说吴兴（今浙江湖州）人。清代著名画家，工写花卉翎毛，设色妍丽，画人物得不传之秘。传世作品有《松鹤图》《梅花绶带图》《鹤群图》《松鹿图》等。　把臂入林：谓与友人一同归隐。南朝宋刘义庆《世说新语·赏誉》：“谢公道：‘豫章若遇七贤，必自把臂入林。’”七贤，指竹林七贤。此言兄弟朋友彼此不分高下的人。

〔10〕改七芗（1774—1829）：即改琦，字伯蕴，号香白、七芗、玉壶外史等。华亭（今上海松江）人。清代著名画家，宗法华嵒，喜用兰叶描画仕女，衣纹细秀，树石背景简逸，造型纤细，敷色清雅，创立了仕女画新的体格，时人称为“改派”。能诗词，著有《玉壶山房词选》。　王小梅（1794—1877）：即王素，字小梅，晚号逊之。甘泉（今江苏扬州）人。清代著名画家，幼师鲍芥田，又多临华嵒，凡人物、花鸟、走兽、虫鱼，无不入妙。自悔书拙，每晨必临数百字，至老无间，其虚心若此。

〔11〕画笔：绘画用的笔，此指画家。　名手：以技艺或文笔等高超

而著名的人，此指名画家。　相步趋：争相追摹。

近日仿康熙青花之品，亦有极精者。其蓝色竟能仿得七八，至一观其画，乃流入吴友如、杨伯润之派〔1〕，不问而知为光绪器矣。若仿乾隆人物，至精者颇突过道光，虽明知新制，价亦不赀。盖与乾窑已具体而微〔2〕，其所差者乃在几希耳〔3〕。

【注释】

〔1〕吴友如（？—1893）：即吴嘉猷，字友如。江苏元和（今江苏苏州）人。学画曾师张志瀛，又学钱杜、改琦、任熊等。工于人物肖像，曾为清廷画《中兴功臣图》。后为申报馆《点石斋画报》主绘。　杨伯润（1837—1911）：名佩夫，一作佩甫，字伯润，号茶禅，别号南湖，又作南湖外史。浙江嘉兴（今浙江嘉兴）人。工诗，善书画。著有《南湖草堂集》《语石斋画识》等。

〔2〕具体而微：指事物的各个组成部分大体都有了，不过形状和规模比较小些。具体，各部分已大体具备。微，微小。《孟子·公孙丑上》："冉牛、闵子、颜渊，则具体而微。"

〔3〕几希：很少，很微小。

成化五彩人物，其工细者，系以蓝笔先绘面目、衣褶，继乃加填五色。清初康、雍犹沿此例。其用红笔绘面目者，大抵皆粗材耳。至乾隆以后，则无不用红笔者矣。

乾隆绘人物面目，其精细者用写照法〔1〕，以淡红笔描面部凹凸，恍若传神阿堵者〔2〕。然嘉、道以后，无复斯制〔3〕。若康熙绘美人，亦用淡红笔涂双脸微赭①，乃愈觉其妩媚也。

【校】

①"赭"，书庄本作"赪"。

【注释】

〔1〕写照：画像，引申指真实描写，又称写真。

〔2〕传神阿堵：形容用图画或文字描写人物，能得其精神。传神，指好的文学艺术作品描绘的人物生动、逼真。阿堵，六朝人口语，即这、这个。南朝宋刘义庆《世说新语·巧艺》："顾长康画人，或数年不点目精（睛）。人问其故，顾曰：'四体妍蚩，本无善于妙处，传神写照，正在阿堵中。'"

〔3〕无复斯制：再也没有能达到这种水平的。

明瓷人物，以淡描青花者为精。描青而加填五彩者，亦殊可喜。至纯粹五彩不杂描青者，大抵瓶、罐为多，于生野中弥见俊逸[1]，而赝制最夥[2]，即属此种。

【注释】

〔1〕俊逸：俊朗洒脱，超群拔俗。

〔2〕赝制：赝品，仿制假冒之物。

明瓷所绘故事，若周茂叔爱莲、陶渊明赏菊、竹林七贤、流觞曲水之属[1]，均极俊逸雅倩之致。康熙人物，无一不精，若饮中八仙、若十八学士、十八罗汉与夫种种故事[2]，皆神彩欲飞，栩栩欲活。以视道光之画《无双谱》[3]，必书人名小传者，殆有仙凡之别。

［清］咸丰 粉彩十八罗汉图碗
（北京艺术博物馆藏）

【注释】

〔1〕竹林七贤：魏晋间七位名士的合称，即嵇康、阮籍、山涛、向秀、刘伶、王戎、阮咸。七人并有名声，以常聚在当时的山阳县（今河南修武一带）竹林之下肆意酣畅，世谓“竹林七贤”。 流觞曲水：即曲水流觞，旧时三月初三上巳节的一种饮宴风俗。其俗为众人围坐在回环弯曲的水渠边，将特制的酒杯（多是质地很轻的漆器）置于上游，任其顺着曲折的水流缓缓漂浮，酒杯漂到谁的跟前，谁就取杯饮酒。如此循环往复，直到尽兴为止。东晋永和九年（353）上巳日，王羲之与谢安、孙绰等名士40馀人宴集于山阴（今浙江绍兴）兰亭，作流觞曲水之戏，当时吟咏之作编为《兰亭集》，由王羲之作序，书文并佳，尤为我国书法艺术史上的瑰宝。

〔2〕饮中八仙：指唐朝嗜酒的八位学者名人，亦称酒中八仙或醉八仙。《新唐书·李白传》载，李白、贺知章、李适之、汝阳王李琎、崔宗之、苏晋、张旭、焦遂为“酒八仙人”。杜甫有《饮中八仙歌》。瓷器画面绘饮中八仙，每于人物之上书以人名。 十八学士：唐代十八学士，先后有二说：一是唐太宗在做秦王时建文学馆，收聘贤才，以杜如晦、房玄龄、于

志宁、苏世长、姚思廉、薛收、褚亮、陆德明、孔颖达、李玄道、李守素、虞世南、蔡允恭、颜相时、许敬宗、薛元敬、盖文达、苏勗十八人并为学士，画家阎立本为《十八学士写真图》，褚亮题赞。二是唐玄宗开元时，于上阳宫食象亭，以张说、徐坚、贺知章、赵冬曦、冯朝隐、康子元、侯行果、韦述、敬会真、赵玄默、毋煚、吕向、咸廙业、李子钊、东方颢、陆去泰、余钦、孙季良为十八学士，命董萼画像，并标识所有十八学士的姓名、表字、爵位、籍贯等。　十八罗汉：指佛教传说中十八位永住世间、护持正法的阿罗汉，由十六罗汉加二尊者而来。他们都是历史人物，均为释迦牟尼的弟子。

〔3〕《无双谱》：清代康熙时浙派版画的力作，又名《南陵无双谱》。绍兴金古良画，御用刻工朱圭镌刻，刊于清康熙三十三年（1694）。题材是从汉代至宋1400多年间的40位名人，如项羽、苏武、李白、司马迁等。以其事迹举世无双，故称《无双谱》。画有题诗，毛奇龄《序》称："是谱名无双，而实具三绝，有书，有画，又有诗也。"

人物故实，标新领异，波澜推衍[1]，穷极诙诡，大抵皆导源于小说稗官[2]，然皆与历代丹青画法相合也。至雍正小品，始有绘剧场装者，其须必为挂须，或作小丑状盘辫于顶，又有作清朝袍帽装者，皆入恶道[3]。然康熙仕女，已有绘纤趺弓鞋之恶习[4]，则又不自雍正始矣。乾隆亦间有绘剧场装者，然甚罕见。至小儿游戏作清朝装，微拖小辫，而画笔工细，乃反不觉其可厌也。

【注释】

〔1〕波澜推衍：波推浪拥，连绵不断。

〔2〕稗官：小官。《汉书·艺文志》说小说家出于稗官，后因称野史小说为稗官。

〔3〕恶道：邪道。

〔4〕纤趺：称妇女的小脚。旧时妇女缠足，以脚瘦小为美，故称。纤，细小。趺，同"跗"，足背，引申指足。　弓鞋：旧时缠脚妇女所穿的鞋子。

康熙仕女，其绘弓鞋纤趺者，雅人所鄙，而价值辄累千金[1]。乾隆贡品，绘碧瞳卷发之人[2]，精妙无匹，西商争购，值亦奇巨也。若绘八蛮进宝、群蛮校猎等巨盘[3]，虽稍次之，近亦如凤毛麟角矣。

【注释】

〔1〕累千金：数千金。

〔2〕碧瞳卷发：绿眼并头发蜷曲，此称欧美人。

〔3〕八蛮：古谓南方的八蛮国。《礼记·王制》："南方曰蛮。"孔颖达《疏》引《尔雅》汉李巡注云："一曰天竺，二曰咳首，三曰僬侥，四曰跂踵，五曰穿胸，六曰儋耳，七曰狗轵，八曰旁春。"后以泛指外族。

乾隆以古月轩声价为最①巨。古月轩所绘，乃于极工致中饶极清韵之致②。以人物为最难得，即绘杏林春燕〔1〕，声价亦腾噪寰区〔2〕。疏柳野凫〔3〕，亦殊绝也。当时由景镇制胎入京，命如意馆供奉画师绘画于宫中〔4〕，开炉烘花。或谓曾见有"臣董邦达恭绘"者〔5〕，然寻其画笔派别，殆出诸蒋廷锡、袁江、焦秉贞之流（参款识章）〔6〕。

【校】

①"为最"，书庄本作"最为"。

②"致"字下，书庄本又有一"致"字，衍。

【注释】

〔1〕杏林春燕：源于"杏林春满"。据《神仙传》记载，三国时吴人董奉医术高明，治病不取酬，只求种几株杏树，久而杏树成林。后以"杏林春满"称颂医风高尚的名医。

〔2〕腾噪：喧腾叫嚷。　寰区：天下，人世间。

〔3〕凫：水鸟名，俗称野鸭。

〔4〕如意馆：清代宫廷画苑。　画师：画工，画家。

〔5〕董邦达（1699—1769）：字孚存，一字非闻，号东山。富阳（今浙江富阳）人。工书，尤善画。

〔6〕袁江（约1671—1746）：字文涛。江都（今江苏扬州）人。清著名画家，界画能手。雍正间受聘至太原尉姓家作画。　焦秉贞：字尔正。山东济宁（今山东济宁）人。清初画家，康熙时供奉内廷。擅画人物，吸收西洋画法，重明暗，楼台界画，刻画精工，绘有《仕女图》《耕织图》等。

绘战争故事者，谓之刀马人，无论明清瓷品，皆极为西人所嗜。至挂①刀骑马而非战争者，亦准于刀马人之列也。康窑大盘有两阵战争过百人者，尤为奇伟可喜。又有青花加紫，其皿绝大，而仅一人一马者，笔端恣幂②[1]，亦非恒品[2]。

【校】

①“挂”，美术本作“卦”，据书庄本改。

②“幂”，书庄本作“夏”，误。

【注释】

〔1〕恣：放纵。

〔2〕恒品：常见之物。

康窑所画怪兽最为生动，嘘气喷雾，毛毵毵欲跃[1]，真神品矣[2]。若绘翔凤、孔雀，则稍不如绘燕雀小鸟，以小鸟易有神致。至花卉画笔，以白地者为佳，老横无匹，俨然华秋岳也。雍正粉彩花鸟，逸①丽过于乾隆。若人物，则青花胜于五彩，盖犹循康熙前轨也。乾隆花鸟，除古月轩外，殆不能比迹康、雍[3]，惟人物仕女，工致秀媚[4]，乃殊尤耳。

【校】

①“逸”，书庄本作“遶”。

【注释】

〔1〕毵毵：毛发、枝条等细长垂拂、纷披散乱的样子。

〔2〕神品：最精妙之品，多用指极好的书画。

〔3〕比迹：齐步，并驾。谓彼此相当。

〔4〕秀媚：秀丽妩媚。

康窑画松树，苍翠欲滴[1]，古干森郁[2]，其粉本纯由宋画而出[3]，若李思训、赵大年殆其私淑者也[4]。配以人物高士[5]，亦飘飘有仙气。

【注释】

〔1〕苍翠欲滴：形容草木青翠，如含水噙露之状。苍翠，深绿。

〔2〕古干：此指古松树干。　森郁：繁密茂盛。

〔3〕粉本：画稿。古人作画，先施粉上样，然后依样落笔，故称画稿为粉本。

〔4〕李思训（651—716）：唐宗室，高祖从弟长平王李叔良孙，李孝斌子。擅画青绿山水，受展子虔的影响，笔力遒劲，画史称“大李将军”。　赵大年：即赵令穰，字大年。汴京（今河南开封）人。宋宗室。官崇信军节度观察留后。有文采，尤擅绘画。存世作品有《湖庄清夏》《春江

烟雨》等图。 私淑：未得正式被接收为学生而私下奉为受业之师。《孟子·离娄下》：“予未得为孔子徒也，予私淑诸人也。”

〔5〕高士：志趣、品行超俗的人，多指隐士。

素彩海马之碗，声价极巨，以九兽者为最佳。其馀有五兽，亦有一兽者，盖视碗之大小为多寡也。海涛作圈纹，多深绿色，兼泛梅花。兽或绿、或紫，或黄，作腾跃蹲踞状。亦有参绘八宝于其间者〔1〕。

【注释】

〔1〕八宝：又称八瑞相、八吉祥。是藏传佛教中八种祥瑞之物，以象征吉祥幸福和圆满。

瓷花之有龙，盖自宋定始，明代绘龙者指不胜屈〔1〕。大抵龙象至尊，为中国历代以来之古说久矣。近者绘龙瓷品，颇为世人所不喜，实则此类微嫌陈俗则有之〔2〕，若谓龙为有清国徽之故，则殊伧父之见也〔3〕。

【注释】

〔1〕指不胜屈：扳着指头数也数不过来。形容为数很多。清代陈康祺《郎潜纪闻》：“本朝大臣夺情任事者，指不胜屈。”

〔2〕陈俗：陈旧庸俗。

〔3〕伧父：粗鄙之人。

所不喜于龙者，如五彩盘龙①之属，无甚特色者，乃嫌陈俗耳。若教子升天之杯，古人且至兴大狱〔1〕。若九龙，若海水飞狮龙，若龙捧八卦之类，又皆明瓷之卓卓有名者也〔2〕。康、雍釉里红之品，云龙夭矫，尤以不见全身或兼釉里蓝云者为佳。至乾窑胭脂水、堆料花之龙，亦非恒品。大抵绘龙贵夫特别，若板滞无奇，不外穿云赶珠之属，则诚不足贵。至出乎习见之外〔3〕，而戛戛独造者〔4〕，是又乌能以陈俗目之！

【校】

①“龙”，书庄本作“碗”，误。

【注释】

〔1〕大狱：牵涉面广而处罚严厉的重大的案件。

〔2〕卓卓：特立，高超出众。

〔3〕习见：常见。

〔4〕戛戛独造：形容文章别出心裁，富有独创性。

瓷之绘一龙一凤者，大抵皆历代君主大婚时所制〔1〕，以志纪念者也。宣德青花最有名，近则康、乾之品，亦足为世重矣。至所绘不止一龙一凤者，则大都取御用之意，而不关乎大婚纪念也。

【注释】

〔1〕大婚：指天子或诸侯的正室婚娶。

绘小儿游戏之画，亦自明始，谓之耍娃娃。有五子、有八子、有九子、有十六子、有百子。百子之制，道光时尤为盛行。近所见百子舞龙灯、十六子在鱼缸边游戏之类，则新制甚夥，殊不足贵。九子穿串枝莲之①瓶，若乾窑者，价值殊巨。至五子夺魁或九子夺魁之属〔1〕，则稍近于平庸矣。

【校】

①“莲之”，书庄本作“之莲”。

【注释】

〔1〕五子夺魁：民间吉祥图案。古代科举考试，父母望子登科及第。然每科状元全国仅一名，故望五子各自努力争取。图案常作大儿手中持一盔帽，“盔”“魁”同音，以示夺盔者即象征高中状元之意。五子夺魁的由来，在五代晚期，渔阳（今北京密云）人窦禹钧很会教育子女，他的五个儿子后来个个都很有成就，被人称为“燕山窦氏五龙”。画中表现的是兄弟们嬉戏的情景。

绘桃实九颗连带枝叶者，谓之九桃。康窑大瓶，价亦不赀。此后九桃瓶、罐、盘、碗，代有踵作。雍正九桃盘多作豆彩，又兼外绘团鹤者，亦足珍也。又有八桃及二十馀桃者。

过枝花杯、碗，雅称隽品〔1〕。过枝者，自彼面达于此面，枝叶连属之谓也。成化开其先，雍正继其轨。雍窑多画翠竹、碧桃，又有兼绘采凤者。至道光时，盛行过枝癞瓜及过枝葡萄，雍窑已多逊色，然较胜于寻常绘花卉者。

【注释】

〔1〕隽品：优良品级，精品。

瓷品之画，以绘人物为上，绘兽次之，花卉、山水又次之。至锦灰堆者，即俗所谓规矩花[1]，在管见颇为不取[2]。然乾隆之精品，于极华缛之中饶有清空之处，不尽填满也。精者华腴富丽[3]，恍见党太尉貂裘羊酒之风[4]，夫亦足以自豪矣。

［明］宣德 青花缠枝莲托八宝纹罐
（故宫博物院藏）

【注释】

〔1〕规矩花：工笔花鸟画。

〔2〕管见：狭隘的见识，如从管中窥物，为自谦见识浅薄之辞。

〔3〕华腴富丽：文辞华丽。

〔4〕党太尉貂裘羊酒之风：指豪放不羁挥金如土的人生态度。此用典似有误，当作党太尉羊酒为一事，貂裘为另一事。前事本《诗话总龟前集》卷四一《诙谐门下》："世传陶穀学士买得党太尉家故妓，过定陶，取雪水烹团茶，谓妓曰：'党太尉应不识此。'妓曰：'彼粗人，安有此景？但能以销金暖帐下浅斟低唱吃羊羔儿酒尔。'穀愧其言。"羊酒，即羊羔儿酒。后事本《晋书·阮孚传》："（孚）迁黄门侍郎散骑常侍，尝以金貂换酒，复为所司弹劾。"貂裘，貂皮做的大衣。

仙女乘槎之杯[1]，雍、乾、嘉、道均有之。海水往往浅雕，乃在后叶。其初海水以极细之笔绘之，更胜于浅雕者。又，此杯器之中心绘一红日，彩云绕之，亦觉秀倩可宝。

【注释】

〔1〕乘槎：亦作乘楂。乘坐竹、木筏。传说天河与海通，有人居海渚者，年年八月见有浮槎去来，不失期，遂立飞阁于槎上，乘槎浮海而至天河，遇织女、牵牛。此人问："此是何处？"答曰："君还至蜀郡，访严君平，则知之。"后至蜀，君平曰："某年月日有客星犯牵牛宿。"正是此人到天河时。见晋代张华《博物志》。

《耕织图》为康熙官窑精品[1]，兼有御制诗，楷亦精美，声价殆侔于鸡缸也。若乾隆之绘田家乐者[2]，亦犹耕织遗意。又有渔家乐兼绘仕

[清]康熙 青花耕织图碗
（上海博物馆藏）

女者[3]，则不禁诵渔洋“青荷中妇镜，黄竹女儿箱”之句[4]，为之神往不置[5]。

【注释】

〔1〕《耕织图》：古代男耕女织，是最基本的生产活动，从而为世所重，画家亦以为题材。南宋刘松年曾画有《耕织图》，同时另有《耕图》21幅并《织图》24幅，有木刻流传。清康熙帝命内廷画家重绘《耕图》与《织图》各23幅。乾隆亦曾命冷枚、陈枚各绘《耕织图》。瓷器上出现的耕织图纹，始见于康熙三十五年，康熙五十一年以后广为流行，并成为传统题材，多用青花或五彩表现。

〔2〕田家乐：指农家日常生活或农耕场景的图画。

〔3〕渔家乐：指渔家日常生活或打鱼场景的图画。

〔4〕渔洋：即王士禛（1634—1711），字子真，一字贻上，号阮亭、渔洋山人。雍正时避帝讳，被改称士正；乾隆时，又改称士祯。顺治十五年（1658）进士，康熙朝官至刑部尚书。卒谥文简。新城（今山东桓台）人，常自称济南人。倡“神韵诗”，康熙间文坛盟主，被誉为“一代正宗”。著有《渔洋诗话》《池北偶谈》等。 “青荷中妇镜，黄竹女儿箱”：见王士禛《渔洋精华录》卷一《秋柳四首》之二，原诗作“浦里清荷中妇镜，江干黄竹女儿箱”。上句惠栋注引徐夔曰：“梁江从简《采荷讽》：‘欲持荷作柱，荷弱不胜梁。欲持荷作镜，荷暗本无光。’”中妇镜，家中主妇用的镜子。下句惠栋注引徐夔曰：“乐府《黄竹子》：‘江干黄竹子，堪作女儿箱。’”女儿箱，女子的衣箱。

〔5〕神往不置：叹赏向往，不能自已。

乾隆人物工致绝伦，故事则举汉晋以来暨唐人小说[1]，几于应有尽有。下至《西厢》《三国》《水浒》之伦[2]，亦穷秀极妍，并称佳妙。至末叶乃益曼衍[3]，如“水浸金山”等不经之事实[4]，亦入绘事。盖争奇斗巧，踵事增华[5]，势必至也。然明末清初，已有采取《封神演义》绘千里眼、顺风耳者[6]，则又不自乾隆始矣。

【注释】

〔1〕唐人小说：即唐代的小说。

〔2〕《三国》：即《三国演义》，或称《三国志演义》，今存最早版本称《三国志通俗演义》。元代罗贯中（约1330—约1400）著。罗贯中，名本，字贯中。山西太原人。《水浒》：即《水浒传》，又称《忠义水浒传》。作者施耐庵、罗贯中。施耐庵无考。罗贯中即《三国演义》的作者。一说作者为罗贯中一人。

〔3〕曼衍：蔓延。

〔4〕水浸金山：出《白蛇传》故事。故事说蛇仙女白素贞寻夫，与僧法海斗法而水漫金山寺。金山寺，在今江苏镇江。

［元］景德镇窑青花西厢故事瓶
（英国国立维多利亚工艺博物院藏）

〔5〕踵事增华：继续前人之业，使更加完善美好。踵，脚后跟，用为动词，表继续。

〔6〕《封神演义》：古代神魔小说，明代许仲琳（或陈仲琳）撰。一说为明代道士陆西星。千里眼、顺风耳：《封神演义》中虚构的轩辕庙中的两个鬼使。见该书第九十回。

康、雍瓷品所绘八仙带有水波纹者，吕洞宾旁立一人〔1〕，头戴柳枝，状殊怪异，俗谓之柳树精〔2〕。乾、道诸窑仿者，亦同斯制。若八仙而无水波纹配以他景者，则不带柳树精也。又，康瓷①八仙盘具，其中必兼绘南极老人及麻姑、童子、仙鹿〔3〕，亦有但绘南极、童子等而不绘麻姑者。

【校】

①“瓷”，书庄本作“窑”。

【注释】

〔1〕吕洞宾（798—？）：唐末道士。名岩，字洞宾。传说后来入道成仙，为八仙之一，称吕祖、纯阳子、吕纯阳等。《全唐诗》收有吕洞宾的诗，皆关于修道学仙者。

〔2〕柳树精：柳树成精的妖怪，小说《飞剑记》中所写吕洞宾收随行不离的一个徒弟。

〔3〕南极老人：又叫老人星，即寿星。　麻姑：道教女仙之一，见葛洪《神仙传》。旧时为女性祝寿多赠麻姑像，取名麻姑献寿。

厌胜瓷品〔1〕，颇为猥亵。明穆宗好内〔2〕，故隆庆杯、碗始有之。康、雍、乾、道诸朝亦有递作者，旁及花囊、屏、枕诸器〔3〕，风斯靡矣。然汉广川王画屋已有此种〔4〕，则滥觞为已古矣。若但写风怀含蓄不露者〔5〕，犹为彼胜于此。

【注释】

〔1〕厌胜：意即“厌而胜之”，系用法术诅咒或祈祷以达到制胜所厌恶的人、物或魔怪的目的。古代方术之一。“厌”字此处念ya（阴平韵），通“压”，有倾覆、适合、抑制、堵塞、掩藏、压制等义。

〔2〕明穆宗：即朱载垕（1537—1572），明世宗朱厚熜第三子。嘉靖四十五年（1566）继位，翌年改元隆庆，在位6年卒。　好内：贪恋妻妾姬侍。《国语·晋语一》：“（国君）好内，适子殆，社稷危。”韦昭注：“好内，多嬖妾也。”

〔3〕花囊：中国古代花器的一种。

〔4〕汉广川王：《汉书》卷五三《列传·景十三王》：“赵敬肃王彭祖以孝景前二年立为广川王。”并载其生活淫乱。广川，今河北景县广川镇。　画屋：事不详，当指屋内画男女猥亵故事。

〔5〕风怀：犹风情。指男女相爱的情怀。元代方回《瀛奎律髓序·风怀类》：“晏元献《类要》有‘左风怀’‘右风怀’二类，男为左，女为右。今取此义以类。”

绘百蝠者，殊嫌呆滞〔1〕。百鹿、百子较胜〔2〕，而新制亦最多，故百鹿不如十鹿也。是等彩绘，皆有康、乾精制，然继者踵作，未免陈陈相因〔3〕。至二十一鸟、二十喜鹊、十二肖生之类，较为可喜。若三羊开泰、五鸡、鹌鹑之属〔4〕，精妙者亦殊足珍。然尚不及异兽朝龙与怪兽狮熊之尤为奇伟也。

【注释】

〔1〕百蝠：一百只蝙蝠，取“蝠”“福”同音，象征幸福之意。

〔2〕百鹿：一百只鹿，取“鹿”“禄”同音，象征官高禄厚之意。百子：一百个儿子。我国古人认为多子多福，传说周文王百子，因有《百子

图》，寓多子多福之意。

〔3〕陈陈相因：原指太仓之粮逐年增加，陈粮上压陈粮。后多比喻沿袭老一套，无创造革新。陈，旧。因，沿袭。

〔4〕三羊开泰：传统吉祥装饰纹样。从《周易》卦象的变化引申而来。意指阴消阳长，冬去春来，万象更新，故成为吉祥语。图案中以三只羊代替“三阳”，附加太阳及其他景物，组成吉祥画面。常运用在民间建筑、器物装饰与木版年画中。

十二肖生之物以入瓷画者，乾隆、道光均有之。乾隆瓷灯有锦地开光三圆幅，每幅绘生物二者，配景楚楚[1]，殊有新趣，灯一对则十二生物适齐矣。康熙十二月花卉酒杯[2]，每花各配以一生物，然是等生物又不按地支生肖者也。

【注释】

〔1〕楚楚：鲜明、整洁的样子。

〔2〕十二月花卉酒杯：即十二花神酒杯，康熙时造，一套12只酒杯，各绘花卉一种，相应12个月的时令。

雍正花卉兼草虫者，多画络纬娘、蜻蜓、蚱蜢、蜗牛之属[1]。道光草虫最喜画螳螂，其花卉多作碎花[2]，以视雍正之善绘折枝者，真如小巫见大巫矣。惟绘五毒[3]，差堪鉴录[4]。五毒而兼人物者乃稗官故事也，亦道光窑之别开生面者。

【注释】

〔1〕络纬娘：虫名。即莎鸡，俗称络丝娘、纺织娘。夏秋夜间振羽作声，如纺车响，故名。

〔2〕碎花：破碎不完整的花朵纹饰。

〔3〕五毒：五种有毒性的动物，分别是蛇、蜈蚣、蝎、壁虎和蟾蜍。

〔4〕差堪：略可。

瓷品满画花朵，种种色色，形状不一者谓之万花，以黑地者为最贵，即白地者亦可珍。若中有五蝠者[1]，则乾隆五福堂物也，虽嘉、道仿制之品，价值亦巨。花之形状大小偏反，各尽其致。繁密之极，盖几不见有地矣。

【注释】

〔1〕五蝠：五只蝙蝠。"蝠"与"福"同音，"五蝠"即"五福"。《书·洪范》："五福，一曰寿，二曰富，三曰康宁，四曰攸好德，五曰考终命。"

嘉、道之间所画楼台之画，书有地名者，大约绘西湖景为多，绘庐山十景者亦有之〔1〕。至有绘海珠景者，乃粤人向景德镇窑定制之品，而非出于广窑所自制也。又有羊城八景之类〔2〕，亦然。

【注释】

〔1〕庐山十景：指江西庐山的十个著名景点。

〔2〕羊城八景：指广州的八个著名景点，历代所指不一。羊城，即五羊城，广州的别称。

雕瓷之巧者，有陈国治、王炳荣诸人〔1〕，所作品精细中饶有画意。其仿木、仿竹、仿象牙之制，尤极神似，故谓此等釉为仿竹①木、象牙之釉也。至于仿漆之器，精雕花纹，所涂之釉又极似漆，或谓有竟髹以漆者。

【校】

①"竹"，美术本无此字，据书庄本增。

【注释】

〔1〕陈国治：清道光、咸丰间景德镇著名雕瓷艺人。安徽祁门（今安徽祁门）人。善瓷雕花卉，仿竹木、象牙器形神俱备，仿漆器釉色极似髹漆。　王炳荣：清朝同治、光绪年间景德镇瓷雕名家，传世以文房用具为多。

嵌花之制〔1〕，清初已盛行。康窑笔洗嵌龙螭者常有〔2〕，若嵌九螭之杯尤佳。九螭聚于一处，蜿蜒浮突，有一尾口衔小螭，馀螭绕之成杯耳形，隽品也。乾窑胭脂水瓶，有一螭盘绕瓶身，概属脂水釉，亦称罕觏。若上方供品，或数小儿作牵索状之瓶，或小儿游戏突出全身之瓶，或十八罗汉一一突嵌之瓶，皆可宝贵。

【注释】

〔1〕嵌花之制：嵌花的瓷器。嵌花，本卷前述曰："若不由本身出花而别刻花嵌入者，则又当谓之嵌花。"

〔2〕笔洗：文房用具中用来盛水洗笔的器皿。

雍正豆彩花果之盘，其所绘花枝有若字形者，虬结连蜷[1]，不甚可识。或谓乃藏、满、蒙文于其内也。此后道光亦有之。

【注释】

〔1〕虬：盘曲如虬龙。

百鸟归巢，绘百鸟一一不同，极飞翔动静之致，后仿者颇多，神采殊失。若绘喜鹊三十只者，有一红月，名曰一月三十喜，又名日日见喜，皆吉祥语也。若不足三十者，即以其数名之曰若干喜，杂以红梅，亦颇不俗。

道光所绘人物，亦有极精者。惟好于人物之旁，位置琴棋书画之属，又题诗于其间，或书传于其后，虽存论世知人之意[1]，而乏配景布局之观，故鉴家抑之。

【注释】

〔1〕论世知人：犹言知人论世。谓了解一个人并研究他所处的时代。亦泛指鉴别人物，评论世事。《孟子·万章下》："颂其诗，读其书，不知其人，可乎？是以论其世也，是尚友也。"

明瓷之画也，用笔粗疏而古气横溢，且有奇趣。其地之色釉浓厚深穆，却非后来所有。康熙画花，于肆羼之中而行其缜密[1]，于工致之中而寓其高古。雍正则逸丽而秀倩。若乾隆则繁密富丽之极，而时露清气。其颜料之色泽，又一代有一代之特色，而不容以相掩[2]。要而言之，皆非后来所及而已。

【注释】

〔1〕缜密：周密，细致。

〔2〕相掩：相抵消、相掩蔽。

说款识第六

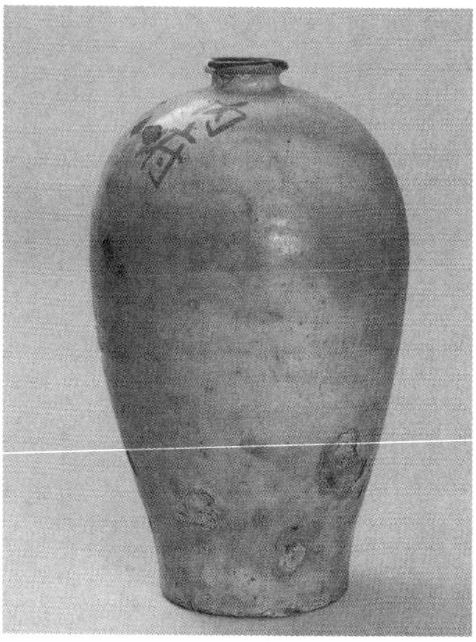

［元］白釉“内府”瓶
（内蒙古自治区敖汉旗博物馆藏）

瓷皿有款〔1〕，肇始于宋。宋瓷有“内府”二字者，书法与大观钱相类〔2〕，间有“政和年制”字样者。至均窑底内有一、二、三、四、五、六等数目字，或谓红朱色者用单数，青蓝者用双数，于花盆则然，馀器则不尽然也。又，均窑器底有横镌数字、直镌数字〔3〕，上罩以芝麻酱釉者〔4〕，尤为希世之珍。

【注释】

〔1〕款：落款，题款。此指器物上刻的字。

〔2〕大观钱：北宋大观年间（1107—1110）铸造的钱币，上面的字体与宋徽宗赵佶的“瘦金体”书法如出一辙。

〔3〕镌：刻。

〔4〕芝麻酱釉：宋代钧窑精品带有数码的底部，往往呈芝麻酱色且略有光泽，故称。

元瓷款识，惟官窑有“枢府”二字款〔1〕。其馀民窑，底有字者甚少，纵有字亦不挂①釉，在器底随意刓成〔2〕，若可识不可识之间。刓成花纹及辘轳形者〔3〕，亦间有之。

【校】

①“挂”，美术本作“卦”，据书庄本改。

【注释】

〔1〕枢府：多指枢密院，主管军政大权的中枢机构。

〔2〕刓：（用刀子等）挖、刻。

〔3〕辘轳：此指古代汲取井水的辘轳，为一种起重装置。井上树立支架，上装可用手柄摇转的轴，轴上绕绳，两端或一端系水桶，一起一落，汲水出井。

明代瓷品款识，盖有种种。有凹雕款字而挂以黑釉者，有印花者，有绘花者，有雕花者。最奇者以永乐窑底绘狮子滚球，球内藏款字，至为罕觏。其次则嘉靖官窑，底款有书作环形者，又有于器之中心书字者，亦殊特别。若底之螺旋纹〔1〕，乃当时制器手法之事，与款识固无涉耳。

【注释】

〔1〕螺旋纹：一种陶瓷器传统纹样，在器物成型过程中由于旋削而留于器底的螺旋状线痕，因形似螺旋，故名。

明代官窑，题"某某年造"字样，亦有用"制"字者。清代则概用"制"字，罕见有用"造"字。题款位置，以在底足内居中者为最普通。若高足者，或题于足内层之边际，亦有题于足外层边际者，皆横款也。又有题于口上或腰腹际者，亦属横款。横款最为珍罕，始于明代，至清嘉庆而遂替矣。

有清瓷品之最高贵者，厥惟料款。料款有两种，曰"某某年制"，曰"某朝御制"。大抵皆四字为多，间有六字。书法似欧、王〔1〕，间亦有似虞永兴及宋椠者〔2〕，有竟作宋体书者〔3〕。乾隆末叶，间有作铁线篆者〔4〕。

【注释】

〔1〕欧、王：即唐代欧阳询与东晋王羲之的合称。欧阳询（557—641），字信本，潭州临湘（今湖南长沙）人，楷书四大家（欧阳询、颜真卿、柳公权、赵孟頫）之一。隋时官太常博士，唐时封为太子率更令，也称"欧阳率更"。与同代另三位（虞世南、褚遂良、薛稷），并称初唐四大家。因其子欧阳通亦通善书法，故其又称"大欧"，为唐人楷书第一。与虞世南并称"欧虞"，世称"欧体"。王羲之（303—361）：字逸少，号澹斋。琅邪临沂（今山东临沂）人。官至右军将军，东晋大书法家，被后人尊为"书圣"。

〔2〕虞永兴：即唐著名书法家虞世南（558—638），字伯施。越州余姚（今浙江余姚）人。入唐历任秘书监、弘文馆学士等。以曾为秘书监曾赐爵永兴县子，故世称“虞永兴”或“虞秘监”。　宋椠：宋代所刻的版本。

〔3〕宋体：或称明体，是为适应印刷术而出现的一种汉字字体，在中国宋代开始使用。

〔4〕铁线篆：书法小篆的一种。唐代李阳冰为代表，因用笔圆活，细硬似铁，划一首尾如线，故名。

凡料款之字，皆釉汁凸起，双圈方边，至为名贵。康、雍、乾、嘉四朝皆有之，嘉庆已极罕，道光殆未之有矣。

古月轩彩，为有清一代最珍贵之品，价值奇巨。而同时仿者，值亦相等也。古月轩为内府之轩名，当时选最精画手为之绘器。所绘有题句，上下有胭脂水印章，引首印一文曰“佳丽”、或曰“先春”[1]。下方印二文曰“金成”、曰“旭映”，大抵即绘画之人名欤？当时所制不多，同时即须饬工仿制[2]，故仿古月轩彩者亦系乾隆之物，其价略与之相埒[3]。若直书“古月轩”三字者，乃属后来伪制，而近亦罕见。故精者亦颇不赀也。

【注释】

〔1〕引首印：我国书画题识，前面右上方多盖一长方或椭圆形印章，称“引首”。

〔2〕饬：古同“敕”，告诫，命令。

〔3〕相埒：相等。

或谓古月轩乃胡姓人，精画料器。所画多烟壶、水盛等物[1]，画工之精细，一时无两。其曾否画瓷器，未可臆断[2]。而“乾隆御制”，乃取其料器精细之画，而仿制入瓷耳。又谓胡氏之款凡三种，有“古月轩”三字者，有“乾隆年制”者，有“大清乾隆年制”者（皆指料器而言）。是有“古月轩”三字者，亦非伪托，与前说异。然谓为精画料器则甚有据，谓为胡姓人者，则又传闻异词矣。

【注释】

〔1〕水盛：一种用来盛装磨墨用水器皿。

〔2〕臆断：主观的判断，推断。

至市人，凡属堆料款之器，无论康、雍、乾诸朝，概谓之古月轩。其说则谓历代此种最精之瓷品，藏庋于此轩，故以此得名也。

是古月轩凡三说：一谓古月轩属于乾隆之轩名，画工为金成字旭映者也；一谓古月轩系胡姓人精画料器，而"乾隆御制"瓷品仿之也；一谓古月轩为清帝轩名，不专属乾隆，历代精制之品均藏于是轩也。三说者所闻异词，所传闻又异词。要之无论其孰确，一言以蔽之，则凡属堆料款画极精细而饶有清气往来者，皆为最名贵、最瑰宝之品也。

堆料款之器，始于康熙末年，终于嘉庆初年。康熙末年者，款多用粉红釉。雍正至嘉庆，皆用蓝料釉①。又，"康熙御制"堆料款小饭碗，有用红、紫、天青、湖水各色以书款字者，四字堆料，笔法端整，是又不止粉红一色矣。

【校】

①"料釉"，书庄本作"釉料"。

乾隆堆料，而天蓝色用铁线篆者，所画花卉多团簇成①锦黄地五彩[1]，视白地之疏落秀倩者，虽同系料款，其价值乃少逊。

【校】

①"成"，书庄本作"或"，误。

【注释】

〔1〕团簇：又称皮球花，是一种不规则的呈放射状或旋转式圆形纹样。

乾隆时之"宁晋斋""宁静斋""宝啬斋"款亦系用堆料者。"二宁"为亲贵诸①王之制品，"宝啬"乃李姓制品也。此种名之曰私家堆料款，视官家御制之堆料，其声价又远逊云。

【校】

①"诸"，书庄本作"谓"，误。

辨款识之是非，以定瓷品之新旧，此仅鉴别之一端，似可凭而不尽可凭也。官窑无款，而客货有款，此历朝所恒有，且新制之字有极工，而旧制有极率者。至近年仿乾隆之品，字之整齐工雅，殆不止十得七八。故但凭是以判断，往往有毫厘千里之差[1]。

【注释】

〔1〕毫厘千里之差：意即“差若毫厘，缪以千里”。本《礼记·经解》：“《易》曰：‘君子慎始，差若毫厘，缪以千里。’”原意谓开始时虽然相差很微小，结果会造成很大的错误。这里说看起来差别很小，其实很不相同。

顺治仅一度开窑烧瓷，故顺治瓷品极少。有之，则作①楷书也。

【校】

①“作”，美术本无此字，据书庄本增。

有“开元年制①”四字者，非唐代物也，乃康窑之仿古铜者，并仿其年号耳。

【校】

①“年制”，书庄本作“制年”。

康熙一代款识，形式最夥，兹汇录之如下：

单圈、双圈、无圈阑、双边正方形、双边长方形、凸①雕、凹②雕、地挂白釉字挂黑釉、地与字统挂一色釉、白地写蓝字、白地写红字、绿地写红字、楷书、篆书、半行楷〔1〕，虞永兴体、宋椠体、欧王体、六字分两行每行三字、六字分三行每行二字、四字分两行省去“大清”二字、红紫色款、天青色款、湖水色款，沙底不挂釉而凹雕、天字、方阑内不可识之字、满清文、回回文、喇嘛文（以上为有字者）〔2〕。

【校】

①“凸”，书庄本作“凹”。

②“凹”，书庄本作“凸”。

【注释】

〔1〕半行楷：介于行书与楷书之间的一种字体。

〔2〕不可识之字：明清景德镇青花瓷器底部有一种类似文字、符号的线条、方格，形似汉字而又无法辨认。　满清文：中国满族使用过的文字。我国明末满族入关前（1599）清太祖努尔哈赤命额尔德尼和噶盖二人参照蒙古文字母所创制，俗称无圈点满文或老满文。字母数目和形体与蒙古文字母大致相同。后清太宗皇太极于1632年命达海（1594—1632）加以改进，形成比较完善的字母体系和拼写法，与蒙古文字母特征有了明显区别，俗称有圈点满文。

双圈、秋叶、梅花、团龙、团鹤、团螭、花形、物形，完全无字（以上为无字者）。有书“景镇康熙年制”六字者，康窑之客货也。用“景镇”二字，雍、乾以下，殆未之见矣。雍正一代形式较之康熙为少，然亦递变屡易也。缀录如左：

六字双圈、四字无边阑、四字方边、六字凹雕、四字凹雕、六字单圈、双边正方形、双边长方形、地挂白釉字挂黑釉、地与字统挂一色釉、白地写红字、白地写蓝字、楷书、篆书、虞永兴体、宋椠体、图书款、方栏内不可识之字、满清文、回回文、喇嘛文（以上为有字者）[1]。

【注释】

〔1〕图书款：即图章款。图章，图书印章，后泛指印章为图章。陶瓷作品的印章一般都是绘画者用毛笔描画的。

花形、物形、完全无字（以上为无字者）。雍正之无字者，除双圈、秋叶、团龙、团鹤、团螭外，其馀大抵与康制不甚相远，盖花形、物形皆承明代之旧派也。康熙、雍正皆曾禁用“款”字，未几旋复用焉。康熙、雍正又多不书本朝代款而书明代款者，康书“宣德”者为多，雍书“成化”者为多。盖宣、成为明代瓷品最盛之时期，而清初所制，犹以之为轨范也[1]。

【注释】

〔1〕轨范：规范，楷模。

雍正外脂水内粉彩之杯，花绘极细。其底画一桃形，内藏“雍正年制”四字，盖沿明花藏款字之法也。在清代瓷品亦为罕见。乾隆朝之款识，又微有小异，述之如左：

六字双圈、六字单圈、六字无边阑、四字无边阑、四字方边、双线正方形凹雕、地与字统挂一色釉、白地蓝字、白地红字、绿地红字、绿地黑字、楷书、篆书、欧王体、宋椠体、宋体书、图书款、沙底不挂釉凹雕、满清文、回回文、喇嘛文、西洋文（以上有字者）。

［清］雍正 黄葵绿釉云龙纹盘底

（上海博物馆藏）

印花、团花、完全无字（以上为无字者）。凡六字分三行，每行二字；或六字分两行，每行三字；四字分两行，省去“大清”二字。三种历朝皆有之。六字分两行者，大都官窑；若分三行者，则有官窑，有客货也。字以端楷庄重整饬者为美〔1〕，若字形较大，方横四、五分者，尤为可贵。

【注释】

〔1〕整饬：整治，使之条理。此言端整。

方圈内不可识之字者，非字也，亦非回回、喇嘛、西洋等文也，乃一种花押之类耳〔1〕。此制明代有之，故康、雍亦有仿者。

【注释】

〔1〕花押：旧时文书契约末尾的草书签名或代替签名的特种符号。也叫花书或押字。

嘉、道以后，大率沿前朝诸式，有减而无增，渐有趋于一致之势。间有楷书，即前所云六字分两行、分三行二种也。至四字楷书省去“大清”二字者，嘉、道甚为罕见，惟篆书有之耳。篆书之款，自乾隆至同治，均居其大部分。篆书有两种：一种无边阑，字或红或蓝不等；一种有双边，红字居多，即俗所谓图书款也。

图书款以道光末年暨咸、同间为最盛行，鄙见所雅不喜。间有雍正、乾隆款者，虽不敢谓其必无，然属于赝鼎者，殆八九也。

同治一朝流行客货，凡篆书者，几无不图书款，且省去“大清”二字为尤多。

就大概而论，康、雍两朝为楷①书盛行时期，篆书者偶或一见。自嘉庆至同治为篆书盛行时期，而楷书亦偶一见也。乾隆篆、楷兼有，而篆究多于楷。至光、宣二代，除仿古外则又楷多于篆矣。

【校】

①“楷”，书庄本作“篆”。

瓷品有但书“大清年制”不书何朝号者，乃同、光间肃顺当国时所制品也〔1〕。当时肃顺势焰熏天〔2〕，将有非常之举〔3〕。监督官窑者，虑旦夕有改元事〔4〕，故阙朝号以媚肃顺。物虽近代，而有一段故实〔5〕，亦瓷学家所不可不知。

【注释】

〔1〕肃顺（1816—1861）：字雨亭，清末满洲镶蓝旗人，宗室贵族，爱新觉罗氏。官至户部尚书，深为咸丰帝信用。与兄郑亲王端华及怡亲王载垣相互依重，煊赫一时。祺祥政变时被杀。

〔2〕势焰熏天：形容权势极大，气焰嚣张。

〔3〕非常之举：隐指篡权夺位之事。

〔4〕改元事：指改朝换代之事。元，初始。

〔5〕故实：出处，典故。

瓷款之堂名、斋名者，大抵皆用楷书。制品之人有四类：一为帝王，一为亲贵，一为名士而达官者，一为雅匠良工也。

有清仁庙、纯庙两代君主好讲理学〔1〕，故所命堂名多理学语。康熙则有乾惕斋、中和堂，乾隆则有静镜、养和、敬慎诸堂，皆内府堂名也。由是亲贵诸王，亦趋重于理学，成为风气，如拙存①斋、绍闻堂在康熙间，敬畏堂、正谊书屋在雍、乾间，宁静、宁晋、宁远、德诚诸斋在乾、嘉间，慎德堂、植本堂、有恒堂均在嘉、道间，大抵多属亲贵诸王之制品。

【校】

①“存”，书庄本作“好”。

【注释】

〔1〕仁庙、纯庙：分别指清代康熙帝、乾隆帝两位皇帝。　理学：亦称“道学”。宋明儒家哲学思想。

若不以理学语名者，乾隆有彩华、彩秀二堂，皆内府物也。雍正为东园、文石山房，雍、乾间为红荔山房，乾隆为友棠、浴砚书屋、瑶华道人，道光为十砚斋、籥竹主人、文甫珍玩，大抵皆亲贵也。若名士而达官者，则乾隆时之雅雨堂制，卢雅雨故物也〔1〕；玉杯书屋者，董蔗林也〔2〕；听松庐者，张南山也〔3〕。雅匠名工则有宝啬斋，有陈国治，有王炳荣，有李裕元〔4〕。

【注释】

〔1〕卢雅雨：即卢见曾（1690—1768），字抱孙，号澹园，别号雅雨山人。山东德州（今山东德州）人。清代著名文学家，著有《雅雨堂诗集》等。

〔2〕董蔗林：即董诰（1740—1818），字雅伦、西京，号蔗林，一

号柘林。清代浙江富阳（今浙江富阳）人。董诰历任礼、工、户、吏、刑各部侍郎，《四库全书》副总裁，奉命辑《满洲源流考》，充武英殿总裁，以至文华殿大学士，卒谥文恭。工诗文，善书画。

〔3〕张南山：即张维屏（1780—1859），字子树、南山，号松心、松轩。广东番禺（今广东番禺）人。嘉庆九年（1804）举人，道光二年（1822）进士。著有《张南山诗文集》等。

〔4〕李裕元：清代末期的雕瓷名匠。擅长雕反瓷。所谓反瓷，就是将瓷雕好后不上釉，施以彩，直接入窑焙烧的一种瓷器。

榷陶者，即唐英，即著《窑器肆考》之唐隽公也。亦有题“唐英”款下钤“榷陶”二字印章者[1]。

【注释】

〔1〕钤：盖章，盖印。

若深珍藏为康熙制品，又有略园、荔庄、坦斋、明远堂、百一斋等，皆乾、嘉间制品。听雨堂、惜阴堂乃道光制品，其主制者未详。亲贵中雅制之品，以慎德、绍闻、簳竹为最有名。馀则东园、文石、瑶华、十砚、红荔等，亦堪珍玩也。慎德瓶类，近极罕见，有之则价值甚昂。绍闻、簳竹，皆以杯、盘、盂、碗等类为多。款字之最多者，以道光间有恒堂为最，曰“道光某年定府行有恒堂珍赏”凡十馀字，奇品也。本以“行有恒堂”四字连属成文，而市肆辄简称有恒堂，姑仍之。中和堂款书“康熙辛亥中和堂制”八字带干支者[1]，亦属瓷话一种故实。

【注释】

〔1〕干支：即天干地支。“干支”取义于树木的“干枝”。十天干，即甲、乙、丙、丁、戊、己、庚、辛、壬、癸；十二地支，即子、丑、寅、卯、辰、巳、午、未、申、酉、戌、亥。十干和十二支依次相配，组成六十个基本单位，古人以此作为年、月、日、时的序号，叫“干支纪法”。

称堂、称斋者，帝王、亲贵、达官、名匠皆有之。若称书屋、山房者，称珍藏、珍玩、雅制、雅玩者，亲贵、达官有之，而帝王无是也。故此类款概谓之私家款。

“晓岚雅制”之品，字作四、五分大楷，分列上下左右，以四圆圈围之，绿地开光红字，概无花绘，质极莹润，以乾、嘉间物，骤睹之，几疑为纪晓岚制也[1]。及阅底，多有同治年款，不禁嗒然[2]。

【注释】

〔1〕纪晓岚：即纪昀（1724—1805），字晓岚、春帆，号石云、观弈道人。献县（今河北献县）人。乾隆十九年进士，授翰林院庶吉士，编修，充《四库全书》总纂官。后擢兵部侍郎、左副都御史、礼部尚书、协办大学士。卒谥文达，世称纪文达公。著有《阅微草堂笔记》等。

〔2〕嗒然：形容沮丧怅惘的神情。

大雅斋者，清孝钦后所制品也[1]。以豆青地、黑线双钩花者为最多，五彩者亦有之。所绘多牡丹、萱花、绣球之属。豆青地者，横题“大雅斋”三字，旁有“天地一家春”印章，底有“永庆长春”四字。亦有“大雅斋”字在底者，虽甚近代，而值亦颇昂。

【注释】

〔1〕孝钦后：即慈禧太后（1835—1908），咸丰帝妃，同治帝生母，光绪帝养母。咸丰去世后曾垂帘听政，成为清朝实际的统治者。同治继位后尊为圣母皇太后，上尊号为慈禧太后，俗称“西太后”“那拉太后”“老佛爷”。死后清朝上谥号为“孝钦慈禧端佑康颐昭豫庄诚寿恭钦献崇熙配天兴圣显皇后”。

康、雍、乾三朝，但绘画不题字之品为最多，有题字者较少。若题字，必精楷。又以御制诗为至珍贵，其次则长篇成文也[1]。若行草数字，乃客货之随意者，殊不足赏，且所制亦不多。盛时大率无题字者矣。道光画《无双谱》，题识最夥。如画数人物，则每人系以一小传，分占其器之半；若楼台景者，又必于其旁书明西湖各地名胜，虽非甚可厌，比较为差矣。若同、光间客货之粗者，辄题行章短句[2]，至可憎恶。而近年所作各器，又必无题字，颇合于有清盛时矩矱也[3]。

【注释】

〔1〕成文：现成的文章。

〔2〕行章短句：称用行书或草书写的片断诗文。

〔3〕矩矱：规矩法度。

书长篇成文者，如《赤壁赋》《圣主得贤臣颂》《归去来辞》《兰亭序》《出师表》[1]，皆全篇录齐，笔法出入虞、褚[2]，均康窑之铮铮者[3]。《赤壁赋》一边绘画，一边写字，尤为珍品。其馀则有字无画。后代殊不敢仿制，一则无此善书之手，一则制近古朴，难博俗人之嗜好耳。

【注释】

〔1〕《赤壁赋》：赋篇名。北宋苏轼作。有前、后两篇。写于作者两度游览黄州（今湖北黄冈）赤壁（赤鼻矶）时。《前赤壁赋》最为有名。赋中凭吊古迹，表达了作者对江山风物的热爱和旷达的心胸，映射出超脱的思想境界。　《圣主得贤臣颂》：汉代王褒作。王褒，字子渊，蜀资中（今四川资阳）人。宣帝时应诏作此篇，见《汉书》卷六四下《王褒传》载。　《归去来辞》：全称《归去来兮辞》，东晋陶潜名作。　《兰亭序》：又名《兰亭集序》，晋代王羲之作文并书。书法原本已佚，今存摹本，历代书家推为“天下第一行书”。　《出师表》：《出师表》有前、后两篇，三国蜀诸葛亮（181—234）撰。《前出师表》载《三国志》卷三五，作于建兴五年（227）。《后出师表》有人以为伪作。

〔2〕虞、褚：即虞世南和褚遂良。虞世南，即虞永兴。褚遂良（596—659），字登善。杭州钱塘（今浙江杭州）人。太宗时，历任起居郎、谏议大夫、中书令。唐高宗时，封河南郡公，世称“褚河南”。唐代著名书法家。

〔3〕铮铮：比喻声名显赫，才华出众。

［清］康熙　青花《圣主得贤臣颂》笔筒
（上海博物馆藏）

康熙书《圣主得贤臣颂》及《归去来辞》等文，施之大笔筒为多，且有四体书者[1]，底款有“熙朝传古”四字。

【注释】

〔1〕四体书：汉字最主要的四种字体，即正（真）、草、隶、篆。其中正（真）即楷书。晋卫恒《四体书势》称四体为古文、篆、隶、草。

康熙《耕织图》为瓷界可珍之品，所作以盘、碗为多。图凡多幅，每①幅各系以御制诗一，诗乃短五古也[1]。青花、五彩均有之，五彩尤为罕觏。

【校】

①“每”，书庄本作“凡”。

【注释】

〔1〕五古：五言古诗的简称。

《耕织图》画意既媲美宋人，其题句楷①法，亦足与虞永兴抗手[1]。若彩盘于所题诗句，又有作篆书者。

【校】

①“句楷”，书庄本作“楷句”。

【注释】

〔1〕抗手：匹敌。

鸡缸为成化精品，康熙、乾隆①暨嘉、道各朝均有之。以乾隆者为尤精。上题御制诗，有“乾隆丙申御题”字样，款识为篆书“大清乾隆仿古”六字，其后各朝亦俱称仿古也。所题诗字体有两种：一种字较小，体近虞、王之间；一种字较大，楷法凝重，又颇似颜鲁公矣[1]。缸亦有两种，一种较小，尤为难得。

【校】

①“隆”，书庄本作“雍”。

【注释】

〔1〕颜鲁公：即颜真卿（708—784），字清臣。京兆万年（今陕西西安）人。唐代杰出书法家，世称“颜体”。楷书与赵孟頫、柳公权、欧阳询并称“楷书四大家”，与柳公权并称“颜筋柳骨”。

鸡缸之可贵，固已腾溢人口[1]。然乾隆同时贡品，驾轶于鸡缸者[2]，不可缕指[3]，何独于是而惊心动魄耶？道光之仿乾隆，与同治、光绪之仿道光者，亦较他种瓷品值涨倍蓰[4]，大抵因御制一诗增其声价耳。

【注释】

〔1〕腾溢：翻腾漫溢。　人口：人的口，指言谈，议论。

〔2〕驾轶：凌驾，超过。

〔3〕缕指：详细指出。

〔4〕倍蓰：谓数倍。倍，一倍。蓰，五倍。

乾隆间有种杯盘，专录御制诗于上而无画者，诗乃五古诗，末有“某朝御题”字样，下有胭脂小方印，其楷法之精美者亦殊可珍。

嘉庆官窑盖杯，有外题御制诗，而器与盖中心绘花者，诗乃五律〔1〕，咏品茶者也。康窑十二月花卉之酒杯，于题句下有印章，文系一“赏”字。雍正料款之器，瓷面有印二：一曰“月古”，一曰“香清”。同时文石山房制品，亦于瓷面作两印，分列“文石山房”四字。乾隆题御①制诗之品，句末“乾隆”二字，分为两印，“乾”字作三画卦文〔2〕。

【校】

①“题御”，书庄本作“御题”。

【注释】

〔1〕五律：五言律诗的简称，属于近体诗中律诗的一种。

〔2〕三画卦文：指《周易》中八卦的乾卦，以由三画上下排列而成，故称，并可与乾卦之“乾”互相代替。

慎德堂以三字直款者为可贵，款多系抹红色，亦间有描金色。若有题句者，下书一印作椭圆形，篆“道光”二字。慎德所以鼎鼎有名，盖其瓷质之白、彩画之精，固足颉颃御制也。籥竹主人亦道光瓷之精者，固以质白画美为其特长，然亦有寻常粗品，若红地双钩画竹之类是也。小杯最精，碗亦不俗，然其所制颇少巨大之品。若深以小品茶杯为多。或谓制者乃一嗜茶雅士也。有不书“若深”而书一“玉”字者，亦是同一人所制。

敬畏堂所制器具，多系豆青一色。彩华、彩秀则雅好作豆彩花。养和堂、静镜堂所绘花鸟有极精者。宁远、宁晋诸斋，“宁”字不避讳〔1〕，亦在道光以前之一证（道光名旻宁）。其质极润细，而花彩则规矩花、三品球之类为多〔2〕。宝啬瓷花独出新意，尤好作堆料也。雅雨堂人物画工一时妙手，骚坛盟主自是不凡〔3〕。

【注释】

〔1〕避讳：封建时代对于君主和尊长的名字，必须避免直接说出或写出，称避讳。讳，此指所隐讳的事物。

〔2〕三品球：疑指皮球花。

〔3〕骚坛盟主：指雅雨堂主人卢见曾，他是康熙、乾隆年间著名诗

人，故称。骚坛，诗坛。

觯竹喜作八宝、碎花及团鹤之属。至绘折枝而饶有雅致者，慎德堂当推妙选矣[1]。文甫雅玩之器多画金鱼，乃殊不觉其可喜。

【注释】

〔1〕妙选：精选。

蓝款、红款与作楷、作篆，大有泾渭分流之象[1]。大抵乾隆以前多系楷书，又兼多系蓝字也。乾隆以后多系篆书，又兼多系红字也。底杂色釉而款写黑字者，惟乾隆有之，此外殆未之见。

【注释】

〔1〕泾渭分流：指泾水和渭水，两水都发源于甘肃，流经陕西会合流入黄河。泾水清，渭水浊，两水初汇合流之前清浊分得很明白，常用为比喻人或事物的是非好坏界线十分清楚。

瓷品之有回回、喇嘛、西洋等文者。回回文或于花地开光处书之，或有全体书回回文而不绘花者；喇嘛文多于绘花之上书之，即明瓷所谓花捧真言字者也，或作圆形，字如八卦之围列①[1]；西洋文则于画空隙处书之，或于器底书之。又一种旧洋瓷，表面纯系洋式，器底有华字“某某年制”者[2]，字作宋体书，亦奇品也。若写洋文款兼有基督纪年者[3]，乃当日舶来流入之品耳[4]。

【校】

①“列”，书庄本作“例”。

【注释】

〔1〕八卦：象征天、地、雷、风、水、火、山、泽八种自然现象，以推测自然和社会的变化。卦，挂也。谓一种现象挂在人眼前，故曰“卦”。

〔2〕华字：汉字。

〔3〕基督纪年：即基督纪元，以基督教所信奉的救世主耶稣降生的年份为起点顺序计算年代的纪年法，我国称之为公元纪年法。

〔4〕舶来：海上船运而来，泛指从国外运来；外来。

说瓶罐第七①

【校】

①“罐”，美术本无此字，据书庄本增。

古人制器载酒，用以飨神[1]。牺尊、象尊[2]，导源至远[3]，此尊之权舆也。尊一变而为瓶，用以插花、清供，殆缘后起。腹口相若者谓之尊，口小腹大者谓之瓶。其后市人任意相呼，瓶与尊遂混而为一矣。袁宏道撰《瓶史》[4]，遂为著录专书，所论以铜器为多，亦兼及瓷制。然其时形式名目，犹①不若今之纷纭璀璨也。同是一瓶，而形式争奇斗巧，千变万化，稍有差别，遂呈异观。故瓶之种种色色，最有研究兴味。就不佞所知[5]，缀述于下[6]，虽未堪作《瓶史》之补录②，亦颇足窥制作之一斑③焉。

【校】

①“犹”，书庄本作“有”。

②“录”，书庄本作“传”。

③“斑”，书庄本作“班”。

【注释】

〔1〕飨神：摆供品祭奠神灵。飨，以酒食款待人。

〔2〕牺尊：亦作牺樽、牺镈。古代酒器，作牺牛形，背上开孔以盛酒；或说于尊腹刻画牛形。　象尊：古代的一种酒器，其形如象或凤凰；一说以象牙饰尊。

〔3〕导源：发源。

〔4〕袁宏道（1568—1610）：字中郎，号石公、六休。荆州公安（今湖北公安）人。明代文学家，“公安派”主帅。与其兄宗道、弟中道合称“三袁”。文学上反对“文必秦汉，诗必盛唐”的风气，提出“独抒性灵，

不拘格套”的“性灵说”。著有《袁中郎集》《瓶史》等。 《瓶史》：2卷，明代袁宏道撰。该书从鉴赏角度论述了花瓶、瓶花及其插法。上卷为瓶花之宜、之忌、之法；下卷分花目、品第、器具、择水、宜称、屏俗、花祟、洗沐、使令、好事、清赏、监戒等。

〔5〕不佞：不才，自谦辞。

〔6〕缀述：编述、列举。

吾华制器，初乏名学之思〔1〕，概由市人象形臆造〔2〕，久之遂成习惯，莫之能易。下列瓶、尊诸名，悉从市肆沿称，固不必尽以雅驯绳之也〔3〕。

【注释】

〔1〕名学：泛指中国古代的逻辑学。先秦逻辑学初起，主要围绕名与实、正名等展开，故称。

〔2〕臆造：仅凭臆想制造。

〔3〕雅驯：典雅纯正，文雅不俗。 绳之：衡量。绳，引申为标准。

太白尊：太白尊亦名渔父尊，形似渔父之鱼罾①〔1〕，故得名也。底平腹巨，口小而微哆〔2〕，项极短而缩。此等尊无巨大者，通体不过数寸耳。以豇豆红色，或带苹果绿、苹果青色为多。腹有三团螭暗花，乃浅凹雕也。除康窑外，历朝其罕仿制，故价值之昂，等于拱璧。

【校】

①“鱼罾”，书庄本作“罾鱼”。

【注释】

〔1〕罾：鱼网。

〔2〕哆：张口貌。

观音尊：有大观音尊、小观音尊两种。大者高二尺馀，小者高数寸。口侈，项较短，肩宽博，至胫则以次渐杀〔1〕，胫及于底，又稍加丰。自肩至胫，约占全体五分之三，项与胫相若，口与底相若。此等观音尊以祭红及郎窑最为奇珍，盖郎窑喜制此式也。若康熙青花、五彩，亦称殊品。至小观

［清］康熙 郎窑红观音瓶

（故宫博物院藏）

音尊，以苹果绿者为最昂，其馀种种花彩均有。

【注释】

〔1〕杀：此言收束。

［清］道光 粉彩百鹿尊
（首都博物馆藏）

牛头尊：牛头尊口稍巨，直下至肩，无项；腹较肩尤巨，至底稍杀；旁有双耳者居多，以其形似牛头故名。大者高二尺馀，宽一尺馀，小者高亦及尺，巨制也。历朝均有之，以康熙青花者为上。

百鹿尊：百鹿尊有两种，大者高二、三尺，小者仅二、三寸。大者其式亦类似牛头，惟有两鹿头为耳，彩绘百鹿，故以是得名。小者或同前式，或有作棒锤式无耳者。然既以百鹿抽象得名，则不问其作何式，亦概呼为百鹿云。

硬棒锤：身如截筒，肩耸而拥肿。自肩至底同一直下，口有凸边一道者名硬棒锤。有青花、五彩各种，亦有开长光两面彩画馀为锦地者，大小不一其制。

软棒锤：形与硬棒锤相仿，惟肩辨[1]，口哆，足稍敛[2]。明朝祭红概无棒锤，惟康窑青花、五彩有之。大棒锤初年较巨，晚年较小。康熙此类画草虫及粗疏花卉为多，盖客货也。

【注释】

〔1〕辨：下垂。

〔2〕敛：收缩。

如意尊：如意尊高约六七寸，上杀下丰，口巨躯短。清初多作青花，若纯色釉及暗花者，亦为雅制。

美人肩：略似如意尊，项与胫均苗条，口与足相等，腹稍巨，弯折处有姿致[1]，故曰美人肩也。大小不一。雍正官窑彩瓶有画红白桃花者，生动娇艳，冠绝等伦[2]。乾隆多画人物，精者每有颊上添毫之妙[3]。

【注释】

〔1〕姿致：美好的姿态。

〔2〕冠绝等伦：出类拔萃。冠绝，超过。等伦，同辈或同类。

〔3〕颊上添毫：《晋书·顾恺之传》："尝图裴楷象，颊上加三毫，观者觉神明殊胜。"后来用作形容描绘的生动。颊，脸。毫，毫毛。

油锤瓶：自口至项，均甚细瘦，直至腰腹而突然膨脝者〔1〕，名曰油锤。有大有小，而大者为尤多。积红、积蓝、青花、五彩均有之。康窑多系纯色釉及青花者，尤以画龙为多。乾隆画龙、画①釉里蓝或釉里黄、黑而兼胭脂水波纹者，亦恒有之。

【校】

①"画"，书庄本缺此字。

【注释】

〔1〕膨脝：亦作膨亨。形容腹部膨大貌。

饽饽凳：形似油锤而项甚肥，直下若截筒者曰饽饽凳，亦寻常式也。纯色釉者以积红、积蓝、茶叶末等为多。若五彩者，多带锦地，或锦地开光，或锦边。

马蹄尊：马蹄尊有两种，高者为瓶，矮者为盂。高者项与胫均长，腹短而微皤〔1〕，形类马足，故名。康熙青花最多。此种矮者，名矮马蹄，口巨而无项，康窑有釉里红花朵者，亦殊足珍。

【注释】

〔1〕皤：大。

天球瓶：天球口与项相若，腹为浑圆，肩与足又相若也。雍正瘦身抹红者，品格殊美。若乾隆青花夹紫或豆彩者，亦佳。

胆瓶：胆瓶形如悬胆〔1〕，口径直下，腹微①椭圆，形式有大有小。古时铜瓶，此式尤盛行，瓷制以乾隆为多。

【校】

①"微"，书庄本作"徵"，误。

【注释】

〔1〕悬胆：悬挂着的胆囊。常以比喻人

［明］宣德 青花龙纹天球瓶
（故宫博物院藏）

鼻形美好。

[宋]定窑白釉梅瓶

(江阴市博物馆藏)

锥把：大致同于胆瓶，而口微哆者，市肆别其称曰锥把，谓同锥子之柄也，实亦胆瓶之阔口者耳。

鸡心：腹略同于胆瓶而项甚短者谓之鸡心，以小品为多。积红、积蓝、瓜皮绿等色尤多此式也。

梅瓶：梅瓶口细而项短，肩极宽博，至胫稍狭，折于足则微丰，口径之小仅与梅之瘦骨相称，故名梅瓶也。宋瓶雅好作此式[1]，元、明暨清初，历代皆有斯制。红色者仿均为最多，豆青、天青、茄紫、豇豆红等诸色均有之。

【注释】

〔1〕雅好：高雅的爱好，喜好。

萝卜尊：式如梅瓶，而通体近瘦，肩不甚宽博，项同白萝卜也。豇豆红、苹果绿、苹果青为最佳。乾隆有堆料款者绘水仙、月季、蜡梅之属，亦为内府之珍品。

玉壶春：玉壶春口颇哆[1]，项短腹大，足稍肥，亦雅制也。天青、积红者，尤居多数。此式大半官窑，甚少客货，而官窑又大半纯色釉也。

【注释】

〔1〕玉壶春：瓶名。原为酒名，唐代岑参《首春渭西郊行，呈蓝田张二主簿》诗有句云："闻道辋川多胜事，玉壶春酒正堪携。"

[清]乾隆 珐琅彩芙蓉雉鸡玉壶春瓶

(天津博物馆藏)

截筒瓶：截筒之瓶形如木筒，近口处微凹。明制最多，青花尤夥，花

［明］永乐 青花藏草壶
（故宫博物院藏）

甚粗率，而殊有野趣。清初仿者亦然。

灯笼罩：灯笼罩不止一种，有形若巨筒而上下口与足凸起若盘底之一覆一仰者，亦有同上式而腹际截分数段者，有上半段与前式同而腹际下半有胫至足底稍散开者，是亦谓之灯笼式也。此等式，乾隆乃有之。

藏①草瓶：口直而长，项有两截，中凸起如球，腹浑圆，胫短稍缩，至足而大展，大体甚似洋油之坐灯〔1〕。缘初特制以赐②藏僧〔2〕，藏中有草，取以供佛，故得名也。惟乾隆有之，嘉、道数代，藏僧既罕来朝，此式遂不复制。花彩以珊瑚红釉绘西番莲者为多③，亦取西土庄④严之意也。

【校】

①“藏”，书庄本作“歲”，误。

②“赐”，书庄本作“锡”，误。

③“多”，书庄本无此字。

④“庄”字下，书庄本有一“多”字，衍。

【注释】

〔1〕洋油：煤油。清末民初，煤油皆由外国进口，故称。

〔2〕藏僧：西藏的僧人。

凤尾瓶：凤尾足长而丰，底处益散开，略同凤尾，故名。此外身段无甚特异〔1〕。以大凤尾五彩者为最①佳，若硬绿三彩②者，尤为瑰宝。此式多康窑客货，而彩画雄奇之极〔2〕，洵为伟观〔3〕。

【校】

①“最”字下，书庄本有一“彩”字，衍。

②“彩”，书庄本无此字。

【注释】

〔1〕身段：戏曲演员表演的各种舞蹈化形体动作。这里指器物的造型。

〔2〕雄奇：雄伟奇特。

〔3〕伟观：壮丽的景象。

象腿瓶：式颇特别，自口至足直下，无纡曲[1]，但非圆式，乃三瓣之海棠式也。口际凸起，厚边，近口稍粗，近足稍窄，市人呼曰象腿，亦象形语也。云豆、淡茄、乳鼠等色为多。

【注释】

〔1〕纡曲：迂回曲折。

蝙蝠瓶：自口至足，均作蝙蝠形，肩稍宽博[1]。宋时哥窑、龙泉已有斯制，往往有紫口铁足兼有冰纹者。明清所仿亦大抵相同，数寸高者最多，大者颇罕。

【注释】

〔1〕宽博：宽大。

海棠瓶：自口至足，均作三瓣海棠式，惟不直下，口与项同，至腹则突皤，而仍分三瓣，颇为①雅观。以茶叶末、鳝鱼皮等色为多。

【校】

①“为”，书庄本无此字。

石榴尊：腹绝巨，口巨而张，项短而缩，足微敛，形同石榴，故名也。雍正天青色而底有篆书凸雕款者，乃当时官窑雅品。豆青一种较小，有有盖者，乃作罐用也。

佛手尊：口径稍敛，胫之将近足处，倏缩而瘦，纯似佛手柑状[1]，故名。形不甚巨，大小略同佛手柑。所稍异者，近口际无指爪形耳。青花夹紫居多，制亦雅饬[2]。

【注释】

〔1〕佛手柑：果树名。系常绿小乔木，高丈馀，叶呈长圆形，花白色，果实色黄而香，下端有裂纹，状如半握之手，中医以之入药。

〔2〕雅饬：雅致，美而不俗。

［清］乾隆 金地粉彩缠枝花纹葫芦瓶（景德镇陶瓷馆藏）

葫芦瓶：形纯似葫芦，有大有小，以东

青、积红等色为多。东青有凹雕暗花者，窑变之属，亦偶一见，而伪制甚夥。

橄榄尊：口与足俱小，无项无胫，全体似橄榄形，故名。此式以广窑为最多，大抵溯原于均[1]，市肆所称均釉者，亦好施之此制也。

［宋］青白瓷橄榄瓶
（泰州市博物馆藏）

【注释】

〔1〕溯原：往上游寻找发源地，比喻探求本源。原，通“源”。

荷包瓶：形扁圆，口、腹均大，类如荷包[1]，故名。宋定始有斯式①，故此式又大都有凹雕暗花也。以纯色釉者为多。

【校】

①“式”，书庄本作“制”。

【注释】

〔1〕荷包：随身佩带或缀于袍上装盛零星物品的小囊。

苹果尊：苹果尊有两种，有缩项者，有巨口而无项可缩者。缩项者口径不及寸，巨口者口径可二寸。大者高几及尺，小者约五寸馀。往往有凸雕荷花瓣者，小者底足稍嫌不稳。又有天青、釉里红两种，满身苔点，至可珍玩，其声价之大，足与郎窑媲矣。

［清］乾隆 粉彩开光镂空云龙纹转心瓶（上海博物馆藏）

转心瓶：瓶之腹际，玲珑剔透，两面洞见，而瓶内更有一瓶，兼能转动，似美术雕刻之象牙球者然。若是者名曰转心，乃内府珍赏殊品也。《陶雅》名为套环转动之瓶，颇嫌名称烦赘，古物保存所则标其名曰转心，今从之。

塔瓶：口哆而平，项数折至腹，圆而不甚巨，胫略缩，旋散开至足，略如平顶之塔形，故号塔瓶也。乾隆始有此制，东青色者尤多。

柳叶尊：口较身稍大，项短而身长，膊略与口相等，至足而愈小，纤趺瘦削，几难立稳，惟须檀座夹辅之耳[1]，形似柳叶，故名。以豇豆红者为贵。

【注释】

〔1〕檀座：用檀香木制作的底座，极名贵。此言置放器物的底座。

箭桶瓶：口与足直下相齐，惟通身如海棠状，而六瓣、七瓣不等，与三瓣之正海棠微有别焉[1]。足略敛，故非帽架也[2]。名曰箭桶[3]，亦市人取象之称。

【注释】

〔1〕海棠：我国的传统名花之一，古有“国艳”之誉，历代文人墨客题咏不绝。

〔2〕帽架：即帽筒，俗称官帽筒，是清代官员在上朝之前休息时置放花翎顶戴的用具。

〔3〕箭桶：盛箭的桶。

络子尊：络子尊略似绍兴酒坛①，于下半截有绳圈纹，如包络之状，故名。制自雍正，有地与络一色者，有白色锦络者。锦络略同古锦纹[1]，璀璨可观。大者高二尺馀，小者高二、三寸，纹皆凸起也。

【校】

①“坛”，书庄本作“罐”。

【注释】

〔1〕古锦纹：古代锦绣的花纹。

方瓶：方瓶种式不一，有体方口圆，类旧时之轿灯者[1]，亦名方灯笼，以东青色凸雕八卦形为多。有口体俱方，身分两截者，略如神前之香案，以黄地青花为多。有扁方形，口底俱方而腹膨脝，项旁有两耳，可以穿带者[2]。有如“目”字形，而口微凸起者。其他种种形状，不胜枚举。

【注释】

〔1〕轿灯：挂在肩舆上的灯具。轿，肩舆的通称。

〔2〕穿带：器物两耳或底足两边有孔可用带穿过，便于提携悬挂。

穿带：穿带之制，有方有圆。方者如前条所述，圆者大体似天球而左右两耳可以穿带，则方圆悉同也（耳与口之孔同一平行视线，与寻①常垂双②耳者异）。此制仿古礼投壶之壶〔1〕。又有足际两横孔，仍于孔③内挂釉者，亦名穿带。皆纯色釉为多，概系官窑，甚少④客货也。

【校】

①“寻”，书庄本作“辱”，误。

②“双”，书庄本作“两”。

③“孔”，书庄本无此字。

④“少”，书庄本作“多”。

［辽］白釉穿带壶（内蒙古自治区阿鲁科尔沁旗文物管理所藏）

【注释】

〔1〕投壶：古代士大夫宴饮中礼节的一种。《礼记·投壶》：“投壶之礼，主人奉矢，司射奉中，使人执壶。”主人请宾客投掷，以中与不中为饮酒之节。实是饮宴时主人与客宴饮讲论才艺的一种游戏。

背壶：此式腹扁而浑圆，于体中又凸起一圆线若篆书“回”字者，然口横而方，底亦相若，绝似行军之背壶，故名也。有口际飘双带者，有无带者，东青、羊肝等色为多。

百环：百环之壶，亦仿古铜器也。制①扁方或长方形，以纯色釉为多，或白，或天青、古铜等色，多无花彩。乃道光以前式也。

【校】

①“制”，书庄本无此字。

六角：六角亦有数种，有略如棒①锤式，项短无胫而身直下者。有口张，项稍长而腹巨者。有有项有胫，略如花篮式者。皆好奇之趋尚〔1〕，竞异标新也。

【校】

①“棒”，书庄本作“捧”，误。

【注释】

〔1〕趋尚：情趣，好尚。

三孔：三孔者，口际同样突出，三孔如“品”字形，有大有小，以东青、豆青等色为多。有豆青而夹五彩花者，制自乾隆，盖其时西风渐渐输入〔1〕，已与西餐桌中插花之器略有相同矣。

【注释】

〔1〕西风：此指从欧美等西方国家的风俗。

五孔：五①孔者，又名五岳朝天〔1〕，亦市人炫异之名称也。有五彩，有素三彩，式样不一。有类洋灯者〔2〕，有类甚长之石榴者，口既诡异，体亦瑰奇。

【校】

①“五”，书庄本作“正”，误。

【注释】

〔1〕五岳朝天：面相术语。两颧、额、下颏和鼻在相学中合称五岳。张行简《人伦大统赋》曰：“五岳必要穹与隆。”薛延年注云：“五岳者，额为南岳衡山，鼻为中岳嵩山，颏为北岳恒山，左颧为东岳泰山，右颧为西岳华山。”五岳朝天，亦作五岳朝归或五岳朝揖，意谓“五岳欲其朝拱丰隆，不宜缺陷伤破。”相书皆以之为富贵之相。

〔2〕洋灯：指带有玻璃护罩的煤油灯。

［元］景德镇窑青白釉蒜头瓶
（故宫博物院藏）

九孔：体制愈出愈奇，遂有九孔，亦五孔之推衍者也。豆青地碎花为①多，乃道光朝竞异争奇之制。

【校】

①“碎花为”，书庄本作“为碎花”。

蒜头、莲蓬、荷叶诸口：蒜头者，口似蒜头，而体段则近油锤，宋制已有之，后此尤夥。纯色、青花多有之。莲蓬者，口上作一莲蓬式，有数小口，仅能插折枝梅、菊耳，身段亦不一致。荷叶者，口际之边翻出向下如荷叶，然身段多棒锤之属。数者皆好奇之创制也。

仿古各式：仿古之式，不一其制。仿周秦罍缶者[1]，名曰云罍尊。有仿汉魏葬器者[2]，名曰蛇虎瓶。大抵仿古尊罍之器，必有双耳居多。又或凹雕挂铁色釉，或古铜彩，或铁绣花，此并色泽而仿之者也。若青花，若五彩，若素三彩，但仿式样而不仿色泽者，亦各有之。

【注释】

〔1〕罍：古代一种盛酒的容器。小口，广肩，深腹，圈足，有盖，多用青铜或陶制成。　缶：古代一种大肚子小口儿的盛酒瓦器。《风俗通义》曰："缶者，瓦器，所以盛酒浆，秦人鼓之以节歌也。"

〔2〕葬器：又称冥器。专为随葬而制作的器物。

花觚：口大腹小者谓之花觚[1]。明制者身段直下，绝无波折。康熙以后则腰际凸起，略如香案中插花之具矣。康仿明制，粗五彩花者为多，于粗率中更见老横。至乾、嘉，则有镂金错采、锦堆成片者。有一种口绝侈而身甚瘦，直下无曲折，而身际盘有凸螭一条者，系素三彩，乾、嘉均有之，仿制者尤夥。

【注释】

〔1〕花觚：仿青铜器造型的一种陈设用瓷。造型隽秀，端庄大方，线条丰富，多用于插花，布置厅堂。装饰题材有人物故事、民间传说、缠枝花卉或是花鸟等。

［清］乾隆　青花缠枝莲纹觚
（中国国家博物馆藏）

渣斗：觚之小者曰渣斗[1]。明制已有①之，至清逾夥。五彩或黄地碎花者均有之。渣斗之小者，则入于漱具之属，非清供品矣。

【校】

①"有"，书庄本作"为"。

[辽]黄釉渣斗(故宫博物院藏)

【注释】

〔1〕渣斗:又名爹斗、唾壶,用于盛装唾吐物。

花浇:花浇者,浇花之壶也。胫略似如意尊,惟仅有一耳,亦可作插花用。若彩色精者,颇足当清供也。

花薰:花薰之用[1],如花囊,贮花其内,而透香于外也,故必透雕。形式种种不一,有似瓶者,有似罐者。有大有小,大者高约及尺,小者仅二三寸耳。花浇、花薰,皆花神之伴侣,亦庭几之清供,故附瓶类而兼及之。

【注释】

〔1〕花薰:花薰由底足、中节、主身、盖、顶等部分组成,料中套料,小料做大,制作极难。

[明]永乐 青花缠枝莲纹花浇(故宫博物院藏)

天字①罐:制出康熙,以底有一"天"字款,故名。青花居多,所绘以山水为贵。康窑底有"天"字者,瓶、罐均有,而罐尤为②时所称。

【校】

①"字",书庄本作"子"。

②"为",书庄本作"近"。

日月罐:有一种圆罐,高可及尺,肩之左右各有凸雕半圈形,名曰日月罐。康熙积红者,颇为足珍。若东青暗花者,底辄有朝代款也。

梅花罐:周身绘冰纹,藏梅花片片。制始康熙,历代均有之。形不甚大,在当时亦粗材耳。然此等物料已非后世所有,故迩来声价,亦颇腾踊五都[1]。

【注释】

〔1〕五都:古代的五大都市,具体不一。此泛指繁华的都市。

花鼓罐：形作鼓式，豆青者居多，乃贮茶之品也。旁有双耳，凸雕兽环状，底往往有乾隆款。

巨德堂罐：形式不大，多作粉彩，底有“巨德堂制”四字，乃雍正时物也。所绘花卉明丽，固自可赏。

瓜罐：形如西瓜，上盖有瓜蒂，色即瓜皮绿，而釉中开片，俗又谓之绿郎窑也。康朝最佳，乾隆亦有制者，以不失原盖为贵。

福隆罐：罐之口际，一边凸雕蝠形，一边凸雕龙形，名曰福隆。亦①义取谐声〔1〕，兼寓颂祷之意〔2〕，盖乾隆时代物也。天青、东青等纯色釉为多，底有篆款。

【校】

①“亦”，书庄本作“罐”。

【注释】

〔1〕谐声：原指六书之一，即形声。此指声音相同。

〔2〕颂祷：赞美祝福。

罐之形式，不若瓶变化之多，故名称较少，大抵可按其所绘花彩或因①彩色而名之也。明制已极瑰丽，至清代华贵矞皇〔1〕，不一而足，而尤以人物为最佳。雍窑绘美人，尤好施之于罐也。

【校】

①“因”，书庄本无此字。

【注释】

〔1〕华贵矞皇：豪华富贵，吉庆美善。

罐之陈设，以大为贵，以同样为贵，以白地五彩为贵。高至尺馀，檀架盛之，列于厅事〔1〕，排行整列，殊有富贵气象，不同于岛瘦郊寒者矣〔2〕。

【注释】

〔1〕厅事：厅堂。

〔2〕岛瘦郊寒：指唐代贾岛和孟郊的诗歌风格。贾岛、孟郊诗作多清切凄苦，因以并举。

说杯盘第八

宋制杯式多撇口，故大杯亦名罊，即取撇口之义也。又名压手杯，亦作押手杯。“压”“押”，一声之转，义亦相通，谓其口较巨，便于手托也。酌酒之器，口径较巨，便于酒人以助其鲸吸百川之势〔1〕。绝巨者谓之海，方而巨者谓之斗，略小者谓之斝，口大而身高者谓之盏。匪惟铜器，亦有瓷品，要皆可以杯括之。

【注释】

〔1〕鲸吸百川：形容酒量很大。唐代杜甫《饮中八仙歌》：“左相日兴费万钱，饮如长鲸吸百川，衔杯乐圣称避贤。”鲸，鲸鱼。一种生长于海洋的巨大的哺乳类动物，像鱼，胎生。

陆羽《茶经》论列瓷品之高下，当时茶具精美，当可想见。近均、汝、哥、定等器，时亦流露人间，而定尤为绝美。盖定器必雕花，必较薄，较巨，尤可宝也。

宋定压手大杯，浆胎开片，容①量极大，雕有鱼藻细花纹，略闪黄色，乃酒器之宏瑰者。

【校】

①“容”，书庄本作“客”，误。

汝窑托杯〔1〕，制与时式不甚相远，而蚓纹深黝〔2〕，釉汁莹润，后世殆无其匹。仿者甚夥，然终不能神似〔3〕。

【注释】

〔1〕托杯：指带有盏托的杯盏。

〔2〕蚓纹：如蚯蚓一般的纹。 深黝：深黑。

〔3〕神似：神态和神情相似。

均窑杯，式瘦小，名曰莲子杯。全紫者不易一见，泪痕者近亦同于拱璧。即元、明所仿，亦殊足珍。

成化仿宋八角大杯，平雕荷花纹，胎质清刚[1]，釉汁极白，底有螺旋文，亦属希有之瑰宝。

【注释】

〔1〕清刚：无杂质而坚硬。

宣德白坛盏，于器心有一“坛”字，乃当时经箓醮事坛中供品也[1]。质细、料厚、式美，足称珍品。又有一种白茶盏，瓮肚、釜底线足[2]，光莹如玉，内有细龙凤暗花，底有“大明宣德年制”暗款[3]，一代殊品，直超定器而上之。

【注释】

〔1〕经箓醮事：谓道教祭祷的活动。经，指道教典籍。箓，道教秘文。醮，道教祈祷神灵的祭礼。

〔2〕瓮肚：称如瓮一样凸起的腹部。　线足：亦称细圈足，即细窄如线的底部圈形足。

〔3〕暗款：刻画在瓷器底部的题款，作法与暗花相似。

靶杯之制，以其足有柄可把，本名把杯，后讹作靶，沿误久矣。宋哥窑有八角之制，莹美可玩。然宣德祭红者尤为奇珍。

碗形而下有柄者，名曰靶碗，俗称高足碗。浮屠喜于佛前贮供品[1]，故又称佛碗也。宣德祭红，光照四座[2]。其他青花、五彩，清代不少良制，然已一览众山小矣[3]。碗式之变迁，虽不若瓶式之多，然历代标新领异，各呈奇构，以餍①众人眼福[4]。综其迁变，可得而言。

【校】

①“餍”，书庄本作“飨”。

【注释】

〔1〕浮屠：亦作浮图，即佛陀，梵语 Buddha 的音译。

〔2〕光照四座：指釉的光彩照耀所有在座的人。形容其光艳夺目，精美无比的程度。

〔3〕一览众山小：唐代诗人杜甫《望岳》诗有句云："会当凌绝顶，一览众山小。"出此。

〔4〕餍：满足。

压手之制，亦有数种。口绝撇而底甚小者，名之曰甃；口大而身高者，名之曰盏，此不折腰者也[1]。口撇而身高者，名曰仰钟式；口撇而身矮者，名曰马铃式；口撇而大、底矮而阔者，名曰草帽式，此皆略有折腰者也。

【注释】

〔1〕折腰：此指碗、盘腹部呈一条折叠的曲线。

口径与底径相差不甚远，身直而高者，名曰筒子杯。似筒子而身矮者，名曰墩子杯。口下敛缩至底足而颇小者，名曰莲子杯。口与底相悬无几、身粗而矮者，名曰栗子杯。莲子、栗子，皆以盛果实得名，非谓其形似也。

杯底有深窝，圆而略深，以次递锐者，名曰鸡心。形小而圆，似半浑圆形者，名曰牛眼①。杯有四角者，有四角之边各有深凹线一道，名曰海棠式。有六角者，有八角者。而四角又有双耳、单耳、无耳诸式。

【校】

①"牛眼"，美术本作"牛眠"，据书庄本改。

双耳之杯，有方有圆。康窑蛋①黄色②凹雕暗花者，耳作龙形，乃御窑也。若寻常双耳，则以耳小者为贵。乾隆金酱色小杯，上绘金花，亦有双耳，颇具轻盈之致。

【校】

①"蛋"，书庄本作"蜜"。

②"色"，美术本作"包"，据书庄本改。

昊十九之卵幕杯，胎质之薄，有同卵膜，在明季铮铮有名[1]，李日华太仆所艳称者也。康、雍之间所制影青一种，虽稍不如昊制，然云龙精细，款似蝇头[2]，固自人间罕有。

【注释】

〔1〕明季：明末。

〔2〕蝇头：像苍蝇头一样小的字，俗称蝇头小楷。

康窑有九螭斝[1]，方式而高身，诸螭沓绕其旁，即兼作耳之用，雅制也。又有一种形似爵杯而无觚与高足，有单耳，旁黏四螭作引颈吸水状，乃素三彩也。身绘有虎头，形亦殊诡异。

【注释】

〔1〕斝：古代酒器，青铜制，圆口，三足，用以温酒。

吸杯形式作莲蓬、莲叶交互相连状，别有莲茎，茎之中有孔，可以吸饮。又有但作莲叶而不带莲蓬，底缀三小螺，中状一虾蟆者，饮处亦有莲茎吸孔，皆康窑素三彩也。或有作鸭形者，向鸭口吸饮，皆不外争奇斗异，竞为新式而已。

酒令杯者，于杯内作人形，略似不倒翁状[1]，一①瓷罩覆之，中有圆孔，恰能露其顶。注酒满，则人形浮出，无酒则否。盖视人形之向对，以为行酒令之用也[2]。

【校】

①“一”，书庄本无此字。

【注释】

〔1〕不倒翁：一种人形倒而可复直立的玩具。

〔2〕行酒令：即行令饮酒。酒席上的一种助兴游戏：举一人为令官，馀者听令轮流说诗词、联语或其他类似游戏，违令者或负者罚饮，以博笑乐。

《梁溪漫志》呼此人形谓曰陆鸿渐[1]，然鸿渐善品茶，不善品酒。此器即代酒纠事之用[2]，而蒙以茶博士之名，无亦有误认颜标之嫌也耶[3]？

【注释】

〔1〕《梁溪漫志》：10卷，南宋费衮撰。费衮，字补之。江苏无锡（今江苏无锡）人。　陆鸿渐：即唐代作《茶经》的陆羽。

〔2〕代酒纠事：代行酒纠的职责。酒纠，行令饮酒时执行规则的人。纠，督察、矫正。

〔3〕误认颜标：《唐摭言》卷一三《无名子谤议》云：“颜标，咸通中郑薰下状元及第。先是，徐寇作乱，薰志在激劝勋烈，谓标鲁公之后，故擢之巍峨。既而问及庙院，标曰：‘寒素，京国无庙院。’薰始大悟，塞默久之。时有无名子嘲曰：‘主司头脑太冬烘，错认颜标作鲁公。’”本此。

套杯之制，一至十，小至大，历朝均有之。雍正人物者，稍逊于花卉。至乾隆有绘厌胜画者，虽猥亵甚于鞋杯[1]，然精妙乃无匹也。

【注释】

〔1〕鞋杯：造型为缠足女鞋式的瓷酒杯。

口径颇巨而身段甚矮者，谓之奶子碗，清宫以盛牛乳者也。然宋制已有此式，则又未必盛牛乳，名取通俗，不必数典矣[1]。青花、五彩均有之。又有凸雕花纹仿汉铜夔螭者，名曰博古花[2]，上挂色釉，亦殊足珍。

【注释】

〔1〕数典：历举典故以为考据。

〔2〕博古花：在文物及其上面的图案作装饰的花纹。博古，原指通晓古代的事情，此言仿古。

正德官窑五彩碗，地为蛋青①、浅绿色，极艳极鲜。当时发明此色，后竟绝响，犹在秋葵、孔雀之上也[1]。中画盘螭四，口边、足边均有花纹，秾华工丽[2]，实导康、雍之先轨者矣[3]。

【校】

①“青”，美术本作“清”，据书庄本改。

【注释】

〔1〕秋葵、孔雀：指秋葵绿、孔雀绿两种釉色。

〔2〕秾华：浓郁华美。　工丽：工致精丽。

〔3〕先轨：先有的法度、范例。

宣德小杯，有仰钟式，有①马铃式，有鸡心式，皆宝石红也。又有釉里红小杯，想釉里红即发明于是时。若淡红珠斑者，即朱红之变化者也。

【校】

①“有”，美术本无此字，据书庄本增。

明瓷五彩，宣、成已臻美丽[1]，宣德有“轻罗小扇扑流萤”茶盏，成化有“高烧银烛照红妆”酒杯[2]，皆诗句入瓷之初①祖[3]。若成化之“周茂叔爱莲”“梅妻②鹤子”“青女鞦韆”等杯[4]，皆开康、雍之先轨，视画折枝、八吉祥、西番莲等，尤远胜矣。

【校】

①“初”，美术本无此字，据书庄本增。

②“妻”，美术本作“妇”，据书庄本改。

【注释】

〔1〕臻：达到。

〔2〕高烧银烛照红妆：宋代苏轼《海棠诗》：“只恐夜深花睡去，故烧高烛照红妆。”本此化出。

〔3〕初祖：始祖、创始。

〔4〕梅妻鹤子：谓极爱梅、鹤，以梅为妻，以鹤为子。事本宋代林逋隐居西湖孤山，植梅养鹤，终身不娶，人谓“梅妻鹤子”。 青女鞦韆：青女荡秋千。青女，神话中掌管霜雪的女神。鞦韆，同“秋千”。

素三彩之盘①碗，以嘉靖海马为最殊尤〔1〕，中②绘一团龙，旁列众兽七八，所谓“众兽朝龙”者也。众兽中固有海马，亦有海马居中者。大者兽多，小者兽少，统名海马，便俗称耳。绿波翻涌，梅蕊粉披，兼画③小八宝〔2〕，康熙所仿，已非恒品，而况于嘉靖也耶！

［明］正德 白釉刻填绿龙纹碗

（天津市艺术博物馆藏）

【校】

①“盘”，书庄本作“盛”，误。

②“中”，美术本无此字，据书庄本增。

③“画”，书庄本作“绘”。

【注释】

〔1〕海马：传说中的一种怪兽，状如常马而添双翼。

〔2〕小八宝：小形的八宝。八宝是藏传佛教的八种宝器。

近来，宋元盘、碗出土颇多，寻常汝、哥、龙泉暨平阳、泽、潞各项杂窑〔1〕，无甚特色者，不甚难得，人亦轻视之，声价不及康、乾之大也。试就特别者约纪之。

【注释】

〔1〕泽：泽州。古州名。今山西晋城。 潞：潞州。古州名。今山西长治。

一为黑定、紫定两碗。粉定虽属难得，然仿者最多，人纵不能得见真定，亦知定之规模，无不白质者居多也。紫定已不易一见，黑者更绝无仅有矣。

一为宋官窑之牙色薄碗。开片形状颇似郎窑，而釉汁之薄，胎质之轻，则殆同冰片，所谓如冰如雪者，今见之矣。

一为哥窑加彩碗。彩釉浓厚，色泽深古，决非真坯假彩之物[1]，可以考见宋代彩色之一斑焉。

【注释】

〔1〕真坯假彩：仿制古陶瓷的一种作伪方法。即在真的古陶瓷坯胎上施以新彩，求以假乱真。

一为紫蝠元瓷碗。元瓷贵紫，贵成物形，固矣。此器成蝠七八只，各有姿态而不流于穿凿[1]，迥非矫揉造作者比。以视但成一二尾鱼形者，抑远胜也。

【注释】

〔1〕穿凿：犹牵强附会。任意牵扯合意义以求相通。

一为暗花元瓷碗。元瓷暗花者绝少，此器暗花精细，底有“枢府”二字款，确非宋、非明，而为奇渥温朝之官窑[1]，则物希为贵矣。

【注释】

〔1〕奇渥温：也作乞颜，指元太祖铁木真（成吉思汗）一族蒙古人的总姓氏。这里用指元朝。

数者信可补子京之别录[1]，增笠亭之遗书[2]，若夫蚓纹、鱼藻、蟹爪诸宋器，亦已置诸卑无高论之列[3]，奚待悉数也哉?

【注释】

〔1〕子京之别录：指明人项元汴《历代名瓷器图谱》。

〔2〕笠亭之遗书：指清人朱琰所著《陶说》。

〔3〕卑无高论：议论平凡，没有高明的见解。

有明一代，珍具骈阗[1]，亦云盛矣。就铮铮有名者而论，如永乐之影青碗，质薄如纸，花纹精细如发，此鬼工也[2]。如永乐之压手杯，底绘有花，款字藏于花内，细若粒米。如嘉靖之红鱼靶杯，自骨烧出鱼形，凸起宝光。如成化之鸡缸，历朝争仿其制，纯庙题诗，江村作歌[3]，均盛称之。如昊壶隐之流霞盏[4]，天下知名。若周丹泉之仿古各器[5]，直造堂奥[6]。此皆驰名艺苑[7]，宝若琳琅者也[8]。若递求其次，则宣德之祭红，成化之人物，正德之蛋青，嘉靖之海马，万历之九龙、五毒，亦有足珍者焉。其他盘、碗，流入规矩花一路①者，则如涂涂附，虽确属朱明之器，亦等诸自郐②以下矣。

【校】

①“路”，书庄本作“络”，误。

②“郐”，美术本及书庄本均作“桧”，据文意改

【注释】

〔1〕骈阗：也作“骈填”“骈田”，谓聚集一起。

〔2〕鬼工：即鬼斧神工。

〔3〕江村作歌：指清代高士奇所作《成窑鸡缸歌》。

〔4〕昊壶隐：即昊十九。

〔5〕周丹泉：字时道，苏州（今江苏苏州）人。明朝隆庆、万历年间在景德镇烧瓷，为当时制瓷和仿造古瓷的名家。

〔6〕堂奥：堂的深处，喻含义深奥的意境或事理。

〔7〕艺苑：指艺术界。

〔8〕琳琅：精美的玉石，比喻美好珍贵的东西。

成化粉定小碟①有夹②彩者，碟③形正圆，而底足并无边墙，置处稍平，不自倾跛，殊奇制也。亦有雍正所仿者。

【校】

①“碟”，书庄本作“蝶”，误。

②“夹”，书庄本作“加”。

③“碟”，书庄本作“蝶”，误。

康窑素有名者，莫如堆料款御制碗。有青，有黄，有红，有绿，彩地夹彩，颜色填满。所绘多绣球、牡丹、番莲之属，亦有花际嵌字者。至绘《耕织图》之杯、盘，绘百馀人列阵之大盘，绘饮中八仙之酒器，绘十二月花之全副酒盏暨六旬万寿之官窑彩盘[1]，亦均铮铮有名。

【注释】

〔1〕万寿：皇帝、皇太后等的生日。

康熙鸡杯，式不一律，有高二寸弱、对径三寸弱者[1]，有高寸弱、径寸强者[2]，有深如斗者。至乾隆以后，形式始①趋一致耳。

【校】

①“始”，书庄本作“殆”，误。

【注释】

〔1〕弱：这里指少一点。

〔2〕强：这里指多一点

康窑杯有口对径不及二寸，而高四寸馀者，乃仿明制也。至乾隆后，则身高者口径亦巨，决不如前之狭矣。郎窑大盘有正圆者，有六角者，直径七、八寸居多，过一尺者尤为奇珍。欧窑之盘最喜六角、八角者，或作战鼓形，以天青、天蓝、云豆等色居多，间有葡萄紫者。宣德红地青花大盘，红色甚深，而青不如康熙。就红而论，非此时无此色也。雍正黄地青花果盘，亦颇不俗。大盘有面积对径二尺馀者[1]，置诸方桌中，则已占满一桌之地位，清初有之。此等巨品，决非恒人所用[2]。意者宫庙供佛[3]，佛像常有高数丈者，非是不足以相称耶！

【注释】

〔1〕对径：犹言直径。

〔2〕恒人：常人，一般的人。

〔3〕意者：推测之辞，即大概，或许，恐怕。　宫庙：宗庙，指朝廷。

康熙大盘多属双底足。双底足者，足圈内有深沟一道，沟之内又复起足，然后乃至底也。乾隆以后，无复斯制矣。康熙大盘与乾隆大盘五彩者，均极精美，然古茂与时趋[1]，则显分派别。康熙之制稍窝[2]，乾隆之制稍平，此面积之不同也。康所画硬彩而高古，乾所画粉彩而华缛，此用彩之不同也。康人物面部施蓝笔，乾人物面部施红笔，此绘事之不同也。其相异之点尚不止此，然各为世所重，所谓异曲同工者，非耶？

【注释】

〔1〕古茂：古雅美盛。　时趋：时尚。

〔2〕窝：凹。

菊花形之皿具始于雍正，但仅施诸小碟耳。至乾、嘉、道诸朝，则盘、盅均有之，并有盖与托亦同兹式者，瓷质益薄而巧。椭圆式之碗，用以养水仙，至为雅饬。籥竹、慎德亦喜作此。道光之品佳者，亦可接迹雍、乾[1]。

【注释】

〔1〕接迹：足迹前后相接。

过枝花之杯、碗，乾隆者尤绵密[1]，癞瓜牵藤[2]，间夹翠竹，而翠竹又往往影青也。繁丽之中[3]，殊有玲珑剔透之致。

【注释】

〔1〕绵密：细致周密。

〔2〕癞瓜：即苦瓜，因果实表面有许多瘤状突起，像生了癞似的，故名。

〔3〕繁丽：繁华艳丽。

洋彩碗具，精者殊夥，有整圆者，有长方者，有①凹凸边者，形式不一。大抵开光者居多，尤以大圆盘为贵。而开光又有作扇形、瓜形、菊形种种格式也。

【校】

①"有"，美术本无此字，据书庄本增。

承杯之器，谓之盏托，亦谓之茶船，明制如舟形，清初亦然。又有作盘形，中间圆圈，或凸起，或陷入，以便承器而不虚其中者。嘉、道以后，则大抵虚中矣。

清制杯、盘、碗、碟各具，悉数之不能尽，更仆之不能终[1]，仅能略举一斑耳。大抵康瓷之特色，如御制款、如郎窑、如素三彩、如青花，皆独绝一代者也。至雍正则暗花、影青之品，瓷质极薄，粉彩鲜艳欲滴，又足自树一帜焉。至乾隆则古月轩碗、杏林春燕碗、五福堂碗、丙申小缸等类，均足炫耀一时，震铄奕世。此外若万花，若合家欢，若胜鸽图诸名品，亦皆五光十色，娱目赏心，固无俟一一悉数者矣。

【注释】

〔1〕更仆：谓计算。

说杂具第九

宋制印合[1]，以粉定为最精，式样极扁，内容印泥处甚平淡也。若哥窑，若泥均[2]，亦佳。哥窑印合，胎釉视常器较薄。泥均有浑圆者，有六角者，蓝晕浓点，亦殊足珍。印合之式，曰馒头，曰战鼓[3]，曰磨盘[4]，曰荸荠[5]，曰平面（平面中仍有子口），曰六角，曰正方，曰长方，曰海棠，曰桃形，曰瓜形，曰果形，递衍递嬗，制愈变，形愈巧矣。

【注释】

〔1〕印合：盛印泥的盒子。

〔2〕泥均：即广窑仿均（钧）窑的作品。

〔3〕战鼓：古代作战时为鼓舞士气所击的鼓。

〔4〕磨盘：托着磨的石头底盘。

〔5〕荸荠：古称凫茈，又称乌芋。地下茎为扁圆形，表面呈深褐色或枣红色。肉白色，可食。

明制粉定印合，概无款识。荸荠式者甚匾，制颇特别。其他有作战鼓形者，有作磨盘式者，种种不一。又有粉定而描以青花者，秾郁丽密[1]，一时无两[2]。

【注释】

〔1〕秾郁：盛美，浓厚。　丽密：华美而细密。

〔2〕无两：没有第二个，谓无可匹敌。

印合巨者，圆径或七、八寸。长方形者尤巨，乃当时钤御玺之用也[1]。盖绘龙形，云霞缭绕，上方珍品[2]，自殊凡近矣[3]。小者乃仅如栗，底器窝而深，无足而有微凹两圈，堪以安置不欹[4]。盖之中间亦微凹，远①视恰如栗子状也。满绘青花云龙，亦精美可贵。

［清］乾隆 黄地粉彩龙凤纹印盒
（上海博物馆藏）

【校】

①“远”，美术本无此字，据书庄本增。

【注释】

〔1〕御玺：帝王的印信。

〔2〕上方：同尚方，汉代官署名。主管制造、储藏、供应帝王及皇宫中所用刀剑、衣食及日用玩好器物。此指内府。

〔3〕凡近：平庸浅薄。

〔4〕欹：倾斜，歪倒。

宣德、成化、嘉靖、万历，皆有龙凤青花印合，而以宣德为最美，成化次之。清初康熙青①花，亦足雄视一代〔1〕。官窑必绘龙。其寻常客货，山水居多，有极老壮苍蔚者，虽②多率笔〔2〕，然自不俗。

【校】

①“青”，美术本作“绘”，据书庄本改。

②“虽”，书庄本作“雅”。

【注释】

〔1〕雄视：称雄，压倒。

〔2〕率笔：犹败笔。

乾隆官①窑印合，以豆青地五彩规矩花为多，豆彩团花亦恒有之。若作疏蒨之花者〔1〕，颇为罕见。

【校】

①“官”，书庄本作“宫”，误。

【注释】

〔1〕疏蒨：疏阔而俏丽。

康熙大笔筒，圆径宏伟，所绘花彩，以人物为最奇瑰，花卉次之。若书《滕王阁赋》《归去来辞》《兰亭序》等类〔1〕，书法出入虞、柳，亦饶

［清］康熙 青花山水图笔筒
（上海博物馆藏）

有别趣也。藏家往往代作花盆之用，可谓别有匠心。此等笔筒，底必有露胎阔圆圈一道，其正中处圆径又往往凹下焉。

【注释】

〔1〕《滕王阁赋》：全称《秋日登洪府滕王阁饯别序》，亦名《滕王阁诗序》，骈文篇名。唐代王勃（649—676）作。王勃，字子安，绛州龙门（今山西河津）人。滕王阁在今江西南昌赣江滨。唐高祖之子滕王李元婴任洪州都督时（653）始建，后阎伯屿为洪州牧，宴群僚于阁上，王勃省父过此，即席而作。

笔筒雕瓷者，辄喜仿象牙、竹木之釉，所雕花，以竹林七贤、东坡赤壁、垂杨系马之类为多〔1〕，良工陈国治、王炳荣颇善斯制。又有一种雕瓷，纯不涂釉者，名曰反瓷，则多属李裕元所制云。

【注释】

〔1〕垂杨系马：瓷画题。王昌龄《相和歌辞·长歌行》："旷野饶悲风，飕飕黄蒿草。系马停白杨，谁知我怀抱。"本此。

乾隆小笔筒，好作海棠、四方等形，开光者居多。地或作古锦、夔纹状，质莹画细，虽小品亦自足珍。笔筒反瓷而墨彩者，固常有之。若反瓷而胭脂水彩者，诚为罕觏之宝。洗也者，在古时以之属盆，双鱼洗之类是也。近世属之笔洗，即水中丞之类是也。浣笔之器〔1〕，浅者曰洗，深者曰盂。

【注释】

〔1〕浣笔：洗笔。

康窑豇豆红、苹果绿笔洗，最为殊尤。若胭脂水者，亦为珍品。窑变或泥均者，亦颇可珍。积红，则视其年代而定上下也。有一种积红水盂，口处微陷，乃天然缺口，用以置水匙者也，雍窑居多。若口敛腹皤者，则康、乾均有之，而底又必平而巨，类似太白尊而无项者。洗之口边，辄喜作凸螭形，历代皆有之，以有款者为贵。水中丞又谓之水盅，形状不一，或方或圆，或高或矮，各随其意匠也。若作荷花含苞形者，则不免稍欠大方矣。

画碟有数种，寻常梅花形者，以深而内外俱有花者为贵，多系青花或豆彩也。至分为各件者，则形式尤夥。有肖种种物形者，有分每格如高盒者[1]，有作荷花瓣九片者，尤以荷花瓣者为轻艳可爱。

【注释】

〔1〕高盒：分层分格的盒子，有的呈筒形、长方形或四方形。

文房之品，墨床以堆花及釉里红者为佳[1]，五彩山水尤有尺幅千里之势[2]。笔架以宜均为雅，若玲珑瓷者，殊稚气耳。镇纸[3]，明制尚方，清初亦然。至乾隆则盘螭凸起，长方瘦削，而花极工细，堆花者亦比比也[4]。浆合一种[5]，亦以乾隆为精。

【注释】

〔1〕墨床：文房用具之一。是专门用来承搁墨锭的小案架。墨磨后湿润，乱放容易玷污他物，故制墨床以搁墨。

〔2〕尺幅千里：一尺长的画幅，画进了千里长的景象。比喻外形虽小，包含的内容很多。

〔3〕镇纸：文房用具之一。用铜、铁、玉石等制成，用以镇压纸张或书籍，此指瓷质者。

〔4〕比比：谓到处都有或每每有之。

〔5〕浆合：盛装液体食品的盒子。

琢石为屏[1]，尚矣[2]。亦有以瓷制者，有长方形，有扁方形，有圆形，明制已有之。清初至末叶，其制尤盛。乾隆有仿洋画绘泰西美人者，或作楼台界画状，至于山水、人物尤多，不可胜纪。

【注释】

〔1〕琢石：使石块表面磨平、成形的动作或过程。

〔2〕尚矣：古已有之。

窑屏有仿珊瑚笺者[1]，书“吉祥”金字二，远视之，几疑为宜春贴也[2]。

【注释】

〔1〕珊瑚笺：如珊瑚红色的笺纸，上书写吉祥语句，以示庆贺之意。

〔2〕宜春贴：古时新春，张贴红色的小柬，上书吉祥语以示庆贺。宜，适宜。贴，小柬。

笔管亦有瓷制者，明时有锦地穿宝相花、灵芝、八宝、团龙等花[1]。然笔管用瓷，究嫌笨重，故后叶不甚尚之。

【注释】

〔1〕宝相花：又称宝仙花、宝花花，我国传统装饰纹样之一。相传它是一种寓有“宝”“仙”之意的装饰图案。一般以牡丹或莲花为主体，镶嵌各种其他花叶组成，花蕊和花瓣基部用圆珠作规则排列，像闪闪发光的宝珠，故名宝相花。

水滴，象形者，其制甚古，蟾滴、龟滴[1]，由来旧矣。古者以铜，后世以瓷。明时有蹲龙、宝象诸状[2]。凡作物形而①贮水不多者，则名曰滴，不名曰盂。

【校】

①“而”，书庄本作“面”。

【注释】

〔1〕蟾滴：滴水于砚的器具，因作蟾蜍形，故名。　龟滴：滴水于砚的器具，因作乌龟形，故名。

〔2〕蹲龙：一种作蹲踞之龙形的装饰物。　宝象：宝贵的象。古代宫廷多喜饲养大象，视为祥兽。

花盆以均窑为最佳，其座谓之盆连，有圆者、有海棠式者、有六角者，近则折足磨边，亦珍逾拱璧，盖均之可贵极矣。均盆与盆连，其底必有数目字，红紫者单数，青蓝者双数，盖因盆与座，取其有识别，易于配合，不致混乱凿枘故也[1]。

【注释】

〔1〕凿枘：“方凿圆枘”之省语，比喻两者不相投合。

康熙青花花盆有极巨者，圆与六角均有之，绘松者尤苍蔚可爱。乾隆五彩者异常精美，盆座之边有高至寸者，绘开光各景，尤具奇丽之观。

窑缸大者养鱼，小者置之案头，可作清供之用，不必其定养鱼也。口径数寸至数尺不等。若案头清供，大抵口径数寸为最流行。均制最难得，仿者亦自不俗。明制有里白外青、云龙、狮子滚球诸花，亦颇①堪供清赏。

【校】

①“颇”，书庄本作“愿”。

郎窑瓷缸，里与底作苹果色，口边则炒米色，外体深红，宝光逼人，奇伟之品也。若釉里红或浅雕云龙者，亦颇足贵。若青花红鱼绘鱼藻者，虽康窑亦恒品耳。

烛台之制，宋时已有之。至明万历，有云龙、人物、香草、莲瓣诸花彩。清制形式不一，最特别者，乃作象背驮一壶，文绣蔽体〔1〕，而背驮者恰以承烛，洵雅制也〔2〕。

【注释】

〔1〕文绣：刺绣华美的丝织品或衣服。

〔2〕洵：确实。

常见宋制香炉一具，色之莹润，固无伦比〔1〕，而底与足之釉异常匀净，表面通体不见有露胎之处。盖此种浑身挂釉，其入窑时系以铁①钩钩炉之里面，吊器而烧，谓之吊烧，故表面全无露胎处者，职是之故〔2〕。

【校】

①“铁”，书庄本作“续”，误。

【注释】

〔1〕伦比：匹敌、等同。

〔2〕职是之故：便是这个缘故。

香炉在明代，喜作法花，兽形鼓起者尤为可喜。至康熙，则大而扁者往往无足，其式稍入时矣。若人物、八仙之属，亦有佳品。乾窑大者，有仿古鼎形，宫庙中尤多巨制，五彩锦地，庄严绚烂〔1〕，此等又俱横款居多也。

【注释】

〔1〕庄严绚烂：庄重而严肃，灿烂而炫目。

扇匣亦有用瓷制者，明万历有云龙回文扇匣。至清制颇罕，用洋瓷铜胎者则有之。

瓷灯有仿汉雁足者[1]，其釉色则仿汝之类，大抵明代杂窑也。至清乾、嘉贵尚五彩，制虽华腴而乏朴茂，式亦趋时不古矣。清中叶所制，竟有如洋油灯罩者，亦可以点烛罩之，有锦地开光及影青花不等。

【注释】

〔1〕雁足：灯名，即雁足灯。汉代流行灯具。以座为雁足形，铭以“雁足镫”，故称。

瓷塔有极巨者，高三四尺，层层叠叠，又可一一拆卸。小者亦分数层，高可及尺之谱，亦能一一拆卸也。又有兼作香炉用者，最下一层可以焚香，而上数层均有孔以出香烟，制亦精巧。若不拆卸者，则作佛龛形，中坐一佛，作合十状[1]，塔顶则五宝纷纭[2]，舍利璀璨[3]，一望而知为清宫供①奉之器也。

【校】

①“供”，书庄本作“拱”，误。

【注释】

〔1〕合十：原为印度的一般敬礼，佛教徒亦沿用。两手当胸，十指相合，表示敬意。

〔2〕五宝纷纭：各种宝物众多的样子。五宝，泛指各种宝物。纷纭，宝物众多的样子。

〔3〕舍利：梵语，意译“身骨”，又名舍利子。佛教称死者火化后的残馀骨烬。通常指释迦牟尼的遗骨为佛骨或佛舍利。

圆盒有口径阔几及尺者，五彩盘龙，锦纹缭绕①，大抵宫禁间以盛果饵者欤[1]？中叶以后，洋瓷铜胎者兴，不易碰损，纯瓷之盒，遂罕有过巨者。

【校】

①“缭绕”，书庄本作“绕缭”。

【注释】

〔1〕宫禁：帝王和王后居住的地方。

果盒亦谓之馔盒[1]，乃合数个盘格，星罗棋布于中，略似七巧之版[2]，而置种种食品于其内也。康窑最喜三彩，有由九格而至十馀格者。乾隆所制尤多，有洋瓷采绘花鸟者，有紫砂挂釉绘山水者，彩色精美，冠绝等伦。

【注释】

〔1〕馔盒：盛装食品的盒子。馔，饮食，吃喝。

〔2〕七巧之版：也称七巧图、智慧板，是汉族民间流传的一种拼图板玩具。

嗽具有数种，有上、下分作两器者，有似两器而实浑为一器者，均谓之痰盂。有如盒①形，下为底而上为盖，盖有孔略似环形者，谓之痰盒。康之青花较巨，乾之五彩较小，均极精美可观。

【校】

①“盒”，美术本作“意”，据书庄本改。

酒壶式亦递变，其高身长耳者，谓之提梁壶，彩绘至精。喜于豆青地夹五彩锦花，或锦地开光绘五色人物，于洋瓷尤多精制，皆宫府所用品也。亦有仿均者，龙泉壶亦间有之，大抵明仿者居多。

桃形而无盖有嘴者，名曰醋壶，亦曰醋滴。明制已有之，豆青、东青地青花夹紫者为多。其所以无盖者，底有孔以纳水，而不至淌出。制颇巧妙，乃防蝇蚋之侵入①〔1〕。

【校】

①“入”字后，书庄本有一“也”字。

【注释】

〔1〕蝇蚋：苍蝇、蚊子。蚋，小蚊，又名沙蚊。

有一种壶，形甚特别，略如直截之竹筒，惟于上半截旁出一嘴，嘴作龙形，其盖在顶处，甚平，不露盖也。顶略同僧帽形，向嘴一边较高，向背一边斜矮，身有数截，纯竹筒形，惟每截均绘花，乃素三彩龙、螭、海马之属，名曰多穆壶〔1〕。盖内府以之盛牛乳者，其制乃满蒙遗俗也（“多穆”二字当系满语）。

【注释】

〔1〕多穆壶：元代流行壶式之一，为藏、蒙少数民族盛放乳液的器皿。

鼻烟壶，宋定者已有之，殆当时作药瓶用耳。尝见一宋定鼻烟壶，作一人形刘海仙状〔1〕，面目衣褶，一一欲活。尤妙者头戴一帽，揭帽则挑烟之匙随之而起，殊有巧思，约高三寸馀，真宋朝物，信属可贵。

【注释】

〔1〕刘海仙：指五代人刘海蟾，名操，字宗成，又字昭远，号海蟾子。燕山（今北京宛平）人，一说广陵（今河南息县）人。曾仕后燕，据说后来成仙而去。民间流行的他的画像作道士装，长发披肩，短发覆额，颇为洒脱。

鼻烟壶佳者，多至不可胜纪。大抵雍正者多浑圆而长，亦有六角，或青花，或夹紫，或釉里红，种种不一。而形体较巨者，亦可兼作小瓶用也。乾隆之制，形式较扁，种种均有，而以雕瓷五彩人物者为尤多。

四方之盂，边稍凹似海棠式，有豆青夹碎花，亦有全体金花、四围作博古式者，又往往浅雕也。乾、嘉、道数朝，屡屡有之。

纯庙时有瓷制祭品，形极奇丽，腰扁细而足丰，旁有两耳，而耳又作飘带状也。上有盖形，盖之上则盛供具者，名之曰豆，恐尚非确称耳。

羹匙有极别致者，匙之两旁作锯齿状，柄瘦削而柄头稍巨，略似如意形。又有匙作榄核形而极深者〔1〕，有匙甚长略似船形①，皆不外好奇之使然。

【校】

①“形”，美术本无此字，据书庄本增。

【注释】

〔1〕榄核：橄榄的核。

瓷制佛像，有立者、有坐者，半臂袒裼，持宝塔诸法具，各有意态，亦颇足参禅悦〔1〕。五彩庄严之佛像，多属乾隆朝贡品，佛趺①坐而垂目者，乃真官窑进御者也。

【校】

①“趺”，书庄本作“跌”，误。

【注释】

〔1〕禅悦：悟得禅意的喜悦。

素三彩佛像，面部及手足多不涂釉，有极庄严者，有极潇洒者。若广窑、欧窑面部露胎者往往黑色，其衣服多蓝色，达摩、弥勒之属皆然〔1〕。

【注释】

〔1〕达摩：菩提达摩的省称。亦作达么、达磨。中国佛教禅宗创始

人。相传为南印度人。于南朝梁普通元年（520）入中国，梁武帝迎至建康。后渡江往北魏，在嵩山少林寺面壁九年而化，传佛法于慧可。　弥勒：梵语 Maitreya 音译，意译“慈氏”，佛中之未来佛。其像袒胸露腹，笑容可掬，世上多见。

观世音之像〔1〕，以粉定者为最殊尤。馀则明清制品，亦有极精者。大抵以纯白为贵。若五色华美者，似非大士本色矣〔2〕。建窑之观音，以手捏者为最佳，其手指间往往能透见背面也。

【注释】

〔1〕观世音：即观音菩萨，又作观世音菩萨、观自在菩萨、光世音菩萨等。其名义为“观察（世间民众的）声音”的菩萨。原为男身，后世为女相，貌端庄慈祥，佛教以其能观听声音而至，救苦救难，普度众生。

〔2〕大士：原指德行高尚的人，此特指观世音菩萨。　本色：本来面貌。

［明］德化窑白釉观音像

（福建省泉州市文物管理委员会藏）

福、禄、寿三星之属〔1〕，五彩斑斓〔2〕，多做厅堂供品，然未免有伧俗气象〔3〕。

【注释】

〔1〕福、禄、寿三星：道教传说中分别主持人间福、禄、寿的三个神仙，在天为三星。民间绘画常作三个老者，一为福星手拿一个“福”字，一为禄星捧着金元宝，一为寿星拄拐托着寿桃。

〔2〕斑斓：色彩错杂灿烂的样子。

〔3〕伧俗：粗俗鄙陋。

瓷品作小儿欹卧等状，置之案头，亦属清玩之一〔1〕，并堪作压纸之用〔2〕。

【注释】

〔1〕清玩：清雅的玩品。多指书画、金石、古器、盆景等玩赏之物。

〔2〕压纸：即镇纸。

无论人物、鸟兽，概谓之像生器具。若仿均双鹿、双马，奕奕如生，隽品也。至双狮亦颇可玩，而稍嫌于笨重，不如双象之名贵。双鹤亦矫矫可观，至五彩双鸡，则品斯下矣。

象亦有单个者，乾窑驯象，身作米色，体五采文绣，至精美也。背驮一器，可作插香之用，案头清供，亦殊雅玩。鹿也、马也、兔也、狗也，有双者，亦有单者。双者不可必得，则单者亦足清玩。马有三彩者，狗有红黑者，雍、乾间品，颇属可喜。瓷狗，在清中叶尝喜制之，小者往往混于洋瓷。盖乾、嘉当时，泰西已有流入者矣。尝见有一瓷品作蹲兽状，不知其为狮欤、狻猊欤、狗欤[1]？但极怪而已，底甚平，背有一孔，意者亦作插香之用，为兽罏之别派耶?

【注释】

〔1〕狻猊：传说中龙生九子之一，形如狮，喜烟好坐，所以形象一般出现在香炉上，随之吞烟吐雾。

说疵伪第十

物有纯[1]，必有疵[2]；有真，必有伪。知其纯者、真者，而不知其疵者、伪者，非真知也。惟能知其疵与伪，而不至为疵、伪所欺，斯纯与真者出焉矣。凡物皆然，于瓷尤甚。故特辟一门，以作照夜之灯、然犀之镜也[3]。

【注释】

〔1〕纯：纯粹，纯正。

〔2〕疵：缺点、过失。

〔3〕然犀：烧犀角而照物。然，古同燃。南朝宋刘敬叔《异苑》卷七："晋温峤至牛渚矶，闻水底有音乐之声，水深不可测。传言下多怪物。乃燃犀角而照之。须臾，水族覆火，奇形异状。"本此。

疵者易见，伪者难知，剖析毫芒[1]，微之又微，往往谬以千里，失之毫厘[2]。惟经验之久历，斯准绳之不愆耳[3]。

【注释】

〔1〕毫芒：毫毛的细尖。比喻极细微。

〔2〕谬以千里，失之毫厘：很大的错误，只是由于细微处辨别之失。毫、厘，两种极小的长度单位。本《史记·太史公自序》："故《易》曰：'失之毫厘，差以千里。'"徐广注曰："一云'差以毫厘'，一云'缪（谬）以千里'。"裴骃案："今《易》无此语，《易纬》有之。"

〔3〕准绳：测定物体平直的器具。此处引申为标准、准则。 愆：罪过、失误。

彩色之沿革[1]，代有不同。绘事之流派，世有各别。非深明乎彩色之沿革，绘事之流派，未易穷其真际也[2]。且素瓷之质，同一白地，底足之色，同一露胎，亦有年代远近、物质变迁之殊，非洞达其源流[3]，而烛以巨眼[4]，乌能不目迷五色耶[5]？

【注释】

〔1〕沿革：沿袭和变革。指事物发展变化的历程。

〔2〕真际：真义，真谛。

〔3〕洞达：通晓，透彻。

〔4〕烛：照亮。　巨眼：锐利目光，指鉴别能力高妙。

〔5〕目迷五色：谓五色纷呈，使人眼花缭乱。比喻事物错综复杂，分辨不清。本《老子》："五色令人目盲。"

绘事之流派，固不易知，然易于欺常人，颇难于欺吾辈，盖翰墨与六法沆瀣一气故也[1]。若彩色则尤难辨矣。吾人于彩色之研究，虽洞知其变迁[2]，而近年发明之蓝、黄、绿，均得八九，但红与紫稍不及耳。故一遇此等物，屡易炫惑吾人之眼[3]。殆由贾胡悬金以旌[4]，价值日涨，遂益淬厉工料以应其求[5]。恒有光绪初所不能仿者，而近年竟能仿之，不得不谓为美术进步，然认作庐山真面[6]，则非矣。

【注释】

〔1〕翰墨：原指笔墨，借指书画与文章。　六法：南朝齐谢赫《古画品录》谓绘画有六法：一气韵生动，二骨法用笔，三应物象形，四随类赋彩，五经营位置，六传移模写。见唐代张彦远《历代名画记·论画六法》。后引申为中国绘画的总法则和代称。　沆瀣一气：宋代钱易《南部新书·戊集》载，唐代崔瀣参加科举考试，被考官崔沆录取。当时有人嘲笑说："座主门生，沆瀣一气。"后用以喻气味相投的人联结在一起。多用于贬义。

〔2〕洞知：清楚地知道。

〔3〕炫惑：迷惑，困惑。

〔4〕贾胡：外国商人。　悬金：悬赏。　旌：表彰。这里引申指鼓动。

〔5〕淬厉：淬火磨砺。

〔6〕庐山真面：亦作"庐山面目"。比喻事物的真相或本来面目。语出宋代苏轼《题西林壁》："横看成岭侧成峰，远近高低各不同。不识庐山真面目，只缘身在此山中。"庐山，山名，在江西九江市。

有虽疵而不得谓之疵者，曰缩釉，曰短釉，曰麻癞，曰黏釉。缩釉者，谓入窑之际，火候骤紧，往往敛釉露出胎骨也。短釉者，谓随意挂釉，不到底足，此等蘸釉法病在不匀。黏釉者，谓釉汁未干，两器相并而为一，擘之使开[1]，若黏片砾然[2]。麻癞者，谓入窑时黏有火炭，釉汁稍缩成堆垛形[3]。此数者，皆宋、元所常有，且有因是而证制作之确据者，故曰虽疵而不得谓之疵也。

【注释】

〔1〕擘：分开，剖裂。

〔2〕若黏片砾然：像黏上了一页石片的样子。

〔3〕堆垛：堆叠在一起。垛，堆积。

有小疵而不掩大醇者[1]，曰窑缝，曰冷纹，曰惊纹，曰爪纹。窑缝者，谓坯质偶松，为火力所迫，土浆微坼，厥有短缝。冷纹者，谓器皿出窑之顷，风力偶侵，一线微裂，不致透及他面。惊纹者，谓瓷质极薄，偶缘惊触[2]，内坼微痕，表面却无伤损。爪纹者，谓器有裂痕，略如爪状，或由沸水所注，或由窑风所侵。是数者皆疵类极微，无伤大体者也。

【注释】

〔1〕小疵而不掩大醇：即“大醇小疵”。谓大体纯正，略有欠缺。醇，纯。疵，病。出自唐代韩愈《读荀》：“孟氏，醇乎醇者也；荀与杨，大醇而小疵。”

〔2〕惊触：偶然被触动。

有视其疵病之浅深，以定有碍无碍者[1]，曰串烟，曰伤釉，曰崩釉，曰暴①釉，曰冲口，曰毛边，曰磕碰。串烟者，谓烧瓷之顷，偶为浓烟熏翳，或类泼墨之状，或呈果熟之形。若是者，视其浓淡多少，以定优劣。伤釉者，谓器用日久，案磨布擦，细纹如毛，色呈枯暗。崩釉者，谓硬彩历年既久，遂至崩坼，彩色剥落，坠粉残红[2]。暴釉者，谓釉质凸起，形如水泡，手法欠匀，火力逼之，遂呈斯状。若是者，视其地位多寡，以判低昂[3]。冲口者，谓器皿之口，或触或震，口际微裂成直缝形。毛边、磕碰，均谓器皿口边微有伤损处②，伤处甚小。而扪处略有棱者，曰毛边；伤处较多，而胎骨少缺，但边际尚未露棱者，曰磕碰。若是者，亦视③其受病之大小，以定其价值之增减焉。

【校】

①“暴”，书庄本作“暑”，误。

②“处”，书庄本无此字。

③“视”，美术本作“观”，据书庄本改。

【注释】

〔1〕有碍无碍：谓对瓷器价值影响的有无。

〔2〕坠粉残红：坠落的粉色和残馀的红色。形容颜色伤残之状。

〔3〕低昂：高下。

有人工造作而成疵者，曰磨边，曰磨底。磨边者，谓瓶具口际曾经缺损颇巨，因将边磨平，或锯去颈项，改①成罐形，价值所失，十折八九矣。磨底者，因嫌底款年代不久，磨去其款，托于远代〔1〕，然物品果美，亦有得善价者〔2〕。

【校】

①“改”，书庄本作“故”。

【注释】

〔1〕远代：古代。

〔2〕善价：高价。

有人工造作而成伪者，曰假底，曰真坯假彩。假底者，取旧瓷之底嵌于新瓷，伪物真款，以欺一时，然工劳而计拙，易于识破，不常有也。真坯假彩者，谓取旧瓷之白质无花者加以彩绘，胚质则确属古物，彩绘则后来所加。缘旧瓷之光素者价值甚廉，且景镇积年遗物颇多〔1〕，一经加彩，则冀得数倍之善价〔2〕。此种甚夥，易售其欺也。

【注释】

〔1〕积年：多年，累年。

〔2〕冀：希望。

至于补耳、补项①、补足、补口等病，则尤不胜覶指。但小心检视，察及细微，则此种疵病，亦不难于洞烛〔1〕，惟当勿掉以轻心耳〔2〕。

【校】

①“项”，书庄本作“颈”。

【注释】

〔1〕洞烛：明察。洞，洞悉。烛，察明。

〔2〕掉以轻心：轻忽，不经意。

更有将光素破瓶用药粘紧〔1〕，复于裂痕之处，加画硬彩花绘于其上。此等作伪，乃合真坯假彩①及黏补两者而一之，亦不易猝尔识破〔2〕，尤不可不慎者矣。

【校】

①“彩”，书庄本作“瓷”。

【注释】

〔1〕光素：光辉皓白。此指无彩。

〔2〕猝尔：仓促间。

有一种新制之瓷，异常精细，不但毫无浮光〔1〕，且能发出宝光，价甚不赀。余初不解其何以能发宝光，及详考之，乃知系用重赀定制。一切物料悉以旧物为标本，毫发无异。故有明知新制者，亦出重价以购之。闻某西人以数百金定制瓶一对，即此类也。

【注释】

〔1〕浮光：物体表面反射的光。

近年此种最精之新制，仿康熙者以纯色釉为多，尤以豇豆红者为最精，青花亦佳，但花卉耳。仿雍正者竟作堆料款，然终易于判别。仿乾隆者以五彩为多，人物有极精者，必以旧日贡品为标本者矣。惟康、雍人物，无论青花、五彩，均不能悉肖，康彩尤不易仿也。

又近年仿康、雍之品，肆夥每对鉴藏家言〔1〕，谓是乾隆、道光所仿，此君子欺以①其方之术②也〔2〕。然老眼无花者，则目③笑存之耳。

【校】

①“以”字下，美术本有一“者”字，据书庄本删。

②“术”，书庄本作“述”，误。

③“目”，书庄本作“日”，误。

【注释】

〔1〕肆夥：旧时店铺里的伙计。

〔2〕君子欺以其方：谓君子可以用合乎情理的方式来欺骗他。《孟子·万章上》："故君子可欺以其方，难罔以非其道。"本此化出。

瓷质之地，其变迁亦夥矣。康之与乾，乾之与道，皎然可见者也〔1〕。同、光间之与前数代，亦皎然可见者也。所难者，近年精致之品，直逼乾隆。若道光，更有过无不及。所不逮者，独康、雍耳。此则最易炫人者欤？

【注释】

〔1〕皎然可见：非常清晰分明地看出来。

款字之鉴别，亦不易易〔1〕。道光至光绪初所仿前代款字，犹不甚笃似。若近年之款字，恒有与乾隆时官窑丝毫无二者。但凭是以辨真伪，殆不仅皮相之讥。故藉绘事以察新旧，而绘事之精者，足以颉颃前代也。藉瓷质以察真伪，而瓷质之精者，又足鱼目混珠也。论款字则丝毫无二，论彩色十得八九，所略欠①之一二成，亦容易忽略也。然则执何术以察之？曰：所终逊于前代者，但胎、釉上之研究耳。然非极细心巨眼，犹未能以察别之也。

【校】

①"略欠"，书庄本作"欠略"。

【注释】

〔1〕易易：容易，简易。

精制作伪之瓷品，必有一二特点与旧物相同之证，乃用手术以惑人者也。鉴家偶不留意，见此一二特点，即深信不疑，殊不知一二特点之外，仍有图穷匕见之处〔1〕。或瞀于内观〔2〕，或震于外铄〔3〕，或炫于标榜〔4〕，遂至熟视无睹〔5〕，以讹传①讹〔6〕，此所以往往有弃周鼎而宝康瓠者〔7〕。

【校】

①"传"，书庄本作"转"。

【注释】

〔1〕图穷匕见：《战国策·燕策三》载：战国燕太子丹派荆轲去刺秦王，荆轲以燕督亢地图卷匕首献于秦王，展图将尽，匕首露，轲持以刺秦王，不中被杀。后以"图穷匕见"比喻事情发展到最后，真相毕露。

〔2〕瞀：目眩，眼花。　内观：即内视。道家的修养方法之一。谓不观外物，绝念无想。

〔3〕外铄：外力。

〔4〕标榜：夸耀，称扬。

〔5〕熟视无睹：看得多却像不曾看见一样。形容对眼前的事物不关心或漫不经心。

〔6〕以讹传讹：把错误的信息又传播错了，越传越错。

〔7〕弃周鼎而宝康瓠：谓弃优用劣，舍贵取贱。《文选》卷六〇贾谊《吊屈原文》："斡弃周鼎兮宝康瓠。"本此化出。周鼎，周朝的鼎。康瓠，空壶，破瓦壶。

仿制之品，自来所有，而工料不侔[1]，或但摹形式，或但书旧款者，则谥之曰伪。此殆萌芽于道、咸间，至同、光间而渐盛，至光绪末则满坑满谷[2]。其作伪而尚精者，皆近数年所制品也。道、咸制器，间冒雍、乾款耳。独至光绪以来，则康、雍、乾以上溯明代，无不有冒托之款矣。

【注释】

〔1〕不侔：不相等。

〔2〕满坑满谷：本《庄子·天运》："在谷满谷，在坑满坑。"谓道之流行无不周遍，此以形容数量极多而充满、拥挤的状态。

有取新制之瓷去却釉面浮光之法，系先用浆砣轻轻擦磨，更虑所磨之处存有细痕，复用牛皮胶砣沾油磨之[1]，使更平而且润。但此等去光之法，骤视或①足乱真，然细微察之，终有迹象也。

【校】

①"或"，书庄本作"成"，误。

【注释】

〔1〕牛皮胶砣：作假瓷器时，使用牛皮沾油反复磨擦，以除去浮光。

磨釉退光，一在求旧，一在掩新，其术恒易售。凡仿旧之物，万不能色色俱佳[1]，毫无破绽，惟将光亮退去，使色之新旧无由辨，而后物之真伪乃无由分，斯诚术之巧者矣。不知古物原来失亮[2]，系被土气所侵，故虽失亮之中，仍有透亮之处。若夫新物失亮，乃用物磨去，无论细痕有无，而识者终不难于判别也。

【注释】

〔1〕色色：样样。

〔2〕失亮：失去釉的光泽。

红为最难仿之色，光绪初、中叶，所仿者惟薄施淡抹而已。至近年，则大红、深红与夫胭脂水、豇豆红诸难仿效之色，均无一不有。仿效亦能颇得六七，虽专家亦往往售其欺。然是等物品，色泽纵足炫人，而瓷质、瓷胎细辨之，终有不类耳。

绿色之难仿更甚于红。纯色釉之绿色者，则颇足乱真，然仍乏深黝之致。至于仿康熙彩之硬绿，则最难形似，釉每混而不清，或则发黑，或则发黄，参入洋料，其迹显然。故新物凡有硬绿之处，莫不用砣去光，以掩其迹。

黄色之新者，其匀也足与旧相类，而病在过鲜。若夫深黄，其釉亦略混，与天然之金珀黄〔1〕，其光润透亮，迥乎不同。至蛋黄色与旧者较，亦未免有差池之别〔2〕。

【注释】

〔1〕金珀黄：金黄色的琥珀。

〔2〕差池：差错，意外。

紫色亦为最难仿之色，薄则色淡，厚则发混。且其色亦紫中发红，或紫中发黑，显由他色配合而成，比于旧瓷之紫，瞠乎远矣〔1〕。

【注释】

〔1〕瞠乎远矣：远比不上，差得多了。瞠，瞪大眼睛，惊异的样子。

蓝之一色，乃近年仿旧之最有成效者也。光绪中所仿者，或①蓝而带黑，或蓝而带灰，均不难于判别。至近年摹仿康熙蓝，竟得七八，最足乱真，且亦能深入胎骨。所尚能认别者，恃质地及画片耳。

【校】

①“或”，书庄本作“成”，误。

白者本质，研究最要，而识别又甚难。大抵新者，其釉近糠〔1〕，火气宛然〔2〕，求如旧瓷之美质，渺不可复得。或者就发青、发黄之点，以判时代之高下，是又不尽然也。最近新发明者，光致之极〔3〕，几似乾隆矣。独稍欠缺者，一则光由内发，一则光由外铄，相去终有径庭也[4]。

【注释】

〔1〕糠：稻、麦、谷子等的籽实所脱落的壳或皮，喻指不坚实的样子。

〔2〕宛然：真切，清楚。

〔3〕光致：有光泽而细腻。

〔4〕径庭：二者相距甚远，喻说悬殊。径，门外路。庭，堂外地。

新制黑色，与旧者最难相混。旧瓷之黑釉，与彩浑成一片。新者之黑，不但浮光宛然，且细辨之，釉与彩显有迹象，未能水乳交融[1]。

【校】

①“有”字下，书庄本有“显”字，衍。

【注释】

〔1〕水乳交融：像水和乳汁那样融合在一起，比喻关系非常融洽或结合得很紧密。

凡新仿之品，以光绪之朝为最多。若咸、同间仿者，皆易于识别。盖彼时一朝有一朝之面目，虽仿旧制，亦不脱当时面目也。惟光绪则不然，袭历朝之形式，无所不仿，且亦一一皆得近似。今于仿制中，可分其沿革先后焉。初年所仿者，以宋、元及纯色釉等品为多，盖当时清初物品不甚难得，而当朝士夫一二好古者[1]，喜讲宋、元，藉供考订，故宋、元物仿者最多。中叶所仿，殊属寻常，彩绘既不甚精，遂遁入仿明一派。盖以明画粗率，易于藏拙也[2]。自末叶以至近日，所仿至为进步，一由官窑良工四散，禁令废弛，从前所不敢仿之贡品，今则无所不敢矣。一由近年西人辇金重购，业此者各自竞争，美术因之进步。研料选工，仿旧精者辄得八九，而五彩冒乾隆款者为尤多，以其易投时好也。至纯色釉冒明代暨康、雍款者，亦极仿旧之能事，杂出其途，以相炫焉。前所云最精最难辨者，大率皆最近①之品欤?

【校】

①“近”字下，美术本有“日”字，据书庄本删。

【注释】

〔1〕士夫：士大夫，读书人。

〔2〕藏拙：掩饰自己的短处。

图书在版编目（CIP）数据

中国陶瓷“四书” / 杜斌校注．—济南：齐鲁书社，2015.12
ISBN 978－7－5333－3429－1

Ⅰ.①中…　Ⅱ.①杜…　Ⅲ.①古代陶瓷—研究—中国
Ⅳ.① K876.34

中国版本图书馆 CIP 数据核字（2015）第 263481 号

中国陶瓷“四书”

杜　斌　校注

主管单位　山东出版传媒股份有限公司
出版发行　齊魯書社
社　　址　济南市英雄山路 189 号
邮　　编　250002
网　　址　www.qlss.com.cn
电子邮箱　qilupress@126.com
营销中心　（0531）82098521　82098519
印　　刷　山东德州新华印务有限责任公司
开　　本　787mm × 1092mm　1/16
印　　张　40.25
插　　页　2
字　　数　680千
版　　次　2015年12月第1版
印　　次　2015年12月第1次印刷
标准书号　ISBN 978-7-5333-3429-1
定　　价　**148.00 元**